포트폴리오 성과평가의 이해
Practical Portfolio Performance Measurement and Attribution

제 3 판

포트폴리오 성과평가의 이해

PRACTICAL
PORTFOLIO
PERFORMANCE
MEASUREMENT AND
ATTRIBUTION

CARL R. BACON 지음
용홍순 · 이명원 옮김

한국문화사

Practical Portfolio Performance Measurement and Attribution, 3rd Edition by Carl R. Bacon
Copyright © 2008 John Wiley & Sons Limited,
The Atrium, Southern Gate, Chichester, West Sussex PO19 8SQ, England
Korean translation copyright © 2025 by Hankook Publishing House
All Rights Reserved. Authorised translation from the English language edition published by John Wiley & Sons Limited. Responsibility for the accuracy of the translation rests solely with Hankook Publishing House and is not the responsibility of John Wiley & Sons Limited. No part of this book may be reproduced in any form without the written permission of the original copyright holder, John Wiley & Sons Limited.
This translation published under license with the original publisher John Wiley & Sons Limited through Amo Agency, Seoul, Korea

이 책의 한국어판 저작권은 AMO에이전시를 통해 저작권자와 독점 계약한 한국문화사에 있습니다.
신 저작권법에 의해 한국 내에서 보호를 받는 저작물이므로 무단 전재와 무단 복제를 금합니다.

차 례

지은이 감사의 글   10
옮긴이 감사의 글   11

제1장 서론 — 13
    왜 포트폴리오의 성과측정을 하는가?   13
    성과측정 프로세스   14
    이 서적의 주요 목적   15
    성과분석의 역할   16
    책의 구성   17

제2장 자산운용업 — 19
    자산 유형   22
    공모 주식   22
    채권   25
    사모투자 자산   27
    원자재   31
    파생상품   32
    통화   39
    헤지펀드   40
    자산배분   40

제3장 포트폴리오 수익률 계산 — 43

단순 수익률 — 44
연속 복리(또는 로그) 수익률 — 47
금액가중수익률 — 50
시간가중수익률 — 61
시간가중수익률과 금액가중수익률 비교 — 67
시간가중수익률에 대한 근사치 — 71
하이브리드 방법론 — 75
방법론에 대한 선택 — 76
선택의 문제 — 81
수익률의 연율화 — 87
보수 차감 전, 보수 차감 후 수익률 산출 — 92
오버레이 전략 — 106
기준 통화와 현지 수익률 — 110
헤지 수익률 — 120
포트폴리오 구성요소 수익률 — 130
수익률 기여도 — 148
컴포지트 수익률 — 152

제4장 벤치마크 — 157

벤치마크 — 157
벤치마크의 역할 — 159
벤치마크 유형 — 160
상업 지수 — 161
맞춤형 지수 — 180
피어 그룹 및 유니버스 — 182
랜덤 포트폴리오 — 186
ETFs(EXCHANGE-TRADED FUNDS) — 187
목표 수익률 — 187
혼합 벤치마크 — 187

연결 벤치마크	189
금액 가중 벤치마크	190
일반 포트폴리오	191
벤치마크 통계	191
초과수익률	193

제5장 위험 — 201

위험이란?	201
기초통계지표	208
성과평가 지표	234
상대 위험	245
회귀분석	253
팩터모형	275
하락폭	280
부분 모멘트	290
채권 위험	303
기타 위험측정 지표	314
위험 조정 수익률	321
초과수익률의 유형	327
위험측정 지표의 주기율표	328

제6장 성과분해 — 337

성과분해란 무엇인가?	337
수익률 성과분해의 종류	344
산술적 성과분해	348
BRINSON과 FACHLER 모형	359
교차효과	362
기하학적 초과수익률 성과분해	365
섹터 비중	370
성과분해 주기	372

파생상품의 성과분해	400
다중통화 성과분해	408
기하학적 다중통화 성과분해	421
금리 차이	435
채권성과분해	449
다기간 성과분해	482
스무딩 알고리즘	484
연결 함수	492
기여 분석/절대수익률 성과분해	506
위험조정 성과분해	506
다단계 성과분해	511
데이터 원천의 분류	529
성과분해 방법론의 발전	530

제7장 성과공시기준 — 533

성과공시기준은 왜 필요한가?	533
GIPS의 역사	534
자산운용사에게 주는 이점	538
GIPS 기준	540
GIPS 기준의 기본 원칙	542
입력 데이터 및 계산 방법론	563
컴포지트와 펀드의 관리	582
성과보고	593
공시	608
GIPS 컴포지트 예제 보고서	625
GIPS 광고 가이드라인	626
GIPS 검증	634
GIPS 기준 준수 달성	637
GIPS 기준 준수 유지	638
투자자(자산소유자)를 위한 GIPS 기준	639

제8장 종합 정리 — 641

효율적인 대시보드 642
데이터 시각화 도구 642
매니저 선정 644
성과분석의 4가지 측면 649
위험 관리 구조 652
위험 관리 653

주요 용어 설명 659
부록 A: 단순 성과분해 664
부록 B: 다중통화 포트폴리오 성과분해 668
참고문헌 679
저자소개 696

지은이 감사의 글

이 책은 지난 수십 년간 전 세계에서 진행한 성과분석 교육 과정을 바탕으로 집필되었습니다. 그 과정에서 많은 참가자의 질문과 의견을 통해 견문을 넓혔고, 여전히 배우고 있습니다. 이 책이 나오기까지 기여해 주신 모든 분께 감사드립니다.

실무자의 관점에서 특정 방법론을 선호하는 경향이 있었고, 저 또한 개인적 선호를 완전히 감추기는 어려웠습니다. 그럼에도 불구하고, 각 방법론을 최대한 공정하게 설명하려 노력했습니다. 혹시 자신의 방법론이 불편하게 다뤄졌다고 느끼시는 분들께는 죄송한 마음을 드립니다. 이 책에 포함된 모든 오류와 누락은 전적으로 저의 책임입니다.

Carl R. Bacon, CIPM
Deeping St James
July 2022

옮긴이 감사의 글

최근 국내에서는 연기금 및 다양한 펀드 평가 기관을 중심으로 포트폴리오 성과 분석과 평가가 활발하게 이루어지고 있습니다. 옮긴이들은 관련 분야에 대해 지속적으로 연구하며, 실무에서의 경험과 고민을 바탕으로 개선을 위한 노력을 이어가고 있습니다.

포트폴리오 성과 분석을 수행하는 데 있어 참고할 만한 서적이 국내에는 많지 않은 현실입니다. 이에 따라 관련 논문과 회사 내부 문서를 활용하는 경우가 많지만, 보다 체계적인 접근이 필요하다고 판단하여 이 책을 번역하게 되었습니다. 다만, 실무와 병행하며 작업을 진행하다 보니 다소 부족한 부분이 있습니다.

이 책에서는 포트폴리오 성과 분석에 필요한 핵심 개념을 비롯해 수익률 분석, 기초적인 방법론, 다양한 평가 기준 등을 다루고 있습니다. 일부 내용은 국내 환경에 바로 적용하기 어려울 수도 있으나, 다양한 분석 방안을 연구하는 데 있어 유용할 수 있으며, 서로 다른 방법론을 결합하여 활용하는 것도 가능하기에 함께 소개하였습니다.

현재 국내에서 성과 분석은 주로 이해관계자와의 정보 공유 및 보고 용도로 활용되고 있습니다. 저희는 포트폴리오 성과 분석이 더 나아가서 포트폴리오 운용과 긴밀하게 연계되어 잠재적인 리스크를 조기에 발견하고, 운용 성과를 개선하는 데 실질적인 기여를 할 수 있기를 기대합니다.

끝으로, 번역 과정에서 아낌없는 지원과 응원을 보내준 가족들에게 깊은 감사를 전합니다.

옮긴이 용홍순, 이명원

제1장

서론
Introduction

우리는 질문에 대한 답 그 자체보다는 답을 찾는 과정에서 더 많은 것을 배운다.
Lloyd Alexander(1924-2007)

질문을 많이 하는 사람은 많이 배우고, 많이 기억한다.
Francis Bacon(1561-1626)

왜 포트폴리오의 성과측정을 하는가?

투자자가 직접 투자자산을 운용하거나, 자산운용사에 위탁하여도 포트폴리오가 얼마나 효과적으로 운용되는지를 파악하는 것은 꼭 필요하다.

벤치마크(기준수익률) 설정, 자산배분, 매니저 선정, 종목분석, 포트폴리오 구성 및 매매 등의 투자결정과정을 통해 자산의 가치를 높일 수 있다. 포트폴리오 성과측정은 투자결정과정과 밀접하게 연계되어야 하며, 이를 별도로 수행해서는 안 된다.

투자결정과정에는 다양한 이해관계자가 관여하며, 이 책은 투자자 또는 자산소유자와 그들의 자산을 운용하는 회사(자산운용사¹ 또는 개별 포트폴리오 매니저)에 초점을 맞추고 있다. 투자결정과정의 다른 이해관계자로는 투자자에게 조언을 제공하는 자산운용 컨설턴트, 수탁자, 독립적인 펀드평가사, 감사회사(자산운용 관련)

---

1 이 책에서는 모든 유형의 자산운용회사를 자산운용사로 지칭하며, 때로는 개별 자산운용사를 포트폴리오 매니저라고도 지칭한다.

등이 포함된다.

포트폴리오 성과측정은 포트폴리오 매니저와 투자자 간의 관계에서 다음 세 가지 핵심 질문에 대한 답을 제공한다.

(1) 자산의 수익률은 얼마인가?
(2) 포트폴리오 성과의 원천은 무엇인가?
(3) 성과를 어떻게 개선할 수 있는가?

포트폴리오 성과측정은 투자결정과정에 대한 질적 통제 기능을 하며, 포트폴리오 매니저와 투자자가 투자과정과 결과를 명확히 이해할 수 있도록 정보를 제공한다. 미국은행관리기관(BAI)은 1968[2]년에 성과측정 프로세스의 기초를 마련하였으며, 그 내용 중 주요 사항은 여전히 유효하다:

(1) 성과측정 수익률은 원가가 아닌 시장에서 측정된 가치를 기준으로 해야 한다.
(2) 수익률은 '총' 수익률이어야 하며, 이는 소득뿐만 아니라 시장가치의 변화(실현 및 미실현 자본이득)도 반영해야 한다.
(3) 수익률은 시간가중수익률이어야 한다.
(4) 성과측정에는 수익뿐만 아니라 리스크도 고려되어야 한다.

성과측정 프로세스

성과측정은 기본적으로 세 단계로 이루어진다.

(1) 측정
    포트폴리오와 벤치마크 수익률 계산
    정보에 대한 공유

---

[2] Bank Administration Institute, "Measuring the Investment Performance of Pension Funds for the Purpose of Inter Fund Comparison"(October 1968).

(2) 분석

　　수익률 성과분해

　　리스크 성과분해(사후적 및 사전적)

(3) 평가

　　피드백

　　통제

 Note
성과는 최소한 두 가지 차원, 리스크와 수익률 측면에서 동시에 평가되어야 한다.

이 서적의 주요 목적

책을 집필하는 일은 절대 쉽지 않다. 가족은 묵묵히 희생하며 소중한 시간을 내어주고, 직장 동료나 친구들과의 관계에도 영향을 미칠 수 있다. 그럼에도 저자는 자신이 선택한 주제가 의미 있는 기여를 할 수 있다고 믿기 때문에 집필했다. 전 세계의 성과분석가들이 사용하는 어휘와 방법론은 매우 다양하고 복잡하다. 성과평가 기준이 정립되고 전 세계적으로 전파되었음에도 불구하고, 용어와 방법론, 성과 측정 방식에 대한 견해에는 상당한 차이가 있다. 초판의 주요 목표는 다음과 같았다.

(1) 사용 가능한 방법론에 대한 참고자료를 제공하고, 그 정의에 일관성을 부여하고자 노력했다.
(2) 성과분석가의 역할을 촉진했다.
(3) 성과분석가들이 사용할 수 있는 방법론에 대한 통찰력을 제공했다.
(4) 저자의 실무 경험을 공유했다.

초판을 집필한 이유는 성과분석가로서 가장 필요하다고 생각했으나 당시 존재하지 않았던 책을 만들기 위해서였다. 두 번째 개정판을 쓰게 된 동기는 초판 독자들의 피드백에서 비롯되었다. 독자들의 칭찬, 의견, 수정 및 요청은 저자가 자료를 확장하고 개선하여 두 번째 개정판을 집필하는데 커다란 격려가 되었다. 초판과 두 번째 개정판 사이에는 4년이 있었고, 이후 14년이 지나 세 번째 개정판이 발행되었다. 세 번째 개정판에 대한 동기는 더욱 강했다. 저자의 경력을 소개하자면 성과분석 및 리스크관리 팀을 운영했고, 17년 동안 성과분석 회사를 이끌었으며, 27년 동안 CFA협회와 함께 관련 기준을 설정하며, 무엇보다도 25년 동안 전 세계에서 성과분석을 가르쳤다. 이 소중한 경험을 많은 사람들과 공유하고 싶다. 그 경험이 헛되지 않기를 바란다.

초판 이후로, CFA 협회에서 투자성과인증(CIPM)[3]자격이 신설되었다는 소식을 전할 수 있어 기쁘다. 이는 성과측정과 성과분석의 역할을 더욱 강화하고, 해당 분야를 전문 직업군으로 발전시키는 데 큰 기여를 할 것이다. 저자는 CIPM 과정을 적극 추천하며, 저자 또한 CIPM 자격을 성공적으로 취득했음을 밝힌다.

CIPM 커리큘럼은 이 세 번째 개정판의 내용에도 반영되었다. 이 실무와 관련된 예시들은 성과분석가, 포트폴리오 매니저, 자산운용사의 경영진, 수탁은행, 검증자 및 투자자(자산소유자)의 요구를 충족할 것이다. 특히, 이번 세 번째 개정판에 예시가 너무 많다고 생각하는 독자들께는 죄송하지만, 저자는 예시가 학습과 설명 과정에서 필수적인 부분이라고 생각한다.

성과분석의 역할

성과측정 및 분석은 자산운용사에서 중요한 역할을 한다. 백오피스 역할의 한 부분으로 취급되기보다 독립된 기능으로 수행되어야 한다. 성과분석가는 투자결정 과정에 피드백을 제공하고 구조적 문제를 분석하여 실질적인 가치를 창출한다. 성과분석가는 포트폴리오에서 발생하는 수익과 리스크의 원천을 정확히 분석하고, 이를 투명하게 전달해야 한다. 따라서 자산운용사 내 모든 포트폴리오와 전략의 성과를 이해할 수 있는 유일하고 독립적인 출처가 되는 경우가 많다.

---

[3] 투자성과측정(Certificate in Investment Performance Measurement, CIPM) 인증은 포트폴리오 성과측정 및 분석 분야의 전문 자격이다. 이 자격증은 CFA 협회와 관련된 CIPM 협회에서 주관한다.

성과분석가는 포트폴리오 매니저의 부정행위나 투자자 기대에 미치지 못하는 상황을 사전에 방지하는 중요한 역할을 한다.

저자는 모든 접근방식과 방법론을 최대한 객관적으로 제시하고자 했다. 저자의 선호, 편견, 무지를 항상 숨길 수는 없지만, 이번 개정판에서 저자의 의견은 Note, Caution 그리고 Interpretation을 통해 전달하려고 했다.

책의 구성

2장은 성과분석가의 관점에서 자산운용업 전반을 자연스럽게 설명하고 있다. 나머지 장들은 일련의 성과분석과정과 같은 순서로 다음과 같이 구성되어 있다.

3장: 포트폴리오 수익률 계산
4장: 적절한 벤치마크와의 비교
5장: 리스크를 고려한 성과에 대한 적절한 평가
6장: 성과분해
7장: GIPS(Global Investment Performance Standards, 국제투자성과 기준)
8장: 종합분석, 프레젠테이션 및 커뮤니케이션

3장에서는 성과측정을 소개하며, 다양한 수익률 계산방법 및 각 방법의 장단점, 그리고 계산 예시를 설명한다. 또한, 보수 차감 전, 보수 차감 후 수익률과 성과보수 구조에 대해서도 다룬다.

성과수익률 산출하는 것만으로는 큰 의미가 없으며, 반드시 적절한 벤치마크와 비교 분석해야 한다. 4장에서는 적절한 벤치마크와 부적절한 벤치마크에 대해 논의하고, 시장지수 및 맞춤형 지수의 세부 계산 방법을 살펴본다. 또한, 초과수익률에 대해서도 자세히 다룬다.

5장은 성과분석가들이 사용하는 모든 사후 위험 측정방법을 설명한다. 특히, 정의가 부족한 개념에 대해서는 지속적으로 일관된 정의를 제안한다. 마지막으로 다양한 위험지표들에 대한 내역을 표로 정리하여 위험측정방법 간의 관계를 설명한다.

6장은 5장과 함께 이번 개정판의 핵심 부분이다. 이 장에서는 성과측정이 왜 중요한지를 설명한다. 성과분해는 폭넓은 주제로, 성과분해의 초기 방법부터 Brinson 모형까지 다룬다. 기초를 다진 후에는 개별종목 성과분해, 벤치마크 외 성과분해, 파생상품을 포함한 성과분해, 다중통화 성과분해, 채권 성과분해, 다기간 성과분해, 다단계 성과분해 및 균형포트폴리오 성과분해에 대한 여러 예제를 통해 설명한다.

7장에서는 국제투자성과 기준(GIPS®)을 다룬다. 투자회사들을 위해 GIPS의 주요 항목을 소개하고, 각 항목에 대한 의미를 설명한다. 또한, 저자의 관점에서 유용하거나 주의해야 할 사항도 포함되어 있다.

8장에서는 데이터 시각화, 자산운용사 선정, 성과의 네 가지 측면(수익률, 위험, 사전적, 사후적), 효과적인 리스크관리 등의 측면에서 효율적 성과분석을 위한 다양한 성과분석방법을 종합적으로 설명한다.

제2장

자산운용업
The Asset Management Industry

> 투자자산관리에서 가장 소중한 것은 지속적인 관리이다.
>
> Robert Arnott(1954-)
>
> 액티브 투자는 비용을 제외하면 제로섬 게임이다. 즉, 승자는 패자의 손실을 통해 수익을 얻는다.
>
> Eugene Fama(1939-)

자산관리(Asset management)는 위탁 혹은 대리 활동이다. 포트폴리오 매니저(Asset managers)는 투자자(Asset owner)를 대신하여 자산을 운용한다. 투자자에는 연기금, 기금, 보험회사, 국부펀드, 패밀리오피스, 고액자산가 및 소액투자자가 포함된다. 위탁운용자산의 규모는 매우 크고 지속적으로 성장하고 있다. PwC[1]에 따르면, 2020년 말 글로벌 위탁운용자산은 110조 달러를 초과했으며, 지난 5년 동안 40% 이상 증가한 것으로 추정된다. Table 2.1, 2.2 및 2.3에 관련된 자료가 있다.

자산은 개별적으로 분리된 계좌에서 운용되거나, 개방형 공모펀드, 폐쇄형 투자신탁, 헤지펀드, 상장지수펀드(ETFs) 등과 같은 다양한 집합투자기구를 통해 운용된다. 사모펀드는 일반적으로 유한책임조합의 형태로 운용된다. 일부 포트폴리오 매니저는 다른 포트폴리오 매니저를 선정하여 위탁운용을 맡기기도 한다.

투자자와 포트폴리오 매니저는 자산운용업의 주요 이해관계자이다. 또한, 자산운

---

[1] PwC, "Asset and Wealth Management Revolution"(2020).

용 컨설턴트(투자자의 부채를 식별하여 모델링하며, 자산배분을 제안하고 포트폴리오 매니저 선정에 가이드 역할)와 자산운용 관련 서비스 제공자(수탁은행, 제3의 관리자, 지수제공자, 감사 및 검증자, 주요 중개인, 기업 자문가, 피어그룹 제공자 및 성과분석가 포함)도 포함된다.

이처럼 각 이해관계자의 역할 간에 경계는 모호하다. 많은 투자자(대형 연기금 및 기부금)는 자산을 내부적으로 직접 관리하며, 동시에 다른 외부 투자자를 위해 자산을 운용하기도 하여 투자자가 포트폴리오 매니저가 되기도 한다. 일부 투자자는 자산운용 컨설턴트로도 활동하며, 자신의 부채를 모델링하고 자산배분을 결정하며 외부 전문 포트폴리오 매니저를 선정한다. 따라서 이러한 투자자는 자산운용 컨설턴트이자 경우에 따라 포트폴리오 매니저 역할도 한다. 규정이 허용하는 경우, 일부 조직은 네 가지 역할을 모두 수행하기도 한다. 신탁관리자(Fiduciary managers)는 자산관리 컨설턴트이자 포트폴리오 매니저로 활동할 수 있으며, 많은 포트폴리오 매니저는 일부 자산운용 관련 서비스제공자 역할을 하기도 한다. 성과분석은 네 가지 유형의 이해관계자 모두에게 영향을 미친다.

다섯 번째로 중요한 이해관계자는 규제 당국이다. 규제는 최종 투자자를 보호하고, 공정하고 안전한 자본시장을 보장하는 두 가지 역할을 한다.

이해관계자, 계좌의 유형(분리형 또는 집합형), 자산 유형에 따라 성과측정 방법론, 요구사항 및 주요 사항 등이 달라질 수 있다. 이해관계자의 관계는 Figure 2.1과 같다.

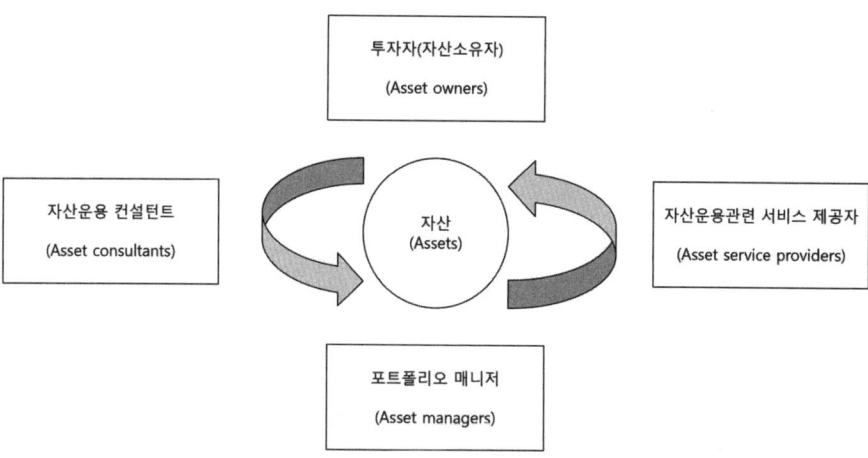

Figure 2.1 자산운용 관련 이해관계자

Table 2.1 글로벌 위탁자산규모(상품별)

유형	2020년 예상 (US$tn)	2025년 예상 (US$tn)
글로벌	**112.3**	**139.1**
집합투자펀드(Collective funds)	**50.2**	**61.9**
액티브	37.8	45.2
패시브	12.4	16.7
ETFs	**6.1**	**8.6**
분리계좌(Segregated)	**48.5**	**58.3**
액티브	36.3	43.2
패시브	12.2	15.1
대체투자(Alternatives)	**13.6**	**18.9**

Table 2.2 글로벌 위탁자산규모(지역별)

지역	2020년 예상 (US$tn)	2025년 예상 (US$tn)	연평균 성장률
북아메리카	57.9	69.4	3.7%
유럽	32.3	37.1	2.8%
아시아-태평양	18.3	26.2	7.4%
라틴아메리카	2.8	4.8	11.8%
중동 및 아프리카	1.1	1.6	8.4%

Table 2.3 투자자별 규모

	2020년 예상 (US$tn)	2025년 예상 (US$tn)	연 성장률
연기금(Pension funds)	49.8	62.5	4.6%
보험회사(Insurance funds)	34.0	41.3	3.9%
국부펀드(Sovereign wealth funds)	8.6	11.0	5.0%
고액자산가(High-net-worth individuals)	88.2	108.3	4.2%
부유층(Mass affluent)	77.3	94.6	4.1%
합계	**258.0**	**317.6**	**4.2%**
위탁관리자산	112.3	139.1	4.4%
비율	43.5%	43.8%	

자산 유형
(ASSET CLASSES)

투자자산 유형은 명확한 위험-수익률 특성을 가지며, 동질적이면서도 상호 배타적이어야 하며, 분산효과[2]도 제공해야 한다.

자산운용사는 다양한 자산 유형을 운용한다. 주식, 채권, 부동산, 사모주식, 사모대출, 인프라, 현금, 통화, 파생상품 및 원자재 등이 있다. 균형 투자전략(Balanced investment strategies, 혼합형 투자전략)은 분산효과를 극대화하고, 부채 특성에 맞는 운용전략을 수행하며, 계획된 전략적 자산배분을 위해 다양한 자산 유형을 혼합하는 방식이다. 각 자산 유형은 서로 다른 특성을 가지므로, 이에 맞는 적절한 수익률 및 위험 계산 방법론이 필요하다.

공모주식
(일반주식, PUBLIC EQUITIES)

주식은 회사의 지분을 의미한다. 회사는 주주들의 소유이며, 주주들은 회사의 수익과 자본에 대한 권리를 가지고 보통 경영에 영향을 미칠 수 있는 의결권을

---

2   Cornelius, International Investments in Private Equity(2011).

행사한다.

주식은 국내주식과 해외주식(또는 글로벌주식)으로 분류할 수 있으며, 일반적으로 상장된 국가를 기준으로 구분된다. 그러나 다국적 기업이 많으며, 일부 기업은 상장 국가와 경제적으로 큰 연관이 없거나, 여러 국가에 이중 상장될 수도 있다. 주식이 상장된 시장의 현지통화로 표시되더라도, 실제 수익과 이익은 다중 통화에 노출될 수 있다. 국가는 다음과 같이 분류될 수 있다. 선진국(경제와 산업이 발전한 국가), 신흥국(보통 1인당 소득이 낮거나 중간 수준이며, 경제개발과 개혁을 추진하는 국가[3]), 그리고 프론티어 국가(경제 성장 초기 단계로, 투자 인프라 및 규제 문제로 인해 투자하기 어려운 저소득 국가)로 분류된다.

국가 분류 기준은 다를 수 있으나, 2019년 3월 기준으로 FTSE Russell의 국가 분류 목록이 Table 2.4에 정리되어 있다.

주식투자는 투자 스타일(성장, 가치, 모멘텀)과 규모(대형주, 중형주, 소형주, 초소형주)로 세분화할 수 있다.

Table 2.4 국가분류

Developed	Advanced emerging	Secondary emerging	Frontier
호주	브라질	칠레	아르헨티나
오스트리아	체코	중국	바레인
벨기에/룩셈부르크	그리스	콜롬비아	방글라데시
캐나다	헝가리	이집트	보츠와나
덴마크	말레이시아	인도	불가리아
핀란드	멕시코	인도네시아	코트디부아르
프랑스	남아프리카 공화국	쿠웨이트	크로아티아
독일	대만	파키스탄	키프로스
홍콩	태국	페루	에스토니아
아일랜드	터키	필리핀	가나
이스라엘		카타르	아이슬란드
이탈리아		러시아	요르단
일본		사우디아라비아	카자흐스탄
네덜란드		아랍에미리트	케냐

---

[3] International Monetary Fund(IMF) definition.

뉴질랜드	라트비아
폴란드	리투아니아
노르웨이	마케도니아
포르투갈	몰타
싱가포르	모리셔스
대한민국	모로코
스페인	나이지리아
스웨덴	오만
스위스	팔레스타인
	루마니아
	세르비아
	슬로바키아
	슬로베니아
	스리랑카
	튀니지
	베트남

가치투자는 저평가된 기업에 장기적 접근방식으로 투자하며, 주로 펀더멘털 분석을 통해 이루어진다. 실무에서 가치투자는 종종 낮은 주가수익률(P/E 비율)이나 높은 배당수익률과 같은 특성을 가진 주식에 투자하는 것으로 정의된다. 포트폴리오 매니저는 이러한 가치이상현상(valuation anomalies)을 활용하려고 한다.

성장주 투자자는 매출과 이익성장 전망이 좋은 회사를 찾으려고 한다. 성공적인 성장형 투자의 핵심은 주가에 아직 반영되지 않은 뛰어난 장기 성장전망을 가진 회사를 찾아내는 것이다.

모멘텀 투자자는 추세가 계속될 것이라는 기대를 전제로 평균보다 높은 수익 또는 주가 상승률을 보이는 회사를 찾으려고 한다.

규모에 대한 정의는 시장에 따라 다를 수 있지만, 일반적으로 시가총액이 100억 달러 이상인 회사는 대형주, 20억 달러에서 100억 달러 사이는 중형주, 2억 5천만 달러에서 20억 달러 사이는 소형주, 2억 5천만 달러 이하인 회사는 초소형주로 분류한다.

소형주는 종종 신규 산업의 초기 단계에서 발견될 수 있으며, 관련 분석 자료가 부족한 경우가 많고, 경영진이 사업에 높은 재정적 지분을 보유하고 있을 가능성이 크다. 소형주는 변동성이 크고 유동성이 낮으며, 거래비용이 높을 가능성이 있다. 또한, 기업 지배구조의 기준이 다양하며, 이사회 규모가 작고 경험이 부족할 수 있다.

2018년 전 세계 주식시장의 시가총액은 74.7조 달러였으며, 국가별 비중은 미국 40.8%, 중국 및 홍콩 13.6%, EU 10.8%, 영국 4.9%, 신흥시장 15.3%, 기타 선진국 14.6%였다.[4]

채권
(BONDS OR FIXED INCOME)

채권은 만기 전에 거래할 수 있는 증권화된 대출이다. 일반적으로 채권의 현금흐름은 예상할 수 있으며, 이자 지급(쿠폰)과 원금 상환으로 구성된다. 채권은 정부와 기업에서 발행하며, 정부 채권은 주로 자국 통화로 발행된다. 정부 채권과 비정부 채권의 주요 차이점은 비정부 채권이 더 높은 채무 불이행 위험(신용위험)을 가진다는 점이다. 신용위험은 발행자의 신용등급에 따라 달라지며, 채권의 신용등급이 낮을수록 투자자는 유사한 만기(혹은 듀레이션)의 정부 채권 대비 더 높은 프리미엄(신용 스프레드)을 요구한다.

정부는 세금징수 또는 화폐발행을 통해 채권의 이자와 원금을 지급할 수 있는 능력을 갖는다. 반면, 민간 기업이 발행한 채권이거나 정부가 자국 통화가 아닌 다른 통화로 발행한 채권은 상환 능력이 다를 수 있다. 이는 신용평가 기관이 평가한 신용등급으로 반영되며, 그 예시는 Table 2.5에 나타나 있다. 신용등급은 발행자가 채무 불이행할 확률을 상대적으로 측정한다. 발행자가 한 번이라도 지불하지 못하거나 지연되면 채무 불이행 상태에 놓이게 된다.

---

[4] 출처 : World Federation of Exchanges.

Table 2.5 신용등급

구분	S&P	Moody's	Fitch
투자적격등급			
최고등급	AAA	Aaa	AAA
고등급	AA	Aa	AA
상위등급	A	A	A
중간등급	BBB	Bbb	BBB
투자부적격등급			
저등급	BB	Ba	BB
투기적	B	B1	B
매우 투기적	B-	B3	B-
고수익 또는 부도			
고위험	CCC	Caa	CCC
극단 투기적	CC	Ca	CC
	C	C	C
부도	D		DDD

 선진국 시장 채권은 선진국의 정부와 기업이 발행하며, 신흥국 시장 채권은 개발도상국의 정부나 기업이 발행한다. 2018년 기준 신흥국 부채는 2.5조 달러[5]이며, 전 세계 채권 시장의 2.4%를 차지했다. 50개 이상의 국가가 신흥국 시장으로 분류되며, 많은 국가들이 미 달러나 다른 선진국 통화로 표시된 채권에 대한 유통시장을 가지고 있다. 약 30개의 신흥국 시장은 자국 통화 채권시장도 보유하고 있다. 신흥국 시장은 일반적으로 고위험을 감수하는 투자자들에게 고수익률을 제공한다.

 전통적인 채권의 이자와 만기상환 원금은 고정되어 있으며, 인플레이션으로 인해 지급액의 실질 가치가 감소할 수 있다. 이자와 만기상환 금액이 특정 인플레이션 지표에 연동되는 채권에 투자하면, 인플레이션 위험을 완화할 수 있다. 2019년 기준 인플레이션 연동 채권시장은 3.1조 달러[6]에 달했으며, 대부분이 정부 발행 채권이고 일부만 기업 발행 채권이었다.

 2020년 8월 기준, 전 세계 채권시장의 전체 규모는 약 128.3조 달러[7]로 추정된다.

---

[5] 출처 : Bank of International Settlements(BIS).
[6] 출처 : Barclays Capital Research.
[7] 출처 : International Capital Markets Association.

이 중 68%는 정부, 초국가적(supranational, 여러 국가가 공동으로 설립) 기구 또는 기관이 발행한 채권이며, 32%는 기업이 발행한 채권이다. 87.5조 달러 규모의 정부, 초국가적 기구 또는 기관이 발행한 채권 중, 22.4조 달러는 미국, 19.8조 달러는 중국, 12.4조 달러는 일본으로 집계된다. 40.9조 달러 규모의 기업 발행 채권 중, 10.9조 달러는 미국, 7.4조 달러는 중국으로 집계되었다.

현금성 자산(Cash and near cash)

현금 및 현금성 자산은 상환 기간이 1년 미만인 단기 대출 형태의 다양한 금융상품을 포함한다. 현금에는 예금증서, 약속어음, 기업어음 및 만기가 1년 미만인 채권이 포함된다. 수익률과 위험은 일반적으로 장기 채권보다 낮다. 현금은 고유한 자산 유형일 뿐만 아니라 대부분의 투자 포트폴리오에 필수적으로 포함되는 자산 유형이다.

사모투자 자산
(PRIVATE ASSETS)

사모투자 자산(Private assets)은 공모시장에서 거래되지 않는 다양한 유형의 자산을 포함하는 포괄적인 개념으로 다음과 같은 유형이 있다.

(1) 부동산
(2) 사모펀드
(3) 사모대출
(4) 인프라
(5) 천연자원

2021년 7월 기준, 전 세계적으로 폐쇄형 펀드 형태로 운용되는 사모투자 자산의 규모는 9.8조 달러[8]이다. 이 중 53%는 북미, 22%는 유럽, 21%는 아시아, 4%는 기타 지역에서 운용된다. 65%는 사모펀드, 12%는 사모대출, 13%는 인프라, 11%는

---

[8] 출처 : McKinsey Global Private Markets Review 2022.

천연자원에 투자되어 있다.

부동산(Real estate)

부동산은 상업용 부동산인 오피스, 소매, 산업부문과 비교적 적은 비중의 임대주택과 농지를 포함한다. 부동산은 물리적 자산뿐만 아니라, 개발된 토지에 부여된 권리와 해당 자산에서 발생하는 미래 수익에 대한 권리도 포함된다. 임대인이 보유한 미래수익에 대한 권리는 임차인과의 체결한 임대계약(lease)에 의해 규정된다. 임대계약의 가치는 다음 요소에 의해 결정된다.

(1) 임대기간
(2) 임차인의 채무불이행 위험
(3) 관리비용
(4) 공실률
(5) 예상 수익 성장성
(6) 유동성위험

부동산은 독립적인 부동산 감정평가사에 의해 정기적으로(일반적으로 매년) 평가된다. 소매 부동산 부문에는 주요 상업시설, 쇼핑센터, 소매 창고 등이 포함된다.

2019년 기준, 전 세계적으로 관리되는 부동산 시장의 규모는 9.6조 달러[9]이며, 그 중 35.8%는 미국, 21.3%는 EU 27개국, 10.2%는 중국과 홍콩, 9.2%는 일본, 7.8%는 영국으로 집계되었다.

2021년 7월 기준, 폐쇄형 펀드로 관리되는 전 세계 부동산 자산의 규모는 1.2조 달러[10]이며, 이 중 58%는 북미, 27%는 유럽, 11%는 아시아, 5%는 기타 지역이다.

---

9   출처 : MSCI Real Estate Market Size Report 2019/2020.
10 출처 : McKinsey Global Private Markets Review 2022.

사모펀드(Private equity)

사모펀드는 거래소에서 자유롭게 거래되지 않는 모든 유형의 지분투자를 포괄적으로 의미한다. 사모펀드는 스타트업과 초기기업, 재정적 어려움을 겪고 있는 기업, 성장이나 인수자금을 찾는 기업에 중요한 자본 공급원 역할을 한다. 사모펀드는 유동성이 낮고, 가치평가가 어려울 수 있다.

사모펀드 운용사는 투자자로부터 자본을 모아 특정 전략을 추구하는 펀드를 조성한다. 이러한 펀드는 주로 유한책임조합(LP) 형태로 조직되며, 이는 사모펀드 투자에서 일반적인 법적 구조이다.

사모펀드는 일반적으로 유동성이 낮지만, 변동성은 일반주식보다 작다. 사모펀드는 다른 자산 유형과 달리 J-커브[11] 특성을 가진다. J-커브란 사모펀드가 초기에는 높은 투자비용과 수수료로 인해 음(-)의 수익을 기록하지만, 시간이 지나면서 수익이 증가하는 경향을 보이는 패턴을 의미한다. 따라서 사모펀드의 성과분석은 장기 수익률과 자산의 특징을 반영할 수 있는 추가적인 지표[12]로 평가되어야 한다.

사모펀드 전략에는 다음과 같은 유형으로 구분된다.

(1) 바이아웃(인수, Buy-out)
   바이아웃은 기존 기업의 지배적인 지분을 인수하는 전략을 의미한다. 이 과정에서 주로 부채를 활용한 자금조달과 레버리지가 동반된다.
(2) 벤처캐피탈(VC)
   벤처캐피탈은 제품이나 수익이 없거나 혹은 수익 창출이 막 시작된 신생기업에 대한 투자를 의미한다.
(3) 성장금융
   성장금융은 주로 벤처캐피탈 다음 단계의 이익은 있지만, 수익성이 부족한 기업이 가능한 빠르게 확장하기 위해 필요한 자본을 투자받는 경우이다.
(4) 기타
   기타에는 부실투자, 기업회생투자 및 메자닌 투자 등이 있다.

---

11 Fraser-Sampson, Private Equity as an Asset Class(2010).
12 식 7.3 - 식 7.6 참조(TVPI, DPI, PICC, RVPI와 같은 배수)

2021년 7월 기준, 폐쇄형 펀드로 관리되는 전 세계 사모펀드 자산의 규모는 6.3조 달러[13]이며, 이 중 48%는 바이아웃, 29%는 벤처캐피탈, 16%는 성장금융, 7%는 기타로 구성된다.

사모대출(Private debt)

사모대출은 일반적으로 은행에서 자금을 조달하지 않으며, 공개시장에서 발행되거나 거래되지 않는 대출투자를 의미한다. 사모대출 투자는 사업 성장자금, 운전자본, 또는 인프라나 부동산 개발 자금을 조달하는 데 사용된다. 사모대출은 매우 유동성이 낮고 일반적으로 만기까지 보유된다. 공모채권과 마찬가지로 정기적인 수입과 만기 시 최종 원금이 지급된다.

2021년 7월 기준, 폐쇄형 펀드로 관리되는 전 세계 사모대출 자산의 규모는 1.2조 달러[14]이며, 이 중 60%는 북미, 30%는 유럽, 7%는 아시아, 3%는 기타 지역으로 구성된다.

인프라(Infrastructure)

인프라는 사회가 경제를 운영하기 위해 필요한 영구적인 시설과 구조물을 의미하며, 그 분류는 다음과 같다.

(1) 교통(공항, 고속도로, 다리 등)
(2) 유틸리티 및 에너지(풍력 및 태양광 발전소, 수처리 및 폐기물 서비스, 연료 및 에너지 저장, 전력망, 가스망, 발전소 등)
(3) 통신(전송탑, 위성, 인터넷 등)
(4) 사회적 인프라(의료, 레크리에이션, 교육시설 등)

인프라는 높은 진입장벽, 유동성 부족, 장기간의 투자기간, 다른 자산 범주와의 낮은 상관관계, 높은 현금 수익률, 규제, 인플레이션 방어 등의 특징이 있다. 투자자

---

[13] 출처 : McKinsey Global Private Markets Review 2022.
[14] 출처 : McKinsey Global Private Markets Review 2022.

는 인프라를 통해 비교적 예측 가능하고 부분적으로 인플레이션에 방어되는 수입 흐름으로 부채에 매칭시킬 수 있다.

2021년 7월 기준, 폐쇄형 펀드로 관리되는 전 세계 인프라 및 천연자원 자산의 규모는 1.1조 달러[15]이며, 이 중 49%는 북미, 30%는 유럽, 10%는 아시아, 10%는 기타 지역으로 구성된다.

천연자원(Natural resources)

천연자원은 자연적으로 발생하는 재료나 물질을 의미한다. 이는 채굴하거나 재배할 수 있으며, 다음과 같은 종류가 있다.

(1) 농업
(2) 산림
(3) 물
(4) 광업
(5) 에너지

총 관리 자산은 2,300억 달러[16]이다. 이 자산 범주는 사실 사모펀드와 인프라의 혼합으로, 유사한 특징을 가지고 있다.

원자재
(COMMODITIES)

원자재에는 금, 기타 귀금속 및 비철금속, 에너지, 농산물이 포함되며, 경우에 따라 암호화폐도 포함될 수 있다. 원자재는 일반적으로 직접적인 수입을 창출하지 않으며, 대신 저장 및 배송 비용이 발생할 가능성이 높다. 그러나 원자재는 유동성이 높으며, 높은 수준의 분산효과와 인플레이션 헤지 기능을 제공하는 것으로 평가

---

15 출처 : McKinsey Global Private Markets Review 2022.
16 출처 : Prequin Global Infrastructure Report(2022).

된다.

파생상품
(DERIVATIVES)

파생상품은 독립적인 자산 유형이 아니며, 다른 기초자산의 가치에서 파생된 금융상품이다. 파생상품은 다양한 방식으로 활용된다. 리스크 전이 및 헤지, 자산배분의 신속하고 효율적인 변경, 합성 포지션 생성, 그리고 순수한 투기목적으로 사용될 수 있다. 파생상품은 종종 높은 리스크를 수반하는 것으로 간주된다. 이는 주로 투기 목적이나 레버리지 생성에 활용되기 때문이다. 개별 파생상품은 단독으로 보면 리스크가 높아 보일 수 있으나, 포트폴리오 내에서 활용될 경우 반드시 그렇지는 않다. 파생상품은 포트폴리오 매니저의 전체 투자결정과정에서 적절히 측정되고 보고되어야 한다. 파생상품의 기본적인 네 가지 유형은 선물, 선도, 스왑, 옵션이 있다.

선물계약(Futures)

선물계약은 미래에 특정 시점에 사전 협의된 가격으로 자산을 인도하기로 한 합의 계약이며, 거래소를 통해 체결된다. 대부분의 선물계약은 주식지수 선물계약이다.

주식지수 선물계약은 주식지수의 움직임에 따라 현금 규모를 교환하기로 한 계약이며, 물리적 자산은 인도되지 않는다.

주식지수 선물은 가장 기본적인 형태의 파생상품이다. 포트폴리오 내에서는 시장가치가 없으며, 두 가지 경제적 익스포저가 발생한다. 하나는 주식지수에 대한 계약상 포지션이고, 다른 하나는 경제적 또는 명목상 현금에 대한 계약상 포지션이다. 주식지수 선물을 매수하면 주식의 롱 포지션과 현금의 숏 포지션이 생기고, 주식지수 선물을 매도하면 주식의 숏 포지션과 현금의 롱 포지션이 생긴다.

주식지수선물의 가격에는 만기 전까지 기초 배당수익과 이자율에 따른 보관비용이 고려되어 있다. 따라서 선물가격은 배당수익과 이자수익의 차이를 반영하므로 기초지수와 차이가 발생한다. 또한, 선물계약은 기초지수나 현금에 대한 수요와 공급에 따라 공정가치보다 할인되거나 프리미엄이 붙어 거래될 수 있으며, 만기 시에만 두 가격이 수렴하게 된다.

주가지수선물은 환율 익스포저(currency exposure)를 발생시키지 않는다. 선물계약의 손익은 매일 증거금 계좌에서 실현된다. 주식선물 포지션(롱 또는 숏)을 실행하기 위해서는 중개인에게 초기증거금(담보)을 예치해야 하며, 중개인은 청산소에서 주고받는 모든 결제를 처리한다. 만약 포지션이 하루가 끝날 때까지 청산되지 않으면, 시장가치로 조정되어 이익이나 손실이 증거금 계좌에서 추가되거나 차감된다. 증거금 계좌는 펀드의 자산으로 간주되며, 모든 성과 및 기여도 계산에서 현금자산처럼 반영되어야 한다. 초기증거금은 주가지수의 경제적 익스포저보다 훨씬 적기 때문에 상당한 레버리지를 효과를 발생시킬 수 있다.

선도계약(Forwards)

선도계약은 두 당사자가 특정 날짜에 정해진 가격으로 상품이나 금융자산을 매매하기로 사전에 약속하는 계약이다. 자산관리에서 대부분의 선도계약은 통화선도계약이다.

통화선도계약은 평가시점에서 해당시점의 선도환율을 사용해 평가해야 한다.

선물계약과 달리, 계약기간 동안 변동 증거금을 지불하지 않으므로 이익이나 손실이 실현되지 않는다. 현물환율 간의 통화수익은 통화선도 수익과 선도 프리미엄(또는 금리 차이)으로 나눌 수 있다.

스왑(Swaps)

스왑은 두 당사자가 합의된 기간 동안 특정한 미래의 정기적인 날짜(일반적으로 분기별)에 서로에게 특정금액을 지급하기로 약속하는 계약이다. 각 시점의 지급액은 다른 기준에 따라 계산된다. 스왑은 여러 기간에 걸친 선도계약의 묶음으로 볼 수 있다.

선도계약과 마찬가지로, 변동 증거금이 없으며 스왑 자체의 가치는 양(+)일 수도, 음(-)일 수도 있다. 스왑의 각 부분은 적절한 명목 경제적 자산으로 표현될 수 있으며, 두 자산 간의 차이는 스왑계약의 미실현 이익이나 손실을 나타낸다. 실질적으로 스왑은 선물계약과 선도계약의 중간 형태로, 미실현 이익과 손실이 각 지급일에 실현된다. 스왑 종류에는 다음과 같다.

(1) 금리 스왑(Interest rate swap)

가장 일반적인 금리 스왑 유형은 고정/변동금리 스왑(또는 플레인 바닐라 스왑)이다. 명목금액은 보통 일정한 금액으로 정해진다. 한 당사자는 명목금액을 기준으로 고정금리를 지급하기로 하고, 다른 당사자는 합의된 기간 동안 특정시점에 변동금리(Libor)를 지급하기로 한다.

고정금리 부분은 채권과 정확히 동일하게 작용하므로 명목자산은 채권처럼 평가되어 적절한 범주에 포함되어야 하며, 다른 부분은 현금으로 포함되어야 한다.

(2) 총수익 스왑(Total Return Swap)

총수익 스왑은 관련 자산이나 관련 지수의 총 수익을 이전하며, 여기에는 모든 현금흐름이 포함된다. 주로 특정 금융상품의 전체 신용위험을 이전하고 이에 대한 대가를 이자 형태로 지급받는 구조이다.

(3) 신용부도 스왑(Credit Default Swap)

신용 파생상품은 관련 자산의 신용도에 따라 지급이 결정되는 계약이다. 기본적으로 보험(protection) 구매자가 관련 자산의 명목가치에 일정비율(bp)을 주기적으로 보험(protection) 판매자에게 지불한다. 스왑기간 동안 파산, 지급불능, 신용등급 하락 등의 신용 이벤트가 발생하면, 보험 판매자는 정해진 가격에 관련 자산을 인수하거나 현금보상을 지급해야 할 의무가 발생한다. 신용부도 프리미엄은 관련 자산의(정부채와의 차이인) 신용 스프레드와 비슷할 가능성이 매우 높다.

이 경우 신용부도 스왑에 대한 명목자산은 유사한 회사채 및 국고채 섹터이며, 듀레이션은 투자결정과정에 부합해야 한다.

(4) 주가지수 스왑(Equity Index Swap)

주가지수 스왑은 주 지수선물 계약과 매우 유사하지만, 변동마진(variation

margin)이 없다는 점이 주요 차이점이다.

표준 주가지수 스왑에서는 한 당사자가 주기적으로 주가지수의 가치변화와 배당수익을 명목가치 기준으로 지급하고, 동일한 명목가치에 대해 고정 또는 변동금리의 이자를 지급받는다. 명목가치는 일정하게 유지되거나 주식지수에 따라 변동될 수 있다. 지수가 하락하면 판매자(지수수익률 지급하는 포지션)는 가치감소에 대한 추가적인 지급과 이자를 받을 수 있다.

주가지수 스왑은 주가지수 선물계약과 유사하게 명목자산으로 표현될 수 있지만, 명목가치가 다를 수 있으며, 이는 실현되지 않은 손익을 나타낸다. 이러한 손익은 각 지급날짜(payment date)에 실현된다.

옵션(Options)

유럽형 옵션계약의 구매자는 특정자산(기초자산)을 정해진 가격(행사가격)으로 미래의 특정날짜(만기일)에 매수(콜 옵션 매수자)하거나 매도(풋 옵션 매수자)할 권리를 갖지만, 의무는 없다.

유럽형 옵션은 만기일에만 행사할 수 있는 반면, 아메리칸 옵션(대다수의 옵션계약)은 만기일까지 언제든지 영업일에 행사할 수 있다. 버뮤다형 옵션은 이 두 가지의 중간 형태로, 만기일까지 특정한 날에만 옵션을 행사할 수 있다.

옵션 구매자는 옵션 판매자나 발행자에게 프리미엄을 지불한다. 옵션계약 발행자는 프리미엄을 받지만, 발행한 자산(예: 콜 옵션 매도, 풋 옵션 매도)의 가치를 만기까지 부채로 인식하게 된다. 옵션계약의 성과는 다른 자산과 동일한 방식으로 측정되지만, 경제적 익스포저도 발생한다. 선물계약과 달리, 옵션계약의 경제적 익스포저는 선형이 아닌 볼록한 형태이며, 기초자산 가격이 행사 가격에 가까울수록 크게 변한다.

옵션의 총 가치는 내재가치와 시간가치로 구성된다. 옵션의 내재가치는 옵션을 즉시 행사하여 실현될 수 있는 가치다.

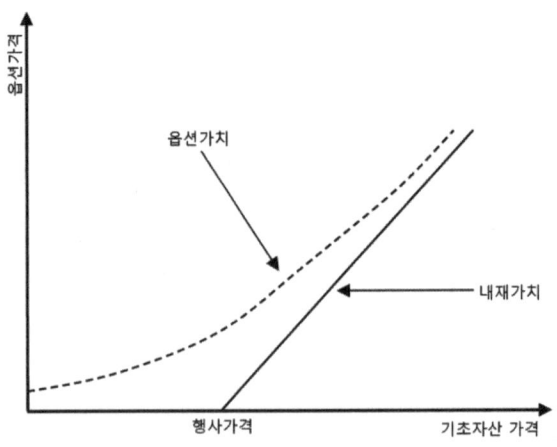

Figure 2.2 옵션 시간가치와 내재가치

옵션의 내재가치가 0인 경우 옵션행사에 따른 실현가치는 0이 된다(옵션매수자 측면에서 옵션가치는 결코 음(-)이 되지 않으며, 옵션 매수자의 의향에 따라서만 옵션은 행사된다). 이러한 경우 옵션은 'OTM(out of the money, 내재가치 없음)'상태라고 한다.

시간가치는 옵션이 만기 전에 'ITM(in the money, 내재가치 있음)'상태가 될 가능성을 반영하며, 시간과 변동성의 함수이다. 시간가치는 행사가격 주위에서 최고조에 달한다. 기초자산 가격이 행사가격 보다 훨씬 낮으면 내재가치는 없고 시간가치도 낮아진다. 옵션이 매우 높은 ITM 상태라면, 옵션이 행사될 가능성이 거의 확실하고 시간가치는 낮아진다.

옵션 가격 민감도(Option price sensitivity, the Greeks)

옵션은 블랙-숄즈 모델을 사용하여 가치평가 할 수 있으며, 이를 위해서는 다음과 같은 요소들이 필요하다.

(1) 기초자산의 가격
(2) 옵션의 행사가격
(3) 만기까지의 잔존시간
(4) 기초자산의 변동성

(5) 보유비용

옵션의 가격 민감도는 '그릭스(Greeks)'로 표현하며, 델타, 감마, 세타, 베가, 로가 있다.

- 델타(Δ 또는 δ) : 기초자산 가격 변화에 따른 옵션가치의 변화
- 감마(Γ 또는 γ) : 기초자산 가격 변화에 따른 델타의 변화
- 세타(θ) : 다른 모든 요인이 일정할 때 옵션만기까지 잔존시간이 변함에 따른 옵션가치의 변화
- 베가(카파(κ)라고도 함): 변동성이 변할 때 옵션가치의 변화. 다른 그릭스와 달리, 베가는 그리스 문자가 아니다.
- 로(ρ) : 금리변화에 따른 옵션가치의 변화

그릭스의 변화에 따른 옵션가격의 변화를 요약한 내용이 Table 2.6에 나와 있다. 델타는 성과측정과 기여도분석의 관점에서 가장 중요한 그릭스이다. 콜 옵션이 'OTM(out of the money, 내재가치 없음)' 상태라면 델타는 50% 미만이 되고, 가격이 더 낮아질수록 0에 수렴한다. 콜 옵션이 'ATM(at the money, 행사가격과 기초자산 가격이 같음)' 상태라면 델타는 대략 50% 이다. 가격이 어느 방향으로든 움직일 확률이 50:50 이다. 콜 옵션이 'ITM(in the money, 내재가치 있음)' 상태라면 델타는 50% 이상이 되고, 가격이 높아질수록 100%에 수렴하여 기초자산의 가격과 같이 움직이게 된다.

델타는 옵션가격 변화에 대한 1차 근사치이며, 실제 관계는 볼록한 형태로, Figure 2.3에 나타나 있다. 옵션델타는 각 기초자산 가격에서 곡선에 접하는 직선의 기울기와 같다.

델타는 기초자산 가격이 소폭 변화할 때 잘 작동한다. 감마는 이 델타의 변화 속도를 측정한다. 콜옵션 매수의 경우, 델타는 옵션가격 상승을 과소평가하고 하락을 과대평가한다. 콜옵션 매도와 풋옵션 매도의 경우 볼록성이 음(-)으로, 이익을 과대평가하고 손실을 과소평가하므로 바람직하지 않은 평가가 된다.

Table 2.6 옵션민감도 변화에 따른 영향

옵션종류	Delta	Gamma	Vega	Rho	Theta
Long Call	Positive	Positive	Positive	Positive	Positive
Long Put	Negative	Positive	Positive	Negative	Positive
Short call	Negative	Negative	Negative	Negative	Negative
Short Put	Positive	Negative	Negative	Positive	Negative

워런트(Warrants)

워런트는 주식, 채권, 대출채권 또는 정부증권을 일정 기간 동안 매수할 수 있는 권리로, 옵션과 다른 점은 기초 증권의 발행자가 직접 워런트를 발행하며 워런트 보유자가 권리 행사 시 발행자가 집적 증권(기초자산)을 행사가에 매도하게 된다. 다른 종류의 금융상품도 워런트라고 불리지만 실제로는 옵션이다. 예를 들어, 기초 증권의 원래 발행자가 아닌 다른 사람에게 증권을 취득할 권리는 커버드 워런트라고 불린다.

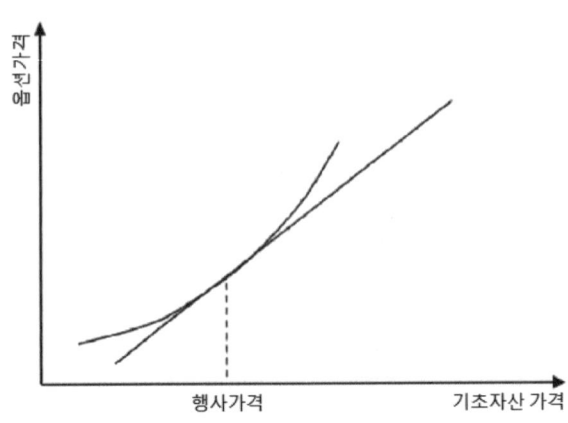

Figure 2.3 옵션의 볼록성

전환사채(Convertible bonds)

전환사채는 발행 회사의 주식으로 전환할 수 있는 채권의 한 종류이다. 전환사채는 콜 옵션이 내재된 채권이라고 할 수 있으며, 성과측정과 기여도분석의 관점에서, 투자결정과정과 일치한다면 두 가지 익스포저(채권+콜옵션)로 분리하는 것이 적절하다.

전환사채 매수자는 기초자산을 매도하여 평가차익을 노리거나, 전환사채를 매수하고 옵션을 행사하기 위한 현금을 보유함으로써 원하는 자산구성 익스포저를 더 저렴한 금액으로 복제할 수도 있다. 이 현금은 전환사채에 내재된 옵션의 델타에 맞춰 조정될 수도 있고 아닐 수도 있으며, 기여도분석 목적상 적절한 명목주식 및 명목 현금자산(음수)으로 반영되어야 한다.

전환사채의 참여율(participation rate)은 델타(delta)와 달리, 해당 상품이 기초자산 가격 변동에 얼마나 노출되는지를 의미한다. 전환사채의 가치 대부분은 채권 요소로부터 발생하기 때문에, 기초자산 상승 구간에서의 참여율은 하락 구간보다 높을 가능성이 크다. 예를 들어, 상승 시 참여율은 75%이지만, 하락시 참여율은 65%이다.

차익결제거래(Contracts for difference, CFDs)

차액결제계약(CFD)은 두 당사자(매수자와 매도자) 간의 계약으로, 매수자가 관련 자산의 현재가치와 계약 상 만기시점 가치 사이의 차액을 매도자에게 지급하는 내용이다(반대로 가치가 음(-)일 경우 매도자가 매수자에게 지급한다). CFD는 인지세를 회피하고, 레버리지 기회를 제공하며, 투명성이 낮아 개별 증권에서 큰 가상 포지션을 취할 수 있게 해준다.

오버레이 전략(Overlay strategies)

오버레이 전략은 기본 포트폴리오와 별도로 수행된다. 오버레이 전략은 일반적으로 파생상품을 사용하여 기본 포트폴리오의 위험 익스포저를 제한하거나 기본 포트폴리오의 자산배분을 전술적으로 변경하여 가치를 추가하기 위해 실행된다.

통화
(CURRENCY)

엄밀히 말하면 통화는 자산 유형이 아니다. 글로벌 포트폴리오는 자연스럽게 통화(외국통화, 환율)에 노출되며, 이러한 익스포저는 헤지할 수 있거나 통화 포트폴리오 매니저가 운용하며 추가적인 성과를 시현하고자 할 수도 있다. 기초자산에 대한 관리와 독립적으로 통화 익스포저를 통해 가치를 창출할 수 있는 것은 통화선도시장에 거래량(depth), 유동성(liquidity) 및 유연성(flexibility)이 있기 때문이다. 통화선도계약은 기본 포트폴리오와 함께 독립적으로 관리되거나 통화 오버레이 계정에서 별도로 관리될 수 있다.

헤지펀드
(HEDGE FUNDS)

헤지펀드는 특정 자산의 유형이 아니라, 레버리지를 활용하고 롱(매수) 및 숏(매도) 포지션을 모두 취하며 절대수익을 추구하는 투자방법이다. Ineichen은 헤지펀드를 다음과 같이 정의했다.

"헤지펀드는 매니저 또는 파트너가 원금을 잠재적 손실로부터 보호하는 동시에 투자기회를 활용하여 절대수익을 추구하는 투자 방법이다.[17]"

이 정의는 헤지펀드가 상승 가능성을 추구하면서도 하락 위험을 최소화하려는 비대칭적 특성을 잘 반영한다.

2021년 기준, 전 세계적으로 운용되는 헤지펀드의 규모는 4.8조 달러[18]이며, 추가로 재간접 투자로 운용되고 있는 규모는 0.4조 달러에 달한다.

자산배분
(ASSET ALLOCATION)

전략적 자산배분(Strategic asset allocation)

전략적 자산배분은 투자자가 주기적으로 다양한 자산 유형 간의 투자비중을 결정

---

17 Ineichen, Asymmetric Returns(2003).
18 출처 : Barclayhedge.

하는 과정이다. 이러한 배분은 부채, 투자기간, 위험 허용 수준, 유동성 요건 및 투자목표를 기반으로 한다. 다양한 자산 유형을 포함하는 경우 균형전략(balanced strategy, 혼합형)[19]이라고 한다.

Figure 2.4는 자산 유형별 위험, 수익률 및 유동성 특성을 보여준다.

전술적 자산배분(Tactical asset allocation)

전술적 자산배분은 포트폴리오 매니저가 다양한 자산 유형 간의 가치 이상 현상을 활용하여, 추가적인 성과를 창출하기 위해 일정 기간 동안 전략적 자산배분(정책적 또는 부채기반 벤치마크 기준) 비중을 조절하는 과정이다. 이 과정은 투자자가 사전에 정의한 배분 한도 내에서 이루어진다.

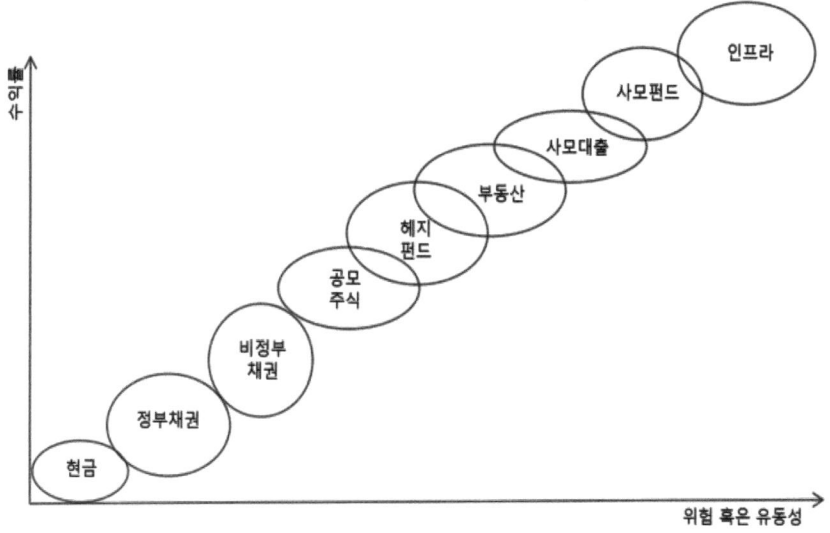

Figure 2.4 자산 유형별 수익률 및 위험

---

19 균형 전략(Balanced Strategy) 또는 균형 포트폴리오(Balanced Portfolio)는 현금을 제외한 두 개 이상의 자산군으로 구성된다.

제3장

포트폴리오 수익률 계산
The Mathematics of Portfolio Return

시간은 당신의 친구이고, 충동은 적이다. 복리이자를 누리고, 시장의 유혹에 현혹되지 마라.

Warren Buffett(1930-)

수학은 과학의 문이자 열쇠이다. 수학을 소홀히 하면 모든 지식에 해를 끼치게 되며, 수학을 모르는 사람은 다른 과학이나 세상의 지식을 이해할 수 없다.

Roger Bacon, 'Doctor Mirabilis'(1214-1294), Opus Majus

1960년대와 1970년대 초 Dietz[1], Bank Administration Institute(BAI)[2], 그리고 영국의 Society of Investment Analysts(SIA)[3]에 의해 포트폴리오 수익률 계산의 근간이 마련되었다. 위의 세 가지 중요한 연구는 모두 연기금의 성과와 관련이 있다. 포트폴리오 수익률 계산은 성과측정 과정의 첫 번째 단계이다. 기본적으로 현금 단위로 손익을 계산하는 것은 성과측정에 충분하지 않기 때문에 포트폴리오의 수익률을 계산한다. 현금 단위의 손익은 운용자산, 포트폴리오 매니저, 또는 벤치마크와의 공정한 비교가 어렵고, 운용성과의 질적인 측면을 평가하는 데 도움이 되지 않는다. 예를 들어, 투자자본이 $100,000인 경우의 $10,000 이익과 투자자본이

---

1   Dietz, Pension Funds: Measuring Investment Performance(1966).
2   BAI, "Measuring the Investment Performance of Pension Funds for the Purpose of Inter-Fund Comparison"(1968).
3   SIA, "The Measurement of Portfolio Performance for Pension Funds"(1972).

$1,000,000인 경우의 $10,000 이익은 상당히 다르다. 투자자본 대비 수익률을 계산하면, 다음과 같은 대상과 공정한 비교가 가능하다.

(1) 기대수익률
(2) 과거수익률
(3) 벤치마크
(4) 다른 포트폴리오 매니저

수십 년 동안 다양한 수익률 계산 방법이 발전해왔으며, 적용되는 방법론은 데이터 가용성, 데이터 품질, 요구되는 정확성, 운용상의 제약, 투자 목표, 자산유형, 그리고 투자자의 요구사항에 따라 달라지며, 경우에 따라서는 일반적으로 일정 수준의 타협이 필요하다.

성과분석을 위해 전체 포트폴리오, 각 구성요소, 개별종목 및 포트폴리오 그룹(집합)의 수익률을 계산한다. 이 장에서는 이를 순차적으로 다룬다.

단순 수익률

포트폴리오 또는 투자자산 집합의 수익률을 측정할 때, 특정 기간 동안 해당 자산의 가치증감에 주목한다. 이는 간단히 '자산 가치의 변화'를 의미한다.

자산 가치의 변화는 '부의 비율(Wealth Ratio)' 또는 '수익률'로 나타낼 수 있다.

'부의 비율'은 포트폴리오의 시작시점 가치 대비 종료시점 가치의 비율을 의미하며, 수학적으로 다음과 같이 표현된다.

$$\frac{V_E}{V_S} \tag{3.1}$$

여기서, V_E : 포트폴리오의 종료시점 가치
V_S : 포트폴리오의 시작시점 가치

부의 비율이 1.0을 초과하면 자산 가치가 증가한 것이고, 1.0 미만이면 감소한 것이다. 예를 들어, 시작시점에서 £100백만이었던 포트폴리오가 기간 종료시점에

£112백만으로 평가되었다면, 부의 비율은 Exhibit 3.1과 같이 계산된다.

Exhibit 3.1 부의 비율(Wealth ratio)

$$\frac{112}{100} = 1.12$$

포트폴리오 자산의 가치를 정확히 평가하는 것은 어려울 수 있지만, 현재 경제적 가치를 합리적으로 추정할 수 있어야 한다. 회사는 내부 평가정책이 잘 마련하고 문서화한 뒤, 이를 지속적으로 일관되게 적용해야 한다. 평가정책의 변경은 특정 기간에 대한 잘못된 수익률로 이어질 수 있다.

경제적 가치는 정산된(settled) 시장가치보다는 거래된(traded) 시장가치를 적용해야 한다. 예를 들어, 개별 증권을 매수했지만 거래가 정산되지 않은 경우(즉, 결제가 완료되지 않은 경우) 포트폴리오는 해당 증권의 가격변동에 경제적으로 노출된다. 마찬가지로, 선언된 배당금이 아직 지급되지 않았거나 채권 자산에서 이자가 발생했으나 지급되지 않은 경우, 이는 포트폴리오의 권리로 귀속되며 자산 가치평가에 반영되어야 한다. 환급 가능한 원천세도 포트폴리오의 잠재적 자산이므로 시장가치에 반영되어야 한다. 원천세가 환급되기까지 시간이 걸릴 수 있지만, 회수되거나 면제될 때까지 시장가치에 포함되어 적절한 기간 동안의 수익에 반영되어야 한다.

수익률은 r로 표시되며, 이는 포트폴리오의 시작시점 가치에 대한 증가(또는 감소)를 의미하며, 수학적으로 다음과 같이 표기한다.

$$r = \frac{V_E - V_S}{V_S} \tag{3.2}$$

식 3.2은 다음과 같이 수정될 수 있다

$$r = \frac{V_E}{V_S} - \frac{V_S}{V_S} = \frac{V_E}{V_S} - 1 \tag{3.3}$$

이전 예시를 사용하여 수익률을 계산하면 Exhibit 3.2와 같다.

Exhibit 3.2 수익률(Rate of return)

$$\frac{112}{100} - 1 = 12\%$$

식 3.3은 다음과 같이 간편하게 다시 정의될 수 있다.

$$1 + r = \frac{V_E}{V_S} \tag{3.4}$$

따라서, 부의 비율은 실제로 수익률에 1을 더한 값이다.

외부 현금흐름이 없을 경우, 전체기간 동안의 수익률은 여러 하위기간 수익률들을 '복리'로 계산하여 나타낼 수 있다.

V_t를 t기간 종료시점에서 포트폴리오의 가치라고 하면 수익률은 다음과 같다.

$$\frac{V_1}{V_S} \times \frac{V_2}{V_1} \times \frac{V_3}{V_2} \times \ldots \times \frac{V_{n-1}}{V_{n-2}} \times \frac{V_E}{V_{n-1}} = \frac{V_E}{V_S} = 1 + r \tag{3.5}$$

외부 현금흐름은 포트폴리오에 유입되거나 포트폴리오에서 유출된 자금, 현금 또는 기타 자산으로 정의된다. 배당금 및 이자지급, 매입 및 매각, 그리고 포트폴리오 내에서 자금이 발생된 종목거래는 외부 현금흐름으로 간주되지 않으며, 내부 현금흐름으로 정의된다. 증권에서 발생한 이익 또는 포트폴리오 매니저가 실행한 주식대여에서 발생한 수입도 외부 현금흐름으로 간주되지 않는다. 투자자가 실행한 경우, 이러한 수입은 외부 현금흐름으로 처리해야 하며, 관련 수익(또는 위험)은 포트폴리오 매니저에게 귀속되지 않는다.

식 3.5에 식 3.4를 대입하면 식 3.6과 같이 정의할 수 있다.

$$(1+r_1) \times (1+r_2) \times (1+r_3) \times \ldots (1+r_{n-1}) \times (1+r_n) = (1+r) \tag{3.6}$$

이 과정은 Exhibit 3.3의 예시와 같이, 여러 하위기간의 수익률을 복리로 계산하여 전체기간의 수익률을 계산하는 방법을 '기하학적' 혹은 '연결(chain-linking)'이라고 한다.

Exhibit 3.3 연결(chain-linking)

		시장가치(£m)	수익률(%)
시작시점 가치	V_S	100	
1기간 종료시점	V_1	112	12.0
2기간 종료시점	V_2	95	-15.18
3기간 종료시점	V_3	99	4.21
4기간 종료시점	V_4	107	8.08
종료시점 가치	V_E	115	7.48

$$\frac{112}{100} \times \frac{95}{112} \times \frac{99}{95} \times \frac{107}{99} \times \frac{115}{107} = 1.15$$

$$1.12 \times 0.8482 \times 1.0421 \times 1.0808 \times 1.0748 = 1.15$$

그러므로 r = 15.0%

연속 복리(또는 로그) 수익률

단순 또는 이산수익률은 대칭적이지 않다. 즉, 양(+)의 단순수익률은 동일한 절대 값을 가진 음(-)의 단순수익률과 서로 다른 영향을 미친다. 예를 들어, 10% 상승한 후 10% 하락하는 경우, 두 기간 동안의 누적 수익률은(1.1 × 0.9) - 1 = -1.0%가 되며, 단순 계산한 0.0%와는 다르다. 즉, 직관과 달리, 포트폴리오가 동일한 비율만큼 상승한 후 하락하더라도 원래 가치로 돌아오지 않는다. 이는 두 번째 절대값 측면에서 '동등한(equivalent)' 수익률이 더 높은 기준에서 시작하면서 다른 절대값 변화(가치변화)를 초래하기 때문이다.

우리는 은행 이자가 복리로 계산된다는 사실을 알고 있다. 즉, 발생한 이자에 대해서도 시간이 경과하면 이자를 받게 된다. 이자가 지급되는 빈도가 높을수록 연말 복리수익률이 증가한다.

예를 들어, 1년 동안 12%의 동일한 수익률을 얻으려면 각 반년 기간 동안 5.83%의 수익률만 필요하다(1.0583 × 1.0583 = 1.12). 따라서 12%의 유효수익률을 달성하기 위해 각 반년 기간 동안 필요한 명목수익률은 5.83% × 2 = 11.66%이다.

1년 동안 n개의 기간에 대해, 유효수익률 r을 다음과 같이 계산할 수 있다.

$$r = (1+\frac{\dot{r}}{n})^n - 1 \tag{3.7}$$

여기서, $\dot{r}$ = 명목수익률

유효수익률 12%를 달성하기 위해 매월 필요한 명목수익률은 11.387% 이다. 기간을 점점 더 작은 기간으로 나누면 결국 연속 복리로 계산된 수익률을 얻게 된다.

$$1+r = \lim_{n \to \infty}(1+\frac{\dot{r}}{n})^n = e^{\dot{r}} \tag{3.8}$$

여기서 e는 자연로그의 밑으로, 약 2.718^4에 해당하는 상수이다. 식 3.8을 확장하면 다음과 같다.

$$1+r = e^{\dot{r}} = \frac{V_E}{V_S} \tag{3.9}$$

따라서 포트폴리오의 종료시점 가치는 시작시점 가치와 수익률의 지수함수로 표현할 수 있다. 지수함수는 수학적으로 여러 가지 유의미한 특징이 있어 퀀트[5]들이 선호한다.

$$V_E = V_S \times e^{\dot{r}} \tag{3.10}$$

그리고

$$\dot{r} = \ln(1+r) \tag{3.11}$$

유효수익률 12%를 얻기 위해 필요한 연속 복리 수익률은 부의 비율에 자연로그를 적용하여 계산된다. ln(1.12) = 11.333%.
서로 다른 복리계산 빈도에서 동일한 유효수익률 12.0%를 제공하는 명목수익률

---

[4] 오일러 수(Euler's number)는 1683년 베르누이가 복리 이자를 연구하는 과정에서 발견했다.
[5] 수학적 모델과 통계를 사용하는 전문가.

은 Table 3.1에 나와 있다.

연속 복리 수익률의 주요 장점 중 하나는 기간별 수익률을 더할 수 있다는 점이다. 총 수익률은 다음과 같이 계산할 수 있다.

$$\ln(1+r) = \ln(1+r_1) + \ln(1+r_2) + \ldots + \ln(1+r_n) \quad (3.12)$$

연속 복리로 계산된 수익률의 장점은 다음과 같다.

(1) 기간 수익률의 가산성
(2) 대칭성
(3) 정규분포

Table 3.1 복리 빈도

복리 빈도	명목수익률(%)
연간(Annual)	12.000
반기(Semi-annual)	11.660
분기(Quarterly)	11.495
월간(Monthly)	11.387
주간(Weekly)	11.345
일간(Daily)	11.335
연속(Continuously compounded)	11.333

반면, 단순 또는 이산수익률의 주요 장점은 다음과 같다.

(1) 계산이 간단함
(2) 포트폴리오 전반에 걸쳐 집계할 수 있음
(3) 투자자와 포트폴리오 매니저가 쉽게 이해하고 주로 사용됨

Hudert, Schmitt, 그리고 von Thanden은 연속 복리 수익률의 방법론, 실무, 규제적 문제를 자세히 살펴보았다.[6]

금액가중수익률
(MONEY-WEIGHTED RETURNS, MWRs)

외부 현금흐름이 발생하면, 해당 시점의 시장가치를 기준으로 부의 비율을 계산할 수 없어 수익률을 직접 산출하기 어렵다. 이는 현금흐름 자체가 가치평가에 영향을 미치기 때문이다. 따라서 외부 현금흐름을 조정하거나 가정하는 방법론이 필요하다.

> **Note**
> 외부 현금흐름은 포트폴리오에 유출입 자본(현금 또는 자산)을 의미한다. 내부 현금흐름은 포트폴리오 내에 발생 또는 유지되는 배당금 및 이자, 기업행동 및 정상거래를 의미한다.

내부수익률(Internal rate of return, IRR)

외부 현금흐름을 반영하기 위해 널리 사용되는 방법인 '내부수익률(IRR)'을 적용할 수 있다.

내부수익률은 프로젝트의 미래 자본투자 전망 또는 벤처사업의 가치를 평가하기 데 수십 년 동안 사용되어 왔다. 유명한 경제학자인 John Maynard Keynes[7]는 투자의 정당성을 비교 평가하기 위한 방법으로 내부수익률 사용을 제안했다.[8]

> **Note**
> 잘 알려지지 않았지만, Keynes는 1921년부터 1946년 사망할 때까지 킹스 칼리지 케임브리지 기금을 관리하면서 연평균 8%의 초과수익률을 기록한 매우 성공적인 투자자였다. 그의 투자 방식은 Warren Buffett, George Soros, David Swensen과 같은 유명한 투자자들에게 큰 영향을 주었다.[9]

---

6   Hudert, Schmitt and von Thanden, "Portfolio Performance Evaluation: What Difference Do Logarithmic Returns Make?"(2018/2019).

7   Keynes, The General Theory of Employment, Interest and Money(1936).

8   Magni, "Average Internal Rate of Return and Investment Decisions: A New Perspective"(2010).

프로젝트의 초기 투자금, 예상비용 및 예상 수익이 명확하게 제시되는 경우, 이를 바탕으로 내부수익률(IRR)을 계산하여 투자 여부를 판단할 수 있다. 또한, 내부수익률은 채권의 미래수익률(상환수익률) 계산에도 활용된다.

사전적 내부수익률(Ex-ante IRR)

IRR의 공식적인 정의는 현금흐름 분석에서 할인된 현금흐름의 총합이 0이 되도록 하는 할인율을 의미한다. 사전적 IRR로 불리는 수익률 산출 방법론은 임박한 투자에 대한 의사결정을 돕기 위해 주로 사용된다. 보험회사나 연기금에서 계리수익률 예측을 하는 계리사가 포트폴리오 수익률 평가 시 사후적 IRR 사용을 고려하는 것은 충분히 이해할 수 있는 부분이다.

> ⚠ **Caution**
> IRR에 관련된 문헌을 살펴보면 사전적 IRR이 언급될 것이다.

IRR 방법론과 관련하여 다음과 같은 이슈가 있다.

(1) 계산이 복잡하고, 반복적인 접근이 필요하다.
(2) 여러 가지 답이 나올 수 있다.
(3) 수익률이 일정하다고 가정한다.
(4) 미래 현금흐름이 동일한 수익률로 재투자된다고 가정한다.
(5) 수익률 계산이 조작될 가능성이 있다.

오늘날 스프레드시트나 엑셀을 통해 IRR을 쉽게 산출할 수 있지만, 과거에는 직접적인 계산방법이 없어서 많은 시간을 소요하여 반복적인 방법으로 산출하였다. 초기 반복적 접근법의 저자에 대한 논란이 있는데, 특히 뉴턴-랩슨 방법론(Newton[10]

---

9 Chambers and Dimson , "John Maynard Keynes, Investment Innovator"(2013).
10 유명한 물리학자 아이작 뉴턴 경의 이름을 딴 것이다. 뉴턴은 뛰어난 물리학자이자 영국 왕립 조폐국의 책임자였지만, 투자 실력만큼은 그렇지 않았다. 1720년, 그는 동료들이 투자로 얻은

-Raphson method)은 그 기여가 토마스 심슨(Thomas Simpson)[11]에게 있다는 견해도 있다. 물론, 궁극적으로 모든 반복적 접근법은 같은 답을 얻게 되겠지만, 효율성 측면에서 더 빨리 혹은 느리게 답을 구하게 되는 차이가 있다.

> **Note**
> 엑셀®에는 두 가지 IRR 함수가 있다: IRR과 XIRR(확장된 IRR). IRR 함수는 일정한 기간을 가정하므로, 대부분의 성과수익률 계산에서는 XIRR 함수가 더 적합하다.

> **Note**
> 성과분석가들은 과거 혹은 사후적 성과를 분석하므로 사전적 IRR(즉, 미래 성과예측)보다는 사후적 IRR(즉, 과거 성과분석)에 더 관심을 가질 것이다.

여러 가능한 해답이 존재할 수 있지만[12], 이에 해당하는 예시를 얻기 위해서는 매우 극단적인 데이터를 사용해야 할 것이다. 분석기간 동안 현금흐름 데이터의 부호가 변할 때마다 기술적으로 가능한 해답이 존재할 수 있지만, 실제로는 이러한 경우가 발생할 가능성은 매우 낮다.

측정기간 동안 일정한 수익률을 가정하는 것은 큰 문제가 될 수 있다. 우리는 시장에 변동성이 있다는 것을 알고 있기 때문에 이 가정이 적절하지 않다는 것을 이해할 수 있다. 미래 프로젝트나 투자에 대한 사전적 평가를 위해서 일정한 수익률 가정이 적절할 수 있지만, 자산의 과거성과에 대한 사후적 분석에서 이 가정은 큰 문제가 된다. 이 가정은 IRR 수익률을 다양한 자산 범주(분류)로 분해할 수 없게

이익에 이끌려 자신의 상당한 개인 재산을 South Sea 회사에 투자했다. 그러나 이 회사는 그해 가을, 세계 최초의 금융 위기 중 하나를 초래하였다. 뉴턴은 현재 가치로 약 4천만 파운드에 달하는 손실을 입었으며, 이후 누구도 그의 앞에서 "South Sea"라는 말을 꺼내지 못하게 했다. 그는 "나는 천체의 활동은 계산할 수 있지만, 사람들의 광기는 계산할 수 없다"라고 한탄한 것으로 유명하다.

11 Kollerstrom, "Thomas Simpson and Newton's Method of Approximation: An Enduring Myth"(1992).
12 Fischer and Wermers, Performance Evaluation and Attribution of Security Portfolios(2013), p. 340.

만드는데, 이는 각 자산 범주에 대해 일정한 비율을 적용할 수 없기 때문이다. 이러한 점은 성과분해에서 중요한 문제로 다루어진다.

미래 현금흐름을 계속되는 수익률에 재투자하는 것은 사전적 IRR에 대한 문제이며, 사후적 IRR에서는 문제가 되지 않는다. 사후적 분석에서는 자산 포트폴리오나 단일 자산에 대한 현금흐름이 어떻게 투자되었는지는 문제가 되지 않는다. 심지어 사전적 IRR에서는 재투자 가정도 중요하다. 이와 관련해서는 Magni와 Martin[13]의 연구를 참조해 볼 수 있다.

IRR의 조작 가능성은 논란이 되는 부분이다. Capital calls을 지연시키고 투자자에게 빨리 자본을 반환하거나 배분하여 IRR 수치를 높일 수 있다(일부에서는 이런 식으로 현금흐름 타이밍을 조절하는 것에 대해서 조작이 아니라 운용이 잘 된 것이라고 보기도 한다). 포트폴리오 매니저가 현금흐름의 타이밍을 제어할 수 있는 한, 수익률을 조작할 여부가 존재한다. Phalippou는 IRR에 대해 다음과 같이 언급하였다.

> "IRR은 투자맥락에서 사용할 수 있는 최악의 성과지표일 수도 있다. 이는 펀드 간의 변동성을 과장하고, 최고 펀드들의 성과를 과장하며, 쉽게 부풀려질 수 있고, 포트폴리오 매니저에게 왜곡된 인센티브를 제공할 수 있다.[14]"

단순 내부수익률(IRR)

단일기간의 경우, 가장 간단한 형태의 IRR 방법은 다음 방정식을 만족하는 수익률 r을 찾는 것이다.

$$V_E = V_S \times (1+r) + C \times (1+r)^{0.5} \tag{3.13}$$

여기서, C = 외부 현금흐름

이 형태에서는 분석기간의 중간시점에서 모든 현금흐름이 유입된다고 가정한다.

---

13 Magni and Martin, "The Reinvestment Assumption Fallacy for IRR and NPV: A Pedagogical Note"(December 2017).

14 Phalippou, "The Hazards of Using IRR to Measure Performance"(2008).

단순 IRR을 계산하기 위해서는 시작시점 시장가치와 종료시점 시장가치, 그리고 총 외부 현금흐름만 필요하다. 관련 내역이 Exhibit 3.4에 포함되어 있다.

Exhibit 3.4 단순 내부수익률

시작시점 시장가치	$74.2m
종료시점 시장가치	$104.4m
외부현금흐름	$37.1m

$$104.4 = 74.2 \times (1+r) + 37.1 \times (1+r)^{0.5}$$
$r = $ -7.41% 가 위 식을 만족함을 알 수 있다.
$$74.2 \times (0.9259) + 37.1 \times (0.9259)^{0.5} = 104.4$$

사후적 내부수익률(Ex-post IRR)

모든 현금흐름이 분석기간의 중간시점에서 유입된다고 가정하는 것은 비현실적이다. 중간시점 가정을 각 현금흐름의 투자 가능한 기간 비율로 조정하여 다음과 같이 수정할 수 있다.

$$V_E = V_S \times (1+r) + \sum_{t=1}^{T} C_t \times (1+r)^{W_t} \qquad (3.14)$$

여기서, C_t = t일의 외부 현금흐름
W_t = t일에 적용되는 비중

분명히 대부분의 날에는 외부 현금흐름이 발생하지 않을 것이다.

$$W_t = \frac{TD - D_t}{TD} \qquad (3.15)$$

여기서, TD = 성과측정 기간 내 모든 일수
D_t = 주말과 공휴일을 포함하여 성과측정 기간의 시작시점부터 t일 까지 경과일수

사후적 내부수익률을 계산하기 위해서는 Exhibit 3.4의 정보 외에도 현금흐름의 발생일과 분석기간을 알아야 한다.

IRR은 금액가중수익률 방법론의 한 예로, 투자된 시기와 상관없이 각 투자금액 혹은 투자된 달러에 대해 동일한 유효수익률을 달성한다고 가정한다.

Exhibit 3.5 사후적 내부수익률(Ex-post IRR)

시작시점 시장가치	12월 31일	$74.2m
종료시점 시장가치	01월 31일	$104.4m
외부 현금흐름	01월 14일	$37.1m

현금흐름이 14일째 종료시점에 발생한다고 가정하면:

$$104.4 = 74.2 \times (1+r) + 37.1 \times (1+r)^{17/31}$$

r = -7.27% 가 위 식을 만족함을 알 수 있다.

$$74.2 \times (0.9273) + 37.1 \times (0.9273)^{17/31} = 104.4$$

미국에서는 금액가중이라는 의미로 'money-weighted' 대신 'dollar-weighted'라는 용어가 사용될 수 있지만, 'money-weighted'라는 용어가 세계적으로 더 널리 사용되고 있다.

> **Note**
> 특정 시점에 투자된 금액의 비중이 최종 수익률 계산에 영향을 미치게 된다. 따라서 이 방법론을 적용할 경우, 투자된 금액이 가장 클 때 좋은 성과를 기록한 경우 가장 좋은 수익률을 기록할 수 있다.

단순 내부수익률(IRR) 계산에서 이차 방정식의 해를 적용할 수 있다.

$$\text{이차 방정식의 해 } x = \frac{-b \pm \sqrt{b^2 - 4ac}}{2a} \tag{3.16}$$

여기서, $ax^2 + bx + c = 0$

$x = (1+r)^{0.5}$ 라고 하면 Exhibit 3.4의 데이터를 사용한 계산은 Exhibit 3.6과 같다.

Exhibit 3.6 단순 내부수익률(이차 방정식 공식 적용)

시작시점 시장가치	$74.2m
종료시점 시장가치	$104.4m
외부 현금흐름	$37.1m

$$74.2 \times (1+r) + 37.1 \times (1+r)^{0.5} - 104.4 = 0$$

$$(1+r)^{0.5} = \frac{-37.1 \pm \sqrt{37.1^2 - 4 \times 74.2 \times (-104.4)}}{2 \times 74.2} = \frac{-37.1 + 179.895}{148.4} = 0.96223$$

그러므로 r = -7.41%로 Exhibit 3.4에서와 동일하다.

단순 Dietz 방법론(Simple Dietz)

내부수익률은 비교적 단순하지만 여러 차례 현금흐름이 발생하는 긴 투자기간에 대한 수익률을 계산할 때는 실용적이지 않다. Peter Dietz[15]는 외부현금흐름을 적절히 반영하기 위해 식 3.2를 다음과 같은 계산방법으로 대체할 것을 제안했다.

$$r = \frac{V_E - V_S - C}{V_S + C/2} \tag{3.17}$$

위 방법론은 단순 Dietz 수익률로 잘 알려져 있다.

식 3.17의 분자는 포트폴리오의 투자손익을 의미하며, 분모에서는 초기 시장가치 대신 초기 시장가치와 외부현금흐름의 절반을 더한 투자평균자본의 개념을 적용한다. 외부현금흐름은 분석기간 중간시점에 투자되었다고 가정하여 1/2의 가중치를 적용하게 된다.

> ⚠ **Caution**
> 포트폴리오 수익률을 산출하는 식에서 평균 투자자본을 의미하는 분모가 시작시점 값과 종료시점 값의 평균을 의미하는 것은 절대 아니다.

단순 IRR과 같이 단순 Dietz 수익률을 계산하기 위해서는 Exhibit 3.7과 같이 시작시점 시장가치, 종료시점 시장가치, 총 외부현금흐름이 필요하다.

---

15 Dietz, Pension Funds: Measuring Investment Performance(1966).

Exhibit 3.7 단순 Dietz 수익률

기존 예제 데이터:	
시작시점 시장가치	$74.2m
종료시점 시장가치	$104.4m
외부현금흐름	$37.1m
단순 Dietz 수익률:	

$$\frac{104.4 - 74.2 - 37.1}{74.2 + 37.1/2} = \frac{-6.9}{92.75} = -7.44\%$$

Peter Dietz는 원래 그의 방법론에서 외부현금흐름은 시작시점 절반의 기여를 하고 종료시점 나머지 절반의 기여를 한다고 가정하였다.

$$r = \frac{V_E - C/2}{V_S + C/2} - 1 \tag{3.18}$$

위 식을 다음과 같이 정리할 수 있다.

$$r = \frac{V_E - C/2}{V_S + C/2} - \frac{V_S + C/2}{V_S + C/2} = \frac{V_E - V_S - C}{V_S + C/2} \tag{3.19}$$

단순 Dietz 방법은 IRR 방법보다 계산이 쉽고 시각화가 용이하다. 또한 세분화 즉, 총 수익률을 각 부분의 합으로 분해하여 표현할 수도 있다.

ICAA 방법(ICAA method)

미국투자자문협회(ICAA)는 다음과 같이 단순 Dietz 방법을 간단하게 확장한 방법[16]을 제안했다.

---

[16] Investment Counsel Association of America, "The Standards of Measurement and Use for Investment Performance Data"(1971).

$$r = \frac{V_E' - V_S - C' + I}{V_S + C'/2} \qquad (3.20)$$

여기서, I = 포트폴리오 전체 수익
C' = 재투자된 수익을 포함한 외부현금흐름
V_E' = 재투자된 수익을 포함한 종료시점 시장가치

ICAA 방법을 적용하기 위해 확장된 예시가 Exhibit 3.8에 있다.

Exhibit 3.8 ICAA 방법

시작시점 시장가치	$74.2m
종료시점 시장가치	$104.4m
외부현금흐름	$37.1m
총수익	$0.4m
재투자된 수익	$0.2m

$$\frac{104.4 - 74.2 - (37.1 + 0.2) + 0.4}{74.2 + (37.1 + 0.2)/2} = \frac{-6.9}{92.85} = -7.43\%$$

이 방법에서는 수익(주식 배당금, 이자)이 자동으로 재투자되지 않는다고 가정하고 있다. 분자에서 수익은 외부현금흐름 부분에 재투자된 수익을 반영함으로써 적절하게 조정된다. 흥미롭게도, 재투자된 수익은 분모에서 평균 투자자본을 증가시키지만, 재투자되지 않은 수익은 분모에 어떤 영향도 주지 않는다. 재투자되고 투자기간 종료시점까지 지급되지 않는 경우, 고객의 관점에서는 재투자된 수익을 평균 투자자본에 반영되는 것이 합리적이다.

그러나 포트폴리오 매니저의 관점에서 발생한 수익을 재투자할 수 없다면 다음과 같이 음(-)의 현금흐름으로 처리해야 한다.

$$r = \frac{V_E - V_S - C + I}{V_S + (C - I)/2} \qquad (3.21)$$

기존 예제를 Exhibit 3.9에서 확장하였다.

Exhibit 3.9 재투자할 수 없는 경우

시작시점 시장가치	$74.2m
종료시점 시장가치	$104.0m
외부현금흐름	$37.1m
총수익	$0.4m

$$\frac{104.0-74.2-37.1+0.4}{74.2+(37.1-0.4)/2} = \frac{-6.9}{92.55} = -7.46\%$$

식 3.21에서는 포트폴리오에서 발생한 모든 수익은 포트폴리오 매니저가 재투자할 수 없는 것으로 간주되며 향후 인출을 위해서 별도의 수입 계정에 이체되어 관리되거나 고객에게 즉시 지급되어야 한다.

분명히 지출되거나 혹은 인출된 수익은 포트폴리오의 최종가치 V_E에 포함되지 않는다. 이 방법에서 수익은 음(-)의 현금흐름, 즉 현금유출로 처리된다. 수익은 일반적으로 양(+)이므로 이 방법은 평균 투자자본을 줄여 분모를 감소시키므로 최종 수익률을 조정하는 효과가 있다.

따라서 이 방법은 포트폴리오 매니저가 추가 투자를 위해 포트폴리오 수익을 재투자할 수 없는 경우에만 사용해야 한다. 일반적으로 이 방법은 포트폴리오 내 자산별(섹터별 또는 구성별) 수익률을 계산하는 데 사용된다.

수정 Dietz 방법론

모든 현금흐름이 분석기간 중간시점에서 발생한다고 가정하는 것은 상당히 비현실적인 추정이다. 보다 정확하게 투자된 자본평균을 계산하기 위해 각각의 현금흐름을 다음 식과 같이 일 기준으로 가중함으로써 단순 Dietz 방법론을 보완할 수 있다.

$$r = \frac{V_E - V_S - C}{V_S + \Sigma C_t \times W_t} \quad (3.22)$$

여기서, C = 투자기간 내 발생한 모든 외부현금흐름
C_t = t일에 발생한 외부현금흐름
W_t = t일에 발생한 외부현금흐름에 대한 가중치

$$W_t = \frac{TD - D_t}{TD} \text{ (식 3.15 참조)}$$

여기서, TD = 투자기간 내 총 일수
D_t = 비영업일을 포함하여 투자 시작시점부터 특정일(D)까지 경과 일수

성과분석 담당자는 D_t를 결정할 때 현금흐름이 특정일의 시작시점 혹은 종료시점에 발생했는지를 확인해야 한다. 만약 특정일 시작시점에 현금흐름이 들어왔다면 포트폴리오 매니저는 현금흐름을 인지하고 해당일에 운용할 수 있다고 보는 것이 타당하므로 가중치 계산에 해당일을 포함하는 것이 합리적이다. 반면에 특정일의 종료시점에 현금흐름이 들어온 경우 포트폴리오 매니저는 해당일에 추가자금에 대한 운용을 할 수 없으므로 가중치 계산 시 포함하는 것은 불합리하다.

예를 들어, 분석기간 31일 중 14일째에 현금흐름이 펀드로 유입된 경우, 현금흐름이 해당일 시작시점에 발생했다면, 투자할 수 있는 기간은 14일째를 포함하여 18일이 존재하며, 이를 반영한 현금흐름 가중치는 (31 - 13)/31로 계산해야 한다. 또는 현금흐름이 해당일 종료시점에 발생했다면, 운용 가능한 기간은 17일이 되므로, 가중치는 (31 - 14)/31로 계산해야 한다. 일수에는 주말과 공휴일이 포함된다.

이와 같이 성과분석 담당자는 회사 내에서 성과분석과 관련된 프로세스를 관리하고, 이를 일관되게 적용해야 한다.

Fisher와 Wermers[17]에서는 수정 Dietz 수익률이 IRR에 대한 1차 선형 근사치라고 설명한다. 2차 함수 근사치를 적용할 수 있지만 계산하기가 더 복잡하고 실용성이 떨어지며, 수정 Dietz 수익률은 이미 근사치로 충분하다고 설명한다. Dietz 방법은 둘 다 금액가중치의 방법론이다.

> ⚠ **Caution**
> 수정 Dietz 방법은 시간가중수익률의 근사치로 잘못 설명되는 경우가 있다. 수정 Dietz 수익률은 명확히 금액가중수익률로 내부수익률(IRR)에 대한 근사치라고 볼 수 있다.

---

[17] Fischer and Wermers, "Performance Evaluation and Attribution of Security Portfolios"(2013).

기본 예제 데이터를 사용하여 계산된 수정 Dietz 수익률 내역이 Exhibit 3.10에 있다.

Exhibit 3.10 수정 Dietz 수익률

시작시점 시장가치	12월 31일	$74.2m
종료시점 시장가치	01월 31일	$104.4m
외부현금흐름	01월 14일	$37.1m

현금흐름이 14일 종료시점에 발생했다고 가정할 경우:

$$\frac{104.4 - 74.2 - 37.1}{74.2 + (31-14)/31 \times 37.1} = \frac{-6.9}{94.55} = -7.30\%$$

현금흐름이 14일 시작시점에 발생했고, 그 달에 18일이 남아 있다고 가정한 경우:

$$\frac{104.4 - 74.2 - 37.1}{74.2 + (31-13)/31 \times 37.1} = \frac{-6.9}{95.74} = -7.21\%$$

시간가중수익률

(TIME-WEIGHTED RETURNS, TWRs)

시간가중치(True time-weighted)

금액가중수익률의 대안인 시간가중수익률의 경우, 투자금액에 관계없이 각 기간에 동일한 가중치가 부여되어 수익률을 산출하게 된다.

일반적인 시간가중치 방법론에서는 현금흐름이 발생하는 시점 간의 각 기간에 대한 부의 비율(wealth ratios)을 적용하여 성과를 계산한다. 그런 다음 각 기간의 수익률을 다음과 같이 통합(chain-linked)하여 전체 투자기간에 대한 수익률을 산출하게 된다.

$$\frac{V_1 - C_1}{V_S} \times \frac{V_2 - C_2}{V_1} \times \frac{V_3 - C_3}{V_2} \times \ldots \frac{V_{n-1} - C_{n-1}}{V_{n-2}} \times \frac{V_E - C_n}{V_{n-1}} - 1 + r \quad (3.23)$$

여기서 V_t는 t기간 말 현금흐름 C_t가 발생한 직후의 가치이다. $(V_t - C)/V_{t-1} = 1 + r_t$는 외부현금흐름이 발생하기 직전의 자산비율(수익률)이므로 식 3.23은 식 3.6으로 다음과 같이 단순화할 수 있다.

$$(1+r_1) \times (1+r_2) \times (1+r_3) \times ... (1+r_{n-1}) \times (1+r_n) = 1+r$$

식 3.23의 경우 유출입되는 현금흐름은 특정일의 종료시점에 발생하는 것을 가정하므로, 모든 포트폴리오 매니저는 하루의 종료시점부터 관련 현금흐름을 운용에 반영할 수 있다고 가정하게 된다. 만약 하루의 시작시점에 현금흐름이 발생한다고 가정한다면, 식 3.23은 다음과 같이 수정되어야 한다.

$$\frac{V_1}{V_S+C_1} \times \frac{V_2}{V_1+C_2} \times \frac{V_3}{V_2+C_3} \times ... \frac{V_{n-1}}{V_{n-2}+C_{n-1}} \times \frac{V_E}{V_{n-1}+C_n} = 1+r \qquad (3.24)$$

또는 현금흐름이 하루의 시작시점이나 종료시점이 아닌 중간에 발생한다고 가정하면 다음과 같이 현금흐름에 반(1/2)을 가중하여 계산할 수도 있다.

$$\frac{V_1-C_1/2}{V_S+C_1/2} \times \frac{V_2-C_2/2}{V_1+C_2/2} \times ... \times \frac{V_E-C_n/2}{V_{n-1}+C_n/2} = 1+r \qquad (3.25)$$

식 3.25는 식 3.19와 같은 방식을 적용하여 다음과 같이 정의될 수 있다.

$$r_t = \frac{V_t - V_{t-1} - C_t}{V_{t-1}+C_t/2} = \frac{V_t - C_t/2}{V_{t-1}+C_t/2} - 1$$

식 3.25에서 수익률은 각 개별 기간에 대한 수익률을 시간가중치와 금액가중치가 결합한 하이브리드 방법론으로 산출된 수치로써, 순수한 시간가중치 방법론은 아니다.

> **Note**
> 시간가중치(time-weighted)와 금액가중치(money-weighted)이라는 용어는 1968년 은행감독기관(BAI) 논문에서 사용되었으나, 아마도 그 이전부터 일반적으로 사용되었다. 금액가중치는 이해하기 쉽지만, 시간가중치라는 용어는 조금 난해한 부분이 있다. 정확히 무엇에 시간가중을 했다는 의미인가? 근래 시간가중치라는 용어는 각 기간에 대한 가중치를 동일하게 적용했다는 의미를 전달하는 데 사용되지만, 과거 시간가중치는 연간 연속복리

혹은 로그수익률에 대한 의미로 주로 사용되기도 하였다.

예를 들어, 10년의 기간 중 연간 연속복리 수익률이 2년 동안 4.5%, 3년 동안 5.5% 및 5년 동안 6.5%였다면, 식 3.10, $V_E = V_S \times e^r$을 사용하여 10년 연속복리 수익률은 다음과 같이 계산된다.

$$V_E = V_S \times e^{4.5\% \times \frac{2}{10}} \times e^{5.5\% \times \frac{3}{10}} \times e^{6.5\% \times \frac{5}{10}}$$

$$V_E = V_S \times e^{\left(\frac{4.5\% \times 2 + 5.5\% \times 3 + 6.5\% \times 5}{10}\right)}$$

10년에 대한 연간 연속복리 수익률은 다음과 같이 시간가중하여 산출된다.

$$\frac{(4.5\% \times 2 + 5.5\% \times 3 + 6.5\% \times 5)}{10} = 5.8\%$$

연속복리 수익률은 실제로 시간가중치가 적용된 수치이다.

먼저, 예제를 사용하여 Exhibits 3.11, 3.12 및 3.13에 표시된 현금흐름이 발생한 직후 포트폴리오 가치를 평가하고, 수익률을 산출한다.

Exhibits 3.11, 3.12 및 3.13 각각의 수익률에는 상당한 차이가 있다. 현금흐름이 특정일의 시작, 종료 혹은 중간시점에서 각각 발생한다는 서로 다른 인식 타이밍 가정에 의해 대략 0.5%의 수익률 차이가 발생하는 것을 확인할 수 있다. 이 차이를 설명하는 것은 매우 간단하다. 전체기간 포트폴리오의 손실은 모든 Exhibits 3.11, 3.12 및 3.13에서 동일하게 발생했으나, 이 손실을 현금 인식 가정 기준으로 각 Exhibit에서 서로 다른 하위기간에 배분했고, 더불어 인식 시점 가정에 영향을 받은 분자가 나누어지면서 각 수익률에 차이가 발생했다.

Exhibit 3.11 시간가중수익률(일말 현금흐름 가정)

종료시점 현금흐름 발생 가정:		
시작시점 시장가치	12월 31일	$74.2m
종료시점 시장가치	01월 31일	$104.4m
외부현금흐름	01월 14일	$37.1m
종료시점 시장가치	01월 14일	$103.1m

$$\frac{103.1-37.1}{74.2} \times \frac{104.4}{103.1} - 1 = 0.8895 \times 1.0126 - 1 = -9.93\%$$

Exhibit 3.12 시간가중수익률(일초 현금흐름 가정)

시작시점 현금흐름 발생 가정:		
시작시점 시장가치	12월 31일	$74.2m
종료시점 시장가치	01월 31일	$104.4m
외부현금흐름	01월 14일	$37.1m
시작시점 시장가치	01월 14일	$67.0m

$$\frac{67.0}{74.2} \times \frac{104.4}{67.0+37.1} - 1 = 0.9030 \times 1.0029 - 1 = -9.44\%$$

Exhibit 3.13 시간가중수익률(일중 현금흐름 가정)

중간시점 현금흐름 발생 가정:		
시작시점 시장가치	12월 31일	$74.2m
종료시점 시장가치	01월 31일	$104.4m
외부현금흐름	01월 14일	$37.1m
시작시점 시장가치	01월 14일	$67.0m
종료시점 시장가치	01월 14일	$103.1m

$$\frac{67.0}{74.2} \times \frac{103.1-37.1/2}{67.0+37.1/2} \times \frac{104.4}{103.1} - 1 = 0.9030 \times 0.9883 \times 1.0126 - 1 = -9.63\%$$

일말 현금흐름을 가정한 Exhibit 3.11에서는 많은 손실 부분이 첫 번째 하위기간에 할당되었다.

기준가 방법(Unit price method)

기준가 방법은 시간가중 방법을 유용하게 변형한 방법이다. 현금흐름이 발생하는 시점 간 포트폴리오의 시장가치를 사용하는 대신 외부현금흐름 직전에 시장가치를 사전에 할당된 단위(기준수량)로 나누어 표준화한 기준가(단위가격) 또는 순자산가치(net asset value)에 대한 가격 개념을 이용한다. 총 단위는 현금흐름 발생시점 외부현금흐름을 기준가로 나눈값 만큼 가감되며, 이로써 기준가는 포트폴리오의 시장가치에 대한 표준수치 역할을 한다.

기준가는 모든 유형의 포트폴리오에 대해 산출할 수 있지만, 일반적으로 '펀드'를 대상으로 산출한다. 펀드는 개별신탁, 공모펀드, 연기금펀드, 집합펀드, 헤지펀드 및 ETF 등 여러 투자자가 투자하는 집합자산이다. 다수의 투자자들이 각자의 요구에 따라 서로 다른 타이밍에 펀드를 매입 혹은 환매하게 되는데, 기준가는 포트폴리오 자산가치를 서로 다른 시점에 투자한 투자자들에게 공정하게 자산을 할당할 수 있는 메커니즘으로 작용한다.

또한, 포트폴리오의 시작 값은 일정한 단위에 할당되는데, 종종 1 또는 100을 시작단가로 사용한다. 기준가(단위가격)의 가장 큰 장점은 기간 종료시점 기준가와 기간 시작시점 기준가의 비율이 외부현금흐름에 의한 포트폴리오의 가치변화와 무관하게 수익률 정보를 제공한다는 것이다. 따라서 임의의 두 시점 사이의 수익률을 계산하기 위해서는 수익률을 산출하고자 하는 기간의 시작시점과 종료시점의 기준가 정보만 있으면 된다.

NAV_i를 i기간 종료시점 포트폴리오의 단위당 순자산가치, 즉 기준가라고 정의하면 수익률 식은 다음과 같이 정리할 수 있다.

$$\frac{NAV_1}{NAV_S} \times \frac{NAV_2}{NAV_1} \times \frac{NAV_3}{NAV_2} \times \cdots \times \frac{NAV_{n-1}}{NAV_{n-2}} \times \frac{NAV_E}{NAV_{n-1}} = \frac{NAV_E}{NAV_S} = 1+r \qquad (3.26)$$

> **Note**
> 기준가(단위가격) 방법은 수익률(성과)을 빠르게 계산하기에 편리하여, 다른 방법론을 사용하여 계산된 수익률이 사용상 편의성을 위해 기준가로 변환되어 사용되기도 하며, 특히 긴 투자기간에서는 더욱 많이 사용된다.

기준가 방법은 순수하고 고전적인 시간가중수익률의 변형이며, 항상 시간가중수익률과 동일한 값을 제공한다(Exhibit 3.14 참조).

제3장 포트폴리오 수익률 계산 65

Exhibit 3.14 기준가 방법

시작시점 포트폴리오의 시장가치	12월 31일	$74.2m
종료시점 포트폴리오의 시장가치	01월 31일	$104.4m
외부현금흐름	01월 14일	$37.1m
외부현금흐름(1/14)이 발생하기 바로 직전 포트폴리오 시장가치		$66.0m
1월 신흥국 지수수익률		-7.92%
12월 31일부터 1월 14일까지 지수수익률		-10.68%
1월 14일부터 1월 31일까지 지수수익률		+3.09%

	가치	기준가	할당된 단위	총 단위
시작시점 가치	74.2	1.0000	74.20	74.2
1/14 평가가치	66.0	0.8895		74.2
1/14 현금흐름	37.1	0.8895	41.71	115.9
종료시점 가치	104.4	0.9007		115.9

90.07/100.00 - 1 = -9.93%

일반적으로 공모펀드의 성과는 외부 공시를 위해 순자산가치가격(기준가)을 사용하고, 내부 분석을 위해서는 순수한 시간가중방법론을 사용한다. 두 가지 수익률을 일치시키는 것은 쉽지 않은 일일 수 있다. 성과분석가는 단위가격 관리자가 외부현금흐름의 시기를 반영하여 산출하는 가치, 즉 기준가 방법에 따른 수익률과 내부 분석 즉 시간가중방법으로 계산한 수익률이 일치하는지 확인해야 한다. 외부현금흐름이 없는 경우를 제외하고 시간가중 단위가격방법을 금액가중수익률과 조화시키는 것은 불가능하다. 공모펀드 단위가격에는 자산운용과 관련된 거래비용 및 운용보수 뿐만 아니라 보관비용과 사무관리보수를 포함한 다양한 비용과 보수가 반영된다.

수정기준가 방법(Unit price method with distributions, 재분배 단위가격)

식 3.26과 같은 기준가(단위가격) 방법은 수익에 대한 중간분배가 없고, 그 수익이 펀드 내에 계속 유보된다는 조건하에 성립한다. 수익이 중간 분배되는 경우, 수익률 계산 시 분배를 반영하여 수정기준가(재분배 단위가격)을 적용해야 한다.

$$\text{수정기준가}, \quad NAV'_n = NAV_n \times \prod_{i=1}^{n}\left(1 + \frac{D_i}{NAV_i}\right) \tag{3.27}$$

Exhibit 3.15에 수익에 대한 분배가 발생한 펀드의 수익률 산출과정이 제시되어 있다.

Exhibit 3.15 수정기준가(분배금 반영)

일자	분배 D_i	기준가 NAV_i	조정계수 $(1+\frac{D_i}{NAV_i})$	누적조정계수 $\prod_{i=1}^{n}(1+\frac{D_i}{NAV_i})$	수정기준가 $NAV_i \times \prod_{i=1}^{n}(1+\frac{D_i}{NAV_i})$
30/06/2010		100.00			
31/03/2011	3.98	120.73	1.033	1.033	124.71
31/03/2012	4.34	117.27	1.037	1.071	125.62
31/03/2013	4.55	130.07	1.035	1.109	144.20
31/03/2014	4.69	134.13	1.035	1.147	153.91
31/03/2015	4.94	137.18	1.036	1.189	163.07
31/03/2016	5.04	126.00	1.040	1.236	155.77
31/03/2017	5.49	148.35	1.037	1.282	190.19
31/03/2018	5.92	144.29	1.041	1.335	192.58
31/03/2019	6.68	148.35	1.045	1.395	206.91
31/03/2020	4.75	115.83	1.041	1.452	168.18
31/03/2021	4.22	136.15	1.031	1.497	203.81
31/03/2021		142.25			

2010년 6월 30일부터 2021년 7월 31일까지의 누적 수익률

$$\frac{142.25 \times 1.497}{100} - 1 = \frac{212.95}{100} - 1 = 112.95\%$$

2018년 3월 31일부터 2021년 3월 31일까지의 3년 연평균 수익률

$$(\frac{136.15 \times 1.497}{144.29 \times 1.335})^{(1/3)} - 1 = (\frac{203.81}{192.58})^{(1/3)} - 1 = 1.91\%$$

2013년 3월 31일부터 2018년 3월 31일까지의 5년 연평균 수익률

$$(\frac{144.29 \times 1.335}{130.07 \times 1.109})^{(1/5)} - 1 = (\frac{192.58}{144.20})^{(1/5)} - 1 = 5.96\%$$

시간가중수익률과 금액가중수익률 비교

시간가중수익률은 투자금액과 관계없이 자산의 수익률을 측정하는 방법이다. 이 방법론에서는 Exhibit 3.16과 같이 직관적이지 않은 결과가 도출될 수도 있다. 예를 들어, Exhibit 3.16에서 고객은 전체 투자기간 동안 400파운드의 손실을 입었지만,

시간가중수익률은 +16.67%로 계산된다. 반면, 금액가중수익률 기준에서는 손실이 반영되어, 이는 평균 투자자본 대비 -67.7%의 수익률로 계산된다. 이 예시에는 고객 자금의 대부분이 두 번째 기간에 유입되므로, 해당 기간의 성과가 중요하다.

만약 고객이 첫 번째 기간 시작시점에 모든 자금을 투자했다면, 16.67%의 수익을 얻었을 것이다. 이러한 수익률의 차이는 현금흐름의 발생시점 차이로부터 발생한다. 단일 측정기간에 대한 금액가중수익률은 항상 해당기간 동안의 손익을 반영한다.

각 방법론으로 산출된 수익률 간 차이가 큰 경우, 어떤 방법론을 사용해야 할까?

Exhibit 3.16 시간가중수익률과 금액가중수익률

1기간 시작시점 시장가치	£100
1기간 종료시점 시장가치	£200
외부현금흐름	£1,000
2기간 시작시점 시장가치	£1,200
2기간 종료시점 시장가치	£700

시간가중수익률(TWRs)

$$\frac{1,200-1,000}{100} \times \frac{700}{1,200} - 1 = 16.67\%$$

금액가중수익률(MWRs)

$$\frac{700-100-1,000}{100+\frac{1,000}{2}} = -66.7\%$$

시간가중수익률은 외부현금흐름을 조정하고 각 기간에 대한 동일가중치를 적용하여, 현금흐름이 발생하지 않았다면 달성할 수 있는 수익률을 측정한다. 보다 명확하게 말하면 이 수익률은 발생한 현금흐름 패턴이 다수 포트폴리오 매니저 간의 성과를 비교하거나, 시간가중 접근법으로 계산된 벤치마크 지수와 비교하는 데 가장 적합하다.

시간가중수익률은 현금흐름을 조정하여 포트폴리오 매니저의 성과를 측정하는 데 사용되며, 반면 금액가중수익률은 투자자의 외부현금흐름이 투자 성과에 미치는 영향까지 반영하는 방식으로 평가된다. 이는 자산운용업계에서 일반적으로 받아들

여지는 원칙이다. 즉, 포트폴리오 매니저가 외부현금흐름 타이밍을 조정할 수 없다면 시간가중수익률을 사용해야 하며, 조정할 수 있는 경우에는 금액가중수익률을 사용하는 것이 적절하다.

다수 포트폴리오 매니저 간의 공정한 비교평가를 위해서 포트폴리오 매니저가 외부현금흐름 타이밍을 조절할 수 없다면 시간가중수익률을 사용해야 한다는 의견이 부분적으로는 맞다. 그러나 포트폴리오 매니저가 외부현금흐름의 시기를 통제할 수 있다면 상황은 더 복잡해진다. 수익률 산출 방법론을 결정하는 데 있어 외부현금흐름에 대한 권한보다 더 중요한 것은 바로 자산의 유동성 정도이다. 수익률을 계산하는 주요 목적은 비교 가능성을 높이기 위함이다. 하지만 금액가중수익률을 사용할 경우 비교 가능성이 낮아질 수 있다.

> **Note**
> 비교가능성은 포트폴리오 수익률 계산의 근본적인 이유이다. 비교가능성이 중요하지 않다면 손익을 계산할 것이다. 비교가능성이 중요하다면, 가능한 시간가중수익률을 사용해야 한다.

대부분의 성과분석가들은 시간가중수익률을 선호한다. 정의에 따르면 시간가중수익률에서는 투자금액에 관계없이 매 기간, 즉 단위시간에 동일한 가중치를 부여하므로, 외부현금흐름의 발생시점, 즉 투자금액의 유출입이 수익률에 영향을 미치지 않는다. 대부분의 경우 포트폴리오 매니저는 외부현금흐름의 시기를 결정할 수 없을 뿐만 아니라 투자금액이 투자결정과정에 영향을 미치지 않으므로, 현금흐름의 영향을 받지 않는 수익률 산출방법론이 적절하다.

일부 성과분석가들은 특히 개인 고액자산가들과 거래할 경우 프레젠테이션의 관점에서는 손실은 항상 음(-)의 수익률, 수익은 양(+)의 수익률로 산출되는 금액가중치수익률을 선호하다. 하지만 금액가중수익률은 포트폴리오 매니저의 성과를 명확히 반영하지 못 수 있으며, 특히 금액가중치수익률 방법론의 "투자기간 동안의 수이률이 일정하다."라는 기본가정은 커다란 오류를 담고 있을 수 있다.

시간가중수익률의 단점은 각 현금흐름이 발생하는 시점에서 정확한 가치평가가 필요하다는 것이다. 이 부분은 일부 포트폴리오 매니저들에게 번거롭고 비용이 많이 드는 요건이다. 포트폴리오 매니저는 가치평가로 발생하는 비용과 오차발생 가능성 간의 비용-이익 관계를 분석하여 각 외부현금흐름에 대한 평가빈도를 결정해야 한다. 자산운용사는 일 단위 성과(수익률)를 계산하기 위해 일별 가치평가를 실시하도록 노력해야 한다. Exhibit 3.17은 가치평가 오류가 수익률 계산에 미치는 영향을 보여주고 있다.

Exhibit 3.17 가치평가 오류

시작시점 시장가치	12월 31일	$74.2m
종료시점 시장가치	01월 31일	$104.4m
외부현금흐름	01월 14일	$37.1m
오류가 있는 시장가치	01월 14일	$101.1m

$$\frac{101.1-37.1}{74.2} \times \frac{104.4}{101.1} - 1 = 0.8625 \times 1.0326 - 1 = -10.93\%$$

Exhibit 3.11에서 계산된 정확한 시간가중수익률 −9.93%과 커다란 차이가 발생하게 된다.

대형 연기금과 같은 기관고객의 경우 자산운용사가 충분한 정보를 매일 가공 처리하여 포트폴리오를 정확하게 관리하고 있다고 예상할 것이다. 대부분의 대형 자산운용사들은 일일 가치평가가 필요한 공모펀드 또는 다른 통합펀드를 운용하면서 이미 안정적(외부 현금흐름이 발생하는 날짜에만 있는 것이 아니라 일일기준)으로 관리하고 있다. 업계에서는 성과공시(프레젠테이션) 기준보다 정확한 분석에 대한 요구로 점차 일일 가치평가(계산)를 기준으로 실행하고 있는 추세이다.

통계학 측면에서는 일일 계산이 더 많은 노이즈(잡음)를 일으킬 수 있지만, 수익률분석 측면에서는 장기수익률의 정확성을 위해 일일 계산(혹은 최소한 각 외부 현금흐름이 발생하는 시점에서의 가치평가와 동일한 수준)이 필요하다.

> **Note**
> 장기간 투자되는 포트폴리오에 있어 단기적인 일일 성과에 대한 분석을 신뢰하지는 않는다. 하지만 정확한 투자수익률을 산출하기 위해서는 일일 계산이 필요하다고 믿는다. 또한, 포트폴리오 관리자나 성과분석가가 표준화된 기간(월별, 분기별, 연간)이 아닌 임의의 특정 기간에 대한 성과분석을 하는 것도 유용하다고 볼 수 있다.

시간가중수익률에 대한 근사치
(APPROXIMATIONS TO THE TIME-WEIGHTED RETURN)

각 현금흐름 발생시점에 정확한 가치평가를 위한 비용을 지급할 능력이나 의지가 충분치 않은 자산운용사일지라도 여전히 시간가중수익률을 사용하기를 원할 수 있다. 다음 방법론과 같이 현금흐름 발생 시점의 포트폴리오 가치를 추정함으로써 '진정한' 시간가중수익률에 근접한 방법을 적용할 수도 있다.

지수수익률 대체(Index substitution)

정확한 가치평가가 어려운 경우, 현금흐름이 발생하는 시점의 포트폴리오 가치를 추정하기 위해 지수수익률을 대체 값으로 사용할 수 있다. 이 방법론과 관련하여, '진정한' 시간가중수익률에 대한 근사치를 계산하는 예시가 Exhibit 3.18에 제시되어 있다.

Exhibit 3.18 지수수익률 대체(Index substitution)

대안으로 사용되는 벤치마크 수익률이 현금흐름 발생시점까지 -10.68%인 경우, Exhibit 3.11의 데이터를 사용한 현금흐름 발생시점의 포트폴리오 추정가치는 다음과 같다.

$$74.2 \times (1 - 10.68\%) = 66.28$$

따라서 시간가중수익률의 대안적 추정치는 다음과 같이 계산된다.

$$\frac{66.28}{74.2} \times \frac{104.4}{66.28 + 37.1} - 1 = 0.8932 \times 1.0099 - 1 = -9.79\%$$

Exhibit 3.18에서 적용된 지수는 포트폴리오의 가치 추정에 적합하므로, 예측된 수익률은 실제 시간가중수익률에 대한 신뢰할 만한 추정치가 된다. 만약 지수가 포트폴리오 가치 추정에 부적절하다면(Exhibit 3.19 참조), 예측된 수익률은 부정확할 수 있다. 하지만 예시에서는 수정 Dietz 수익률이나 내부수익률(IRR)보다 상대적으로 적절한 시간가중수익률의 추정치를 제공한다.

Exhibit 3.19 지수수익률 대체(적절하지 못한 지수를 사용한 경우)

현금흐름 발생시점에서 포트폴리오 가치를 추정하기 위해 지수수익률 -7.90%를 적용한 경우:

$$74.2 \times (1 - 7.90\%) = 68.34$$

그러므로 시간가중수익률에 대한 대안적 추정치는 다음과 같이 산출된다.

$$\frac{68.34}{74.2} \times \frac{104.4}{68.34 + 37.1} - 1 = 0.9210 \times 0.9901 - 1 = -8.81\%$$

회귀분석방법(Regression method, or β method)

회귀분석방법은 지수수익률 대체방법을 확장한 접근법이다. Exhibit 3.20에서 볼 수 있듯이, 체계적 위험(포트폴리오 β)을 반영하여 산출되므로 이론적으로 지수수익률 대체방법보다 더 정확하게 포트폴리오 가치를 추정할 수 있다.

Exhibit 3.20 회귀분석방법

벤치마크와 비교했을 때 포트폴리오 베타가 1.05인 경우, 현금흐름 발생시점에서의 추정된 가치는 다음과 같다.

$$74.2 \times (1 - 10.68\% \times 1.05) = 65.88$$

그러므로 시간가중수익률에 대한 대안적 추정치는 다음과 같이 산출된다.

$$\frac{65.88}{74.2} \times \frac{104.4}{65.88 + 37.1} - 1 = 0.8879 \times 1.3789 - 1 = -9.99\%$$

지수수익률 대체방법은 포트폴리오 가치에 대한 좋은 추정치를 제공하지만, 포트폴리오의 베타를 추가로 추정해야 하는 과정, 즉 회귀분석방법이 항상 시간가중수익률보다 정확한 추정치를 제공하는 것은 아니다.

애널리스트의 테스트(Analyst's test)

영국 투자분석가협회 실무자들이 더욱 정확한 근사치를 제안했던 적이 있다.[18] 그들은 '포트폴리오의 금액가중수익률과 해당 포트폴리오에서 발생하는 동일한 금액 및 현금흐름을 지수에 투자한 명목 포트폴리오(notional fund)의 금액가중수익률 간 비율'이 '포트폴리오의 시간가중수익률과 해당 포트폴리오에서 발생하는 동일한 금액 및 현금흐름을 지수에 투자한 명목 포트폴리오의 시간가중수익률 간 비율'과 수학적으로 유사하다는 것을 증명했다.

$$\frac{(1+MWA)}{(1+MWN)} \times \frac{V_A-(C_T-C_W)}{V_N-(C_T-C_W)} \cong \frac{(1+TWA)}{(1+TWN)} \qquad (3.28)$$

여기서, MWA = 실제 포트폴리오의 금액가중수익률
MWN = 명목 포트폴리오의 금액가중수익률
V_A = 기간 말의 포트폴리오 가치
V_N = 기간 말의 명목펀드 가치
C_T = 기간 내 총 외부현금흐름
C_W = 기간 내 가중 외부현금흐름
TWA = 실제 포트폴리오의 시간가중수익률
TWN = 명목 포트폴리오의 시간가중수익률

식 3.28을 다음과 같이 정리할 수 있다.

$$TWA \cong \frac{(1+MWA)}{(1+MWN)} \times (1+TWN) - 1 \qquad (3.29)$$

또는,

$$TWA \cong \frac{V_A-(C_T-C_W)}{V_N-(C_T-C_W)} \times (1+TWN) - 1 \qquad (3.30)$$

즉, 포트폴리오의 시간가중수익률에 대한 근사치는 포트폴리오의 금액가중수익률을 지수에 투자한 명목 포트폴리오의 금액가중수익률로 나눈 다음 지수에 투자한 명목 포트폴리오의 시간가중수익률을 곱하여 산출할 수 있다. 모든 시장지수

---

[18] SIA, "The Measurement of Portfolio Performance for Pension Funds: A Report Prepared by the Working Group Set Up by the Society of Investment Analysts"(1972).

(S&P500, DJIA, KOSPI 등)는 시간가중방식이므로(현금흐름이 발생하지 않아 비교목적에 유용함) 지수수익률을 지수에 투자한 명목 포트폴리오에 대한 시간가중수익률로 적용할 수 있다. '애널리스트 테스트(Analyst's test)'에 대한 예시가 Exhibit 3.21에 있다.

Exhibit 3.21 애널리스트 테스트(Analyst's test)

시작시점 시장가치	12월 31일	$74.2m
종료시점 시장가치	01월 31일	$104.4m
외부현금흐름	01월 14일	$37.1m
1월 지수수익률		-7.92%
지수수익률	12/31 ~ 1/14	-10.68%
지수수익률	1/14 ~ 1/31	+3.09%

명목펀드의 종료시점 가치는;

$$V_N = (74.2 \times (1-0.1068) + 37.1) \times 1.0309 = 106.57$$

$$C_T = 37.1$$

$$C_W = 37.1 \times (\frac{31-14}{31}) = 20.35$$

$$TWA = \frac{104.4 - (37.1 - 20.35)}{106.57 - (37.1 - 20.35)} \times (1 - 0.0792) - 1$$

$$TWA = \frac{82.86}{85.03} \times 0.9208 - 1 = -10.14\%$$

이 세 가지 근사법의 장점은 정확한 가치평가를 수행하기 위한 충분한 데이터가 없어도 정확성 높은 시간가중수익률을 추정할 수 있다는 것이다. 지수수익률 대체, 회귀분석방법 및 애널리스트 테스트의 가정이 각각 잘못되었거나 부적절한 경우, 산출된 수익률이 틀릴 수 있다는 단점은 분명히 존재한다. 또한, 포트폴리오 수익률은 고유한 특정 수치인데, 다른 지수를 적용하여 추정할 경우 추정된 포트폴리오 수익률은 실제 수익률과 괴리가 존재하고, 이는 직관에 반하기 때문에 투자자에게 설명하거나 이해시키기가 어려울 수 있다.

> **Note**
> 지수수익률 대체, 회귀분석 및 애널리스트 테스트 방법은 모두 오래된 방법으로, 오늘날에는 거의 사용되지 않는다. 이 방법론들은 시간가중수익률에 대한 근사치로 사용되었다.

하이브리드 방법론
(HYBRID METHODOLOGIES)

많은 포트폴리오 매니저들은 단순하게 시간가중방법이나 금액가중방법을 적용하지 않고, 두 가지 방법을 혼용하여 사용한다.

기본 측정기간이 월 단위(예: 3월, 4월, 12월)인 경우 각 월의 수정 Dietz 수익률 또는 단순 Dietz 수익률을 계산한 후 이를 연결(chain-link)하여 전체 기간수익률을 계산하는 방법이 간편하다. 이 접근법은 각 월 수익률을 동일한 가중치로 취급하므로 시간가중치의 수정된 방법이다. 이전에 언급한 모든 방법들을 특정 하위기간에 대해 계산한 다음, 연결(chain-link)하여 전체기간에 대한 시간가중치 개념의 수익률을 산출할 수 있다.

연결된 수정 Dietz 수익률(Linked modified Dietz)

기관 포트폴리오 매니저들이 주로 사용했던 접근 방법은 월 단위로 산출된 수정 Dietz 수익률을 연결(chain-link)하는 것이다. 이는 종종 시간가중방법론으로 설명되지만, 실제로는 월별 금액가중수익률을 연결(chain-link)한 하이브리드 방법이다. 각 월별 수익률은 금액가중치 개념이 적용되어 산출되고, 전체 투자기간에 대한 수익률은 산출된 각 월별 수익률에 동일한 가중치를 부여하여 시간가중수익률을 계산한다.

BAI 방법론(BAI method 혹은 linked IRR)

미국 은행감독기관[19]에선 수정 Dietz 수익률을 연결(chain-link)하는 대신, 기본적

---

[19] Bank Administration Institute, "Measuring the Investment Performance of Pension Funds for the Purpose of Inter Fund Comparison"(1968).

으로 단순 내부수익률(IRR)을 연결하는 대안적인 하이브리드 방법[20]을 제시했다. 이는 내부수익률을 계산하는 데 어려움이 있기 때문에 미국 밖에서는 거의 사용되지 않은 방법이다.

BAI 방법과 연결된 수정 Dietz 방법은 모두 표준 기간(일반적으로 월 단위)에 동일한 가중치를 부여하므로, 일종의 시간가중방법론으로 간주될 수 있다. 명확히 말해서 진정한 시간가중수익률을 산출하기 위해서는 각 현금흐름 발생시점 사이의 수익률을 계산해야 한다.

지수수익률 대체, 회귀분석방법 및 애널리스트 테스트는 실제로 시간가중수익률의 추정치로 사용된다. 반면, 단순 Dietz 방법, 수정 Dietz 방법 및 ICAA 방법은 내부수익률의 근사치로서 금액가중방법론에 해당한다. 이러한 방법론의 관계를 설명하는 스펙트럼이 Figure 3.1에 나와 있다.

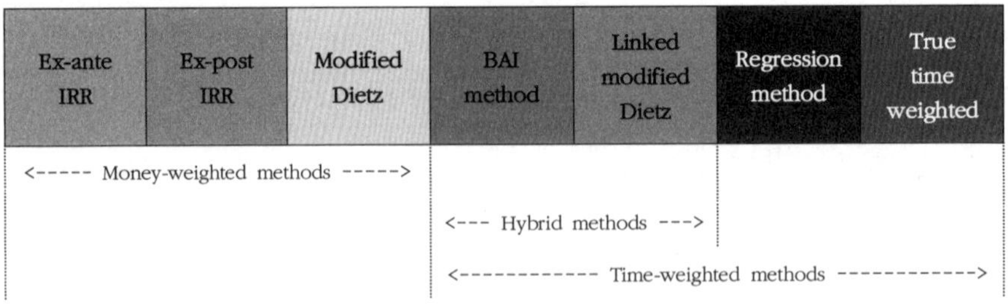

Ex-ante IRR	Ex-post IRR	Modified Dietz	BAI method	Linked modified Dietz	Regression method	True time weighted

<----- Money-weighted methods ----->

<--- Hybrid methods --->

<------------ Time-weighted methods ------------>

Figure 3.1. 수익률 방법론의 스펙트럼

방법론에 대한 선택
(WHICH METHOD TO USE?)

어떤 방법론을 선택할지는 궁극적으로 투자자의 요구사항, 요구되는 정확성의 수준, 그리고 자산의 특성에 따라 결정된다.

시간가중수익률은 현금흐름이 미치는 영향을 제거한다. 수익률 계산의 목적이 포트폴리오 매니저의 수익률을 다른 포트폴리오 매니저들 혹은 공표되는 벤치마크와 비교하는 것이라면 시간가중수익률이 적합하다. 반면에 비교대상이 없거나, 투

---

20 First proposed by Fisher, "An Algorithm for Finding Exact Rates of Return"(1966).

자자의 관점에서 운용수익률만 분석하고자 하는 경우에는 금액가중수익률이 더 적절할 수 있다.

Exhibit 3.16에서 보는 바와 같이 투자금액에 영향을 받지 않는 시간가중수익률 기준, 투자자가 금전적으로 손해를 기록한 기간임에도 양(+)의(시간가중)수익률이 산출될 수 있다. 이 예시에서 절대적인(금전적인) 손실이 발생한 이유는 투자자가 시장 상황이 나빠지기 직전에 포트폴리오 매니저에게 큰 자금을 투자했기 때문이다. 투자자에게 금전적 손실이 발생한 가운데 시간가중수익률이 양(+)임을 설명하기는 쉽지 않을 것이다. 만약 현금흐름이 없었다면 투자자의 손익 금액은 양(+)이였을 것이다.

자산 가치평가의 정확성은 어떤 방법을 사용할지 결정하는 데 매우 중요한 영향을 미친다. 정확한 가치평가가 월간 단위로만 가능하다면 월간 수정 Dietz 방법으로 산출된 수익률을 연결(chain-link)하는 방법이 가장 적합할 수 있다. 자산의 유동성도 방법론 선택에 영향을 미치는 주요 요인이다. 유동성이 떨어지는 종목의 경우 현금흐름 시점에서 정확한 가치평가가 어려울 수 있다. 정확한 가치평가가 어려운 비유동성 자산(예를 들어, 사모 자산)에 대한 시간가중수익률은 정확성 측면에서 상당히 의심스러울 수 있다.

일방적으로 내부수익률(IRR)은 다음과 같은 이유로 사모투자 자산(Private assets) 등에 적용되어 왔다.

(1) 시장가가 없는 자산에 투자 시, 초기시점 평가는 종종 사전적 내부수익률(ex-ante IRR) 접근방식을 사용한다.
(2) 사모투자 자산은 정확한 가치평가가 어렵고 유동성이 떨어진다.
(3) 사모투자 자산 매니저는 종종 현금흐름 타이밍을 조절할 수 있는 경우도 있다.

전통적으로 부동산자산의 성과는 사모펀드(private equity)와 같이 금액가중치수익률로 계산됐지만, 부동산자산에 대한 평가빈도가 증가함에 따라 다른 자산들과 동등하게 다루려는 시도가 있었고, 최근에는 시간가중방법론이 일반화되고 있다. 참고로 자산별 유동성을 확인할 수 있는 스펙트럼이 Figure 3.2에 나와 있다.

흔히 사모펀드(private equity) 매니저가 현금흐름 타이밍에 대한 권한이 있기 때문에 금액가중방법론을 쓴다는 설명도 합리적이지만, 그보다 현금흐름 발생시점에서 정확한 가치평가가 어렵기 때문에 시간가중방법론을 적용할 수 없다는 것이 더 합리적인 이유일 것이다.

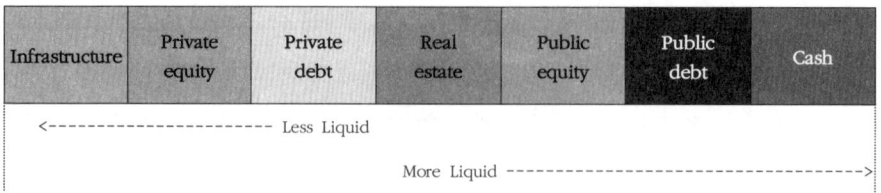

Figure 3.2 자산종류별 유동성 스펙트럼

손실이 발생했더라도 시간가중수익률 기준으로 양(+)의 수익률이 산출될 수 있다는 내용을 투자자에게 이해시키기가 어려워, 개인고객에게는 종종 금액가중수익률을 사용한다. 금액가중수익률의 가장 큰 장점은 포트폴리오에서 이익이 발생했다면 현금흐름의 패턴과 관계없이 수익률이 양(+)으로 산출되어 수익과 수익률이 같은 부호를 취하게 된다.

시간가중수익률의 장점은 현금흐름의 영향을 배제한다는 것이기 때문에 포트폴리오 매니저가 현금흐름의 타이밍에 대한 권한이 없거나 영향을 미치지 않을 경우 분명히 선호된다. 이 내역은 단순히 포트폴리오 매니저가 현금흐름 타이밍에 영향을 준다고 금액가중수익률을 선호해야 한다는 의미는 아니다. 금액가중수익률은 포트폴리오와 동일한 현금흐름이 발생했을 때 최종 시장가치에 도달하도록 하는 요구수익률을 의미한다. 이 수익률은 고유한 수치이며, 다른 현금흐름의 패턴이 발생하는 포트폴리오나 벤치마크와는 실제로 비교하기 어렵다. 타이밍의 영향을 측정하는 다른 방법들도 있는데, 특히 성과분해가 그 중 하나에 해당한다.

> ⚠ **Caution**
> 외부현금흐름 시기에 대한 통제가 금액가중수익률을 사용하는 충분한 이유가 되지는 못한다. 수익률 계산의 주요 목적이 비교 분석을 위한 것이라는 측면에서 시간가중수익률은 금액가중수익률보다 더 용이하다. 현금흐름 타이밍이 운용상에 미치는 영향은 다른 방법론으로 측정할 수 있다.

투자자는 종종 금액가중수익률을 사용해야 한다고 제안하지만, 저자는 다음과 같은 이유에서 금액가중수익률이 적절하지 않다고 주장한다.

(1) 벤치마크, 다른 투자자 혹은 다른 포트폴리오 매니저와의 비교가능성이 낮아진다.
(2) 금전적인 손익은 대안적인 측정치일 뿐이다.
(3) 투자자는 현금흐름(추가 투자 및 수익분배)을 완전히 통제하고 있지 않다. 또한, 포트폴리오 가치 대비 외부현금흐름 규모가 금액가중수익률과 시간가중수익률 간에 유의한 차이를 발생할 만큼 큰 경우가 잘 발생하지 않는다.
(4) 금액가중수익률 기준 성과분해 및 리스크분석이 더 어렵다. 성과분해를 위해선 일관된 방법론을 적용하여야 하며, 리스크분석을 위해선 더 빈번하게 수익률을 계산해야 한다.
(5) 비용이 증가하고 복잡하다. 포트폴리오 매니저는 시간가중수익률을 계속 사용하는 반면, 다른 방법론으로 산출된 결과와의 논의 및 비교가 계속될 것이다.

금액가중수익률은 시간가중수익률이 적절하지 않을 때만 적용해야 한다. 자산을 직접 소유했거나 외부현금흐름 타이밍에 대한 통제력이 금액가중수익률을 적용하기 위한 충분조건이 되지 못한다. 하지만, 평가 대상 자산의 유동성이 떨어지는 경우(infrastructure, private assets and potentially real estate) 시간가중수익률은 다음과 같은 이유로 적절하지 않다.

(1) 현금흐름 발생 시점에서 정확한 가치평가가 불가능하다.

(2) 일부 자산 범주에 적용되는 벤치마크가 시간가중치를 적용하지 않는 경우가 있다.
(3) 포트폴리오 매니저는 현금흐름 시기(인출 또는 자본수익)를 조절할 수 있는 경우가 상대적으로 많다.

유동자산과 비유동성 자산을 포함하는 균형전략 포트폴리오 등은 보다 세밀한 분석을 위해서 시간가중방법론을 적용하여 일관성 있게 측정하는 것이 좋다.

사후 거래와 시장타이밍(late trading and market timing)

Exhibit 3.22에 나온 예시와 같이 공모펀드는 과거 기준가(backdating unit prices)를 사용함으로써 성과측정에 오류를 발생시킨 적도 있다.

Exhibit 3.22 사후 거래(late trading)

시작시점 포트폴리오의 가치	$5,000,000
발행 단위	10,000,000
시작시점 단위가격(기준가)	0.50
종료시점 포트폴리오의 가치	$5,250,000
발행 단위	10,000,000
종료시점 단위가격(기준가)	0.525

관리상의 오류로 해당 기간 초기에 편입되어야 할 $500,000이 반영되지 못했다. 포트폴리오 매니저는 고객이 손해를 보지 않도록 사후적으로 $500,000에 대해 기준가 0.50에 1,000,000 단위를 매입한 것과 같이 처리하기로 했다.

(변경된) 종료시점 포트폴리오의 가치	$5,750,000
(변경된) 발행 단위	11,000,000
(변경된) 종료시점 단위가격(기준가)	0.5227

실제로 기존 투자자들은 단위 당 0.44%의 가치가 희석되었다.
단위가격(기준가) 0.525이 적용되어 투자금 $525,000 필요하다.
매니저는 오류를 수정하기 위해 신규 투자자로부터 $25,000 추가로 투자받아야 한다.

2003년 미국 공모펀드의 '사후 거래와 시장타이밍(late trading and market timing)' 스캔들에서 벌어진 일이다.[21] 특권 투자자들은 해외시장이 이미 크게 오르거나 하락한 경우 해외펀드를 과거 기준가에 사고파는 부정행위가 있었고, 이로 인해 동일한 펀드에 투자하는 다수 일반투자자들은 작지만 지속적으로 손실을 입게 되었다.

선택의 문제
(SELF-SELECTION)

여러 허용 가능한 계산 방법론 중, 포트폴리오 매니저는 의도적이든 비의도적이든 수익률 산출 방법의 선택을 악용하지 않도록 내부정책을 수립해야 한다. Table 3.2는 특정기간 각각 다른 방법으로 산출된 수익률의 차이를 보여준다.

각 수익률 간 차이가 발생하는 근본적인 이유는 외부현금흐름과 관련된 가정 때문이다. 현금흐름이 없다면, 금액가중수익률, 시간가중수익률 및 시간가중수익률의 근사치를 적용한 모든 방법에서 동일한 수익률이 산출될 것이다.

수익률 차이가 발생하는 주요 원인은 수익률 계산식의 분모(또는 투자된 평균자본) 차이 때문이다. 각 방법론은 분모에서 외부현금흐름의 영향을 다르게 가정하며, 현금흐름이 클수록 그 영향도 더 커진다.

이 예제에서 현금흐름이 시작시점 포트폴리오 가치에 비해 크기 때문에, 단순 Dietz 수익률과 수정 Dietz 수익률 간에 큰 차이가 발생한다. 반면, 현금흐름이 크지 않다면 각 방법론에 적용하는 가정의 차이가 매우 작아지므로, 수익률 차이도 거의 나타나지 않을 것이다.

Table 3.2 적용 방법론에 따라 산출된 수익률

적용 방법론	수익률
단순 내부수익률(Simple IRR)	−7.41%
내부수익률(IRR)	−7.27%

---

21 Braceras, "Late Trading and Market Timing"(2004).

단순 Dietz 수익률	−7.44%
ICAA	−7.43%
ICAA(재투자 불가능한 경우)	−7.46%
수정 Dietz 수익률 (일일 종료시점 현금흐름 가정)	−7.30%
수정 Dietz 수익률 (일일 시작시점 현금흐름 가정)	−7.21%
시간가중수익률 (일일 종료시점 현금흐름 가정)	−9.93%
시간가중수익률 (일일 시작시점 현금흐름 가정)	−9.44%
시간가중수익률 (일일 중간시점 현금흐름 가정)	−9.63%
지수수익률대체(Index substitution)	−9.79%
회귀분석방법(Regression)	−9.99%
애널리스트 테스트	−10.14%

대규모 현금흐름의 발생

현금흐름에 따른 효과가 유의하지 않은 경우가 대부분이기 때문에 현금흐름 발생 시점마다 포트폴리오 가치를 재평가할 필요는 없다. 많은 기관투자자가 표준 수정 Dietz 방식을 채택하고 있으며, 사전에 설정된 비율한도(일반적으로 10%) 이상의 대규모 외부현금흐름이 발생했을 경우 포트폴리오 가치를 재평가하고 있다. 자산운용사들은 한도를 설정하고 이를 엄격하게 적용해야 한다. 이 대규모 현금흐름 한도는 기간 중 단일 현금흐름에 적용되거나 혹은 기간 중 발생한 전체 현금흐름에 적용되며 이는 포트폴리오 매니저가 사전에 정의한 기준에 따라 달라진다.

Note
큰 현금흐름은 수익률 계산을 왜곡할 수 있을 정도의 규모를 의미한다.

방법론의 임의적 선택(Self-selection of methodologies)

만약 전체 투자 기간을 구성하는 각 하위기간에서 서로 다른 방법론을 사용하여 기간별 수익률을 계산한 후, 가장 높은 수익률만 선택하여 전체 기간수익률로 통합한다면, 실제보다 성과가 우수한 것처럼 왜곡될 수 있다. 이처럼 여러 방법론을 혼용하여 의도적으로 유리한 수익률만 선택하는 것은 비윤리적인 행위이다.

> ⚠ **Caution**
> 의도적인 방법론 선택 행위는 피하기 쉽지만, 의도하지 않게 남용이 발생하는 경우도 있다. 포트폴리오 매니저들은 현금흐름이 수익률 계산에 영향을 미칠 수 있다는 것을 잘 알고 있으며, 자신의 포트폴리오 수익률에 대해 대략적으로 예상할 수 있다. 만약 포트폴리오 성과가 예상치보다 0.2% 못 미쳤다면, 매니저는 성과분석가에게 수익률 분석을 요청하기도 한다. 성과분석가는 현금흐름이 발생했을 경우(그러나 포트폴리오 수익률이 평소 수준보다 적은 경우), 수익률이 현금흐름에 의해 부정적인 영향을 받았다고 분석 결론을 내릴 수도 있다. 성과분석가가 수익률을 조정하는 것은(이론적으로 더 정확함에도 불구하고) 적절하지 않다. 왜냐하면 포트폴리오 매니저가 수익률이 기대치보다 0.2% 높을 경우에는 동일한 분석을 요구하지 않을 가능성이 높아, 결과적으로 수익률에 긍정적인 조정만 발생할 수 있기 때문이다.

　Table 3.3은 성과분석가가 이용할 수 있는 각 수익률 방법론의 장단점과 포트폴리오 매니저 관점에서 저자의 선호도를 나열한 내역이다. 선호도는 Figure 3.3에 나타나 있는 방법론의 진화와도 일치한다.

Table 3.3 수익률 방법론

방법론	장점	단점	저자의 선호도 (높은수치가 선호)
단순 Dietz 수익률	1) 계산이 간단함 2) 가치평가 오류에 민감하지 않음 3) 분해 가능함 4) 이익 = 양(+)의 수익률 5) 손실 = 음(-)의 수익률	1) 현금흐름의 타이밍에 대한 추정치 2) 다른 펀드나 공시된 지수와 비교하기에 적합하지 않음	4
수정 Dietz 수익률	1) 계산이 간단함 2) 가치평가 오류에 민감하지 않음 3) 분해 가능함 4) 이익 = 양(+)의 수익률 5) 손실 = 음(-)의 수익률	1) 다른 펀드나 공시된 지수와 비교하기에 적합하지 않음	8

ICCA	1) 계산이 간단함 2) 가치평가 오류에 민감하지 않음 3) 분해 가능함 4) 이익 = 양(+)의 수익률 5) 손실 = 음(-)의 수익률	1) 다른 펀드나 공시된 지수와 비교하기에 적합하지 않음 2) 수익 처리로 인한 잠재적 레버리지 효과가 발생	7
단순 내부수익률 (Simple IRR)	1) 고객의 관점에서 부가가치를 반영함 2) 가치평가 오류에 민감하지 않음 3) 이익 = 양(+)의 수익률 4) 손실 = 음(-)의 수익률	1) 현금흐름 타이밍에 대한 추정치 2) 분해할 수 없음 3) 다른 펀드나 공시된 지수와 비교하기에 적합하지 않음	3
내부수익률(IRR)	1) 고객의 관점에서 부가가치를 반영함 2) 가치평가 오류에 민감하지 않음 3) 금융에서 일반적으로 자주 사용, 사모펀드/벤처캐피탈에서 자주 사용	1) 계산이 비교적 어려움 2) 분해할 수 없음 3) 다른 펀드나 공시된 지수와 비교하기에 적합하지 않음	5
BAI	1) 시간가중수익률과 금액가중 수익률의 혼용(Hubrid) 2) 가치평가 오류에 민감하지 않음	1) 계산이 비교적 어려움 2) 분해할 수 없음	6
연결 수정 Dietz 수익률	1) 시간가중수익률과 금액가중 수익률의 혼용(Hubrid) 2) BAI 방법보다 계산이 쉬움 3) 단일기간 내에서 분해할 수 있음 4) 잘 확립되어 있으며, 금융에서 일반적으로 사용됨	1) 대규모 현금흐름에 영향을 받을 수 있음	9
시간가중수익률 (True time-weighted)	1) 현금흐름을 조정하여 포트폴리오 관리자의 실제 성과를 측정함 2) 다른 포트폴리오 매니저 및 벤치마크와 비교하기에 적합함	1) 잘못된 가치평가에 민감함	10
애널리스트 테스트 (Analyst's test)	1) 실제 시간가중수익률의 좋은 추정치 2) 정확한 일일 가치평가가 필요하지 않음	1) 벤치마크의 변경으로 포트폴리오 수익률을 변화시키는 것처럼 보일 수 있음	2
지수수익률대체 (Index substitution)	1) 시간가중방법론 2) 정확한 일일 가치평가가 필요하지 않음	1) 벤치마크에 대한 가정만큼만 좋은 근사치, 분석가의 테스트보다 정확도가 떨어짐 2) 벤치마크의 변경으로 포트	1

		폴리오 수익률을 변화시키는 것처럼 보일 수 있음	
회귀분석 방법론 (Regression)	1) 시간가중방법론 2) 정확한 일일 가치평가가 필요하지 않음 3) 체계적 위험의 적용이 지수수익률대체방법보다 더 정확한 평가 근사치를 제공할 수 있음	1) 벤치마크 및 체계적 위험에 대한 가정만큼만 좋은 근사치. 낮은 R^2는 체계적 위험의 변동성을 의미함 2) 벤치마크 또는 체계적 위험 계산의 변경이 포트폴리오 수익률을 변화시키는 것처럼 보임	0

 이처럼 서로 다른 자산 범주와 서로 다른 상품유형들에 대해 각각 다른 수익률 방법론이 발전해 왔는데, 이는 정확한 가치평가 가능 여부가 주요 요인으로 판단된다. 공모펀드가 먼저 진정한 시간가중수익률을 적용할 수 있었던 배경은 투자자들이 공모펀드를 공정한 가격으로 매매할 수 있도록 정확한 가치평가를 도출해야 했기 때문이다. 발전과정에서 한 시점 늦은 연기금펀드의 경우, 현금흐름이 수익률에 미치는 영향을 최소화하고 매니저 간 혹은 벤치마크와 공정하게 비교하기 위해 시간가중수익률을 적용했다.

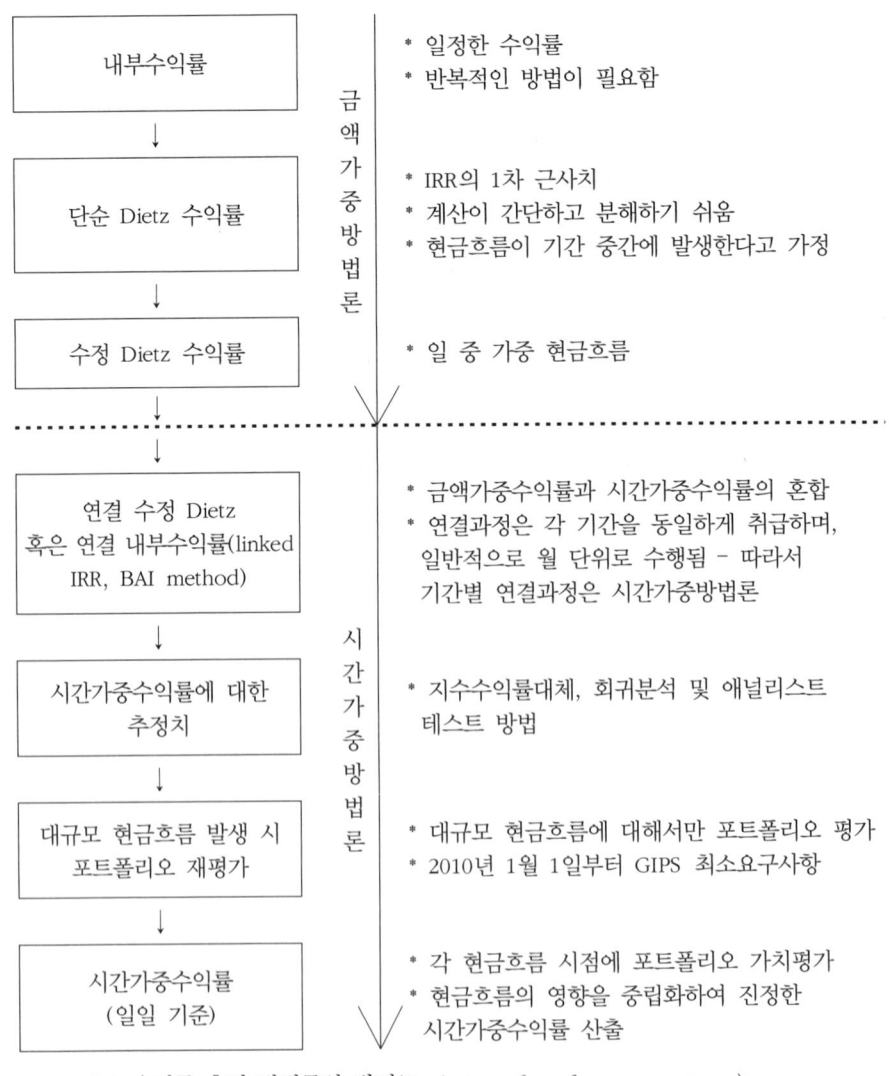

Figure 3.3 수익률 측정 방법론의 발전(Evolution of performance returns)

    연기금 등 많은 기관투자자가 수정 Dietz 수익률을 연결(chain-linked)하여 사용하였으며, 최종단계로 진화하는 과정에 있다. 많은 자산운용사는 비용 때문에 일일 가치평가를 할 수 없거나 혹은 시도하지 않는다. 실제로, GIPS(Global Investment Performance Standards)[22]에서는 2010년부터 수정 Dietz 수익률을 연결하거나 진정

---

22 참조 : 제7장, 2.A.23.c

한 시간가중방법론의 중간 정도를 의무화하고 있는데, 이는 자산운용사들이 대규모 현금흐름에 대해서만 포트폴리오의 가치를 평가하도록 요구하고 있다.

내부수익률(IRR)은 명확한 출발점이며, 뒤를 이어 진화된 단순 Dietz 수익률과 수정 Dietz 수익률은 내부수익률에 대한 근사치이다. 사모펀드에 대한 수익률 방법론은 정확한 가치평가가 어려우므로 더 이상 발전하기가 쉽지 않다. 흥미롭게도 부동산의 경우 최근 빈번한 가치평가로 인해 금액가중방법론에서 시간가중방법론으로 진화하고 있다.

수익률의 연율화
(ANNUALISED RETURNS)

장기간의 수익률을 비교할 때 표준화된 기간, 즉 연간수익률을 기준으로 비교하는 것이 가장 효율적이다. 여러 해 동안의 수익률을 연율화할 때는 산술평균 수익률과 기하평균 수익률을 사용할 수 있다. 산술평균 수익률은 단순히 각 기간의 수익률을 평균 낸 것이며, 기하평균 수익률은 복리 효과를 반영하여 장기 누적 수익률과 동일한 효과를 갖도록 조정된 값이다.

산술평균수익률 :

$$\bar{r}_A = \frac{f}{n} \times \sum_{i=1}^{n} r_i \tag{3.31}$$

기하평균수익률 :

$$\tilde{r} = (\prod_{i=1}^{n}(1+r_i))^{\frac{f}{n}} - 1 \tag{3.32}$$

여기서, n = 분석대상 기간 내 특정기간의 수
f = 연간기준 특정기간의 수(월기준 f = 12, 분기기준 f = 4)

기하평균 또는 기하 연율화 수익률은 분석 기간 동안의 수익률을 복리로 환산한 수익률로, 누적수익률과 동일한 효과를 가지는 연간 수익률을 의미한다. Exhibit

3.23에 산술적 및 기하학적 수익률 계산 예시가 포함되어 있으며, 연율화된 수익률은 장기간 수익률을 비교하는 데 유용하다. 특히, 벤치마크와의 비교할 때 일관된 기준을 제공한다.

> ⚠️ **Caution**
> 1년 미만의 수익률을 연율화하는 것은 주의가 필요하다. 이는 짧은 기간 동안의 수익률이 연간 내내 동일한 성과를 유지한다고 가정하는 것이며, 이는 현실적으로 성립하지 않을 가능성이 크기 때문이다.

> 📝 **Note**
> '산술'과 '기하학'이라는 용어는 성과측정 분야에서 일반적으로 사용되며, 산술은 가산 관계를 반영하고 기하학은 곱셈 또는 복리 관계를 나타낸다.

Exhibit 3.23 수익률의 연율화

연간수익률

2003	10.5%
2002	-5.6%
2001	23.4%
2000	-15.7%
1999	8.9%

누적수익률:
$$(1.105 \times 0.944 \times 1.234 \times 0.843 \times 1.089) - 1 = 18.2\%$$

산술평균 연간수익률:
$$\frac{10.5\% - 5.6\% + 23.4\% - 15.7\% + 8.9\%}{5} = 4.3\%$$

산술평균 연간수익률(4.3%)을 5년 동안 복리로 계산하면 누적 수익률은 18.2%보다 커진다.
$$(1.043 \times 1.043 \times 1.043 \times 1.043 \times 1.043) - 1 = 23.4\%$$

기하평균 연간수익률:
$$(1.105 \times 0.944 \times 1.234 \times 0.843 \times 1.089)^{\frac{1}{5}} - 1 = 3.4\%$$

예상대로, 연율화 수익률(기하평균)을 5년 동안 복리로 계산하면 누적수익률은 동일하게 된다.
$$(1.034 \times 1.034 \times 1.034 \times 1.034 \times 1.034) - 1 = 18.2\%$$

투자수익률은 복리(compound)로 계산된다. 과거 성과를 측정할 때 Exhibit 3.24와 같이 과거 발생한 일련의 수익률에 대한 누적수익률과 동일한 값이, 복리 계산으로 산출될 수 있도록 하는 일정한 수익률을 사용해야 한다.

Exhibit 3.24 양(+)의 편향(Positive bias)

수익률이 첫 번째 기간에는 +20%, 두 번째 기간에는 -20%라고 가정한다.
시작시점 포트폴리오 가치가 £100이라고 가정하면,
첫 번째 기간이 끝날 때의 가치는 £120 이다.
두 번째 기간이 끝날 때의 가치는 £96 이다.

산술평균은 $\dfrac{20.0\% - 20.0\%}{2} = 0\%$

(기하평균) 연율화된 수익률은 $(1.2 \times 0.8)^{\frac{1}{2}} - 1 = -2.02\%$
두 기간 동안 각각 -2.02%의 수익률이 발생하고 복리로 계산하면 최종가치는 정확히 £96이 된다.

산술평균 수익률은 항상 기하평균 수익률보다 크거나 같다.

> **Note**
> 산술평균은 양(+)으로 편향되어(positively biased) 있다. 수익률이 일정하지 않으면 연간수익률(기하평균수익률)은 항상 산술평균보다 작다. 전체기간에 대해 연간수익률을 복리계산하면 실제 누적수익률과 동일해지지만, 산술평균 수익률을 전체기간으로 변환 할 경우에 누적수익률과 달라진다. 따라서 연간수익률(기하평균수익률)은 산술평균보다 투자기간 종료시점 가치를 더 적절히 반영하는 지표가 된다. 따라서 성과분석가는 산술평균 수익률보다 기하평균 수익률을 사용해야 한다.

$$\bar{r}_A \geq \tilde{r} \tag{3.33}$$

차이에 대한 좋은 근사값은 다음 공식을 사용하여 계산할 수 있다.

$$\bar{r} \cong \bar{r}_A - \frac{\sigma^2}{2} \qquad (3.34)$$

여기서, σ = 수익률의 표준편차 또는 변동성[23]

위 식은 매우 중요 관계를 나타낸다. 수익률 변동성이 클수록 산술평균과 기하평균의 차이는 커진다. 산술평균 수익률이 12.0%이고 수익률의 변동성이 10%인 경우 연간수익률(기하평균)은 대략 12.0% -(10.0%)² / 2 = 11.5% 가 된다.

설정 이후 내부수익률(Since-inception internal rate of return, SI-IRR)
전체 기간의 '누적' 수익률이 아닌 '연간' 내부수익률을 계산하려면 다음 공식을 사용하여 r을 계산해야 한다.

$$V_E = V_S \times (1+r)^Y + \sum_{t=1}^{T} C_t \times (1+r)^{W_t^y} \qquad (3.35)$$

여기서, Y = 측정할 기간의 길이(연 단위)
W_t^y = t일에 외부현금흐름에 적용할 계수

$$W_t^y = Y - Y_t \qquad (3.36)$$

여기서, Y_t = 측정기간의 시작 이후 경과한 연수

예를 들어, 총 측정 기간이 5년이고 현금흐름이 3년째의 236일째에 발생한다고 가정한다면

$$W_t^y = 5 - 2\frac{236}{365} = 2\frac{129}{365}$$

프레젠테이션(외부보고, 광고 등)의 목적으로 내부수익률을 사용할 경우, 주로 설정 이후 내부수익률(SI-IRR)을 연율화 수익률로 산출하여 사용한다.

---

[23] 식 5.5 참조

수정된 내부수익률(Modified IRR, MIRR)

수정된 내부수익률(Modified IRR, MIRR)은 미래 현금흐름을 IRR 비율로 재투자한다는 비현실적 가정을 완화하고, 가치지표인 배수(multiple)를 적절히 조정하여 ex-ante IRR의 단점을 보완한 접근법이다. 수정된 IRR은 양(+)의 현금흐름은 가정된 재투자율로 재투자되고, 음(-)의 현금흐름은 가정된 자본비용으로 조달된다고 본다. 분명 재투자율과 자본비용은 자산운용성과의 측정보다 프로젝트 평가에서 중요하다. MIRR은 "기간 내 발생한 양(+)의 현금흐름을 재투자율로 투자하여 종료시점에 형성된 최종가치의 합"을 "시작시점 가치를 포함하여 기간 내 발생한 음(-)의 현금흐름을 자본비용으로 할인한 현재가치"로 나눈 비율이다.

$$MIRR = \sqrt[n]{\frac{\sum_{t=1}^{T} V_E + C_t^+ \times (1+rr)^{W_t''}}{\sum_{t=1}^{T} V_S + C_t^- \times (1+coc)^{-W_t''}}} - 1 \quad (3.37)$$

여기서, coc = 자본비용
rr = 재투자율
C_t^+ = t일에 발생한 양(+)의 현금흐름
C_t^- = t일에 발생한 음(+)의 현금흐름

사후분석(ex-post analysis)에 초점을 맞춘 성과분석가들은 가정된 재투자율을 적용하는 MIRR 등의 방법을 사용할 가능성은 작지만, 이를 Exhibit 3.25에서 예제를 통해 확인할 수 있다.

Exhibit 3.25 수정된 내부수익률(MIRR)

초기 투자	1년차 현금흐름	2년차 현금흐름	3년차 현금흐름	4년차 현금흐름	5년차 최종가치
£150m	£50m	£22m	£35m	-£45m	£330

자본비용이 8%이고 재투자율이 5%라고 가정한다.
최종 현금 유출 등가액:

$$330 + 45 \times (1.05) = 377.25$$

유입된 현금의 현재가치:

$$150 + \frac{50}{1.08} + \frac{22}{(1.08)^2} + \frac{35}{(1.08)^3} = 242.94$$

$$MIRR = \sqrt[5]{\frac{377.25}{242.94}} - 1 = 9.2\%$$

> **Note**
> 엑셀(Excel®)에서는 수정된 IRR(MIRR) 기능을 제공한다.

수익률의 누락(Return hiatus)

수익률 기록에 공백이 발생하는 경우, 단순히 존재하는 수익률만을 연결하여 누적 수익률을 계산하면 오류가 발생할 수 있다.

> **⚠ Caution**
> 일부 성과분석가들은 과거 성과 중 공백 부분, 즉 수익률 기록이 누락된 부분에 벤치마크 수익률로 대체하여 누적수익률과 연간수익률을 계산할 수 있다고 주장할 수도 있다. 그러나 이것은 명백히 잘못된 관행이다.

보수 차감 전, 보수 차감 후 수익률 산출
(GROSS- AND NET-OF-FEE CALCULATIONS)

장기 투자성과의 핵심요소는 자산운용사가 부과하는 보수이다. 보수는 여러 관련 주체에 따라 다양한 방식으로 부과된다. 포트폴리오 매니저의 성과를 평가하고 비교하기 위해 보수에 따른 영향을 적절하게 조정하는 것이 필요하다.

투자 포트폴리오 운용에 발생하는 보수 또는 비용에는 세 가지 기본 유형이 있다.

(1) 거래비용 - 브로커 비용, 매수매도 스프레드, 거래 관련 규제 부담금 및 세금(인지세 등) 등 자산 매매와 직접 관련된 비용, 단 보관비용은 제외
(2) 포트폴리오 운용보수 - 포트폴리오 매니저가 계정 운용을 위해 부과하는 보수

(3) 보관비용(수탁보수)와 기타보수(감사, 성과평가, 법무 및 기타 수수료 등)

포트폴리오 매니저는 자신이 통제할 수 있는 범위 내 비용 요소들에 대해서 평가받아야 한다. 분명히 포트폴리오 매니저는 종목 매매에 대한 재량권을 가지고 있다. 따라서 성과측정은 항상 거래비용 차감 후 기준으로 계산되어야 한다. 거래비용은 앞서 설명한 방법론들의 가치평가에서 반영되므로 추가적인 조치가 필요하지는 않다.

포트폴리오 운용보수는 대부분 계좌에서 직접 차감되지만 그렇지 않은 경우도 있다. 포트폴리오 매니저는 보수를 직접 고객에게 청구하는 경우도 있다.

포트폴리오에서 직접 지급되지 않은 경우 계산된 수익률은 보수 차감 전, 즉 총 수익률이 된다.

운용보수를 음(-)의 외부현금흐름으로 처리하여 계좌에서 차감하면, 보수 차감 전과 수익률을 복제할 수 있다. 보수를 외부현금흐름으로 처리하지 않으면 계산된 수익률은 보수 차감 후 기준이 된다.

보수 차감 전 수익률(총 수익률)은 포트폴리오 매니저가 달성한 투자수익률이며, 투자자가 보수를 협의할 수 있는 경우 비교목적으로 사용할 수 있는 적절한 수익률이다.

보관비용(수탁보수)과 그 외 보수는 통상적으로 포트폴리오 매니저가 통제할 수 있는 부분이 아니므로 평가목적의 수익률 계산 시에 차감되어서는 안 된다. 다만, 보수와 비용을 차감한 이후 수익률이 투자자나 의뢰인에게 전달되는 실질적인 수익률이라는 점을 유의해야 한다.

포트폴리오 매니저가 모든 서비스를 함께 통합하여 "번들 수수료(bundled fee)"를 부과하는 경우도 있다. 번들 수수료에 거래비용이 포함되어 있어 거래비용을 따로 분리할 수 없는 경우, 투자수익률을 계산 시에는 전체 수수료를 차감한 뒤 수익률을 산출한다.

대부분 국가의 규제기관은 펀드의 모든 보수와 비용을 차감 후 성과를 보고 및 광고하도록 요구한다.

보수 차감 후 성과로 계산하는 경우, 포트폴리오의 경제적 가치를 대변할 수 있도록 발생된 보수(성과보수 포함)는 포트폴리오 평가가치에서 차감해야 한다.

보수 차감 전, 보수 차감 후 수익률에 대한 추정

포트폴리오의 보수 차감 전 수익률은 운용보수를 차감하지 않은 상태에서 산출한 수익률이며, 보수 차감 후 수익률은 운용보수 및 성과보수를 차감한 수익률이다.

혹시 보수 차감 전 수익률과 보수 차감 후 수익률 중 한 수익률이 산출되어있는 경우, 다른 한 수익률을 다음과 같이 보수율을 적용하여 추정값을 계산할 수 있다.

(1) 보수 차감 후 수익률을 보수 차감 전 수익률로 변환:

$$r_g = (1 \times r_n) \times (1+f) - 1 \qquad (3.38)$$

(2) 보수 차감 전 수익률을 보수 차감 후 수익률로 변환:

$$r_n = \frac{(1+r_g)}{(1+f)} - 1 \qquad (3.39)$$

여기서, r_g = 보수 차감 전 수익률
r_n = 보수 차감 후 수익률
f = 명목 기간 포트폴리오 보수율

보통 공모펀드의 수익률은 보수(보관비용 및 기타보수 포함)를 차감한 한 수익률로 산출된다. 그러므로 보수 차감 후 수익률에 보수율을 곱하여 보수 차감 전 수익률을 계산하는 방법은 일반적으로 공모펀드 수익률에도 적용된다. 공모펀드에서 보수 등을 포함한 총 비용은 일반적으로 '총 비용 비율(Total Expense Ratio, TER)'로 표시된다. 공시를 위해서는 각 규제 요구사항에 맞춰 보수를 차감 한 수익률을 산출해야 한다. 보수 차감 후 수익률을 보수 차감 전 수익률로 변환 시에는 규제 요구사항에서 정의하는 보수의 범위를 고려하여 보수 차감 전 수익률로 환산해야 한다.

Table 3.4에는 6개월 동안의 실제 및 추정된 보수 차감 전 수익률이 제시되어 있다. 포트폴리오의 보수 차감 전 수익률과 보수 차감 후 수익률 간의 산술적 차이 (35.8% - 35.0% = 0.8%)는 보수율을 과장한다. 연 1.2% 보수에 대해 6개월 동안의 예상 보수는 0.6%가 될 것이다. 실제로 보수 차감 전 수익률과 보수 차감 후 수익률 간의 기하학적 차이인 1.358/1.35 = 0.6%가 부과된 보수를 더 잘 대변한다.

Table 3.4 보수 차감 전 i 후 수익률 계산(Gross- and net-of-fees calculations)
연 1.2%의 보수가 매월 호봉로 계산됨(다음 달 중간에 지급된다고 가정)

	시장가치	보수	보수 차감 후 수익률	보수 차감 전 수익률	추정된 보수 차감 전 수익률
시작시점 가치	£100m	£0.1m			
1개월 차 종료시점	£112m	£0.112m	$\frac{112}{100}-1=12.0\%$	$\frac{112-100+0.1}{100-\frac{0.1}{2}}=12.106\%$	$1.12\times1.001-1=12.112\%$
2개월 차 종료시점	£95m	£0.095m	$\frac{95}{112}-1=-15.178\%$	$\frac{95-112+0.112}{112-\frac{0.112}{2}}=-15.086\%$	$0.8482\times1.001-1=-15.094\%$
3개월 차 종료시점	£99m	£0.099m	$\frac{99}{95}-1=4.211\%$	$\frac{99-95+0.095}{95-\frac{0.095}{2}}=4.313\%$	$1.04211\times1.001-1=4.315\%$
4개월 차 종료시점	£107m	£0.107m	$\frac{107}{99}-1=8.081\%$	$\frac{107-99+0.099}{99-\frac{0.099}{2}}=8.185\%$	$1.08081\times1.001-1=8.189\%$
5개월 차 종료시점	£115m	£0.115m	$\frac{115}{107}-1=7.477\%$	$\frac{115-107+0.107}{107-\frac{0.107}{2}}=7.580\%$	$1.07477\times1.001-1=7.584\%$
6개월 차 종료시점	£135m		$\frac{135}{115}-1=17.391\%$	$\frac{134-115+0.115}{115-\frac{0.115}{2}}=17.500\%$	$1.17391\times1.001-1=17.509\%$
6개월간 보수 차감 후 수익률:	$\frac{135}{100}-1=35.0\%$				
실제 보수 차감 전 수익률	$1.12106\times0.84914\times1.04313\times1.08185\times1.0758\times1.175-1=35.795\%$				
추정된 보수 차감 전 수익률:	$1.12112\times0.84905\times1.04315\times1.08189\times1.07584\times1.17508-1=35.812\%$				

제3장 포트폴리오 수익률 계산

이 예제에서 추정된 보수 차감 전 수익률은 실제 보수 차감 전 수익률에 대한 신뢰할 만한 추정치이다. 보수 현금흐름의 시기, 보수의 선불 또는 후불 지급, 보수 계산 빈도(즉, 월별 또는 분기별) 등은 보수 차감 전 수익률 계산에 미미한 영향을 준다.

선취보수(Initial fees)

선취보수(또는 프론트 로드보수)는 일반적으로 자산 포트폴리오를 일임받아 운용·관리하는 랩 상품과 관련이 있다. 선취보수는 포트폴리오 매니저의 성과를 평가하기 위한 최종 수익률에 영향을 미치지만, 이는 일반적으로 보수 차감 전/후 수익률 계산에서는 무시할 수 있다. 선취보수의 영향은 측정되는 기간에 따라 달라지며, 많은 경우 선취보수는 전액 또는 일부가 환급된다. 이와 관련하여 적절한 공시도 필요하다.

성과보수(Performance fees)

성과보수는 포트폴리오의 성과에 따라 변동되는 보수이다. 성과보수의 지지자들은 성과보수가 포트폴리오 매니저의 이익과 투자자의 이익을 일치시키기 때문에 바람직하다고 제안할 것이다.[24] 포트폴리오 매니저가 우수한 성과를 거두면 투자자의 자산가치가 상승하고 대부분 투자자는 우수한 성과에 대해 성과보수를 기꺼이 지급할 것이다. 포트폴리오 매니저의 운용수익률이 저조하면 기본 운용보수만 지급하고 성과보수는 지급하지 않는다.

성과보수에 찬성하지 않는 사람들의 주장으로는 성과보수가 포트폴리오 매니저와 투자자의 이해관계를 일치시키기보다는 이해관계의 충돌을 일으키며, 대부분 성과보수는 포트폴리오 매니저에게 유리하게 설계되어 있다고 주장한다.[25] 성과보수는 자산운용 수익에 긍정적인 영향을 미쳤다는 의견에는 의심할 여지가 없다. 저자의 경력 초기의 경우 운용보수에 대한 압박이 낮았고, 이후에는 대체 운용전략들에 대한 성과보수가 시행되며 업계 전체적으로 평균 운용보수가 상승하였다. 최

---

24 Davanzo and Nesbitt, "Performance Fees for Investment Managers"(1987).
25 Goetzmann, Ingersoll and Ross, "High-water Marks and Hedge Fund Management Contracts"(2003).

근에는 운용보수가 낮은 패시브 전략이 운용보수 인하를 압박하기도 한다. 헤지펀드는 연기금, 국부펀드 등 고객들이 성과보수나 성과보수 형태로 변경하면서 높은 운용보수를 받아들일 준비가 되어 있음을 업계 전체에 보여주었다.

비대칭적 또는 대칭적 성과보수(Asymmetric or symmetric)

성과보수가 투자자들에게 유익한지 아닌지는 성과보수의 구조에 따라 달라진다. 여러 형태가 있지만, 기본적으로 비대칭적(asymmetric)이거나 대칭적(symmetric)인 두 가지 주요한 구조가 있다. Figure 3.4에 나타난 비대칭적 성과보수는 일반적이며 투자자들에게 매력적이다.

일반적으로 포트폴리오 매니저들이 기본 운용보수는 일반적인 운용보수보다 낮게 (아마 절반 이하로) 설정하고, 합의된 기준수익률을 초과하는 성과에 대해 성과보수를 부과하는 형태로 고객에게 제시한다. 이는 투자자들에게 매력적이다. 낮은 기본운용보수를 지급하고, 포트폴리오 매니저가 우수한 수익률을 거둘 때만 높은 운용보수를 지급하면 되기 때문이다.[26] 기준수익률, 참여율, 기간, 초과수익률 혹은 절대수익률, 상한 및 하한, 그리고 아마도 성과보수 발생 기준점(high-water mark)[27] 등에 대해서는 상당한 협상이 필요하지만, 성과보수의 기본 구조는 동일하다.

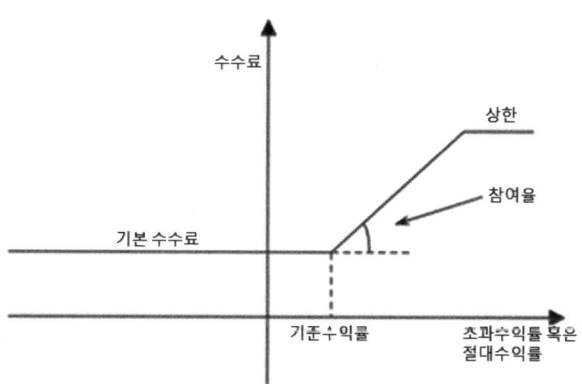

Figure 3.4 비대칭적 운용보수

---

26 성과보수는 최소 절대 수익률(무위험 수익률 또는 목표 수익률 등) 또는 특정 벤치마크 대비 상대 수익률을 달성해야 발생한다.

27 성과보수의 기준점. 매니저는 해당 기준점을 초과해야 성과보수를 받을 수 있다.

빈번하지는 않지만, 대칭 구조의 운용보수 형태도 있다.[28] 이 운용보수 구조에서는 아마도 기본운용보수가 낮지 않으며, 일반적인 운용보수보다 더 높을 수도 있다. 성과가 좋을 때는 성과보수를 지급하지만, 중요한 점은 성과가 나쁠 때 운용보수를 환급하므로, 포트폴리오 매니저의 운용성과가 매우 나쁠 경우 오히려 고객에게 지급하는 상황이 발생할 수도 있다는 점이다. 이러한 운용보수 구조는 포트폴리오 매니저들에게 인기가 없지만, 양측의 이해관계를 진정으로 일치시킨다.[29]

성과보수가 비대칭적일 경우 포트폴리오 매니저의 운용성과가 좋지 않은 경우 더 많은 위험을 감수하게 만든다고 주장하는 비평가들도 있다. 이 같은 상황에서 더 커다란 손실이 발생할 확률은 낮은 반면, 큰 수익을 얻을 가능성은 높기 때문이다. 그러나 저자의 경험에 따르면 운용성과가 나쁜 경우 포트폴리오 매니저들이 오히려 더 이상 위험을 감수하지 않고 위험을 줄이는 경향이 있었다. 반대로, 성과가 좋아 이미 목표성과를 달성하면 포트폴리오 매니저들은 그 성과를 보존하기 위해 위험을 크게 줄이는 성향을 보였다. 이는 포트폴리오 매니저의 비즈니스 위험을 줄여주지만, 투자자는 포트폴리오 매니저가 좋은 수익을 시현하고 있을 때, 계속해서 위험을 감수하고 운용하여 더 높은 성과를 달성하길 원할 것이다. M^2 와 같은 위험조정수익률[30], 또는 더 나아가 조정된 M^2 [31]는 이러한 문제를 완화하는 데 도움이 될 것이다. Muralidhar[32]는 성과보수에 관한 자료들을 검토한 결과, M^2와 같은 위험조정수익률의 사용을 지지하게 되었다.

Schliemann과 Stanzel[33]은 여러 문제 중에서 성과보수의 옵션과 같은 특성에 대해 언급한다. Chevalier와 Ellison[34]은 비대칭적인 성과보수가 포트폴리오 매니저의 성

---

28 미국에서는 투자자문법(1940)에 따라 공모펀드의 성과보수는 대칭적인 성과보수 체계만 사용할 수 있다. 그 결과, 미국 공모펀드 시장에서는 성과보수가 거의 사용되지 않는다. 자산운용사들은 고객에게 보수를 환급하는 것을 꺼리기 때문이다.
29 Starks, "Performance Incentive Fees: An Agency Theoretic Approach"(1987).
30 식 5.136 참조.
31 식 5.142 참조.
32 Muralidhar, "Risk and Skill-adjusted Investment Compensation"(2009).
33 Schliemann and Stanzel, "Performance-based Compensation Contracts in the Asset Management Industry"(2008).
34 Chevalier Ellison, "Risk Taking by Mutual Funds as a Response to Incentives"(1997).

과보수에 콜 옵션과 같은 요소를 부여한다고 설명한다.

위험(변동성)이 클수록 콜 옵션의 가치는 높아지며, 특히 포트폴리오 매니저는 기준수익률(hurdle rate) 경계에 가까울 때 더 많은 위험을 감수하게 되는 원인이다.

안타깝게도 성과보수 계약은 좋지 않게 끝나는 경우도 있다. 장기 계약의 경우, 양측의 원래 작성자가 이직 등으로 교체되었을 수 있으며, 계약서가 잘못 작성되었다면, 두 파트너가 좋은 성과를 축하해야 할 시점에 성과보수의 정산에 대한 분쟁으로 관계가 손상될 수 있다. 성과보수 계약은 명확하고 간결하며 가능한 명료해야 한다. 저자는 항상 양측이 계약을 완전히 이해할 수 있도록 몇 가지 예시를 포함할 것을 권장한다. 성과보수는 하이 워터마크(high watermark) 조건과 가변적 기준수익률(hurdle rate)로 복잡해지는 경향이 있다. 솔직히 말해서, 계약이 복잡해질수록 이해관계가 어긋날 가능성이 높다. 투자자의 이익은 성과보수를 3년 혹은 5년과 같은 더 긴 기간을 대상으로 설계할 때 가장 잘 보호된다.

기금, 연금펀드, 그리고 국부펀드는 일반적으로 선택에 따른 위험을 분산하기 위해 여러 포트폴리오 매니저를 선정한다. 투자자는 포트폴리오 매니저에 대한 성과보수 구조를 설정하기 전에 그 영향을 신중하게 생각해야 한다. 이론적으로 성과보수의 유무는 실제 운용성과에 영향을 주지 않아야 한다. 포트폴리오 매니저가 유능하든 혹은 무능하든, 사무실에 근무하는 시간이 길다고 반드시 성과를 향상시키는 것은 아니다. 충분한 제약과 인센티브는 이미 존재하여, 성과보수의 유무에 관계없이 포트폴리오 매니저는 항상 좋은 성과를 내도록 독려 되어야 한다. 성과보수의 영향에 대한 증거는 혼재되어 있다. 최근 네덜란드 연금펀드를 대상으로 한 연구에서 Broeders, van Oord 그리고 Rijsbergen은 성과보수를 지급하는 연금펀드의 수익률이 성과보수를 지급하지 않는 연금펀드의 수익률과 다르다는 유의미한 통계적 증거를 발견하지 못했다.[35] 이는 대부분의 자산 유형에서 동일하게 나타나며, 위험을 고려하면 더욱 견고한 결과가 나타났다. 새로운 투자자를 유치하려면 포트폴리오 매니저는 우수하고 일관된 운용성과를 보여주어야 한다. 포트폴리오 매니저는 성과보수를 지불하는 고객을 성과보수를 지불하지 않는 다른 고객보다

---

[35] Broeders, van Oord and Rijsbergen, "Does It Pay to Pay Performance Fees? Empirical Evidence from Dutch Pension Funds"(2019).

우대할 수 없으며, 모든 고객을 공평하게 대해야 할 의무가 있다. 그렇다면 어차피 받을 수 있는 성과에 대해 왜 성과보수를 지급해야 할까? 분명히 투자자가 포트폴리오 매니저를 선택한다. 그렇다면 저조한 성과를 내는 포트폴리오 매니저를 선택하면 낮은 운용보수(즉, 성과보수 없음)로 보상을 받고, 뛰어난 성과를 내는 포트폴리오 매니저를 선택하면 성과보수를 지급하며 벌을 받는 것이 과연 타당할까? 투자자가 포트폴리오 매니저를 평균적으로 선택한다고 가정하면, 운용성과가 좋은 포트폴리오 매니저의 초과성과가 운용성과가 저조한 포트폴리오 매니저의 부진한 성과를 상쇄하여 전체적으로 평균적인 성과를 얻게 된다. 그러나 성과보수 구조가 비대칭적인 경우, '성과보수 지급액'이 '저조한 성과를 내는 포트폴리오 매니저에게 낮은 기본운용보수를 지급함으로 얻는 이점'을 초과하게 되어 전체적으로 평균 성과에 대해 평균 이상의 운용보수를 지급하게 된다. 투자자는 성과보수를 불가피한 악으로 취급하고, 단순한 기본 운용보수로 우수한 성과를 내는 포트폴리오 매니저를 선택할 수 없는 경우에만 성과보수를 받아들여야 한다.

성과보수의 결정화(Crystallization)

성과보수는 본질적으로 가변적이고, 비정기적으로 지급되며, 3년 이상의 긴 투자기간을 거쳐 성과 보수지급에 대한 여부가 결정되기도 한다.

기본 운용보수가 불가피하게 낮으므로, 보수를 차감한 수익률 계산에서 이미 달성된 성과보수 요소를 적립하지 않는 것은 부적절하다. 성과보수 적립금은 해당 시점의 포트폴리오 성과에 반영되어야 하며, 특성상 다른 적립금과 달리 변동성이 클 수 있다. 성과보수 적립금이 줄어들면 단기간 동안 성과보수를 공제한 수익률이 성과보수를 공제하지 않은(보수 차감 전) 수익률보다 더 클 수도 있다.

성과보수 적립금의 최종 지급은 결정화(crystallization)라고 한다. 결정화는 3년 또는 그 이상의 기간에 걸쳐 롤링 방식으로 이루어질 수 있으며, 첫해에 성과보수의 3분의 1을 지급하고 이후 지급은 운용성과에 따라 이연될 수 있다. 일부 성과보수는 투자자가 펀드를 환매할 때 출구 비용(exit fee)으로만 결정될 수 있다.

성과보수의 활용

성과보수를 사용할 경우, 다음과 같은 사항을 유의해야 한다.

(1) 명확하고 공정해야 한다.

성과보수 구조는 투자자와 포트폴리오 매니저 모두에게 공정하고 평등해야 한다. 성과보수 구조는 포트폴리오의 목표와 일치해야 하며, 성과를 달성하기 위해 포트폴리오 매니저가 발휘한 능력에 상응하는 보상을 제공해야 한다.

체결 내용은 명확하고 애매하지 않아야 하며, 가능한 예시를 포함해야 한다. 계산 방법론은 사전에 합의되어야 하며, 현금흐름조정, 벤치마크 변경, 중재 절차 등의 메커니즘도 초기에 결정되어야 한다. 성과보수 계산은 검증할 수 있어야 하며, 관련 예시를 포함해야 한다.

(2) 대칭적이어야 한다.

대칭적인 성과보수는 상승과 하락 모든 조건에서 투자자와 포트폴리오 매니저의 이익과 목표를 더 잘 일치(align)시킬 수 있다.

(3) 단순해야 한다.

성과보수 구조가 복잡할수록 포트폴리오 매니저와 투자자의 이익이 일치하지 않을 가능성이 커진다.

(4) 위험이 고려되어야 한다.

성과보수 구조는 포트폴리오 매니저의 위험전략에 영향을 미치지 않아야 한다. 성과 계산에 위험 부분이 반영되면 더욱 이상적일 것이다.

불행히도 많은 성과보수 구조는 불공정하고 애매하며, 대칭적이지 않고 복잡하며, 위험 측면이 고려되지 않는 경우가 많다.

> **Note**
> 투자자의 관점에서 저자의 운용보수 방식에 대한 개인적인 선호도를 매긴다면, 단순한 고정 운용보수를 선호한다. 예를 들어, 연간 $100,000의 일정한 운용보수를 지급하는 방식을 의미한다. 물론 자산운용사는 비용을 충당하고, 직원들에게 적절한 보상을 제공하며, 수익을 창출해야 한다(대부분은 인적자원에 대한 수익). 이상적인 구조는 3년 또는 5년의 일정한 기간 매년(분기별로 지급) 운용보수를 지급하는 방식이다. 투자운용지침에 위반되는 경우 즉시 해지할 수 있어야 되며, 인플레이션 상승에 따른 조정이 포함되거나, 포함되지 않을 수도 있다. 우수한 성과에 대한 보상은 투자 일임 기간을 연장하거나 고정 운용보

수를 높이는 방법이다. 실제로, 자산운용업에서 이와 같은 구조의 성과보수는 매우 드물다. 두 번째 선호하는 더욱 일반적인 방식은 '종가세(ad Valorem)' 구조의 운용보수이다. 이는 운용자산 규모에 보수율을 적용하는 구조로, 예를 들어 연간 40 베이시스 포인트가 그 예시이다. 일부 사람들은 포트폴리오 매니저가 자산 규모를 성장시킴으로써 자동으로 더 높은 운용보수를 받게 된다.

세 번째 선호하는 방식은 대칭적인 성과보수 구조이다. 예를 들어, 기본 운용보수 50 베이시스 포인트에, 1% 초과성과에 대해 10% 성과보수가 적용되고, 1% 미달하는 성과에 대해 10% 리베이트를 환급하는 것이다.

마지막으로 저자는 비대칭적 성과보수 방식을 선호하지 않는다. 예를 들어, 기본 운용보수 2%에 기준 수익률(hurdle rate) 5% 이상에서 이익에 20%를 제공하는 것이다.

⚠️ **Caution**

성과보수 구조에서는 다음의 내역들을 명시해야 한다.
(1) 수익률 계산 방법론
(2) 합의된(단 하나의) 벤치마크
(3) 기준수익률(Hurdle rate, soft or hard)
(4) 최고 수익점(High-water mark)
(5) 계약 조정 절차[36]
(6) 이익분배율 및 리베이트 환급율
(7) 기간(예: 1년, 3년, 5년)
(8) 운용보수 적립 및 지급 일정
(9) 기본 성과보수를 계산하기 위한 기준 자본(실무에서 모호한 주요 영역)
(10) 성과보수 환수(Clawback) 절차
(11) 중재 절차

성과보수의 균등화(Equalisation)

성과보수의 균등화는 서로 다른 시기에 투자하여 각기 다른 성과에 참여하게 되는 집합투자펀드나 헤지펀드의 모든 투자자에게 공정성을 제공하기 위해 고안되

---

[36] 계약상 정의된 high-water mark를 주기적으로 재설정하는 방식이다. 만약, high-water mark가 재설정되지 않으면 자산운용사는 안 좋은 성과에서는 성과보수를 받을 수 없게 되어 동기 부여가 부족해질 수 있다. 반대로, high-water mark가 너무 일찍 재설정되면 자산운용사는 이전 high-water mark 아래에서 부분적으로 회복된 성과에 대해 보상을 받을 수도 있다.

었다. 우수한 성과기간의 중간에 투자한 투자자는 일부 성과에만 참여(시현)했음에도 불구하고 전체 성과보수를 부과받을 수도 있다. 반대로, 성과보수가 지급되었던 고수익점(High-water mark) 이후 운용수익률이 낮은 시점에 투자한 투자자는 펀드가 이전 고점을 회복될 때까지 성과보수를 피할 수 있다.

한 가지 명확한 해결책은 각기 다른 시기에 투자한 투자자들에게 각각의 성과보수 계산이 적용되는 다른 클래스(종류)의 주식을 발행하는 것이다. 그러나 여러 클래스의 주식을 발행하는 것에는 커다란 행정적 업무가 수반될 수 있다. 이에 대한 대안으로 균등화(equalisation)를 적용할 수 있다. 아직 결정되지 않은 성과보수는 펀드의 순자산가치가격에 반영되며, 이 가격에 단위(unit)를 구매하는 투자자는 다음 결정화(Crystallization) 시점에 지급될 성과보수 적립금과 동일한 균등화된 크레딧을 받게 된다. 투자자는 시현하지 않은 성과에 대해선 비용을 지불할 필요가 없다. 결정화 시점에 성과보수가 발생하면 균등화된 크레딧 금액만큼 직접적으로 또는 추가 단위 형태로 환급(리베이트)된다.

단위가격이 최고기준점(high-water mark) 아래에 있으면 현재 순자산가치가격과 최고기준점 수준 사이에서 발생할 수 있는 성과 수수료와 동일한 금액의 감가상각 예치금이 발생한다. 최고기준점에 도달하면 보통 펀드의 단위를 상환하여 성과보수가 지급된다. 예제는 Exhibit 3.26에 나와 있다.

Exhibit 3.26 성과보수의 균등화(Equalization)

성과보수 25% 가정			
	총자산 (Gross assets)	순자산 (Net assets)	성과보수 발생 (Performance fee accrual)
2006/12/31 기준가	100	100	0
2007/03/31 기준가	90	90	0
2007/06/30 기준가	120	115	5
2007/09/30 기준가	140	130	10
2007/12/31 기준가	130	122.5	7.5

첫 번째 투자자 2006년 12월 31일 투자

성과 수익   130 - 100 = 30

발생한 성과보수   30 × 25% = 7.5(펀드에서 지급됨)

두 번째 투자자 2007년 03월 31일 투자

성과 수익   130 - 90 = 40
발생한 성과보수   40 × 25% = 10

성과보수 지급   = 7.5

성과보수 예치금 상각   (100 - 90) × 25% = 2.5(단위 상환으로 지급)
총 지급 성과보수   7.5 + 2.5 = 10

세 번째 투자자 2006년 06월 30일 투자

성과 수익   130 - 120 = 10
발생한 성과보수   10 × 25% = 2.5

성과보수 지급   = 7.5

균등화 크레딧   20 × 25% = 5(투자자에게 환급, 리베이트)
총 성과보수 지급   7.5 - 5 = 2.5

네 번째 투자자 2006년 09월 30일 투자

성과 수익   130 - 140 = -10
발생한 성과보수   없음

성과보수 지급   = 7.5

균등화 크레딧   40 × 25% = 10(7.5 투자자에게 환급)
총 성과보수 지급   7.5 - 7.5 = 0
잔존 균등화 크레딧   10 - 7.5 = 2.5

성과수익률의 계층(Reporting hierarchy)

Peterson은 보수와 비용에 따른 성과수익률의 계층구조를 제시하였다. 이는 Figure 3.5에 나와 있다.[37] 순수 총 수익률(pure gross return)은 거래비용과 운용보수를 차감하기 전의 수익률을 나타내며, 현실적으로 제시할 수 있는 수치는 아니지만, 상업적 지수는 일반적으로 순수 총 수익률로 계산되고 제시된다는 점을 유념해야 한다. 총 수익률(보수 차감 전 수익률, gross return)은 거래비용을 차감한 후로 보다 현실적인 수익률을 나타낸다. 중간 순 수익률(semi-net return, 때로는 잘못된 채 순 수익률로 설명되기도 함)은 거래비용과 기본 운용보수를 제외한 후의 수익률을 나타내지만, 성과보수는 차감되지 않는다. 보수 차감 후 수익률(순수익률, net return, 때로는 net-net으로 설명됨)은 거래비용, 기본 운용보수 및 성과보수를 차감 후 수익률을 나타낸다. 순수 순 수익률(pure net return, 고객이 실제로 경험하는 수익률)은 거래비용, 기본 운용보수, 성과보수 및 기타보수를 차감한 후의 수익률을 나타낸다. 관련 규제는 종종 순수 순 수익률, 즉 고객이 실제로 시현한 수익률의 제시를 요구한다. 이는 보수 협상력이 없거나 거의 없는 소액 투자자에게 제시할 때는 적절하지만, 포트폴리오 매니저의 능력을 분석하는 데 반드시 적합한 것은 아니다. 내부분석 및 일정한 운용보수 협상력을 가진 기관투자자의 경우, 총 수익률(보수 차감 전, gross return)이 운용능력을 분석하는 데 가장 적합한 척도일 것이다.

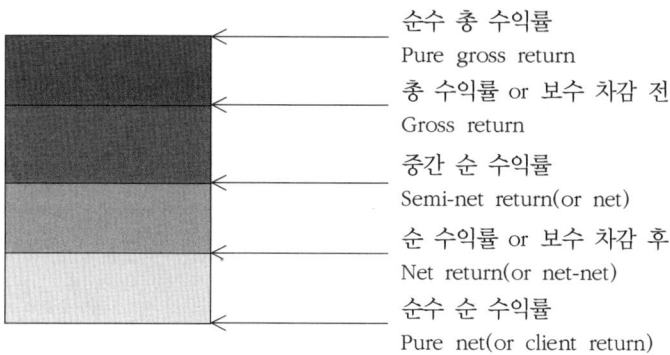

Figure 3.5 성과수익률 계층

---

[37] Peterson, "Performance Measurement for Alternative Investments"(2015).

운용보수를 고려해야 한다면, 중간 순 수익률(semi-net)보다 순 수익률(보수 차감 후, net or net-net)이 더 적합하다. 성과보수가 있는 경우 대부분 기본 운용보수가 더 낮아지기 때문에, 기본 운용보수만을 차감한 수익률을 제시하는 것은 오해의 소지가 있다.

오버레이 전략
(OVERLAY STRATEGIES)

전통적인 투자전략에서는 투자자는 다양한 자산군인 주식, 채권, 대체자산 등 실물자산에 직접 투자하게 된다. 반면, 오버레이 전략은 기존 포트폴리오의 리스크를 관리하거나 추가적인 수익을 창출하기 위해 독립적인 매니저를 선정하여 파생상품 등을 운용하는 방식이다.

오버레이 전략은 기초자산의 성과와 리스크를 조정하기 위해 파생상품을 활용하여 헤징(hedging) 또는 알파(alpha) 창출을 목표로 하는 전략이다.

오버레이 전략은 기초자산이나 핵심 자산과 관련된 파생상품을 이용한다. 오버레이 매니저는 실물자산이 거의 없거나 아예 없어서, 운용 자산가치가 작거나, 0 또는 음(-)의 값일 수 있다. 이는 전통적인 자산운용 방식과 차이가 있으며, 일반적인 자산가치 평가 방식이 적절하지 않을 수 있다. 오버레이 자산의 수익률 계산 시 분모에는 기초자산의 가치 또는 오버레이 전략의 명목 익스포저를 사용해야 하며, 분자에는 오버레이 자산을 사용해야 한다.

오버레이 수익률 계산(Overlay performance return calculations)

오버레이 포트폴리오 수익률 계산을 위한 명목가치는 일반적으로 다음 방법의 하나를 적용하여 계산한다.

(1) 기간 시작시점 오버레이 전략의 명목 익스포저
(2) 기간 시작시점 오버레이 된 기초 포트폴리오의 가치
(3) 기간 시작시점 지정된 목표 익스포저, 이는 목표 익스포저로 사전에 정의되었거나, 각 기간의 목표 익스포저 산출 공식으로 계산된 수치

예시를 들어 설명하면, 오버레이 포트폴리오(Table 3.5 참조)는 순 제로 가치인 선도계약 및 스왑계약으로 구성되어 있으며, 5억 파운드의 장기 경제적 익스포저와 -5억 파운드의 단기 경제적 익스포저(이 예시에서는 이러한 익스포저가 무엇인지 상관없음)가 있고, 전략을 실행하기 위한 1,000만 파운드의 현금이 있다고 가정한다. 또한, 총 가치가 9억 9천만 파운드인 기초 포트폴리오가 있다고 가정한다. 따라서 총 포트폴리오 가치는 10억 파운드이다. 계산의 편의를 위해서 외부현금흐름은 없다고 가정하며, 분기 동안 포트폴리오의 가치는 다음과 같이 변동한다.

Table 3.5 오버레이 포트폴리오와 기초자산

	시작시점 가치(£m)	1개월째 종료시점(£m)	2개월째 종료시점(£m)	3개월째 종료시점(£m)
경제적 익스포저 매수포지션	500	550	480	520
경제적 익스포저 매도포지션	-500	-520	-530	-480
현금	10	10	10	10
오버레이 합계	**10**	**40**	**-40**	**50**
기초자산 (Underlaid assets)	990	970	1,040	1,050
포트폴리오	**1,000**	**1,010**	**1,000**	**1,100**

장기와 단기 경제 익스포저, 기초자산 및 전체 포트폴리오의 수익률은 Table 3.6에 나와 있다. 편의를 위해 현금 수익률을 0으로 가정한다.

Table 3.6 포트폴리오 수익률

	1개월째	2개월째	3개월째	분기
경제적 익스포저 매수포지션	10.0%	-12.7%	8.3%	4.0%
경제적 익스포저 매도포지션	4.0%	1.9%	-9.4%	-4.0%
현금	0.0%	0.0%	0.0%	0.0%
오버레이 합계	**300.0%**	**-200.0%**	**-225.0%**	**400.0%**
기초자산 (Underlaid assets)	-2.0%	7.2%	1.0%	6.1%
포트폴리오	**1.0%**	**-1.0%**	**10.0%**	**10.0%**

전체 포트폴리오의 분기별 및 월별 수익률은 Exhibit 3.27과 같이 계산된다.

Exhibit 3.27 전체 포트폴리오 수익률

분기 수익률	$\dfrac{1{,}100 - 1{,}000}{1{,}000} = 10.0\%$
1개월째	$\dfrac{1{,}010 - 1{,}000}{1{,}000} = 1.0\%$
2개월째	$\dfrac{1{,}000 - 1{,}010}{1{,}010} = -1.0\%$
3개월째	$\dfrac{1{,}100 + 1{,}000}{1{,}000} = 10.0\%$

Exhibit 3.27에서 명목가치를 분모에 포함하지 않고 계산한 오버레이 포트폴리오 수익률에는 큰 의미가 없어 보인다. 이는 기본 자본, 즉 기준 가치가 단지 1,000만 파운드에 불과하기 때문이다.

Exhibit 3.28 오버레이 포트폴리오 수익률

분기 수익률	$\dfrac{50 - 10}{10} = 400.0\%$
1개월째	$\dfrac{40 - 10}{10} = 300.0\%$
2개월째	$\dfrac{-40 - 40}{40} = -200.0\%$
3개월째	$\dfrac{50 + 40}{-40} = -225.0\%$

Exhibit 3.28의 3개월째 수익률 −225.0%는 의아해 보일 수 있다. 이는 이익이 발생했음에도 불구하고 수익률이 음(-)이기 때문이다. 그러나 시작시점에 미실현 손실이 −4천만 파운드라는 점을 간과해선 안 된다. 기준 자본 −4천만 파운드에서 9천만 파운드의 이익이 발생하면 −225.0%의 음(-)의 수익률이 계산된다.

이는 직관적이지 않을 수 있지만, 이러한 의미 없어 보이는 수익률도 기하학적으로 연결하여 분기 수익률을 계산할 수 있다.

$$(1 + 300\%) \times (1 - 200\%) \times (1 - 225\%) - 1 = 400\%$$

Exhibit 3.29에서는 전체 포트폴리오 가치를 분모로 하여 오버레이 포트폴리오 부가가치 수익률을 계산한다. 여기서 오버레이 포트폴리오의 현금과 미실현 이익 및 손실이 분모에 포함된다는 점에 유의해야 한다.

Exhibit 3.29 오버레이 포트폴리오의 부가가치(Added value)

분기 기여도	$\dfrac{40}{1,000} = 4.0\%$
1개월째	$\dfrac{30}{1,000} = 3.0\%$
2개월째	$\dfrac{-80}{1,010} = -7.9\%$
3개월째	$\dfrac{90}{1,000} = 9.0\%$

모든 자산의 기여도는 Exhibit 3.7에 제시되어 있다.

Table 3.7 포트폴리오 기여도

	1개월째	2개월째	3개월째	분기
경제적 익스포저 매수포지션	5.0%	-6.9%	4.0%	2.0%
경제적 익스포저 매도포지션	-2.0%	-1.0%	5.0%	2.0%
현금	0.0%	0.0%	0.0%	0.0%
오버레이 합계	**3.0%**	**-7.9%**	**9.0%**	**4.0%**
기초자산 (Underlaid assets)	-2.0%	6.9%	1.0%	6.0%
포트폴리오	**1.0%**	**-1.0%**	**10.0%**	**10.0%**

독립적인 오버레이 포트폴리오의 경우, 오버레이 수익률은 실제수익률이 아닌 명목수익률이므로, 이익과 손실이 자동으로 이전의 명목수익률에 재투자되거나 기하학적으로 연결되지 않는다는 점에 유의해야 한다. 만약 명목 자산이 고정된 목표 익스포저라면, 오버레이 수익률은 0%의 기초수익률로 복리 계산된다. 따라서 다른 유형의 수익률과 달리, 기간별 오버레이 수익률은 산술적으로 연결될 수 있다.

> **Note**
> 오버레이 명목수익률을 복리로 계산하는 것이 비합리적인 가정은 아니다. 오버레이 포트폴리오에서 실제 수익과 손실이 발생하며, 이는 결과적으로 손익이 누적되어 복리로 계산된다. 그렇다면 이전에 벌었던 수익에 수익이 더해지는 즉, 복리로 계산된다고 가정해도 괜찮지 않을까?

기준 통화와 현지 수익률
(BASE CURRENCY AND LOCAL RETURNS)

국내자산은 투자자의 기준 통화로 거래되는 자산이며, 해외자산은 투자자의 기준 통화가 아닌 다른 통화로 표시된 자산이다. 기준 통화는 포트폴리오의 평가 및 성과 보고에서 사용되는 통화이며, 포트폴리오 내 자산이 다양한 통화로 구성될 경우, 기준 통화 수익률이 중요한 역할을 한다. 기준 통화가 아닌 각 시장의 수익률은 현지 수익률(Local Returns)이라 하며, 이는 환율 변동의 영향을 배제한 개별 시장의 성과를 나타낸다.

글로벌 포트폴리오에는 외국통화로 표시된 자산이 포함된다. 이전까지 설명한 계산방법은 여전히 유효하며, 외국통화로 표시된 종목에 대해서 적절한 환율로 환산하는 과정을 거쳐 수익률을 계산할 수 있다.

단일 자산 포트폴리오에서 통화가 미치는 영향은 Exhibit 3.30에 제시되어 있다.

Exhibit 3.30 통화 수익률

	$기준 포트폴리오 가치	환율€/$	€기준 포트폴리오 가치
시작시점	$100*	1.0	$100 × 1.0 = €100
종료시점	$110**	1.1	$110 × 1.1 = €121

* $1.0 주식 100주
** $1.1 주식 100주

달러가 시작시점 1.0 유로에서 기간종료 시 1.1 유로를 살 수 있게 되었음을 주의해야 한다. 이는 달러의 가치가 상승했음을 의미하며, 결과적으로 유로 기준 수익률에 긍정적인 영향을 미친다.

달러로 된 포트폴리오의 수익률(또는 현지 수익률):

$$\frac{110}{100} = 1.1 \quad 혹은 \quad 10\%$$

통화 수익률:

$$\frac{1.1}{1.0} = 1.1 \quad 혹은 \quad 10\%$$

유로 기준 포트폴리오 수익률:

$$\frac{110 \times 1.1}{100 \times 1.0} = \frac{121}{100} = 1.21 \quad 혹은 \quad 21\%$$

Exhibit 3.30의 포트폴리오 수익률은 현지 수익률과 통화 수익률의 합이 아니라 각 수익률을 복리방식으로 결합하여 계산한다는 점에 유의해야 한다. 이 접근 방식은 다중 통화 포트폴리오에서 환율 변동이 투자 성과에 미치는 영향을 보다 정확히 반영하는 데 사용된다.

$$(1+r_L) \times (1+r_C) = 1+r \qquad (3.40)$$

여기서, r_L = 현지 수익률
r_C = 통화 수익률

r 은 기본 통화, 즉 포트폴리오의 기준 통화로 된 포트폴리오의 수익률을 나타낸다. Figure 3.6은 환율 변동이 포트폴리오 평가에 미치는 영향을 보여준다. 오른쪽 아래의 연하게 음영 처리된 €10은 기본 포트폴리오가 현지 통화 기준으로 기록한 수익을 나타내며, 이는 통화 변동의 영향을 배제한 수익이다. 반면, 왼쪽 위의 연하게 음영 처리된 €10은 환율 변동으로 인해 발생한 추가적인 통화 수익을 의미한다. 오른쪽 위의 음영 처리된 €1은 현지 시장 수익과 통화 수익이 결합한 영향을 나타낸다. 포트폴리오의 초기가치는 왼쪽 아래의 €100이고, 최종가치는 네 영역의 합인 €121이다.

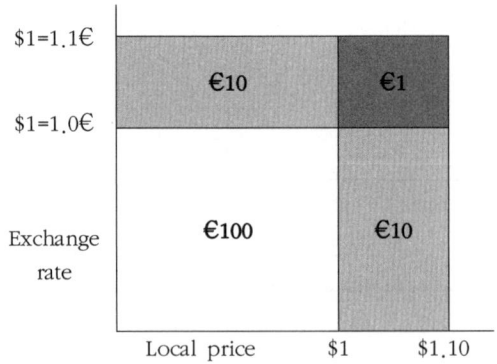

Figure 3.6 기준 통화 수익의 구성요소

Exhibit 3.30과 Figure 3.6에서는 환율 변동이 기준 통화 수익률에 양(+)의 영향을 미치는 경우를 보여주며, 현지 수익과 통화 수익의 결합 효과가 양(+)으로 작용함을 나타낸다. 반면, Exhibits 3.31과 3.32 및 Figures 3.7과 3.8에서는 현지 수익과 통화 수익의 결합효과가 음(-)의 영향을 미치는 경우를 보여주며, 이로 인해 포트폴리오의 기준 통화 수익률이 낮아지는 효과가 발생한다.

Exhibit 3.31 통화 수익률((+)현지 수익,(-)통화 수익)

	$기준 포트폴리오 가치	환율€/$	€기준 포트폴리오 가치
시작시점	$100*	1.0	$100 × 1.0 = €100
종료시점	$110**	0.9	$110 × 0.9 = €99

* $1.0 주식 100주
** $1.1 주식 100주

달러가 시작시점 1.0 유로에서 기간종료 시 0.9 유로를 살 수 있게 되었음을 주의해야 한다. 이는 달러의 가치가 하락했음을 의미한다.

달러로 된 포트폴리오의 수익률(또는 현지 수익률) :

$$\frac{110}{100} = 1.1 \quad \text{혹은} \quad 10\%$$

통화 수익률 :

$$\frac{0.9}{1.0} = 0.9 \quad \text{혹은} \quad -10\%$$

유로 기준 포트폴리오 수익률 :

$$\frac{110 \times 0.9}{100 \times 1.0} = \frac{99}{100} = 0.99 \quad \text{혹은} \quad -1.0\%$$

Figure 3.7의 오른쪽 상단 영역의 음영 처리된 €1은 여전히 현지 수익과 통화 수익의 결합 효과를 나타내며, 이 경우에는 오른쪽 하단 영역과 겹치며 €1의 음(-)의 기여를 초래한다. 포트폴리오의 최종가치는 €90(초기가치 €100에서 통화 손실 €10을 뺀 값)의 왼쪽 하단 사분면과 €9(시장 수익 €10에서 통화 손실 €1을 뺀 값)의 오른쪽 하단 영역으로 나타낸다. 총 가치는 €99(€90 × 1.1 = €99)이다.

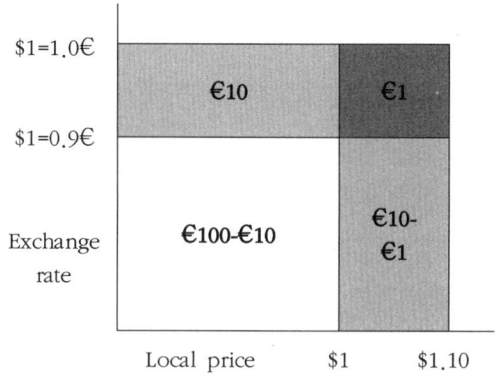

Figure 3.7 기본 통화 수익의 구성 요소((+)현지 수익,(-)통화 수익)

Exhibit 3.32 통화 수익률((-)현지 수익,(+)통화 수익)

	$기준 포트폴리오 가치	환율€/$	€기준 포트폴리오 가치
시작시점	$100*	1.0	$100 × 1.0 = €100
종료시점	$90**	1.1	$90 × 1.1 = €99

* $1.0 주식 100주
** $0.9 주식 100주

달러가 시작시점 1.0 유로에서 기간종료 시 1.1 유로를 살 수 있게 되었음을 주의해야 한다. 이는 달러의 가치가 상승했음을 의미한다.

달러로 된 포트폴리오의 수익률(또는 현지 수익률) :

$$\frac{90}{100} - 0.9 \quad 혹은 \quad -10\%$$

통화 수익률 :

$$\frac{1.1}{1.0} = 1.1 \quad 혹은 \quad +10\%$$

유로 기준 포트폴리오 수익률 :

$$\frac{90 \times 1.1}{100 \times 1.0} = \frac{99}{100} = 0.99 \quad 혹은 \quad -1.0\%$$

Figure 3.8의 오른쪽 상단 영역의 음영 처리된 €1은 여전히 현지 수익과 통화 수익의 결합 효과를 나타내며, 이번에는 왼쪽 상단 영역과 겹치며 €1의 음(-)의 기여를 초래한다. 포트폴리오의 최종가치는 왼쪽 하단 사분면의 €90(초기가치 €100에서 포트폴리오 손실 €10을 뺀 값)과 왼쪽 상단 영역의 €9(통화 수익 €10에서 운용 손실 €1을 뺀 값)로 나타낸다. 총 가치는 €99(€110 × 0.9 = €99)이다.

Exhibit 3.33과 Figure 3.9는 음(-)의 현지 시장 수익과 음(-)의 통화 수익의 결합 효과로 인한 양(+)의 기여를 만든다.

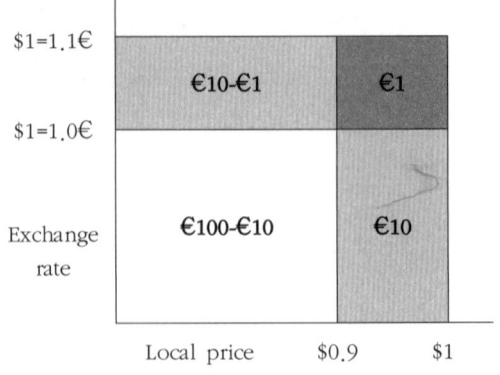

Figure 3.8 기본 통화 수익의 구성 요소((-)현지 수익,(+)통화 수익)

Exhibit 3.33 통화 수익률((-)현지 수익,(-)통화 수익)

	$기준 포트폴리오 가치	환율€/$	€기준 포트폴리오 가치
시작시점	$100*	1.0	$100 × 1.0 = €100
종료시점	$90**	0.9	$90 × 0.9 = €81

* $1.0 주식 100주

** $0.9 주식 100주

달러가 시작시점 1.0 유로에서 기간종료 시 0.9 유로를 살 수 있게 되었음을 주의해야 한다. 이는 달러의 가치가 하락했음을 의미한다.

달러로 된 포트폴리오의 수익률(또는 현지 수익률)은:

$$\frac{90}{100} = 0.9 \quad \text{혹은} \quad -10\%$$

통화 수익률은:

$$\frac{0.9}{1.0} = 0.9 \quad \text{혹은} \quad -10\%$$

유로 기준 포트폴리오 수익률은:

$$\frac{90 \times 0.9}{100 \times 1.0} = \frac{81}{100} = 0.81 \quad \text{혹은} \quad -19.0\%$$

Figure 3.9의 오른쪽 상단 영역의 음영 처리된 €1은 현지 수익과 통화 수익의 상호 작용을 나타낸다. 이 경우, 현지 시장의 손실과 통화 가치 변동이 결합되어 결과적으로 기준 통화 수익률에 양(+)의 기여를 한다.

이는 동일한 손실이 중복 반영될 수 없기 때문이다. 포트폴리오의 최종가치는 €81로, 이는 왼쪽 하단 사분면의 €90(초기가치 €100에서 포트폴리오 수익과 겹치는 손실 €10을 뺀 값)에서 통화 손실 €10을 빼고, 현지 손실과 통화 손실에 이중으로 겹쳐 €1을 더한 값이다. 총 가치는 €81(€90 × 0.9)이다.

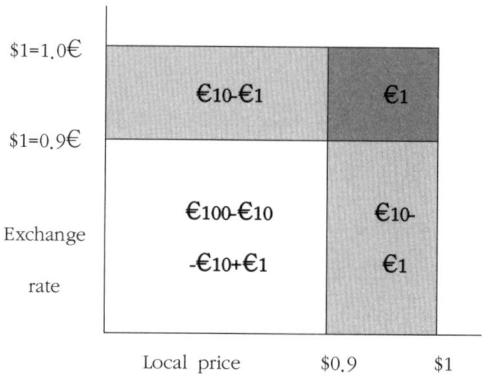

Figure 3.9 기본 통화 수익의 구성 요소((-)현지 수익,(-)통화 수익)

> **Note**
> 현지 시장 수익과 통화 수익이 동시에 변동할 경우, 두 요소가 상호 작용하여 최종 포트폴리오 수익률에 영향을 미친다. 특정 기간 동안 현지 시장 수익과 통화 수익이 같은 방향으로 움직이면 포트폴리오에 긍정적인 기여를 하지만, 반대로 상반된 방향으로 변동하면 포트폴리오 성과를 상쇄하는 효과가 발생할 수 있다.

> **Note**
> 현지 시장 수익과 통화 수익의 상호 작용은 두 수익이 모두 양(+)의 값이거나 모두 음(-)의 값인 경우 포트폴리오 전체 성과에 양(+)의 효과가 발생하고, 현지시장 수익이나 통화수익 중 하나가 양(+)의 값이고 다른 하나가 포트폴리오 성과에 음(-)의 값인 경우 음(-)의 효과가 발생한다.

통화 전환 수익률(Currency conversions)

포트폴리오의 기본 통화 수익률은 다음과 같이 공시 등의 목적으로 다른 통화 수익률로 쉽게 변환할 수 있다.

$$(1+r) \times (1+c) - 1 = r_c \tag{3.41}$$

여기서, $c = $ 기준 통화에 대한 상대적 통화 수익률
$r_C = $ C 통화기준 수익률, C 통화기준으로 변환 시 수익률

현지 수익률(Local currency returns)은 환율 변화의 영향을 고려하지 않고 계산된다. 실제로 여러 통화로 구성된 포트폴리오의 현지 수익률은 존재하지 않지만, 기준 통화 수익률을 산출하는 과정에서 유용하다. 다중통화 포트폴리오의 현지 수익률은 각 통화 자산의 가중 평균 현지 수익률로 정의하며 다음과 같이 계산된다.

$$r_L = \sum_{j=1}^{n} w_i \times r_{Li} \tag{3.42}$$

여기서, $w_i = i$섹터의 비중
$r_{Li} = i$섹터의 현지 수익률

포트폴리오의 기준 통화 수익률을 현지 수익률로 나눈 비율은 포트폴리오에서 통화, 즉 환율의 변화로 인한 수익률을 의미한다.

6개월 동안의 포트폴리오 현지 수익, 기준 통화 수익 및 통화 수익 데이터가 Table 3.8에 제시되어 있고, 관련 수익률은 Exhibits 3.34, 3.35 및 3.36에서 각각 계산되었다.

Table 3.8 현지 수익, 통화 수익 및 기준 통화 수익

기간	현지시장 자산가치(£m)	$/£ 현물환율	기준시장 자산가치($m)
시작시점	100	1.5	150
1개월 후	100	1.6	160
2개월 후	110	1.55	170.5
3개월 후	115	1.4	161
4개월 후	105	1.3	136.5
5개월 후	95	1.4	133
6개월 후	90	1.4	126

Exhibit 3.34 현지 수익률(Local returns)

각 기간에 대한 현지 수익률, 월별 수익률:

1개월째 현지 수익률 $\frac{100}{100} - 1 = 0\%$

2개월째 현지 수익률 $\frac{110}{100} - 1 = 10\%$

3개월째 현지 수익률 $\frac{115}{110} - 1 = 4.55\%$

4개월째 현지 수익률 $\frac{105}{115} - 1 = -8.7\%$

5개월째 현지 수익률 $\frac{95}{105} - 1 = -9.52\%$

6개월째 현지 수익률 $\frac{90}{95} - 1 = -5.26\%$

6개월 동안의 총 현지 수익률은:

$$(1+0.0\%) \times (1+10.0\%) \times (1+4.55\%) \times (1-8.7\%) \times (1-9.52\%) \times (1-5.26\%) - 1 = -10.0\%$$

혹은, 총 기간의 현지 수익률은:

$$\frac{90}{100} - 1 = -10.0\%$$

Exhibit 3.35 통화 수익률(Currency returns)

각 기간에 대한 현물 통화 수익률(Spot currency returns), 월별 수익률:

1개월째 현물 통화 수익률($/£ 환율기준) $\frac{1.6}{1.5} - 1 = 6.67\%$

2개월째 현물 통화 수익률($/£ 환율기준) $\frac{1.55}{1.6} - 1 = -3.13\%$

3개월째 현물 통화 수익률($/£ 환율기준) $\frac{1.4}{1.55} - 1 = -9.68\%$

4개월째 현물 통화 수익률($/£ 환율기준) $\frac{1.3}{1.4} - 1 = -7.14\%$

5개월째 현물 통화 수익률($/£ 환율기준) $\frac{1.4}{1.3} - 1 = 7.69\%$

6개월째 현물 통화 수익률($/£ 환율기준) $\frac{1.4}{1.4} - 1 = 0.00\%$

6개월 동안의 총 통화 수익률은:

$(1+6.67\%) \times (1-3.13\%) \times (1-9.68\%) \times (1-7.14\%) \times (1+7.69\%) \times (1+0.00\%) - 1 = -6.67\%$

혹은, 총 기간의 통화 수익률은:

$$\frac{1.4}{1.5} - 1 = -6.67\%$$

현물 통화 수익률, 또는 통화 수익률은 Exhibit 3.35에서 계산되었다. 1개월째에 데이터를 보면 달러가 파운드에 대해 하락했음을 알 수 있다. 1개월 시작시점보다 1개월 종료시점에 파운드로 더 많은 달러를 살 수 있었다.

> **Note**
> 통화 변화를 표현하는 두 가지 방법이 있다. Exhibit 3.35의 예에서는 파운드 대 달러 또는 달러 대 파운드로 표현할 수 있다. 이 두 가지 방법은 서로 반대가 아니다. 예를 들어, Exhibit 3.35의 1개월 차에서 달러는 6.25% 하락했지만, 파운드는 달러 대비 6.67% 상승했다. 이는 1.6/1.5 -1 = 6.67%로 계산된다.
> 통화 쌍(Currency pairs)[38]은 서로 상호적(reciprocal) 관계 혹은 역(inverse) 관계에 있다.
> -6.25% = 1 - 1/(1+6.67%) = 1.5/1.6 - 1 = 0.62500/0.66667 - 1

---

[38] 통화 쌍(Currency pairs)은 두 가지 통화의 가격을 나타내는 것으로, 한 통화의 가치는 다른 통화로도 표시된다.

기준 통화 수익률은 Exhibit 3.36에서 계산되었다. Table 3.8에서의 포트폴리오 기준 통화는 파운드이다.

매월 및 전체 기간에 대한 현지 수익률, 현물 통화 수익률 및 기준수익률은 Table 3.9에 요약되어 있다.

Exhibit 3.36 기준 통화 수익률(Base currency returns)

각 기간에 대한 기준 통화 수익률(Base currency returns), 월별 수익률:

1개월째 기준 통화 수익률 $\dfrac{100 \times 1.6}{100 \times 1.5} - 1 = \dfrac{160}{150} - 1 = 6.67\%$ 혹은

$$(1+0\%) \times (1+6.67\%) - 1 = 6.67\%$$

2개월째 기준 통화 수익률 $\dfrac{110 \times 1.55}{100 \times 1.6} - 1 = \dfrac{170.5}{160} - 1 = 6.56\%$ 혹은

$$(1+10\%) \times (1-3.13\%) - 1 = 6.56\%$$

3개월째 기준 통화 수익률 $\dfrac{115 \times 1.4}{110 \times 1.55} - 1 = \dfrac{161}{175.5} - 1 = -5.57\%$ 혹은

$$(1+4.55\%) \times (1-9.68\%) - 1 = -5.57\%$$

4개월째 기준 통화 수익률 $\dfrac{105 \times 1.3}{115 \times 1.4} - 1 = \dfrac{136.5}{161} - 1 = -15.22\%$ 혹은

$$(1-8.7\%) \times (1-7.14\%) - 1 = -15.22\%$$

5개월째 기준 통화 수익률 $\dfrac{95 \times 1.4}{105 \times 1.3} - 1 = \dfrac{133}{136.5} - 1 = -2.56\%$ 혹은

$$(1-9.52\%) \times (1+7.69\%) - 1 = -2.56\%$$

6개월째 기준 통화 수익률 $\dfrac{90 \times 1.4}{95 \times 1.4} - 1 = \dfrac{126}{133} - 1 = -5.26\%$ 혹은

$$(1-5.26\%) \times (1+0.00\%) - 1 = -5.26\%$$

6개월 동안의 총 기준 통화 수익률은:

$$(1+6.67\%) \times (1+6.56\%) \times (1-5.57\%) \times (1-15.22\%) \times (1-2.56\%) \times (1-5.26\%) - 1 = -16.00\%$$

대안으로, 6개월 동안의 기준 통화 수익률은:

$$(1-10.0\%) \times (1-6.67\%) - 1 = -16.00\%$$

또는, 총 기간에 대한 기준 통화 수익률은:

$$\dfrac{90 \times 1.4}{100 \times 1.5} - 1 = \dfrac{126}{150} - 1 = -16.00\%$$

Table 3.9 현지 수익률, 통화 수익률 및 기준 통화 수익률

기간	현지시장 자산가치(£m)	$/£환율	현지 수익률 Local return	통화 수익률 $/£	기준 수익률 Base return
시작시점	100	1.5			
1개월 종료시점	100	1.6	0.00%	6.67%	6.67%
2개월 종료시점	110	1.55	10.0%	-3.13%	6.56%
3개월 종료시점	115	1.4	4.55%	-9.68%	-5.57%
4개월 종료시점	105	1.3	-8.70%	-7.14%	-15.22%
5개월 종료시점	95	1.4	-9.52%	7.69%	-2.56%
6개월 종료시점	90	1.4	-5.26%	0.00%	-5.26%
			-10.0%	-6.67%	-16.00%

헤지 수익률

(HEDGED RETURNS)

투자자는 기초자산의 위험을 감수할지라도, 환율에 대한 추가적인 불확실성을 피하고자 할 수 있다. 따라서 통화헤지를 통해 환율 위험에 대한 익스포저를 줄이거나 제거할 수 있다. 일반적으로 통화헤지는 통화선도, 통화스왑, 통화선물 및 통화옵션과 같은 파생상품을 통해 이루어지며, 이를 통해 포트폴리오의 통화 익스포저를 관리할 수 있다.

통화선도 계약은 특정 미래 날짜에 미리 합의된 환율로 두 통화를 교환하기로 한 계약이며, 일반적으로 통화 위험을 관리하는 데 사용된다. 계약 시점에 미래 교환환율이 확정되므로, 투자자는 예상치 못한 환율 변동으로 인한 위험을 줄일 수 있다. 통화선도 계약의 환율은 현물환율과 관련 통화의 금리를 통해 계산할 수 있다. Exhibit 3.37에 예시가 나와 있다.

Exhibit 3.37 통화선도 계약(Forward currency contracts)

현물환율은 $/£ 1.5 라고 가정한다.
£의 연금리는 4%로 가정한다.
$의 연금리는 2%로 가정한다.

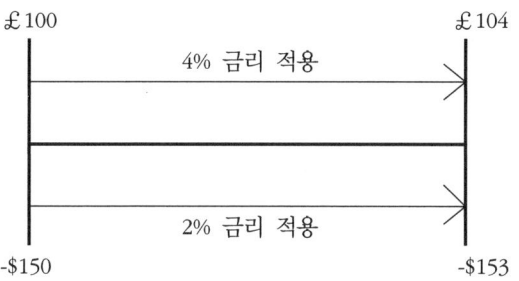

파운드(£) 대비 달러($)의 1년 선도환율은 다음과 같다.
현재 현물환율 기준 £100로 $150을 교환할 수 있다. £100을 연금리 4%로 1년간 투자하면 100 ×(1.04) = 104가 된다. $150을 연금리 2%로 1년간 투자하면 150 ×(1.02) = 153이 된다. 따라서 1년 후의 £ 대 $의 교환비율은 다음과 같다.

$$£104 = \$153$$
$$£1 = 153/104 = \$1.47115$$

따라서 1년 후 선도환율은 $/£ 1.47115 이다.

선도환율이 금리를 제대로 반영하지 않는다면, 투자자는 금리가 낮은 통화로 대출을 받고 금리가 높은 통화에 투자한 후, 통화선도 계약을 통해 환율 위험을 제거할 수 있다. 이러한 통화별 금리에 따른 차익거래(covered interest arbitrage)의 가능성으로 인해, '금리 균형(Covered Interest Rate Parity)'이라는 관계가 성립한다. 이 이론은 통화 선도환율이 현물환율과 두 통화의 금리 차이를 반영하여 결정된다는 점을 설명한다.

$$F_0 = S_0 \times \frac{1+x_L}{1+x_B} \qquad (3.43)$$

여기서, F_0 = (t = 0)시점에서 선도환율
S_0 = (t = 0)시점에서 현물환율
x_L = (t = 0)시점에서 현지통화의 금리
x_B = (t = 0)시점에서 기준통화의 금리

Exhibit 3.37의 선도계약 데이터에 식 3.43을 적용한 내역이 Exhibit 3.38에 나와

있다.

Exhibit 3.38 선도환율

$$F_0 = S_0 \times \frac{1+x_L}{1+x_B} = 1.5 \times \frac{1.02}{1.04} = 1.47115$$

1년 선도환율은 $/£ 1.47115

t시점에서 통화현물 수익률은:

$$= \frac{S_{t+1}}{S_t} - 1 \tag{3.44}$$

여기서, S_{t+1} = $(t+1)$시점에서 현물환율

통화선도 계약의 수익률은 현물환율의 수익률과 다르다(두 통화의 금리가 동일하지 않은 경우). 통화선도 계약에 따른 수익률은 통화선도 수익률(선도 수익률 또는 환율 서프라이즈)이라고 한다. 기간 t 동안의 통화선도 수익률은 다음과 같다.

$$= \frac{S_{t+1}}{F_t} - 1 \tag{3.45}$$

여기서, F_t = $(t+1)$ 시점에서 교환하기 위한 t시점의 선도환율

t기간까지 선도계약 프리미엄 혹은 금리 간의 차이는 다음과 같다.

$$= \frac{F_t}{S_t} - 1 \tag{3.46}$$

그러므로 통화현물 수익률은 금리 차이와 통화선도 수익률의 복리 계산으로 산출된다.

$$= \frac{S_{t+1}}{S_t} - 1 = \frac{S_{t+1}}{F_t} \times \frac{F_t}{S_t} - 1 \tag{3.47}$$

Exhibit 3.39에서는 1년 후 $/£의 현물환율을 1.6이라고 가정하고, 이에 따른 통화현물 수익률, 통화선도 수익률, 선도계약 프리미엄이 계산되어 있다. 이 예제에서 파운드를 기준 통화로 보면, 파운드의 금리가 달러보다 높기 때문에 통화선도 수익률이 통화현물 수익률보다 높다. 파운드에 노출되면서 달러를 헤지하기 위해서는 낮은 금리로 달러를 빌리고 높은 금리를 가진 파운드에 재투자해야 한다. 트레이더들은 이를 캐리 트레이드라고 부르며, 전통적으로 일본 엔이나 스위스 프랑 같은 저금리 통화에서 대출을 받은 후, 호주 달러나 뉴질랜드 달러 같은 고금리 통화에 재투자하는 사례가 있다.

Exhibit 3.39 통화현물 수익률, 통화선도 수익률, 선도계약 프리미엄

통화현물 수익률 (Spot currency return)	$= \dfrac{S_{t+1}}{S_t} - 1 = \dfrac{1.6}{1.5} - 1 = 6.67\%$
통화선도 수익률 (Forward currency return)	$= \dfrac{S_{t+1}}{F_t} - 1 = \dfrac{1.6}{1.47115} = 8.76\%$
선도계약 프리미엄 (Forward premium)	$= \dfrac{F_t}{S_t} - 1 = \dfrac{1.47115}{1.5} - 1 = \dfrac{1.02}{1.04} = -1.92\%$
통화현물 수익률 (Spot currency)	$= \dfrac{S_{t+1}}{F_t} \times \dfrac{F_t}{S_t} - 1 = (1 + 8.76\%) \times (1 - 0.192\%) - 1 = 6.67\%$

Exhibit 3.40 파운드-호주달러 선도계약(Forword contract)

현물환율은 호주$/£ 2.0 라고 가정한다.

£의 연금리는 4%로 가정한다.

호주$의 연금리는 8%로 가정한다.

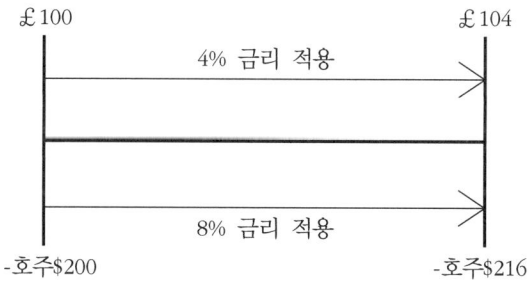

파운드(£)에 대한 호주달러(A$)의 1년 통화선도환율은 다음과 같다.
현재 현물환율 기준 £100로 호주$200을 교환할 수 있다. £100을 연금리 4%로 1년간 투자하면 100 ×(1.04) = 104가 된다. 호주$200을 연금리 8%로 1년간 투자하면 200 ×(1.08) = 216이

된다. 따라서 1년 후의 £ 대 호주$의 교환비율은 다음과 같다.

$$£104 = 호주\$216$$

$$£1 = 216/104 = 호주\$2.077$$

따라서 1년 후 선도환율은 호주$/£ 2.044 이다.
또는 식 3.43에 따르면,

$$F_0 = S_0 \times \frac{1+x_L}{1+x_B} = 2.0 \times \frac{1.08}{1.04} = 2.077$$

Exhibit 3.40은 호주달러와 파운드 간에 통화선도 계약을 예시로 들고 있으며, 여기에서는 호주달러의 금리가 상대적으로 높다.

1년 후 호주$/£의 현물환율이 1.8이라고 가정하고, Exhibit 3.41에서 Exhibit 3.40의 선도계약에 대한 통화현물 수익률과 통화선도 수익률을 계산하였다. 기준통화가 파운드인 이 예제에서 통화선도 수익률은 통화현물 수익률보다 낮게 계산된다. 이는 파운드의 금리가 호주 달러의 금리보다 낮기 때문이다.

Exhibit 3.41 현물 수익률, 선도 수익률 - 높은 금리 통화 기준

영국파운드 대비 호주달러

통화현물 수익률 (Spot currency return)	$= \frac{S_{t+1}}{S_t} - 1 = \frac{1.8}{2.0} - 1 = -10.0\%$
통화선도 수익률 (Forward currency return)	$= \frac{S_{t+1}}{F_t} - 1 = \frac{1.8}{2.077} = -13.33\%$

호주달러 대비 영국파운드

통화현물 수익률 (Spot currency return)	$= \frac{S_t}{S_{t+1}} - 1 = \frac{0.55556}{0.5} - 1 = \frac{2.0}{1.8} - 1 = 11.11\%$
통화선도 수익률 (Forward currency return)	$= \frac{F_t}{S_{t+1}} - 1 = \frac{0.55556}{0.48146} - 1 = \frac{2.077}{1.8} = 15.39\%$

파운드에 대한 익스포저를 얻고 호주달러를 헤지하려면, 호주달러를 높은 금리로 빌린 후, 파운드에 낮은 금리로 재투자해야 한다. 이것을 헤지 비용이라고 한다. 호주달러의 관점에서 보면, 낮은 금리로 차입한 후 높은 금리에 투자하는 것이 헤지의 이점이다.

Exhibit 3.42는 저금리 통화인 일본 엔화를 예로 통화선도 계약을 보여준다.

Exhibit 3.42 파운드-엔(Yen) 선도계약(Forword contract)

현물환율은 ¥/£ 150 라고 가정한다.
£의 연금리는 4%로 가정한다.
¥의 연금리는 1%로 가정한다.

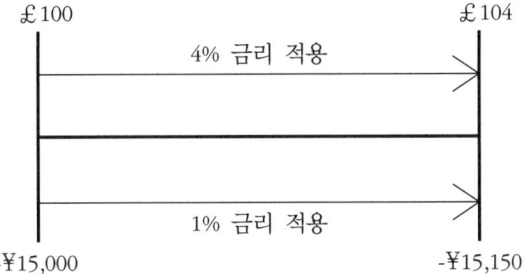

파운드(£)에 대한 엔(¥)의 1년 선도환율은 다음과 같다.
현재 현물환율 기준 £100로 ¥15,000을 교환할 수 있다. £100을 연이율 4%로 1년간 투자하면 100 ×(1.04) = 104가 된다. ¥15,000을 연금리 1%로 1년간 투자하면 15,000 ×(1.01) = 15,150이 된다. 따라서 1년 후의 £ 대 ¥의 교환비율은 다음과 같다.

$$£104 = ¥15,150$$

$$£1 = 15,150/104 = ¥145.67$$

따라서 1년 후 선도환율은 ¥/£ 145.67 이다.
또는 식 3.43에 따르면:

$$F_0 = S_0 \times \frac{1+x_L}{1+x_B} = 150 \times \frac{1.01}{1.04} = 145.67$$

1년 후의 현물환율이 ¥/£ 135라고 가정하고 Exhibit 3.43에서는 통화현물 수익률과 통화선도 수익률이 계산되어 있다. Exhibit 3.42의 선도계약에 대한 통화선도 수익률은 통화현물 수익률보다 더 높다. 이는 파운드의 금리가 엔의 금리보다 높기 때문이다. 파운드에 대한 익스포저를 얻고 엔을 헤지하기 위해서는 낮은 금리로 엔을 차입하고 높은 금리를 가진 파운드에 투자해야 한다.

Exhibit 3.43 현물 수익률, 선도 수익률 - 낮은 금리 통화 기준

영국파운드 대비 일본엔

통화현물 수익률(Spot currency return) $= \frac{S_{t+1}}{S_t} - 1 = \frac{135}{150} - 1 = -10.0\%$

통화선도 수익률(Forward currency return)	$= \dfrac{S_{t+1}}{F_t} - 1 = \dfrac{135}{145.67} - 1 = -7.32\%$
일본엔 대비 영국파운드	
통화현물 수익률(Spot currency return)	$= \dfrac{S_t}{S_{t+1}} - 1 = \dfrac{150}{135} - 1 = 11.11\%$
통화선도 수익률(Forward currency return)	$= \dfrac{F_t}{S_{t+1}} - 1 = \dfrac{145.67}{135} - 1 = 7.90\%$

통화 오버레이 수익률(Currency overlay returns)

Table 3.9의 현지수익률은 환율 변동을 고려하지 않은 값이므로, 달러 기준 투자자가 경험하는 수익률과는 다를 수 있다. 달러 기준 투자자가 고려할 수 있는 수익률은 현지 수익률을 달러로 환산한 기준 통화 수익률과 통화 헤지를 통해 변동성을 줄인 헤지 수익률 두 가지가 있다. 양국 통화의 금리가 동일하지 않다면 헤지와 관련된 비용이나 이익이 발생할 것이다.

Table 3.8에서 파운드 익스포저를 헤지하려면 통화선도 계약을 사용할 수 있으며, 이는 사실상 파운드를 매도하여 달러에 대한 익스포저가 발생하게 된다. 기존 포트폴리오 내에서 이 선도계약을 실행하거나, 오버레이 포트폴리오 매니저를 고용하여 별도의 통화 오버레이 포트폴리오에서 선도계약을 할 수도 있다.

Exhibit 3.44는 별도의 통화 오버레이 포트폴리오를 사용하여 헤지 수익률을 보여준다.

Table 3.9에 있는 동일한 현물환율을 사용하고, 6개월 동안 파운드는 연 4.0%, 달러는 연 2.0%의 일정한 금리를 가정하여 산출된 1개월 선도환율이 Table 3.10에 나타나 있다. 포트폴리오의 헤지 수익률은 Table 3.11에 요약되어 있다.

완전 헤지 수익률(Perfectly hedged returns)

Exhibit 3.44에서 현지수익률이 0.0%이고 시작시점 통화 익스포저를 완전히 헤지 했음에도 1개월째 헤지된 수익률은 음(-)의 값을 기록하였다. 이는 높은 금리의 파운드를 빌리고 낮은 금리의 달러에 투자하는 비용 때문이다. 이 비용은 파운드의 연금리 4%와 달러의 연금리 2%에서 직접 산출할 수 있다.

$$\frac{(1.02)^{1/12}}{(1.04)^{1/12}}-1=-0.16\%$$

Exhibit 3.44 통화 오버레이(Currency overlay)

1개월 후 파운드(£) 익스포저를 헤지하기 위해, 1.49757의 선도환율로 1억 파운드(£100 million)를 매도해야 한다. 1개월 후, 위 계약으로 인해 발생한 달러 기준 손실은 다음과 같다.

$$100\times1.49757-100\times1.6=-10.24$$

이로 인해 기준 통화 수익률은 다음과 같다. $\frac{-10.24}{150}=-6.83\%$

1개월 후 통화 오버레이 수익률을 Table 3.9의 포트폴리오 기준 통화 수익률에 더하면 완전 헤지 수익률이 산출된다.

$$6.67\%-6.83\%=-0.16\%$$

현지시장 수익률이 0%이기 때문에, -0.16%는 파운드를 달러로 헤지하는 데 발생한 비용을 나타낸다. 2개월 후 파운드에 대한 익스포저를 헤지하기 위해서도 £1억(1억 파운드)을 매도해야 하지만, 이번에는 선도환율이 1.59741이다. 2개월 말에는 이 계약으로 인해 달러 기준으로 발생한 이익은 다음과 같다.

$$100\times1.59741-100\times1.55=4.74$$

이 결과 기준 통화 수익률은 다음과 같다. $\frac{4.74}{160}=2.96\%$

따라서 2개월 차의 헤지 수익률은 다음과 같다. $6.56\%+2.96\%=9.53\%$

3개월 후 파운드(£) 익스포저를 헤지하기 위해 £1억 1천만(£110 million)을 1.54749의 선도환율로 매도해야 한다. 3개월 말에는 이 계약으로 인해 발생한 달러 기준 이익은 다음과 같다.

$$110\times1.54749-110\times1.4=16.22$$

이 결과 기준 통화 수익률은 다음과 같다. $\frac{16.22}{170.5}=9.52\%$

따라서 3개월 차의 헤지 수익률은 다음과 같다. $-5.57\%+9.52\%=3.94\%$

4개월 후 파운드(£) 익스포저를 헤지하기 위해 £1억1천5백만(115 million)을 1.39774의 선도환율로 매도해야 한다. 4개월 말에는 이 계약으로 인해 발생한 달러 기준 이익은 다음과 같다.

$$115\times1.39774-115\times1.3=11.24$$

이 결과 기준 통화 수익률은 다음과 같다. $\frac{11.24}{161}=6.98\%$

따라서 4개월 차의 헤지 수익률은 다음과 같다. $-15.22\%+6.98\%=-8.24\%$

5개월 후 파운드(£) 익스포저를 헤지하기 위해 £1억5백만(105 million)을 1.29790의 선도환율로 매도해야 한다. 5개월 말에는 이 계약으로 인해 발생한 달러 기준 이익은 다음과 같다.

$$105\times1.29790-105\times1.4=-10.72$$

이 결과 기준 통화 수익률은 다음과 같다. $\dfrac{-10.72}{136.5} = -7.85\%$

따라서 5개월 차의 헤지 수익률은 다음과 같다. $-2.56\% - 7.85\% = -10.42\%$

6개월 후 파운드(£) 익스포저를 헤지하기 위해 £9천5백만(95 million)을 1.39774의 선도환율로 매도해야 한다. 6개월 말에는 이 계약으로 인해 발생한 달러 기준 이익은 다음과 같다.

$$95 \times 1.39774 - 95 \times 1.4 = -0.22$$

이 결과 기준 통화 수익률은 다음과 같다. $\dfrac{-0.22}{133.0} = -0.16\%$

따라서 6개월 차의 헤지 수익률은 다음과 같다. $-5.26\% - 0.16\% = -5.42\%$

현물환율에 변동이 없기 때문에 -0.16%는 단순히 헤지 비용을 나타낸다.
두 통화에 대한 이자율이 전 기간 동안 변화가 없었으므로, 매달 헤지 비용은 동일하게 발생한다.
6개월 동안의 헤지 수익률은 다음과 같다.

$(1-0.16\%) \times (1+9.53\%) \times (1+3.54\%) \times (1-8.24\%) \times (1-10.42\%) \times (1-5.42\%) - 1 = -11.63\%$

Table 3.10 1개월 선도계약 환율

기간	$/£ 현물환율	$/£ 1개월 선도계약 환율
시작시점	1.5	1.49757
1개월 종료시점	1.6	1.59741
2개월 종료시점	1.55	1.54749
3개월 종료시점	1.4	1.39774
4개월 종료시점	1.3	1.29790
5개월 종료시점	1.4	1.39744
6개월 종료시점	1.4	1.39744

Table 3.11 포트폴리오의 헤지 수익률

기간	기준수익률	통화 오버레이 수익률	헤지 수익률
1개월째	6.67%	-6.83%	-0.16%
2개월째	6.56%	2.96%	9.53%
3개월째	-5.57%	9.52%	3.94%
4개월째	-15.22%	6.98%	-8.24%
5개월째	-2.56%	-7.85%	-10.24%
6개월째	-5.26%	-0.16%	-5.24%
6개월	**-16.00%**	**n/a**	**-11.63%**

그러나 통화에 대한 익스포저는 기초자산 시장의 움직임에 따라 변하게 된다. 측정 기간 시작시점에 설정한 헤지는 시장 움직임으로 인한 익스포저의 변화를 완전히 반영하지 못한다. 통화 오버레이 매니저의 관점에서 특별한 정보가 없는 한, 기초 현지시장 움직임으로 인한 추가적인 통화 익스포저를 인지하지 못할 것이다. 이러한 잔여 포지션이 완벽하게 헤지된다면 현지 수익률과 헤지 수익률의 차이는 해당 통화 간 금리 차이로만 발생할 것이다.

Table 3.8의 포트폴리오에 대한 이론적으로 완벽한 헤지 수익률이 Exhibit 3.45에 계산되었으며, 통화 오버레이 포트폴리오에 대한 헤지 수익률과 비교 내역은 Table 3.12에 포함되어 있다.

Exhibit 3.45 완전 헤지 수익률

1개월 종료시점	(1+0.0%)×(1-0.16%)-1 = -0.16%
2개월 종료시점	(1+10.0%)×(1-0.16%)-1 = 9.82%
3개월 종료시점	(1+4.55%)×(1-0.16%)-1 = 4.38%
4개월 종료시점	(1-8.70%)×(1-0.16%)-1 = -8.84%
5개월 종료시점	(1-9.52%)×(1-0.16%)-1 = -9.67%
6개월 종료시점	(1-5.26%)×(1-0.16%)-1 = -5.42%

Table 3.12 헤지 수익률 VS 완전 헤지 수익률

기간	헤지 수익률	완전 헤지 수익률
1개월째	-0.16%	-0.16%
2개월째	9.53%	9.82%
3개월째	3.94%	4.38%
4개월째	-8.24%	-8.84%
5개월째	-10.24%	-9.67%
6개월째	-5.24%	-5.42%
6개월	**-11.63%**	**-10.87%**

2개월 차의 헤지 수익률은 9.53%로 완전 헤지 수익률 9.82%보다 낮다. 이는 기초 현지시장 수익률에 따라 파운드에 대한 미헤지 부분, 즉 익스포저가 발생한 상황에서 파운드의 가치가 하락하며 완전 헤지와 수익률 괴리가 발생하기 때문이다. 4개월 차의 헤지 수익률 -8.24%는 완전 헤지 수익률 -8.84%보다 높다. 이는

기초 현지시장에서 음(-)의 수익률이 발생하며 하락하는 파운드에 대한 익스포저가 감소했기 때문이다.

> ⚠ **Caution**
> 기초 현지시장의 변동성으로 인해 포트폴리오의 현지 통화 익스포저가 변하기 때문에, 통화 변동을 완벽히 헤지하는 것은 현실적으로 불가능하다. 통화 오버레이 매니저는 시장 변동에 따른 통화 익스포저를 가정하기보다는 그들이 알고 있는 통화 익스포저를 관리하는 것이 좋다. 이는 6장에서 설명한 것처럼 다중통화에 대한 성과분석 시 문제를 일으킬 수 있다.

> ⚠ **Caution**
> 유동성이 낮은 자산은 통화 오버레이 매니저에게 문제가 되기도 한다. 유동성이 낮은 자산은 보통 성과측정 기간이 끝나는 시점에서 가치가 재평가되며, 오버레이 매니저는 최신 평가가 이루어지기 전까지 남아 있는 통화 익스포저를 알 수 없다.

포트폴리오 구성요소 수익률
(PORTFOLIO COMPONENT RETURNS)

포트폴리오 전체의 성과를 계산하는 것은 포트폴리오 분석과정의 일부이다. 포트폴리오 수익률의 모든 원천(sources)을 이해하려면, 포트폴리오의 하위 집합 또는 구성요소(자산 범주, 지역, 국가, 섹터 등), 그리고 포트폴리오 전체 수익에 기여하는 개별증권과 상품들의 수익률도 계산해야 한다.

구성요소의 수익률 계산방법은 전체 포트폴리오에 적용하는 방법과 동일하다. 하지만 구성요소나 섹터 간의 현금흐름은 해당 구성요소 기준으로 외부현금과 같이 취급해야 적절한 수익률을 산출할 수 있다. 배당금과 이자지급은 관련 범주에서 적절한 유동성 범주로의 현금흐름과 같이 취급해야 한다. 단, 이는 해당 범주들이 별도로 정의된 경우로 한정한다.

수익률 계산방법이 일관된다면, 포트폴리오 각 구성요소(범주)의 수익률 합계는 전체 포트폴리오의 수익률과 같아져야 한다. 이는 성과분석과 성과분해의 핵심 요구사항이다. 내부수익률은 포트폴리오 내 모든 자산에 동일한 수익률을 가정하기 때문에, 구성요소의 수익률 계산에 내부수익률을 사용하는 것은 적절하지 않다.

> **Note**
> 전체 포트폴리오 수익률이 포트폴리오 구성 하위범주 수익률의 합과 같아야 한다는 점은 매우 중요하다. 이와 같은 과정을 통해 투자결정과정에서 수익 원천을 분석할 수 있을 뿐만 아니라 오퍼레이션 프로세스를 평가하고 개선할 기회를 제공한다.

금액가중 구성요소 수익률(Money-weighted component returns)

단순 Dietz 방법론과 수정 Dietz 방법론에 따른 총 수익률은 구성요소별로 분해할 수 있다.

r_i을 포트폴리오의 i번째 구성요소, 섹터 또는 자산 범주의 수익률이라고 하자. 그러면, 수정 Dietz 방법을 사용하여 다음과 같이 분해할 수 있다.

$$r_i = \frac{{}^iV_E - {}^iV_S - {}^iC}{{}^iV_S + \Sigma {}^iC_t \times {}^iW_t} \tag{3.48}$$

여기서, ${}^iV_E = i$ 섹터 종료시점 가치
${}^iV_S = i$ 섹터 시작시점 가치
${}^iC = i$ 섹터에 발생한 현금흐름
${}^iC_t = i$ 섹터 t일 발생한 현금흐름
${}^iW_t = i$ 섹터 t일 기준 가중치 비율

포트폴리오 수익률 :

$$r = \sum_{i=1}^{n} w_i \times r_i \tag{3.49}$$

여기서, $w_i = $ 포트폴리오 내에서 i자산 범주의 비중

$$w_i = \frac{{}^iV_S + \Sigma {}^iC_t \times {}^iW_t}{V_S + \Sigma C_t \times W_t} \tag{3.50}$$

여기서, $\sum_{i=1}^{n} {}^iV_S = V_S$ 이고 $\sum_{i=1}^{n} \Sigma {}^iC_t \times {}^iW_t = \Sigma C_t \times W_t$ 이므로 $\sum_{i=1}^{n} w_i = 1$

시간가중 구성 수익률(Time-weighted component returns)

시간가중수익률도 분해가 가능하다. 시간가중치를 적용하는 각 하위기간 내 현금흐름에 대한 가중치 적용방법은 전체 포트폴리오의 수익률 계산방법(즉, 하루의 시작, 중간 또는 끝)과 일치해야 한다. 포트폴리오 내의 범주 간 현금흐름이 발생하기 때문에 포트폴리오 외부현금흐름 시점에만 재평가하는 것으로는 충분하지 않다. 구성 범주나 섹터의 시간가중수익률을 계산하려면 포트폴리오 내부현금흐름이 발생한 시점마다 가치평가가 필요하며, 이는 사실상 일일 평가를 의미한다.

> **Note**
> 식 3.49는 시간가중수익률과 금액가중수익률 모두에 적용된다. 이 식은 성과분해의 기초가 된다.

드물게 거래로 인해 특정 섹터의 유효 비중이 0이 되어도 전체 포트폴리오에 이익이나 손실이 발생할 수 있다. 가장 흔한 예시는 당일 현금흐름에 대해 종료시점 발생을 가정으로 하는 경우, 보유 중인 자산이 없는 섹터에서 매수거래(유입)가 발생하는 예시이다. 이러한 상황에서는 해당 섹터로 유입된 현금흐름의 크기를 섹터 비중으로 적용하는 것이 허용되며, 현금계정(범주)에서 상쇄되는 현금흐름이 있음을 검증해야 한다.

개별섹터, 특히 개별증권에서 비중이 0으로 나타나는 문제 때문에 일부 회사는 중간시점 자산비중을 적용하게 되었다. 물론 이 현금흐름은 수익률 계산 시 분모에 반영한다.

정오 비중과 시작시점 유입/종료시점 유출 접근법 모두 '0' 비중 문제를 해결하지만, 이는 시스템에서 파생된 해결책이다. 저자는 모든 현금흐름에 대해 논리적인 시점으로 하루의 종료시점 가정을 선호한다. 이 방법이 개별 카테고리에서 '0' 비중을 초래하는 경우, 해당 섹터에 대해서만 하루의 시작시점으로 기본 설정하고, 현금 섹터에서 조정하는 것이 적절하다. 따라서 이 조정으로 전체 수익률에 영향을 미치지 않으며, 현금 범주의 조정으로 각 부분의 합은 여전히 포트폴리오 합과 동일하게 된다.

하루 동안 외부현금흐름 가정의 시점은 실제 시간가중수익률 계산뿐만 아니라 금액가중수익률 계산에서도 영향을 준다. 포트폴리오 매니저들이 하는 가정에는 다음과 같다.

(1) 일일 종료시점
(2) 일일 시작시점
(3) 일 중 가중(Intra-day weighted)
(4) 차이 기준(Differentiated)
(5) 실제 시간(Actual time)
(6) 규칙 기준(Rule-based)

일일 종료시점(End of day)

일일 종료시점의 현금흐름 가정은 포트폴리오 매니저들이 가장 흔히 사용하는 가정이다. 일일 종료시점의 현금흐름을 가정하면 수익률은 해당일 기준 현금흐름 가치를 제외한 종료시점 평가가치를 사용하여 계산된다(식 3.23 참조). 종료시점 가정의 경제적 합리성은 분명하다. 포트폴리오 매니저들은 현금흐름에 어떻게 대응할지 결정하는 데 시간이 필요하다. 현금흐름이 하루 종료시점에만 투자 가능하다고 가정하는 것은, 유입된 현금을 운용하는 데 필요한 시간을 고려할 때 합리적으로 보인다.

물론, 실제로는 현금흐름이 일 중에 발생하고, 자산이 매매되기도 하며 이익이나 손실이 발생할 수 있다. 이러한 이익(또는 손실)은 유입(inflow)의 경우에는 투자자본을 작게, 유출(outflow)의 경우에는 투자자본을 더 크게 만드는 효과가 발생한다. 초기자본에 비해 작은 현금흐름의 경우에는 보통 영향이 거의 없겠지만, 때때로 큰 현금흐름이 발생하면 그 영향이 더 클 수 있다.

특정섹터 시작시점 자본이 없다면, 일일 종료시점 현금흐름 가정을 적용할 경우 분모가 0이 되어 해당 기간 동안 수익률 계산이 불가능하게 된다.

일일 시작시점(Beginning of day)

일일 시작시점 가정은 일일 종료시점 가정에 대한 대안이다. 이 가정을 사용하면 현금흐름이 이전 기간의 종료시점 평가가치에 반영되어, 유입(inflow)의 경우 투자자본을 더 크게, 유출(outflow)의 경우 투자자본을 더 작게 만드는 효과가 발생한다(식 3.24 참조). 이 가정의 경제적 논리는 포트폴리오 매니저가 현금흐름의 가능성에 대해 미리 알고 있어 대응할 수 있다는 것을 전제로 한다. 이 방법은 시작시점에 가치가 0이었던 섹터에서도 현금유입 시 분모를 0이 아닌 값으로 만들어준다. 하지만, 당일 특정 범주 보유자산의 현금유출로 인해 0, 또는 음(-)의 분모가 산출될 수도 있다.[39]

일 중 가중(Intra-day weighted)

일 중 가중방법은 Dietz 방법의 한 형태이다. 가장 일반적인 일 중 가중방법은 정오 시점 가정을 적용하여 현금흐름에 단순히 50%의 가중치를 적용하는 것이다(식 3.25 참조). 이 방법의 장점은 일일 시작과 종료시점에서 발생하는 분모가 0이 되는 대부분 문제를 해결한다. 반면 주요 단점은 현금흐름의 100%가 아닌 임의로 50% 가중된 부분만 투자자본에 반영된다는 점이다. 이 방법은 시간 단위로 가중할 수도 있다. 예를 들어, 오전 8:30부터 오후 4:30까지 근무시간 기준 오전 10:30의 현금흐름은 자본의 75% 가중하여 계산할 수도 있다.

차별화된 방법(Differentiated)

차별화된 방법은 현금흐름이 유입인지 유출인지에 따라 다른 접근방식을 적용한다.

(1) 현금유입은 하루 시작시점에, 현금유출은 하루 종료시점에 처리한다.
(2) 현금유입은 하루 종료시점에, 현금유출은 하루 시작시점에 처리한다.

이 차별화된 방법 중 첫 번째 방법은 투자자본이 구조적으로 크게 산출되지만, 현금유입과 유출 모든 경우 분모가 0이 되지 않는 장점이 있다. 투자자본이 높아지는 이유는 모든 유입이 하루의 시작시점에 발생하고 모든 유출이 하루의 종료시점

---

39 음(-)의 분모는 하루 동안의 매도 거래 금액이 기간 시작시점의 가치보다 클 때 발생한다.

에 발생한다고 가정하기 때문이다. 장기적으로 투자수익이 양(+)이라고 가정한다면, 높은 자본 사용은 이와 같은 양(+)의 수익을 희석시키는 부분도 있다. 따라서 어떤 포트폴리오 매니저도 구조적으로 양(+)의 수익률을 희석시키는 방법을 선뜻 사용하고 싶어 하지 않을 것이다.

> **Note**
> '일 중 가중'과 '차별화된 접근방식' 이 두 가지 방법 모두 '제로(0) 가중치 문제'를 해결하지만, 이들은 시스템에 영감을 받은 해결책이다. 저자는 모든 현금흐름에 대해 논리적 시점으로 하루 종료시점을 선호한다. 만약 이 방법이 특정 카테고리에서 제로 가중치 문제를 초래한다면, 해당 섹터에 대해서만 하루 시작시점으로 처리하고 현금섹터에서 조정하는 것이 적절할 수 있다. 이러한 조정의 경우 전체 수익률에 미치는 영향이 없으며, 현금섹터의 조정을 통해 하위 부분의 합이 여전히 포트폴리오 전체와 동일하게 된다.

제시된 예제에서 첫 번째 '차별화된 방법'이 전체수익률에 미치는 영향은 Exhibit 3.46에 나와 있다. 순 외부현금흐름이 대부분 현금유입인 점을 고려하면, 결과 수익률인 -9.42%는 하루 시작시점 가정 수익률인 -9.44%에 가깝다는 것은 당연할 수 있다.

Exhibit 3.46 시간가중(일일 시작시점 현금유입, 일일 종료시점 현금유출 가정)

일일 시작시점 시장가치	12월 31일	$74.2m
일일 종료시점 시장가치	1월 31일	$104.4m
외부 현금유입	1월 14일	$39.5m
외부 현금유출	1월 14일	$2.4m
순 현금유출입		$37.1m
일일 시작시점 시장가치	1월 14일	$67.0m(현금유입 전)
일일 종료시점 시장가치	1월 14일	$103.1m(현금유출 후)

$$\frac{67.0}{74.2} \times \frac{103.1+2.4}{67.0+39.5} \times \frac{104.4}{103.1} - 1 = 0.9030 \times 0.9906 \times 1.0126 - 1 = -9.42\%$$

두 번째 '차별화된 방법'은 현금유입과 유출 모두에 대해 분모가 0이 될 수도 있다는 단점이 있지만, 더 낮은 투자자본을 적용하여 잠재적으로 수익에 대해 레버리지 효과가 발생할 수도 있다. 표준 예제에서 두 번째 차별화된 방법이 전체 수익률에 미치는 영향은 Exhibit 3.47에 나와 있다. 이 차별화된 접근방식은 소규모 투자자본에서 현금흐름이 발생하는 하루 동안의 손실률에 레버리지 효과가 발생하여 전체 기간에 대해서 더 낮은 수익률이 산출되었다.

Exhibit 3.47 시간가중(일일 종료시점 현금유입, 일일 시작시점 현금유출 가정)

일일 시작시점 시장가치	12월 31일	$74.2m
일일 종료시점 시장가치	1월 31일	$104.4m
외부 현금유입	1월 14일	$39.5m
외부 현금유출	1월 14일	$2.4m
순 현금유출입		$37.1m
일일 시작시점 시장가치	1월 14일	$67.0m(현금유입 전)
일일 종료시점 시장가치	1월 14일	$103.1m(현금유출 후)

$$\frac{67.0}{74.2} \times \frac{103.1 - 39.5}{67.0 - 2.4} \times \frac{104.4}{103.1} - 1 = 0.9030 \times 0.9845 \times 1.0126 - 1 = -9.98\%$$

Exhibits 3.46과 3.47과 관련하여 두 가지 방법론에 따른 각각의 수익률 변동성이 Table 3.2에 나와 있다. 이 모든 방법론은 동일한 예시 데이터를 기반으로 하고 있으며, 현금흐름의 타이밍 가정에 따라 실질적 투자자본이 다르게 산출되며 차이가 발생한다.

> **Note**
> 다양한 수익률 계산 방법론은 자기선택의 기회를 제공한다. 사후적으로 특정 상황에서 특정 방법론을 정당화하기는 매우 쉽다. 수익률이 높게 산출되는 이점이 있는 경우에 대부분 사후적으로 적용하는 방법론을 변경하려고 할 수 있지만, 이는 명백히 피해야 한다. 성과측정에서 일관성과 투명성이 매우 중요하다.

실제 시간(Actual time)

실제 시간 기준 방법은 가장 정확하지만 실용적이지 못한 방법이다. 이 방법은 각 현금흐름의 특정 시간에 정확한 가치평가가 필요하다. 하루에 여러 현금흐름이 발생하는 경우, 포트폴리오는 현금흐름이 발생한 시간마다 가치평가가 이루어져야 하며, 각 현금흐름 사이의 수익률을 산출하여 연결하게(chain-linked) 된다. 이는 진정한 시간가중수익률이다. 그러나 현금흐름이 발생하는 매시간 정확한 가치평가에 대한 어려움과 비용 때문에 이 방법을 실질적으로는 거의 사용하지 않는다.

규칙 기반(Rule-based) 방법

규칙기반 방법은 자체적인 방법이 아니라, 특정 상황에서 특정 방법론 간 전환을 허용하는 사전 규칙이다.

극단적 현금흐름(Extremely large cash flows)

극단적 현금흐름은 해당 기간 동안 수익률 계산에 큰 영향을 미칠 정도로 극단적인 현금흐름을 의미한다. 매우 큰 현금흐름은 정책에 따라 결정되지만, 일반적으로 시작시점 투자자본의 100%를 초과한다. 시작시점 자본이 없다면 어떤 현금흐름도 극단적일 수 있다. 예를 들어, 포트폴리오 매니저는 일일 종료시점 기준으로 가정하는 경우가 많지만, 현금흐름이 극단적인 경우 일일 시작시점 기준으로 가정해야 할 수도 있다. 이는 포트폴리오의 첫날에 적용될 수 있으며, 포트폴리오 내 특정 하위부분이나 개별증권에 적용될 가능성이 크다.

시간가중수익률 산출 시, 어떤 시점 가정을 사용해야 할까?

Exhibit 3.48은 진정한 시간가중수익률에서 일반적으로 사용되는 시점 가정의 차이를 간단한 예로 보여준다. 이 예시에서는 첫날 $100의 소규모 포트폴리오에 $10의 현금유입이 발생했다. 이 현금유입 시점의 포트폴리오 가치는 $100.50이다. 첫날 종료시점 포트폴리오 가치는 현금유입을 포함하여 $111이며, 첫날 동안 $1의 이익이 발생했다. 둘째 날 $10의 현금유출이 발생했으며, 현금유출 시점 포트폴리오 가치는 $111.50이었다. 둘째 날 종료시점 포트폴리오 가치는 현금유출을 제외하고 $102이며, 둘째 날에는 $1의 이익이 발생하였다.

Exhibit 3.48 현금흐름 시점 가정에 따른 시간가중수익률

	1일차	2일차
시작시점 시장가치	$100	$111
현금흐름	+$10	-$10
실제가치	$100.50	$111.50
종료시점 시장가치	$111	$102

일일 종료시점 가정	$\frac{101}{100} \times \frac{112}{111} - 1 = 1.91\%$
일일 시작시점 가정	$\frac{111}{110} \times \frac{102}{101} - 1 = 1.908\%$
일 중 가정	$(1 + \frac{111 - 100 - 10}{100 + 10/2}) \times (1 + \frac{102 - 100 + 10}{111 - 10/2}) = 1.905\%$
차별화된 방법	시작시점 유입, 종료시점 유출 가정 $\frac{111}{110} \times \frac{112}{111} - 1 = 1.818\%$
	종료시점 유입, 시작시점 유출 가정 $\frac{101}{100} \times \frac{102}{101} - 1 = 2.0\%$
실제 시간 기준	$\frac{100.5}{100} \times \frac{111.5}{110.5} \times \frac{102}{101.5} - 1 = 1.909\%$

일일 종료시점 방법은 현금유입이 포트폴리오 매니저에게 하루가 끝날 때까지 운용할 수 없다고 가정한다. 따라서 첫째 날의 수익률을 계산할 때 현금유입을 일일 종료시점 가치평가에서 제외한다. 이 경우의 평가 가치는 $101이다. 시작시점 가치는 $100이다. $100의 투자자본에서 $1의 이익($101 - $100)이 발생하여 첫째 날의 수익률은 1.0%가 된다. 둘째 날의 수익률을 계산하려면 현금유출은 아직 발생하지 않았다고 가정해야 한다. 따라서 $111의 투자자본에서 $1의 이익($112 - $111)이 발생하여 둘째 날의 수익률은 0.901%이다. 첫째 날과 둘째 날의 수익률을 복리로 계산하면 1.91%의 수익률이 된다.

시작시점 방법은 현금유입이 포트폴리오 매니저에게 첫날부터 운용 가능하다고 가정한다. 그래서 첫날 투자자본은 $110이다. 첫날 $1 이익($111 - $110)으로 0.909%의 수익률이 산출되며, 이는 종료시점 방법의 1.0%와는 상당한 수익률 차이를 보인다. 이 차이는 유입자본이 운용 가능하다는 가정에서 비롯된 것이다. 이 예에서 이 수익률 차이의 대부분은 두 번째 날에 회복된다. 왜냐하면, 두 번째 날의 자본은 현금유출이 시작시점 발생했다고 가정하며 $101이 되기 때문이다. 두 번째

날의 수익은 0.990%이다. 첫날과 두 번째 날의 수익을 복리로 계산하면 1.908%가 된다. 비록 0.2 베이시스 포인트 차이에 불과하지만, 분명히 차이가 발생하였다.

일 중(midday) 가정에서는 첫날의 투자자본이 $105가 되어 0.952%의 수익률을 얻게 된다. 둘째 날의 투자자본은 $106이 되어 0.943%의 수익률이 산출된다. 첫날과 둘째 날의 수익률을 통합하면 1.905%가 된다. 이는 시작시점 방법보다 0.3 베이시스 포인트 적고, 종료시점 방법보다 0.5 베이시스 포인트 적은 수치이다.

차별화된 방법은 가장 흥미로운 수익률 차이를 보인다. 현금유입은 일일 시작시점에, 현금유출은 일일 종료시점에 발생한다고 가정하면 양일 모두에서 더 높은 투자자본을 기준으로 하게 된다. 첫날은 현금유입으로 인해 0.909%의 수익을 얻고, 둘째 날은 현금유출로 인해 0.901%의 수익을 얻는다. 첫날과 둘째 날의 수익을 통합하면 이틀 동안 1.818%의 수익을 얻게 된다. 이는 종료시점 방법론과 비교했을 때 놀랍게도 9 베이시스 포인트 이상의 차이를 보이게 된다.

두 번째 차별화된 방법은 현금유출이 일일 시작시점에, 현금유입이 일일 종료시점에 발생한다고 가정하여 양일 모두에서 더 낮은 투자자본을 기준으로 하게 된다. 첫날은 현금유입으로 인해 1.0%의 수익을 얻고, 둘째 날은 현금유출로 인해 0.990%의 수익을 얻는다. 첫날과 둘째 날의 수익을 복리 계산하면 이틀 동안 2.0%의 수익을 얻게 된다. 이번에는 종료시점 방법과 비교했을 때 반대로 큰 차이를 보인다.

가장 정확하지만 실용적이지 않은 방법은 각 현금흐름시점에 포트폴리오를 정확하게 가치 평가하는 방법이다. 이 예에서는 두 번의 현금흐름이 있으며, 이에 따라 세 구간의 하위기간 수익률이 계산된다. 첫 번째 날 현금흐름 직전까지 수익률은 0.5%, 첫 번째와 두 번째 현금흐름 사이 수익률은 0.905%, 두 번째 현금흐름 이후 수익률은 0.493%이다. 이 세 하위기간 수익률을 통합하면 이틀 동안의 수익률 1.909%가 된다.

물론, 이것은 대칭적인 이익과 서로 상쇄되는 현금흐름을 가진 예시이다. 그 결과 실제 수익률은 종료시점 방법과 시작시점 방법의 중간에 위치하게 되며, 이와 같은 상황은 일반적이지 않다. 다른 수익률과 현금흐름 내역은 각각 다른 영향을 미칠 수 있다. 그러나 이 예에서 인지해야 할 사항은 차별화된 방법(differentiated method)에서 실제수익률과 가장 큰 차이가 발생한다는 점이다.

저자의 타이밍 방법론에 대한 선호도는 Table 3.13에 정리되어 있다.

부분분리(Carve-out)

포트폴리오 매니저들이 자산관리 능력을 입증하기 위해 포트폴리오의 하위 부문(섹터), 즉, 포트폴리오 일부에 대한 수익률을 종종 별도로 계산하고 제시하는 경우도 있다. 특히, 매니저가 해당유형(섹터)의 자산을 독립적인 포트폴리오로 관리하지 않는 경우 그렇다. 이러한 하위부문(섹터) 수익률을 흔히 '부분분리(Carve-out)수익률'이라고 한다.

Table 3.13 시간가중 방법론에 대한 타이밍 가정

방법론	장점	단점	저자의 선호도 (높은 점수 선호)
일일 종료시점	(i) 가장 일반적임 (ii) 이해하기 쉬움 (iii) 경제적 근거가 좋음	(i) 외부현금 유입의 경우 분모가 0이 될 수도 있음	6
일일 시작시점	(i) 계산이 간단함 (ii) 외부현금 유입의 경우 분모가 0이 되지 않음	(i) 외부현금 유출의 경우 분모가 0, 0에 가까운 수 혹은 음수(-)가 될 수도 있음 (ii) 현금흐름에 대한 사전 통지가 된다고 가정	4
일 중 가정	(i) 계산이 간단함 (ii) 대부분의 경우 분모가 0, 0에 가까운 수 혹은 음수(-)가 되지 않음	(i) 경제적 근거가 부족함	3
차별화된 방법 유입- 시작시점 유출 종료시점	(i) 외부현금 유출입에 대해 분모가 0, 0에 가까운 수 혹은 음수(-)가 되지 않음	(i) 구조적으로 투자자본을 높여 수익률을 희석시킴 (ii) 경제적 근거 약함 - 시스템 주도적임	2
차별화된 방법 유입- 종료시점 유출 시작시점	(i) 구조적으로 투자자본을 낮추어 수익률을 높이는 효과 발생 가능, 비윤리적으로 묘사될 수 있음	(i) 외부 현금유출의 경우 0, 0에 가까운 수 혹은 음수(-)가 될 수 있음 (ii) 외부 현금유입의 경우 분모가 0이 될 수도 있음	1
실제 시간 기준	(i) 개념상으로 가장 정확함	(i) 실무적으로 불가능	5
규칙기반 (Rule-based)	(i) 사전적 규칙에 따라 특정 상황에서 선호하는 방법론이 결합할 수 있음	(i) 복잡함	7

하위 포트폴리오(Sub-portfolio)

자체적으로 전용 현금을 갖추고 독립된 포트폴리오처럼 관리되는 부분분리

(Carve-out) 포트폴리오를 말한다. 부분분리(Carve-out)와 하위 포트폴리오에 대해서는 7장에서 자세히 설명한다.

현금 부문(Cash sectors)

포트폴리오에서 현금 및 현금성자산[40]은 다른 자산들과 동일한 방법론으로 측정되어야 한다. 현금 부분은 자금흐름(현금 입출)이 크고 빈번하고 변하기 때문에, 이를 측정할 때 적용하는 현금흐름 가정에 따라 일반적인 현금수익률과는 상당히 다른 결과가 나올 수 있다. 중요한 것은, 평균 비중과 수익률의 조합으로 현금 부문이 포트폴리오 전체 수익률에 기여하는 정도를 적절히 측정해야 한다는 것이다.

개별 자산 수익률(Individual security returns)

회계 정책, 평가 절차, 수익률 측정방법은 개별 자산에도 동일하게 적용된다. 포트폴리오 전체 수익률이 각 자산 기여수익률을 합과 동일하게 되려면, 이러한 회계 정책, 평가 절차, 수익률 측정 방법론이 모든 분석 단계에서 일관적으로 유지되어야 한다. 총 수익률에는 수입이 반영되며, 주식에서는 이 수입이 '배당금'이라는 형태로, 채권에서는 미리 정해진 '이자 또는 쿠폰 지급' 형태로 발생한다.

주식 배당금이 발표되면 특정 날짜(배당락일)가 지정된다. 이 날짜부터 주식을 구매하는 사람은 해당 배당금을 받을 권리가 없다. 실제로 배당금은 지급일(Payment Date)에 지급되는데, 이는 보통 배당락일부터 몇 주 후이다. 배당락일(Ex-Dividend Date) 이전의 주가에는 배당금에 대한 권리가 포함되지만, 배당락일부터는 포함되지 않는다. 따라서 배당락일부터 배당금이 실제 지급되기 전까지 주가는 미지급된 배당금의 경제적 가치를 반영하지 않는다. 자산운용회사마다 정책은 다르지만, 올바른 수익률을 적절한 기간에 반영하려면 배당락일 미지급 배당금은 수익으로 기록해야 한다.

---

[40] 유동성이 높은 자산을 의미하며, 실질적으로 현금으로 취급된다. 초단기채, CP, 단기국고채, 예금증서 및 기타 MMF 상품이 이에 해당한다.

> **Note**
> 수익률 간의 비교가능성을 높이고, 일관되지 않음을 피하기 위해, 주식 배당금을 미리 반영해 두는 방안을 권장한다.

배당금이 실제로 지급될 때, 미리 반영해 둔 금액(발생액)은 다시 상각된다. 때때로 배당금 지급 시 원천징수 세금이 공제되는데, 이 세금이 환급 가능한 경우 해당 세금도 미리 반영해 두어야 한다. 다만, 세금 환급은 몇 년이 걸릴 수 있다. 투자자는 환급할 수 없다고 판단한 발생 세금을 언젠가 상각할 수도 있지만, 실제 현금 지급 없이 발생액을 취소하면 수익률에 부정적 영향을 줄 수 있다.

수익률 산출 방식에서, 배당금 지급은 개별증권에 대해 외부 현금흐름으로 간주하며, 이에 따라 계산해야 한다. 배당금을 투자자산 분류에서 외부 현금흐름으로 처리할지는 배당금을 해당 자산 포트폴리오 매니저가 다시 투자할 수 있도록 유지되는지, 아니면 별도의 계정으로 관리되는지에 따라 다르다. 배당금이 있는 주식의 수익률은 Exhibit 3.49에 나와있다.

Exhibit 3.49 개별주식 수익률

2022년 7월 6일, A 회사는 주당 $2.50의 배당금을 선언했으며, 배당락일은 7월 13일, 지급일은 7월 27일로 정해졌다.
7월의 A 회사 주가는 다음과 같다.

6/30	$100
7/06	$101
7/13	$99
7/27	$98
7/29	$99.50

7월 29일은 해당 월의 마지막 영업일이었다.
수정 Dietz 방법론으로 산출한 7월 금액가중수익률(Money-weighted Return)은 다음과 같다 (식 3.22):

$$r = \frac{V_E - V_S - C}{V_S + \Sigma C_t \times W_t} - 1 = \frac{99.5 - 100 - 2.5}{100 - 2.5 \times \frac{31-27}{31}} = \frac{2}{99.68} = 2.01\%$$

일일 종료시점 가정을 사용하면, 7월 27일 지급일 이후 해당 월에 남아 있는 날짜는 단 4일이다.

7월 시간가중수익률(Time-weighted Return)은 식 3.23을 사용하면 다음과 같다.

6월 30일부터 7월 6일까지 $\quad \dfrac{101-100}{100} = 1.0\%$

7월 6일부터 7월 13일까지 $\quad \dfrac{99+2.5-101}{101} = 0.495\%$

주식 수익률 계산에서 $2.50의 배당금 권리가 가치에 포함되었음을 유의해야 한다.

7월 13일부터 7월 27일까지 $\quad \dfrac{98-(99+2.5)+2.5}{99+2.5} = -0.99\%$

$2.50의 미수배당금이 사라졌지만, 동시에 $2.50의 수익을 실제로 수령했음을 유의해야 한다. 또한, 해당 미수 배당금은 기간 시작시점의 가치에 포함되어 있음을 참고해야 한다.

7월 27일부터 7월 29일까지 $\quad \dfrac{99.5-98}{98} = 1.53\%$

기간 시작시점 가치에는 배당금 지급이 제외되어 있으며, 이는 실제로 7월 27일 종료시점에 음(-)의 현금흐름으로 간주하였음을 유의해야 한다.

따라서 7월 시간가중수익률(Time-weighted Return)은 다음과 같다.

$$\dfrac{101}{100} \times \dfrac{101.5}{101} \times \dfrac{100.5}{101.5} \times \dfrac{99.5}{98} - 1 = 2.04\%$$

> **Note**
>
> 세금 및 유동성 측면에서 이자수익과 자본수익을 구분하는 것은 중요할 수 있지만, 성과분석 관점에서는 총 수익(Total Return)을 산출하는 것이 핵심이다. 과거에는 일부에서는 이자수익과 자본수익을 별도로 계산해야 한다는 요구가 있었지만, 오늘날에는 이와 같은 계산이 거의 필요하지 않다. 다 기간 자본 및 소득 수익률을 계산하려면 자본과 소득의 미래 재투자에 대한 가정이 필요하다.

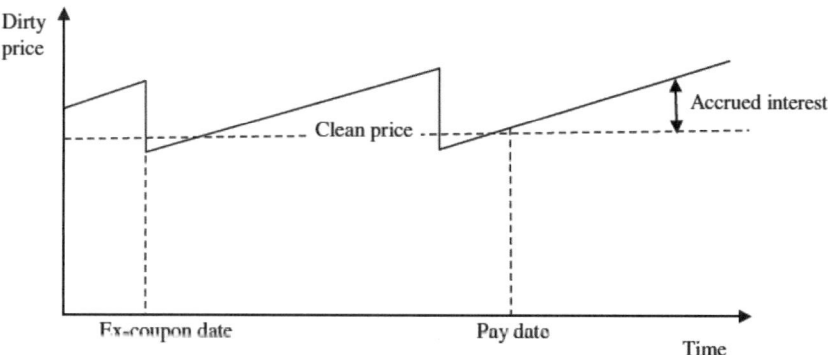

Figure 3.10 Clean price, accrued interest, dirty price and pay dates

채권은 계약에 따라 이자가 지급되어야 하는 점에서 다른 자산과 다르다. 경과이자는 이자 혹은 쿠폰 지급일 사이의 일수를 기준으로 매일 조금씩 발생 누적되며, 이는 Figure 3.10에 나와 있다. 채권을 매수하거나 매도할 때 거래하는 금액에는 경과이자가 포함된다. 하지만, 경과이자는 보통 공시 가격에 포함되지 않으며, 경과이자를 제외한 가격을 '클린 프라이스(clean price)'라 하고, 경과이자가 포함된 가격을 '더티 프라이스(dirty price)'라고 한다. 시장에 따라 방식이 다르지만, 채권에는 이자 지급받을 권리가 사라지는 날짜인 '이자락일(ex-coupon date)'도 있다. 이자락일과 실제 지급일 사이의 기간은 보통 얼마되지 않는다. 이자락 이후에도 이자는 계속 누적되지만, 일부 시장에서는 이자락 이후 채권 가치평가 시 경과이자를 제외할 수도 있다.

다 기간 요인 수익률(Multi-period component returns)

포트폴리오 매니저는 투자환경과 전략에 따라 포트폴리오를 구성하는 다양한 요인에 대해 자산배분을 하게 된다. 투자기간 내 각 시점에서 자산배분을 어떻게 실행했느냐에 따라 전체 포트폴리오 수익률은 영향을 받게 된다. 이로 인하여 전체 포트폴리오의 수익률은 각 요인의 수익률 단순 합계보다 낮거나 높을 수 있다 (Exhibit 3.50 참고).

Exhibit 3.50 다 기간 요인 수익률

기간	주식비중	채권비중	주식 수익률	채권 수익률	**총 수익률**
1분기	20%	80%	10.4%	2.3%	**3.9%**
2분기	60%	40%	3.5%	1.3%	**2.6%**
3분기	90%	10%	-15.7%	1.4%	**-14.0%**
4분기	30%	70%	12.7%	8.7%	**9.9%**
연간	**50%**	**50%**	**8.6%**	**14.2%**	**0.8%**

Exhibit 3.50에서 연간기준에서 주식과 채권의 개별자산 수익률이 포트폴리오 총 수익률보다 상당히 높다. 포트폴리오 수익률이 낮은 이유는 3분기에 주식 비중이 높게 운용되었기 때문이다. 즉, 자산배분 결정 시점이 큰 영향을 미치며 포트폴리오 기준 낮은 성과를 기록하였다.

비정상수익(Abnormal returns)

Bacon, Thompson, 그리고 van der Westhuizen(2016)은 비정상수익(abnormal return)을 측정 대상 자산의 실질 경제적 성과를 제대로 반영하지 못하는 수익, 즉 경제적 성과와 괴리를 보이는 수익이라고 정의한다.[41]

매도 포지션(Short positions)

앞서 설명한 모든 수익률 공식, 즉 시간가중수익률과 금액가중수익률은 자산의 시장가치가 음(-)일 경우에도 적용할 수 있다. 즉, 수익률 계산식의 분모가 음수($V_S < 0$ 혹은 $V_S + C < 0$ 혹은 $V_S + \sum C_t \times W_t < 0$)여도 문제가 되지 않는다. Menchero[42], Laker[43], Bacon, Thompson 및 van der Westhuizen[44]에 따르면, 개별증권 수준에서 보면 증권 자체의 수익률은 매수(롱 포지션) 혹은 매도(숏 포지션)에 관계없이 의미있는 수치, 속성이라고 언급했다. 예를 들어, 주가가 $100에서 $110으로 오를 경우, 해당 자산의 자체 수익률은 +10%로 매수(롱 포지션)나 매도(숏 포지션) 여부에 상관없이 동일하다. 이는 중요한 속성으로, 자산의 수익률은 보유 포지션과 독립적이며, 모든 투자자에게 동일한 수익률을 제공한다. 개별자산 수익률의 부호를 임의로 변경하여 표현하면 계산 오류가 발생할 수도 있다. 그러나 포트폴리오 측면에서 기여도, 손익은 보유 수량과 보유 포지션(롱 혹은 숏)에 따라 달라진다.

음(-)의 시장가치는 매도포지션(short position, 보유하지 않은 증권을 매도)뿐만 아니라 파생상품과 시간 레버리지를 통해서도 발생한다. 파생상품은 선물이나 차액거래계약(CFDs)과 같은 비교적 간단한 상품일 수 있으며, 이는 양(+) 혹은 음(-)의 경제적 익스포저(economic exposures)를 대칭적으로 상쇄시킬 수 있다. 이러한 단순 파생상품으로 발생한 손익은 마진계좌에 실제 현금으로 표시된다. 그러나 스왑이나 포워느와 같은 복잡한 파생상품의 경우, 명목 익스포저(notional

---

[41] Bacon, Thompson and van der Westhuzien, "Abnormal Returns"(2016).
[42] Menchero, "Performance Attribution with Short Positions"(2002/2003).
[43] Laker, "Performance Measurement for Short Positions"(2000/2001).
[44] Bacon, Thompson and van der Westhuzien, "Abnormal Returns Part 2. Returns for Short Positions and Portfolios"(2018).

exposures)가 비대칭적이기 때문에 계약 기간 동안 미실현 손익이 발생할 수도 있다. 스왑과 선도거래는 단일 금융상품(single-line instruments)으로, 특정 계약자의 가치는 계약상대방의 가치와 반대로 변동하므로, 양(+)에서 음(-)으로, 혹은 음(-)에서 양(+)으로 수익의 부호가 변화하는 특성이 있다. 이로 인해 수익률의 시계열 데이터에 불연속성(discontinuity)이 발생할 수 있으며, 단독으로 볼 때 수익률을 연결(linked)할 수 없음을 의미한다. 또한, 레버리지(총자산 가치가 포트폴리오 전체 가치보다 클 때)는 시간이 지남에 따라 포트폴리오 전체 가치가 음(-)의 값으로 변할 수도 있다. 포트폴리오에 자산뿐만 아니라 부채(즉, 음(-)의 자산)도 포함된 경우, 양(+)의 자산가치[45]가 부채보다 작아질 수 있다. 이는 단일 금융상품인 스왑과 마찬가지로 포트폴리오의 가치가 양(+)의 값에서 음(-)의 값으로 변할 수 있다.

하지만 만약 전체 포트폴리오 가치가 음수(-)일 뿐만 아니라 이 값이 더 음수(-)로 변한다면 어떻게 될까? 예를 들어, 시작시점 포트폴리오 가치가 -£1,000이고 종료시점 가치가 -£1,100인 포트폴리오를 생각해 보겠다. 해당 수익률 계산은 Exhibit 3.51에 나와 있다.

Exhibit 3.51에서 나타난 양(+)의 수익률은 직관에 어긋나 보인다. 음(-)의 값으로 시작해 더 음(-)의 값으로 끝난다는 것은 보통 손실을 의미하며, 대부분의 포트폴리오 매니저는 이런 상황에서 음(-)의 수익률을 예상할 것이다. 그러나 단일 증권으로 구성된 포트폴리오에서 해당 증권에 대해 매도포지션(short position)을 생각해 보자. 만약 해당 증권의 가격이 상승하면, 매도 포지션임에도 불구하고 개별증권 자체 수익률은 여전히 양(+)의 값이 된다.

Exhibit 3.51 포트폴리오 가치가 음(-)이라면?

식 3.2를 적용하면:

$$\frac{-1{,}100-(-1{,}000)}{-1{,}000}=\frac{-100}{-1{,}000}=+10.0\%$$

---

[45] 자산은 양(+)의 성과 자산과 음(-)의 성과 자산을 모두 포함하는 일반적인 용어이다. 하지만 일부에서는 롱 포지션 또는 자산은 양(+)의 성과 자산, 숏 포지션 또는 부채는 음(-)의 성과 자산을 설명하는 데 사용하여 혼란을 일으킬 수 있다.

이는 또 다른 중요한 포인트로, 수익률은 시장가치의 맥락에서 의미가 있다. 시작시점 시장가치가 음(-)의 수이고 전체 포트폴리오의 시작시점 시장가치가 양(+)의 값일 때, 양(+)의 수익률은 음(-)의 기여도를 발생시킨다. 대부분의 투자자와 애널리스트는 양(+)의 수익률에서 양(+)의 기여도를 예상하는 경향이 있지만, 이는 대부분은 양(+)의 시장가치를 다루기 때문이다.

맥락이 매우 중요하다. 만약 해당 포트폴리오가 실제로 전체 포트폴리오의 일부였다면, 양(+)의 수익률이지만 음(-)의 비중으로 인해 전체 포트폴리오에 대한 수익률 기여도는 음(-)으로 계산된다. 이는 예상하는 결과와 일치한다. 즉, 전체 포트폴리오의 관점에서 보면 음(-)의(비중) 포트폴리오는 전체 포트폴리오 내 매도포지션(short position)을 의미한다.

지속적으로 음(-)의 가치를 보이는 독립적인 포트폴리오는 장기적으로 유지되기 어렵다. 그러나 포트폴리오가 일시적으로 오버드래프트로 인하여 위와 같이 음(-)의 가치를 보일 수도 있다. 이러한 상황에서 수익률을 어떻게 계산해야 할까요? 또한, 포트폴리오 가치가 시간이 경과함에 따라 음(-)의 값과 양(+)의 값 사이에서 변할 때 기간수익률 계산은 어떻게 해야 할까?

포트폴리오의 총 시장가치가 일정기간 음(-)의 값일 때도 수익률을 계산할 수 있을까? 답은 '예'이다. 단, 수익률이 시장가치와 함께 제공되어 총 기여도를 해석할 수 있어야 한다. 만약 기간의 시작시점에서 포트폴리오가 음(-)의 값으로 시작해 기간이 끝날 때 더 음(-)의 값이 된다면, 실제로는 양(+)의 수익률이 발생한다. 이는 직관에 맞지 않는 듯 보이지만, 이미 포트폴리오 시장가치가 음(-)의 값임을 알고 있기 때문에 음(-)의 자산과 양(+)의 수익률 결합은 음(-)의 기여도를 생성함을 알 수 있다(즉, 가치가 오르는 자산을 매도포지션(short position)으로 보유한 효과). 포트폴리오가 독립적이든 전체 포트폴리오의 일부이든 관계없이 총 수익률 기여도가 보고된다면, 이러한 결과는 더 의미 있게 해석될 수 있다.

음(-)의 시장가치와 양(+)의 시장가치가 모두 포함된 기간에 걸쳐 복리 수익률을 계산할 수 있을까?

시간이 지남에 따라 포트폴리오가 음(-)에서 양(+)으로 변하거나 자산 포트폴리오에서 부채 포트폴리오로 전환되는 경우 불연속성이 발생하며, 이와 같은 상황에서는 수익률을 보고하지 않는 것이 타당하다는 주장도 있다. 또한, 포트폴리오의 자산가치를 알지 못한 채 수익률을 보고하는 경우 오해를 불러일으킬 수도 있다.

시간가중수익률은 포트폴리오 가치가 양(+)의 값이든 음(-)의 값이든 독립적으로 산출되지만, 기여도, 성과분석, 손익은 명확하게 포트폴리오 가치의 부호에 따라 달라진다는 점이 중요하다.

> ⚠ **Caution**
> 자산가치가 양(+)의 값에서 음(-)의 값으로, 또는 음(-)의 값에서 양(+)의 값으로 변할 경우 불연속성이 발생한다. 이는 수익률에 있어서 단절이나 중단과 같으며, 이러한 불연속성에서는 수익률을 연결하여 계산할 수 없게 된다.

왜 단순히 수익률의 부호를 변경하면 안될까? 그렇게 하면 결과가 같지 않은가? (기여도와 성과분해 시 문제나 수익률 계산을 임의로 변경하는 것과 같은) 명확한 이슈들을 제외하더라도, 보다 근본적인 문제는 절대값 기준 동일한 크기의 양(+)의 수익률과 음(-)의 수익률이 같지 않다는 점이다. 이를 증명하기 위해 +10%와 −10%를 복리로 계산해 보면, 최종 수익률은 0%가 아니라 −1%가 된다.

$$(1+10\%) \times (1-10\%) - 1 = 0.99 - 1 = -1.0\%$$

> ⚠ **Caution**
> 단순히 보기 편하게 양(+)의 수익률과 음(-)의 수익률을 바꿔 표시하는 것은 적절하지 않다. 포트폴리오 매니저가 공매도를 통해 이익을 냈다고 해도, 이를 양(+)의 수익률로 표시하고 싶어 할 수 있다. 하지만 이는 올바르지 않다. 수익률 자체는 여전히 음(-)의 값이다. 음(-)의 가치와 음(-)의 수익률이 결합하여 전체 수익에 양(+)의 기여를 하게 된다.

수익률 기여도
(CONTRIBUTION TO RETURN)

식 3.49를 통해 포트폴리오의 총 수익률이 각 구성요소들의 합으로 이루어진다는 것을 확인할 수 있다. 각 투자분류나 개별 자산의 단일기간 동안 수익률 기여도를 계산하는 것은 비교적 간단하다.

$$\text{수익률 기여도 또는 기여수익률 } k_i = w_i \times r_i \qquad (3.51)$$

하지만 다 기간에 걸쳐 수익률 기여도를 계산하려면, 전체 기간에 대해서 각 기여도를 어떻게 복리로 계산되는지에 대한 가정을 세워야 한다. 정적인 포트폴리오(static portfolio)의 경우, 각 카테고리나 개별 자산이 각각 복리로 계산된다고 가정할 수 있다. 동일가중치를 가진 4개 자산의 포트폴리오에 대한 간단한 예시가 Exhibit 3.52에 첨부되어 있다.

Exhibit 3.52 수익률 기여도 - 정적인 포트폴리오

	비중	수익률	기여도
종목 1	25%	9.18%	2.30%
종목 2	25%	2.23%	0.56%
종목 3	25%	-3.24%	-0.81%
종목 4	25%	4.47%	1.12%
포트폴리오	**100%**	**3.16%**	**3.16%**

Exhibit 3.52에서, 각 자산의 기여도가 합산되어 해당 기간의 포트폴리오 총 수익률과 동일해 지는 것을 확인할 수 있다. 하지만 동적인 포트폴리오(Dynamic portfolio)의 경우, 거래에 따라 카테고리 비중과 개별 자산이 계속적으로 변하기 때문에 자산들이 각각의 복리로 계산된다고 가정하는 것은 적절하지 않다. 대신, 동적인 포트폴리오에서는 각 기간 동안 각 투자분류나 각 자산의 기여도가 포트폴리오 전체와 복리로 계산된다고 가정해야 한다. 계산 방식은 다음과 같다.

$$k_i = \sum_{t=1}^{n} k_{i,t} \times \prod_{t=1}^{n}(1+r_i) \qquad (3.52)$$

식 3.52[46]는 기간별 각 자산분류나 개별 자산의 기여도가 전체기간 수익률과 일치

---

46 식 6.167(GRAP 방법)의 변형이다.

하도록 한다. Exhibits 3.53부터 3.56은 Exhibit 3.52에 나타난 정적 포트폴리오 수익률을 4개의 기간으로 나누어 보여준다. 또한, Exhibit 3.57은 각 기여도가 각 해당 자산과 복리 계산되는 대신, 포트폴리오에 재투자된다고 가정한 경우의 수정된 기여도를 보여준다.

Exhibit 3.53 수익률 기여도 - 정적인 포트폴리오 / 1기간

	비중	수익률	기여도
종목 1	25%	-1.3%	-0.33%
종목 2	25%	-0.8%	-0.20%
종목 3	25%	-2.0%	-0.50%
종목 4	25%	1.7%	0.43%
포트폴리오	100%	-0.6%	-0.6%

Exhibit 3.54 수익률 기여도 - 정적인 포트폴리오 / 2기간

	비중	수익률	기여도
종목 1	24.82%	1.9%	0.47%
종목 2	24.95%	1.4%	0.35%
종목 3	24.65%	2.5%	0.62%
종목 4	25.58%	0.4%	0.10%
포트폴리오	100%	1.54%	1.54%

Exhibit 3.55 수익률 기여도 - 정적인 포트폴리오 / 3기간

	비중	수익률	기여도
종목 1	24.91%	2.7%	0.67%
종목 2	24.92%	3.6%	0.90%
종목 3	24.88%	-1.2%	-0.30%
종목 4	25.29%	0.6%	0.15%
포트폴리오	100%	1.42%	1.42%

복리 계산되지 않고 단순 합산된 기여도, 각 자산에 재투자된 경우(정적 포트폴리오) 기여도, 그리고 포트폴리오 전체에 재투자된 경우(조정된 기여도) 기여도의 합산 결과가 Table 3.14에 요약되어 있다. 비록 짧은 기간 동안의 제한된 데이터이지만, 각 방법론은 몇 가지 차이점을 보인다. 복리 계산되지 않고 단순 합산된 기여

도는 전체 수익률과 일치하지 않는다. 반면, 정적 포트폴리오의 기여도와 포트폴리오 전체 수익률로 조정된 기여도의 경우 합산이 일치하지만, 재투자 가정에 따라 각 기여도에 약간의 차이가 있다. 두 결과 모두 수용 가능한 결과이며, 정적 포트폴리오 계산이 잘못되었다고 보기도 어렵다. 그러나 이러한 가정은 일반적으로 변화가 많은 동적 포트폴리오에 적합하지 않으며, 실제 포트폴리오 운용에서는 동적 포트폴리오가 대부분일 것이다.

Exhibit 3.56 수익률 기여도 - 정적인 포트폴리오 / 4기간

	비중	수익률	기여도
종목 1	25.23%	5.7%	1.44%
종목 2	25.45%	-1.9%	-0.48%
종목 3	24.24%	-2.5%	-0.61%
종목 4	25.09%	1.7%	0.43%
포트폴리오	**100%**	**0.77%**	**0.77%**

Exhibit 3.57 조정된 수익률 기여도(Adjusted contributions)

종목 1
1기간	-0.33%×(1.0154)×(1.0142)×(1.0077) = -0.34%
2기간	0.47%×(1.0142)×(1.0077) = 0.48%
3기간	0.67 ×(1.0077) = 0.67%
4기간	1.44%(분석대상 마지막 기간)
전체기간	**2.26%**

종목 2
1기간	-0.20%×(1.0154)×(1.0142)×(1.0077) = -0.21%
2기간	0.35%×(1.0142)×(1.0077) = 0.36%
3기간	0.90 ×(1.0077) = 0.90%
4기간	-0.48%(분석대상 마지막 기간)
전체기간	**0.57%**

종목 3
1기간	0.50%×(1.0154)×(1.0142)×(1.0077) = -0.52%
2기간	0.62%×(1.0142)×(1.0077) = 0.63%
3기간	-0.30 ×(1.0077) = -0.30%

4기간	-0.61%(분석대상 마지막 기간)	
전체기간	-0.8%	
종목 4		
1기간	0.43%×(1.0154)×(1.0142)×(1.0077) = 0.44%	
2기간	0.10%×(1.0142)×(1.0077) = 0.10%	
3기간	0.15 ×(1.0077) = 0.15%	
4기간	0.43%(분석대상 마지막 기간)	
전체기간	1.13%	

Table 3.14 다기간 수익률 기여도

	개별종목1	개별종목2	개별종목3	개별종목4	포트폴리오
복리 계산되지 않음 (uncompounded)	2.26%	0.56%	-0.79%	1.11%	3.14%
정적인 포트폴리오 (Static Portfolio)	2.30%	0.56%	-0.81%	1.12%	3.16%
조정된 수익률 (Adjusted)	2.26%	0.57%	-0.80%	1.13%	3.16%
				전체	3.16%

컴포지트 수익률
(COMPOSITE RETURNS)

자산운용사들이 특정 자산군에 대한 운용 및 관리 능력을 보여주는 방법 중 하나는, 과거 운용했던 유사한 포트폴리오나 하위 포트폴리오의 성과를 모아 평균 수익률 또는 컴포지트 수익률(composite return)을 계산하여 공시하는 것이다. 컴포지트 수익률은 일반적으로 다음 세 가지 방법 중 하나를 적용하여 계산된다.

(1) 시작시점 비중(Beginning weight) 적용
(2) 시작시점 비중 + 가중 현금흐름(Beginning weight + weighted cash flows) 적용
(3) 총합(Aggregate) 기준

시작시점 비중 방식은 계산이 가장 간단한 방법이다. 하지만 이 방식의 단점은 기간 중 발생한 외부 현금흐름(입출금 등)을 개별 포트폴리오의 비중에 반영하지 않는다는 점이다. 현금유입이 있었던 포트폴리오는 컴포지트 수익률 산출과정에서 비중이 낮게 반영되고, 현금유출이 있었던 포트폴리오는 비중이 과대하게 반영될 수 있다. 이와 같은 문제는 시작시점 비중에 가중된 현금흐름(수정 Dietz 방법의 분모 부분)을 반영하는 방식으로 어느 정도 완화할 수 있지만, 계산과정은 더 복잡해진다. 세 번째 방법인 총합(Aggregate) 기준 방식은 모든 포트폴리오를 하나의 "통합된 포트폴리오(super portfolio)"로 합쳐 마치 하나의 포트폴리오처럼 수익률을 계산하는 방식이다.

Table 3.15의 컴포지트 데이터를 기반으로 산출한 컴포지트 수익률 예제가 Exhibit 3.58에 첨부되어 있다. 컴포지트 수익률 산출을 위한 표준 수익률 계산 방식은 수정 Dietz 수익률로 일일 현금흐름 가정을 기준으로 하며, 대규모 현금흐름에 대한 기준은 10%로 설정되어 있다.

> **Note**
> 물론 이러한 방법들은 서로 다른 결과를 도출할 수 있지만, 구조적인 편향(structural bias)은 없으며, 각 방법이 동일하게 유효하다고 판단된다. 계산이 간단하고 쉽기 때문에, 저자는 시작시점 비중 기준 방식을 선호한다.

Table 3.15 컴포지트 데이터(Composite data)

포트폴리오	6/30 시장가치 (£m)	7/5 현금흐름 (£m)	7/9 현금흐름 (£m)	7/14 현금흐름 (£m)	7/31 시장가치 (£m)	수익률
A	15.7				17.1	8.92%
B	29.8				32.3	8.39%
C	41.7	3.8			48.7	7.13%
D	57.0		-5.6		57.1	10.75%
E	205.2			49.9*	275.0	8.16%
총합 (Aggregate)	349.4	3.8	-5.6	49.9*	430.2	

* 포트폴리오 E에서 7월 14일 발생한 현금흐름은 포트폴리오 E 자체뿐만 아니라 총합 (Aggregate) 기준 관점에서도 대규모 현금흐름으로 정의된다. 7월 14일 기준, 포트폴리오

E의 가치는 2억 870만 파운드이고, 총합(Aggregate) 기준 가치는 3억 5020만 파운드이다.

Exhibit 3.58 컴포지트 수익률(Composite returns)

10%를 초과하는 대규모 현금흐름을 고려한 포트폴리오 E의 수익률은 다음과 같다.

$$= \frac{208.7}{205.2} \times \frac{275}{(208.7+49.9)} - 1 = 8.16\%$$

시작시점 비중기준 방식을 적용한 컴포지트 수익률은 다음과 같다.

$$\frac{15.7}{349.4} \times 8.92\% + \frac{29.8}{349.4} \times 8.39\% + \frac{41.7}{349.4} \times 7.13\% + \frac{57.0}{349.4} \times 10.75\% + \frac{205.2}{349.4} \times 8.16\% = 8.51\%$$

시작시점 비중기준에 외부 현금흐름을 반영하는 방식을 적용한 경우, 컴포지트 내에서 포트폴리오의 비중은 다음과 같다.

포트폴리오 A	$15.7 + 0 = 15.7$	$\frac{15.7}{375.98} = 4.2\%$
포트폴리오 B	$29.8 + 0 = 29.8$	$\frac{29.8}{375.98} = 7.9\%$
포트폴리오 C	$41.7 + 3.8 \times \frac{26}{31} = 44.89$	$\frac{44.89}{375.98} = 11.9\%$
포트폴리오 D	$57.0 - 5.6 \times \frac{22}{31} = 53.03$	$\frac{53.03}{375.98} = 14.1\%$
포트폴리오 E	$205.2 + 49.9 \times \frac{17}{31} = 232.56$	$\frac{232.56}{375.98} = 61.9\%$
컴포지트	$349.4 + 3.8 \times \frac{26}{31} - 5.6 \times \frac{22}{31} + 49.9 \times \frac{17}{31} = 375.98$	

따라서, 시작시점 비중에 외부 현금흐름을 더하는 방식을 적용한 컴포지트 수익률은 다음과 같다.

$8.92\% \times 4.2\% + 8.39\% \times 7.9\% + 7.13\% \times 11.9\% + 10.75\% \times 14.1\% + 8.16\% \times 61.9 = 8.45\%$

총합(Aggregate) 기준을 적용한 컴포지트 수익률은 다음과 같다.
첫 번째 14일 기간에 대한 수익률(수정 Dietz 방식을 사용) :

$$\frac{350.2 - 3.8 + 5.6 - 349.4}{349.4 + 3.8 \times \frac{9}{14} - 5.6 \times \frac{5}{14}} 0.74\%$$

두 번째 기간에 대한 수익률 :

$$\frac{430.2}{350.2 + 49.9} - 1 = 7.52\%$$

총합(Aggregate) 기준 총 수익률: $(1+0.74\%) \times (1+7.52\%) - 1 = 8.32\%$

대규모 현금흐름 제한은 개별 포트폴리오뿐만 아니라 컴포지트 수준에서도 적용된다. 그러나 컴포지트 내 여러 포트폴리오에 대해 대규모 현금흐름 제한이 적용되더라도, 컴포지트 전체 수준에서는 이 기준이 적용되지 않을 수도 있다.

제4장

벤치마크
Benchmarks

누구도 눈을 감고는 공(목표)을 맞출 수 없다.

Paulo Coelho(1947-)

비즈니스는 훌륭한 게임이다 - 경쟁은 치열하고 규칙은 적고, 점수는 돈으로 기록된다.

Atari 창업자 Nolan Bushnell(1943-)

벤치마크
(Benchmarks)

포트폴리오의 수익률을 비교잣대 없이 측정하는 것은 전체 성과 일부분만 파악하는 것에 불과하다. 수익률이 좋은지 나쁜지를 판단하려면 적절한 기준, 즉 벤치마크와 비교하여 성과(위험과 수익률)를 평가해야 한다.

옥스퍼드 영어사전에 따르면, 벤치마크는 '비교의 기준점 또는 참고지표'로 정의된다. 이 단어는 특정 언어적 또는 문화적 배경이 없는 사람에게는 이해하거나 번역하기 어렵지만, 본래 측량 용어에서 유래한 것으로, 물리적 기준점의 역할을 했던 실질적인 표식에서 비롯된 뜻이다. 즉, 측량사가 벽에 새겨 넣은 표식으로 고도를 측정할 때 기준점(reference point)으로 사용되었다.

벤치마크의 특성(Benchmark attributes)

우수한 벤치마크는 다음과 같은 특성이 있어야 한다.

(1) 적합성(Appropriate)

선택한 벤치마크는 해당 투자전략에 적합해야 하며, 투자자의 투자에 대한 요구사항을 충족시킬 수 있어야 한다.

(2) 투자가능성(Investable)

포트폴리오 매니저는 벤치마크에 포함된 모든 종목에 투자할 수 있어야 한다. 그렇지 않다면, 포트폴리오 매니저가 통제할 수 없는 상대적인 성과요인이 항상 존재할 것이다.

(3) 접근성(Accessible)

포트폴리오 매니저가 벤치마크를 기준으로 포트폴리오를 구성하기 위해서는 벤치마크의 수익률뿐만 아니라 측정 기간 시작시점의 구성요소 및 가중치를 알 수 있어야 한다.

(4) 독립성(Independent)

공정한 비교를 위해 벤치마크 수익률은 독립적인 제 3자에 의해 산출되고 검증되어야 한다.

최적의 벤치마크 활용 방법

우수한 벤치마크를 구현하는 것과 이를 적절하게 활용하는 방법은 구분되어야 한다. 활용 측면에서 벤치마크는 다음과 같은 특성을 갖춰야 한다.

(1) 명확성(Unambiguous)

선택된 벤치마크는 명확하고, 문서화되어 있으며, 애매하지 않아야 한다. 다수의 벤치마크 기준으로 성과를 측정하거나, 벤치마크를 소급 적용하는 것은 바람직하지 않다.

(2) 사전 명시(Specified in advance)

벤치마크는 성과측정 이전에 결정되어야 한다.

(3) 소급적용금지(Never retrospectively changed)

선택된 벤치마크는 소급 적용되어서는 안 된다. 예를 들어, 사전 정의된 벤치마크에 따라 성과를 평가한 후 성과가 부진하다는 이유로 다른 벤치마크를 적용하는 것은 명백히 부적절하다.

> **Note**
> Bailey, Richards, Tierney[1]는 '유효한 벤치마크의 특성'을 설명하면서 좋은 속성과 최적의 활용 방법을 결합해 다음과 같이 정의했다.
>
> 명확성(Unambiguous)
>   벤치마크를 구성하는 각 종목과 비중이 명확하게 설명되어 있어야 한다.
> 투자가능성(Investable)
>   액티브 투자전략 대신 단순히 벤치마크를 추종할 수 있는 옵션이 있어야 한다.
> 측정가능성(Measurable)
>   벤치마크의 수익률은 합리적인 빈도로 자주 계산될 수 있어야 한다.
> 적합성(Appropriate)
>   벤치마크는 포트폴리오 매니저의 운용 스타일과 일치해야 한다.
> 현재 투자의견 반영(Reflective of current investment opinions)
>   포트폴리오 매니저(혹은 투자자)가 벤치마크 구성 종목에 대해 긍정적, 부정적, 또는 중립적인 투자의견을 보유하고 있어야 한다.
> 사전 명시(Specified in advance)
>   벤치마크는 평가 기간이 시작되기 전에 설정 및 구성되어야 한다.
> 책임감(Accountable)
>   포트폴리오 매니저는 벤치마크의 구성과 성과에 대해 책임감을 느끼고 수용해야 한다.

벤치마크의 역할

(THE ROLE OF BENCHMARKS)

벤치마크는 투자자와 포트폴리오 매니저 간의 관계에서 중요한 역할을 한다. 이러한 관계를 고려하기 전에, 벤치마크는 자산 배분을 결정하는 데 필요하다. 투자자는 목표를 명확히 하고, 위험허용 한도 정확히 인지하며, 궁극적으로 성과를 평가하기 위해 신중하게 벤치마크를 선택해야 한다. 일반적으로 벤치마크와의 관계는 다음과 같이 설명할 수 있다.

---

[1] Bailey, Richards and Tierney, "Benchmark Portfolios and the Manager/Plan Sponsor Relationship"(1988).

(1) 패시브(Passive)

패시브 투자전략은 벤치마크를 최대한 복제하는 것이다. 사실상 투자결정과정은 인덱스 제공자에게 위임되는 것과 같다.

(2) 상대적(Relative)

투자결정은 벤치마크의 비중, 익스포저, 위험과 직접적으로 연관되며, 대부분의 액티브 운용이 이 범주에 속한다.

(3) 인지적(Aware)

투자결정이 벤치마크 비중이나 위험에 직접적으로 연관되지는 않지만, 벤치마크는 종목을 선택할 수 있는 폭넓은 전략과 투자 유니버스를 제공한다.

(4) 무관심(Agnostic)

이 관계에서는 벤치마크는 단순 참고 정보로 활용된다. 벤치마크는 시장지수나 목표 수익률로 사용될 수 있으며, 보고서에서 참고자료로 제공되지만, 포트폴리오 매니저가 이를 주요 기준으로 삼지는 않는다.

벤치마크 유형
(TYPES OF BENCHMARKS)

포트폴리오 성과를 평가하기 위해 다양한 유형의 벤치마크가 사용된다.

(1) 상업 지수(Commercial indexes)

(2) 맞춤형 지수(Customized indexes)

(3) 피어 그룹(Peer groups)

(4) 랜덤 포트폴리오(Random portfolios)

(5) 상장지수펀드(ETFs)

(6) 목표수익률(Target or absolute returns)

(7) 혼합 벤치마크(Blended benchmarks)

(8) 결합 벤치마크(Spliced benchmarks)

(9) 금액 가중 벤치마크(Money-weighted benchmarks 또는 시장 동일지표)

(10) 일반 포트폴리오(Normal portfolio)

상업 지수
(COMMERCIAL INDEXES)

수십 년 동안 상업 지수[2]가 사용됐으며, 오늘날에도 새롭게 만들어지고 있다. 최초의 지수는 물가 상승률을 측정하기 위해 만들어졌으며, 현재는 다양한 목적에 따라 새로운 지수가 만들어지고 있다. 예를 들어, 신흥시장에 대한 투자를 촉진하고, 고객에게 부가가치를 제공하며, 시장의 전반적인 지표를 제공하거나, 파생상품을 촉진하고 수익을 창출하기 위해 지수를 개발하고 있다.

지수제공자들은 지수 구성 과정에서 종목의 선정, 계산 공식, 가중치 체계, 분류(예: 대형주, 중형주, 소형주, 선진국, 신흥국, 프런티어 시장) 및 구성 규칙에 따라 '지적 재산권(intellectual property)'을 확보한다. 해당 지수가 매니저나 궁극적인 투자자에게 얼마나 적합한지는 투자전략과 지수의 목적에 의해 결정된다.

> **Note**
> Oxford English Dictionary에 따르면 indexes와 indices 둘 다 index의 복수형으로 사용이 가능하다.

지수 산출 방법론(Calculation methodologies)

효과적인 포트폴리오 구성을 위해 매니저는 지수 산출 방법론과 구성 종목의 포함 및 제외 규칙을 이해하고 있어야 한다.

지수는 배당 및 이자수익을 제외한 가격 지수(price return)로 산출되거나, 배당 및 이자수익을 포함한 총 수익 지수(total return)로 산출될 수 있다. 성과분석은 총 수익 지수를 사용하여 수행해야 한다.

---

[2] "Average" 단어는 12세기에 이탈리아어 "avaria"에서 파생되었으며, 아랍어에서는 "손상된 물품"을 의미한다.

⚠ **Caution**

가격 지수(price-only index)는 총 수익 지수(total return index)가 없는 경우에도 사용하지 않는 것이 적절하다. 가격 지수는 오해를 불러일으킬 수 있기 때문이다. 물론, 기초자산이 별도의 배당 혹은 이자수익을 생성하지 않는 경우에는 지수가 배당 혹은 이자수익을 포함하지 않을 수 있다. 이러한 경우, 해당 가격 지수는 사실상 총 수익 지수와 동일하며, 배당 및 이자수익 기여도가 0으로 계산된 것과 같다.

가격지수(Aggregate Price Index, price-weighted index or Carli[3] type)

가격지수는 가장 단순한 지수로 구성 종목들의 주가를 합산한 뒤, 특정 값(분모)으로 나누어 계산한다.

t 시점에서의 지수는 다음과 같이 계산된다.

$$\text{가격지수, } I_t = \frac{I_0 \times \sum_{i=1}^{n} P_{t,i}}{D_t} \tag{4.1}$$

여기서, I_0 : 지수의 기본 값(ex : 100 또는 1000)
$P_{t,i}$: t 시점에서 종목 i 의 가격
D_t : t 시점에서 분모 값은 과거의 자본 및 구성요소 변경을 반영한 값

D_0은 다음과 같이 정의된다.

$$D_0 = \sum_{i=1}^{n} P_{0,i} \tag{4.2}$$

t 시점에서 자본 변경이나 구성요소 변경이 발생한 경우, 새로운 분모 D_t' 는 이전 분모를 기준으로 다음과 같이 계산된다.

---

[3] Carli, "Del valore e della proporzione de'metalli monetati"(1804).

$$D_t' = \frac{\sum_{i=1}^{n} P'_{t,i}}{\sum_{i=1}^{n} P_{t,i}} \times D_t \tag{4.3}$$

여기서, $P'_{t,i}$: 변경 직후 종목 i 의 가격

따라서, 종목의 가격이 지수에서 해당 종목의 비중을 결정하게 된다.[4] 예시로 1928년에 30개 종목으로 발표된 다우존스 산업평균지수(Dow Jones Industrial Average)와 1950년에 225개 종목으로 발표된 니케이 평균주가지수(Nikkei Stock Average)가 있다.

기하학적 지수(Geometric 또는 Jevons[5]형 지수)

기하학적 지수는 각 종목의 가치 비율을 곱하고, 그 곱의 $1/n$ 제곱근을 구하고 이를 기준 지수 값 I_0과 곱하여 계산된다.

$$\text{기하학적 지수}, \ I_t = I_0 \times \left(\frac{P_{t,1}}{P_{0,1}} \times \frac{P_{t,2}}{P_{0,2}} \times \cdots \times \frac{P_{t,n}}{P_{0,n}} \right)^{(1/n)} \tag{4.4}$$

구성 종목 중 어느 하나의 가격이 변경되면, 지수에도 동일한 영향을 준다. 이는 동등 가중 방식(equal weighting)이 실제로 포트폴리오 매니저가 복제하기 어렵기 때문에, 적절한 지수로 사용되기 어렵다. 이론적으로는 구성 종목 중 하나라도 가격이 0이 되면 전체 지수도 0이 된다. 그러나 실제로는 종목의 가격이 0이 되기 전에 지수에서 제외된다. FT 30 지수는 기하학적 지수의 대표적인 사례이다.

순수한 Carli 지수는 가중치 없이 계산이 된다.

$$\text{Carli 지수}, \ I_t = I_0 \times \frac{1}{n} \times \sum_{i=1}^{n} \frac{P_{t,i}}{P_{0,i}} \tag{4.5}$$

---

[4] 가격 가중 지수는 순수한 Carli 지수가 아니며, Carli 지수는 가중치를 적용하지 않는다.
[5] Jevons, "The Variation of Prices and the Value of the Currency since 1782"(1865).

Dutot[6] 지수는 기간 종료시점의 평균 가격을 기간 시작시점의 평균 가격으로 나누어 계산된다.

$$\text{Dutot 지수, } I_t = I_0 \times \frac{\frac{1}{n} \times \sum_{i=1}^{n} P_{t,i}}{\frac{1}{n} \times \sum_{i=1}^{n} P_{0,i}} = I_0 \times \frac{\sum_{i=1}^{n} P_{t,i}}{\sum_{i=1}^{n} P_{0,i}} \tag{4.6}$$

물가 상승률 계산에서는 Jevons 지수가 Carli 지수보다 더 선호된다.[7][8]

시가총액 지수(Market Capitalization Index)

가격지수와 기하학적 지수는 실제로 투자 가능한 지수가 아니기 때문에 성과평가에 사용되는 대부분의 지수는 시가총액 지수이다. 이 지수에서 각 종목의 가중치는 일반적으로 시가총액(가격 × 발행 주식 수)으로 결정된다. 다만, 지수제공자가 특정 종목을 일반 투자자들이 실제로 투자할 수 있는 부분이 제한적이라고 판단할 경우, 이를 유동주식비율(free float factor)로 조정할 수 있다.

글로벌지수의 경우, 각 국가에서 지수 편입 조건을 충족하는 종목들의 시가총액 합계가 해당 국가의 전체 가중치로 결정된다. 일부 지수에서는 국가 경제력을 더 잘 반영하기 위해 GDP 비율에 따라 국가 비중을 재조정하기도 한다.

Laspeyres 지수

대부분의 시가총액 지수는 Laspeyres 지수[9]의 형태를 따른다. 이는 독일 경제학자 Hermann Paasche(1834-1913)가 물가 상승률을 측정하기 위해 제안한 방법론이다. 물가 지수에서는 각 제품(시가총액 지수에서는 개별 종목의 가중치)의 수량이 기간 시작시점에 고정된다. 일반적으로 지수수익률은 한 달과 같은 일정기간 동안 계산

---

6   Dutot, Reflexions Politiques sur les Finances et le Commerce(1738).

7   Levell, "Is the Carli Index Flawed? Assessing the Case for the New Retail Price Index RPIJ"(2014).

8   영국의 RPI와 같은 Carli 유형 지수는 물가 인플레이션을 과소평가한다.

9   Laspeyres, "Die Berechnung einer mittleren Waarenpreissteigerung"(1871).

되며, 이후 월간 수익률이 연쇄적으로 연결된다. 따라서, 물가 지수는 다음과 같은 방식으로 기간 t에 대해 계산된다.

$$\text{Laspeyres 지수, } b = \sum_{i=1}^{n} W_i \times \frac{P_{t,i}}{P_{t-1,i}} \quad (4.7)$$

여기서, W_i : 종목 i의 비중(기간 시작시점 기준)

벤치마크 내 각 구성 개별 종목의 수익률을 섹터 수익률로 대체하면, 대부분의 상업 지수에 사용되는 표준 공식을 도출할 수 있다.

$$b = \sum_{i=1}^{n} W_i \times b_i \quad (4.8)$$

Paasche 지수

Paasche 지수[10]는 독일 경제학자 Hermann Paasche(1851-1925)가 물가 상승률을 측정하기 위해 제안한 지수이다. 이 지수는 각 제품의 수량에 대해 기간 시작시점이 아닌 기간종료 시점의 가중치를 사용한다. 물가 상승률 측정할 때, 시작시점과 종료시점의 구분하는 것은 중요하다. 이는 소비자들이 가격 변화에 따라 구매량을 조정하기 때문이다. 일반적으로 가격이 상승하면 구매량은 감소하는 경향이 있다. 이러한 이유로 물가 지수는 물가 상승률을 과대평가하는 반면, Paasche 지수는 과소평가하는 경향이 있다. 따라서, Paasche 지수는 비중을 기간종료 시점까지 알 수 없기 때문에 포트폴리오 매니저 관점에서는 투자 가능한 지수로 적합하지 않다. 반면, 성과평가의 관점에서는 Laspeyres 지수가 더 유용한 지수로 여겨진다.

$$\text{Paasche 지수, } b = \sum_{i=1}^{n} W_i^E \times \frac{P_{t,i}}{P_{t-1,i}} \quad (4.9)$$

여기서, W_i^E : 종목 i의 비중(기간 종료시점 기준)

---

[10] Paasche(1874).

Marshall-Edgeworth 지수

Laspeyres 지수와 Paasche 지수의 비중에 대한 편향을 상쇄하는 몇 가지 방법이 있다. Marshall-Edgeworth 지수[11][12]는 Alfred Marshall과 Francis Ysidro Edgeworth가 제안한 지수로, 시작시점과 종료시점 가중치의 산술 평균을 사용하여 다음과 같이 정의된다.

$$\text{Marshall-Edgeworth 지수, } b_{M-E} = \sum_{i=1}^{n} \frac{(W_i + W_i^E)}{2} \times \frac{P_{t,i}}{P_{t-1,i}} \qquad (4.10)$$

Fisher 지수

Laspeyres 지수와 Fisher 지수의 편향을 상쇄하기 위해, Irving Fisher[13]는 물가 지수와 Fisher 지수의 기하평균을 사용할 것을 다음과 같이 제안하였다.

$$\text{Fisher 지수, } b_F = \sqrt{b_P \times b} \qquad (4.11)$$

Marshall-Edgeworth 지수와 Fisher 지수 모두 투자 가능한 지수가 아니기 때문에 포트폴리오 성과평가에서는 사용되지 않는다.

동일가중 지수(Equal-weighted Indexes)

일부 전문가들은 각 종목에 동일한 가중치를 부여하는 동일가중 지수가 포트폴리오 매니저에게 보다 공정한 벤치마크라고 주장하기도 한다. 이는 모든 주식을 동일한 비율로 매수할 기회가 있다는 점에서 공정하다고 볼 수 있으며, 시가총액 가중치가 임의적이라고 판단하기 때문이다. 그러나 이러한 지수는 상대적으로 유동성이 낮은 종목에도 동일한 가중치를 주기 때문에, 시장 전반에서 활용하기에는 한계가 있다.

패시브 매니저가 동일가중 지수를 추종하기에도 한계가 있다. 동일한 가중치를

---

[11] Marshall(1887).

[12] Edgeworth, "Measurement of Change in Value of Money"(1887, reprinted 1925).

[13] Irving Fisher(1867-1947), president of the American Statistical Association in 1932, not to be confused with Sir Ronald Aylmer Fisher(1890-1962), professor of genetics at University College London 1943-1957.

유지하려면 성과가 좋은 주식을 매도하고 성과가 부진한 주식을 매수해야 함으로써 불필요한 거래 비용을 수반할 수 있다. 더욱이, 주식 수익률이 지속적으로 변동하는 상황에서 성과가 좋은 주식을 지속해서 매도하는 것은 적절하다고 보기 어렵다.

또한, 동일가중으로 리밸런싱하는 주기도 문제다. 리밸런싱을 매일, 매월, 매년 중 언제 해야 하는지 정답은 없으며, 타협점만 존재한다. 리밸런싱 빈도를 증가하면 거래 회전율과 비용, 관련 업무가 증가하고, 빈도를 줄이면 지수 성과와 괴리가 커질 가능성이 커진다.

펀더멘털 지수(Fundamental Indexes)

많은 전문가는 시가총액을 가중치로 사용하는 것이 부적절하다고 지적한다. 이는 고평가된 주식에는 과도한 비중이 할당되고, 저평가된 주식에는 낮은 비중이 할당되는 경향이 있기 때문이다.[14] 이에 대안으로 제시된 펀더멘털 지수(Fundamental indexes)는 시가총액 대신 주식의 더 안정적인 특성을 바탕으로 가중치를 산출한다. 이러한 특성에는 장부가치, 매출액, 잉여현금흐름, 직원 수, 또는 배당금 등이 포함된다.

어떤 특성이나 조합을 사용할 것인지에 대한 논쟁은 여전히 남아 있다. 예를 들어, 배당금 가중 지수는 유틸리티 및 금융처럼 대규모 배당금을 지급하는 섹터에 과도한 비중을 부여할 수 있으며, 매출액 가중 지수는 매출은 크지만, 이윤이 낮은 종목에 높은 비중을 할당할 위험이 있다. 또한, 잉여현금흐름 가중 지수는 성장성이 둔화된 성숙한 기업에 비중이 쏠릴 가능성이 있고, 장부가치 가중 지수는 인적 자본에 의존하기보다는 자본 집약적인 기업에 더 높은 비중을 부여하는 경향이 있다.

> **Note**
> 펀더멘털 지수와 동일가중 지수는 시가총액 지수의 근본적인 한계인 고평가된 종목에 높은 비중을 할당하고 저평가된 종목에 낮은 비중을 할당하는 문제를 피할 수 있어, 더 높은 성과를 내는 경향이 있다.

---

14 Arnott, Hsu and West, The Fundamental Index(2008).

최적화 지수(Optimized indexes, 최소분산지수(minimum variance indexes))

최적화 지수는 변동성을 최소화하거나 특정 위험조정 성과지표를 최대화하기 위한 최적의 종목 조합으로 구성된다. 이 지수는 기대수익률, 표준편차, 상관관계 등 계량적 정보를 사용하여, 더 나은 위험 대비 성과를 제공하는 것을 목표한다.

> ⚠ **Caution**
> 지수의 설계에는 투자결정과정의 일부가 포함되어 있으며, 특히 최적화 지수의 경우 더 큰 비중을 차지한다. 따라서 투자자는 이러한 과정을 인지하고 지수를 선택할 때 고려해야 한다.

스타일 및 팩터 기반 지수(Style- and Factor-based Indexes)

1970년대와 1980년대에 연구자들(Banz[15], Reinganum[16], Basu[17][18], Fama and French[19], Sharpe[20])은 시장수익률을 더 잘 설명할 수 있는 요인 또는 스타일을 정의하기 시작했다. 주요 요인은 다음과 같다.

(1) 규모(Size) - 대형주(large-cap), 중형주(mid-cap), 소형주(small-cap)
(2) 가치평가(Valuation) - 가치주(value), 성장주(growth)

성장주 투자자는 현재 가치보다는 미래 가치를 더 중요하게 여기며, 수익 성장 가능성이 높은 기업을 찾는다. 수익 성장은 더 높은 배당금으로 이어지고, 이로 주가 상승으로 이어질 것으로 기대된다. 반면, 가치주 투자자는 현재 가격에 기업의

---

15 Banz, "The Relationship Between Return and Market Value of Common Stocks"(1981).
16 Reinganum, "Misspecification of Capital Asset Pricing: Empirical Anomalies Based on Earning Yields and Market Values"(1981).
17 Basu, "Investment Performance of Common Stocks in Relation to Their Price-Earnings Ratios: A Test of the Efficient Market Hypothesis"(1977).
18 Basu, "The Relationship between Earning Yield, Market Value, and Return for NYSE Common Stocks: Further Evidence"(1983).
19 Fama and French, "Common Risk Factors in Stock and Bond Returns"(1993).
20 Sharpe, "Determining a Fund's Effective Asset Mix"(1988).

가치가 충분히 반영되지 않은 회사를 찾는다. 이들은 현금흐름 할인법(DCF) 등과 같은 가치평가 방법을 사용해 현재의 적정 가격을 측정하며, 시장 가격이 측정가격보다 낮은 경우 해당 기업이 저평가되었다고 판단해 매수한다.

기술 붐 시기에는 성장주 투자자들이 더 높은 수익을 거두었다. 이들은 미래 이익을 기대하며 적자를 기록하는 기업에도 투자했으며, 당시 기업 가치는 이익이 아닌 매출 배수를 기준으로 산정되었다. 반면, 가치주 투자자는 일반적으로 적자 기업에는 투자하지 않는 경향이 있다.

성장 또는 가치 전략 포트폴리오는 해당 전략에 맞는 성장 지수 또는 가치 지수를 기준으로 성과를 측정해야 한다.

채권지수(Fixed income indexes)

채권지수는 주식지수와는 상당히 다르다. 채권지수는 다음과 같은 기준으로 분류될 수 있다.

(1) 발행자(Issuer) : 정부, 기업, 지방정부, ABS 및 MBS 등
(2) 국가(Country)
(3) 통화(Currency)
(4) 신용 위험(Credit Risk) : 신용 등급(예: AAA, AA, A, BBB)
(5) 유동성(Liquidity)
(6) 만기(Maturity) : 1-3년[21], 3-5년, 5-7년, 7-10년, 10년 이상
(7) 섹터 분류(Sector Classification) : 산업, 유틸리티, 금융

채권지수에서는 가중치와 수익률 외에도, 평균 쿠폰 금리, 평균 잔존 기간, 수정 듀레이션, 컨백서티, 평균 YTM, 평균 현재 수익률과 같은 데이터도 계산된다.

채권지수는 주식지수의 시장 시가총액 가중 방식을 준용한다. 일반적으로 채권은 주식보다 종류가 많고, 유동성 문제로 인해 일부 채권의 가격을 정확히 평가하기 어렵다. 부채 가중 지수는 너 많은 부채를 보유한 기업이나 국가에 더 큰 비중을

---

[21] 일반적으로 채권 지수(Fixed Income Index)에서는 만기가 1년 미만인 채권은 편입하지 않는다.

부여하는 경향이 있어, 이는 더 높은 위험을 초래하게 된다(Siegel이 설명한 'Bums 이슈'[22]).

채권지수의 수익률 대부분(약 95%)은 금리 곡선의 변화로 설명된다.[23] 채권 포트폴리오의 상대적 성과를 평가할 때. 벤치마크 대비 초과수익률보다 수익률과 스프레드의 변화가 더 적합한 지표 일 수 있다. 일반적으로, 벤치마크의 듀레이션은 발행자의 듀레이션을 반영하지만, 투자자의 선호를 반영하지 않는다. 그러나 투자자가 반드시 벤치마크의 듀레이션을 그대로 따라야 할 필요가 없으며, 투자자의 부채(채무) 듀레이션에 맞추는 것이 채권투자의 자연스러운 출발점이다. 이는 Siegel이 설명한 '듀레이션 이슈'로도 알려져 있다.[24]

> ⚠ **Caution**
> 주식지수는 명확하다. 그러나 채권지수는 듀레이션 이슈, Bums 이슈, 수많은 채권, 유동성 이슈, 그리고 평가 가격 산정의 어려움 때문에 상대적으로 명확성이 떨어진다.

지수 제공자(Index providers)

지수 제공자는 투명성, 방법론, 지수 구성 규칙, 가중치, 분류, 리밸런싱, 수익률, 기타 특성 및 중요 데이터 제공하는 대가로 수수료를 받는다. 지수 제공의 개념은 단순하다. 필요한 것은 방법론과 데이터뿐이다. 지수제공자는 주로 증권 거래소로부터 금융 데이터에 대한 라이센스를 승인받고, 이를 기반으로 서비스를 제공한다.

2021년 글로벌 지수제공자의 수익은 전년 대비 23.1% 증가하여 50억 달러에 달했다.[25] 실제로, 글로벌 지수제공자의 수익은 2017년 이후 5년 만에 두 배로 성장했다(Table 4.1 참조). MSCI, FTSE Russell, S&P Dow Jones Indices로 구성된 빅3는 전체 시장의 2/3 이상을 차지하고 있다. Petry, Fitchtner, Heemskerk[26]에 따르면,

---

22 Siegel, "Benchmarks and Investment Management"(2003).
23 Nemerever, "Overcoming Cap-weighted Bond Benchmark Deficiencies"(2007).
24 Siegel, "Benchmarks and Investment Management"(2003).
25 Burton-Taylor International Consulting.
26 Petry, Fichtner and Heemskerk, "Steering Capital: The Growing Private Authority of Index Providers in the Age of Passive Asset Management"(2021).

지수 시장은 진입장벽이 높은 과점적 구조로 되어 있다.

Table 4.1 글로벌 지수 공구자의 수익

연도	수익	성장률
2021	$ 50억	23.1%
2020	$ 41억	9.7%
2019	$ 37억	8.0%
2018	$ 35억	13.4%
2017	$ 27억	18.8%

출처 : Burton-Taylor International Consulting.

지수 구성의 경우 처음에는 객관적으로 보일 수 있지만, 실제로는 매우 주관적이다. 다음과 같은 규칙을 통해 지수를 구성 및 차별화한다.

(1) 샘플링(Sampling)
(2) 필터링(Filtering)
(3) 버퍼링(Buffering)
(4) 유동주식수(Free float)

예를 들어, 특정 국가를 대상으로 하는 100개의 주식으로 구성된 지수를 설계해야 한다면, 주요 3대 지수제공자들은 약간씩 다른 지수를 생성하게 된다. 지수제공자들은 단순히 시가총액이 가장 큰 100개 주식을 선택하기보다는, 자체적인 샘플링 기법을 사용해 전체 시장을 최대한 잘 반영하려고 할 것이다.

더불어 필터링과 스크리닝의 과정을 거치며 추가적인 차이가 발생한다. 지수제공자는 자신들의 지수기 추적하기 쉽게 만들기 위해 유동성이 낮은 주식을 제외하려고 노력할 수 있다. 또한, 정치적 스크리닝이 이루어질 수도 있다. 단순히 특정 국가의 주식 거래소에 상장되었다는 이유로 특정 주식이 해당 국가지수에 포함되는 것은 아니다. 예를 들어, (1)해당 주식이 주주들에게 충분한 의결권을 제공하지 않는 경우(지수제공자의 판단에 따라), (2)해당 국가 시장에서 충분한 매출이 발생하지 않는 경우,(3) 본사가 다른 시장에 있는 경우 등의 이유로 특정 종목이 지수에서 제외될 수도 있다.

> **Note**
> 지수 제공자의 위와 같은 의사결정은 실제 비즈니스에 중대한 영향을 미치기도 한다. 예로, 브렉시트 이후 유니레버는 본사를 로테르담에 두고, 암스테르담, 뉴욕, 런던에 상장된 주식을 하나의 주식 종류로 통합하려고 했다. 하지만, 이 계획은 유니레버 주식이 FTSE 100 지수에서 제외되는 결과를 초래할 수 있었고, 이는 패시브 운용사뿐만 아니라 액티브 운용사도 해당 주식을 매도해야 하는 상황으로 이어질 뻔했다. 지수제공자를 대상으로 한 로비에도 불구하고, 주주들의 반발로 인해 유니레버는 결국 본사를 런던에 통합하는 결정을 내렸다.

시간이 지나면서 지수제공자가 생성하는 지수 간 차이는 더 커질 수 있다. 지수제공자는 사이즈(예: 대형주, 중형주, 소형주)를 분류하기 위한 기준에 버퍼링(buffering)을 설정하여, 특정 증권이 빈번하게 지수에 편입과 편출이 반복되지 않도록 한다. 이는 불필요한 매매 회전(turnover)을 방지하려는 조치이다.

1999년 12월 7일, 야후(Yahoo)가 S&P 500 지수에 포함되었으며, 당일 주가는 24% 상승했다. 야후가 지수에 포함된다는 발표로 이미 32% 상승한 상태였다. 이와 같은 이례적인 상승의 주요 원인은 지수 설계 방식에 있다. 야후는 전체 시가총액을 기준으로 지수에 포함되었지만, 직원, 고위경영진, 벤처 캐피털 회사들이 보유한 제한물량(lock-in) 등으로, 전체 시가총액의 약 10%만이 일반 투자자들에게 유통되고 있었다.[27] 결과적으로, 제한된 유통주식수로 인해 시장에서 과도한 수요가 발생하여 주가가 급등한 것이다. 패시브 매니저들이 당연히 해당 주식을 매수해야 했으며, 심지어 낙관적이지 않게 보던 액티브 매니저들조차 비중을 낮게 유지하지 않기 위해 주식을 일부 매수해야 했다. 그 결과, 수요와 공급 간에 불균형이 발생했으며, 더 심각한 문제점은 이와 같은 상황이 사전에 예고되어 있었다는 점이다. 이로 인해 패시브 매니저들은 지수를 제대로 추종하지 못했고, 해당 기간 동안 대부분의 액티브 매니저들 또한 지수를 초과하지 못했다.

---

27 Siegel, "Benchmarks and Investment Management"(2003).

이러한 문제에 대한 대안으로 유통주식수 조정 지수(free-float adjusted index)가 있다. 이 지수는 주식의 시가총액을 일반 투자자들이 매수할 수 있는 유통 가능한 주식 수로 조정한 것이다. 그러나 유동 조정 지수에도 한계가 있다. 유동 주식 비율은 지수 제공자가 주관적으로 정의한 것이기 때문에, 한 지수에서는 특정 주식이 비중이 높게 설정될 수 있는 반면, 다른 지수에서는 동일한 주식의 비중이 낮게 설정될 가능성이 있다.

더 나아가, 종목 수익률의 계산 방식도 다를 수 있다. 주식지수의 경우 가격 데이터의 출처는 대체로 유사하지만, 기업의 자본구조 변화(corporate actions)와 배당(dividends)의 처리 방식은 다를 수 있다. 또한, 거래 정지된 주식에 대한 처리 방식이나, 주식 가치를 '0'으로 감액(write down)하는 시점 등도 상당히 다를 수 있다.

지수 제공자는 특정 시장을 객관적으로 반영하는 지수를 만드는 데 초점을 맞추기보다는, 패시브 매니저들이 낮은 거래 비용으로 쉽게 추종하는 지수를 만드는 데 중점을 둘 수 있다. 일부 지수는 완전히 규칙(rule-based)에 기반을 둔 방식으로 설계되지만, 다른 지수는 지수 위원회(index committee)를 활용하기도 한다. 지수 위원회는 그 목적이 특정 상황에서 엄격한 규칙이 제대로 작동하지 않을 때 대응하는 것이라 할지라도, 그 역할은 주관적일 수밖에 없다.

> **Note**
> 지수의 목적에 따라 객관성의 정도가 결정된다. 시장의 지표로 사용되기 위한 지수는 더 객관적일 것이며, 반면, 패시브 운용사들이 사용하기 위해 설계된 지수는 다소 주관적일 가능성이 있다. 투자자는 지수를 선택하는 과정에서 객관적 지수와 주관적 지수의 차이를 충분히 이해하고 검토해야 한다.

> **⚠ Caution**
> 투자자들은 유동성, 유통주식수, 규모, 버퍼링 및 정치적 필터를 피하고 증권거래소에 상장되어 있으며, 매수가 가능한 최대 많은 종목을 포함하는 완전히 객관적인 지수를 출발점으로 삼아야 한다.

지수 제공자들은 미국주식시장을 규모별로 분류하는 데 있어 다양한 접근방식을 사용한다.[28] S&P, 다우존스(Dow Jones), 러셀(Russell)은 고정된 주식 수(예: S&P500 대형주는 상위 500개 주식, Russell 2000 소형주는 하위 2000개 주식)를 기준으로 규모를 정의하는 반면, CRSP는 시가총액 비율 구간을 기준으로 규모를 정의한다. Table 4.2는 이러한 기준을 나열하고 있으며, Table 4.3은 이 기준의 커버리지를 보여주고 있다.

Table 4.2 지수 제공자의 규모 분류 기준

사이즈	S&P	Dow Johns	Russell	CRSP
초대형주	Top 100	n/a	Top 200	Top 70%
대형주	Top 500	Top 750	Top 1,000	Top 85%
중형주	501~900	401~1,100	201~1,000	70~85%
소형주	901~1,500	751~2,500	1,001~3,000	85~98%
초소형주	n/a	<2,501	3,001~4,000	98~100%

CRSP = Center for Research in Security Prices
출처: Morningstar.

Table 4.3 규모 분류 기준에 따른 포함 범위

사이즈	S&P	Dow Johns	Russell	CRSP
초대형주	52.6%	n/a	66.0%	71.1%
대형주	82.2%	88.8%	91.4%	85.6%
중형주	5.8%	10.6%	25.5%	15.4%
소형주	2.5%	9.5%	7.0%	12.3%
초소형주	n/a	n/a	1.3%	n/a

출처: Morningstar Direct. Data as of March 2019.

이 접근방식에서는 시간이 흐르면서 특정범주에 포함되는 시가총액 기준이 달라질 수 있다. 이에 대한 대안으로, 특정 크기를 기준으로 시가총액 기준을 정의할 수도 있다.

글로벌 지수(International indexes)에서는 추가적인 이슈를 고려해야 한다. 어떤

---

[28] McCullough, "Untangling How Index Providers Break Down the Market by Size"(2019).

국가를 선진국(Developed Market), 신흥국(Emerging Market), 또는 개발도상국(Frontier Market)에 속하는지 정의하는 것에 따라 지수의 구성이 달라진다. 지난 수년간 중국[29], 러시아[30], 한국[31], 말레이시아[32], 사우디아라비아[33], 이스라엘[34], 아르헨티나[35], 페루[36] 등에 대한 분류는 오랫동안 논란의 대상이 되어 왔다. 지수제공자는 단순히 정보 제공 역할을 넘어서, 자본을 특정 국가와 기업으로 유도하는 데 중요한 역할을 하는 주체이다.

이러한 분류는 단순히 성과분석에만 영향을 미치는 것이 아니라, 포트폴리오 실제 운영에도 적지 않은 영향을 준다. 특정 국가를 포함하거나 제외하는 등 중요한 변경 사항은 보통 몇 달 전에 예고된다. 그렇다면 매니저들은 이에 어떻게 대응해야 할까? 매니저가 혼란한 시장환경에서 거래하고 있다면 단순히 지수 변경일을 기다리는 것은 적절하지 않을 수 있다. 공식 변경 이전에 자산 배분을 조정하는 경우 상대 성과에 영향을 줄 수 있으며, 공식 변경 이후에 조정하는 것도 마찬가지다. 가장 좋은 방법은 투자자와 협의하여 지수를 커스터마이징(customizing)하고, 지수 변화를 몇 개월에 걸쳐 점진적으로 적용하는 방법일 수 있다.

지수제공자 선택(Choice of index provider)

비용과 지수의 품질과는 별개로, 투자자와 자산운용사들은 다음 기준에 따라 지수제공자를 선택해야 한다.

(1) 브랜드 인지도(Brand awareness)

---

[29] Senator Marco Rubio accused MSCI of enabling China to gain unprecedented access to US capital.

[30] Flood and Johnson, "MSCI and JP Morgan Under Pressure to Axe 'Uninvestable' Russia from Indices"(2022).

[31] "South Korea, Developed or Emerging," FTSE Russell, 19 February 2014.

[32] Siegel, "Benchmarks and Investment Management"(2003).

[33] Freeman, "Saudi Arabia Wins Emerging Market Status"(2018).

[34] Yago, "MSCI Needs to Add Israel to Its Europe Index"(2022).

[35] Andrade and DoRosario, "Argentina Shares Fall after MSCI Cuts Emerging Markets Status"(2021).

[36] Alloway, Burger and Evans, "Index Providers Rule the World −For Now, at Least"(2017).

(2) 데이터의 출처와 신뢰성(Provenance of data)

(3) 지수의 지속 기간(Longevity of track record)

(4) 비즈니스의 지속가능성(Sustainability of business model)

(5) 데이터의 접근성(Accessibility of data)

> ⚠ **Caution**
> 지수 구성방식이 단순히 시장성과를 측정하는 기술적 도구로만 인식되어서는 안 되며, 포트폴리오 운용에도 큰 영향을 미친다는 점을 인지해야 한다. 포트폴리오를 운용하기 위해 자산운용사들은 지수가 어떻게 구성되는지 프로세스를 이해해야 하며, 특히 지수 구성의 변화를 예상하는 것이 중요하다.

자체 지수(Self-indexing)

자산운용사들은 비싼 비용을 피하기 위해 지수를 구매하는 대신 자체적으로 지수(Self-index)를 구현하려고 할 수도 있다. 브랜드 인지도는 독립적인 것처럼 보이기 때문에 쟁점이 될 수 있지만, 지수 운영 측면은 객관적인 기준을 적용하여 독립적인 서비스 제공업체에 맡겨 해결할 수 있다.

> ⚠ **Caution**
> 지수 제공자는 유용하고 독립적인 서비스를 제공하지만, 그 비용은 아마도 많이 높을 것이다. 지수 제공자들의 이익률(profit margin)은 70%[37]를 초과하며, 최근의 수익 성장률을 고려하면 실제로는 그 이상일 가능성이 크다. 투자자들은 지수 관련 직접적인 비용을 부담하지는 않지만, 결국 더 높은 운용보수를 통해 간접적으로 그 비용을 지급하게 된다. 따라서, 투자자와 자산운용사는 함께 협력하여, 자산운용 산업 전체의 이익을 위해 비영리(Not-for-profit) 지수 제공자를 설립하는 방안도 고려해볼 수 있다.

벤치마크 규제(Benchmark Regulation)

리보(LIBOR) 스캔들[38] 이후, 전 세계의 규제 당국은 금리 벤치마크를 규제하기

---

[37] Fichtner, Heemskerk and Petry, "Index Funds Might Sound Boring. But Who Decides Which Countries and Companies to Include?"(2020).

시작하였다. 유럽연합(EU)은 한 발 더 나아가 금융지수 전반에 대해 규제했다.[39] 이 규제는 벤치마크 제공(provision of benchmarks)의 공정성과 신뢰성, 입력 데이터(input data)의 정확성, EU 내 감독을 받는 기관(supervised entity)의 벤치마크 사용 용도 등을 감독 및 규제한다.

EU 규제에서는 벤치마크를 금융상품의 기초자산 또는 연동 자산이 되는 '지수', 혹은 펀드의 성과측정에 사용되는 '지수'로 정의한다. 이 규제에서는 벤치마크를 세 가지 범주로 구분한다.

(1) 중요 벤치마크(Critical Benchmarks)
- 금융상품, 계약, 펀드 성과측정에 사용되며, 총 가치가 5000억 유로 이상이고 다양한 중요성 기준을 충족하는 벤치마크
- 이 기준을 충족하는 벤치마크는 매우 소수
- 지수관리자(지수제공자)는 규제의 모든 요건을 준수해야 함

(2) 주요 벤치마크(Significant Benchmarks)
- 금융상품, 계약, 펀드 성과측정에 사용되며, 총 가치가 500억 유로 이상인 벤치마크
- 대체 가능한 신뢰할 수 있는 대안이 없고, 해당 벤치마크가 없으면 시장 혼란이 발생할 가능성이 있는 경우
- 지수제공자는 규제의 일부 요건만 준수하면 됨

(3) 비주요 벤치마크(Nonsignificant Benchmarks)
- 중요(Critical) 또는 주요(Significant) 기준에 해당하지 않는 벤치마크
- 지수제공자는 완화된 규제를 받으며, 행동 강령(Code of Conduct) 규칙만 준수하면 됨

---

38 Vaughan and Finch, The Fix(2017).
39 "Regulation(EU) 2016/1011 of the European Parliament and of the Council of 8 June 2016 on indices used as benchmarks in financial instruments and financial contracts or to measure the performance of investment funds and amending Directives 2008/48/EC and 2014/17/EU and Regulation(EU) No 596/2014."

이 규제는 지수를 추종(Index tracking)하거나, 자산배분을 결정하거나, 성과보수를 계산하는 데 적용되지만, 성과분석(Performance analysis)에는 반드시 적용되지 않는다.

벤치마크의 신뢰성을 위해, 지수 제공자는 다음과 같은 사항을 반드시 준수해야 한다.
(1) 적절한 거버넌스 체계 수립
(2) 감독기능의 수립
(3) 행동 강령(Code of Conduct)을 채택
(4) 적절한 시스템 및 통제, 기록 보관, 불만 처리 절차 마련

입력 데이터는 다음 요건을 충족해야 한다.
(1) 시장을 정확히 반영
(2) 신뢰할 수 있는 다양한 출처 확보
(3) 검증 가능
(4) 행동 강령을 준수하지 않는 제공자로부터 데이터를 수신해서는 안 됨

지수 선택(Choice of Index)

궁극적으로 지수 선택은 투자자의 요구사항에 따라 달라진다. 투자자는 지수의 커버리지(coverage), 집중도(concentration), 회전율(turnover), 비용(costs)에 관해 관심을 가질 것이다.

커버리지(coverage)는 특정 시장 내 모든 증권의 총 시가총액과 비교했을 때, 지수에 포함된 증권의 시가총액 비율을 의미하며, 집중도(concentration)는 지수 내 상위 몇몇 증권이 차지하는 가중치 비율을 측정한다. 높은 집중도를 가진 지수는 특정 위험(specific risk)을 초래할 수 있다. 회전율(turnover)은 지수의 잠재적인 비용을 나타내는 지표이다. 지수에 포함된 종목은 항상 일정하지 않으며, 종목이 편입되거나 편출되는 경우가 발생한다. 일반적으로 편입되는 종목은 새로 발행된 종목이거나, 이전에는 규모가 작았지만, 충분히 성장하여 대형 시가총액 지수에 포함되는 종목이며, 편출되는 종목의 경우 인수합병(takeovers) 또는 기업의 파산(company collapse) 등 예시를 볼 수 있다. 일반적으로 지수는 거래비용(중개비용,

보관비용, 세금, 매수/매도 스프레드)을 부담하지 않으므로, 지수 내에서의 회전율(turnover)은 비용을 수반하지 않는다. 하지만 자산운용사들은 거래비용을 부담해야 하며, 이는 패시브 운용뿐만 아니라 액티브 운용에도 영향을 준다. 예를 들어, 이전에 중형주(mid-cap) 지수에 포함되어 있던 주식이 대형주(large-cap) 지수로 변경되어 중형주 지수에서 편출된다면, 해당 중형주 지수를 벤치마크로 설정한 자산운용사의 상대적인 투자비중(relative bets)이 크게 바뀔 수 있다.

지수 비용은 직접비용과 간접비용으로 나눠진다. 직접비용은 지수와 관련된 명시적인 비용을 의미하고, 간접비용은 지수의 회전율에서 발생하는 거래 비용, 지수 관리 비용(데이터 수집, 유지보수, 규정 준수 확인 등)이 있다.

벤치마크에서 통화의 영향(Currency effects in benchmarks)

벤치마크의 기준 통화(base currency)와 현지 수익률(local returns)은 식 3.40과 유사한 방식을 통해 연결된다.

$$(1+b_L) \times (1+b_C) = (1+b) \qquad (4.12)$$

여기서, b_L : 현지통화 기준수익률
b_C : 통화 수익률

헤지 지수(Hedged Indexes)

지수 제공자들은 기준 통화(base currency), 현지 통화(local currency), 그리고 기준 통화로 환헤지된 방식으로 지수수익률을 계산한다.

헤지 계산방법은 서로 다를 수 있으며, 하나의 접근방식은 명목상(notional) 1개월 선도계약을 측정 기간 시작시점에 매도하고, 그 계약에서 발생한 손익과 기초자산에서 발생한 손익을 결합하여 수익률을 계산하는 방식이 있다. 이 방법은 동적 헤지가 아니므로 측정기간 동안 기초자산의 상승으로 인해 발생한 통화 포지션은 헤지되지 않는다. 결과적으로 헤지된 수익률에도 잔여 통화 효과(residual currency element)가 발생할 수 있다.

다른 방법으로는, 현지 통화 수익률에 기준 통화와 기초자산 통화 간의 금리 차이(interest rate differential)를 결합하여 식 4.13과 같은 방식으로 수익률을 계산할 수 있다.

$$\text{헤지 지수, } b_{Hi} = (1+b_{Li}) \times (1+d_i) - 1 \tag{4.13}$$

여기서, b_{Li} : 범주 i 의 현지 벤치마크 수익률
b_{Hi} : 기준 통화로 헤지된 범주 i 의 벤치마크 수익률
d_i : 금리차이(interest rate differential)

헤지 수익률에는 통화 익스포저(currency exposure)가 없으므로, 현지 수익률(local return)과 헤지 수익률(hedged return) 간의 차이에 영향을 미치는 유일한 요인은 금리 차이(interest rate differential)이다. 만약 금리 차이가 양(+)의 값인 경우, 즉 기초자산 통화의 금리가 기준 통화보다 낮다면, 헤지 수익률이 현지 수익률보다 높아지게 된다. 또한, 헤지 수익률(hedged return)은 다음과 같이 기준 수익률(base return)로부터 계산될 수 있다.

$$\text{헤지 수익률, } b_{Hi} = \frac{(1+b_i)}{(1+f_i)} - 1 \tag{4.14}$$

여기서, f_i : 통화선도 계약 수익률(Forward Currency Return)

맞춤형 지수
(CUSTOMIZED INDEXES)

투자자가 지수에 특정 요구사항을 가진 경우, 일반적인 지수를 사용하는 것은 적합하지 않을 수 있다. 투자자들은 요구사항을 맞춘 맞춤형 벤치마크가 필요하다. 예를 들어, 투자자는 지수에서 특정 부정적 종목(예: 알코올, 화석연료, 도박, 담배, 군수품 등)을 제외하거나, 종목, 산업, 국가의 가중치 조정을 요구할 수 있다.

과거에는 지수 제공업체들이 맞춤형 지수를 생성하기 위해 데이터 재사용에 대해 관대했지만, 이제는 관련한 지수 라이센스를 제한하려는 경향이 커졌으며, 데이터의 확장된 사용에 대해 추가적인 비용을 요구하기 시작했다. 따라서 자산운용사는 맞춤형 지수 데이터를 사용하기 위해 관련 라이센스를 확보해야 한다.

일반적으로 지수 정보는 지정된 기준 통화(base currency)로 제공되며, 현지 수익률(local returns)과 헤지 수익률(hedged returns)도 같이 제공되기도 한다. 기준

통화로 제공된 현지 및 헤지 수익률이 있다면, 이를 기준 통화로 수익률을 변환하는 것은 간단하다.

Table 4.4의 예제 지수는 Exhibit 4.1에서 호주를 제외한 맞춤형 지수이다. Table 4.4의 데이터를 사용하여 각 통화의 통화 수익률(currency returns)과 헤지 차이(hedge differentials)를 Table 4.5에서 계산한다. Exhibit 4.2에서는 지수의 기준 통화 변환을 보여준다.

캡 지수(Capped indexes)

감독기관의 규제 또는 투자자의 요구사항으로 인해 맞춤형 지수에는 종목, 국가, 산업 등의 최대한도가 설정되기도 한다. 이러한 한도는 맞춤형 지수에서 고정된 비중으로 반영되며, 최대한도로 설정되거나 포트폴리오 매니저가 한도보다 낮은 수준에서 투자 비중을 설정할 수 있도록 해야 한다.

Table 4.4 예시 지수 데이터

	비중	기본 통화 수익률(£)	현지 수익률	헤지 수익률
영국	20%	15.00%	15.00%	15.00%
노르웨이	4%	−4.21%	−7.00%	−7.19%
스웨덴	3%	−3.10%	−5.00%	−5.10%
프랑스	15%	−10.75%	−15.00%	−14.75%
미국	35%	6.70%	10.00%	10.55%
일본	20%	26.50%	15.00%	15.81%
호주	3%	20.75%	5.00%	4.48%
전체	**100%**	**9.39%**	**6.97%**	**7.34%**

Exhibit 4.1 맞춤형 지수

총 수익률(호주 제외)

$20\% \times 15.0\% + 4\% \times -4.21\% + 3\% \times -3.1\% + 15\% \times -10.75\%$
$+ 35\% \times 6.7\% + 20\% \times 26.5\% = 9.04\%$

호주를 제외한 맞춤형 지수 : $\dfrac{8.77}{1-0.03} = 9.04\%$

Table 4.5 지수 통화 수익률

	통화 수익률 $\dfrac{b_i}{b_{Li}}-1$	헤지 차이 $\dfrac{b_{Hi}}{b_{Li}}-1$
노르웨이 크로나	$\dfrac{0.9579}{0.93}-1=3.0\%$	$\dfrac{0.9281}{0.93}-1=-0.2\%$
스웨덴 크로나	$\dfrac{0.969}{0.95}-1=2.0\%$	$\dfrac{0.949}{0.95}-1=-0.1\%$
유로	$\dfrac{0.8925}{0.85}-1=5.0\%$	$\dfrac{0.8525}{0.85}-1=0.3\%$
미국 달러	$\dfrac{1.067}{1.1}-1=-3.0\%$	$\dfrac{1.1055}{1.1}-1=0.5\%$
일본 엔	$\dfrac{1.265}{1.15}-1=10.0\%$	$\dfrac{1.1581}{1.15}-1=0.7\%$
호주 달러	$\dfrac{1.2075}{1.05}-1=15.0\%$	$\dfrac{1.0448}{1.05}-1=-0.5\%$

Exhibit 4.2 벤치마크 통화 변환

Exhibit 4.1에 있는 맞춤형 지수수익률을 영국 파운드 기준에서 호주 달러로 변환

$$\dfrac{1.0904}{1.15}-1=-5.18\%$$

피어 그룹 및 유니버스
(PEER GROUPS AND UNIVERSES)

피어 그룹은 경쟁자의 수익률에 대한 평균과 범위 정보를 제공하기 위해, 전략이 유사한 경쟁 포트폴리오들을 모아둔 집단이다.

일부는 피어 그룹이 포트폴리오 매니저에게 지수보다 더 적합한 비교 기준이라고 주장한다. 이는 피어 그룹이 포트폴리오 매니저에게 투자 대안이 될 수 있으며, 실제 포트폴리오로 구성되어 있어 거래비용이 반영되기 때문이다. 반면, 포트폴리오 매니저는 지수에서 거래비용이 반영되지 않는다는 점을 고려해야 한다.

피어 그룹에도 여러 가지 단점이 있다. 첫째, 투자자는 피어 그룹을 관리하는 독립적인 피어 그룹 제공기관에 의존해야 한다. 피어 그룹 제공기관이 느슨한 기준을 적용할 경우, 피어 그룹이 커질 수 있지만, 매우 다른 전략의 포트폴리오가 동일

그룹에 포함될 수도 있다.

피어 그룹을 기준으로 비교할 경우, 포트폴리오 매니저는 추가적인 과제에 직면하게 된다. 단순히 좋은 투자 결정을 내리는 것뿐만 아니라, 경쟁사들이 어떤 전략을 취하고 있는지도 잘 이해해야 하기 때문이다. 예를 들어, 특정 매니저가 IBM을 긍정적으로 평가한다고 가정하자. 지수를 기준으로 할 경우, IBM의 비중을 초과편입(overweight)하는 것은 비교적 쉽다. 하지만 피어 그룹과 비교할 경우, 경쟁자들이 IBM을 어느 정도 비중으로 보유하고 있는지를 정확히 알 수 없기 때문에 일정 부분 추측이 필요하다.

즉, 매니저는 경쟁사의 포트폴리오에서 IBM이 차지하는 평균 비중을 추정한 후, 이에 맞춰 적절한 투자 비중을 결정해야 한다. 따라서 피어 그룹을 평가 기준으로 적용하려면, 기존보다 더 높은 수준의 분석 역량과 투자 판단 능력이 요구된다.

또한, 피어 그룹은 "생존 편향(Survivorship Bias)"의 문제를 내포하고 있다. 성과가 저조한 포트폴리오는 해지되거나 유니버스에서 제외되거나, 동일 운용사 내의 다른 펀드와 통합될 수 있다. 이는 포트폴리오 매니저가 저조한 성과를 보이는 포트폴리오를 유지하지 않으려 하기 때문이다. 그 결과, 성과가 저조한 포트폴리오가 장기 실적에서 제외되어 피어 그룹의 장기 성과가 상승하는 경향이 있다.

> **Note**
> 펀드가 통합될 때, 저조한 펀드의 성과기록이 유지되는 경우는 드물다. 정당하든 그렇지 않든 대부분은 우수한 성과기록만 유지되며, 그렇지 않다면 펀드 통합은 자발로 이루어지기 어렵다.

백분위 순위(Percentile Rank)

피어 그룹 내에서 포트폴리오나 펀드의 상대적 성과를 설명하는 한 가지 방법은, 유니버스 내 전체 포트폴리오 수와 비교하여 해당 포트폴리오의 순위를 제공하는 것이다. 그러나 단순 순위는 피어 그룹의 크기가 다를 경우 비교하기 어렵다. 보다 비교를 쉽게 하기 위해, 단순 순위를 선제 피어 그룹 크기를 100으로 가정한 동등 순위로 변환할 수 있다. 이 변환은 다음 식을 통해 수행할 수 있다.

백분위 순위를 계산하는 방법에는 대표적으로 다음과 같은 다섯 가지가 있다.

$$\text{백분위 순위 방법 1} = \frac{n}{N} \tag{4.15}$$

$$\text{백분위 순위 방법 2} = \frac{n-1}{N} \tag{4.16}$$

$$\text{백분위 순위 방법 3} = \frac{n-1}{N-1} \tag{4.17}$$

$$\text{백분위 순위 방법 4} = \frac{n-0.5}{N} \tag{4.18}$$

$$\text{백분위 순위 방법 5} = \frac{n}{N+1} \tag{4.19}$$

여기서, n : 순위(오름차순)
N : 전체 포트폴리오 개수

전체 포트폴리오 개수가 작을 경우, 계산방법 간의 차이가 클 수 있다(Table 4.6 참조). 그러나 전체 포트폴리오 개수가 많아질수록 이러한 차이는 점점 미미해진다. 성과평가자 관점에서, 피어 그룹 비교를 위해 포트폴리오를 순위화할 때, 저자는 방법 3을 선호한다. 이 방법은 피어 그룹의 크기와 관계없이, 백분위 순위를 피어 그룹에 100개의 포트폴리오가 있다고 가정한 동등한 순위로 변환한다. 가장 높은 순위의 펀드는 백분위 순위가 0%, 가장 낮은 순위의 펀드는 100%를 갖게 된다. 또한, 이 방법은 중간 순위의 포트폴리오(중앙값)가 백분위 순위 50%를 갖도록 한다. 예를 들어, 피어 그룹 크기가 15일 때 8위에 해당하는 포트폴리오(중앙값)의 백분위 순위는 다음과 같이 계산된다.

$$\frac{8-1}{15-1} = \frac{7}{14} = 50\%$$

백분위 순위 계산방법이 적절한지 확인하려면, 홀수 크기의 표본에서 중간 순위 펀드의 백분위 순위를 계산해 보면 된다. 만약 정확히 50%가 아니라면, 해당 계산은 잘못되었다고 볼 수 있다.

Table 4.6 백분위 순위 방법론

순위	방법1 $\frac{n}{N}$	방법2 $\frac{n-1}{N}$	방법3 $\frac{n-1}{N-1}$	방법4 $\frac{n-0.5}{N}$	방법5 $\frac{n}{N+1}$
1	8.33%	0.00%	0.00%	4.17%	7.69%
2	16.67%	8.33%	9.09%	12.50%	15.38%
3	25.00%	16.67%	18.18%	20.83%	23.08%
4	33.33%	25.00%	27.27%	29.17%	30.77%
5	41.67%	33.33%	36.36%	37.50%	38.46%
6	50.00%	41.67%	45.45%	45.83%	46.15%
7	58.33%	50.00%	54.55%	54.17%	53.85%
8	66.67%	58.33%	63.64%	62.50%	61.54%
9	75.00%	66.67%	72.73%	70.83%	69.23%
10	83.33%	75.00%	81.82%	79.17%	76.92%
11	91.67%	83.33%	90.91%	87.50%	84.62%
12	100.00%	91.67%	100.00%	95.83%	92.31%

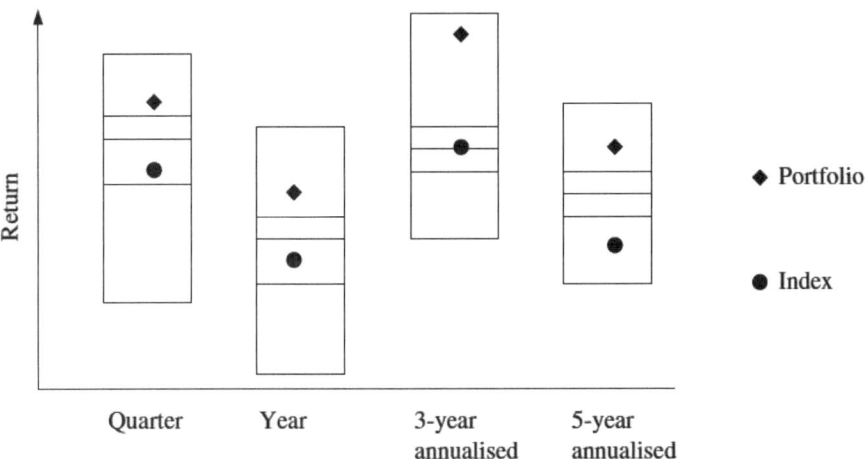

Figure 4.1 플로팅 막대 차트

백분위 순위는 다음과 같이 구분된다.

1사분위 : 0 ~ 25%

2사분위 : 25 ~ 50%

3사분위 : 50% ~ 75%

4사분위 : 75% ~ 100%

또한, 5분위(20% 간격)수 또는 10분위(10% 간격)로 나눌 수도 있다. 피어 그룹 정보를 보여주는 데 효과적인 방법의 하나는 Figure 4.1과 같이 플로팅 막대차트로 나타내는 것이다. 막대차트는 피어 그룹의 수익률 범위를 나타내며, 사분위 수에 따라 구분된다. 2사분위와 3사분위의 폭이 1사분위와 4사분위보다 훨씬 좁다는 것은, 이 수익률 분포가 정규분포를 따르고 있음을 시사한다.

많은 피어 그룹 제공업체에서는 편의를 위해 상위 및 하위 5%의 수익률을 제외하여 분포를 조정하기도 한다. 이 예시에서는 해당 포트폴리오가 모든 기간에 걸쳐 1사분위 내에서 우수한 성과를 보였으며, 지수를 초과하는 수익률을 달성했음을 확인할 수 있다.

랜덤 포트폴리오
(RANDOM PORTFOLIOS)

피어 그룹과 지수는 각각 비판을 받는 측면이 있다. 피어 그룹은 생존 편향(survivorship bias), 비효율적인 구성, 투자 가능성(investability) 및 달성 가능성(achievability)이 문제로 비판받는 반면, 지수는 종목 가중치의 선택과 포트폴리오 매니저들이 지수를 단순히 추종(cloest indexing)하려는 경향 때문에 비판을 받는다. 단순 지수 추종 매니저는 지수 가중치에서 크게 벗어나지 않음으로써 리스크를 줄이지만, 이로 인해 유의미한 초과성과나 저조한 성과는 발생하지 않는다. 투자자는 비용을 지불하고 포트폴리오 매니저가 자신을 대신해 위험을 감수하길 기대하지만, 단순 지수 추종 매니저는 고객에게 최선의 이익을 위해 행동하지 않는다.

랜덤 포트폴리오는 이러한 문제 대부분을 피할 수 있다. 몬테카를로 시뮬레이션을 사용하면 투자 관리 지침의 제약 조건 내에서 가능한 모든 결과를 생성할 수 있다. 포트폴리오 매니저의 성과가 시뮬레이션 결과 중 상위에 가까우면 좋은 성과로 평가되며, 하위에 가까우면 저조한 성과로 평가된다.

랜덤 포트폴리오의 중앙값을 사전에 알 수 없기 때문에 지수를 100% 추종하는 것은 불가능하며, 유니버스 구성이나 생존 편향 문제 역시 발생하지 않는다.

실제로 랜덤 포트폴리오가 투자 가능하거나 달성 가능한지는 논쟁의 여지가 있지만, 투자 기간 초기에 가능한 모든 결과의 중앙값 수익률에 맞춰 포트폴리오를 구성하는 것은 분명히 불가능하다. 매니저는 초기 단계부터 포지션을 설정해야 한다.

ETFs
(EXCHANGE-TRADED FUNDS)

상장지수펀드(ETFs)는 사실상 지수 벤치마크의 특수한 사례이다. ETF는 상업 지수를 추종하기 위해 설계된 투자 상품이다. ETF는 지수의 장단점을 그대로 가지지만, 여기에 더해 거래비용과 운용보수가 반영되므로 투자자에게 실질적으로 투자 가능한 대안을 제공한다.

목표 수익률
(TARGET RETURNS)

목표 수익률은 사전에 정해진 절대 수익률이나 특정 금액, 인플레이션에 특정 금액을 더한 값, 무위험 수익률, 최소 허용 수익률(minimum accepted return), 단기 금리 등으로 설정할 수 있다. 이러한 목표 수익률은 비교적 일반적인 벤치마크 유형이지만, 본질적으로 성과분석에 유용한 정보를 거의 제공하지 않으며, 일반적으로 투자전략을 반영하지 않고, 직접 투자할 수도 없으므로 매우 부적절한 벤치마크로 간주된다.

혼합 벤치마크
(BLENDED BENCHMARKS or BALANCED BENCHMARKS)

혼합 벤치마크는 맞춤형 벤치마크의 일종으로, 여러 지수를 조합하여 구성된 벤치마크를 의미한다. 이러한 지수는 일반적으로 다양한 지수 제공업체의 지수를 결합하여 여러 자산군을 대표하고, 경우에 따라 다양한 방법론을 적용할 수도 있다. 혼합 벤치마크는 수로 균형투자 전략(balanced investment strategies)이나 투자자를 위한 정책 벤치마크(policy benchmarks)와 함께 활용된다.

고정비중 및 동적비중 벤치마크(Fixed-weight and dynamised benchmarks)

혼합 벤치마크는 특정 자산 범주에 대해 고정된 비중으로 설정하기도 한다. 그러나 시간이 지나면서 자산 범주의 성과가 다르게 나타나 원래의 전략적 자산배분에 영향을 미칠 수 있다. 따라서 고정비중을 기준으로 리밸런싱하는 주기를 벤치마크 정의에 포함하는 것이 중요하다. 만약 초기의 고정비중을 개별 자산 범주의 성과에 따라 변동되도록 할 경우, 실제 고정비중과 비교했을 때의 차이는 Table 4.7과 같이 상당할 수 있다.

Exhibit 4.3은 각 분기의 동적비중(floating weights)을 계산하는 방법, 즉 동적으로 조정(dynamised) 되는 과정을 보여준다. 분기별로 고정된 비중으로 조정된 지수는 변동비중 지수보다 더 높은 성과를 기록한다. 이러한 초과성과는 대부분 3분기에서 발생했는데, 이는 고정비중 지수가 해당기간 시작시점에 주식 비중을 줄이도록 설정되었기 때문이다. 결과적으로 주식시장이 큰 폭으로 하락하기 직전에 비중을 줄인 것이 성과에 긍정적인 영향을 미쳤다.

또한, 연간 성과를 고정비중(50%:50%) 기준으로 산출하려면, 각 분기마다 동적비중을 적용해야 한다는 점에 유의해야 한다.

Table 4.7 고정비중 및 동적비중 벤치마크

	1분기		2분기		3분기		4분기		연수익률
	비중	수익률	비중	수익률	비중	수익률	비중	수익률	
고정비중(Fixed weights)									
주식	50%	10.4	50%	3.5	50%	-15.7	50%	12.7	8.56
채권	50%	2.3	50%	1.3	50%	1.4	50%	8.7	14.22
전체		6.35		2.4		-7.15		10.7	11.94
동적비중(Floating weights)									
주식	50%	10.4	51.9%	3.5	52.44%	-15.7	47.83%	12.7	8.56
채권	50%	2.3	48.1%	1.3	47.56%	1.4	52.17%	8.7	14.22
전체		6.35		2.44		-7.57		10.61	11.39

Exhibit 4.3 동적비중 벤치마크

연간수익률에 50%:50% 비중을 적용하면 벤치마크 수익률은 다음과 같다.

$$50\% \times 8.56 + 50\% \times 14.22 = 11.39$$

이 수익률을 달성하기 위해 분기별 데이터를 사용할 경우, 기본적인 시장 변동을 반영하여 각 분기의 비중을 재조정해야 한다.

2분기 비중

$$50\% \times 10.4\% = 55.2\%,\ 50\% \times 2.3\% = 51.15\%,\quad 전체\ 106.35\%$$

조정된 비중 $\dfrac{55.2\%}{106.35\%} = 51.9\%,\qquad \dfrac{51.15\%}{106.35\%} = 48.1\%$

3분기 비중

$$51.9\% \times 3.5\% = 53.72\%,\ 48.1\% \times 1.3\% = 48.72\%,\quad 전체\ 102.44\%$$

조정된 비중 $\dfrac{53.72\%}{102.44\%} = 52.44\%,\qquad \dfrac{48.72\%}{102.44\%} = 47.56\%$

3분기 비중

$$52.44\% \times -15.7\% = 44.21\%,\ 47.56\% \times 1.4\% = 48.23\%,\quad 전체\ 92.43\%$$

조정된 비중 $\dfrac{44.21\%}{92.43\%} = 47.83\%,\qquad \dfrac{48.72\%}{92.43\%} = 52.17\%$

조정된 비중을 사용할 경우 분기별 벤치마크 수익률은 누적 복리 수익률이 11.39%이며, 고정 비중을 사용할 경우 11.94%에 달한다. 두 비중 방식 간 수익률 차이는 작지 않음을 보여준다.

연결 벤치마크

(SPLICED INDEXES)

특정 포트폴리오의 성과를 측정하는 데 사용되는 지수는 시간이 지나면서 변경될 수 있으며, 대표적인 사례로 투자전략이 변경된 경우를 들 수 있다. 그러나 과거 데이터까지 소급하여 기존 지수까지 변경하는 것은 잘못된 성과측정 방식이며, 이를 방지하기 위해 이전 지수와 새로운 지수를 연결한 '스플라이스드 지수(Spliced Index)'를 계산하여 장기적인 벤치마크 수익률을 유지하는 것이 바람직하다. 이러한 연결 과정은 체인링크(Chain-Linking) 또는 스플라이싱(Splicing) 방법으로 계산할 수 있다.

금액가중 벤치마크
(MONEY-WEIGHTED BENCHMARKS or PUBLIC MARKET EQUIVALENTS)

모든 상업지수는 시간가중방식(time-weighted)을 사용하며, 현금흐름에 대해 별도의 조정이 필요하지 않다.(다만, 지수는 다양한 유형의 기업 활동으로 인해 현금흐름이 발생하는 경우가 있다.) 반면, 포트폴리오 금액가중수익률은 현금흐름의 영향을 받기 때문에, 동등한 비교를 위해 상업지수 수익률에 포트폴리오의 현금흐름을 반영하여 재계산할 수 있다.

금액가중 벤치마크의 한 유형인 지수 비교 방법(ICM, Index Comparison Method)은 Long과 Nickels에 의해 제안되었다.[40] 처음에는 내부적으로 사용되었으나, 점차 LNC(Long-Nickels-Coller) 방법, 이후 BLNC(Bannock-Long-Nickels-Coller) 방법, 그리고 최종적으로는 공공시장등가 방법(PME, Public Market Equivalent)으로 자리 잡았다.[41]

금액가중 벤치마크의 주요 단점은 조정된 수익률이 공시된 지수수익률과 다르며, 해당 포트폴리오의 고유한 현금흐름에 따라 달라진다는 점이다. 이 방법은 포트폴리오와 공공시장등가 수익률 간 비교를 보다 정확하게 해주지만, 서로 다른 현금흐름을 가진 포트폴리오 매니저 간 비교에는 한계가 있다.

> **Note**
> 금액가중 벤치마크(Money-Weighted Benchmarks)는 본질적으로 포트폴리오에서 발생하는 금액가중 수익률(Money-Weighted Return) 계산상의 오류를 그대로 반영하게 된다. 그러나 이러한 방식은 포트폴리오와 벤치마크 간의 1:1 비교를 보다 정확하게 수행할 수 있도록 해준다.

---

[40] Long and Nickels, "A Private Investment Benchmark"(1996).
[41] Long, "The Common Mathematical Foundation of ACG's ICM and AICM and the K&S PME"(2008).

일반 포트폴리오
(NORMAL PORTFOLIO)

상업지수는 개별 포트폴리오 매니저가 선택할 수 있는 투자 옵션을 충분히 반영하지 못할 수 있다. 이에 대한 대안으로, 일반 포트폴리오(Normal Portfolios)를 벤치마크로 활용할 수 있다. 이는 매니저가 투자할 수 있는 특정 종목들로 구성되며, 예를 들어 사내 리서치 팀에서 추천하는 종목 리스트가 포함될 수 있다.

일반 포트폴리오는 포트폴리오 매니저가 고려하는 실제 투자 대안과 비교할 때 유용한 벤치마크가 될 수 있지만, 좋은 벤치마크로서 필요한 요건인 독립성(independence)이 부족하다는 한계를 가진다.

벤치마크 통계
(BENCHMARK STATISTICS)

지수 회전율(Index Turnover)

종목은 인수합병, 기업 파산, 혹은 시가총액의 큰 변화로 인해 상업 지수에서 편입되거나 편출된다. 대부분의 지수는 이러한 변경에 대한 거래비용이 발생하지 않지만, 포트폴리오 매니저는 거래비용을 부담해야 한다.

$$\text{지수 회전율} = \frac{\text{시가총액(편입 + 편출)}}{\text{평균 총 시가총액} \times 2} \tag{4.20}$$

대형주 지수로 편입되는 종목과 대형주에서 중형주로 편출되는 종목 모두의 이동 때문에 중형주 지수(mid-cap indexes)의 회전율이 가장 높은 편이다.

모든 조건이 동일하다면, 회전율이 높은 지수는 높은 거래비용을 초래하기 때문에 포트폴리오 매니저가 초과성과를 창출하기가 상대적으로 어렵다. 따라서 포트폴리오 매니저는 지수에 비해 작은 구조적 불리함을 안고 시작하게 된다.

상승 캡처 지표(Up-Capture Indicator)

$$\text{상승 캡처 지표} = \frac{\overline{r}^+}{\overline{b}^+} \tag{4.21}$$

여기서, $\overline{b}^+$: 벤치마크가 양(+)의 수익률을 기록한 기간의 평균 벤치마크 수익률
$\overline{r}^+$: 벤치마크가 양(+)의 수익률을 기록한 각 기간의 평균 포트폴리오 수익률

상승 캡처 지표는 벤치마크가 양(+)의 수익률을 기록한 각 기간 동안의 포트폴리오 평균 수익률을 벤치마크 평균 수익률로 나눈 값이다.

하락 캡처 지표(Down-Capture Indicator)

$$\text{하락 캡처 지표} = \frac{\overline{r}^-}{\overline{b}^-} \tag{4.22}$$

여기서, $\overline{b}^-$: 벤치마크가 음(-)의 수익률을 기록한 기간의 평균 벤치마크 수익률
$\overline{r}^-$: 벤치마크가 음(-)의 수익률을 기록한 각 기간의 평균 포트폴리오 수익률

하락 캡처 지표는 벤치마크가 음(-)의 수익률을 기록한 각 기간 동안의 포트폴리오 평균 수익률을 벤치마크 평균 수익률로 나눈 값이다.

상승 횟수 비율(Up-Number Ratio)

상승 횟수 비율은 벤치마크가 양(+)의 수익률을 기록한 각 측정 기간 동안 포트폴리오 수익률이 양(+)인 비율을 측정한다. 이 비율은 100%에 가까울수록 좋다.

하락 횟수 비율(Down-Number Ratio)

하락 횟수 비율은 벤치마크가 음(-)의 수익률을 기록한 측정 기간 동안 포트폴리오 수익률이 음(-)인 비율을 측정한다. 이 비율은 비율이 낮을수록 좋지만, 포트폴리오 수익률이 벤치마크와 높은 상관관계를 가질 경우 100%에 가까운 비율이 나타날 수도 있다.

상승-비율(Up-Percentage Ratio)

상승-비율은 벤치마크가 양(+)의 수익률을 기록한 각 측정 기간 동안 포트폴리오의 초과수익률이 양(+)인 비율을 측정한다. 즉, 포트폴리오 매니저가 상승하는 시장에서 얼마나 자주 벤치마크를 초과했는지를 보여준다.

하락-비율(Down-Percentage Ratio)

하락-비율은 벤치마크가 음(-)의 수익률을 기록한 각 측정 기간 동안 포트폴리오의 초과수익률이 양(+)인 비율을 측정한다. 즉, 포트폴리오 매니저가 하락하는 시장에서 얼마나 자주 벤치마크를 초과했는지를 보여준다.

수익 비율(Percentage Gain Ratio)

$$수익\ 비율 = \frac{n_r^+}{n_b^+} \tag{4.23}$$

여기서, n_r^+ : 포트폴리오 수익률이 양(+)인 경우의 수
n_b^+ : 벤치마크 수익률이 양(+)인 경우의 수

수익 비율이 높을수록 더 좋다.

초과수익률
(EXCESS RETURN)

포트폴리오와 벤치마크 수익률이 주어지면, 이를 비교하고 수익률 차이인 초과수익률을 계산하는 것은 자연스러운 과정이다. 초과수익률은 산술적(arithmetic)과 기하학적(geometric) 두 가지 방식으로 계산할 수 있다.

산술적 초과수익률(Arithmetic Excess Return)

산술적 초과수익률은 가상의 펀드 또는 벤치마크를 초과하여 발생한 이익을 초기 투자 금액 대비 백분율로 표현한 것이다.

$$a = r - b \tag{4.24}$$

여기서, a : 산술적 초과수익률
b : 벤치마크 수익률

기하학적 초과수익률(Geometric Excess Return)

기하학적 초과수익률은 명목 포트폴리오 또는 벤치마크를 초과하여 발생한 이익을 가상의 펀드 또는 벤치마크의 최종가치 대비 백분율로 표현한 것이다.

$$g = \frac{1+r}{1+b} - 1 \tag{4.25}$$

여기서, g : 기하학적 초과수익률

두 정의에서 추가가치(이익)는 동일하며, 모두 이를 현금 기준으로 설명하려고 한다. 산술적 초과수익률은 초기 투자금액을 기준으로 추가가치를 설명하고, 기하학적 초과수익률은 동일한 추가가치를 가상의 펀드나 벤치마크의 최종가치 기준으로 설명한다. 이 단순한 차이는 매우 중요한 의미를 가지며, 이는 Exhibit 4.4에서 확인할 수 있다.

전 세계적으로 두 가지 방식의 초과수익률이 모두 사용되며, 어느 한 방식이 우위를 점하고 있지는 않다. 산술적 초과수익률이 더 일반적이긴 하지만, 기하학적 방법이 기술적으로 더 적합하다고 볼 수 있다.

기하학적 초과수익률을 사용하는 주요 이유는 다음 세 가지와 같다.

(1) 비례성(Proportionality)
(2) 변환성(Convertibility)
(3) 복리성(Compoundability)

Exhibit 4.4 산술적 및 기하학적 초과수익률

포트폴리오의 시작가치 = $1,000,000
포트폴리오의 종료가치 = $1,070,000

$$\frac{1,070,000 - 1,000,000}{1,000,000} = 7\%$$

명목 포트폴리오의 시작가치 = $1,000,000(즉, 포트폴리오의 시작가치와 동일)
벤치마크의 수익률은 5%로 가정하면,
명목 포트폴리오의 종료가치 = $1,050,000
명목 포트폴리오 대비 포트폴리오의 초과가치는 다음과 같다.

$$\$70,000 - \$50,000 = \$20,000$$

산술적 초과수익률 = $\dfrac{\$20,000}{\$1,000,000} = 2\%$

또는, 7% − 5% = 2%

기하학적 초과수익률은, 명목 포트폴리오에 투자했을 때 달성할 수 있었던 가치와 비교하여 얼마나 증가했는지를 나타낸다.

$$\frac{\$1,070,000 - \$1,050,000}{\$1,050,000} = 1.9\%$$

또는, $\dfrac{\$20,000}{\$1,050,000}$ or $\dfrac{1.07}{1.05} - 1 = 1.9\%$

즉, 포트폴리오는 명목 포트폴리오에 투자했을 때보다 1.9% 더 높은 추가가치를 실현했다.

산술적 초과수익률을 선호하는 이유는 사용 용이성, 단순성, 그리고 직관성에 있다. 두 숫자를 단순히 빼는 것이 부의 비율(wealth ratio)을 계산하는 것보다 더 직관적이기 때문이다. 기하학적 초과수익률의 사용을 선호하는 사람들조차도 고객에게 보고할 때 산술적 초과수익률을 사용하는 때도 있다. 이는 단순한 뺄셈보다 수익률 비율을 선호하는 이유에 대해 추가적으로 설명할 필요가 없으며, 보고서의 핵심 메시지를 전달하는 것이 더 중요하기 때문이다. 이러한 주장에는 일부 동의하지만, 산술적 수익률과 기하학적 수익률의 논쟁을 지속적으로 반복할 필요는 없다. 이를 한 번 이해하면, 투자자에게 동일한 설명을 반복할 필요가 없기 때문이다. 사실, 기하학적 초과수익률은 산술적 수익률보다 더 직관적일 수도 있다.

투자자는 기간 말 포트폴리오의 가치를 가장 중요하게 여기며, 특히 "포트폴리오가 벤치마크에 투자했을 경우보다 지금 얼마나 더 큰 가치를 가지고 있는가?"라는 질문에 대한 답을 원한다. 이는 투자자에게 자연스러운 질문이며, 수익률을 계산하

기 전에 본질적인 이슈를 이해하는 데 도와준다.

식 4.23을 재구성하면, 산술적 초과수익률과 기하학적 초과수익률 사이의 관계를 다음과 같이 확인할 수 있다.

$$\frac{1+r}{1+b} - 1 = \frac{1+r}{1+b} - \frac{1+b}{1+b} = \frac{r-b}{1+b} \tag{4.26}$$

위 식은 매우 중요하다. 상승하는 시장에서는 산술적 초과수익률이 항상 기하학적 초과수익률보다 크고, 하락하는 시장에서는 그 반대임을 보여준다. 단순하게 접근한다면, 포트폴리오 매니저들이 산술적 초과수익률을 선호하는 이유는 대부분의 시장 상황에서 이 값이 더 높아 보이기 때문이라고 생각할 수도 있다.

기하학적 초과수익률은 포트폴리오 매니저의 성과에서 상대적 추가가치를 더 잘 측정할 수 있는 지표이다. 이는 Exhibit 4.5에서 나타난 것처럼 비례성을 갖추고 있기 때문이다.

기하학적 초과수익률을 사용하는 가장 설득력 있는 이유 중 하나는 이 수익률이 다른 통화 간 변환성(Convertibility)을 갖추고 있다는 점이다. Exhibit 4.6은 초과수익률을 다른 통화로 변환할 때의 영향을 보여준다.

Exhibit 4.6에서 볼 수 있듯이, 동일한 성과를 다른 통화로 변환했을 때, 산술적 초과수익률이 Exhibit 4.4의 2.0%에서 2.2%로 증가한 것처럼 보인다. 그러나 매니저가 단순히 수익률을 다른 통화로 표현한다고 해서 실제 추가가치를 더할 수 있는 것은 아니다. 벤치마크의 증가율이 통화 변동과 함께 복리로 적용되면서, 최초 투자 금액 대비 추가가치가 증가한 것처럼 보이는 것이다.

중요한 점은 포트폴리오와 명목 포트폴리오가 동일한 통화 수익률로 복리 계산되었기 때문에, 명목 포트폴리오의 최종가치 대비 추가가치는 보고서가 표시되는 통화와 상관없이 동일하다는 것이다. 따라서 기하학적 초과수익률은 성과를 계산하는 데 사용된 통화와 관계없이 일정한 값으로 나타난다.

Exhibit 4.5 비례성(Proportionality)

포트폴리오의 시작가치 = $1,000,000
포트폴리오의 종료가치 = $500,000
포트폴리오의 수익률 = -50%
명목 포트폴리오의 시작가치 = $1,000,000
명목 포트폴리오의 종료가치 = $250,000
포트폴리오의 수익률 = -75%
산술적 초과수익률 = -50% - (-75%) = +25%
기하학적 초과수익률 = $\frac{0.5}{0.25} - 1 = +100\%$

기하학적 초과수익률은 포트폴리오가 벤치마크에 투자했을 경우 달성할 수 있었던 금액의 두 배임을 보여준다.

Exhibit 4.6 변환성(Convertibility)

Exhibit 4.4를 사용하여, 동일 포트폴리오를 기준 통화를 유로(€)로 변환하였다.
기간시작 시 환율 : $1 = €1
기간종료 시 환율 : $1 = €1.1
포트폴리오의 시작가치 = $1,000,000
포트폴리오의 종료가치 = $1,070,000 × 1.1 = €1,177,000
포트폴리오 수익률(€ 기준) = 17.7%
명목 포트폴리오의 시작가치 = $1,000,000
명목 포트폴리오의 종료가치 = $1,050,000 × 1.1 = €1,155,000
명목 포트폴리오 대비 포트폴리오의 추가가치

$$€177,000 - €155,000 = €22,000$$

산출적 초과수익률

$$\frac{€22,000}{€1,000,000} = 2.2\%$$

또는, 17.7% - 15.5% = 2.2%
기하학적 초과수익률(포트폴리오가 벤치마크에 투자했을 경우와 비교한 추가가치 증가율)

$$\frac{€1,177,000 - €1,155,000}{€1,155,000} = 1.9\%$$

$$\frac{€22,000}{€1,155,000} \text{ 또는, } \frac{1.177}{1.155} - 1 = 1.9\%$$

이러한 이유로 기하학적 초과수익률은 미국이나 호주에 비해 유럽에서 더 인기가 있다. 영국의 자산운용업계에서는 동일한 포트폴리오나 컴포지트 수익률(composite returns)을 여러 통화로 보고하는 과제를 이미 수년 전부터 다루어 왔다.

이 관계는 통화 수익률 c가 포트폴리오와 벤치마크 모두에 대해 동일하게 적용되기 때문에 성립한다.

여기서, r_L : 포트폴리오 수익률(현지통화 기준)
b_L : 벤치마크 수익률(현지통화 기준)

포트폴리오 수익률(통화 c 기준) $= (1+r_L) \times (1+c) - 1 = r_c$ (4.27)

벤치마크 수익률(통화 c 기준) $= (1+b_L) \times (1+c) - 1 = b_c$ (4.28)

이를 정리하면 다음과 같다.

$$\frac{(1+r_c)}{(1+b_c)} = \frac{(1+r_L) \times (1+c)}{(1+b_L) \times (1+c)} = \frac{(1+r_L)}{(1+b_L)} \tag{4.29}$$

기하학적 초과수익률은 다 기간 성과를 복리로 계산할 수 있는 특징을 가지고 있다. 이는 포트폴리오 성과를 계산하는 데 매우 유용한 속성이다.

3장에서 시간가중수익률(time-weighted rates of return)은 전체기간 내의 각 하위기간의 성과를 체인링크(chain-linking)를 통해 다음과 같이 연결하여 계산했다.

$$(1+r) = (1+r_1) \times (1+r_2) \times \cdots \times (1+r_{n-1}) \times (1+r_n) \tag{4.30}$$

벤치마크의 전체 기간수익률 b도 같은 방식으로 연결하여 계산할 수 있다.

$$(1+b) = (1+b_1) \times (1+b_2) \times \cdots \times (1+b_{n-1}) \times (1+b_n) \tag{4.31}$$

전체 기간의 기하학적 초과수익률 g는 각 하위기간의 기하학적 초과수익률 g_i을 결합(chain-linking)하여 다음과 같이 계산할 수 있다.

$$(1+g) = \frac{(1+r)}{(1+b)} = \frac{(1+r_1)}{(1+b_1)} \times \frac{(1+r_2)}{(1+b_2)} \times \cdots \times \frac{(1+r_n)}{(1+b_n)} \tag{4.32}$$

또는

$$(1+g) = (1+g_1) \times (1+g_2) \times \cdots \times (1+g_n) \tag{4.33}$$

Exhibit 4.7에서는 복리성(Compoundability)을 확인할 수 있다.

> **Note**
> 비례성, 변환성, 복리성 등의 특성 때문에, 산술적 초과수익률보다 기하학적 초과수익률이 더 유용할 수 있다.

Exhibit 4.7 복리성(compoundability)

Exhibit 3.4의 수익률이 4분기 동안 반복된다고 가정
포트폴리오의 수익률 $= (1.07) \times (1.07) \times (1.07) \times (1.07) - 1 = 31.1\%$
벤치마크의 수익률 $= (1.05) \times (1.05) \times (1.05) \times (1.05) - 1 = 21.6\%$
전체 기간에 대한 산술적 초과수익률 $= 31.1\% - 21.6\% = 9.5\%$
분기별 산술적 초과수익률과 전체 산술적 초과수익률 간에는 명확한 관계가 없다.

$$2\% + 2\% + 2\% + 2\% \neq 9.5\%$$

$$(1.02) \times (1.02) \times (1.02) \times (1.02) - 1 \neq 9.5\%$$

전체 기간에 대한 기하학적 초과수익률 $= \dfrac{1.311}{1.216} - 1 = 7.8\%$

분기별 기하학적 초과수익률을 복리로 계산하면 전체 기하학적 초과수익률을 계산할 수 있다.

$$(1.019) \times (1.019) \times (1.019) \times (1.019) - 1 = 7.8\%$$

제5장

위험
Risk

나는 항상 할 수 없었던 일을 시도하며, 그것을 해결하는 방법을 배워나간다.
Pable Picasso(1881~1973)

수학에서의 어려움에 대해 걱정하지 않아도 된다. 나의 어려움이 아직 더 크다고 확신할 수 있기 때문이다.

수학 법칙은 현실을 확실히 설명하지 못하며, 확실한 수학 법칙은 현실과 관련이 없다.
Albert Einstein(1879-1955)

데이터를 충분히 심사숙고하면, 결국 진실을 알 수 있을 것이다.
Ronald Coase(1910-2013)

위험이란?
(DEFINITION OF RISK)

위험은 사람과 시간, 상황에 따라 다른 의미를 가진다. 위험은 결국 사람의 관점에 따라 정의된다. 자산운용의 관점에서, 옥스퍼드 영어사전은 위험에 대해 다음과 같이 정의한다.

> "어떤 사건이 발생할 가능성과 그 사건이 발생했을 때의 영향을 바탕으로 정의된 그 사건에 따른 잠재적 영향을 의미한다."

위험은 노출과 불확실성의 결합이다. Holton[1]이 언급한 것처럼, 낙하산 없이 비행기에서 뛰어내리는 것은 죽음이 확실므로, 위험이라는 개념이 성립하지 않는다. 또한, Holton은 우리가 위험을 실질적으로 정의할 수 없다고 언급하며, 최선으로는 위험에 대한 우리의 인식을 실질적으로 정의할 수 있을 뿐이라고 하였다. 또 다른 일반적이고 포괄적인 위험의 정의는 불확실성에 대한 노출이다.

위험의 종류

자산운용사 경영진과 포트폴리오 매니저가 고려해야 할 다양한 유형의 위험이 있다. 이를 다음과 같은 5가지 주요 위험 유형으로 분류했다.

(1) 컴플라이언스 위험
(2) 운영 위험
(3) 유동성 위험
(4) 상대방 또는 신용위험
(5) 포트폴리오 위험

이러한 위험들은 저자가 1990년대 후반 자산운용사의 리스크관리 담당 이사직을 맡았을 당시 우선순위에 따라 분류된 것이다[2]. 당시에는 전반적으로 이해하지 못했지만, 업무를 수행하면서 이해하게 된 점은 우선순위가 시간에 따라 변한다는 사실이었다. 예를 들어, 금융위기 동안 많은 기업에서 신용위험이 최우선 과제가 되었다.

모든 포트폴리오 매니저에게 평판 리스크는 중요한 사항이지만, 별도의 카테고리로 관리될 필요는 없었다. 다만, 어떤 카테고리에서든 리스크관리가 실패하면 기업 이미지를 실추시킬 수 있다.

규제나 컴플라이언스 위반은 내부 지침, 제한 또는 부여 한도 등을 위반하는 것을 의미한다. 저자는 내부 한도나 외부 한도 위반을 별도로 구별하지 않으며, 내부 한도를 위반하는 것은 통제 실패를 나타내며, 이는 규제나 고객이 요구한 한도를 위반한 것과 다를 바 없다. 물론 한도를 위반으로 인한 재정적 영향은 상당할

---

1 Holton, "Defining Risk"(2004).
2 당시에는 유동성 위험을 별도로 관리하지 않았다.

수 있다. 예를 들어, 1996년 8월 모건 그렌펠 자산운용사의 피터 영은 룩셈부르크 상장 쉘 회사를 이용해 상장되지 않은 고위험 자산에 투자함으로써 해당 한도를 우회했다. 이로 인해 독일은행에 3억~4억 파운드의 투자자 보상금을 지급하는 결과를 초래했다.[3]

규제 리스크는 점점 더 환경, 사회, 지배구조(ESG) 기대를 충족하지 못하는 것과 관련이 있다. 2021년 8월, DWS의 주가는 미국과 독일 규제 당국이 자사의 지속 가능한 투자 노력에 대해 고객과 주주를 오도했다는 내부 고발자 주장을 조사하고 있다는 보도 이후 13% 이상 하락했다[4]. 사실상, '그린워싱(greenwashing)[5]'이라는 비판을 받은 것이다. DWS가 사용한 ESG 리스크관리 시스템은 구식 기술에 의존했기 때문에 결함이 있다고 비판되었다. 2022년, Allianz는 헤지펀드에 허위로 리스크 관련 자료를 보고한 혐의를 인정하고 58억 달러의 보상금을 지급하기로 합의했다[6]. 당국에 따르면, 포트폴리오 매니저들은 성과 데이터를 조작하고 펀드의 헤지 전략을 설명한 문서를 수정했다. 만약, 2017년의 내부 감사에서 관련 흔적을 찾았지만, 아무런 실질적인 후속 조사 및 조치가 이루어지지 않았다. 사실, 후속 조사는 해당 펀드의 분기 성과에 보상이 직접 연결된 구조화 상품 자체에서 이루어졌다.

실제로, 경영진이 내부 감사에서 식별된 리스크에 대해 후속 조처를 하지 않거나 리스크관리의 독립성 결여는 많은 기업들이 리스크관리를 실패하는 대표적인 두 가지 이유이다.

> ⚠ **Caution**
> 내부 감사에서 발견된 위험을 관리하지 않거나 감사의 독립성 부족은 회사를 심각한 위험에 빠지게 하는 대표적인 두 가지 원인이다.

---

3   "Fund Manager Faces Fraud Trial," BBC News Home, 30 April 1999.
4   "DWS Shares Slide after BaFin Acts on Allegations of Greenwashing," Financial Times, 27 August 2001
5   투자자들이 회사가 환경보호를 적극적으로 실천하고 있다고 믿게 만드는 행위, 활동 또는 허위 정보.
6   B. Van Voris and S. Kahl, "Allianz Fund Collapse Ends in Guilty Plea," Bloomberg UK, 22 May 2022.

운영 리스크는 정의되지 않은 리스크를 포함하는 기타 범주로 정의되기도 하지만, 실제로는 인적 리스크, 사기, 시스템 리스크, 오류 관리, 경영 실패, 거래 실패 등의 리스크를 포함하는 개념이다. 이러한 유형의 리스크는 더 많이 발생하지만 일반적으로 영향은 더 작다. 그럼에도 불구하고 모든 유형의 리스크관리에서 있어서 재정적 위험을 발생시키지 않더라도 위험을 지속적으로 모니터링하는 것이 중요하다. 규모나 형태에 관계없이 오류의 빈도가 증가하면 더 심각한 문제가 있을 수 있으며, 이는 추가 조사와 시정 조치를 필요로 할 수 있다. 일반적으로 운영리스크의 중요도는 낮지만, 운영상의 오류는 큰 손실을 초래할 수 있다. 예를 들어, 2005년 12월 일본의 증권사인 미즈호 증권의 한 트레이더는 J-Com Co.의 주식 1주를 61만 엔에 매도할 예정이었지만, 타이핑 실수로 61만 주를 주당 1엔에 매도했다.[7] 이 오류는 "팻핑거 증후군(fat-finger syndrome)"[8]의 일례로, 약 410억 엔의 손실을 발생시켰다. 또한, 2007년 4월, AXA 로젠버그의 한 프로그래머는 통계 모형을 잘못 프로그래밍하여 고객에게 2억 1,700만 달러의 손실을 초래했다.[9] SEC 조사에 따르면, 경영진은 2009년 6월에 중대한 오류를 알게 되었지만 이를 공개하고 수정하기보다는 한 고위 관계자가 해당 오류를 은폐하도록 지시했다. 이 오류는 2009년 11월까지 경영진에게 보고되지 않았고, 2010년 4월까지 고객에게도 공개되지 않았다. SEC에 따르면, 회사는 오류와 그로 인한 고객에게 미친 영향을 공개하지 않았고, 모델의 부진을 시장 변동성 때문이라고 설명하며, 모델의 리스크관리 능력을 부인하였다. 이로 인해 AXA 로젠버그는 2,500만 달러의 추가 벌금을 납부해야 했다.

유동성 리스크는 자산을 시장에서 충분히 빠르게 거래할 수 없어 자산과 리스크 배분을 변경하거나, 이익을 실현하거나, 손실을 방지하지 못할 위험을 의미한다. 과거에는 유동성 리스크가 충분히 주목받지 않았지만, 실제로는 상당한 손실을 초래할 수 있다. 1998년 롱텀캐피털매니지먼트(LTCM)의 몰락은 거대한 레버리지를 사용한 결과 발생한 유동성 문제였다.[10] LTCM은 12개월도 안 되어 47억 달러의

---

7   David McNeill, "'Fat-finger' Trade Cost Tokyo Shares Boss His Job," *The Independent*, 21 December 2005

8   Fat-finger syndrome - 키보드에서 실수로 잘못된 버튼이나 키를 누르는 것.

9   "AXA Rosenberg Settles Coding-Error Case with SEC," *Morningstar Fund Times*, 3 February 2011.

자본 중 44억 달러를 잃었다. LTCM은 고유동성 자산을 단기 공매도하고 저유동성 자산을 장기 보유하는 전략을 사용한 헤지펀드였으며, 1998년 여름 내내 손실을 보고 있었고, 러시아 채무 위기가 발생한 8월과 9월에는 고유동성 자산의 가격이 상승하고 저유동성 자산의 가격은 하락하는 '안전자산으로 이동현상(flight to quality)'이 발생했다. LTCM의 포지션에 대한 소문이 퍼지면서 시장 참가자들은 강제 청산을 대비하기 시작했고, 결국 LTCM은 불리한 시점에 강제로 청산되었으며, 이로 인해 손실이 더욱 확대되었다. 최근 예시로는, 최근 시장에서 주목받는 사례인 LF 우드포드 주식소득펀드(WEIF)의 유동성 위기가 있다.[11] WEIF는 2019년 6월, 2억 5천만 파운드(펀드 자산의 4%)의 출금을 요구한 켄트 카운티 카운슬의 요구를 충족하지 못해 비상장 자산의 급매를 방지하고자 거래를 중단했다. 그 이전 몇 주 동안 성과 부진으로 인해 이미 5억 파운드 이상이 인출되었고, 이로 인해 비상장 자산의 비중이 증가했다. 이 펀드는 유동성 한도를 10%로 설정해두었지만, 비상장 자산을 묶어 거의 거래가 없는 Guernsey에 본사를 둔 국제 증권거래소에 상장해 유동성 규제를 피했다.[12] 특히 영국은행 총재는 "이 펀드는 근본적으로 유동성이 없는 자산에 대해 매일 유동성을 제공할 수 있다는 과장 광고를 바탕으로 만들어졌다"[13]라고 언급하였다. 정상적인 시장뿐만 아니라 불안정한 시장에서도 유동성 리스크를 이해하는 것은 효과적인 리스크관리의 중요한 요소이다. 특히, 최근 목격된 '혼잡한 탈출(crowded exits)' 현상은 불안정한 시장에서 나타나는 특징이다.

상대방 리스크는 거래 상대방이 계약상 의무를 이행하지 않거나 이행하지 못하는 상황에서 발생한다. 기업 파산도 대표적인 상대방 리스크이다. 상대방 리스크에는 OTC 계약에서 발생한 이익, 미결제 거래, 현금 관리, 매니저, 수탁자, 주요 브로커와의 거래 등이 포함되며, 적절한 담보가 있더라도 주식대여에 사용된 주식이 반환되지 않는 경우도 이에 해당한다. 상대방 리스크의 가장 명확한 예는 2008년 9월

---

10 Lowenstein, When Genius Failed(2000).
11 Mark Latham, "The Neil Woodford Crisis: An Accident Waiting to Happen?" Funds Europe, July-August 2019.
12 Nick Corbishley, "Liquidity Crisis at Woodford Equity Fund Is Symptomatic of Systemic Problem, Bank of England Warns," Wolf Street, 12 July 2019.
13 J. Booth, "Carney Warns That Woodford-style Funds Are 'Built on a Lie,'" City A.M., 26 June 2019.

리먼 브러더스의 파산이다.[14] 자산운용사의 미들 오피스에서는 포트폴리오 리스크를 가장 중요한 리스크로 여긴다. 저자는 이를 투자자의 기대를 충족시킬 수 있는 불확실성으로 정의한다. 포트폴리오는 투자 목표에 적합하게 운용되고 있는가? 투자자의 기대에 미치지 못할 경우, 심각한 결과를 초래할 수 있다. 2001년 초, 유니레버 연기금은 Merrill Lynch가 성과 부진에 대한 리스크를 충분히 고려하지 않았다는 이유로 1억 3천만 파운드의 손해배상을 청구하며 소송을 걸었다.[15] 결국, 이 사건은 당사자 간의 합의로 끝났으며, 합의금은 공개되지 않았지만 약 7천만 파운드 정도로 추정되며, 이로 인해 사실상 유니레버가 승소했다고 판단하고 있다.

신용 리스크는 포트폴리오 리스크의 한 유형으로, 상대방 리스크와는 다르다. 신용 리스크 또는 디폴트 리스크는 차입자가 재정적 의무를 불이행할 위험을 의미한다. 디폴트 위험이 클수록 투자자는 자금을 빌려줄 때 더 높은 금리를 요구한다. 따라서 더 높은 수익률을 통해 디폴트 리스크를 상쇄해야 한다. 마찬가지로 자산운용사가 투자자의 목표를 달성하기 위해 감수하는 시장 리스크, 통화 리스크 및 금리 리스크도 포트폴리오 리스크에 포함된다.

지금까지 언급되지 않은 리스크는 위 분류 중 하나 이상에 속할 수 있다.

리스크 관리 vs 리스크 통제(Risk management versus risk control)

포트폴리오 매니저와 리스크 매니저가 리스크를 보는 방식에는 차이가 있다는 점을 인지할 필요가 있다. 이를 설명하기 위해 포트폴리오 매니저를 "리스크 매니저"라고 부르고, 리스크 전문가를 "리스크 컨트롤러"라고 가정한다면 리스크관리와 리스크 통제 사이에 명확한 구분이 생긴다. 리스크 매니저인 포트폴리오 매니저는 리스크를 감수하여 더 높은 수익을 올리기 위해 노력한다. 리스크 매니저에게 있어서 '리스크는 좋다'는 의미이다.

반면, 리스크 컨트롤러는 리스크를 모니터링하고, 리스크가 얼마나 감수되고 있는지 내부적으로 투명하게 보고한다(일반적으로는 리스크를 줄이는 것을 목표로 한다.). 리스크 컨트롤러의 목표는 주요 이벤트 발생 가능성을 낮추거나 제거하는

---

14 Macdonald, *A Colossal Failure of Common Sense*(2009).
15 Perold and Alloway, *The Unilever Superannuation Fund vs. Merrill Lynch*(2003).

것이다. 리스크 컨트롤러에게 있어 '리스크는 나쁘다'는 의미이다.

리스크 매니저와 리스크 컨트롤러의 목표는 서로 충돌할 수 있으며, 이로 인해 갈등이 초래될 수 있다. 이 갈등을 해결하려면 "우리가 감수한 리스크 대비 충분한 수익을 얻고 있는가?"라는 질문에 답할 수 있는 지표가 필요하다.

리스크 회피(Risk aversion)

투자자는 리스크 회피하는 성향을 가진다고 가정하는 것이 현실적이다. 수익률이 동일한 포트폴리오가 있다면, 투자자는 리스크가 가장 낮은 포트폴리오를 선호할 것이다. 투자자는 추가적인 리스크를 감수할 때, 더 높은 수익을 기대할 수 있다는 확신이 있을 때만 이를 받아들일 것이다.

사후적 및 사전적 리스크(Ex post and ex ante)

리스크는 사후적(ex-post) 방식과 사전적(ex-ante) 방식으로 계산된다. 사후적 리스크 또는 역사적 리스크는 사건 이후의 리스크 분석으로, 과거에 포트폴리오 리스크의 측정에 중점을 둔다. 반면, 사전적 리스크는 현재 포트폴리오 내의 증권과 금융 상품들의 스냅샷을 기반으로 미래 리스크를 예측하는 방식이다. 이는 과거 관계를 바탕으로 포트폴리오의 미래 리스크를 추정하는 방법이다. 역사적 수익률과 상관관계를 이용해 미래 리스크를 예측하는 것은 문제를 일으킬 가능성이 매우 높으며, 특히 극단적인 사건에 대해 적용할 경우 그 가능성이 더욱 커진다. 역사적 데이터의 기간을 늘리거나 데이터 주기를 짧게 하는 것이 항상 개선되는 것이 아니다. 이는 시장과 기초 자산이 변하기 때문이다. 먼 과거의 수익률은 미래 예측에 신뢰도가 낮아 보일 수 있지만, 반면 최근 데이터는 극단적인 상황을 반영하지 못할 수도 있다.

사후적 리스크와 사전적 리스크 계산은 접근 방식이 다르므로, 완전히 다른 결과와 결론을 초래할 수 있다. 사후적 리스크와 사전적 리스크 계산의 차이는 중요한 정보를 추가로 제공하며, 이는 지속적으로 모니터링되어야 한다.

기초통계지표
(DESCRIPTIVE STATISTICS)

많은 리스크 매니저와 리스크 컨트롤러는 리스크를 인식하기 위해 수익률의 분포를 사용한다.

수익률의 분포를 측정하는 방법은 여러 가지가 있으며, 특정 기간 동안의 포트폴리오 수익률 범위를 측정한다. 이러한 측정치는 모두 해당 기간 동안 실제로 일어난 일을 나타낸다. 사후적 관점에서도 수익률 변동성이 포트폴리오 매니저가 해당 기간 동안 감수한 리스크를 제대로 반영하는지, 아니면 그 기간 동안 실현 가능했던 수익률의 범위를 반영하는지에 대해 의문을 제기할 수 있다.

사후적 성과측정은 이차원적이다. 일정 기간 동안 포트폴리오 매니저의 수익률과 그 수익률의 리스크, 즉 수익률 변동성이나 다른 분산 측정치를 모두 고려한다. 투자자에게는 수익률과 수익률 분포 형태가 모두 중요하다. 수익률 분포의 기본적인 특성을 이해하기 위해서는 기초 통계량이 필요하다. 기초 통계량에는 평균, 분산, 왜도, 첨도가 있으며, 이는 각각 수익률 분포의 첫째, 둘째, 셋째, 넷째 특성치를 의미한다. 이러한 기초 통계량은 이 장에서 정의된 많은 사후적 리스크 지표의 기본 구성 요소이다.

평균(또는 산술평균)

평균은 수익률을 수익률 개수로 나눈 것을 의미한다.

$$\text{평균 } \bar{r} = \frac{\sum_{i=1}^{n} r_i}{n} \qquad \text{(5.1) 또는 (3.31)}$$

n = 수익률 수(관측치의 수)
r_i = i번째 기간수익률

2년 동안의 평균 월별 수익률을 계산하려면 총 24개의 수익률(n = 24)이 필요하며, 각 r_i는 월별 수익률을 의미한다. 이 평균(또는 산술평균) 수익률은 산술적으로 계산되며, 기하평균으로 계산되는 연율화 수익률과 혼동하지 않아야 한다.

평균은 중심 경향성을 나타내는 측정값으로, 중앙값(median)과 최빈값(mode)도 중심 경향성을 나타내는 중요한 지표이다. 최빈값(mode)은 가장 빈번하게 나타나는 수익률이며, 중앙값(median)은 수익률을 크기순으로 정렬했을 때 중간에 있는 값이다.

연간 산술평균 수익률($\bar{r}_A$) 또는 연평균 수익률은 평가 기간의 연간 수익률의 단순 평균이다.

절대편차(Mean absolute deviation)

수익률 분포의 평균은 유용한 정보를 제공하지만, 평균으로부터의 수익률의 편차나 분산도 유용한 정보를 제공한다. 이는 Figure 5.1과 같다. 만약 평균으로부터의 양수 및 음수 편차를 단순히 합산한다면, 서로 상쇄되어 0이 된다. 그러나 절대적인 차이(즉, 부호를 무시한 값)를 사용하면 절대편차를 다음과 같이 계산할 수 있다.

$$\text{절대편차} = \frac{\sum_{i=1}^{n} |r_i - \bar{r}|}{n} \tag{5.2}$$

절대편차는 수익률이 평균에서 얼마나 벗어나는지를 나타내며, 양(+)의 편차와 음(-)의 편차를 동일한 가중치로 반영한다.

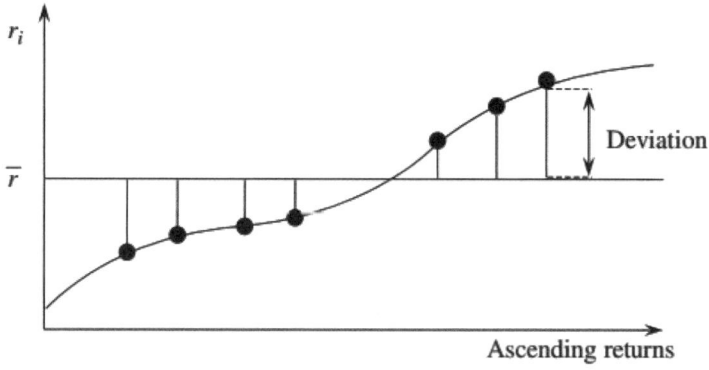

Figure 5.1 절대편차

분산(Variance)

수익률의 분산은 수익률이 평균으로부터 떨어진 편차를 제곱한 값들의 평균을 나타낸다.

$$분산\ \sigma^2 = \frac{\sum_{i=1}^{n}(r_i - \bar{r})^2}{n} \tag{5.3}$$

평균으로부터의 편차를 제곱하면 음(-)의 편차와 양(+)의 편차가 서로 상쇄되는 문제를 피할 수 있으며, 평균에서 멀어질수록 더 큰 가중치를 부여한다. 이는 가중평균편차를 의미하며, 편차가 클수록 제곱된 값이 더 커지기 때문이다. 이러한 이유로 편차를 측정하는 방법 중 가장 널리 사용되며, 이를 '표준편차'라고 부르는데, 표준편차는 분산의 제곱근이다.

분산은 평균 또는 평균 수익률로부터의 수익률 변동성(또는 분산)을 측정하는 지표이다.

Table 5.1에는 36개월 동안의 월별 포트폴리오 수익률이 포함되어 있으며, 이 표준 포트폴리오 데이터는 이 장에서 여러 번 다룰 것이다. 이 포트폴리오에 대한 평균, 연율화 수익률, 평균 절대편차 및 분산은 Exhibit 5.1에서 계산된다.

Table 5.1 포트폴리오 변동성

포트폴리오 월수익률(%) r_i	기준가	절대편차 $\lvert r_i - \bar{r} \rvert$	편차제곱 $(r_i - \bar{r})^2$
	100		
0.3	100.3	0.8	0.64
2.6	102.91	1.5	2.25
1.1	104.04	0.0	0.0
-0.9	103.1	2.0	4.0
1.4	104.55	0.3	0.09
2.4	107.06	1.3	1.69
1.5	108.66	0.4	0.16
6.6	115.83	5.5	30.25
-1.4	114.21	2.5	6.25
3.9	118.67	2.8	7.84

-0.5	118.07	1.6	2.56
8.1	127.64	7.0	49
4.0	132.74	2.9	8.41
-3.7	127.83	4.8	23.04
-6.1	120.03	7.2	51.84
1.4	121.71	0.3	0.09
-4.9	115.75	6.0	36
-2.1	113.32	3.2	10.24
6.2	120.34	5.1	26.01
5.8	127.32	4.7	22.09
-6.4	119.18	7.5	56.25
1.7	121.2	0.6	0.36
-0.4	120.72	1.5	2.25
-0.2	120.48	1.3	1.69
-2.1	117.95	3.2	10.24
1.1	119.24	0.0	0/0
4.7	124.85	3.6	12.96
2.4	127.84	1.3	1.69
3.3	132.06	2.2	4.84
-0.7	131.14	1.8	3.24
4.7	137.3	3.6	12.96
0.6	138.13	0.5	0.25
1.0	139.51	0.1	0.01
-0.2	139.23	1.3	1.69
3.4	143.96	2.3	5.29
1.0	145.4	0.1	0.01
합계		합계	합계
$\sum_{i=1}^{n} r_i = 39.6$		$\sum_{i=1}^{n}\left|r_i - \bar{r}\right| = 90.8$	$\sum_{i=1}^{n}(r_i - \bar{r})^2 = 396.18$

Exhibit 5.1 포트폴리오 평균과 분산

평균 $\bar{r}$ $\quad = \dfrac{\sum_{i=1}^{n} r_i}{n} = \dfrac{39.6\%}{36} = 1.1\%$

연율화 수익률 $\tilde{r}$ $\quad = \left(\dfrac{145.4}{100.0}\right)^{\frac{12}{36}} - 1 = 13.29\%$

평균 절대편차 $= \dfrac{\sum_{i=1}^{n}|r_i - \bar{r}|}{n} = \dfrac{90.8\%}{36} = 2.52\%$

분산 $\sigma^2 = \dfrac{\sum_{i=1}^{n}(r_i - \bar{r})^2}{n} = \dfrac{396.18}{36} = 11.0\%$

Table 5.2에는 Table 5.1에 있는 포트폴리오에 대한 벤치마크의 36개월 수익률이 포함되어 있다. 이 벤치마크에 대한 평균, 연율화 수익률, 평균 절대편차 및 분산은 Exhibit 5.2에서 계산된다.

Table 5.2 벤치마크 변동성

벤치마크 월수익률(%) b_i	벤치마크 지수	절대편차 $\|b_i - \bar{b}\|$	편차제곱 $(b_i - \bar{b})^2$
	100		
0.2	100.2	1.0	1.0
2.5	102.71	1.3	1.69
1.8	104.55	0.6	0.36
-1.1	103.4	2.3	5.29
1.4	104.85	0.2	0.04
2.3	107.26	1.1	1.21
1.4	108.76	0.2	0.04
6.5	115.83	5.3	28.09
-1.5	114.1	2.7	7.29
4.2	118.89	3	9
-0.3	118.53	1.5	2.25
8.3	128.37	7.1	50.41
3.9	133.38	2.7	7.29
-3.8	128.31	5	25
-6.2	120.35	7.4	54.76
1.5	122.16	0.3	0.09
-4.8	116.29	6	36
-2.0	113.97	3.2	10.24
6.0	120.81	4.8	23.04
5.6	127.57	4.4	19.36
-6.7	119.03	7.9	62.41

1.9	121.29	0.7	0.49
-0.3	120.92	1.5	2.25
-0.1	120.8	1.3	1.69
-2.6	117.66	3.8	14.44
0.7	118.48	0.5	0.25
4.3	123.58	3.1	9.61
2.9	127.16	1.7	2.89
3.8	132	2.6	6.76
-0.2	131.73	1.4	1.96
5.1	138.45	3.9	15.21
1.4	140.39	0.2	0.04
1.3	142.21	0.1	0.01
0.3	142.64	0.9	0.81
3.4	147.49	2.2	4.84
2.1	150.59	0.9	0.81
합계 $\sum_{i=1}^{n} b_i = 43.2$		합계 $\sum_{i=1}^{n} \lvert b_i - \bar{b} \rvert = 92.8$	합계 $\sum_{i=1}^{n} (b_i - \bar{b})^2 = 406.92$

Exhibit 5.2 벤치마크 평균과 분산

평균 $\bar{b}$	$= \dfrac{\sum_{i=1}^{n} b_i}{n} = \dfrac{43.2\%}{36} = 1.2\%$
연율화 수익률 $\tilde{b}$	$= \left(\dfrac{150.59}{100.0} \right)^{\frac{12}{36}} - 1 = 14.62\%$
평균 절대편차	$= \dfrac{\sum_{i=1}^{n} \lvert b_i - \bar{b} \rvert}{n} = \dfrac{92.8\%}{36} = 2.58\%$
분산 σ^2	$= \dfrac{\sum_{i=1}^{n} (b_i - \bar{b})^2}{n} = \dfrac{406.92\%}{36} = 11.3\%$

베셀의 보정(Bessel's correction)

분산 계산에서 분모에 n을 사용하는 것이 당연해 보일 수 있다. 그러나 표본 데이터를 사용하여 모집단의 분산을 추정하는 경우, 표본 평균은 일반적으로 모집단의 실제 평균 μ 와는 다르며, 이로 인해 분산이 과소 추정될 수 있다.

베셀의 보정은 $\dfrac{n}{n-1}$을 곱함으로써 과소 추정을 보정하는 역할을 한다. 베셀의 보정에 대한 더 자세한 사항은 So의 자료[16]를 참조할 수 있다.

> **Note**
> 36개월 전체 기간의 평균이 포트폴리오 매니저의 수익률 샘플인지 아니면 분석되는 모집단의 실제 평균인지는 논란의 여지가 있다. 저자는 이 평균값이 전체 모집단의 평균에 더 가깝다고 생각한다. n이 충분히 크다면 실제로 큰 차이가 없으며, 업계에서는 n을 사용하는 것이 일반적이다. 이는 성과 평가자의 사후적(ex-post) 관점에서도 합리적이다. 반면, 보수적인 사전적(ex-ante) 관점에서 리스크 매니저는 $(n-1)$을 선택할 수도 있다.

표본분산(Sample variance)

식 5.3에 베셀의 보정 $\dfrac{n}{n-1}$을 곱하면 표본분산에 대하여 다음과 같이 정의된다.

$$\text{분산 } \hat{\sigma}^2 = \dfrac{\sum_{i=1}^{n}(r_i - \bar{r})^2}{n-1} \tag{5.4}$$

표준편차(Standard deviation)

포트폴리오 변동성 분석을 위해서는 제곱되지 않은 수익률 단위를 사용하는 것이 더 편리하므로, 분산의 제곱근을 취하여 표준편차를 계산한다.

$$\text{표준편차 } \sigma = \sqrt{\dfrac{\sum_{i=1}^{n}(r_i - \bar{r})^2}{n}} \tag{5.5}$$

'표준편차'라는 용어는 1894년 통계학자 칼 피어슨(Karl Pearson)[17]에 의해 처음 제안되었다. 표준편차는 분산을 표준화한 측정값이다. 더 큰 표준편차는 더 큰 불확

---

[16] So, "Why Is the Sample Variance a Biased Estimator?"(2008).
[17] Pearson, "On the Dissection of Asymmetrical Frequency-Curves"(1894).

실성, 변동성 또는 리스크를 의미한다. 평균 절대편차와 표준편차는 변동성의 측정하는 지표이다. 포트폴리오 수익률의 표준편차는 변동성(volatility)이라고도 불리며, 더 적합한 용어로 볼수 있다. 샘플 표준편차는 다음과 같이 정의된다.

$$\text{샘플 표준편차} \quad \hat{\sigma} = \sqrt{\frac{\sum_{i=1}^{n}(r_i - \bar{r})^2}{n-1}} \tag{5.6}$$

> **Interpretation**
> 많은 리스크 매니저들이 포트폴리오의 표준편차(변동성이라고도 불림)를 '리스크'의 적절한 측정값으로 사용하는 것에 대해 주의가 필요하다. 포트폴리오의 변동성은 평균 수익률에서 벗어난 일반적인 편차를 측정하는 값이지만, 포트폴리오에서 발생할 수 있는 최악의 성과를 의미하지는 않는다. 대부분의 투자자는 평균 수익률에서의 일반적인 편차보다는 큰 손실에 대해 더 우려하고 있다.

> **Note**
> 연율화 수익률과 산술평균 연간수익률은 다음 공식으로 연결된다.
>
> $$\tilde{r} \cong \bar{r}_A - \frac{\sigma^2}{2} \tag{3.34}$$
>
> 연율화 수익률은 항상 연간 산술평균 수익률보다 작으며, 수익률의 변동성이 클수록 그 차이는 커진다.

연율화 리스크(Annualised risk)

식 5.5와 식 5.6에서는 데이터의 주기성(일별, 월별, 분기별 등)에 따라 표준편차를 계산한다. 포트폴리오 수익률을 비교할 때, 표준편차나 변동성은 일반적으로 공시 목적을 위해 연율화된다. 표준편차를 연율화하려면, 연간 관측치 개수의 제곱근을 곱해야 한다.

$$\text{연율화 표준편차}, \tilde{\sigma} = \sqrt{t} \times \sigma \tag{5.7}$$

t = 연도 내 관측지의 수(분기별 = 4, 월별 = 12, 주별 = 52 등)

예를 들어 월 수익률의 표준편차에는 $\sqrt{12}$을 곱하고, 분기 수익률의 표준편차에는 $\sqrt{4}$ 또는 2를 곱한다.

> **Note**
> 주말과 공휴일을 반영하지 않고, 일 표준편차를 연율화할 때는 일반적으로 연간 250에서 260(52주 × 5주 평일) 개의 관측값이 사용된다. 숫자 자체는 덜 중요하며, 선택된 숫자는 비교를 위해 일관되게 사용되어야 한다.

이 계산은 주기별 수익률이 독립적이며 따라서 다른 수익률과 상관관계가 없다는 가정이 필요하다. 이를 바탕으로 1년의 분산은 다음과 같이 계산된다.

$$\sigma^2_{12\text{개월}} = \sigma^2_{1\text{월}} + \sigma^2_{2\text{월}} + \cdots + \sigma^2_{12\text{월}} \tag{5.8}$$

이제 각 월의 분산이 동일하다고 가정하면, 1년 동안의 분산은 단순히 1개월 동안의 분산에 12를 곱한 값이 된다.

$$\sigma^2_{12\text{개월}} = 12 \times \sigma^2 \tag{5.9}$$

제곱근을 취하면 식 5.10이 도출되며, 결과적으로 식 5.7로 이어진다.

$$\sigma_{12\text{개월}} = \sqrt{12} \times \sigma \tag{5.10}$$

> **Note**
> 전 세계 주식의 일반적인 연율화 표준편차는 약 16%로, 이는 약 1%의 일일 표준편차에 해당한다($\sqrt{252} \times 1.0\% \approx 16\%$). 이는 한 해에 약 252개의 거래일이 있기 때문이다. 주식이 하루에 ±1%의 수익률 변동을 보이는 것이 일반적이며, 주식은 일일 수익률의 약 2/3(68%) 정도가 ±1% 범위에 있다는 것을 의미한다.

중심극한이론(The central limit theorem)

리스크를 연율화하려면 중심극한이론을 활용해야 한다. 중심극한이론은 독립적인 확률 변수에 대해 여러 개의 관측값을 취할 때, 다음과 같은 사실을 확인할 수 있다는 이론이다.

(1) 표본의 평균은 기본 모집단의 평균에 가까워진다.
(2) 표본의 표준편차는 모집단의 표준편차를 관측값 개수의 제곱근으로 나눈 값이다.
(3) 기본 분포가 강하게 비정규 분포일지라도 표본 크기가 커질수록 표본 분포는 점점 정규분포에 가까워진다.

데이터의 빈도 및 수(Frequency and number of data points)

변동성이 안정적이라면, 더 많은 관측값, 데이터 포인트가 많을수록 추정 과정의 정확성을 높이는 데 도움이 된다. 그러나 변동성이 불안정하다면, 구조적 변화를 반영하는 데 시간이 걸리므로, "더 정확한 긴 측정 기간"과 "최근 시장 상황을 반영하지만, 정확도가 떨어지는 짧은 측정 기간" 사이에서 균형 기간을 찾아야 한다.

> **⚠ Caution**
> 일반적으로 최소 36개월의 월별 데이터 또는 20분기의 분기별 데이터를 요구한다. 만약 데이터가 부족하다면, 24개월의 월별 데이터를 사용하여 리스크 통계를 제공할 수 있지만, 그 이하의 데이터로 통계량을 제공하는 것은 의미가 없거나 오해를 일으킬 수 있다.

장기 포트폴리오의 표준 리스크 측정에는 일일 데이터는 노이즈가 많아 적합하지 않다(다만, 수익률 분포의 꼬리 부분에 관측값이 적은 극단적인 리스크 측정에서는 예외일 수 있다.). 반면, 사전적 VaR 측정에서는 최근 100일(5개월) 또는 252일(1년)의 일일 수익률을 사용하는 것이 일반적이다. 충분한 데이터 포인트가 없는 리스크를 측정하는 것은 오히려 오해를 일으킬 수 있기 때문에, 리스크 측정을 계산하지 않는 것이 더 나은 선택일 수 있다.

> ⚠ **Caution**
> 서로 다른 주기로 계산된 리스크 통계치를 사용하여 포트폴리오를 비교하는 것은 적절하지 않다. 매일 평가되는 공모펀드의 경우, 5년 동안 일별, 주별, 월별, 분기별 연율화 표준편차를 계산하고, 동일한 데이터로 계산된 통계치를 사용하여 비교 분석하고자 할 수 있다.

Table 5.1과 Table 5.2의 데이터를 사용하여, 포트폴리오와 벤치마크에 대해 각각의 표준편차, 샘플 표준편차, 연율화 표준편차는 Exhibit 5.3에서 계산된다.

정규분포(Normal distribution)

정규분포는 관측값이 평균에 가까울 확률은 높고, 평균에서 멀어질 확률은 낮으며, 양쪽으로 대칭적이고 꼬리가 길어지는 특징이 있다. 정규 분포 곡선은 평균값에서 최고점을 찍으며, 수익률이 평균을 중심으로 대칭적으로 분포한다. 정규분포는 '벨 곡선'이라고도 불리며, 독일 수학자 칼 프리드리히 가우스(Carl Friedrich Gauss)의 이름을 따서 가우시안 분포(Gaussian distribution)라고도 한다.

Exhibit 5.3 표준편차

포트폴리오 표준편차 $\sigma = \sqrt{\dfrac{\sum_{i=1}^{n}(r_i - \overline{r})^2}{n}} = \sqrt{\dfrac{396.18\%}{36}} = 3.32\%$

포트폴리오 샘플 표준편차 $\hat{\sigma} = \sqrt{\dfrac{\sum_{i=1}^{n}(r_i - \overline{r})^2}{n-1}} = \sqrt{\dfrac{396.18\%}{35}} = 3.36\%$

포트폴리오 연율화 표준편차 $\tilde{\sigma} = \sqrt{t} \times \sigma = \sqrt{12} \times 3.32\% = 11.49\%$

벤치마크 표준편차 σ_b $= \sqrt{\dfrac{\sum_{i=1}^{n}(b_i - \bar{b})^2}{n}} = \sqrt{\dfrac{406.92\%}{36}} = 3.36\%$

벤치마크 샘플 표준편차 $\hat{\sigma}_b$ $= \sqrt{\dfrac{\sum_{i=1}^{n}(b_i - \bar{b})^2}{n-1}} = \sqrt{\dfrac{406.92\%}{35}} = 3.41\%$

벤치마크 연율화 표준편차 $\tilde{\sigma}_b$ $= \sqrt{t} \times \sigma_b = \sqrt{12} \times 3.36\% = 11.65\%$

정규분포(Figure 5.2 참조)는 수익률을 설명하는데 유용한 특성이 있다. 만약 수익률이 정규분포를 따른다면, 평균 수익률과 수익률의 변동성 또는 표준편차를 사용하여 수익률 분포를 설명할 수 있다.

- 약 68%의 수익률은 평균을 기준으로 1 표준편차 범위 내에 있다.
- 약 95%의 수익률은 평균을 기준으로 2 표준편차 범위 내에 있다.
- 약 99.7%의 수익률은 평균을 기준으로 3 표준편차 범위 내에 있다.[18]

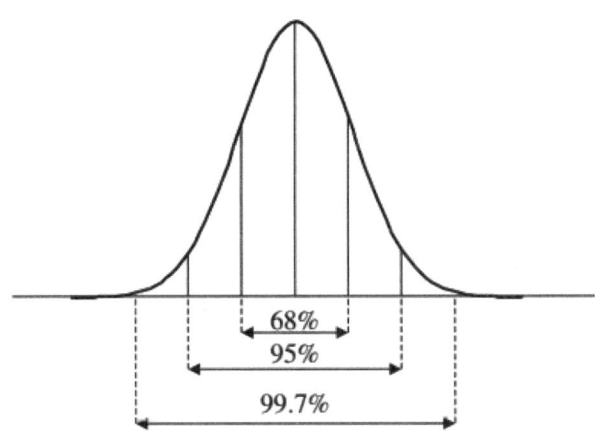

Figure 5.2 정규분포

이러한 특성은 특정 범위를 벗어난 사건이 발생할 확률을 계산하는 데 유용하다.

---

[18] "Empirical or 68-95-99.7" 법칙 ; 정확하게는 68.2689%, 95.4499%, 그리고 99.7300%.

많은 무작위 사건들이 정규분포로 근사 될 수 있기 때문에, 정규분포는 폭넓게 활용되고 있다.

> ⚠️ **Caution**
> 정규분포를 사용할 때는 데이터가 정규분포에 적합한지 신중히 검토해야 한다. 주식 수익률은 일반적으로 정규분포 내에서 약 2 표준편차 범위 내인 경우가 많지만, 이 범위를 벗어나면 정규분포가 예측하는 것보다 극단적인 수익률이 더 자주 발생하며, 이를 '두꺼운 꼬리(fat tails)' 현상이라고 한다. 즉, 주식의 수익률 분포는 극단적인 수익률에 더 많은 가중치(즉, 더 두꺼운 꼬리)를 가지며, 이는 큰 손실이나 이익이 정규분포에서 예상하는 것보다 더 빈번하게 발생한다는 것을 의미한다.

히스토그램(Histograms)

히스토그램은 Pearson[19]에 의해 처음 도입되었으며, 데이터를 막대차트 형태의 그래프로 나타내는 방법이다. 히스토그램은 포트폴리오의 수익률 분포를 시각적으로 나타내는 데 적합하다. 예를 들어, Table 5.1의 포트폴리오 예제 데이터를 사용하면 Figure 5.3과 같은 히스토그램을 만들 수 있다. 가로축은 연속적인 수익률 구간으로 나뉘고, 세로축은 해당 구간에 속하는 주기별 수익률의 빈도를 나타낸다. 히스토그램 위에는 정규 분포 곡선이 겹쳐져 있으며, 이 예제에서는 수익률 분포가 정규분포에 가까운 모습을 보여준다.

'히스토그램'이라는 용어는 그리스어 histos에서 유래했으며, 이는 그래프의 세로 막대와 같은 '직립된 것'을 의미하며, gramma는 '그림'을 뜻한다.

---

[19] K. Pearson, "Contributions to the Mathematical Theory of Evolution"(1895).

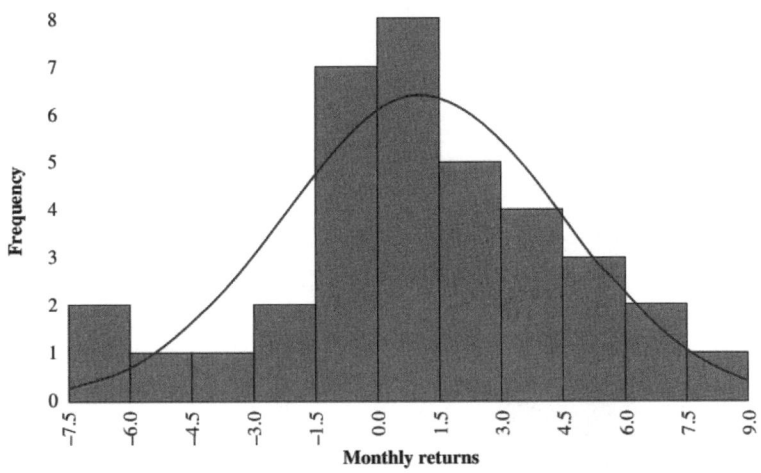

Figure 5.3 정규분포

왜도(Skeness)

왜도는 수익률 분포의 비대칭성을 측정하는 지표이며, 모든 분포가 정규분포를 따라 대칭성을 갖는 것은 아니다. 만약 분포의 오른쪽 꼬리로 더 많은 극단적인 수익률이 분포된다면, 이를 양(+)의 왜도(positively skewed)라고 하며, 반대로 왼쪽으로 더 많은 수익률이 분포된다면 음(-)의 왜도(negatively skewed)라고 한다. 왜도는 다음과 같은 공식을 통해 측정할 수 있다.

$$\text{왜도 } \zeta = \sum_{i=1}^{n} \left(\frac{r_i - \bar{r}}{\sigma} \right)^3 \times \frac{1}{n} \quad (5.11)$$

정규분포의 왜도는 0이다. 식 5.11에서처럼, 극단적인 값은 세제곱 되므로 원래의 부호를 유지하면서 더 큰 가중치를 갖는다. 또한, 평균 수익률과 차이는 수익률의 표준편차로 나누어 표준화한다.

왜도는 포트폴리오 수익률을 비교할 때, 극단적인 음(-) 혹은 양(+)의 이상값(outliers)이 발생할 가능성을 판단하는 데 유용할 수 있다. 왜도는 수익률 분포의 형태에 대한 추가적인 정보를 제공하며, 평균으로부터의 편차가 한 방향으로 더 클 경우 이 측정치는 해당 방향으로 0에서 벗어난다. 양(+)의 왜도와 음(-)의 왜도의 예시는 각각 Figure 5.4와 Figure 5.5에 나타나 있다.

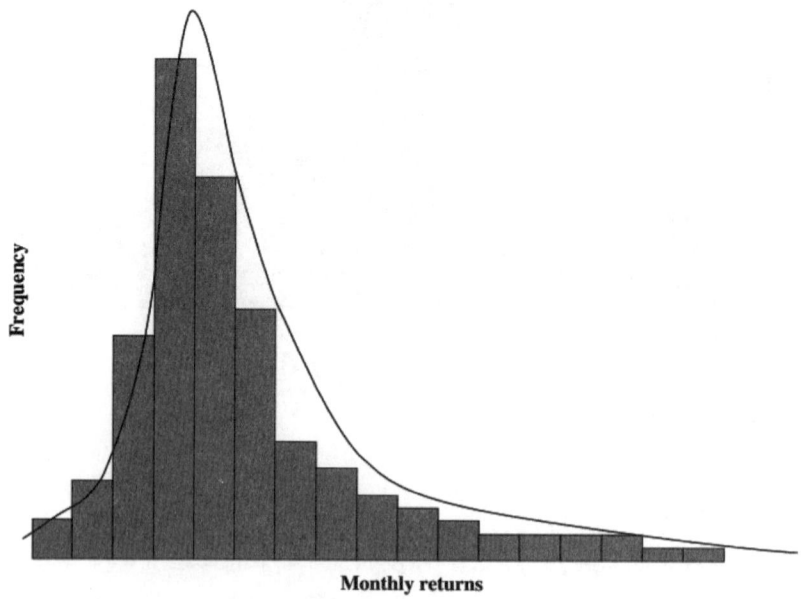

Figure 5.4 양(+)의 왜도(Positive skew)

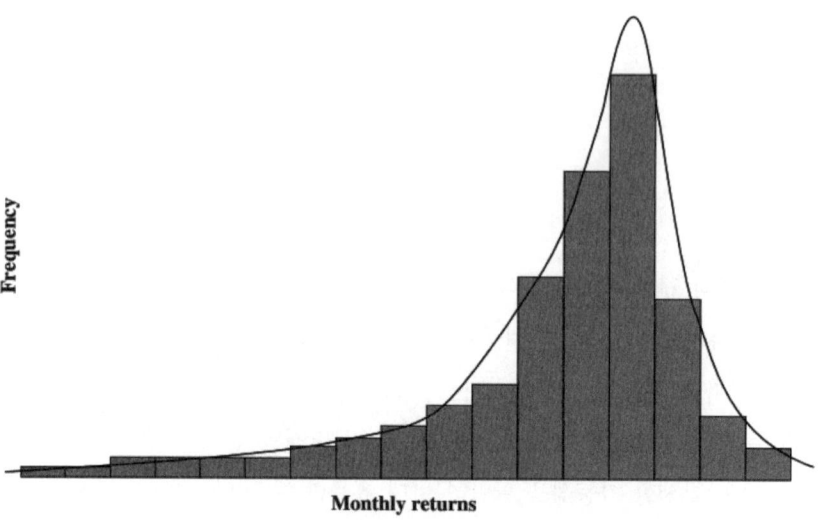

Figure 5.5 음(-)의 왜도(Negative skew)

표본 왜도(Sample skeness)

표본 왜도는 Bessel의 수정법(Bessel's correction)을 사용하여 다음과 같이 계산된다.

$$\text{표본 왜도 } \hat{\zeta} = \sum_{i=1}^{n}\left(\frac{r_i - \bar{r}}{\hat{\sigma}}\right)^3 \times \frac{n}{(n-1)\times(n-2)} \tag{5.12}$$

> **Note**
> 엑셀(Excel®)의 표준 함수인 skewness는 표본 왜도(sample skewness)를 계산하는 함수이다.

첨도(Kurtosis)

첨도(또는 Pearson의 첨도[20])는 수익률 분포에 대한 추가 정보를 제공한다. 공식적으로 첨도는 분포의 꼬리 부분에서 수익률이 표준편차에 비해 얼마나 두껍게 분포하는지 측정하지만, 일반적으로는 수익률 분포의 평탄함(flatness) 또는 첨도(peakedness)를 나타내는 데 활용된다. 사실, DeCarlo[21]는 첨도가 꼬리의 두께(tailedness)와 첨도(peakedness)라는 두 가지 요소를 모두 포함한다고 언급하였다.

$$\text{첨도 } \kappa = \sum_{i=1}^{n}\left(\frac{r_i - \bar{r}}{\sigma}\right)^4 \times \frac{1}{n} \tag{5.13}$$

식 5.13과 같이, 극단적인 결과는 어떤 부호이든 첨도에 매우 큰 기여를 한다. 왜도와 마찬가지로, 평균과의 차이를 표준편차로 나누어 표준화할 수 있다.

정규분포의 첨도 값은 3이다. 첨도가 3보다 크면 Leptokurtic 분포라고 하며, 이는 꼬리가 두껍고 첨도가 높은 분포를 나타내며, 3보다 작으면 Platykurtic 분포라고 하며, 이는 꼬리가 얇고 첨도가 낮은 분포를 의미한다. Kurtosis라는 단어는

---

[20] Pearson, "Das Fehlergesetz und seine Verallgemeinerungen durch Fechner und Pearson. A Rejoinder"(1905).

[21] DeCarlo, "On the Meaning and Use of Kurtosis"(1997).

그리스어 kurtos에서 유래되었으며, '볼록한'을 의미한다. Platy는 그리스어 platus에서 유래되어 '넓거나 평평함'을 뜻하며, Leptos는 '얇거나 가느다란'을 의미하며, 봉우리의 형태를 설명한다.

왜도가 0에 가깝고, 첨도가 3보다 큰 분포인 경우, 중심이나 꼬리에서 수익률이 과다하게 발생하는 것을 의미한다.

> **Note**
> 일반적으로 투자자들은 첨도가 3보다 작은 Platykurtic 분포를 선호하며, 이는 덜 뾰족하고 극단적인 수익률이 적은 분포이다.

Figure 5.6에는 Leptokurtic분포가, Figure 5.7에는 Platykurtic분포가 나타나 있다.

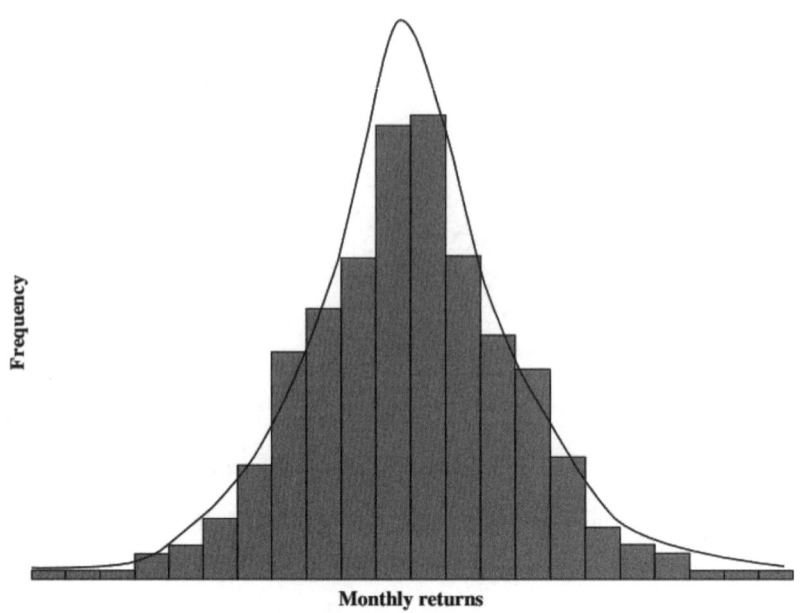

Figure 5.6 Kurtosis 〉 3, 얇은 봉우리와 두꺼운 꼬리

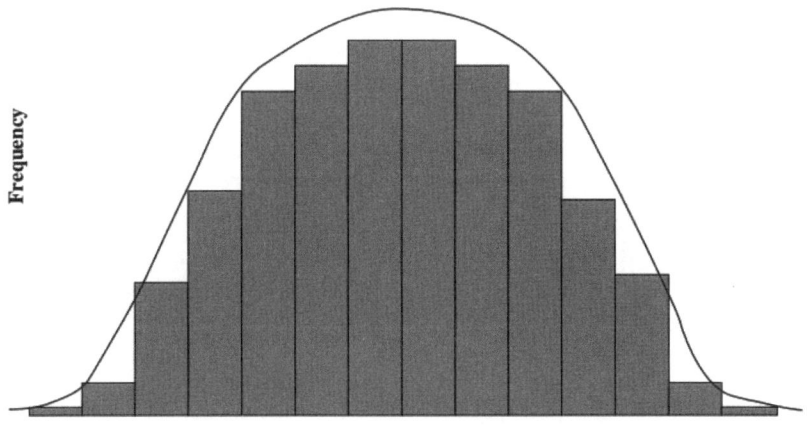

Figure 5.7 Kurtosis < 3, 넓은 봉우리와 얇은 꼬리

초과 첨도(Excess Kurtosis)

식 5.13에서 3을 빼면 초과 첨도(=Fisher의 첨도)를 계산할 수 있다. 첨도와 초과 첨도는 종종 혼동되어 사용되는 경우가 있다.

$$\text{초과첨도 } \kappa_E = \sum_{i=1}^{n} \left(\frac{r_i - \bar{r}}{\sigma} \right)^4 \times \frac{1}{n} - 3 \tag{5.14}$$

> ⚠ **Caution**
> 첨도를 계산할 때는 초과 첨도인지 아닌지 구분하는 것은 중요하다.

표본 첨도(Sample Kurtosis)

표본 첨도는 Bessel의 수정법(Bessel's correction)을 적용하여 다음과 같이 계산된다.

$$\text{표본 첨도 } \hat{\kappa} = \sum_{i=1}^{n} \left(\frac{r_i - \bar{r}}{\sigma} \right)^4 \times \frac{n \times (n+1)}{(n-1) \times (n-2) \times (n-3)} \tag{5.15}$$

표본 초과첨도는 Bessel의 수정법을 사용하여 다음과 같이 계산된다.

$$\hat{\kappa}_E = \sum_{i=1}^{n} \left(\frac{r_i - \bar{r}}{\sigma}\right)^4 \times \frac{n \times (n+1)}{(n-1) \times (n-2) \times (n-3)} - \frac{3 \times (n-1)^2}{(n-2) \times (n-3)} \quad (5.16)$$

> ⚠ **Caution**
> 엑셀(Excel®)의 kurtosis라는 표준 함수는 실제로 표본 초과 첨도(sample excess kurtosis)이다. 모집단의 표준편차를 사용해야 하는 이유는 왜도(skewness)와 첨도(kurtosis)에도 동일하게 적용된다.

수익률 분포의 형태를 이해하면 자산운용사의 수익률 분포를 평가하는 데 도움이 된다. 높은 첨도와 낮은 첨도 중 어떤 첨도를 선호하는지, 또는 양의 왜도나 음의 왜도를 선호하는지는 투자 유형이나 투자자의 성향에 따라서 달라질 수 있다.

주식시장은 일반적으로 두꺼운 꼬리(fat tails) 분포를 가지며, 시장이 하락할 때 포트폴리오 매니저들은 매도하고, 시장이 상승할 때는 매수하는 경향이 있어, 정규분포보다 극단적인 사건이 발생할 확률이 높다. 따라서 정규분포를 가정하여 계산된 리스크 측정치는 실제 리스크를 과소평가할 수 있으며, 특히 꼬리 부분에서 그 차이가 두드러진다.

> 📝 **Note**
> 투자자들은 자연스럽게 양의 왜도와 낮은 첨도(kurtosis), 즉 얇은 꼬리 분포를 선호한다.

Bera-Jarque 통계량

정규분포는 왜도가 0에 가깝고 첨도가 3에 가까워야 하므로, Bera-Jarque[22] 테스트를 이용하여 정규성을 검증할 수 있다.

$$\text{Bera-Jarque 통계량} \quad BJ = \frac{n}{6} \times \left(\zeta^2 + \frac{x_E^2}{4}\right) \quad (5.17)$$

---

[22] Jarque and Bera, "A Test for Normality of Observations and Regression Residuals"(1987).

95% 신뢰 수준에서 Bera-Jarque 통계량이 5.99를 초과하면 분포가 정규분포라는 가설을 기각하며, 99% 신뢰 수준에서는 9.21을 초과하면 기각한다.

> **Note**
> 완벽하게 정규분포인 경우, Bera-Jarque 통계량은 0이 된다.

포트폴리오의 왜도(skewness), 첨도(kurtosis) 및 Bera-Jarque 통계량은 Table 5.1의 포트폴리오 데이터를 바탕으로, Table 5.3에 포함된 요약 데이터를 사용하여 Exhibit 5.4에서 계산된다.

Exhibit 5.4 왜도, 첨도 그리고 Bera-Jarque 통계량

왜도
$$\zeta = \sum_{i=1}^{n} \left(\frac{r_i - \bar{r}}{\sigma} \right)^3 \times \frac{1}{n} = -\frac{312.79}{3.32^3} \times \frac{1}{36} = -0.24$$

첨도
$$x = \sum_{i=1}^{n} \left(\frac{r_i - \bar{r}}{\sigma} \right)^4 \times \frac{1}{n} = \frac{12982.39}{3.32^4} \times \frac{1}{36} = 2.98$$

초과 첨도
$$x_E = x - 3 = 2.98 - 3 = -0.02$$

Bera-Jarque 통계량
$$BJ = \frac{n}{6} \times \left(\zeta^2 + \frac{x_E^2}{4} \right) = \frac{36}{6} \times \left(-0.24^2 + \frac{-0.02^2}{4} \right) = 0.34$$

이 수익률 분포는 정규분포에 가깝다.

표본 왜도
$$\hat{\zeta} = \sum_{i=1}^{n} \left(\frac{r_i - \bar{r}}{\hat{\sigma}} \right)^3 \times \frac{n}{(n-1) \times (n-2)} = -\frac{312.79}{3.36^3} \times \frac{36}{(36-1) \times (36-2)} = -0.25$$

표본 첨도
$$\hat{x} = \sum_{i=1}^{n} \left(\frac{r_i - \bar{r}}{\hat{\sigma}} \right)^4 \times \frac{n \times (n+1)}{(n-1) \times (n-2) \times (n-3)} = \frac{12982.39}{3.36^4} \times \frac{36 \times (36+1)}{(36-1) \times (36-2) \times (36-3)} = 3.44$$

표본 초과 첨도
$$\hat{x}_E = \hat{x} - \frac{3 \times (n-1)^2}{(n-2) \times (n-3)} = 3.44 - \frac{3 \times (36-1)^2}{(36-2) \times (36-3)} = 0.16$$

Table 5.3 포트폴리오 왜도 및 첨도

월수익률(%) r_i	3차 모멘트 $(r_i - \bar{r})^3$	4차 모멘트 $(r_i - \bar{r})^4$
0.3	−0.51	0.41
2.6	3.38	5.06
1.1	0.00	0.00
−0.9	−8.00	16.00
1.4	0.03	0.01
2.4	2.20	2.86
1.5	0.06	0.03
6.6	166.38	915.06
−1.4	−15.63	39.06
3.9	21.95	61.47
−0.5	−4.10	6.55
8.1	343.00	2401.00
4.0	24.39	70.73
−3.7	−110.59	530.84
−6.1	−373.25	2687.39
1.4	0.03	0.01
−4.9	−216.00	1,296.00
−2.1	−32.77	104.86
6.2	132.65	676.52
5.8	103.82	487.97
−6.4	−421.88	3,164.06
1.7	0.22	0.13
−0.4	−3.38	5.06
−0.2	−2.20	2.86
−2.1	−32.77	104.86
1.1	0.00	0.00
4.7	46.66	167.96
2.4	2.20	2.86
3.3	10.65	23.43
−0.7	−5.83	10.50
4.7	46.66	167.96
0.6	−0.13	0.06
1.0	0.00	0.00
−0.2	−2.20	2.86
3.4	12.17	27.98
1.0	0.00	0.00
	합계 $\sum_{i=1}^{n}(r_i-\bar{r})^3 = -312.79$	합계 $\sum_{i=1}^{n}(r_i-\bar{r})^4 = 12,982.39$

Table 5.2의 벤치마크 데이터에 대한 왜도와 첨도는 Table 5.4의 데이터를 사용하여 Exhibit 5.5에서 계산된다.

Exhibit 5.5 벤치마크의 왜도, 첨도 그리고 Bera-Jarque 통계량

왜도 $\zeta_b = \sum_{i=1}^{n}\left(\dfrac{b_i - \bar{b}}{\sigma_b}\right)^3 \times \dfrac{1}{n} = -\dfrac{495.94}{3.36^3} \times \dfrac{1}{36} = -0.36$

첨도 $x_b = \sum_{i=1}^{n}\left(\dfrac{b_i - \bar{b}}{\sigma_b}\right)^4 \times \dfrac{1}{n} = \dfrac{14004.25}{3.36^4} \times \dfrac{1}{36} = 3.04$

초과 첨도 $x_{Eb} = x_b - 3 = 3.04 - 3 = 0.04$

표본 왜도
$\hat{\zeta} = \sum_{i=1}^{n}\left(\dfrac{b_i - \bar{b}}{\hat{\sigma}_b}\right)^3 \times \dfrac{n}{(n-1)\times(n-2)} = -\dfrac{495.94}{3.41^3} \times \dfrac{36}{(36-1)\times(36-2)} = -0.38$

표본 첨도
$\hat{x} = \sum_{i=1}^{n}\left(\dfrac{r_i - \bar{r}}{\sigma}\right)^4 \times \dfrac{n\times(n+1)}{(n-1)\times(n-2)\times(n-3)} = \dfrac{14004.25}{3.41^4} \times \dfrac{36\times(36+1)}{(36-1)\times(36-2)\times(36-3)} = 3.51$

표본 초과 첨도
$\hat{x}_E = \hat{x} - \dfrac{3\times(n-1)^2}{(n-2)\times(n-3)} = 3.51 - \dfrac{3\times(36-1)^2}{(36-2)\times(36-3)} = 0.24$

Table 5.4 벤치마크 왜도 및 첨도

월수익률(%) b_i	3차 모멘트 $(b_i - \bar{b})^3$	4차 모멘트 $(b_i - \bar{b})^4$
0.2	−1.00	1.00
2.5	2.20	2.86
1.8	0.22	0.13
−1.1	−12.17	27.98
1.4	0.01	0.00
2.3	1.33	1.46
1.4	0.01	0.00
6.5	148.88	789.05
−1.5	−19.68	53.14
4.2	27.00	81.00
−0.3	−3.38	5.06

8.3	357.91	2,541.17
3.9	19.68	53.14
−3.8	−125.00	625.00
−6.2	−405.22	2,998.66
1.5	0.03	0.01
−4.8	−216.00	1296
−2.0	−32.77	104.86
6.0	110.59	530.84
5.6	85.18	374.81
−6.7	−493.04	3,895.01
1.9	0.34	0.24
−0.3	−3.38	5.06
−0.1	−2.20	2.86
−2.6	−54.87	208.51
0.7	−0.13	0.06
4.3	29.79	92.35
2.9	4.91	8.35
3.8	17.58	45.70
−0.2	−2.74	3.84
5.1	59.32	231.34
1.4	0.01	0.00
1.3	0.00	0.00
0.3	−0.73	0.66
3.4	10.65	23.43
2.1	0.73	0.66
	합계	합계
	$\sum_{i=1}^{n}(b_i-\bar{b})^3 = -495.94$	$\sum_{i=1}^{n}(b_i-\bar{b})^4 = 14{,}004.25$

공분산(Covariance)

공분산은 두 개의 수익률 흐름이 평균을 기준으로 함께 움직이는 경향을 측정하는 기술 통계량이다. 예를 들어, 이는 두 포트폴리오, 두 지수 간의 공분산이거나, 가장 일반적으로는 포트폴리오와 벤치마크 간의 공분산이 있다.

$$\text{공분산} = \frac{\sum_{i=1}^{n}(r_i - \bar{r}) \times (b_i - \bar{b})}{n} \tag{5.18}$$

$b_i =$ 기간 i 동안의 벤치마크 수익률
$\bar{b} =$ 벤치마크 수익률의 평균

식 5.18은 각 기간 포트폴리오 수익률과 평균 포트폴리오 수익률의 차이, 그리고 해당 기간의 벤치마크 수익률과 평균 벤치마크 수익률의 차이를 곱한 값이다. 두 값이 모두 양수이거나 음수일 경우, 이는 공분산에서 긍정적인 기여를 하며, 부호가 다르면 공분산에 부정적인 기여를 한다. 따라서 공분산이 양수일 경우, 포트폴리오와 벤치마크 수익률이 함께 움직인다는 것을 의미하며, 음수일 경우, 수익률들이 반대 방향으로 움직인다는 것을 의미한다. 공분산이 낮거나 0에 가까운 경우는 포트폴리오와 벤치마크 수익률 간의 관계가 거의 없음을 나타낸다.

표본 공분산(Sample covariance)

표본 공분산은 Bessel의 수정법을 사용하여 다음과 같이 계산된다.

$$\text{표본 공분산} = \frac{\sum_{i=1}^{n}(r_i - \bar{r}) \times (b_i - \bar{b})}{n-1} \tag{5.19}$$

상관관계(Correlation)

공분산은 포트폴리오와 벤치마크에 대한 '공동 분산'을 측정하기 때문에 그 크기만으로는 해석이 어려운 통계량이다. 예를 들어, 공분산이 3이라고 해도 그 크기가 큰지 작은지 알 수 없다. 이 질문에 대한 답은 포트폴리오와 벤치마크의 표준편차에 따라 달라진다. 공분산을 포트폴리오의 표준편차와 벤치마크의 표준편차 곱으로 나누면 -1과 1 사이의 값으로 표준화할 수 있다.

$$\text{상관관계 } \rho_{r,b} = \frac{\text{공분산}}{\sigma \times \sigma_b} \tag{5.20}$$

$\rho_{r,b}$: 포트폴리오 수익률과 벤치마크 수익률 사이의 상관계수

상관계수가 1에 가까울수록 두 변수 간의 선형 관계가 강하다는 것을 의미한다. 이 표준화된 값은 매우 유용한 특징이 있어, 서로 다른 포트폴리오와 벤치마크 간의 상관관계를 동일한 기준으로 비교할 수 있게 해준다.

> ⚠️ **Caution**
> 상관관계를 해석할 때는 주의가 필요하다. 포트폴리오와 벤치마크 간에 높은 상관관계(예: 0.9)가 있을 경우, 포트폴리오가 벤치마크와 동일한 방향으로 움직일 것이라고 예상하기 쉽다. 그러나 이 경우, 벤치마크가 1% 상승한다고 해서 포트폴리오도 반드시 1% 상승할 것이라고 예상하는 것은 올바르지 않다.
> 상관관계는 포트폴리오가 자신의 평균과 변동성에 대해 얼마나 함께 움직이는지를 측정하는 지표로, 절대적인 값은 아니다. 예를 들어, 포트폴리오의 표준편차가 매우 작다면, 벤치마크가 1% 상승할 때 포트폴리오는 상대적으로 적게 상승할 것이라고 예상하는 것이 더 적합할 수 있다.

표본 상관관계(Sample Correlation)

Bessel의 수정법은 공분산과 포트폴리오 및 벤치마크 표준편차의 곱에도 동일하게 적용되며, 분자에서의 보정이 분모에서의 보정과 상쇄되어 표본 상관관계를 별도로 계산할 필요가 없다. 공분산과 상관관계는 Table 5.5의 포트폴리오 데이터를 사용하여 Exhibit 5.6에서 계산된다.

Exhibit 5.6 공분산과 상관관계

$$\text{공분산} = \frac{\sum_{i=1}^{n}(r_i - \bar{r}) \times (b_i - \bar{b})}{n} = \frac{399.37}{36} = 11.09$$

$$\text{상관관계} \quad \rho_{r,b} = \frac{\text{공분산}}{\sigma \times \sigma_b} = \frac{11.09}{3.32 \times 3.36} = 0.995$$

Table 5.5 공분산과 상관관계

포트폴리오 월수익률(%) r_i	포트폴리오 수익률의 편차 $(r_i - \bar{r})$	벤치마크 월수익률(%) b_i	벤치마크 수익률의 편차 $(b_i - \bar{b})$	포트폴리오 편차 × 벤치마크 편차 $(r_i - \bar{r}) \times (b_i - \bar{b})$
0.3	−0.8	0.2	−1.0	0.80
2.6	1.5	2.5	1.3	1.95
1.1	0	1.8	0.6	0.00
−0.9	−2.0	−1.1	−2.3	4.60
1.4	0.3	1.4	0.2	0.06
2.4	1.3	2.3	1.1	1.43
1.5	0.4	1.4	0.2	0.08
6.6	5.5	6.5	5.3	29.15
−1.4	−2.5	−1.5	−2.7	6.75
3.9	2.8	4.2	3.0	8.40
−0.5	−1.6	−0.3	−1.5	2.40
8.1	7.0	8.3	7.1	49.7
4.0	2.9	3.9	2.7	7.83
−3.7	−4.8	−3.8	−5.0	24.00
−6.1	−7.2	−6.2	−7.4	53.28
1.4	0.3	1.5	0.3	0.09
−4.9	−6.0	−4.8	−6.0	36.00
−2.1	−3.2	−2.0	−3.2	10.24
6.2	5.1	6.0	4.8	24.48
5.8	4.7	5.6	4.4	20.68
−6.4	−7.5	−6.7	−7.9	59.25
1.7	0.6	1.9	0.7	0.42
−0.4	−1.5	−0.3	−1.5	2.25
−0.2	−1.3	−0.1	−1.3	1.69
−2.1	−3.2	−2.6	−3.8	12.16
1.1	0.0	0.7	−0.5	0.00
4.7	3.6	4.3	3.1	11.16
2.4	1.3	2.9	1.7	2.21
3.3	2.2	3.8	2.6	5.72
−0.7	−1.8	−0.2	−1.4	2.52
4.7	3.6	5.1	3.9	14.04
0.6	−0.5	1.4	0.2	−0.10
1.0	−0.1	1.3	0.1	−0.01
−0.2	−1.3	0.3	−0.9	1.17
3.4	2.3	3.4	2.2	5.06
1.0	−0.1	2.1	0.9	−0.09

합계
$$\sum_{i=1}^{n}(r_i - \bar{r}) \times (b_i - \bar{b}) = 399.37$$

성과평가 지표
(PERFORMANCE APPRAISAL)

투자자는 일반적으로 위험을 회피하는 성향을 가지고 있다. 투자자는 동일한 수익률이 주어지면, 더 적은 위험이나 수익의 변동성이 작은 포트폴리오를 선호한다. 따라서 다양한 포트폴리오의 수익률과 위험을 평가하려면, 포트폴리오 매니저가 감수한 위험에 대한 보상을 기준으로 평가해야 한다. 앞서 설명한 분산, 변동성 및 경향성 측정 기준들을 위험과 보상의 관점에서 결합하여 포트폴리오의 성과를 평가할 수 있다.

위험을 고려하지 않고 포트폴리오의 성과만을 평가하는 것은 잘못된 접근이다. 예를 들어, 단순히 연 8%의 수익률이 좋은 수익률이라고 판단할 수 있을까? 그 수치를 비교하는 방법의 하나는 다른 포트폴리오들이 달성한 수익률을 비교하는 것이다. 더 나아가, 포트폴리오의 위험도 함께 비교하는 것이 바람직하다. 예를 들어, 8%의 수익을 실현하면서 4%의 위험만 감수한 포트폴리오는 8%의 수익을 실현하면서 16%의 위험을 감수한 포트폴리오보다 더 우수한 포트폴리오이다.

수익과 위험 간의 관계를 이해하는 한 가지 방법은 위험을 투자 비용으로 간주하는 것이다. 이는 실현될 수도 있고, 실현되지 않을 수도 있는 잠재적 비용이므로 확률적으로 접근해야 한다.

샤프비율(Sharpe ratio)

두 변수의 경우, 수익률은 Y축에, 위험은 X축에 나타내는 것이 자연스럽다. 이는 Table 5.6의 데이터를 사용하여 Figure 5.8과 같이 표시할 수 있다.

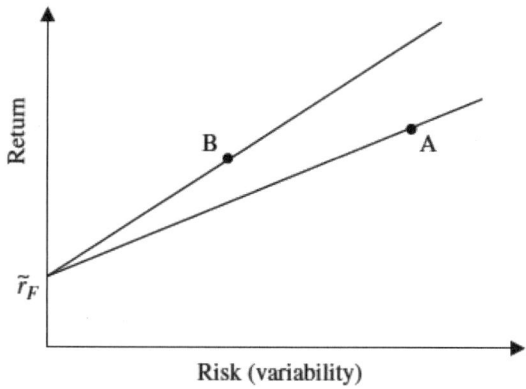

Figure 5.8 샤프비율

Table 5.6 샤프비율

공분산	포트폴리오 A	포트폴리오 B	벤치마크
연율화 수익률	7.9%	6.9%	7.5%
연율화 위험	5.5%	3.2%	4.5%
샤프비율 (r_f = 2%)	$\dfrac{7.9\% - 2.0\%}{5.5\%} = 1.07$	$\dfrac{6.9\% - 2.0\%}{3.2\%} = 1.53$	$\dfrac{7.5\% - 2.0\%}{4.5\%} = 1.22$

Figure 5.8에서는 한 직선이 Y축의 고정된 점에서 포트폴리오 A와 B를 나타내는 연간수익률과 연간 변동성(위험)을 연결하여 그려진다. 이 고정된 점은 모든 투자자의 출발점을 나타내며, 이를 무위험 수익률이라 한다. 무위험 수익률은 위험이 없는 자산의 기대수익률을 의미하며, 현금이나 국채에서 얻을 수 있는 이자 수익률을 예시로 들 수 있다. 투자자는 변동성이나 위험 없이 이 수익률을 실현할 수 있다.

> ⚠ **Caution**
> 포트폴리오를 비교할 때 동일한 무위험 수익률을 사용하는 것이 중요하다.

투자자는 Figure 5.8에서 왼쪽 상단에 위치한 지점을 선호할 것이다. 이 위치는 높은 수익률과 낮은 위험을 나타낸다. 직선의 기울기가 클수록 Y축에 더 가깝게 위치하게 된다. 이 기울기는 샤프비율(Sharpe ratio)이며, William Sharpe[23]의 이름을 따서 명명되었으며, 다음과 같이 계산된다.

$$\text{샤프비율 } SR = \frac{\tilde{r} - \tilde{r}_F}{\tilde{\sigma}} \tag{5.21}$$

$\tilde{r}$: 연율화 포트폴리오 수익률
$\tilde{r}_F$: 연율화 무위험 수익률
$\tilde{\sigma}$: 연율화 포트폴리오 리스크

샤프비율이 클수록 기울기가 가파르며, 이는 위험 대비 더 높은 수익을 의미한다. 샤프비율은 위험(또는 변동성) 단위당 수익(또는 보상)을 나타낸다.

Figure 5.8의 그래프와 Table 5.6에서 계산된 샤프비율을 통해 포트폴리오 B가 포트폴리오 A 및 벤치마크보다 높은 위험조정성과를 기록하는 것으로 나타났다. 이는 포트폴리오 B가 포트폴리오 A와 벤치마크보다 절대 수익률이 낮음에도 불구하고 위험 대비 성과가 뛰어나다는 것을 의미한다.

> **❓ Interpretation**
> 음(-)의 수익률은 음(-)의 샤프비율을 생성하게 되며, 음(-)의 샤프비율은 여러 논란에도 불구하고 전혀 의미가 없는 것은 아니다. 음(-)의 수익률에서는 변동성이 클수록 더 유리한데, 이는 변동성이 낮을 때보다 양(+)의 수익률로 전환될 가능성이 더 크기 때문이다.

샤프비율의 개념은 CAPM(자본자산가격결정모형)에 기반을 두고 있으며, 위험자산의 초과수익이 음(-)의 성과를 기록할 수 없다는 가정을 전제로 한다. 그렇지 않으면 투자자들은 무위험 자산에 투자하게 되기 때문이다. 그러나 두 개의 포트폴리오가 모두 음(-)의 샤프비율을 가질 경우, 음(-)의 성과가 작은 샤프비율을 가진 포트폴리오가 위험을 감수한 단위당 더 작은 손실을 발생시켰다는 의미에서 여전히 비교가 유의미할 수 있다. Akeda는 샤프비율이 그 부호와 관계없이 성과평가 지표로 사용될 수 있다고 결론지었다.[24] 높은 변동성이 항상 덜 바람직하다고 생각하는

---

23 Sharpe, "Mutual Fund Performance"(1966).
24 Akeda, "Interpretation of Negative Sharpe Ratio"(2003).

사람들에게는 음(-)의 샤프비율은 해석하기 어려운 통계량이 될 수 있다. 일부 논평자들[25]은 음(-)의 샤프비율을 없애기 위해 샤프비율을 제곱하자고 제안했으나, 처음부터 음(-)의 샤프비율을 수정할 필요성을 인식하지 못한 상황에서 샤프비율을 제곱하는 것에는 장점이 없다. 따라서 이 책에서는 별도로 제곱된 샤프비율을 다루지 않는다.

포트폴리오 연율화 수익률과 무위험 연율화 수익률은 산술 평균 대신 분자로 사용된다. 그 이유는 이해관계자들은 성과측정에서 연율화 수익률에 더 관심이 있기 때문이다.

> **Interpretation**
> 샤프비율은 수익률과 마찬가지로 독립적으로 분석하기보다는 벤치마크나 다른 포트폴리오의 샤프비율과 비교하여 사용하는 것이 가장 좋다.

Roy 비율(Roy ratio)

Arthur Roy[26]가 제안한 Roy 비율은 투자자의 위험 선호를 고려한 성과지표로, 특정 포트폴리오의 수익률이 설정한 최소 손실을 초과할 확률을 측정한다. Roy 비율은 포트폴리오의 위험조정 성과를 평가할 때 사용되며, 비율이 높을수록 투자자가 설정한 최소 수익률을 초과할 확률이 높다는 것을 의미한다.

$$\text{Roy 비율 } RR = \frac{\tilde{r} - \tilde{r}_T}{\tilde{\sigma}} \tag{5.22}$$

$\tilde{r}_T$: 연간 최소 목표 수익률

무위험 수익률(Risk-free rate)

이론적으로 무위험 수익률은 투자자가 위험이 없는 투자로부터 기대할 수 있는 수익률로 정의된다. 물론 실제로 완전히 무위험 투자는 존재하지 않으며, 현금 수익

---

[25] See Dowd, "Adjusting for Risk: An Improved Sharpe Ratio"(1999) and Kidd, "The Sharpe Ratio and the Information Ratio"(2011).
[26] Roy, "Safety First and the Holding of Assets"(1952).

률도 일정한 변동성을 보유할 수 있다. 투자자들이 생각하는 무위험 수익률은 단기 이자율에서 장기 이자율, 혹은 인플레이션을 고려한 실질 무위험 수익률까지 다양할 수 있다.

이 장에서 설명하는 보상-위험 비율의 관점에서는 무위험 수익률의 실질적인 정의가 중요한 요소는 아니다. 다른 무위험 수익률을 사용해 계산한 비율은 달라질 수 있지만, 포트폴리오의 순위에는 큰 영향을 미치지 않기 때문이다.

> ⚠️ **Caution**
> 포트폴리오의 샤프비율을 비교할 때, 일관된 무위험 수익률을 사용하는 것은 중요하다.

무위험 수익률은 투자자의 선호도에 따라 달라질 수 있으며, 통화에 따라서도 달라진다. 심지어 무위험 수익률은 음수일 수도 있다.

> ⚠️ **Caution**
> 무위험 수익률이 음수이더라도 그 자체로 의미가 있으며, 이를 0으로 대체해서는 안 된다.

대체샤프비율(Alternative Sharpe ratio)

대체샤프비율은 통상적으로 사용하는 샤프비율과 혼용되어 사용되기도 하며 해당 지표에서는 무위험 수익률의 변동성이 반영된다.

$$\text{대체샤프비율 } r = \frac{\tilde{r} - \tilde{r}_F}{\tilde{\sigma} - \tilde{\sigma}_F} \tag{5.23}$$

$\tilde{\sigma}_F$: 무위험 수익률의 연율화 변동성

Figure 5.9에서 수익률과 위험의 관계를 나타낸 것처럼, 무위험 수익률의 기준점이 Y축에서 오른쪽으로 이동하더라도, 출발점은 여전히 낮은 위험과 상대적으로 낮은 수익률을 가진 Y축 근처에 위치한다. 이에 따라서 샤프비율(또는 대체샤프비율) 선의 기울기는 달라질 수 있지만, 포트폴리오 순위에는 큰 영향을 미치지 않는다.

무위험 수익률에 일정한 변동성이 있다는 점은 알려졌지만, 대체샤프비율은 널리 사용되지 않는다.

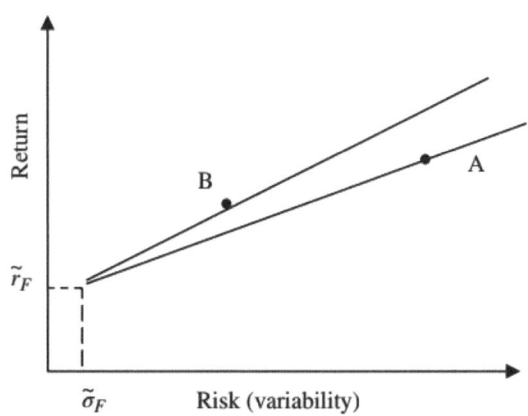

Figure 5.9 대체샤프비율

개선된 샤프비율(Revised Sharpe ratio)

1994년에 샤프는 샤프비율을 개선하면서 무위험 수익률이 일정하지 않다는 점을 인정하였다.[27]

$$개선된\ 샤프비율 = \frac{\tilde{r} - \tilde{r}_F}{\tilde{\sigma}(r_i - r_{Fi})} \quad (5.24)$$

개선된 샤프비율의 분모는 무위험 수익률을 초과하는 수익률의 변동성을 사용하며, 무위험 수익률의 변동성이 낮은 경우 이는 포트폴리오 수익률의 변동성과 크게 다르지 않다.

이론적으로는 원래 샤프비율보다 더 적합한 지표로 판단되지만, 원래 샤프비율이 널리 사용되고 있는 현실 때문에 개정된 샤프비율은 많이 사용되지 않는다. 개선된 샤프비율은 Figure 5.10에 나타난 바와 같이, X축이 재정의되어 개선된 샤프비율의 선이 이제 원점(샤프비율의 Y절편)을 시나도록 구성되어 있다.

---

27 Sharpe, "The Sharpe Ratio"(1994).

조정된 샤프비율(Adjusted Sharpe ratio)

Pezier[28]는 조정된 샤프비율(ASR)을 제안하였으며, 이는 음의 왜도와 뾰족한 첨도를 패널티 요소로 반영하며 다음과 같이 정의된다.

조정된 샤프비율 $ASR = SR \times \left[1 + \left(\dfrac{\zeta}{6} \right) \times SR - \left(\dfrac{\kappa - 3}{24} \right) \times SR^2 \right]$ (5.25)

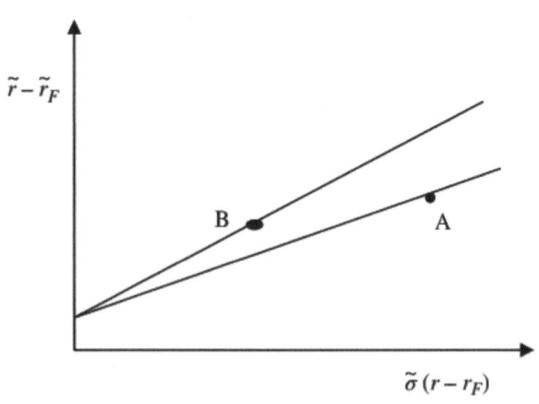

Figure 5.10 개선된 샤프비율

> **❓ Interpretation**
> 조정된 샤프비율에서 왜도가 양(+)이거나, 첨도가 3보다 작은 경우에도 보상을 부여한다. 반면, 음(-)의 왜도와 첨도가 3보다 큰 경우에는 패널티를 부과한다.

조정된 샤프비율은 비록 드물게 사용되지만, 포트폴리오 수익률이 정규분포를 따르지 않는 문제를 해결하며, 계산도 비교적 간단하다. 또한, 샤프비율보다 더 우수한 성과측정방법으로 평가된다.

---

[28] Pezier and White, *The Relative Merits of Investable Hedge Fund Indices and of Funds of Hedge Funds in Optimal Passive Portfolios*(2006).

> **Note**
> 어떤 공식에서 변동성, 분산 또는 표준편차를 사용할 때는 수익률이 정규분포를 따른다는 가정이 내포되어 있다. 그러나 실증적으로 볼 때, 이 가정은 반드시 맞는다고 보기는 어렵다. 이러한 이유로, 왜도와 첨도를 반영해 조정한 성과분석 지표는 기존 성과분석 지표보다 더 개선된 방법이라고 할 수 있다.

왜도 조정 샤프비율(Skew-adjusted Sharpe ratio)

조금 더 간단한 계산방법은 왜도 조정 샤프비율에서 첨도를 제외하고 왜도만 조정하는 것이다. 실제로 대부분의 경우 첨도를 고려하지 않아도 결과에 큰 차이는 없다.

$$\text{왜도 조정 샤프비율 } SASR = SR \times \left[1 + \left(\frac{\zeta}{6}\right) \times SR\right] \tag{5.26}$$

Exhibit 5.7에서는 Table 5.1과 Table 5.3의 예제 포트폴리오 데이터 및 Table 5.7의 월간 무위험 수익률을 사용하여 샤프비율, 대체 샤프비율, 조정된 샤프비율 및 왜도 조정 샤프비율을 계산했다. 또한, Exhibit 5.8에서는 Table 5.8의 데이터를 사용하여 개선된 샤프비율을 계산했다.

Exhibit 5.7 샤프비율, 대체 샤프비율, 왜도 조정 샤프비율 및 조정된 샤프비율

$$\text{샤프비율} = \frac{\tilde{r} - \tilde{r}_T}{\tilde{\sigma}} = \frac{13.29\% - 2.43\%}{11.49\%} = 0.94$$

무위험 연율화 수익률 2.43%

$$\text{대체샤프비율} = \frac{\tilde{r} - \tilde{r}_F}{\tilde{\sigma} - \tilde{\sigma}_F} = \frac{13.29\% - 2.43\%}{11.49\% - 0.23\%} = 0.97$$

왜도 조정 샤프비율

$$SASR = SR \times \left[1 + \left(\frac{\zeta}{6}\right) \times SR\right]$$
$$= 0.94 \times \left[1 + \frac{-0.24}{6} \times 0.94\right] = 0.91$$

조정된 샤프비율

$$ASR = SR \times \left[1 + \left(\frac{\zeta}{6}\right) \times SR - \left(\frac{\kappa - 3}{24}\right) \times SR^2\right]$$
$$= 0.94 \times \left[1 + \frac{-0.24}{6} \times 0.94 - \left(\frac{2.98 - 3}{24}\right) \times 0.94^2\right] = 0.91$$

Table 5.7 무위험 수익률의 변동성

포트폴리오 월수익률(%) r_i	무위험 월수익률(%) r_{Fi}	절대편차 $\lvert r_{Fi} - \bar{r}_F \rvert$	편차제곱 $(r_{Fi} - \bar{r}_F)^2$
0.3	0.1	0.1	0.01
2.6	0.1	0.1	0.01
1.1	0.2	0.0	0.00
-0.9	0.2	0.0	0.00
1.4	0.2	0.0	0.00
2.4	0.2	0.0	0.00
1.5	0.2	0.0	0.00
6.6	0.3	0.1	0.01
-1.4	0.3	0.1	0.01
3.9	0.4	0.2	0.04
-0.5	0.4	0.2	0.04
8.1	0.3	0.1	0.01
4.0	0.3	0.1	0.01
-3.7	0.3	0.1	0.01
-6.1	0.3	0.1	0.01
1.4	0.4	0.2	0.04
-4.9	0.2	0.0	0.00
-2.1	0.2	0.0	0.00
6.2	0.2	0.0	0.00
5.8	0.1	0.1	0.01
-6.4	0.1	0.1	0.01
1.7	0.1	0.1	0.01
-0.4	0.1	0.1	0.01
-0.2	0.1	0.1	0.01
-2.1	0.1	0.1	0.01
1.1	0.1	0.1	0.01
4.7	0.1	0.1	0.01
2.4	0.1	0.1	0.01
3.3	0.1	0.1	0.01
-0.7	0.2	0.0	0.00
4.7	0.2	0.0	0.00
0.6	0.2	0.0	0.00
1.0	0.2	0.0	0.00
-0.2	0.2	0.0	0.00
3.4	0.2	0.0	0.00

| 1.0 | 0.2 | 0.0 | 0.00 |
| 합계 | 합계 | 합계 | 합계 |

$$\sum_{i=1}^{n} r_i = 39.6 \qquad \begin{array}{l} \sum_{i=1}^{n} r_{Fi} = 7.2 \\ \tilde{\bar{r}}_F = \dfrac{7.2\%}{36} = 0.2 \\ \tilde{\bar{r}}_F = 2.43 \end{array} \qquad \sum_{i=1}^{n} |r_{Fi} - \bar{r}_F| = 2.4 \qquad \sum_{i=1}^{n} (r_{Fi} - \bar{r}_F)^2 = 0.3$$

Exhibit 5.8 개선된 샤프비율

무위험수익률 대비 초과수익률의 표준편차

$$\sigma(r_i - r_{Fi}) = \sqrt{\frac{\sum_{i=1}^{n}((r_i - r_{Fi}) - (\bar{r} - \bar{r}_F))^2}{n}} = \sqrt{\frac{395.62\%}{36}} = 3.315\%$$

$$\tilde{\sigma}(r_i - r_{Fi}) = 3.315\% \times \sqrt{12} = 11.48\%$$

개선된 샤프비율 $\quad \dfrac{\tilde{\bar{r}} - \tilde{\bar{r}}_F}{\tilde{\sigma}(r_i - r_{Fi})} = \dfrac{13.29\% - 2.43\%}{11.48\%} = 0.95$

샤프비율과 개선된 샤프비율의 차이가 매우 작은 이유는 무위험수익률의 낮은 변동성 때문이다.

Table 5.8 무위험 수익률 대비 포트폴리오 초과수익률의 변동성

포트폴리오 월수익률(%) r_i	무위험 월수익률(%) r_{Fi}	초과수익률(%) $(r_i - r_{Fi})$	편차 $(r_i - r_{Fi}) - (\tilde{\bar{r}} - \tilde{\bar{r}}_F)$	편차 제곱 $[(r_i - r_{Fi}) - (\tilde{\bar{r}} - \tilde{\bar{r}}_F)]^2$
0.3	0.1	0.2	-0.7	0.49
2.6	0.1	2.5	1.6	2.56
1.1	0.2	0.9	0	0
-0.9	0.2	-1.1	-2	4
1.4	0.2	1.2	0.3	0.09
2.4	0.2	2.2	1.3	1.69
1.5	0.2	1.3	0.4	0.16
6.6	0.3	6.3	5.4	29.16
-1.4	0.3	-1.7	-2.6	6.76
3.9	0.4	3.5	2.6	6.76
-0.5	0.4	-0.9	-1.8	3.24
8.1	0.3	7.8	6.9	47.61
4	0.3	3.7	2.8	7.84

-3.7	0.3	-4	-4.9	24.01
-6.1	0.3	-6.4	-7.3	53.29
1.4	0.4	1	0.1	0.01
-4.9	0.2	-5.1	-6	36
-2.1	0.2	-2.3	-3.2	10.24
6.2	0.2	6	5.1	26.01
5.8	0.1	5.7	4.8	23.04
-6.4	0.1	-6.5	-7.4	54.76
1.7	0.1	1.6	0.7	0.49
-0.4	0.1	-0.5	-1.4	1.96
-0.2	0.1	-0.3	-1.2	1.44
-2.1	0.1	-2.2	-3.1	9.61
1.1	0.1	1	0.1	0.01
4.7	0.1	4.6	3.7	13.69
2.4	0.1	2.3	1.4	1.96
3.3	0.1	3.2	2.3	5.29
-0.7	0.2	-0.9	-1.8	3.24
4.7	0.2	4.5	3.6	12.96
0.6	0.2	0.4	-0.5	0.25
1	0.2	0.8	-0.1	0.01
-0.2	0.2	-0.4	-1.3	1.69
3.4	0.2	3.2	2.3	5.29
1	0.2	0.8	-0.1	0.01
합계	합계			
$\sum_{i=1}^{n} r_i = 39.6$	$\sum_{i=1}^{n} r_{Fi} = 7.2$			합계 = 395.62

$$\bar{r} - \bar{r}_F = \frac{39.6\% - 7.2\%}{36} = 0.9$$

이 예제에서 조정된 샤프비율이 낮게 산출되는데, 이는 수익률 분포에 음(-)의 왜도가 있기 때문이다. 첨도가 3보다 낮아 지표 측면에서 약간의 이점이 존재하기도 한다. 샤프비율의 조정폭이 낮은 이유는 수익률 분포에 약간 음(-)의 왜도가 있으나 정규분포에 가깝기 때문이다.

상대 위험

(RELATIVE RISK)

지금까지 설명한 성과평가지표는 절대적 위험 측정치로, 포트폴리오와 벤치마크의 수익률과 위험을 각각 계산한 후 이를 비교하여 사용된다. 반면, 상대적 위험 지표는 벤치마크 대비 포트폴리오의 초과수익률을 비교 및 분석한다. 초과수익률의 변동성을 표준편차로 계산한 값은 추적오차(Tracking Error), 추적위험(Tracking Risk), 상대적 위험(Relative Risk) 또는 액티브 리스크(Active Risk)라고 불린다.[29] 이 중 자산운용업계에서는 '추적오차'라는 용어가 가장 널리 사용되지만, 최적의 표현이라고 보기는 어렵다. 예를 들어, 상장지수펀드(ETF)와 패시브 매니저들이 사용하는 경우에는 약간 다른 의미가 있다.[30] ETF 관점에서 추적오차는 펀드가 추종하는 지수와 실제 ETF의 수익률 간의 차이를 의미하는데 이 차이는 오류(Error)로 해석될 여지도 있기 때문에 '추적오차(Tracking Error)'라는 표현이 적합하다. 하지만 초과수익률의 변동성을 설명할 때는 이 용어가 적합한지는 의문이 있다.

> ⚠ **Caution**
> 물론, 추적오차가 낮다고 해서 반드시 좋은 성과를 의미하는 것은 아니다. 추정오차는 일관성을 측정하는 지표일 뿐이며, 낮은 추적오차는 꾸준히 저조한 성과를 나타낼 수도 있기 때문이다.

추적오차(Tracking error, Active risk)

경우에 따라서 추적오차는 예측 가능할 수 있으며, 계산방법에 따라 그 의미가 달라질 수 있으므로 사후(ex-post) 추적오차인지, 또는 사전(ex-ante) 추적오차인지 명확히 표시해야 한다.

---

29 "베이컨의 법칙"은 위험 통계나 평가 지표의 대체 명칭이 많을수록, 그 지표는 더 유용하다는 의미이다.
30 ETF(상장지수펀드)는 주식시장에 상장되어 거래되는 펀드로, 대부분 특정 지수를 "추종"하도록 설계되어 있다.

$$\text{추적오차 } \sigma_A = \sqrt{\frac{\sum_{i=1}^{n}(a_i - \bar{a})^2}{n}} \qquad (5.27)$$

여기서, σ_A : 산술적 초과수익률의 추적오차
a_i : i 번째 월의 초과수익률
$\bar{a}$: 초과수익률의 산술평균

기하학적 초과수익률을 사용하면 다음과 같이 계산할 수 있다.

$$\text{추적오차 } \sigma_G = \sqrt{\frac{\sum_{i=1}^{n}(g_i - \bar{g})^2}{n}} \qquad (5.28)$$

여기서, σ_G : 기하학적 초과수익률의 추적오차
g_i : i 번째 월의 기하학적 초과수익률
$\bar{g}$: 초과수익률의 기하평균

연속복리 수익률(로그 수익률)의 산술적 차이는 단순수익률의 기하학적 초과수익률과 같다. 따라서 기하학적 초과수익률은 연속복리 수익률의 산술적 차이와 같으며, 통계적 분석에 더 적합하다.

정보비율(Information ratio)

샤프비율에서 절대 수익률과 절대 위험을 비교했던 것처럼, 초과수익률과 추적오차를 Figure 5.11을 통해 비교 확인할 수 있다. 정보비율(Information Ratio)은 샤프비율과 유사하지만, Y축에는 절대수익률 대신 초과수익률이, X축에는 절대위험 대신 추적오차가 위치한다.

초과수익률을 다루기 때문에 무위험 수익률은 고려되지 않으며, 시작점은 벤치마크이다. 따라서 정보비율의 직선은 원점에서 시작한다. 이 직선의 기울기는 초과수익률과 추적오차의 비율을 나타내며, 다음과 같이 계산된다.

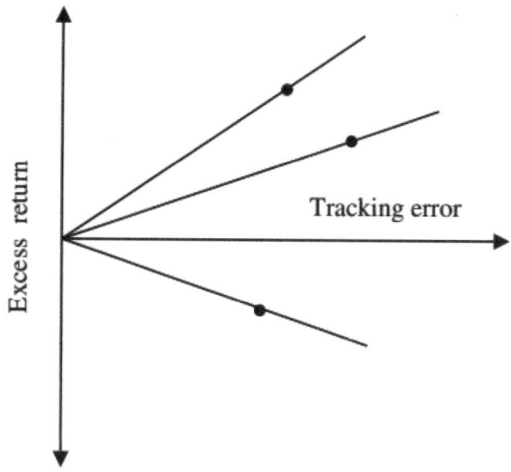

Figure 5.11 정보비율

$$정보비율\ IR_A = \frac{\tilde{a}}{\tilde{\sigma}_A} = \frac{연율화\ 초과수익률}{연율화\ 추적오차} \quad (5.29)$$

여기서, IR_A : 산술적 초과수익률을 사용한 정보비율
$\tilde{a}$: 연율화 산술적 초과수익률
$\tilde{\sigma}_A$: 산술적 초과수익률을 사용한 연율화 추적오차

정보비율은 샤프비율에서 무위험 수익률을 벤치마크로 대체한 것과 같다.

기하학적 정보비율(Geometric information ratio)

기하학적 초과수익률을 사용하여 기하학적 정보비율을 다음과 같이 계산할 수 있다.

$$정보비율\ IR_G = \frac{\tilde{g}}{\tilde{\sigma}_G} \quad (5.30)$$

여기서, $\tilde{g}$: 연율화 기하학적 초과수익률
$\tilde{\sigma}_G$: 기하학적 초과수익률을 사용한 연율화 추적오차

일반적으로 정보비율은 연율화 초과수익률과 연율화 추적오차를 사용하여 계산된다. 공정한 비교를 위해 계산방법이 명확히 공개되어야 하며, 데이터의 빈도,

전체 기간, 산술적 또는 기하학적 초과수익률, 산술 또는 기하평균, 모집단 또는 표본집단, 사후(ex-post) 또는 사전(ex-ante), 단순수익률 또는 연속복리수익률 등을 명시해야 한다.

> ⚠️ **Caution**
> 정보비율을 비교할 때는 동일한 방법과 동일한 유형의 데이터를 사용하였는지를 확인해야 한다.

> 📝 **Note**
> 저자는 월별 데이터를 기준으로 3년 동안 기하학적 초과수익률을 사용하고, 전체 모집단을 가정하며 단순수익률을 활용해 사후 계산하는 방식을 선호한다. 월별 데이터를 선호하는 이유는 일반적으로 더 신뢰할 수 있는 데이터 품질을 가지고 있으며, 일별 데이터는 노이즈가 포함될 가능성이 있기 때문이다. 3년이라는 기간은 월별 데이터로 통계적으로 유의미하면서도 최근 과거를 반영하기에 적절한 기간이라고 판단된다. 전체 모집단을 사용하는 이유는 분석대상 모집단의 정확한 평균을 알고 있기 때문이다. 단순수익률을 선택하는 이유는 널리 사용되고 있으며, 사실 단순수익률과 연속복리 수익률 중 어떤 수익률을 선택하는 것은 중요하지 않고 데이터의 품질을 확보하는 것이 더 중요하기 때문이다.

만약 사전(ex-ante) 추적오차가 분모에 사용된다면, 이는 포트폴리오의 현재 스냅샷을 기반으로 한 예측에 불과하다. 포트폴리오 매니저는 측정 시점에서 포트폴리오의 '베팅'을 줄여서 '윈도우 드레싱'[31]을 할 수 있으며, 이를 통해 예측된 추적오차를 줄이고, 정보비율이 개선된 것처럼 보일 수도 있다.

> 📝 **Note**
> 정보비율은 기관자금 매니저들이 많이 사용하는 중요한 위험조정성과로, 종종 포트폴리오 매니저의 역량 측정에 사용된다. 정보비율이라고 불리는 이유는 많은 의미를 내포하기 있기 때문이다.

---

31 '윈도우 드레싱'은 포트폴리오 정보가 특정 시점에 공개되기 전에 매니저가 해당 정보를 일시적이거나 인위적으로 개선하기 위해 취하는 행동을 의미한다.

정보비율에 대한 해석에는 다양한 관점이 존재한다. Thomas Goodwin[32]의 연구에서 Grinold와 Kahn[33]의 연구를 인용하며, 정보비율이 0.5이면 좋고, 0.75이면 매우 좋으며, 1.0이면 예외적이라고 설명하였다. 또한, 정보비율이 1.0을 크게 초과하면 지속가능성이 없거나 성과의 신뢰성이 떨어진다고 언급하였다. 일반적으로 양(+)의 정보비율은 초과수익을 의미하고, 음(-)의 정보비율은 저조한 초과성과를 의미한다. 샤프비율과 달리, 일관되지 않은 저조한 성과(높은 추적오차)보다는 일관된 저조한 성과(낮은 추적오차)가 더 부정적으로 평가된다.

단일 기간 높은 정보비율을 기록하는 것은 비교적 쉬운 일이다. 그러나 다른 성과지표와 마찬가지로, 정보비율 역시 꾸준히 좋은 결과를 유지하는 것이 중요하다. Goodwin은 Grinold와 Kahn이 언급한 것보다 0.5 이상의 높은 정보비율을 지속적으로 유지하는 것이 더 어렵다고 설명했다.

> **Note**
> 정보비율이 4년 동안 1.0, 7년 동안 0.75, 16년 동안 0.5로 유지된다면, 이는 높은 정보비율을 꾸준히 유지했다고 볼 수 있다.

이러한 통계량은 벤치마크를 초과하는 성과를 달성해야 하는 포트폴리오를 평가하는 데 유용하다. 추적오차와 정보비율은 Table 5.9의 산술적 데이터 및 Table 5.10의 기하학적 데이터를 활용하여 Exhibit 5.9에서 계산된다.

Exhibit 5.9 산술적 정보비율 및 기하학적 정보비율

산술적 추적오차
$$\sigma_A = \sqrt{\frac{\sum_{i=1}^{n}(a_i - \bar{a})^2}{n}} = \sqrt{\frac{4.36}{36}} = 0.348\%$$

연율화 산술적 정보비율
$$\tilde{\sigma}_A = \sqrt{12} \times 0.348\% = 1.21\%$$

---

[32] Goodwin, "The Information Ratio: More Than You Ever Wanted to Know About One Performance Measure"(1998).

[33] Grinold and Khan, *Active Portfolio Management*(1999).

포트폴리오 연율화 수익률	$\tilde{r} = 13.29\%$
벤치마크 연율화 수익률	$\tilde{b} = 14.62\%$
연율화 초과수익률	$\tilde{a} = 13.29\% - 14.62\% = -1.33\%$
산술적 정보비율	$IR_A = \dfrac{\tilde{a}}{\tilde{\sigma}_A} = \dfrac{-1.33\%}{1.21\%} = -1.1$
기하학적 추적오차	$\sigma_G = \sqrt{\dfrac{\sum_{i=1}^{n}(g_i - \bar{g})^2}{n}} = \sqrt{\dfrac{4.24}{36}} = 0.343\%$
연율화 기하학적 정보비율	$\tilde{\sigma}_G = \sqrt{12} \times 0.343\% = 1.19\%$
연율화 기하학적 초과수익률	$\tilde{g} = \left(\dfrac{1+\tilde{r}}{1+\tilde{b}}\right) - 1 = \left(\dfrac{1.1329}{1.1462}\right) - 1 = -1.16\%$
기하학적 정보비율	$IR_G = \dfrac{\tilde{g}}{\tilde{\sigma}_G} = \dfrac{-1.16\%}{1.19\%} = -0.98$

Table 5.9 산술적 정보비율 데이터

포트폴리오 월수익률(%) r_i	벤치마크 월수익률(%) b_i	산술적 초과수익률(%) $a_i = r_i - b_i$	편차 $(a_i - \bar{a})$	편차 제곱 $(a_i - \bar{a})^2$
0.3	0.2	0.1	0.2	0.04
2.6	2.5	0.1	0.2	0.04
1.1	1.8	-0.7	-0.6	0.36
-0.9	-1.1	0.2	0.3	0.09
1.4	1.4	0.0	0.1	0.01
2.4	2.3	0.1	0.2	0.04
1.5	1.4	0.1	0.2	0.04
6.6	6.5	0.1	0.2	0.04
-1.4	-1.5	0.1	0.2	0.04
3.9	4.2	-0.3	-0.2	0.04
-0.5	-0.3	-0.2	-0.1	0.01
8.1	8.3	-0.2	-0.1	0.01
4.0	3.9	0.1	0.2	0.04
-3.7	-3.8	0.1	0.2	0.04
-6.1	-6.2	0.1	0.2	0.04
1.4	1.5	-0.1	0.0	0.00

-4.9	-4.8	-0.1	0.0	0.00
-2.1	-2	-0.1	0.0	0.00
6.2	6.0	0.2	0.3	0.09
5.8	5.6	0.2	0.3	0.09
-6.4	-6.7	0.3	0.4	0.16
1.7	1.9	-0.2	-0.1	0.01
-0.4	-0.3	-0.1	0.0	0.00
-0.2	-0.1	-0.1	0.0	0.00
-2.1	-2.6	0.5	0.6	0.36
1.1	0.7	0.4	0.5	0.25
4.7	4.3	0.4	0.5	0.25
2.4	2.9	-0.5	-0.4	0.16
3.3	3.8	-0.5	-0.4	0.16
-0.7	-0.2	-0.5	-0.4	0.16
4.7	5.1	-0.4	-0.3	0.09
0.6	1.4	-0.8	-0.7	0.49
1.0	1.3	-0.3	-0.2	0.04
-0.2	0.3	-0.5	-0.4	0.16
3.4	3.4	0	0.1	0.01
1.0	2.1	-1.1	-1.0	1.00
				합계 $\sum_{i=1}^{n}(a_i - \overline{a})^2 = 4.36$

Table 5.10 기하학적 정보비율 데이터

포트폴리오 월수익률(%) r_i	벤치마크 월수익률(%) b_i	기하학적 초과수익률(%) $g_i = \left(\dfrac{1+r_i}{1+b_i}\right) - 1$	편차 $(g_i - \overline{g})$	편차 제곱 $(g_i - \overline{g})^2$
0.3	0.2	0.1	0.2	0.04
2.6	2.5	0.1	0.19	0.04
1.1	1.8	-0.69	-0.59	0.35
-0.9	-1.1	0.2	0.3	0.09
1.4	1.4	0.0	0.1	0.01
2.4	2.3	0.1	0.19	0.04
1.5	1.4	0.1	0.2	0.04
6.6	6.5	0.09	0.19	0.04
-1.4	-1.5	0.1	0.2	0.04
3.9	4.2	-0.29	-0.19	0.04

-0.5	-0.3	-0.2	-0.1	0.01
8.1	8.3	-0.18	-0.09	0.01
4.0	3.9	0.1	0.19	0.04
-3.7	-3.8	0.1	0.2	0.04
-6.1	-6.2	0.11	0.2	0.04
1.4	1.5	-0.1	0.0	0.00
-4.9	-4.8	-0.11	-0.01	0.00
-2.1	-2.0	-0.1	-0.01	0.00
6.2	6.0	0.19	0.29	0.08
5.8	5.6	0.19	0.29	0.08
-6.4	-6.7	0.32	0.42	0.17
1.7	1.9	-0.2	-0.1	0.01
-0.4	-0.3	-0.1	0.0	0.00
-0.2	-0.1	-0.10	0.00	0.00
-2.1	-2.6	0.51	0.61	0.37
1.1	0.7	0.40	0.49	0.24
4.7	4.3	0.38	0.48	0.23
2.4	2.9	-0.49	-0.39	0.15
3.3	3.8	-0.48	-0.38	0.15
-0.7	-0.2	-0.50	-0.40	0.16
4.7	5.1	-0.38	-0.28	0.08
0.6	1.4	-0.79	-0.69	0.48
1.0	1.3	-0.30	-0.2	0.04
-0.2	0.3	-0.50	-0.40	0.16
3.4	3.4	0.00	0.10	0.01
1.0	2.1	-1.08	-0.98	0.96
				합계

$$\sum_{i=1}^{n}(g_i - \overline{g})^2 = 4.24$$

수정정보비율(Modified information ratio)

일부에서는 음(-)의 샤프비율과 음(-)의 정보비율은 의미가 없다고 주장하였다. 음(-)의 성과인 경우, 해당 지수가 실제로 변동성과 추적오차가 클수록 더 높은 보상을 보이게 된다는 점을 지적한다. 음(-)의 샤프비율과 정보비율은 더 신중하게 해석해야 하는 것이 사실이지만, 이를 단순히 의미가 없다고 판단하기는 어렵다. 이는 성과 지속성 측면에서 일관되게 저조한 성과를 기록하는 것보다 일관되지 않게 저조한 성과를 기록하는 편이 더 나을 수 있기 때문이다.

Israelson[34]이 제안한 수정정보비율은 더 높은 추적오차가 항상 불리하게 적용되도록 정보비율을 수정한다.

$$\text{수정정보비율} \quad MIR_A = \frac{\tilde{a}}{\tilde{\sigma}_A^{\frac{\tilde{a}}{|\tilde{a}|}}} \tag{5.31}$$

음(-)의 초과수익률의 경우, 초과수익률이 수정되지 않은 정보비율에서처럼 나누어지는 것이 아니라, 추적오차와 곱해진다.

$$\text{음(-)의 초과수익률인 경우, 수정정보비율} \quad MIR_A^- = \tilde{a} \times \tilde{\sigma}_A \tag{5.32}$$

기하학적 초과수익률의 경우, 다음과 같이 계산한다.

$$\text{수정정보비율} \quad MIR_G = \frac{\tilde{g}}{\tilde{\sigma}_G^{\frac{\tilde{g}}{|\tilde{g}|}}} \tag{5.33}$$

음(-)의 기하학적 초과수익률인 경우, 다음과 같이 계산한다.

$$\text{수정정보비율} \quad MIR_G^- = \tilde{g} \times \tilde{\sigma}_G \tag{5.34}$$

회귀분석
(REGRESSION ANALYSIS)

회귀분석(Regression Analysis)은 변수 간의 관계를 분석하는 통계적 방법이다. 하나의 설명변수(Explanatory Variable)를 사용하는 회귀분석을 단순회귀분석(Simple Regression)라고 하며, 여러 설명변수를 사용하는 회귀분석을 다중회귀분석(Multiple Regression)이라고 한다. 포트폴리오에 대해 더 많은 정보를 살펴보기 위해 Figure 5.12와 같이 포트폴리오 수익률을 벤치마크 수익률과 함께 산점도(Scatter Diagram)로 나타낼 수 있다.

---

[34] Israelsen, "A Refinement to the Sharpe Ratio and Information Ratio"(2005).

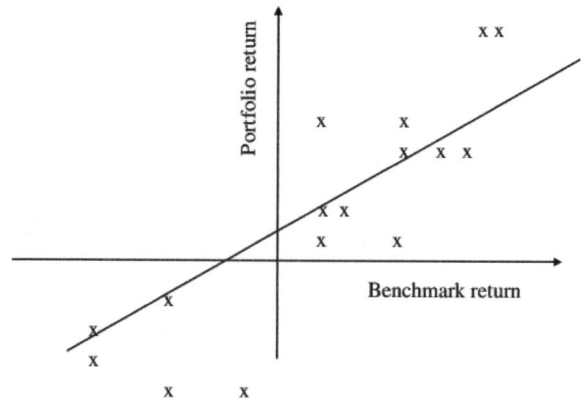

Figure 5.12 회귀분석

포트폴리오 수익률이 벤치마크 수익률과 일치하는 경향이 있을 것으로 예상할 수 있다. 만약 그렇다면, 이 점들을 통해 최적의 회귀선을 그릴 수 있으며, 이 회귀선의 목적은 각 점이 선으로부터 떨어진 수직 거리의 제곱을 최소화하는 것이다.

회귀방정식(Regression equation)

그래프에서 직선 공식은 직선의 기울기와 Y축의 절편을 더한 것으로 계산된다. 따라서 포트폴리오의 수익률은 다음과 같이 정의된다.

$$r = \alpha_R + \beta_R \times b + \epsilon_R \tag{5.35}$$

이 식을 회귀방정식(regression equation)이라고 한다. '회귀(regression)'라는 용어는 19세기 Francis Galton[35]에 의해 처음 사용되었으며, 이는 큰 키를 가진 조상들의 키가 평균 키로 수렴하는 생물학적 현상을 설명하기 위해 사용되었다.

회귀 알파(Regression alpha)

회귀 알파 α_R는 회귀방정식의 Y축 절편이다.

---

[35] Galton, "Kinship and Correlation"(reprinted 1989).

$$\text{회귀 알파 } \alpha_R = \bar{r} - \beta_R \times \bar{b} \tag{5.36}$$

회귀 베타(Regression beta)

회귀 베타 β_R는 회귀방정식의 기울기이다. 회귀방정식의 기울기는 다음과 같이 정의된다.

$$\beta_R = \frac{\sum_{i=1}^{n}\left[(r_i - \bar{r}) \times (b_i - \bar{b})\right]}{\sum_{i=1}^{n}(b_i - \bar{b})^2} = \frac{\text{공분산}}{\sigma_b^2} \tag{5.37}$$

오차항(Regression epsilon)

오차항 ϵ_R은 방정식에 의해 예측된 수익률과 실제 수익률 간의 수직 거리로, 다음과 같이 정의된다.

$$\epsilon_{Ri} = r_i - \alpha_{Ri} - \beta_R \times b_i \tag{5.38}$$

Exhibit 5.2와 Exhibit 5.6에서 계산된 포트폴리오와 벤치마크 데이터에 대한 회귀 알파와 회귀 베타는 Exhibit 5.10에서 계산된다.

Exhibit 5.10 회귀모형의 알파와 베타

$$\text{공분산} = \frac{\sum_{i=1}^{n}(r_i - \bar{r}) \times (b_i - \bar{b})}{n} = \frac{399.37\%}{36} = 11.09\%$$

$$\text{벤치마크의 분산 } \sigma_b^2 = \frac{\sum_{i=1}^{n}(b_i - \bar{b})^2}{n} = \frac{406.92\%}{36} = 11.30\%$$

$$\text{베타 } \beta_R = \frac{\sum_{i=1}^{n}\left[(r_i - \bar{r}) \times (b_i - \bar{b})\right]}{\sum_{i=1}^{n}(b_i - \bar{b})^2} = \frac{\text{공분산}}{\sigma_b^2} = \frac{11.09\%}{11.30\%} = 0.9814$$

$$\text{알파 } \alpha_R = \bar{r} - \beta_R \times \bar{b} = 1.1\% - 0.9814 \times 1.2\% = -0.078\%$$

CAPM(Capital asset pricing model)

자본자산가격모형(CAPM)은 기대수익률과 체계적 위험을 연결하는 모형이다. CAPM은 1964년 Sharpe[36]에 의해 도입되었으며, 포트폴리오의 기대수익률은 다음과 같이 정의하였다.

$$r = r_F + \beta \times (b - r_F) \tag{5.39}$$

CAPM은 무위험수익률로 시작한 후, 여기에 프리미엄 $(b-r_F)$을 추가하고, 이를 변동성 β 또는 체계적위험과 곱한 값을 반영한다. 식 5.39의 CAPM은 이론적인 수익률을 설명한다. 이 이론적인 수익률을 초과하는 모든 수익률은 Y축과의 절편에 해당하며, 이는 알파(alpha)로, 특정 위험으로부터 발생하는 수익률을 의미한다.

무위험 수익률을 포함하여, 다음과 같은 수정된 회귀방정식을 사용하여 베타와 새로운 알파인 Jensen의 알파[37]를 계산할 수 있다.

$$r - r_F = \alpha + \beta \times (b - r_F) + \epsilon \tag{5.40}$$

> ⚠ **Caution**
> CAPM에서도 선형성에 대한 가정을 포함하고 있다. 일부 포트폴리오는 벤치마크와 선형 관계를 나타내지만(특히 인덱스 펀드), 다른 포트폴리오는 그렇지 않을 수 있다. 이는 CAPM의 주요 한계 중 하나다.

베타 β(체계적위험, 변동성)

베타는 원래 변동성(volatility)으로 설명되었으며, 일부에서는 여전히 '변동성'이라고 부른다. 하지만 최근에는 변동성은 표준편차(standard deviation)를 의미하는 경우가 많다.

CAPM의 관점에서 포트폴리오의 초과수익률을 무위험 수익률과 비교하고, 벤치

---

[36] Sharpe, "Capital Asset Prices: A Theory of Market Equilibrium under Conditions of Risk"(1964).
[37] M. Jensen, "The Performance of Mutual Funds in the Period 1945-1964"(1968).

마크의 초과수익률도 동일한 무위험 수익률과 비교해야 한다.

$$\beta = \frac{\sum_{i=1}^{n}\left[\left\{(r_i - r_{Fi}) - (\bar{r} - \bar{r}_F)\right\} \times \left\{(b_i - r_{Fi}) - (\bar{b} - \bar{r}_F)\right\}\right]}{\sum_{i=1}^{n}\left\{(b_i - r_{Fi}) - (\bar{b} - \bar{r}_F)\right\}^2} \qquad (5.41)$$

여기서, $\tilde{r}_F$: 무위험 수익률의 평균
r_{Fi} : i번째 월의 무위험 수익률
$\bar{b}$: 벤치마크 수익률의 평균

결과는 회귀 베타와 크게 다르지 않을 것이다. 그러나 분석의 관점에서는 무위험 수익률을 고려해야 한다.

젠센의 α(Jensen's alpha)

젠센의 알파는 자본자산가격모형(CAPM)에서 회귀방정식의 절편에 해당하며, 사실상 체계적 위험을 반영하여 조정된 초과수익률이다. 오차항을 무시하고, 식 5.40을 사용하면 젠센의 알파는 다음과 같이 정의된다.

$$\text{젠센의 알파} \quad \alpha = \bar{r} - \bar{r}_F - \beta \times (\bar{b} - \bar{r}_F) \qquad (5.42)$$

일부 포트폴리오 매니저들은 알파를 통해 부가가치를 설명하려 한다. 하지만 그들이 언급하는 알파는 회귀 알파나 젠센의 알파가 아닌 경우가 많다. 실제로 많은 매니저는 알파를 벤치마크 대비 초과수익률로 설명한다. 여러 논문에서도 초과수익률은 무위험 수익률 대비 초과수익률로 설명한다.

사실, 베타와 알파는 자주 잘못 사용된다. 베타는 포트폴리오 매니저들이 시장수익률을 설명할 때 자주 사용하지만, 실제로 베타는 시장에 대한 체계적 위험을 의미한다. 패시브 투자의 증가로 이러한 용어의 변화가 빈번해졌다. 오늘날, 베타는 매니저의 역량과 관계없이 발생하는 패시브 투자수익률을 나타내는 데 자주 사용되며, 알파는 매니저의 역량에 의한 초과수익률을 설명하는 데 사용된다. 액티브 매니저들은 보수를 설명하는 데에 알파를 사용하기도 한다.

식 5.39에서 벤치마크 수익률을 양쪽에서 빼면, 산술적 초과수익률은 다음과 같

이 정의된다.

$$r - b = \alpha + (\beta - 1) \times (b - r_F) \qquad (5.43)$$

여기서, $b = r_F + (b - r_F)$ 이다.

연율화 α(Annualized alpha)

회귀방정식에서 계산된 알파는 기본 데이터의 주기성과 관련이 있다. 연율화 알파는 연율화된 데이터로부터 다음과 같이 직접 계산할 수 있다.

$$\text{연율화 회귀알파} \quad \tilde{\alpha}_R = \tilde{r} - \beta_R \times \tilde{b} \qquad (5.44)$$

$$\text{연율화 젠센의 알파} \quad \tilde{\alpha} = \tilde{r} - \tilde{r}_F - \beta(\tilde{b} - \tilde{r}_F) \qquad (5.45)$$

또는 알파는 데이터의 주기성을 곱하거나 주기의 거듭제곱을 통해 다음과 같이 연율화할 수 있다.

$$\tilde{\alpha} = t \times \alpha \qquad (5.46)$$

또는,

$$\tilde{\alpha} = (1 + \alpha)^t - 1 \qquad (5.47)$$

수정된 CAPM 베타와 젠센의 알파는 Exhibit 5.11에서 Table 5.12와 Table 5.13의 데이터를 사용하여 계산된다. 무위험수익률 대비 포트폴리오 초과수익률의 변동성을 계산하는 데 필요한 데이터는 Table 5.11에 나와 있다.

Exhibit 5.11 CAPM 베타와 젠센의 알파

베타 $\quad \beta = \dfrac{\sum_{i=1}^{n}\left[\{(r_i - r_{Fi}) - (\bar{r} - \bar{r}_F)\} \times \{(b_i - r_{Fi}) - (\bar{b} - \bar{r}_F)\}\right]}{\sum_{i=1}^{n}\{(b_i - r_{Fi}) - (\bar{b} - \bar{r}_F)\}^2} = \dfrac{398.66}{406.06} = 0.982$

젠센의 알파 $\quad \alpha = \bar{r} - \bar{r}_F - \beta \times (\bar{b} - \bar{r}_F) = 0.9 - 0.982 \times 1.0 = -0.082$

Table 5.11 무위험수익률 대비 포트폴리오 초과수익률의 변동성

포트폴리오 월수익률(%) r_i	무위험 월수익률(%) r_{Fi}	무위험수익률 대비 초과수익률(%) $(r_i - r_{Fi})$	편차 $(r_i - r_{Fi}) - (\bar{r} - \bar{r}_F)$	편차제곱 $[(r_i - r_{Fi}) - (\bar{r} - \bar{r}_F)]^2$
0.3	0.1	0.8	-0.7	0.49
2.6	0.1	1.5	1.6	2.56
1.1	0.2	0	0	0
-0.9	0.2	2	-2	4
1.4	0.2	0.3	0.3	0.09
2.4	0.2	1.3	1.3	1.69
1.5	0.2	0.4	0.4	0.16
6.6	0.3	5.5	5.4	29.16
-1.4	0.3	2.5	-2.6	6.76
3.9	0.4	2.8	2.6	6.76
-0.5	0.4	1.6	-1.8	3.24
8.1	0.3	7	6.9	47.61
4	0.3	2.9	2.8	7.84
-3.7	0.3	4.8	-4.9	24.01
-6.1	0.3	7.2	-7.3	53.29
1.4	0.4	0.3	0.1	0.01
-4.9	0.2	6	-6	36
-2.1	0.2	3.2	-3.2	10.24
6.2	0.2	5.1	5.1	26.01
5.8	0.1	4.7	4.8	23.04
-6.4	0.1	7.5	-7.4	54.76
1.7	0.1	0.6	0.7	0.49
-0.4	0.1	1.5	-1.4	1.96
-0.2	0.1	1.3	-1.2	1.44
-2.1	0.1	3.2	-3.1	9.61
1.1	0.1	0	0.1	0.01
4.7	0.1	3.6	3.7	13.69
2.4	0.1	1.3	1.4	1.96
3.3	0.1	2.2	2.3	5.29
-0.7	0.2	1.8	-1.8	3.24
4.7	0.2	3.6	3.6	12.96
0.6	0.2	0.5	-0.5	0.25
1	0.2	0.1	-0.1	0.01

-0.2	0.2	1.3	-1.3	1.69
3.4	0.2	2.3	2.3	5.29
1	0.2	0.1	-0.1	0.01
				합계 395.62

$$\text{합계} \sum_{i=1}^{n}(r_i - r_{Fi}) = 32.4$$

$$(\bar{r} - \bar{r}_F) = \frac{32.4}{36} = 0.9$$

Table 5.12 무위험수익률 대비 벤치마크 초과수익률의 변동성

벤치마크 월수익률(%) b_i	무위험 월수익률(%) r_{Fi}	무위험수익률 대비 초과수익률(%) $(b_i - r_{Fi})$	편차 $(b_i - r_{Fi}) - (\bar{b} - \bar{r}_F)$	편차 제곱 $[(b_i - r_{Fi}) - (\bar{b} - \bar{r}_F)]^2$
0.2	0.1	0.1	-0.9	0.81
2.5	0.1	2.4	1.4	1.96
1.8	0.2	1.6	0.6	0.36
-1.1	0.2	-1.3	-2.3	5.29
1.4	0.2	1.2	0.2	0.04
2.3	0.2	2.1	1.1	1.21
1.4	0.2	1.2	0.2	0.04
6.5	0.3	6.2	5.2	27.04
-1.5	0.3	-1.8	-2.8	7.84
4.2	0.4	3.8	2.8	7.84
-0.3	0.4	-0.7	-1.7	2.89
8.3	0.3	8	7	49
3.9	0.3	3.6	2.6	6.76
-3.8	0.3	-4.1	-5.1	26.01
-6.2	0.3	-6.5	-7.5	56.25
1.5	0.4	1.1	0.1	0.01
-4.8	0.2	-5	-6	36
-2	0.2	-2.2	-3.2	10.24
6	0.2	5.8	4.8	23.04
5.6	0.1	5.5	4.5	20.25
-6.7	0.1	-6.8	-7.8	60.84
1.9	0.1	1.8	0.8	0.64
-0.3	0.1	-0.4	-1.4	1.96
-0.1	0.1	-0.2	-1.2	1.44

-2.6	0.1	-2.7	-3.7	13.69
0.7	0.1	0.6	-0.4	0.16
4.3	0.1	4.2	3.2	10.24
2.9	0.1	2.8	1.8	3.24
3.8	0.1	3.7	2.7	7.29
-0.2	0.2	-0.4	-1.4	1.96
5.1	0.2	4.9	3.9	15.21
1.4	0.2	1.2	0.2	0.04
1.3	0.2	1.1	0.1	0.01
0.3	0.2	0.1	-0.9	0.81
3.4	0.2	3.2	2.2	4.84
2.1	0.2	1.9	0.9	0.81
				합계 406.06

합계 $\sum_{i=1}^{n}(b_i - r_{Fi}) = 36.0$

$(\bar{b} - \bar{r}_F) = \dfrac{36.0}{36} = 1.0$

Table 5.13 CAPM 공분산

포트폴리오 초과수익률(%) $(r_i - r_{Fi})$	포트폴리오 편차 $(r_i - r_{Fi}) - (\bar{r} - \bar{r}_F)$	벤치마크 초과수익률(%) $(b_i - r_{Fi})$	벤치마크 편차 $(b_i - r_{Fi}) - (\bar{b} - \bar{r}_F)$	포트폴리오 편차 × 벤치마크 편차 $(r_i - r_{Fi}) - (\bar{r} - \bar{r}_F)$ × $(b_i - r_{Fi}) - (\bar{b} - \bar{r}_F)$
0.2	-0.7	0.1	-0.9	0.63
2.5	1.6	2.4	1.4	2.24
0.9	0	1.6	0.6	0
-1.1	-2	-1.3	-2.3	4.6
1.2	0.3	1.2	0.2	0.06
2.2	1.3	2.1	1.1	1.43
1.3	0.4	1.2	0.2	0.08
6.3	5.4	6.2	5.2	28.08
-1.7	-2.6	-1.8	-2.8	7.28
3.5	2.6	3.8	2.8	7.28
-0.9	-1.8	-0.7	-1.7	3.06
7.8	6.9	8	7	48.3
3.7	2.8	3.6	2.6	7.28

-4	-4.9	-4.1	-5.1	24.99
-6.4	-7.3	-6.5	-7.5	54.75
1	0.1	1.1	0.1	0.01
-5.1	-6	-5	-6	36
-2.3	-3.2	-2.2	-3.2	10.24
6	5.1	5.8	4.8	24.48
5.7	4.8	5.5	4.5	21.6
-6.5	-7.4	-6.8	-7.8	57.72
1.6	0.7	1.8	0.8	0.56
-0.5	-1.4	-0.4	-1.4	1.96
-0.3	-1.2	-0.2	-1.2	1.44
-2.2	-3.1	-2.7	-3.7	11.47
1	0.1	0.6	-0.4	-0.04
4.6	3.7	4.2	3.2	11.84
2.3	1.4	2.8	1.8	2.52
3.2	2.3	3.7	2.7	6.21
-0.9	-1.8	-0.4	-1.4	2.52
4.5	3.6	4.9	3.9	14.04
0.4	-0.5	1.2	0.2	-0.10
0.8	-0.1	1.1	0.1	-0.01
-0.4	-1.3	0.1	-0.9	1.17
3.2	2.3	3.2	2.2	5.06
0.8	-0.1	1.9	0.9	-0.09

합계 398.66

Bull 베타(β^+)

벤치마크(또는 시장)의 모든 수익률로 회귀선을 도출할 필요는 없다. 만약 양의 벤치마크 수익률에 대해서만 회귀분석을 수행한다면, '상승(Bull)' 시장에서 포트폴리오의 성과에 대한 정보를 얻을 수 있다.

Bear 베타(β^-)

음의 벤치마크(또는 시장) 수익률에 대한 베타는 '하락(Bear)' 베타라고 한다.

> **Note**
> Bull 베타와 Bear 베타는 일부 주식이 시장의 상황에 따라 다른 베타를 가진다고 가정할 경우 유용하다.

베타 타이밍 비율(Beta timing ratio)

이상적으로, 우리는 상승하는 시장에서는 1보다 큰 베타를 가진 포트폴리오 매니저를 선호하고, 하락하는 시장에서는 1보다 작은 베타를 가진 포트폴리오 매니저를 선호한다. 이러한 매니저는 자산 배분 결정을 적절한 타이밍에 잘할 가능성이 높다. Figure 5.13은 벤치마크 수익률이 양의 값일 때보다 음의 값일 때 더 완만한 기울기를 가진 두 회귀선을 보여준다. 이러한 볼록성(convexity)의 특성을 측정하는 방법이 베타 타이밍 비율이다.

$$\text{베타 타이밍 비율} = \frac{\beta^+}{\beta^-} \tag{5.48}$$

Bull 베타와 Bear 베타, 그리고 베타 타이밍 비율은 Table 5.14, Table 5.15, Table 5.16의 데이터를 사용하여 Exhibit 5.12에서 계산된다.

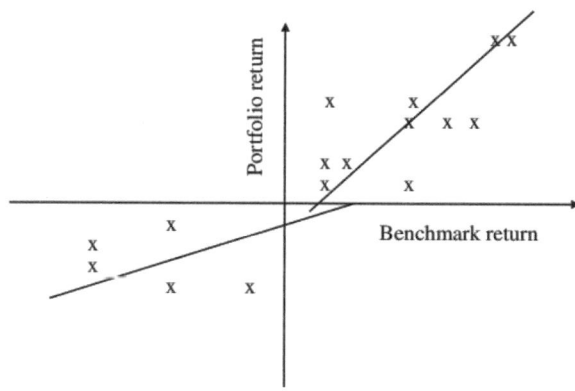

Figure 5.13 베타 타이밍 비율

Exhibit 5.12 베타 타이밍 비율

$$\text{Bull 베타} \quad \beta^+ = \frac{104.17}{100.62} = 1.035$$

$$\text{Bear 베타} \quad \beta^- = \frac{59.11}{62.34} = 0.948$$

$$\text{베타 타이밍 비율} \quad \frac{\beta^+}{\beta^-} = \frac{1.035}{0.948} = 1.092$$

Table 5.14 Bull 편차 및 Bear 편차

벤치마크 초과수익률(%)	Bull 편차	Bull 편차제곱	Bear 편차	Bear 편차제곱
0.1	-2.74	7.49		
2.4	-0.44	0.19		
1.6	-1.24	1.53		
-1.3			1.38	1.89
1.2	-1.64	2.68		
2.1	-0.74	0.54		
1.2	-1.64	2.68		
6.2	3.36	11.31		
-1.8			0.87	0.77
3.8	0.96	0.93		
-0.7			1.98	3.90
8	5.16	26.65		
3.6	0.76	0.58		
-4.1			-1.43	2.03
-6.5			-3.83	14.63
1.1	-1.74	3.02		
-5			-2.33	5.41
-2.2			0.47	0.23
5.8	2.96	8.78		
5.5	2.66	7.09		
-6.8			-4.13	17.02
1.8	-1.04	1.08		
-0.4			2.28	5.18
-0.2			2.48	6.13
-2.7			-0.03	0.00
0.6	-2.24	5.01		

4.2	1.36	1.86			
2.8	-0.04	0.00			
3.7	0.86	0.74			
-0.4			2.28		5.18
4.9	2.06	4.25			
1.2	-1.64	2.68			
1.1	-1.74	3.02			
0.1	-2.74	7.49			
3.2	0.36	0.13			
1.9	-0.94	0.88			
		합계 100.62			합계 62.34

Table 5.15 Bull 공분산

월	포트폴리오 초과수익률(%)	평균으로부터 편차	벤치마크 초과수익률(%)	평균으로부터 편차	포트폴리오 편차 × 벤치마크 편차
1	0.2	-2.48	0.1	-2.74	6.79
2	2.5	-0.18	2.4	-0.44	0.08
3	0.9	-1.78	1.6	-1.24	2.2
4					
5	1.2	-1.48	1.2	-1.64	2.42
6	2.2	-0.48	2.1	-0.74	0.35
7	1.3	-1.38	1.2	-1.64	2.26
8	6.3	3.62	6.2	3.36	12.18
9					
10	3.5	0.82	3.8	0.96	0.79
11					
12	7.8	5.12	8	5.16	26.44
13	3.7	1.02	3.6	0.76	0.78
14					
15					
16	1	-1.68	1.1	-1.74	2.92
17					
18					
19	6	3.32	5.8	2.96	9.84
20	5.7	3.02	5.5	2.66	8.04
21					

월					
22	1.6	-1.08	1.8	-1.04	1.12
23					
24					
25					
26	1	-1.68	0.6	-2.24	3.76
27	4.6	1.92	4.2	1.36	2.62
28	2.3	-0.38	2.8	-0.04	0.01
29	3.2	0.52	3.7	0.86	0.45
30					
31	4.5	1.82	4.9	2.06	3.76
32	0.4	-2.28	1.2	-1.64	3.73
33	0.8	-1.88	1.1	-1.74	3.27
34	-0.4	-3.08	0.1	-2.74	8.43
35	3.2	0.52	3.2	0.36	0.19
36	0.8	-1.88	1.9	-0.94	1.76
				합계	104.17

Table 5.16 Bear 공분산

월	포트폴리오 초과수익률(%)	평균으로부터 편차	벤치마크 초과수익률(%)	평균으로부터 편차	포트폴리오 편차 × 벤치마크 편차
1					
2					
3					
4	-1.1	1.56	-1.3	1.38	2.14
5					
6					
7					
8					
9	-1.7	0.96	-1.8	0.87	0.84
10					
11	-0.9	1.76	-0.7	1.98	3.47
12					
13					
14	-4.0	-1.34	-4.1	-1.43	1.91
15	-6.4	-3.74	-6.5	-3.83	14.31
16					

17	-5.1	-2.44	-5	-2.33	5.68
18	-2.3	0.36	-2.2	0.47	0.17
19					
20					
21	-6.5	-3.84	-6.8	-4.13	15.85
22					
23	-0.5	2.16	-0.4	2.28	4.91
24	-0.3	2.36	-0.2	2.48	5.84
25	-2.2	0.46	-2.7	-0.03	-0.01
26					
27					
28					
29					
30	-0.9	1.76	-0.4	2.28	4.00
31					
32					
33					
34					
35					
36					
				합계	59.11

> **Note**
> Bull 베타는 베타 타이밍 비율이 1보다 크기 위해 반드시 1보다 클 필요는 없으며, Bull 베타가 Bear 베타보다 크기만 하면 된다.

시장타이밍(Market Timing)

시장타이밍 역량을 측정하는 방법 중 하나는 다중회귀모형을 이용하는 방법이다. Merton과 Henriksson[38]은 포트폴리오 초과수익률을 벤치마크와 상승 시장수익률을 통해 다음과 같이 다중회귀를 수행했다.

---

38 Henriksson and Merton, "On Market Timing and Investment Performance II. Statistical Procedures for Evaluating Forecast Skills"(1981).

$$r - r_F = \alpha_{MH} + \beta_{MH} \times (b - r_F) + \gamma_{MH} \times \max(0, b - r_F) + \epsilon_{MH} \qquad (5.49)$$

여기서, α_{MH} : 절편항 또는 알파
  β_{MH} : 시장민감도
  γ_{MH} : 시장 타이밍 효과
  ϵ_{MH} : 오차항

만약 γ_{MH} 가 양의 값이라면, 포트폴리오 매니저는 양호한 시장타이밍 능력을 보여주고 있다.

Treynor와 Mazuy[39]은 시장타이밍 역량을 측정하기 위해 CAPM 모델의 이차 확장 모형을 활용했다. 첫 번째 항은 벤치마크이고, 두 번째 항은 초과수익률의 제곱 값이다.

$$r - r_F = \alpha_{TM} + \beta_{TM} \times (b - r_F) + \gamma_{TM} \times (b - r_F)^2 + \epsilon_{TM} \qquad (5.50)$$

여기서, α_{TM} : 절편항 또는 알파
  β_{TM} : 시장민감도
  γ_{TM} : 시장 타이밍 효과
  ϵ_{TM} : 오차항

만약 γ_{TM} 이 양의 값이라면, Figure 5.14와 같이 위로 볼록한 회귀 곡선을 통해 우수한 시장타이밍 역량을 설명한다.

체계적위험(Systematic Risk)

Michael Jensen[40]은 베타를 체계적위험으로 설명하였다. 만약 베타에 시장 위험을 곱하면, 변동성과 동일한 단위의 체계적 위험을 계산할 수 있다.

$$\text{체계적위험} \quad \sigma_s = \beta_R \times \sigma_b \qquad (5.51)$$

회귀 베타 또는 CAPM 베타를 사용할 수 있다.

---

[39] Treynor and Mazuy, "Can Mutual Funds Outguess the Market?"(1966).
[40] Jensen, "Risk, the Pricing of Capital Assets, and the Evaluation of Investment Portfolios"(1960).

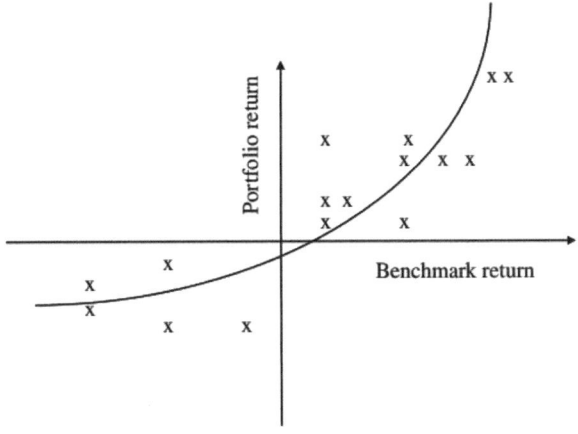

Figure 5.14 시장타이밍

상관관계(Correlation)

상관관계는 다음과 같이 계산된다.

$$\rho_{r,b} = \frac{체계적\ 위험}{전체\ 위험} \tag{5.52}$$

또는,

$$\rho_{r,b} = \frac{\beta \times \sigma_b}{\sigma}$$

따라서, 베타와 상관관계는 다음과 같은 관계를 갖는다.

$$\beta_R = \rho_{r,b} \times \frac{\sigma}{\sigma_b} \tag{5.53}$$

상관관계는 포트폴리오에서 체계적 위험에 해당하는 변동성을 전체 변동성과 비교하여 계산한다. 만약 상관관계가 충분히 높다면, 이는 1에 가까울 것이며, 그 결과는 다음과 같다.

$$\beta_R \approx \frac{\sigma}{\sigma_b} \tag{5.54}$$

상관관계가 충분히 높은 경우, 베타가 1보다 크면 포트폴리오가 벤치마크보다 더 변동성이 크고, 베타가 1보다 작으면 변동성이 작다는 것을 나타낸다.

수정계수 R^2(Coefficient of Determination)

R^2는 펀드 수익률의 분산 중 벤치마크 수익률의 분산과 관련된 비율로, 포트폴리오 분산투자의 척도이다. 분산은 표준편차의 제곱이다.

R^2가 1에 가까울수록 포트폴리오의 분산은 벤치마크의 분산에 의해 설명되는 부분이 많다. R^2가 낮으면 수익률이 더 분산되어 있고, 회귀선이 유의성이 떨어지며, 추정된 알파와 베타의 신뢰수준이 낮아진다. 따라서 포트폴리오의 R^2가 낮다면, 알파와 베타 및 관련 통계량은 아마도 유의미하지 않을 것이다.

> ⚠ **Caution**
> 성과보고서에 알파와 베타는 종종 인용되지만, R^2는 거의 사용되지 않는다. 이는 R^2가 회귀분석에 대한 이해를 요구하고, 분석가들이 보고서를 읽는 사람들이 R^2를 어떻게 해석할지 몰라서 우려하기 때문일 수 있다. 실제로, 낮은 R^2 값 때문에 유의미하지 않은 통계적지표를 기반으로 포트폴리오 투자결정을 내릴 위험이 있다. R^2가 0.7 이하일 경우, 관련된 알파와 베타 및 관련 지표는 무의미할 수 있다.

$$R^2 = \frac{\sigma_S^2}{\sigma^2} = \frac{\beta_R^2 \times \sigma_b^2}{\sigma^2} = \rho_{r,b}^2 \tag{5.55}$$

R^2는 상관관계(ρ)의 제곱이며, Exhibit 5.13에서 상관관계와 R^2가 계산된다.

Exhibit 5.13 상관관계 및 R^2

상관관계	$\rho_{r,b} = \dfrac{\beta_R \times \sigma_b}{\sigma} = \dfrac{0.981 \times 3.36}{3.32} = 0.995$	
	또는, $\rho_{r,b} = \dfrac{공분산}{\sigma \times \sigma_b} = \dfrac{11.09}{3.32 \times 3.36} = 0.995$	
수정계수	$R^2 = \dfrac{\sigma_S^2}{\sigma^2} = \dfrac{\beta_R^2 \times \sigma_b^2}{\sigma^2} = 0.989$	

비체계적 위험(Specific Risk or Residual Risk)

비체계적 위험은 일반적인 시장 움직임과는 관련이 없으며, 포트폴리오에 고유한 위험이다. 이는 회귀방정식의 오차항의 표준편차(σ_ϵ)로 나타낼 수 있다.

비체계적위험과 체계적위험은 서로 독립적이며, 피타고라스의 정리[41]를 사용하여 전체 위험을 다음과 같이 계산할 수 있다.

$$\text{전체위험}^2 = \text{체계적위험}^2 + \text{비체계적위험}^2$$
$$\sigma^2 = \sigma_s^2 + \sigma_\epsilon^2 = \beta_R^2 \times \sigma_b^2 + \sigma_\epsilon^2 \tag{5.56}$$

따라서 다음과 같다.

$$\tilde{\sigma}^2 = \beta_R^2 \times \tilde{\sigma}_b^2 + \tilde{\sigma}_\epsilon^2 \tag{5.57}$$

식 5.56을 통해, 비체계적위험과 전체 위험을 다음과 같이 직접 계산할 수 있다.

$$\sigma_\epsilon = \sqrt{\sigma^2 - \sigma_s^2} \tag{5.58}$$

$$\sigma = \sqrt{\sigma_s^2 + \sigma_\epsilon^2} \tag{5.59}$$

Table 5.17의 데이터를 사용하여, Table 5.1의 예제 포트폴리오와 벤치마크에 대해 식 5.59가 성립함을 Exhibit 5.14에서 확인할 수 있다.

Exhibit 5.14 비체계적 위험, 체계적 위험 그리고 전체 위험

비체계적위험 $\quad \sigma_\epsilon = \sqrt{\dfrac{\sum_{i=1}^{n}(\epsilon_{Ri} - \bar{\epsilon})^2}{n}} = \sqrt{\dfrac{\sum_{i=1}^{n}\epsilon_{Ri}^2}{n}} = \sqrt{\dfrac{4.22}{36}} = 0.34$

$\bar{\epsilon} = 0$ 이므로,

체계적 위험 $\quad \sigma_s = \beta_R \times \sigma_b = 0.9814 \times 3.36 = 3.30$

---

[41] 피타고라스의 정리에 따르면, 직각삼각형에서는 빗변의 제곱은 다른 두 변의 제곱의 합과 같다. 체계적 위험과 비체계적 위험은 독립적이므로, 동일한 원리를 적용할 수 있다.

전체 위험 $\quad \sigma = \sqrt{\sigma_s^2 + \sigma_\epsilon^2} = \sqrt{3.30^2 + 0.34^2} = 3.32$

비체계적 위험 $\quad \sigma_\epsilon = \sqrt{\sigma^2 - \sigma_s^2} = \sqrt{3.32^2 - 3.30^2} = 0.34$

Table 5.17 비체계적 위험

포트폴리오 월수익률(%) r_i	오차항 $\epsilon_{Ri} = (r_i - \alpha_R - \beta_R \times b_i)$	오차항 제곱 ϵ_{Ri}^2
0.3	0.18	0.03
2.6	0.22	0.05
1.1	-0.59	0.35
-0.9	0.26	0.07
1.4	0.10	0.01
2.4	0.22	0.05
1.5	0.20	0.04
6.6	0.30	0.09
-1.4	0.15	0.02
3.9	-0.14	0.02
-0.5	-0.13	0.02
8.1	0.03	0.00
4.0	0.25	0.06
-3.7	0.11	0.01
-6.1	0.06	0.00
1.4	0.01	0.00
-4.9	-0.11	0.01
-2.1	-0.06	0.00
6.2	0.39	0.15
5.8	0.38	0.15
-6.4	0.25	0.06
1.7	-0.09	0.01
-0.4	-0.03	0.00
-0.2	-0.02	0.00
-2.1	0.53	0.28
1.1	0.49	0.24
4.7	0.56	0.31
2.4	-0.37	0.14
3.3	-0.35	0.12

-0.7	-0.43	0.18
4.7	-0.23	0.05
0.6	-0.70	0.48
1.0	-0.20	0.04
-0.2	-0.42	0.17
3.4	0.14	0.02
1.0	-0.98	0.97
합계	0.00	4.22

Treynor 비율

Treynor 비율[42]은 Figure 5.15에서와 같이 샤프비율과 유사한 성과평가 지표이며, 샤프비율보다 1년 먼저 제안되었다. 분자(Y축)는 샤프비율과 같지만, 분모(X축)에는 전체 위험 대신 베타로 계산된 체계적 위험이 사용된다.

$$\text{트레이너 비율} \quad TR = \frac{\tilde{r} - \tilde{r}_F}{\beta} \tag{5.60}$$

대학 과정에서 트레이너 비율이 설명되기 때문에 잘 알려졌지만, 비체계적 위험을 고려하지 않기 때문에 실제로 많이 사용되지는 않을 수 있다. 포트폴리오가 완전히 분산되어 비체계적 위험이 없다면, 트레이너 비율과 샤프비율은 동일한 순위를 제공한다. 초기에는 샤프비율 대신 트레이너 비율 사용을 선호했는데, 이는 비체계적 위험이 가져오는 가치가 작다고 생각했기 때문일 수 있다. 하지만 성과 분석가는 수익률을 평가할 때 비체계적 위험을 고려해야 하며, 특히 액티브 매니저는 비체계적 위험을 통해 알파를 추구할 수 있으므로, 이는 적절히 고려되어야 한다.

---

42 Treynor, "How to Rate Management of Invested Funds"(1965).

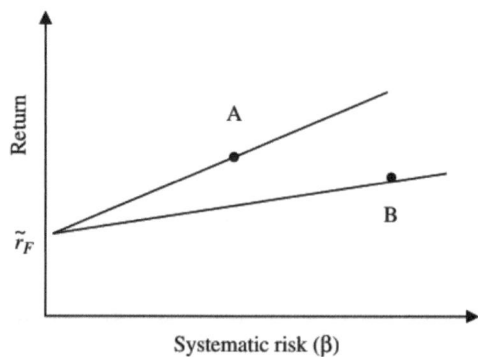

Figure 5.15 트레이너 비율

평가비율(Appraisal Ratio 또는 Treynor-Black Ratio)

Treynor와 Black[43]이 제안한 평가비율은 정보비율과 유사한 개념의 지표이다. 평가비율에서는 분자에 젠센의 알파를 사용하고, 분모에는 추적오차 대신 특정 위험인 오차항의 표준편차를 사용한다.

$$평가비율 = \frac{\tilde{\alpha}}{\tilde{\sigma}_\epsilon} \tag{5.61}$$

평가비율은 Figure 5.16에서와 같이 체계적 위험으로 조정된 보상을 비체계적 위험(Specific Risk) 단위로 계산한다. Y축은 보상의 척도인 젠센의 알파, X축은 위험의 척도인 비체계적 위험을 나타낸다. 선의 기울기는 어떤 위험과 보상의 조합이 우수한 포지션(그래프의 왼쪽 상단)에 위치하는지를 결정한다.

> **Note**
> 비록 자주 사용되지는 않지만, 평가비율은 의미 있는 지표일 수 있다.

---

43 Treynor and Black, "How to Use Security Analysis to Improve Portfolio Selection"(1973).

> ⚠ **Caution**
> 평가비율은 정보비율로 설명되거나 혼동되기도 한다. 베타와 알파의 유의미성이 높다면, 평가비율은 투자자의 능력을 측정하는 데 유용한 지표가 될 것이다. 이 지표는 분자에서 체계적 위험으로 인한 수익을 제거하고, 동시에 분모에서도 체계적 위험을 제거하기 때문이다.

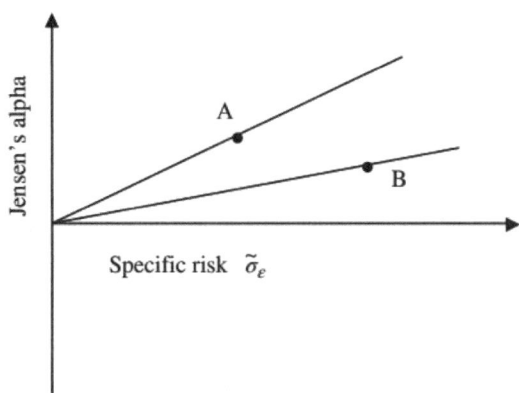

Figure 5.16 평가비율

팩터모형
(FACTOR MODELS)

Fama 분해(Fama Decomposition)

Fama[44]는 논문 "Components of Investment Performance"에서 트레이너 비율의 개념을 확장하여 포트폴리오 수익률을 더욱 세부적으로 분해하는 모형을 제안했다.

위험 프리미엄(초과수익률)은 다음과 같이 선택효과(Selectivity, 또는 젠센의 알파)와 체계적 위험으로 인한 수익(Return due to systematic risk)의 합으로 표현하였다.

$$\underbrace{\overline{r} - \overline{r}_F}_{\text{초과수익률}} = \underbrace{\overline{r} - \beta \times (\overline{b} - \overline{r}_F) - \overline{r}_F}_{\text{선택효과}} + \underbrace{\beta \times (\overline{b} - \overline{r}_F)}_{\text{체계적 위험}} \tag{5.62}$$

---

44 Fama, "Components of Investment Performance"(1972).

완전히 분산된 포트폴리오에서는 비체계적 위험이 존재하지 않으며 포트폴리오의 전체 위험은 체계적 위험과 동일하다. 그러나 포트폴리오 매니저는 추가적인 수익을 창출하기 위해 포트폴리오 완전 분산화를 포기할 수 있다. 이때 선택효과(Selectivity)는 두 가지 요인으로 나눌 수 있다. 첫째, 순 선택효과(Net Selectivity)로, 이는 매니저의 종목 선택 능력으로 발생한 초과수익을 의미한다. 둘째, 포기한 분산화를 정당화하는 데 필요한 수익으로, 이는 분산화를 줄인 데 따른 추가적인 위험에 대한 보상 수익률이다.

선택효과(Selectivity)

식 5.62에서 선택효과(Selectivity)을 분리하면, 이는 식 5.42에서 정의된 젠센의 알파와 동일한 의미를 갖는다.

$$\alpha = \bar{r} - \bar{r}_F - \beta \times (\bar{b} - \bar{r}_F) \tag{5.42}$$

분산효과(Diversification)

분산효과는 벤치마크에서 벗어나 특정 위험을 감수하는 것에 대한 보상을 위한 수익률이다. 이는 포트폴리오의 전체 위험만큼 체계적 위험을 감수했을 때 달성할 수 있었던 수익률을 계산한다. 이 수익률을 계산하려면, 먼저 체계적 위험이 포트폴리오의 전체 위험과 동일하게 되도록 하는 효과적인 Fama 베타를 계산해야 하며, 이는 다음과 같이 계산된다.

$$\beta_F = \frac{\sigma}{\sigma_b} \tag{5.63}$$

따라서, 완전히 분산화되지 않은 포트폴리오를 보상하기 위한 수익률은 포트폴리오 베타와 Fama 베타의 차이를 사용하여 다음과 같이 계산된다.

$$d = (\beta_F - \beta) \times (\bar{b} - \bar{r}_F) \tag{5.64}$$

Fama 베타는 항상 포트폴리오 베타보다 크거나 같다. 이는 전체 위험이 포트폴리오의 체계적 위험보다 크거나 같기 때문이다. 만약 벤치마크 수익률이 위험 프리미엄을 초과한다면, 요구되는 분산효과 수준은 양의 값을 갖게 된다.

순선택효과(Net Selectivity)

순선택효과는 완전히 분산되지 않은 포트폴리오 보상하기 위한 수익률을 차감한 후 남은 선택효과이다.

$$\text{순선택효과 } S_{Net} = a - d \tag{5.65}$$

순선택효과가 음(-)의 값인 경우는 포트폴리오 매니저가 완전히 분산되지 않은 데 따른 추가적인 보상을 성과로 창출하지 못했음을 의미한다.

Fama 분해는 포트폴리오의 전체 수익률만 접근할 수 있고, 수익률의 구성요소를 세부적으로 분석할 수 없는 상황에서 유용한 도구이다. 예를 들어, 타사의 공모펀드와 같이 수익률의 구체적인 구성요소를 알 수 없는 경우, Fama 분해는 효과적인 분석 방법이 될 수 있다.

Figure 5.17은 포트폴리오 A에 대한 Fama 분해를 보여준다. A'는 체계적 위험으로 인한 수익률과 위험 프리미엄을 더한 값을 나타내며, A"는 Fama 베타에 기반한 체계적 위험으로 인한 수익률과 위험 프리미엄을 더한 값을 나타낸다.

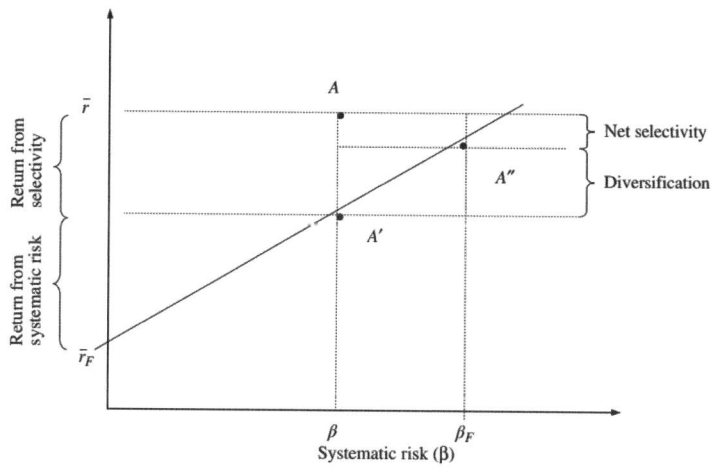

Figure 5.17 Fama 분해

Fama-French 3요인 모형(Fama-French Three-Factor Model)

CAPM 모델은 포트폴리오 수익률과 벤치마크 간의 관계를 설명하기 위해 베타 또는 체계적 위험을 사용한다. 이에 반해, Fama와 French[45]는 소형주(small-cap stocks)와 가치주(value stocks)가 시장 전체보다 더 나은 성과를 내는 경향이 있음을 확인했다. 이러한 요인을 반영하기 위해 CAPM 모델에 두 가지 요인을 추가하여 다음과 같은 Fama-French 3요인 모형을 제안하였다.

$$r - r_F = \alpha_3 + \beta_3 \times (b - r_F) + \beta_s \times SMB + \beta_v \times HML + \epsilon_3 \tag{5.66}$$

여기서, α_3 : 3요인의 알파
β_3 : 3요인의 체계적 위험
ϵ_3 : 3요인 모형의 오차항
SMB : 소형주 - 대형주(시가총액 기준)
HML : 가치주 - 성장주(장부가 대비 시장가 비율)

β_s와 β_v는 선형모형에서 결정되는 계수이다. β_s는 포트폴리오의 소형주에 대한 민감도를 측정하며, 값이 1보다 크면 대형주보다 소형주에 더 민감하다는 것을 의미한다. 마찬가지로, β_v는 포트폴리오의 가치주에 대한 민감도를 측정하며, 값이 1보다 크면 성장주보다 가치주에 더 민감하다는 것을 의미한다.

> **Note**
> Fama와 French 모형에 대한 과거 데이터는 아래 사이트에서 확인할 수 있다.
> (https://mba.tuck.dartmouth.edu/pages/faculty/ken.french/data_library.html)

Fama-French 3요인 모형의 알파(Three-Factor Alpha)

Fama-French 모형에서의 알파는 CAPM 알파와 유사하며, 동일한 방식으로 사용할 수 있다. β_3은 CAPM의 β와 비슷하지만 동일하지 않다.

---

[45] Fama and French, "Common Risk Factors in the Returns of Stocks and Bonds"(1993).

Carhart 4요인 모형(Carhart Four-Factor Model)

Carhart는 Fama-French 3요인 모형에 모멘텀 요인을 추가한 4요인 모형을 제안하였다. Carhart 4요인 모형을 다음과 같다.

$$r - r_F = \alpha_4 + \beta_4 \times (b - r_F) + \beta_s \times SMB + \beta_v \times HML + \beta_m \times MOM + \epsilon_4 \quad (5.67)$$

여기서, α_4 : 4요인의 알파
β_4 : 4요인의 체계적 위험
ϵ_4 : 4요인 모형의 오차항
MOM : 모멘텀

β_m은 회귀모형에서 결정되는 계수로, 포트폴리오의 모멘텀 주식에 대한 민감도를 측정한다.

4요인 모형의 알파(Four-Factor Alpha)

Carhart 4요인 모형[46]의 알파는 CAPM과 3요인 모형의 알파와 유사하며, 동일하게 사용할 수 있다.

멀티팩터모형(Multi-Factor Models)

추가적인 체계적 위험을 전체 수익률로 설명하고 알파를 제로로 줄이는 것을 목표로 도입되었다. 멀티팩터모형은 다음과 같은 3가지 카테고리로 분류할 수 있다.

1. 펀더멘털 모형(Fundamental)
2. 거시 경제 모형(Macroeconomic)
3. 통계적 모형(Statistical)

펀더멘털 모델은 포트폴리오 수익을 산업 분류, 시가총액, 유형 등과 같은 미시적 요인과 비교한다. 반면, 거시 경제 모델은 포트폴리오 수익을 고용, 인플레이션, 금리와 같은 경제적 요인과 비교한다. 통계적 모델은 특정 요인에 대한 가정 없이

---

[46] Carhart, "On Persistence in Mutual Fund Performance"(1997).

시작하며, 주성분 분석과 같은 통계적 방법을 사용하여 어떤 요인이 포트폴리오 수익을 가장 잘 설명하는지 파악하려고 한다. 다만, 이러한 요인으로 경제적 해석을 하는 것은 어려울 수 있다.

> ⚠️ **Caution**
> 팩터모형이나 성과분해는 포트폴리오 매니저가 가치를 어떻게 창출하거나 감소시키는지 잘 이해할 수 있도록 하는데 유용한 도구이다. 그러나 이러한 도구를 사용할 때는 신중해야 한다. 포트폴리오의 보유 내역과 보유 내역의 요인에 대한 민감도가 시간에 따라 변할 수 있기 때문이다.

하락폭
(DRAWDOWN)

하락폭과 관련된 성과평가 지표는 놀라울 정도로 다양하며, 그 중에서도 최대하락폭(MDD : maximum drawdown)은 특히 주목할 만한 가치가 있는 지표이다. 하락폭은 일반적으로 성과의 최고점에서 최저점까지의 하락으로 정의되거나, 연속적이고 끊김 없는 손실 기간으로 정의될 수 있다. 어느 정의를 사용할지는 투자자의 선호도, 분석 기간, 데이터의 주기성(periodicity)에 따라 달라질 수 있다. 또한, 절대 수익률이 아닌 상대 수익률이나 초과 수익률(active return)을 기준으로 하는 초과 하락폭(active drawdown)과 같은 변형된 정의도 존재한다.

> 📝 **Note**
> 일반적으로 일일 데이터를 사용할 경우, 최고점에서 최저점까지의 하락(peak-to-valley) 정의가 선호되는 경향이 있다. 반면, 월별 데이터를 사용하는 경우에는 연속적인 부진한 수익률 기간에 더 주목할 수 있다. 그럼에도 불구하고, 최고점에서 최저점까지의 하락 정의가 가장 널리 사용되고 있다.

평균 하락폭(Average Drawdown)

평균 하락폭은 투자 기간 동안의 평균 연속적으로 부진한 수익률(또는 최고점에서 최저점까지의 수익률)을 의미하며, 일반적으로 3년의 측정 기간을 기준으로 계산된다.

$$\text{평균 하락폭} \quad \overline{D} = \left| \sum_{j=1}^{d} \frac{D_j}{d} \right| \tag{5.68}$$

여기서, D_j : 전체 기간 중 j번째 하락폭
$\quad\quad\quad d$: 전체 기간에서 하락폭 개수

일부 투자자들은 최대 하락폭만 중요한 지표로 간주하여, 포트폴리오 간의 비교를 위해 하락폭의 개수를 미리 제한하는 경우도 있다. (예: 세 개 또는 다섯 개)

최대 하락폭(MDD : Maximum Drawdown)

최대 하락폭(MDD)을 개별 최대 하락폭과 혼동해서는 안 되며, 이는 특정 기간 동안의 최대 손실을 의미한다. 일반적으로 3년의 측정 기간을 기준으로 계산한다. 최대 하락폭은 투자자가 펀드를 가장 높은 지점(고점)에서 매수하고 가장 낮은 지점(저점)에서 매도했을 때의 경험할 수 있는 최대 손실을 나타낸다. 다른 통계와 마찬가지로 동일한 기간 동안 성과를 비교하는 것이 중요하며, 이 지표는 이상치(outlier)의 영향을 크게 받을 수 있다. Mini-max[47]는 최대 하락폭의 다른 명칭이며, 최대 하락폭의 반대 개념은 Maxi-min으로, 이는 가장 낮은 지점에서 매수하고 가장 높은 지점에서 매도했을 때의 얻을 수 있는 최대 이익을 나타낸다.

개별 최대 하락폭(Largest Individual Drawdown)

개별 최대 하락폭(D_{Lar})은 수익률 시리즈에서 가장 큰 개별 연속적인 손실이나 연속적인 최고점에서 최저점까지의 손실을 의미한다.

---

[47] mini-max 와 maxi-min 용어는 의사결정 이론과 게임 이론에서 다르게 사용된다. mini-max 는 최대 손실을 최소화하는 의사결정이고, maxi-min 은 최소 이익을 극대화하는 것을 의미한다.

리커버리 기간(Recovery Time, Drawdown Duration)

리커버리 기간은 개별 최대 하락폭 또는 최대 하락폭에서 원래 수준으로 회복되는 데 걸리는 기간을 나타낸다. 리커버리 기간은 최고점(고점)부터 측정할 수도 있고, 이후의 최저점(저점)부터 측정할 수도 있다.

> ⚠ **Caution**
> 하락폭과 리커버리 기간을 측정할 때는 분석의 기준을 명확히 공개해야 한다.

개별 최대 하락폭, 최대 하락폭, 그리고 고점으로부터의 리커버리 기간은 Figure 5.18에서 누적수익률 차트를 통해 설명된다. 가장 큰 개별 최대 하락폭은 D_3이다. D_2와 D_3는 최고점에서 최저점까지의 정의에 따라 별도의 하락폭으로 분류되지 않는다. 이는 고점이 회복되지 않은 상태에서 단지 더 깊은 저점으로 가는 과정에서 일시적인 반등이었기 때문이다.

하락폭 편차(Drawdown Deviation)

하락폭 편차는 개별 하락폭을 기반으로 표준편차를 계산하는 방법이다.

$$\text{하락폭의 편차} \quad DD = \sqrt{\sum_{j=1}^{d} \frac{D_j^2}{d}} \tag{5.69}$$

Ulcer 지수(Ulcer Index)

Ulcer 지수는 Peter G. Martin[48]에 의해 제안된 지표로, 하락폭 편차와 유사하지만 하락폭의 깊이와 하락폭에 지속 시간도 결합하였다는 점에서 차이가 있다. 이 지수는 각 기간에 대해 이전의 고점 이하에서 발생한 부진한 수익률을 선택하여 계산되며, 더 깊은 하락폭은 계산이 제곱되기 때문에 더 큰 영향을 준다. 여기서 하락폭은 최고점에서 최저점까지의 하락으로 정의된다.

---

[48] Martin and McCann, The Investor's Guide to Fidelity Funds(1989).

$$\text{Ulcer 지수} \quad UI = \sqrt{\sum_{i=1}^{n} \frac{D_i'^2}{n}} \tag{5.70}$$

여기서, D_i' : 기간 i 이전에 최고점 이후의 하락폭

이 지수는 시간 주기에 민감하며, 하락폭의 깊이와 지속 시간을 모두 고려하여, 이전 최고점으로 복구하는 데 시간이 걸리는 매니저들에게 패널티를 부과한다.

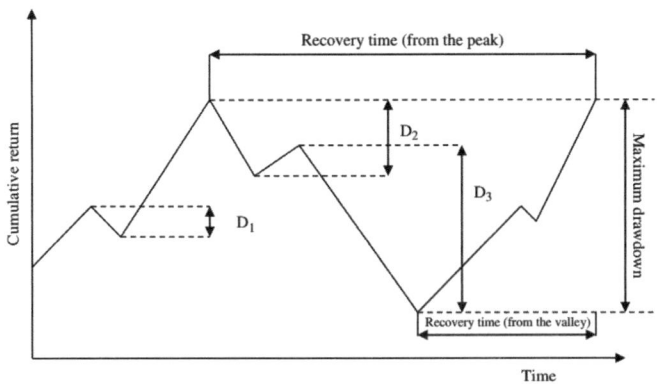

Figure 5.18 하락폭 통계량

Pain 지수(Pain Index)

만약 하락폭이 제곱되지 않으면, 결과적인 Pain 지수는 Thomas Becker가 제안한 Zephyr Pain 지수[49]와 유사하다.

$$\text{Pain 지수} \quad PI = \sum_{i=1}^{n} \frac{|D_i'|}{n} \tag{5.71}$$

포트폴리오의 수익률에서 하락폭의 깊이, 지속 시간, 빈도를 결합하여 Pain 지수가 계산된다. Figure 5.19에서 누적 수익률을 살펴보면, 고점은 댐과 같이 작용하며 호수를 형성하여 Pain의 크기를 결정한다.

---

[49] Becker, "The Zepher K-Ratio"(2010).

Calmar 비율(Calmar ratio, drawdown ratio)

Young[50]이 제안한 Calmar 비율은 샤프비율(Sharpe Ratio)과 유사한 지표로, 위험을 표준편차 대신 최대하락폭(MDD)을 사용하여 반영하였다. 이는 투자자들이 최고점에서 최저점까지의 최대 하락폭을 위험의 척도로 사용하는 이유와 동일하다. Calmar는 California Managed Annual Reports의 약자로, 36개월 동안의 수익률로 계산된다.

$$\text{Calmar 비율} \quad CR = \frac{\tilde{r} - \tilde{r}_F}{D_{Max}} \quad (5.72)$$

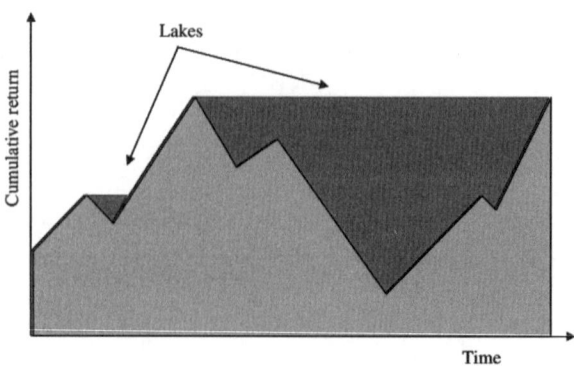

Figure 5.19 Pain 지수

> **Note**
> 음(-)의 샤프비율이나 음(-)의 정보비율과 달리, 음(-)의 Calmar 비율은 의미가 없다.

MAR 비율(MAR Ratio)

MAR 비율은 California Managed Annual Reports와 경쟁하는 뉴스에서 제안한 비율로, Calmar 비율과 달리 3년이 아닌 전체 기간을 기준으로 계산한다. 이로 인해 시작 날짜가 서로 다른 포트폴리오를 비교하는 것이 어렵다.

---

50 Young, "Calmar Ratio: A Smoother Tool"(1991).

Sterling 비율

Sterling 비율은 Calmar 비율에서 최대 하락폭을 분석 기간 동안의 평균 하락폭으로 대체한 지표이다. Sterling 비율은 다양한 자산 카테고리에서 사용되거나 금융 분야 외에서도 활용될 수 있는 여러 파생된 버전이 있다. Deane Sterling Jones[51]에 제안한 최초 Sterling 비율 정의는 다음과 같다.

$$\text{최초 Sterling 비율} \quad OSR = \frac{\tilde{r}}{\overline{D}_{Lar} + 10\%} \tag{5.73}$$

여기서, $\overline{D}_{Lar}$: 개별 최대 하락폭의 평균

분모는 평균 최대 하락폭에 10%를 더한 값으로 정의된다. 이 10%의 추가는 주관적인 요소로, 평균 최대 하락폭이 최대 하락폭보다 항상 작다는 점을 보정하는 역할을 한다. 일반적으로 가장 큰 개별 하락폭 몇 개만을 평균으로 사용한다. 예를 들어, 3년 동안의 가장 큰 세 개의 개별 하락폭을 평균 내는 방식이 이에 해당한다. 추가적인 작은 하락폭을 포함시키면 가장 큰 하락폭의 영향을 희석시킬 수 있다. 본 책에서는 최초 Sterling 비율에 10% 더한 방식을 제외하고, Sterling 비율을 다음과 같이 제안한다.

$$\text{Sterling 비율} \quad SR_d = \frac{\tilde{r} - \tilde{r}_F}{\overline{D}_{Lar}} = \frac{\tilde{r} - \tilde{r}_F}{\left| \sum_{j=1}^{d} \frac{D_j}{d} \right|} \tag{5.74}$$

하락폭 데이터의 개수 d는 투자자의 선호에 따라 결정되며, 일반적으로는 3개 또는 5개로 설정된다.

Sterling-Calmar 비율

Sterling 비율의 가장 일반적인 변형은 분모에 3년 동안의 평균 연간 최대하락폭을 사용하는 방식이며, 본 책에서는 Sterling-Calmar 비율을 다음과 같이 정의한다.

---

[51] McCafferty, The Market Is Always Right(2003).

$$\text{Sterling-Calmar 비율} \quad SCR = \frac{\tilde{r} - \tilde{r}_F}{\overline{D}_{Max}} \tag{5.75}$$

여기서, $\overline{D}_{Max}$: 연간 최대 하락폭의 평균

> ⚠ **Caution**
> Sterling 비율의 정의가 다양하기 때문에, 포트폴리오 성과를 비교할 때는 동일한 정의를 동일한 기간과 동일한 데이터 빈도로 사용했는지 반드시 확인해야 한다.

Burke 비율

Burke[52]는 각 하락폭 제곱합의 제곱근을 사용하는 방식을 제안했다. 이는 경미한 하락폭보다 주요 하락폭에 더 큰 페널티를 부여하기 위한 것이다.

$$\text{Burke 비율} \quad BR_d = \frac{\tilde{r} - \tilde{r}_F}{\sqrt{\sum_{j=1}^{d} D_j^2}} \tag{5.76}$$

Sterling 비율과 마찬가지로, Burke 비율에서도 사용되는 하락폭의 개수를 가장 큰 하락폭 몇 개로 제한할 수 있다.

수정된 Burke 비율(Modified Burke Ratio)

샤프비율과 같은 개념을 도입하여, 수정된 Burke 비율은 분모에 하락폭 편차(Drawdown Deviation)를 사용하는 방식으로 다음과 같이 정의하였다.

$$\text{수정된 Burke 비율} \quad MBR_d = \frac{\tilde{r} - \tilde{r}_F}{\sqrt{\sum_{j=1}^{d} \frac{D_j^2}{n}}} \tag{5.77}$$

수정된 Burke 비율과 Burke 비율 모두 동일한 포트폴리오 순위를 생성한다.

---

[52] Burke, "A Sharper Sharpe Ratio"(1994).

Martin 비율(Martin ratio, ulcer performance index)

만약 하락폭의 지속 시간이 투자자에게 중요한 문제라면, Martin 비율은 적합한 지표가 될 수 있다. 이 비율은 수정된 Burke 비율과 유사하지만, 분모에 Ulcer 지수를 사용한다는 점에서 차이가 있다.

$$\text{Martin 비율} \quad MR = \frac{\tilde{r} - \tilde{r}_F}{\sqrt{\sum_{i=1}^{n} \frac{D'^2_i}{n}}} \tag{5.78}$$

Pain 비율

Pain 비율은 Martin 비율과 비슷한 지표지만 Pain 지수를 사용한다는 점에서 차이가 있다.

$$\text{Pain 비율} \quad PR = \frac{\tilde{r} - \tilde{r}_F}{\sqrt{\sum_{i=1}^{n} \frac{D'_i}{n}}} \tag{5.79}$$

Pain 비율과 Martin 비율은 트랙 레코드에서 초기시점의 최고점을 가진 매니저에게 불이익을 줄 수 있기 때문에, 이러한 비율에서는 초기 시점보다는 기말 시점에 최고점을 찍는 것이 유리하다.

최고점에서 최저점까지의 하락폭 통계량은 표준 포트폴리오 데이터를 사용하여 Table 5.18에서 계산되며, 이를 바탕으로 Calmar, Sterling, Burk, Sterling-Calmar, Pain 그리고 Ulcer 비율이 Exhibit 5.15에서 계산된다. 또한, 연속적인 하락폭 통계량은 Exhibit 5.16에서 계산된다. Figure 5.20은 표준 포트폴리오 데이터를 기준으로 한 하락폭을 시각적으로 보여준다. 이 데이터는 하나의 큰 하락폭(14개월에서 31개월)과 몇 개의 작은 하락폭이 두드러진다. 최대 하락폭은 수익률 데이터에서 14개월에서 18개월 사이에 발생한다.

Exhibit 5.15 하락폭(최고점에서 최저점으로의 낙폭)

Calmar 비율
$$CR = \frac{\tilde{r} - \tilde{r}_F}{D_{Max}} = \frac{13.29\% - 2.43\%}{14.63\%} = 0.74$$

개별 최대 하락폭 14.6%, 1.4% 그리고 0.9%

평균 하락폭
$$\overline{D} = \left| \sum_{j=1}^{d} \frac{D_j}{d} \right| = \frac{14.6\% + 1.4\% + 0.9\%}{3} = 5.64\%$$

참고로, 개별 최대하락폭은 3개만 선택되었다.

Sterling 비율
$$SR_3 = \frac{\tilde{r} - \tilde{r}_F}{\left| \sum_{j=1}^{3} \frac{D_j}{3} \right|} = \frac{13.29\% - 2.43\%}{5.64\%} = 1.92$$

하락폭의 편차
$$DD = \sqrt{\sum_{j=1}^{d} \frac{D_j^2}{d}} = \sqrt{\frac{214.04 + 1.96 + 0.81}{36}} = 2.45$$

수정 Burke 비율
$$MBR_3 = \frac{\tilde{r} - \tilde{r}_F}{\sqrt{\sum_{j=1}^{3} \frac{D_j^2}{n}}} = \frac{13.29\% - 2.43\%}{2.45} = 4.43$$

최대하락폭의 평균
$$\overline{D}_{Max} = \frac{1.4\% + 14.63\% + 2.1\%}{3} = 6.04\%$$

Sterling-Calmar 비율
$$SCR = \frac{\tilde{r} - \tilde{r}_F}{\overline{D}_{Max}} = \frac{13.29\% - 2.43\%}{6.04\%} = 1.80$$

Pain 지수
$$PI = \sum_{i=1}^{n} \frac{|D_i'|}{n} = \frac{135.33}{36} = 3.76$$

Pain 비율
$$PR = \frac{\tilde{r} - \tilde{r}_F}{\sqrt{\sum_{i=1}^{n} \frac{D_i'}{n}}} = \frac{13.29\% - 2.43\%}{3.76} = 2.89$$

Ulcer 지수
$$UI = \sqrt{\sum_{i=1}^{n} \frac{D_i'^2}{n}} = \sqrt{\frac{1285.19}{36}} = 5.97$$

Martin 비율
$$MR = \frac{\tilde{r} - \tilde{r}_F}{\sqrt{\sum_{i=1}^{n} \frac{D_i'^2}{n}}} = \frac{13.29\% - 2.43\%}{5.97} = 1.82$$

Table 5.18 하락폭 통계량

포트폴리오 월수익률(%)	연속 하락폭 D_j	연속 하락폭의 제곱 D_j^2	고점 대비 하락폭 D_i'	고점 대비 하락폭의 제곱 $D_i'^2$
0.3				
2.6				
1.1				
-0.9	-0.9	0.81	-0.9	0.81
1.4				
2.4				
1.5				
6.6				
-1.4	-1.4	1.96	-1.4	1.96
3.9				
-0.5	-0.5	0.25	-0.5	0.25
8.1				
4				
-3.7			-3.7	13.69
-6.1	-9.6	91.67	-9.57	91.67
1.4			-8.31	69.03
-4.9			−12.80	163.87
-2.1	-6.9	47.57	−14.63	214.11
6.2			-9.34	87.23
5.8			-4.08	16.66
-6.4	-6.4	40.96	-10.22	104.45
1.7			-8.69	75.58
-0.4			-9.06	82.07
-0.2			-9.24	85.4
-2.1	-2.7	7.22	−11.15	124.25
1.1			−10.17	103.42
4.7			-5.95	35.37
2.4			-3.69	13.62
3.3			-0.51	0.26
-0.7	-0.7	0.49	-1.21	1.46
4.7				
0.6				
1				
-0.2	-0.2	0.04	-0.2	0.04
3.4				
1				

최대 하락폭(전체) : 14.63%

최대 하락폭(1년차) : 1.4%

최대 하락폭(2년차) : 14.63%

최대 하락폭(3년차) : 2.1%

합계 $\sum_{i=1}^{n} D_i' = -135.33$

합계 $\sum_{i=1}^{n} D_i'^2 = 1258.19$

Exhibit 5.16 하락폭(연속 낙폭)

개별 최대 하락폭 9.6%, 6.9% 그리고 6.4%

평균 하락폭 $\quad \overline{D}_{Lar} = \left| \sum_{j=1}^{d} \frac{D_j}{d} \right| = \frac{9.6\% + 6.9\% + 6.4\%}{3} = 7.62\%$

위 3개의 연속적인 하락폭은 모두 더 긴 최고점에서 최저점까지의 하락폭의 일부이다. 관련해서는 Figure 5.20에서 확인할 수 있다.

Sterling 비율 $\quad SR_3 = \dfrac{\tilde{r} - \tilde{r}_F}{\left| \sum_{j=1}^{3} \dfrac{D_j}{3} \right|} = \dfrac{13.29\% - 2.43\%}{7.62\%} = 1.42$

하락폭의 편차 $\quad DD = \sqrt{\sum_{j=1}^{3} \dfrac{D_j^2}{n}} = \sqrt{\dfrac{91.67 + 47.57 + 40.96}{36}} = 2.24$

수정 Burke 비율 $\quad MBR_3 = \dfrac{\tilde{r} - \tilde{r}_F}{\sqrt{\sum_{j=1}^{3} \dfrac{D_j^2}{n}}} = \dfrac{13.29\% - 2.43\%}{2.24} = 4.85$

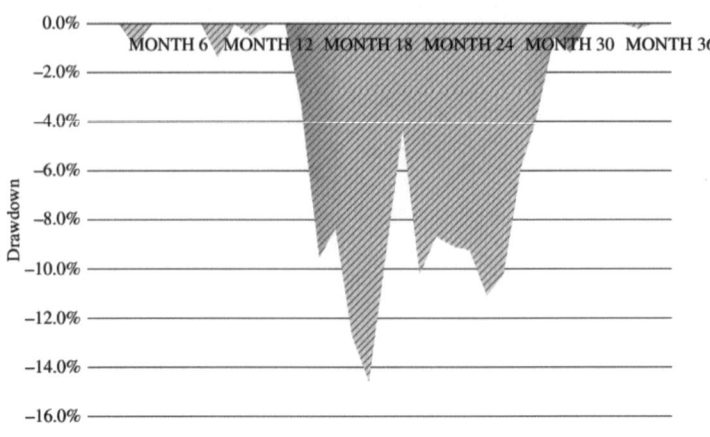

Figure 5.20 하락폭

부분 모멘트

(PARTIAL MOMENTS)

정규분포와 표준편차는 현대 포트폴리오 이론의 기초를 이룬다. 그러나 포스트-모던 포트폴리오 이론(현대 포트폴리오 이론의 한계를 보완하고자 등장한 이론)에서는 투자자들이 하방 리스크보다는 상방 리스크(혹은 상방 불확실성)에 보다 많은 관심을 가진다는 점을 인지하고, 반표준편차(Semi-Standard Deviation) 등을 활용한다. 부분 모멘트나 단측 모멘트는 투자자가 전통적인 리스크 대신에 특정 관심 위험을 살펴볼 수 있도록 도와준다.

하방 리스크(Downside Risk or Semi-Standard Deviation)

반표준편차는 최소 목표 수익률 이하에서의 성과 변동성을 측정한다. 최소 목표 수익률은 무위험 수익률, 벤치마크 수익률, 0%, 또는 투자자가 요구하는 절대 수익률로 설정될 수 있다. 최소 목표수익률을 초과하는 수익률은 반표준편차나 하방 리스크 계산 시 0으로 처리된다.

$$\text{하방 리스크} \quad \sigma_D = \sqrt{\sum_{i=1}^{n} \frac{\min[(r_i - r_T), 0]^2}{n}} \tag{5.80}$$

여기서, r_T : 최소 목표 수익률

최소 목표수익률을 초과하는 수익률은 계산에서 제외되므로, 목표 수익률 이하의 수익률을 가진 관측치가 적거나, 없을 수도 있다. 따라서 계산이 유의미하려면 충분한 수익률 데이터가 있는지 확인해야 한다. 하방 분산은 하방 리스크의 제곱이다.

$$\text{하방 리스크의 분산} \quad \sigma_D^2 = \sum_{i=1}^{n} \frac{\min[(r_i - r_T), 0]^2}{n} \tag{5.81}$$

> **Note**
> 하방 리스크는 표준편차와 직접적으로 비교될 수 없다. 정규분포를 기준으로 표준편차가 1.0인 경우, 반표준편차는 약 0.6이 된다.

하방 잠재력(Downside potential)

하방 잠재력은 목표 수익률 이하의 수익률 평균으로 정의된다.

$$\text{하방 잠재력} \quad \mu_D = \sum_{i=1}^{n} \frac{\min\left[(r_i - r_T), 0\right]}{n} \tag{5.82}$$

하방 잠재력을 계산할 때는 음수 부호를 고려하지 않는다. 따라서 하방 잠재력을 다음과 같이 계산될 수 있다.

$$\text{하방 잠재력} \quad \mu_D = \sum_{i=1}^{n} \frac{\max\left[(r_T - r_i), 0\right]}{n} \tag{5.83}$$

주목할 점은 $(r_i - r_T)$ 항이 $(r_T - r_i)$ 항으로 대체되었으며, 이는 다음과 같다.

$$\sum_{i=1}^{n} \max\left[(r_T - r_i), 0\right] = -1 \times \sum_{i=1}^{n} \min\left[(r_i - r_T), 0\right] \tag{5.84}$$

하방 분산은 수익률의 두 번째 하방 부분 모멘트이며, 하방 잠재력은 첫 번째 하방 부분 모멘트이다.

순수 하방 리스크(Pure Downside risk)

순수 하방 리스크는 $r_T = 0$인 경우를 말하며, 0보다 작은 수익률만 계산에 포함된다.

$$\text{순수 하방 리스크} \quad \sigma_P = \sqrt{\sum_{i=1}^{n} \frac{\min\left[r_i, 0\right]^2}{n}} \tag{5.85}$$

하방 분산(Half variance or semi-variance)

하방 분산 및 하방 리스크 계산에서는 평균보다 낮은 수익률만 계산에 포함된다.

$$\text{하방 분산} \quad \sigma_H^2 = \sum_{i=1}^{n} \frac{\min\left[(r_i - \bar{r}), 0\right]^2}{n} \tag{5.86}$$

$$\text{하방 리스크} \quad \sigma_H = \sqrt{\sum_{i=1}^{n} \frac{\min\left[(r_i - \bar{r}), 0\right]^2}{n}} \tag{5.87}$$

상방 리스크(Upside risk or upside uncertainty)

"상방 리스크(Upside Risk)"라는 용어는 다소 혼란스러울 수 있지만, 이는 단순히 목표 수익률을 초과하는 수익률의 변동성을 의미하며, 상방 리스크는 다음과 같이 계산된다.

$$\text{상방 리스크 } \sigma_U = \sqrt{\sum_{i=1}^{n} \frac{\max\left[(r_i - r_T), 0\right]^2}{n}} \tag{5.88}$$

$$\text{상방 분산 } \sigma_U^2 = \sum_{i=1}^{n} \frac{\max\left[(r_i - r_T), 0\right]^2}{n} \tag{5.89}$$

$$\text{상방 잠재력 } \mu_U = \sum_{i=1}^{n} \frac{\max\left[(r_i - r_T), 0\right]}{n} \tag{5.90}$$

위 모든 식에서 전체 데이터의 개수 n은 목표치 이상 또는 이하의 수익률 데이터 개수와 상관없이 일정하다. 하방 및 상방 표준편차는 목표 수익률을 기준으로 수익률의 변동성을 측정하지만, 일반적으로 성과분석에서는 사용되지 않는다.

$$\text{하방 표준편차 } \sigma_L = \sqrt{\sum_{i=1}^{n} \frac{\min\left[(r_i - r_T), 0\right]^2}{n_D}} \tag{5.91}$$

$$\text{상방 표준편차 } \sigma_G = \sqrt{\sum_{i=1}^{n} \frac{\max\left[(r_i - r_T), 0\right]^2}{n_U}} \tag{5.92}$$

여기서,
n_D : 목표수익률 보다 낮은 수익률의 개수
n_U : 목표수익률 보다 높은 수익률의 개수

평균 절대 모멘트(Mean absolute moment)

평균 절대 모멘트에서는 하방 편차의 평균 또는 상방 편차의 평균을 다음과 같이 계산한다.

$$\text{평균 하방 편차 } MAM_D = \sum_{i=1}^{n} \frac{\min\left[(r_i - r_T), 0\right]}{n_D} \tag{5.93}$$

$$\text{평균 상방 편차 } MAM_U = \sum_{i=1}^{n} \frac{\max[(r_i - r_T), 0]}{n_U} \qquad (5.94)$$

Omega 비율(Ω)

Shadwick와 Keating[53]은 수익률 분포의 고차 모멘트 정보를 포착하는 수익-손실 비율인 Omega 비율을 다음과 같이 제안했다.

$$\text{오메가 비율 } \Omega = \frac{\text{상방잠재력}}{\text{하방잠재력}} = \frac{\frac{1}{n} \times \sum_{i=1}^{n} \max(r_i - r_T, 0)}{\frac{1}{n} \times \sum_{i=1}^{n} \max(r_T - r_i, 0)} \qquad (5.95)$$

Omega 비율은 값이 높을수록 더 좋은 성과를 나타내므로 순위 지표로 사용할 수 있다. r_T이 평균수익률과 같을 때 Omega 비율은 1이 된다. 또한, Omega 비율은 수익률 분포에서 왜도(skewness)와 첨도(kurtosis)를 암묵적으로 반영한다.

Bernardo와 Ledoit 비율

Bernardo와 Ledoit[54] 비율은 Omega 비율의 특수한 형태로, $r_T = 0$ 경우를 의미한다.

$$\text{Bernardo-Ledoti 비율} = \frac{\frac{1}{n} \times \sum_{i=1}^{n} \max(r_i, 0)}{\frac{1}{n} \times \sum_{i=1}^{n} \max(0 - r_i, 0)} \qquad (5.96)$$

d 비율

d 비율[55]은 Bernardo와 Ledoit 비율과 유사하지만, 양(+)의 수익률과 음(-)의 수익률의 빈도를 역으로 고려한다.

---

53 Shadwick and Keating, "A Universal Performance Measure"(2002).
54 Bernardo and Ledoit, Gain, Loss and Asset Pricing(1996).
55 Lavinio, The Hedge Fund Handbook(1999).

$$d \text{ 비율} = \frac{n_D' \times \sum_{i=1}^{n} \max(0-r_i, 0)}{n_U' \times \sum_{i=1}^{n} \max(r_i, 0)} \tag{5.97}$$

여기서,
n_D' : 0 보다 작은 수익률의 개수
n_U' : 0 보다 큰 수익률의 개수

d 비율은 0에서 무한대 사이의 값을 가지며, 포트폴리오의 성과를 순위화하는 데 사용할 수 있다. d 비율이 낮을수록 성과가 더 우수한 성과를 의미하며, 0은 0보다 작은 수익률이 없음을 나타내고, 무한대의 값은 0보다 큰 수익률이 없음을 나타낸. 양의 왜도를 가진 수익률 분포는 더 낮은 d 비율을 가질 것이다.

Omega-Sharpe 비율

Omerga 비율을 샤프비율과 유사한 형태의 순위 통계량으로 변환시킬 수 있다. 포트폴리오의 평균 수익률에서 목표 수익률을 뺀 값은 상승 잠재력과 하락 잠재력의 합과 같다.

$$\text{Omega-Sharpe 비율} = \frac{\tilde{r} - \tilde{r}_T}{\frac{1}{n} \times \sum_{i=1}^{n} \max(r_T - r_i, 0)} \tag{5.98}$$

$$\tilde{r} - \tilde{r}_T \approx \bar{r} - \bar{r}_T = \frac{1}{n} \times \sum_{i=1}^{n} r_i - r_T = \frac{1}{n} \times \sum_{i=1}^{n} \max(r_i - r_T, 0) - \frac{1}{n} \times \sum_{i=1}^{n} \max(r_T - r_i, 0) \tag{5.99}$$

식 5.99를 식 5.98에 대입하면 다음과 같다.

$$= \frac{\frac{1}{n} \times \sum_{i=1}^{n} \max(r_i - r_T, 0) - \frac{1}{n} \times \sum_{i=1}^{n} \max(r_T - r_i, 0)}{\frac{1}{n} \times \sum_{i=1}^{n} \max(r_T - r_i, 0)} \tag{5.100}$$

$$= \frac{\frac{1}{n} \times \sum_{i=1}^{n} \max(r_i - r_T, 0)}{\frac{1}{n} \times \sum_{i=1}^{n} \max(r_T - r_i, 0)} - \frac{\frac{1}{n} \times \sum_{i=1}^{n} \max(r_T - r_i, 0)}{\frac{1}{n} \times \sum_{i=1}^{n} \max(r_T - r_i, 0)} = \Omega - 1 \tag{5.101}$$

$$\text{Omega-Sharpe 비율} \approx \Omega - 1 \tag{5.102}$$

> **? Interpretation**
> Omega-Sharpe은 포트폴리오를 Omega 비율과 동일한 순서로 순위를 매긴다. 두 방법론이 동일한 순위를 생성하지만, Omega-Sharpe 비율이 익숙한 샤프비율 형식에 맞춰져 있어 상대적으로 선호된다.

Sortino 비율

샤프비율과 Omega-sharpe 비율의 자연스러운 확장인 Sortino 비율[56]은 Brian Rom이 제안했으며, 분모에 하방 리스크를 사용하여 다음과 같이 정의된다.

$$\text{Sortino 비율} = \frac{(\tilde{r} - \tilde{r}_T)}{\tilde{\sigma}_D} \tag{5.103}$$

Sortino 비율은 Figure 5.21와 같이 나타난다.

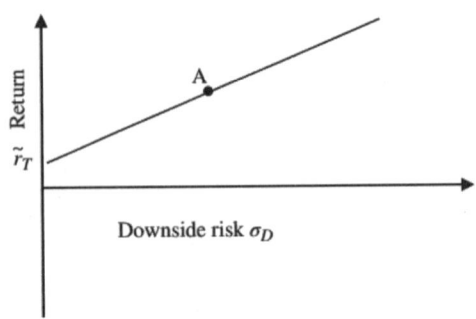

Figure 5.21 Sortino 비율

투자자들은 위험 프리미엄을 초과하는 수익을 추구하기 위해 위험을 감수한다. 따라서 최소 수익률은 위험 프리미엄을 초과해야 한다.

---

[56] Sortino and van der Meer, "Downside Risk"(1991)

하방 분산 대비 보상(Reward to half-variance)

Ang와 Chua[57]가 제안한 하방 분산 대비 보상 지표는, Sortino 비율과 유사하며, 평균 이하의 수익률만 고려한다.

$$\text{하방 분산 대비 보상} = \frac{(\tilde{r} - \tilde{r}_F)}{\tilde{\sigma}_H^2} \tag{5.104}$$

여기서, $\tilde{\sigma}_H^2$: 연율화 하방 분산

하방 리스크의 샤프비율(Downside-Risk Sharpe Ratio)

Ziemba[58]가 제안한 하락 리스크의 샤프비율은 Sortino 비율과 유사하며, 0 이하의 수익률만 고려한다.

$$\text{하방 리스크의 샤프비율} = \frac{(\tilde{r} - \tilde{r}_F)}{\tilde{\sigma}_P} \tag{5.105}$$

여기서, $\tilde{\sigma}_P$: 연율화 순수 하방 리스크

Sortino-Satchell 비율

Rachev, Stoyanov, 그리고, Fabozzi[59], Eling, Farinelli, Rossello, Tibiletti[60], 그리고 Biglova, Orotobelli, Rachev, Stoyanov[61]에서 일반화된 Sortino-Satchell 비율을 설명했다. Kaplan과 Knowles[62]는 동일한 일반화된 비율을 설명하며 이를 카파(kappa)라고 정의하였고, Sortino 비율과 omega-Sharpe 비율이 카파의 특수한 경우임을 보여주었다.

---

57 Ang and Chua, "Composite Measures for the Evaluation of Investment Performance"(1979).
58 Ziemba, "The Symmetric Downside-Risk Sharpe Ratio"(2005).
59 Rachev, Stoyanov and Fabozzi, Advanced Stochastic Models, Risk Assessment and Portfolio Optimization(2008).
60 Eling, Farinelli, Rossello and Tibiletti, "One-Size or Tailor-Made Performance Ratios for Ranking Hedge Funds"(2009).
61 Biglova, Ortobelli, Rachev and Stoyanov, "Different Approaches to Risk Estimation in Portfolio Theory"(2004).
62 Kaplan and Knowles, "Kappa: A Generalized Downside Risk-adjusted Performance Measure"(2004).

$$\text{Sortino-Satchell 비율}\quad K_l = \frac{(\tilde{r} - \tilde{r}_T)}{\sqrt[l]{\sum_{i=1}^{n} \frac{\max\left[(r_T - r_i), 0\right]^l}{n}}} \tag{5.106}$$

> **❓ Interpretation**
>
> $l = 1$일 때, K_1는 Omega-Sharpe 비율이며, $l = 2$일 때는, K_2가 Sortino 비율이다. 여기서 l은 반드시 정수일 필요는 없으며, 투자자의 선호에 따라 결정된다. l 값이 클수록 더 극단적인 결과에 대해 높은 패널티를 부여하므로, 이는 Kappa 비율보다 더 위험 회피적인 투자자에게 적합하다.

특히, K_3(세 번째 하방 부분 모멘트)는 카파 비율(kappa ratio)로 알려져 있다. 일반화된 비율을 의미할 때는 Sortino-Satchell 비율이라는 명칭을 사용하고, K_3를 설명할 때는 카파(kappa)라는 용어를 사용하는 것이 적합하다.

$$\text{카파 비율}\quad K_3 = \frac{(\tilde{r} - \tilde{r}_T)}{\sqrt[3]{\sum_{i=1}^{n} \frac{\max\left[(r_T - r_i), 0\right]^3}{n}}} \tag{5.107}$$

상방 잠재력 비율(Upside Potential Ratio)

Sortino, Van de Meer, 그리고 Plantinga[63]가 제안한 상승 잠재력 비율은 포트폴리오 성과를 순위화하는 데 사용할 수 있으며, 상승 잠재력과 하락 위험을 사용하여 다음과 같이 정의한다.

$$\frac{\text{상방잠재력}}{\text{하방위험}} = \frac{\mu_U}{\tilde{\sigma}_D} = \frac{\sum_{i=1}^{n} \frac{\max\left[(r_i - r_T), 0\right]}{n}}{\tilde{\sigma}_D} \tag{5.108}$$

---

[63] Sortino, van de Meer and Plantinga, "The Dutch Triangle: A Framework to Measure Upside Potential Relative to Downside Rsk"(1999).

> **? Interpretation**
> 상승 측면에서는 첫 번째 부분 모멘트를, 하락 측면에서는 두 번째 부분 모멘트를 사용하여 투자자들의 선호를 반영한다. 이는 투자자들은 상승 측면의 극단적인 이익보다 하락 측면의 극단적인 손실을 더 꺼린다는 것을 나타낸다.

> **📝 Note**
> Sortino 비율은 개념적으로 Sharpe 비율과 비슷하며, 상승 잠재력 비율보다 더 널리 사용된다.

변동성 왜도(Volatility Skewness)

두 번째 부분 모멘트를 사용하는, 오메가(omega)와 유사한 지표로 변동성 왜도[64]가 있다. 이 지표는 상승 분산(upside variance)과 하락 분산(downside variance)의 비율로 정의되며, 1보다 크면 양(+)의 왜도를 나타내며, 1보다 작으면 음(-)의 왜도를 나타낸다.

$$\text{변동성 왜도} = \frac{\tilde{\sigma}_U^2}{\tilde{\sigma}_D^2} \tag{5.109}$$

> **? Interpretation**
> 변동성 왜도는 극단적으로 긍정적 사건에 대해 보상을 제공하고, 극단적으로 부정적 사건에 대해서는 패널티를 부여한다. 만약 극단적으로 긍정적 사건에 대한 과도한 보상이 적절한지 확신하지 못하면서도 여전히 극단적으로 부정적인 사건에 대해선 우려한다면, 상승 잠재력 비율이 더 적합한 선택이 될 수 있다.

변이성 왜도(Variability Skewness)

변이성 왜도(variability skewness)는 변동성 왜도(volatility skewness)의 제곱근이다.

---

64 Rom and Ferguson, "A Software Developer's View: Using Post-Modern Portfolio Theory to Improve Investment Performance Measurement"(2001).

$$\text{변이성 왜도} = \frac{\text{상방 위험}}{\text{하방 위험}} = \frac{\sigma_U}{\sigma_D} \qquad (5.110)$$

하방 위험, Sortino 비율, 상방 및 하방 잠재력, 오메가, Omega-Sharpe 비율, 상승 잠재력 비율, 그리고 변이성 왜도는 Table 5.19의 데이터를 기반으로 Exhibit 5.17에서 계산되었다.

Exhibit 5.17 하방 및 상방 부분 모멘트

하방잠재력	$\mu_D = \sum_{i=1}^{n} \frac{\max[(r_T - r_i), 0]}{n} = \frac{36.3\%}{36} = 1.01\%$
하방 위험	$\sigma_D = \sqrt{\sum_{i=1}^{n} \frac{\max[(r_T - r_i), 0]^2}{n}} = \sqrt{\frac{161.33}{36}} = 2.12\%$
연율화 하방 위험	$\tilde{\sigma}_D = \sqrt{t} \times \sigma_D = \sqrt{12} \times 2.12\% = 7.33\%$
상방 잠재력	$\mu_U = \sum_{i=1}^{n} \frac{\max[(r_i - r_T), 0]}{n} = \frac{57.9\%}{36} = 1.61\%$
상방 위험	$\sigma_U = \sqrt{\sum_{i=1}^{n} \frac{\max[(r_i - r_T), 0]^2}{n}} = \sqrt{\frac{247.81}{36}} = 2.62\%$
연율화 상방 위험	$\tilde{\sigma}_U = \sqrt{t} \times \sigma_U = \sqrt{12} \times 2.62\% = 9.09\%$
오메가 비율	$\Omega = \frac{\text{상방 잠재력}}{\text{하방 잠재력}} = \frac{\frac{1}{n} \times \sum_{i=1}^{n} \max(r_i - r_T, 0)}{\frac{1}{n} \times \sum_{i=1}^{n} \max(r_T - r_i, 0)} = \frac{1.61\%}{1.01\%} = 1.6$
Sortino 비율	$= \frac{(\tilde{r} - \tilde{r}_T)}{\tilde{\sigma}_D} = \frac{13.29\% - 6.17\%}{7.33\%} = 0.97$
상방 잠재력 비율	$= \frac{\text{상방잠재력}}{\text{하방위험}} = \frac{\sum_{i=1}^{n} \frac{\max[(r_T - r_i), 0]}{n}}{\tilde{\sigma}_D} = \frac{1.61\%}{7.33\%} = 0.22$
변이성 왜도	$= \frac{\text{상방위험}}{\text{하방위험}} = \frac{\tilde{\sigma}_U}{\tilde{\sigma}_D} = \frac{9.09\%}{7.33\%} = 1.24$

Table 5.19 포트폴리오 하방 위험

포트폴리오 월수익률(%)	하방 편차 $\min[(r_i-r_T),0]$	하방 편차 제곱 $\min[(r_i-r_T),0]^2$	상방 편차 $\max[(r_i-r_T),0]$	상방 편차 제곱 $\max[(r_i-r_T),0]^2$
0.3	-0.2	0.04		
2.6			2.1	4.41
1.1			0.6	0.36
-0.9	-1.4	1.96		
1.4			0.9	0.81
2.4			1.9	3.61
1.5			1	1
6.6			6.1	37.21
-1.4	-1.9	3.61		
3.9			3.4	11.56
-0.5	-1	1		
8.1			7.6	57.76
4			3.5	12.25
-3.7	-4.2	17.64		
-6.1	-6.6	43.56		
1.4			0.9	0.81
-4.9	-5.4	29.16		
-2.1	-2.6	6.76		
6.2			5.7	32.49
5.8			5.3	28.09
-6.4	-6.9	47.61		
1.7			1.2	1.44
-0.4	-0.9	0.81		
-0.2	-0.7	0.49		
-2.1	-2.6	6.76		
1.1			0.6	0.36
4.7			4.2	17.64
2.4			1.9	3.61
3.3			2.8	7.84
-0.7	-1.2	1.44		
4.7			4.2	17.64
0.6			0.1	0.01
1			0.5	0.25
-0.2	-0.7	0.49		
3.4			2.9	8.41
합계	$\sum_{i=1}^{n}\min[(r_i-r_T),0]=-36.3$	$\sum_{i=1}^{n}\min[(r_i-r_T),0]^2=161.33$	$\sum_{i=1}^{n}\max[(r_i-r_T),0]=57.9$	$\sum_{i=1}^{n}\max[(r_i-r_T),0]^2=247.81$

Farinelli-Tibiletti 비율

Farinelli-Tibiletti[65]는 상승 측면과 하락 측면을 모두 고려하여 Sortino-Satchell과 유사한 지표를 제안하였다.

$$F - T_l^u = \frac{\sqrt[u]{\frac{1}{n} \times \sum_{i=1}^{n} \max(r_i - r_T, 0)^u}}{\sqrt[l]{\frac{1}{n} \times \sum_{i=1}^{n} \max(r_T - r_i, 0)^l}} \tag{5.111}$$

> **❓ Interpretation**
>
> u와 l이 모두 1일 때, Farinelli-Tibiletti 비율은 Omega 비율과 동일하며, u와 l이 모두 2일 때는 변이성 왜도와 동일하다. l이 2이고 u가 1일 경우는 상승 잠재력 비율과 같다. u와 l은 반드시 정수일 필요는 없으며, 투자자의 선호에 따라 설정할 수 있다. 예를 들어, $u \langle$ 1이고 $l \rangle$ 1이면 위험회피 성향을 나타내며, $l \langle$ 1이고 $u \rangle$ 1이면 위험 선호 성향을 나타낸다.

Farinelli-Tibiletti 비율과 Sortino-Satchell 비율 모두 투자자들에게 자신의 특정 요구를 충족시킬 수 있는 비율을 설계할 수 있는 높은 수준의 유연성을 제공한다. 그러나 이러한 비율을 효과적으로 활용해 가치를 창출하려면 충분한 시간, 경험, 그리고 데이터가 필요하다.

> **⚠ Caution**
>
> 매니저들에게 이러한 비율은 유리한 결과를 찾기 위해 '데이터 마이닝'[66]을 수행할 기회를 제공한다. 다른 모든 평가 지표와 마찬가지로, 이러한 지표는 사후적으로 계산되지만, 사전적으로 값이 산출되도록 구현되어 있어야 한다.

---

65 Farinello and Tibiletti, "Sharpe Thinking in Asset Ranking with One-Sided Measures"(2008).
66 데이터 마이닝을 통해 유리한 결과를 찾는 것만을 목적으로 데이터를 분석하는 것은 잘못된 관행이다.

Prospect 비율

Watanabe[67]는 사람들이 동일한 정도의 이익보다 손실을 더 강하게 느끼는 경향이 있다는 점을 지적했다. 이는 프로스펙트 이론(prospect theory)[68]으로 알려진 현상이다. Watanabe는 손실에 대해 더 큰 패널티를 부여하고 이익에 대해 상대적으로 적은 보상을 주는 Sharpe 유형 비율(조정된 Sortino 비율)을 사용할 것을 제안하며, 이는 다음과 같이 정의하였다.

$$\text{Prospect 비율} = \frac{\frac{1}{n} \times \sum_{i=1}^{n}(\max[r_i, 0] + \lambda \times min[r_i, 0]) - r_T}{\sigma_D} \quad (5.112)$$

λ는 투자자의 선호도를 반영하며, 손실 회피 성향과 손실에 부여된 가중치가 이익보다 얼마나 큰지를 측정한다. 투자자가 손실 회피 성향을 보이지 않는 경우, λ는 0이 되고, $\lambda < 0$은 이익을 추구하는 성향을 나타낸다. 실증 연구에 따르면, Watanabe는 투자자가 이익보다 손실을 2.25배 더 싫어한다는 점을 제시하며 λ를 2.25로 설정한다. 물론 투자자의 선호에 따라 λ 값을 선택할 수 있다.

> **Note**
> 프로스펙트 비율은 카파 비율과 유사하지만, 투자자의 선호가 더 높은 부분 모멘트(higher partial moments)의 형태로 분모가 아닌 분자에 반영된다는 점에서 차이가 있다.

채권 위험
(FIXED INCOME RISK)

채권의 평가가격(Pricing fixed income instruments)

채권의 위험을 측정하는 것은 비교적 간단할 수 있다. 대부분의 채권은 이자

---

[67] Watanabe, "New Prospect Ratio: Application to Hedge Funds with Higher Order Moments."(2014).

[68] Kahneman and Tversky, "Prospect Theory: An Analysis of Decision under Risk"(1979).

지급과 만기 시 원금 상환으로 예측 가능한 미래 현금 흐름으로 구성되어 있기 때문이다. 채권 가격은 이러한 미래 현금 흐름의 현재가치 합산이다.

$$P = \sum_{i=1}^{n} F_i \times d^{t_i} \tag{5.113}$$

여기서, n : 쿠폰 및 원금 상환 횟수
F_i : i번째 쿠폰 및 원금 상환
t_i : i번째 쿠폰 및 원금 상환까지의 기간(연단위)
d : 할인율

만기수익률(YTM : Yield to maturity)

채권의 만기수익률은 내부수익률(IRR)로, 현재 채권의 가치가 각 미래 현금 흐름의 현재가치의 합과 동일해지도록 하는 수익률을 의미한다.

가중평균 현금흐름(Weighted average cash flow)

채권가격은 할인율, 각 현금 흐름의 금액과 지급 시점에 결정적인 영향을 받는다. 따라서, 미래 할인율이나 수익률 변화에 대한 민감도에 관심을 갖게 된다. 지급 시점이 중요한 이유는, 수익률 변화가 더 긴 기간 동안 더 큰 영향을 미치기 때문이다. 이를 측정하는 방법의 하나가 채권의 가중평균 현금흐름이다.

$$\text{가중평균 현금흐름} = \frac{\sum_{i=1}^{n} t_i \times F_i}{\sum_{i=1}^{n} F_i} \tag{5.114}$$

듀레이션(Duration)

듀레이션은 널리 사용되는 채권의 민감도 지표로, 미래 현금 흐름 대신 현금 흐름의 현재가치를 사용한다.

듀레이션은 모든 미래 현금 흐름의 현재가치를 가중 평균한 기간으로 정의되며, 이는 금리 변동에 따른 채권 가격 민감도를 측정하는 데 사용된다. 즉, 듀레이션은 채권의 금리변화에 얼마나 노출되어 있는지를 나타내는 지표이다. 예를 들어, 듀레이션이 13년인 채권은 금리가 1%(100bp) 하락하면 시장가치가 약 13% 상승할 것으로 예상되며, 금리가 1% 상승하면 시장가치가 약 13% 하락할 것으로 예상된다. 따라서 듀레이션은 채권의 체계적 위험 또는 변동성을 측정하는데 사용된다. 미래 현금 흐름의 현재 가치를 계산할 때는 만기수익률을 할인율로 사용한다.

맥쿼리 듀레이션(Macaulay Duration)

Frederick Macaulay[69]는 채권 수익률 연구에서 듀레이션 개념을 처음으로 제안한 사람 중 한 명이다. 듀레이션은 식 5.114에 현재가치를 사용하여 다음과 같이 계산할 수 있다.

$$\text{맥쿼리 듀레이션 } D = \frac{\sum_{i=1}^{n} t_i \times F_i \times d^{t_i}}{\sum_{i=1}^{n} F_i \times d^{t_i}} \tag{5.115}$$

여기서 d는 다음과 같다.

$$d = \frac{1}{(1+y)} \tag{5.116}$$

여기서, y : 만기수익률

식 5.115의 분모는 채권의 미래 쿠폰 및 원금 상환의 현재가치를 나타내며, 이는 곧 채권의 가격 P와 같다.

식 5.113을 식 5.115에 대입하면, 맥쿼리 듀레이션의 공식을 유도할 수 있다.

$$D = \frac{\sum_{i=1}^{n} t_i \times F_i \times d^{t_i}}{P} \tag{5.117}$$

---

[69] Macaulay, "Some Theoretical Problems Suggested by the Movement of Interest Rates, Bond Yields and Stock Prices in the US since 1856"(1938).

Macaulay-Weil 듀레이션

모든 이자에 대해 동일한 할인율을 적용할 필요는 없다. 실제로, 금리는 구간에 따라 다르다. Macaulay-Weil 듀레이션은 각 현금 흐름에 구간별 현물 금리(Spot Rate)를 사용하여 듀레이션을 계산하므로, 더 정확한 측정 방법이다.

수정 듀레이션(Modified Duration)

맥쿼리 듀레이션과 Macaulay-Weil 듀레이션은 모든 이자가 재투자된다는 가정을 바탕으로 한다. 그러나 실제로는 이러한 가정이 성립하지 않을 수 있다. 이에 따라, 듀레이션은 실제 이자 지급에 맞게 다음과 같이 수정할 수 있다.

$$MD = \frac{D}{1 + \frac{y}{k}} \tag{5.118}$$

여기서, k : 연간 쿠폰 지급 횟수

$k = \infty$ 인 연속복리의 경우, 수정 듀레이션은 맥쿼리 듀레이션과 동일하다. 일반으로 듀레이션은 0과 채권의 만기 사이에 위치하며, 다만, 무이표채권(쿠폰이 없는 채권)의 경우 듀레이션은 만기와 듀레이션이 동일하다. 모든 일반적인 채권은 무이표채권으로 구성된다.

Table 5.20에 제시된 연 6% 이자 지급이 있는 20년 만기 채권을 사용하여 Exhibit 5.18에서는 가중평균 현금흐름, 맥쿼리 듀레이션, 수정 듀레이션, Macaulay-Weil 듀레이션을 계산하였다.

Figure 5.22에서는 맥쿼리 듀레이션을 나타냈으며, X축의 받침점은 균형점을 의미한다.

Exhibit 5.18 듀레이션

가중평균 현금흐름 $= \frac{3260}{220} = 14.82$ 년

맥쿼리 듀레이션 $= \frac{1692.7}{128.91} = 13.13$ 년

$$\text{수정듀레이션} = \frac{D}{1+\frac{y}{k}} = \frac{13.13}{1+\frac{1.0389}{1}} = 12.64\text{년}$$

$$\text{Macaulay-Weil 듀레이션} = \frac{1679.67}{128.91} = 13.03\text{년}$$

$$\text{수정 Macaulay-Weil 듀레이션} = \frac{D}{1+\frac{y}{k}} = \frac{13.03}{1+\frac{1.0389}{1}} = 12.54\text{년}$$

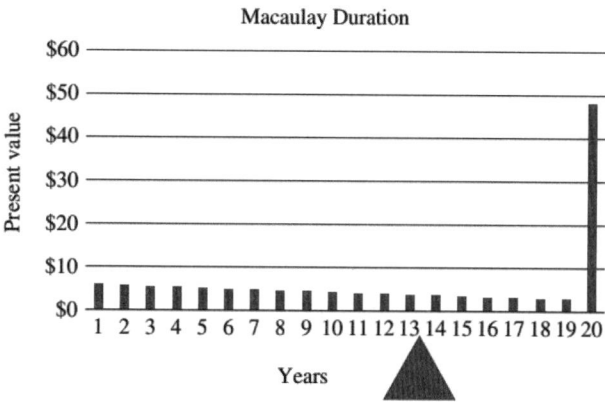

Figure 5.22 맥쿼리 듀레이션

Table 5.20 평가가격, 맥쿼리 듀레이션, Macaulay-weil 듀레이션

20년 채권(6% 쿠폰)			맥쿼리 듀레이션		Macaulay-Weil 듀레이션		
년	현금흐름	시간(년) × 현금흐름	현재가치	시간(년) × 현재가치	Spot rate	현재가치	시간(년) × 현재가치
1	6	6	5.78	5.78	3.50%	5.8	5.8
2	6	12	5.56	11.12	3.50%	5.6	11.2
3	6	18	5.35	16.05	3.50%	5.41	16.23
4	6	24	5.15	20.60	3.50%	5.23	20.91
5	6	30	4.96	24.79	3.50%	5.05	25.26
6	6	36	4.77	28.63	3.50%	4.88	29.29
7	6	42	4.59	32.15	3.50%	4.72	33.01
8	6	48	4.42	35.36	3.50%	4.56	36.45
9	6	54	4.25	38.29	3.75%	4.31	38.77
10	6	60	4.1	40.95	3.75%	4.15	41.52

11	6	66	3.94	43.36	3.75%	4.00	44.02
12	6	72	3.79	45.53	3.75%	3.86	46.29
13	6	78	3.65	47.47	3.75%	3.72	48.33
14	6	84	3.52	49.21	3.75%	3.58	50.17
15	6	9	3.38	50.75	3.75%	3.45	51.81
16	6	96	3.26	52.11	3.75%	3.33	53.27
17	6	102	3.13	53.29	4.00%	3.08	52.36
18	6	108	3.02	54.31	4.00%	2.96	53.51
19	6	114	2.9	55.18	4.00%	2.85	54.11
20	106	2120	49.39	987.75	4.00%	48.38	967.54
합계	220	3260	128.91	1692.70	Price	128.91	1679.67
IRR(y)			3.89%		IRR(y)	3.89%	

포트폴리오 듀레이션

채권 포트폴리오나 벤치마크에서 듀레이션은 가산적이며, 포트폴리오의 듀레이션은 포트폴리오 내 각 채권의 듀레이션 가중합으로 계산된다.

$$D_r = \sum_{i=1}^{n} w_i \times MD_i \qquad (5.119)$$

옵션조정듀레이션(OAD : Option adjusted duration, Effective duration)

수정 듀레이션은 옵션이 포함된 경우, 계산된 듀레이션은 정확하지 않을 수 있다[70]. 이러한 옵션을 반영하려면, 금리가 상승과 하락 시 각각의 예상 가격을 통해 듀레이션을 계산해야 한다.

$$OAD = \frac{P_- - P_+}{2 \times P \times \Delta y} \qquad (5.120)$$

여기서, Δy : 금리 변화분
P_- : 금리가 Δy 하락시 평가가격
P_+ : 금리가 Δy 상승시 평가가격

---

[70] 예로 Callable 채권.

옵션이 포함되지 않는 경우, 옵션조정듀레이션은 수정듀레이션과 동일하다. 옵션조정듀레이션은 수정듀레이션과 수치적으로 유사하지만, 옵션조정듀레이션은 금리변화에 대한 직접적인 민감도 측정치이며, 연 단위로 측정되지 않는다.

Table 5.20에서의 채권 데이터를 25bp 금리변화를 반영하여 Table 5.21과 같이 수정한 후, Exhibit 5.19에서 옵션조정듀레이션을 계산하였다. 계산 결과는 Macaulay-Weil 듀레이션과 유사한 값을 나타내었다.

Exhibit 5.19 옵션조정듀레이션

옵션조정듀레이션(OAD) $\quad OAD = \dfrac{P_- + P_+}{2 \times P \times \Delta y}$

$OAD = \dfrac{133.04 - 124.96}{2 \times 128.91 \times 0.25\%} = 12.55$

Table 5.21 옵션조정듀레이션

20년 채권(6% 쿠폰)		+0.25% 금리 상승		-0.25% 금리 하락	
년	현금흐름	Spot rate	현재가치	Spot rate	현재가치
1	6	3.75%	5.78	3.25%	5.81
2	6	3.75%	5.57	3.25%	5.63
3	6	3.75%	5.37	3.25%	5.45
4	6	3.75%	5.18	3.25%	5.28
5	6	3.75%	4.99	3.25%	5.11
6	6	3.75%	4.81	3.25%	4.95
7	6	3.75%	4.64	3.25%	4.80
8	6	3.75%	4.47	3.25%	4.65
9	6	4.00%	4.22	3.50%	4.40
10	6	4.00%	4.05	3.50%	4.25
11	6	4.00%	3.90	3.50%	4.11
12	6	4.00%	3.75	3.50%	3.97
13	6	4.00%	3.60	3.50%	3.84
14	6	4.00%	3.46	3.50%	3.71
15	6	4.00%	3.33	3.50%	3.58
16	6	4.00%	3.20	3.50%	3.46
17	6	4.25%	2.96	3.75%	3.21
18	6	4.25%	2.84	3.75%	3.09

19	6	4.25%	2.72	3.75%	2.98
20	106	4.25%	46.11	3.75%	50.76
		평가가격	124.96	평가가격	133.04

DTW(Duration to Worst)

DTW는 금리변화의 부정적인 시나리오를 기반으로 듀레이션을 계산한 것이다. 옵션이 없는 경우 수정 듀레이션과 동일하지만, 옵션이 있는 경우(예: Callable Bond), 계산에 사용되는 현금 흐름은 투자자에게 불리한 시나리오를 기반으로 듀레이션을 계산한다.

컨백서티(Convexity)

듀레이션은 채권 가격 변화를 나타내는 1차 근사치이다. 듀레이션은 채권가격과 금리가 선형적 관계를 가정하여 계산되지만, 실제로는 Figure 5.23에서 보이는 것처럼 채권가격과 금리 사이의 관계는 곡선 형태를 띤다. 따라서, 이 근사치를 더욱 정확히 하기 위해 2차 근사치인 컨백서티를 활용해야 한다.

$$C = \frac{\sum_{i=1}^{n} F_i \times t_i \times (t_i + 1) \times d^{t_i}}{P} \tag{5.121}$$

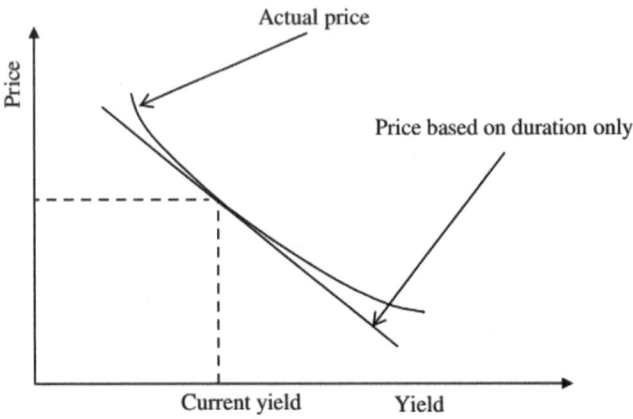

Figure 5.23 컨백서티

수정 컨백서티(Modified Convexity)

컨백서티도 듀레이션과 마찬가지로, 실제 이자 지급에 맞게 조정될 수 있다. 이를 반영하면 다음과 같이 정의된다.

$$MC = \left(\frac{1}{1+\frac{y}{k}}\right)^2 \times \frac{\sum_{i=1}^{n} F_i \times t_i \times (t_i+1) \times d^{t_i}}{P} \qquad (5.122)$$

유효 컨백서티(Effective Convexity)

수정 컨백서티는 이자에 옵션이 포함된 경우 이를 반영하지 못한다. 옵션을 고려한 컨백서티를 계산하려면, 예상 가격을 통해 다음과 같이 계산한다.

$$EC = \frac{P_- + P_+ - 2 \times P}{P \times (\Delta y)^2} \qquad (5.123)$$

Table 5.22의 25bp 금리 변화 데이터를 기반으로 Exhibit 5.20에서 컨백서티, 수정 컨백서티, 유효 컨백서티를 계산하였다.

Table 5.22 컨백서티

기간	현금흐름	현재가치	$t \times (t+1)$	$t \times (t+1) \times$ 현재가치
1	6	5.80	2	11.59
2	6	5.60	6	33.61
3	6	5.41	12	64.94
4	6	5.23	20	104.57
5	6	5.05	30	151.56
6	6	4.88	42	205.00
7	6	4.72	56	264.09
8	6	4.56	72	328.07
9	6	4.31	90	387.70
10	6	4.15	110	456.73
11	6	4.00	132	528.27
12	6	3.86	156	601.75

13	6	3.72	182	676.67
14	6	3.58	210	752.55
15	6	3.45	240	828.97
16	6	3.33	272	905.55
17	6	3.08	306	942.55
18	6	2.96	342	1,012.92
19	6	2.85	380	1,082.18
20	106	48.38	420	20,318.35
	합계	128.91	합계	29,657.64

Exhibit 5.20 컨백서티

컨백서티
$$C = \frac{\sum_{i=1}^{n} F_i \times t_i \times (t_i + 1) \times d^{t_i}}{P}$$

$$C = \frac{29657.64}{128.91} = 230.06 \text{년}$$

수정 컨백서티
$$MC = \left(\frac{1}{1 + \frac{y}{k}}\right)^2 \times \frac{\sum_{i=1}^{n} F_i \times t_i \times (t_i + 1) \times d^{t_i}}{P}$$

$$MC = \left(\frac{1}{1 + \frac{3.89\%}{1}}\right)^2 \times 230.06 = 213.14 \text{년}$$

유효 컨백서티
$$EC = \frac{P_- + P_+ - 2 \times P}{P \times (\Delta y)^2} = \frac{133.04 + 124.96 - 2 \times 128.91}{128.91 \times (0.0025)^2} = 213.00$$

포트폴리오 컨백서티(Portfolio Convexity)

듀레이션과 마찬가지로, 채권 포트폴리오나 벤치마크에서 컨백서티도 가산적이며, 포트폴리오의 컨백서티는 포트폴리오 내 각 채권의 가중합으로 계산된다.

$$\text{포트폴리오 컨백서티 } C_r = \sum_{i=1}^{n} w_i \times C_i \qquad (5.124)$$

채권 수익률(Bond Returns)

듀레이션은 채권 가격이 수익률 변화에 얼마나 민감한지를 측정하는 지표다.

듀레이션을 사용하여 채권의 가격 변화를 추정하는 방법은 다음과 같다.

$$\Delta P = -MD \times \Delta y \qquad (5.125)$$

채권의 가격 변화는 듀레이션뿐만 아니라 컨백서티를 반영하여 다음과 같이 계산할 수 있다.

$$r_B = y \times \Delta t - MD \times \Delta y + \frac{C}{2} \times (\Delta y)^2 \qquad (5.126)$$

Table 5.20의 채권에 대한 가격 수익률은 Exhibit 5.21에서 금리가 25bp 상승 및 25bp 하락한 경우를 가정하여 수정듀레이션과 옵션조정듀레이션, 그리고 컨백서티가 계산된다.

Exhibit 5.21 채권 수익률의 추정(25bp 금리 변화시)

실제 채권 가격의 변화

-0.25% 금리하락시, $\frac{133.04}{128.91} - 1 = 3.2\%$

$+0.25\%$ 금리상승시, $\frac{124.96}{128.91} - 1 = -3.07\%$

수정 듀레이션과 수정 컨백서티 활용하여 채권 수익률 추정

-0.25% 금리하락시

$r_B = -MD \times \Delta y + \frac{C}{2} \times (\Delta y)^2 = -12.54 \times (-0.25\%) + \frac{213.14}{2} \times (-0.25\%)^2 = 3.2\%$

0.25% 금리상승시

$r_B = -MD \times \Delta y + \frac{C}{2} \times (\Delta y)^2 = -12.54 \times (0.25\%) + \frac{213.14}{2} \times (0.25\%)^2 = -3.07\%$

옵션조정듀레이션과 유효 컨백서티 활용하여 채권 수익률 추정

-0.25% 금리하락시

$r_B = -OAD \times \Delta y + \frac{C}{2} \times (\Delta y)^2 = -12.55 \times (-0.25\%) + \frac{213.00}{2} \times (-0.25\%)^2 = 3.2\%$

0.25% 금리상승시

$$r_B = -OAD \times \Delta y + \frac{C}{2} \times (\Delta y)^2 = -12.55 \times (0.25\%) + \frac{213.00}{2} \times (0.25\%)^2 = -3.07\%$$

위 두 방식 모두 채권의 실제 수익률에 대한 좋은 추정치다.

듀레이션 베타(Duration Beta)

듀레이션은 채권 가격이 수익률 변화에 얼마나 민감한지를 측정하며, 채권의 가격 변화를 추정하는 방법은 다음과 같다.

$$D_\beta = \frac{D_r}{D_b} \tag{5.127}$$

여기서, D_r : 포트폴리오 듀레이션
D_b : 벤치마크 듀레이션

듀레이션 보상(Reward to Duration)

듀레이션 보상은 수정 듀레이션을 체계적 위험(Systematic Risk)의 척도로 사용하여 채권 포트폴리오에 적용한 Treynor 비율과 같다.

$$\text{듀레이션 보상} = \frac{\tilde{r} - \tilde{r}_F}{MD} \tag{5.128}$$

기타 위험측정 지표
(MISCELLANEOUS RISK MEASURES)

Hurst 지수(Hurst Index)

Hurst 지수[71]는 포트폴리오의 수익률이 평균 회귀적(anti-persistent)인지, 랜덤인지, 아니면 지속적인지 여부를 분석하는 데 유용한 지표이다. 해당 지수는 다음과 같은 방식으로 계산된다.

---

[71] R. Clarkson, "FARM : A Financial Actuarial Risk Model"(2001).

$$\text{Hurst 지수 } H = \frac{\log(R/S)}{\log(n)} \quad (5.129)$$

n : 관측지 수

여기서, R/S는 다음과 같다.

$$\frac{R}{S} = \frac{[\max(_k r) - \min(_k r)]}{\sigma} \quad (5.130)$$

$$_k r = \sum_{i=1}^{n}(r_i - \bar{r}) \quad (5.131)$$

R/S는 최대 누적 편차와 최소 누적 편차의 범위를 포트폴리오 수익률의 표준편차로 나눈 값으로 정의된다. 이를 재조정 범위 또는 간단히 R/S라고 정의하였다.

H. E. Hurst[72]는 나일강의 최적 물 저장량을 계산하기 위해 Hurst 지수를 처음 제안하였다. R/S 값이 시간이 지남에 따라 멱함수 법칙(Power Law)에 따라 변화한다는 점을 발견하였다.

$$\frac{R}{S} = C \times n^H \quad (5.132)$$

로그를 취하면 Hurst 지수는 다음과 같이 정의된다.

$$\log\left(\frac{R}{S} = \log C + H \times \log(n)\right) \quad (5.133)$$

Hurst 지수는 $\log(R/S)$와 $\log(n)$의 그래프에서 기울기로 나타나며, Y축과의 교점은 상수 $\log C$ 이다. 대부분, 4~5년 범위에서는 이 값을 0으로 추정할 수 있으며, 이는 Figure 5.24에 나타나 있다.

- Hurst 지수가 0과 0.5 사이라면, 포트폴리오의 수익률은 평균 회귀적

---

[72] B. Qian and K. Rasheed, "Hurst Exponent and Financial Market Predictability," *Proceedings of the Second IASTED International Conference on Financial Engineering and Applications*(1 January 2004).

(anti-persistent)이다.
- Hurst 지수가 0.5라면, 포트폴리오의 수익률은 랜덤이다.
- Hurst 지수가 0.5와 1 사이라면, 포트폴리오의 수익률은 지속적(persistent)이다.

> **Interpretation**
> 모든 매니저는 지속적인 양(+)의 수익률 또는 양(+)의 초과수익률을 기록하려고 한다. Hurst 지수가 1에 가까운 값은 뛰어난 성과를 나타내거나, 경우에 따라서는 특이한 사항을 암시할 수도 있다. 나일강의 홍수 데이터는 Hurst 지수가 0.9로 매우 지속적인 특성을 보여주었으며, 주식시장은 Hurst 지수가 약 0.7로 나타나 비교적 덜 지속적인 성향을 보였다.

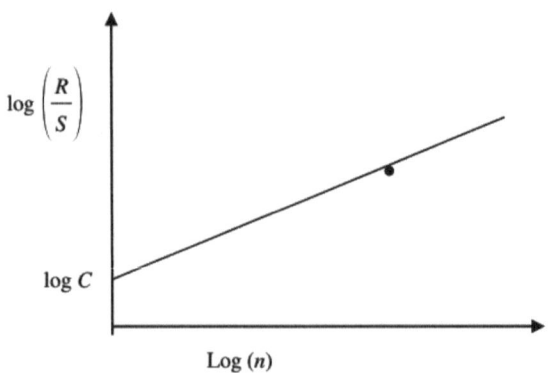

Figure 5.24 Hurst 지수

Bias 비율(Bias Ratio)

Adil Abdulali[73]는 Bias 비율이라는 독창적이면서도 간단한 비율을 제안했다. 이 비율은 수익률 분포가 0에 가까운지에 대한 정보를 제공한다. Bias 비율은 0과 같거나 0을 약간 초과하는 수익률의 개수를 0보다 약간 작은 수익률의 개수로 나눈 값으로 정의된다. 여기서 '약간' 범의의 정의가 필요하지만, 일반적으로 1 표준편차 이내로 설정한다.

---

[73] A. Abdulali, "The Bias Ratio^{TM}, Measuring the Shape of Fraud"(2006).

$$\text{Bias 비율 } BR = \frac{Count(r_i | r_i \in [0, \sigma])}{1 + Count(r_i | r_i \in [-\sigma, 0])} \tag{5.134}$$

Bias 비율은 유동성이 낮은 자산과 관련된 정체된 가격(Stale Prices) 또는 주관적인 가격을 살펴보는데 유용한 지표이다. 헤지펀드, 부동산, PF 매니저들은 일정한 양(+)의 수익률을 유지하려는 경향이 있으며, 음(-)의 수익률을 기록 하는 것을 꺼리는 경우가 많다. 이러한 경향은 부정적인 재평가를 회피하거나 수익률 데이터를 부드럽게 조정하는 "스무딩 효과"를 유발할 수 있으며, 불가피할 경우에만 부정적인 평가손실을 반영하는 것으로 이어질 수 있다. 이러한 행위는 자산의 변동성을 인위적으로 낮춰 보이게 만들 뿐만 아니라, 때로는 위험에 대한 시그널을 인지할 수 없게 하는 상황을 가져올 수 있다.

Bias 비율이 1보다 크다고 해서 반드시 큰 위험을 의미하는 것은 아니지만, 주의를 기울여야 할 상황으로 볼 수 있다. 일반적으로 주식 지수(Equity Index)의 Bias 비율은 1에서 1.5 사이에 위치하는 반면, 폰지 사기(Ponzi Scheme)와 같은 경우에는 매우 높은 Bias 비율을 나타낼 가능성이 있어, 주의가 요구된다.

> **Note**
> Fairfield Sentry Hedge Fund Ltd(잘 알려진 Bernie Madoff 폰지 사기)의 경우, Bias 비율[74]을 1990년 12월 31일부터 2008년 10월 31일까지 계산한 결과, 5.2로 나타났다.

> **Caution**
> Bias 비율은 단독 또는 단순하게 분석해서는 안 되며, 투자 전략을 반영하는 적절한 벤치마크와 비교하여 보조적인 성과지표로 활용해야 한다. 현금 또는 유동성은 작은 양(+)의 수익률로 기여하고 음(-)의 수익률로는 기의 기여하지 않는다. 일반적으로 높은 Bias 비율은 좋은 투자 성과를 의미한다.

---

[74] "The Madoff Case: A Timeline," Wall Street Journal, 6 March 2009.

Active Share

Cremers와 Petajisto[75]가 제안한 Active Share는 포트폴리오의 보유 종목과 벤치마크의 종목 간의 비중 차이를 측정하는 지표로 정의되며, 다음과 같이 정의된다.

$$\text{Active Share} = \frac{1}{2} \times \sum_{j=1}^{n} |PW_j - IW_j| \qquad (5.135)$$

여기서 PW_j : 포트폴리오 종목 j의 비중
IW_j : 지수 또는 벤치마크 종목 j의 비중

Active Share가 0%이면 포트폴리오가 벤치마크를 완전히 동일하게 복제한 것을 의미하며, 100%이면 포트폴리오와 벤치마크 간에 전혀 중복이 없음을 의미한다. Cremers와 Petajisto는 1980년부터 2003년까지 약 2,647개의 미국 공모펀드에 대해 Active Share를 측정하고 분석한 결과 다음과 같은 결론을 내렸다.

(1) 매니저의 Active Share는 지속가능성이 있다.
(2) Active Share가 높은 펀드는 성과가 우수하다.
(3) Active Share가 낮은 펀드는 성과가 부진하다.

Cremers와 Petajisto는 Active Share와 추적오차(Tracking Error)를 기준으로 매니저를 네 그룹으로 분류하였으며, 이는 Table 5.23과 Figure 5.25에서 나타나 있다. Active Share가 높고 추적오차가 낮은 포트폴리오(Stock pickers형) 즉, 상대적 위험을 관리하면서도 과감한 투자를 감행하는 매니저가 가장 높은 성과를 기록하였다. 또한, Active Share와 추적오차가 모두 높은 포트폴리오(Concentrated 형)도 좋은 성과를 기록하였다. 반면, Active Share와 추적오차가 모두 낮은 포트폴리오(Closet Indexers 형)는 성과가 저조했고, Active Share가 낮고 추적오차가 높은 포트폴리오(Factor bets 형)도 저조한 성과를 기록했다.

---

[75] Cremers and Petajisto, "How Active Is Your Fund Manager? A New Measure That Predicts Performance"(2009).

Table 5.23 Active Share와 추적오차

Active Share	추적오차	유형
높음	높음	Concentrated
높음	낮음	Stock pickers
낮음	높음	Factor bets
낮음	낮음	Closet indexers

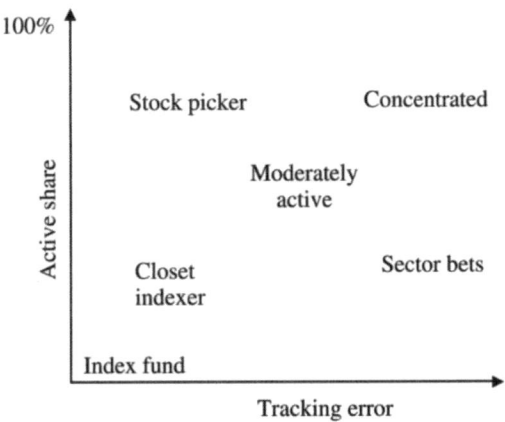

Figure 5.25 Active Share vs 추적오차

> **Interpretation**
>
> Active Share가 초과성과의 예측하는 좋은 지표라는 주장은 다소 낙관적일 수 있으며, 이에 대한 비판도 제기되어 왔다(Morrison[76], Frazzini, Friedman, Pomorski[77]). 그러나 Active Share를 성과예측 지표로 사용하기보다는 필터링 도구로 활용하는 것이 합리적일 수 있다. 평가 기관들은 Active Share를 사용하여 투자 전략이 실제로 적극적인(active)지 여부를 평가하고, 이를 기반으로 보수의 정당성을 판단하고 있다. 예를 들어, 덴마크 투자 펀드 협회(Danish Investment Funds Association)는 UCITS(집합 투자기구)의 연간 보고서에 Active Share와 추적오차(Tracking Error)를 모두 공개하도록 요구하고 있다. 특히, Active Share가 50% 미만이고 추적오차가 3% 미만인 펀드에 대해서는 투자 전략의 정당성에 입증할 것을 권장하고 있다.[78]

76 Morrison, "Key Insight or Flawed Measure?"(2016).
77 Frazzini, Friedman and Pomorski, "Deactivating Active Share"(2016).
78 Finanstilsynet "Active/Passive Management in Danish UCITS," The Danish FSA(2016).

Cremers, Fulkerson, Riley[79]에서 높은 Active Share를 기록하는 계좌(Separate Accounts)에서 양(+)의 성과 지속성(Performance Persistence)의 증거를 발견했다고 주장했다. 이는 우수한 과거 성과와 Active Share의 조합을 활용하면 초과성과를 낼 가능성이 있는 매니저를 식별할 수 있음을 시사한다.

VaR(Value at Risk)

VaR는 1990년대에 투자은행들이 일일 거래 위험을 관리하기 위해 개발한 위험 측정 지표이다[80]. VaR는 주어진 신뢰 수준에서 정상적인 시장 조건으로 특정 시간 간격 동안 예상되는 최악의 손실을 측정한다. 예를 들어, 한 포트폴리오의 연간 VaR가 £500만(95% 신뢰 수준)이라면, 이는 20년에 한 번 정도만 연간 손실이 £500만을 초과할 것으로 예상된다는 의미이다.

VaR는 추적오차와 변동성처럼 사후(Ex-Post)와 사전(Ex-Ante) 모두에서 계산할 수 있다. 일반적으로 VaR는 사전 예측(Ex-Ante)으로 계산되지만, 추적오차와 마찬가지로 사후 VaR를 계산하여 위험을 모니터링하는 데도 유용하게 활용된다.[81] 사후 지표는 포트폴리오의 실현 수익률을 기반으로 하며, 사전 지표는 포트폴리오의 보유 종목 및 투자 상품의 구성을 스냅샷으로 제공하여, 상품 간 과거 상관관계를 바탕으로 향후 위험을 예측한다.

포트폴리오 수익률 관점에서는 Return at Risk(위험 수익률) 또는 Performance at Risk(위험 성과)라는 용어가 더 적절할 수 있지만, VaR라는 용어는 일반적으로 위험에 대한 가치(Value)와 위험에 따른 수익(Return)를 나타내는 데 사용된다.

> **Note**
> VaR은 극단적인 손실과 음(-)의 수익률을 다루지만, 일반적으로 양(+)의 숫자로 표시된다.

---

79 Cremers, Fulkerson and Riley, "Active Share and the Predictability of the Performance of Separate Accounts"(2022).

80 J.P. Morgan의 전 CEO인 Dennis Weatherstone은 시장 마감 이후 회사의 리스크를 한 페이지에 집계한 리포트를 요청했다. 이러한 요청을 충족하기 위해 VaR(Value at Risk)가 개발되었다.

81 식 8.5(위험 효율성 비율) 참조.

> ⚠️ **Caution**
> VaR은 기간과 신뢰 수준에 따라 해석이 크게 달라질 수 있으므로, 비교를 위해 일관성을 유지하는 것이 중요하다.

VaR의 단순성과 보편성으로 인해, 많은 금융 기관, 연기금 및 감독기관에서 표준 위험 측정 지표로 채택하여 사용하고 있다.

위험 조정 수익률
(RISK-ADJUSTED RETURN)

Sharpe 비율은 종종 위험 조정 수익률(Risk-Adjusted Return)로 잘못 설명되기도 하지만, 그 이름에서 알 수 있듯이 이는 비율(Ratio)이지 수익률(Return)이 아니다. Sharpe 비율을 사용하면 포트폴리오를 선호도 순서로 나열할 수 있지만, 상대적인 성과의 크기를 직접적으로 판단할 수는 없다. 반면, 위험 조정 수익률 지표를 사용하면 위험 조정된 초과 성과를 보다 명확히 파악할 수 있다.

모든 비율은 동일한 문제를 가지고 있다. 즉, 포트폴리오를 선호도 순서로 나열하는 데는 유용하지만, 상대적 성과 크기(Quantity)에 대해서는 알려 주지 않는다. 반면, 위험 조정 수익률은 비율을 우리가 익숙하게 이해할 수 있는 수익률 지표로 변환하여, 상대적 성과에 관한 판단을 내리는 데 사용할 수 있도록 한다.

M^2

M^2는 가장 널리 사용되며 계산이 단순한 위험 조정 수익률(Risk-Adjusted Return) 지표 중 하나이다. Figure 5.26에서는 M^2를 그래프로 나타냈다. 벤치마크의 위험 $\hat{\sigma}_b$을 기준으로 수직선을 그린 후, 포트폴리오 B의 Sharpe 비율 선과 교차하는 점에서의 수익률이 M^2로 정의된다. 이는 포트폴리오 B와 동일한 Sharpe 비율을 가지면서, 벤치마크와 동일한 위험 수준에서 달성한 수익률을 의미한다. M^2는 다양한 위험 수준을 가진 포트폴리오를 비교하는 데 유용한 위험 조정 수익률 지표로 활용된다.

Figure 5.26에서 포트폴리오 A가 더 높은 절대 수익률을 기록했음에도 불구하고,

포트폴리오 B의 M^2가 더 높게 나타난다. 이는 M^2가 포착하는 핵심으로, 각 포트폴리오의 수익률을 동일한 위험 수준으로 수익률로 조정한다는 점이다. 해당 그래프에서 포트폴리오 B는 벤치마크보다 적은 위험을 감수했기 때문에 수익률이 상향 조정되었으며, 반대로 포트폴리오 A는 벤치마크보다 더 많은 위험을 감수했기 때문에 수익률이 하향 조정되었다.

$$M^2 = \tilde{r} + SR \times (\tilde{\sigma}_b - \tilde{\sigma}) \tag{5.136}$$

여기서 σ_b : 시장 위험(벤치마크의 변동성, 표준편차)

M^2는 계산 과정에서 어떤 요인이 제곱 되는 것과는 관련이 없으며, 이 지표의 이름은 Leah Modigliani와 그녀의 할아버지인 Franco Modigliani[82]에서 유래되었다. 또한, M^2는 다음과 같은 방식으로도 정의된다.

$$M^2 = (\tilde{r} - \tilde{r}_F) \times \frac{\tilde{\sigma}_b}{\tilde{\sigma}} + \tilde{r}_F \tag{5.137}$$

식 5.136과 식 5.137이 동일한 결과를 제공하지만, 식 5.136은 Figure 5.26의 기하학적 구조와 연결되며, 포트폴리오 위험이 벤치마크 위험보다 클 경우 발생하는 페널티와, 포트폴리오 위험이 벤치마크 위험보다 작을 경우 얻는 보상을 명확하게 보여주기 때문에 이해하기 더 쉽다.

> **Note**
>
> M^2는 다양한 위험 측정 지표를 사용하여 계산할 수 있으며, 이를 통해 X축에 나타난 위험 지표를 재정의할 수 있다. 이는 체계적 위험과 극단적 위험을 조정한 수익률에 대한 대표적인 예이다.

Table 5.6의 데이터를 사용하여 M^2를 Table 5.24에서 계산하였다.

---

[82] Modigliani, "Risk-Adjusted Performance, Part 1: The Time for Risk Measurement Is Now"(1997).

Table 5.24 M^2

	포트폴리오 A	포트폴리오 B
연율화 수익률	7.9%	6.9%
연율화 위험	5.5%	3.2%
샤프비율	1.07	1.53
무위험 수익률	2.0%	2.0%
$M^2 = \tilde{r} + SR \times (\tilde{\sigma}_b - \tilde{\sigma})$	$= 7.9\% + 1.07 \times (4.5\% - 5.5\%)$ $= 6.83\%$	$= 6.9\% + 1.53 \times (4.5\% - 3.2\%)$ $= 8.89\%$
$M^2 = (\tilde{r} - \tilde{r}_F) \times \dfrac{\tilde{\sigma}_b}{\tilde{\sigma}} + \tilde{r}_F$	$= (7.9\% - 2.0\%) \times \dfrac{4.5\%}{5.5\%} + 2.0\%$ $= 6.83\%$	$= (6.9\% - 2.0\%) \times \dfrac{4.5\%}{3.2\%} + 2.0\%$ $= 8.89\%$

M^2 초과수익률

기하적 또는 산술적 M^2 초과수익률은 일반적인 초과수익률과 동일한 방식으로 산출된다. Figure 5.26을 살펴보면 산술적 초과수익률이 적합해 보일 수 있지만, 일관성을 유지하기 위해 기하학적 초과수익률을 사용하는 것이 더 적합하다.

$$M^2 \text{ 초과수익률} = \frac{(1+M^2)}{(1+\tilde{b})} - 1 \qquad (5.138)$$

또는, 산술적 초과수익률은 다음과 같이 정의된다.

$$M^2 \text{ 초과수익률} = M^2 - \tilde{b} \qquad (5.139)$$

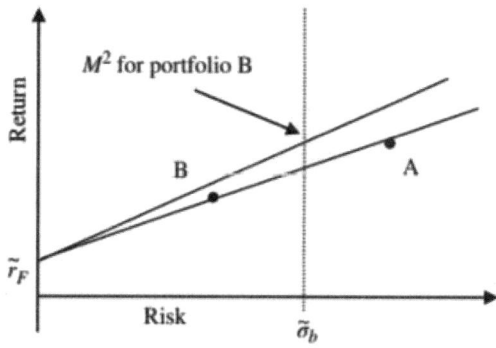

Figure 5.26 M^2

차등수익률(Differential Return)

차등수익률은 개념적으로 M^2 초과수익률과 유사하지만, 벤치마크 수익률이 포트폴리오의 위험에 맞게 조정된다는 점에서 차이가 있다. 차등수익률은 포트폴리오 수익률과 조정된 벤치마크 수익률 간의 차이로 정의된다. 동일한 포트폴리오에 대해 M^2 초과수익률과 차등수익률은 다를 수 있으며, 이는 포트폴리오와 벤치마크의 Sharpe 비율이 서로 다르기 때문이다.

조정된 벤치마크 수익률 $\tilde{b}'$은 다음과 같이 정의된다.

$$\tilde{b}' = \tilde{r}_F + \left(\frac{\tilde{b} - \tilde{r}_F}{\tilde{\sigma}_b} \right) \times \tilde{\sigma} \qquad (5.140)$$

따라서, 포트폴리오 수익률에서 조정된 벤치마크 수익률을 빼면 차등수익률을 계산할 수 있다.(Figure 5.27 참조)

$$\text{차등수익률} \quad DR = \tilde{r} - \tilde{r}_F - \left(\frac{\tilde{b} - \tilde{r}_F}{\tilde{\sigma}_b} \right) \times \tilde{\sigma} \qquad (5.141)$$

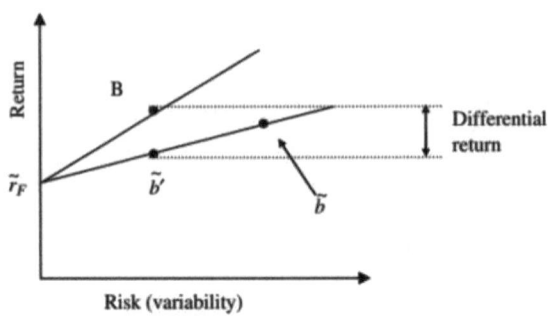

Figure 5.27 차등수익률

Table 5.25에서 차등 수익률(Differential Returns)이 계산되었다.

Table 5.25 차등수익률

	포트폴리오 A	포트폴리오 B
연율화 수익률	7.9%	6.9%
연율화 위험	5.5%	3.2%
M^2	6.83%	8.89%
M^2 초과수익률 (산술적)	6.83% - 7.5% = -0.67%	8.89% - 7.5% = 1.39%
차등수익률	$7.9\% - 2.0\% - \dfrac{7.5\% - 2.0\%}{4.5\%} \times 5.5\%$ $= -0.82\%$	$6.9\% - 2.0\% - \dfrac{7.5\% - 2.0\%}{4.5\%} \times 3.2\%$ $= 0.99\%$
$\tilde{r} - \tilde{r}_F - \left(\dfrac{\tilde{b} - \tilde{r}_F}{\tilde{\sigma}_b}\right) \times \tilde{\sigma}$		

차등수익률은 여러 포트폴리오를 비교하는 데 유용성이 떨어진다. 이는 포트폴리오마다 위험에 맞게 조정된 벤치마크 수익률을 별도로 계산해야 하기 때문이다. 반면, M^2는 모든 포트폴리오에 대해 동일한 벤치마크 수익률을 사용할 수 있으므로 일관성이 유지된다. 따라서, M^2는 Sharpe 비율이나 차등수익률에 비해 성과 비교 측면에서 더 우수한 측정 지표로 평가된다.

수정 M^2 (Adjusted M^2)

벤치마크 수익률이 정규분포를 따른다고 가정하면, Sharpe 비율을 조정된 Sharpe 비율로 대체할 수 있다. 이는 Figure 5.28에서와 같이 수익률 분포의 3차 및 4차 모멘트(왜도와 첨도)를 포함한 위험 조정 수익률을 계산할 때 사용된다.[83]

이 예에서, 매니저는 치우친 왜도(skewness)와 첨도(kurtosis)를 고려하여 조정된 Sharpe 비율의 기울기가 더 완만해진다. 결과적으로, 벤치마크의 변동성과 교차하는 점이 더 낮아지며, 이는 낮은 위험 조정 수익률로 이어진다.

---

[83] Bacon, "Introducing Adjusted M^2"(2013).

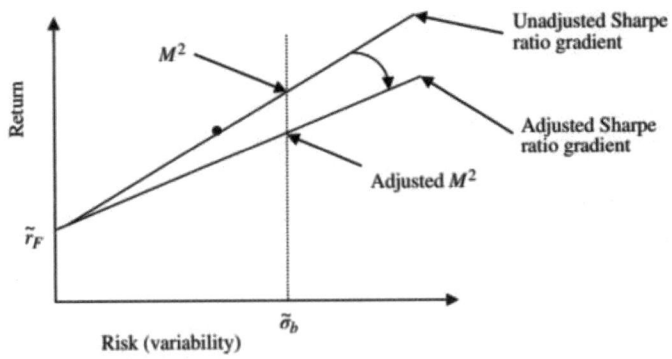

Figure 5.28 수정 M^2

$$\text{수정 } M^2 = \tilde{r} + ASR \times (\tilde{\sigma}_b - \sigma) \tag{5.142}$$

> ❓ **Interpretation**
> 수정 M^2는 수익률 분포의 네 가지 모멘트(평균, 분산, 왜도, 첨도)를 반영하여 이를 이해하기 쉬운 단일 수익률 지표로 변환한 통계 측정값이다.

왜도 수정 M^2(Skew-Adjusted M^2)

왜도 조정 M^2는 이름에서 알 수 있듯이 3차 모멘트(왜도)만을 반영하며, 4차 모멘트(첨도)는 반영하지 않는다.

$$\text{왜도 수정 } M^2 = \tilde{r} + SASR \times (\tilde{\sigma}_b - \sigma) \tag{5.143}$$

Exhibit 5.22 M^2, 왜도 수정 M^2, 그리고 수정 M^2

M^2
$$= \tilde{r} + SR \times (\tilde{\sigma}_b - \tilde{\sigma}) = 13.29\% + 0.94 \times (11.65\% - 11.49\%) = 13.44\%$$

왜도 수정 M^2
$$= \tilde{r} + SASR \times (\tilde{\sigma}_b - \tilde{\sigma}) = 13.29\% + 0.91 \times (11.65\% - 11.49\%) = 13.43\%$$

수정 M^2
$$= \tilde{r} + ASR \times (\tilde{\sigma}_b - \tilde{\sigma}) = 13.29\% + 0.91 \times (11.65\% - 11.49\%) = 13.43\%$$

이 예제에서는 분포가 정규분포에 가까워 왜도 조정 M^2와 M^2 사이의 차이는 매우 작다.

초과수익률의 유형

(TYPES OF EXCESS RETURN or ALPHA)

초과수익률과 알파에 대해서는 다양한 정의가 존재한다. 그렇다면, 어떤 정의를 사용해야 할까요? 이는 투자자의 선호와 목표에 따라 결정된다.

알파(Alpha)는 체계적 위험(Systematic Risk)을 초과한 수익률을 의미하여, Table 5.26에는 다양한 초과수익률이 정의되어 있다.

Table 5.26 초과수익률의 정의

유형	정의
초과수익률	무위험 수익률을 초과하는 수익률
산술적 초과수익률	식 4.24 참고
기하학적 초과수익률	$\left(\dfrac{1+r}{1+b}\right)-1$, 초과수익률의 기술적 정의 식 4.25 참고
회귀 알파	식 5.36 참고
젠센의 알파	식 5.42 참고, 체계적 위험을 초과한 수익률, 가장 널리 사용되는 알파의 정의
3요인 알파	식 5.66 참고
4요인 알파	식 5.67 참고
M^2 초과	식 5.138 및 식 5.139 참고
왜도 수정 M^2 초과	위험과 왜도를 반영한 초과수익률 식 5.143 참고
수정 M^2 초과	위험, 왜도 및 첨도를 반영한 초과수익률 식 5.142 참조
차등수익률	식 5.141 참고
순 선택효과	식 5.65 참고

위험측정 지표의 주기율표
(A PERIODIC TABLE OF RISK MEASURES)

1869년, Dmitri Mendeleev[84]는 최초로 화학 원소의 주기율표(Periodic Table)를 발표했다. 이 표는 학생들에게 익숙한 도구로, 원소를 원자 번호, 전자 배열, 그리고 화학적 성질에 따라 정리한 것이다. Mendeleev가 주기율표를 최초로 고안한 것은 아니지만, 미발견 원소를 예측하며 공백을 남긴 점이 높게 평가받아 널리 인정받았다.

위험 측정 지표를 위한 주기율표를 만드는 아이디어는 매우 흥미롭다. 이 기본적인 개념(화학 원소 대신 다른 개념에 주기율표를 적용하는 것)는 2012년 CFA 컨퍼런스에서 Bruce Feibel[85]의 발표를 통해 소개되었다.

위험 분석가들에게는 수많은 위험측정 지표가 존재하며, 이를 온전히 이해하고 활용하기 위해서는 각 지표의 상대적인 장점과 상호 관계를 논리적으로 분류하려는 노력이 필요하다. 이에 대해 Cogneau와 Hubner[86][87]는 이러한 시도를 성공적으로 수행하였으며, 100개 이상의 성과평가 지표를 목적, 특성, 그리고 일반화 정도에 따라 분류했다.

Table 5.27에 제시된 위험측정 지표의 주기율표는 Bruce의 아이디어를 발전시키기 위해 저자의 제안한 것이다. 이 표는 세 번째 버전으로, 두 번째 버전은 Journal of Performance Measurement[88]에 발표되었다. 첫 번째 시도는 저자가 자신의 아이디어를 명확히 하고, Mendeleev의 원래 주기율표처럼 새로운 측정 지표와 추가 연구가 필요한 지표의 공백을 확인하기 위해 자체적으로 수행한 것이다.

---

84 Mendeleev, "Uber die Beziehungen der Eigenschaften zu den Atomgewichten der Elemente"(1869).
85 CFA GIPS Conference, Boston September 2012.
86 Cogneau and Hubner, "The(more than) 100 ways to Measure Portfolio Performance Part 1"(2009).
87 Cogneau and Hubner, "The(more than) 100 ways to Measure Portfolio Performance Part 2"(2009).
88 Bacon, "A Periodic Table of Risk Measures - Version 2"(2015).

Table 5.27 위험측정 지표의 주기율표

Descriptive Statistics		Absolute	Relative	Partial Moments				Drawdown	Risk-adjusted returns
				Downside	Gain-Loss	Prospect			
First moment	Average	MAD ratio	Relative batting average	Omega-Sharpe ratio	Omega	Omega-prospect ratio	Sterling ratio	Excess return
Second moment	Variability	Sharpe ratio	Information ratio	Sortino ratio	Variability skewness	Prospect ratio	Burke ratio	M^2
Third moment	Skewness	Skew-adjusted Sharpe ratio	Skew-adjusted information ratio	Kappa	Gain-loss skewness	Skew-adjusted prospect ratio	Calmar ratio	Skew-adjusted M^2
Fourth moment	Kurtosis	Adjusted Sharpe ratio	Adjusted information ratio	Sortino-Satchell ratio	Farnelli-Tibiletti ratio	New prospect ratio	Pain ratio	Adjusted M^2
Systematic risk	Beta	Treynor ratio	Appraisal ratio	Return to duration	Timing ratio	Generalised Z ratio	Ulcer ratio	Alpha
Extreme risk	VaR	Reward to VaR	Reward to relative VaR	Conditional Sharpe ratio	Rachev ratio	Generalised Rachev ratio	Reward to conditional drawdown	M^2 for Var

Miscellaneous Risk measures									
		K ratio	Upside capture	Downside capture	Capture ratio	R^2	Bias ratio	Factor alpha
		Absolute batting average	Risk efficiency ratio	Tail ratio	Convexity	Bera-Jarque statistic	Active share	Omega excess

제5장 위험

주기율표 디자인(Periodic table design)

이 주기율표는 자산운용사의 성과를 평가하기 위해 사용되는 대부분 성과평가 지표나 컴포지트 비율을 포함하고 있다. 일반적으로 이러한 지표들은 '위험 대비 성과'를 나타내는 Sharpe 비율 형태나 '손실 대비 수익' 형태로 구성되어 있다. 표의 X축은 성과평가 지표의 유형에 따라 여섯 개로 분류된다.

(1) 절대적(Absolute) : 포트폴리오의 절대 수익률을 기반으로 한 지표
(2) 상대적(Relative) : 벤치마크 대비 상대 수익률을 기반으로 한 지표
(3) 하락 위험(Downside) : 부분 모멘트를 사용하여 하락 위험을 기반으로 한 지표
(4) 손실 대비 수익(Gain-loss) : 분자에 상승 수익, 분모에 하락 손실을 기반으로 한 지표
(5) 기대(Prospect) : 기대이론을 기반으로 한 지표
(6) 하락폭(Drawdown) : 하락폭을 기반으로 한 지표

표의 Y축은 주요 기술 통계를 여섯 개로 분류하며, 수익률 분포의 네 가지 모멘트를 포함하여 중요도 순으로 나열하고 있다.

(1) 첫 번째 모멘트 : 평균 수익률
(2) 두 번째 모멘트 : 변동성 또는 표준편차
(3) 세 번째 모멘트 : 왜도(skewness)
(4) 네 번째 모멘트 : 첨도(kurtosis)
(5) 체계적 위험(systematic risk)
(6) 수익률 꼬리 분포의 극단적 위험(extreme risk)

처음에는 극단적 위험 지표를 성과평가 지표 유형으로 분류하였지만, 이번에는 주요 기술 통계로 분류하였다.

사후위험측정의 필요성(Why measure ex-post risk?)

일부 관계자들은 사후(ex-post) 또는 과거 위험을 측정하는 것이 큰 가치가 없으며, 이는 불확실성이 없기 때문에 측정할 필요가 없다고 주장하기도 한다. 그러나, 사후 위험을 측정해야 하는 중요한 이유는 다음과 같다.

(1) 사후 포트폴리오 성과는 이차원적이다.

　　수익률만을 중점적으로 평가하는 것은 적절하지 않으며, 위험 또한 반드시 고려되어야 한다. 예를 들어, 매니저는 평범한 수익률을 기록했더라도 이를 위해 매우 높은 위험을 감수했다면, 투자자는 실망할 수 있다. 달성된 수익률은 감수된 위험을 정당화할 수 있어야 한다. 대부분 성과보수체계는 수익률을 기준으로 설정되어 있지만, 이론적으로는 위험조정 수익률을 기준으로 설정하는 것이 더 적절하다.

(2) 투자자는 사전에 자신의 위험 선호도를 명확히 정의해야 한다.

　　투자자는 매니저가 극대화해야 할 위험 측정 지표를 사전에 결정하고, 선택된 위험 지표를 기준으로 성과를 지속적으로 모니터링해야 한다.

(3) 투자자와 포트폴리오 매니저는 실현된 사후 위험과 예측된 사전 위험을 비교해야 한다.

　　예측된 위험은 실제 위험과 항상 비교되어야 한다. 리스크 매니저는 현실에 기반을 두어 이전의 예측된 위험과 실현된 위험을 비교해야 한다. 이러한 이유로 사후 위험 측정은 투자 및 성과평가에 있어 중요 요소이다.

어떤 위험측정지표를 사용해야 하는가?(Which risk measures to use?)

위험은 사람의 관점에 따라 달라진다. 투자자의 목표에 따라 적합한 위험 측정 지표를 선택해야 한다. 대부분의 사후 위험 지표는 계산하기는 쉽지만, 해석이 어렵고 때로는 모순될 수도 있다.

여러 위험 지표를 동시에 모니터링하는 것은 큰 가치를 제공하지 않는다. 이상적인 위험 지표는 투자 목표와 일치하는 것이며, 모든 이해관계자가 인지할 수 있도록 사전에 명확히 결정되어야 한다. 추가적인 기술 통계가 유용할 수 있지만, 포트폴리오 매니저가 하나의 위험 대비 보상 지표에 집중할 수 있도록 하는 것이 중요하다.

대부분의 평가 지표는 기본적으로 동일한 구조로 되어 있다. 분자는 투자자가 원하는 보상을 나타내며, 이는 차트에서의 Y축에 해당한다. 분모는 투자자가 우려하는 위험을 나타내며, 이는 X축에 해당한다. 위험 대비 보상 비율은 Y축의 시작점에서 포트폴리오의 보상과 위험을 연결하는 선의 기울기로 나타낸다.

위험 대비 보상 비율은 포트폴리오 성과를 순위화하는 데 가장 적합하다. 가장 적절한 비율은 투자자의 위험 허용치를 반영해야 한다. 하락 위험 지표의 경우, 최소 허용 수익률 또는 목표 수익률은 투자자의 투자 목표와 일치해야 한다. 매니저가 상대 수익률을 목표로 하는 경우, 최소 목표 수익률을 사용해 포트폴리오 성과를 분석하는 것은 큰 의미가 없다.

비율에는 공통적인 한계가 있다. 비율은 포트폴리오를 선호도 순으로 나열할 수 있지만, 상대적 성과 크기를 알 수는 없다. 반면, 위험 조정 수익률은 이러한 비율을 수익률 지표로 변환하여 성과의 양적 측면을 이해할 수 있도록 해준다.

헤지펀드(Hedge funds)

일반적으로 더 복잡한 위험 측정 지표는 헤지펀드와 같이 비정상적인 수익 분포를 갖는 대체 투자 에 사용된다.

헤지펀드의 정의는 여러 가지가 있으며, Ineichen는 헤지펀드를 다음과 같이 정의하였다.

> "헤지펀드는 매니저 또는 파트너가 투자기회를 활용하여 절대 수익을 추구하면서, 잠재적 투자 손실로부터 원금을 보호하는 투자 상품을 의미한다."[89]

대부분의 헤지펀드 운용 스타일은 수익 패턴에서 비대칭성을 목표로 설계된다. 이는 수익률이 상승할 때는 변동성이 커지지만, 하락할 때는 변동성이 작은 결과를 초래한다. 투자자들은 상승 변동성에 비교적 덜 민감하지만, 하락 변동성에는 매우 민감하게 반응한다. 이러한 특성은 상대적 수익이 아닌 절대 수익을 추구하는 투자자의 하락 위험 허용치를 반영한 위험 조정 지표의 확장을 필요로 한다. 따라서

---

[89] Ineichen, Absolute Returns: The Risk and Opportunities of Hedge Fund Investing(2003).

투자자들은 높은 평균 수익, 낮은 분산 또는 표준편차, 양(+)의 왜도(skewness), 그리고 낮은 첨도(kurtosis)를 선호한다.

헤지펀드는 추가적으로 다음과 같은 특징을 갖는다.

(1) 더 유연한 투자 전략과 레버리지 활용 가능성
(2) 포트폴리오 매니저의 투자 및 높은 성과보수
(3) 완화된 규제
(4) 제한된 유동성 – 일반적으로 투자자는 락업(lock-up) 기간을 준수해야 함

스무딩(Smoothing)

모든 수익률 평가 지표는 포트폴리오의 정확한 평가를 전제로 한다. 물론, 평가가 부정확할 경우, 관련 지표의 계산이 잘못될 수 있다. 특히, 평가 과정에서 스무딩 함수가 사용된다면 변동성이 실제보다 낮게 나타날 가능성이 있다.[90] 이 문제는 부동산, 사모펀드 및 일부 유동성이 낮은 헤지펀드에서도 명백히 나타난다. 투자자들은 이러한 문제를 인식하고, 유동성이 높은 투자와 낮은 투자를 직접 비교하지 않도록 주의해야 한다. 또한, 스무딩을 조정하려는 측정 지표를 사용할 때는 주의해야 한다. 유동성과 비유동성 투자를 비교할 때 스무딩은 하나의 문제에 불과하며, 다른 문제들도 존재한다. 스무딩을 조정하는 과정은 포트폴리오 매니저가 자신에게 유리한 지표를 선택할 기회를 제공할 수 있다는 점도 고려해야 한다.

> ⚠ **Caution**
> 유동성이 높은 투자 상품과 낮은 투자 상품의 성과지표를 직접 비교하는 것을 피해야 하며, 항상 유사한 투자 상품 간 비교해야 한다.

이상값(Outliers)

공업이나 농업에서는 극단적인 결과를 측정 오류로 간주하고 무시하는 것이 적절

---

[90] Some risk measures can be adjusted for smoothing. See Lo, "The Statistics of Sharpe Ratios"(2002) and Bacon, Practical Risk-adjusted Performance Measurement(2022).

할 수 있다. 그러나 금융에서는 이러한 접근이 적합하지 않다. 극단적인 결과는 실제 극단적인 손실을 나타내기 때문이다. 이는 발생 가능성이 낮은 사건일지라도, 실제로 큰 영향을 미칠 수 있다(예: 포르쉐가 옵션을 사용해 비공개로 폭스바겐에 대규모 지분을 확보하면서 많은 공매도 투자자들이 큰 손실을 본 사건[91]). 이러한 극단적 사건은 실제 손실로 이어질 수 있다.

> ⚠ **Caution**
> 포트폴리오 위험 측정에서 이상값(Outliers)은 제외해서는 안 된다.

데이터마이닝(Data Mining)

다양한 위험 측정 지표가 존재하다 보니, 사후적으로 데이터를 분석해 포트폴리오 매니저에게 유리한 평가 지표를 선택하려는 시도가 있을 수 있다. 그러나 이는 효과적이지 않다. 평가 지표는 투자자의 목표에 따라 정의되어야 하며, 이러한 목표는 사전에 명확하고 구체적으로 설정되어 문서화되어야 하기 때문이다.

포트폴리오 매니저의 역할은 선택된 평가 지표를 최대화하는 것이다. 일반적으로 하나의 지표를 일관되게 사용하는 것으로 중요하며, 여러 지표를 동시에 사용하는 경우에는 목표 간 충돌이 발생할 가능성이 있다.

> ⚠ **Caution**
> 여러 평가 지표를 동시에 사용하는 것은 바람직하지 않다.

분석 기간(Time Period)

성과 평가(Performance Appraisal)는 타협의 과정이다. 더 많은 정보를 제공하지만, 구조적 변화를 반영하는 데 시간이 걸리는 긴 측정 기간과 최근 시장 상황을 반영하지만, 정확도가 낮은 짧은 측정 기간 사이에서 균형을 찾아야 한다. 포트폴리

---

[91] W. Boston, "Hedge Funds Shorting VW Stung by Porsche," Time magazine, 29 October 2008.

오 매니저의 성과를 평가하려면 최소 3년은 필요하며, 5년, 7년 또는 그 이상의 기간이 더 적합하다.

대부분 성과평가 지표는 동일한 시장 환경과 동일한 기간 동안 비교하여 포트폴리오 매니저를 평가해야 한다. 그러나 정보비율이나 알파와 같이 관련 벤치마크를 사용하는 일부 지표는 주의를 기울이면 서로 다른 기간에 대한 평가도 가능하다.

포트폴리오 매니저가 알파 창출 능력을 검증하기 위해 t-통계량과 같은 통계적 지표를 사용할 수 있다[92]. 포트폴리오 매니저가 능력이 없다는 귀무가설(Null Hypothesis)을 전제로 하면, 해당 매니저의 t-통계량은 낮게 나타날 것이다. t-통계량이 1.96 이상이라면, 매니저가 능력이 없을 확률은 단 2.5%에 불과하다.

알파의 t-통계량 값은 다음과 같이 계산된다.

$$t = \frac{\alpha}{\sigma \times \sqrt{n}} \qquad (5.144)$$

정보비율의 t-통계량 값은 다음과 같이 계산된다.[93]

$$t = \sqrt{n} \times \frac{\tilde{g}}{\tilde{\sigma}_G} \qquad (5.145)$$

Table 5.28의 데이터를 사용하여 Exhibit 5.23에서 세 명의 매니저의 t-통계량 값이 계산되었다.

Table 5.28 t-통계량

	정보비율	성과 기간(연)
매니저 A	1.0	3
매니저 B	0.75	5
매니저 C	0.5	16

---

[92] Shorthand for "hypothesis test statistic."
[93] Blatt, "An In-Depth Look at the Information Ratio"(2004).

Exhibit 5.23 t-통계량

$$t = \sqrt{n} \times \frac{\tilde{g}}{\tilde{\sigma}_G}$$

매니저 A　　　$t = \sqrt{3} \times 1.0 = 1.73$

매니저 B　　　$t = \sqrt{5} \times 0.75 = 1.67$

매니저 C　　　$t = \sqrt{16} \times 0.5 = 2.0$

매니저 C에 대해 가장 높은 통계적 신뢰를 가지고 있다. 실제로 정보비율이 0.5일 경우, 포트폴리오 매니저의 능력이 없다는 귀무가설을 기각하려면 16년의 성과 기록이 필요하다.

⚠ **Caution**
매니저의 성과 기록에 대한 통계적 신뢰는 중요한 요소 중 하나일 뿐이다. 동일한 시장 환경에서 매니저의 성과를 비교하고, 위험과 수익의 주요 요인을 이해하며, 지속 가능한 투자결정과정을 검증하는 것 더욱 중요하다.

⚠ **Caution**
일반적으로 시장의 근본적인 변화, 투자결정과정의 주요 변경, 투자 규제의 변화, 그리고 자산운용사의 구조적 변화는 통계적 신뢰는 확보하는 데 필요한 시간보다 더 짧은 기간에 발생한다. 안타깝게도, 성과평가에서 통계적 신뢰는 제한적인 의미만 있을 뿐이다.

⚠ **Caution**
매니저의 성과 기간이 서로 다를 경우, 동일한 기간 동안의 성과를 직접 비교해야 한다. 성과 기록 기간이 너무 짧은 매니저는 선정 과정에서 제외하는 것이 적절할 수 있다.

제6장

성과분해
Return Attribution

강의 평균 수심이 1m라고 해서 강을 건너려고 해서는 안 된다.

Milton Friedman(1912-2006)

성과분해란 무엇인가?

정의

Menchero[1]는 수익률 성과분해의 목적은 벤치마크 대비 포트폴리오 초과 수익률의 원천을 파악하여 초과 수익률을 설명하고, 이를 포트폴리오 매니저의 투자결정과정에 반영하는 것이라고 하였다. Hensel, Ezra 및 Ilkiw[2]는 수익률 성과분해를 포트폴리오에 다양한 내재된 위험을 투자결정에 반영하여 포트폴리오 수익률을 수학적으로 설명하는 프로세스로 정의하였다. Colin[3]은 성과분해의 목적은 펀드의 전체 수익률을 각 위험요인으로 분해하는 것이라고 하였다.

즉, 성과분해는 포트폴리오의 투자결정이 각 위험요인들에 미친 영향을 측정하며, 이는 투자 신닥, 관리, 통제 그리고 마케팅과 관련된 중요한 비즈니스 인사이드를 제공한다. 일반적으로 성과분해에서는 절대 수익률이 아닌 상대 수익률을 중심

---

1 Menchero, "A Fully Geometric Approach to Performance Attribution"(2000/2001).
2 Hensel, Ezra and Ilkiw, "The Importance of the Asset Allocation Decision"(1991).
3 Colin, Attribution in Finance(2014).

으로 분석한다.

> **Note**
> 성과분해는 수익률분해라는 용어로도 표현된다. 성과분해라는 표현이 더 일반적으로 사용되긴 하지만, 이는 앞서 언급한 것과 같이 1차원적 접근 방법이 아닌, 최소 위험과 수익을 함께 고려하는 2차원적 접근 방법이다. 따라서 수익률 분해라는 표현이 적절할 수도 있다.

저자는 수익률분해를 다음과 같이 정의하였다.

"**벤치마크 대비 포트폴리오 초과수익률을 투자결정과정의 단계로 정량화하는 방법**"

다만, '수익률분해'라는 용어는 분석대상이 전체수익률(또는 절대수익률)이 아닌 초과수익률이기 때문에 다소 오해를 불러일으킬 수 있다. 따라서 '초과수익률 분해'라는 용어가 더 적절할 수 있다. 한편, '절대수익률 분해' 또는 '기여도 분석'은 벤치마크와의 비교가 아닌 포트폴리오 전체수익률을 분석하는 데 초점을 둔다.

> ⚠ **Caution**
> 섹터나 만기와 같은 투자상품 분류 기준으로 포트폴리오의 수익률 기여도를 분석하고, 이를 동일한 투자상품 분류 기준에서 벤치마크의 수익률 기여도와 비교할 수 있다. 그러나 수익률 기여도 분석이 성과분해와 혼동하지 않도록 주의해야 한다.

성과분해의 활용

성과분해는 자산운용 관련 이해관계자들에게 중요한 투자분석방법이다. 성과평가자는 성과분해를 통해 수익률을 검증할 수 있고, 성과분해 결과를 통해 투자결정과정에 유의미한 정보를 제공할 수 있다. 성과분해는 포트폴리오 수익의 원천을 분석하고, 그 결과를 포트폴리오 매니저, 경영진과 자산수익자에게 전달할 수 있도록 하는 효율적 투자분석방법이다.

포트폴리오 매니저는 성과분해의 주요 사용자로, 자산소유자(투자자)에게 최근 성과를 보고할 때 성과분석은 좋은 출발점이 될 수 있다. 이를 통해 부진한 성과를 조기에 발견하고, 이를 분석해 개선 방향을 제시함으로써 자산소유자의 신뢰를 얻는 데 기여한다. 성과의 원천을 정확히 파악함으로써 고객들로부터 신뢰를 얻을 수 있는 기반을 마련하는 것은 중요하다.

포트폴리오 매니저들은 자산운용사의 프런트 오피스에 속하며, 성과평가자들은 보통 미들오피스에 속한다. 백 오피스에서도 일일 보유내역 수준의 성과 분석을 원장 오류 확인 수단으로 사용할 수 있다.

경영진은 포트폴리오 매니저들을 효율적으로 모니터링할 수 있는 성과분석에 큰 관심을 갖는다. 예를 들어, 경영진은 성과분해를 활용해 우수한 성과의 매니저와 부진한 성과의 매니저를 효율적으로 식별할 수 있으며, 회사 전반적으로 일관된 성과를 유지하고 있는지 확인할 수 있다. 이처럼, 성과분해는 다양한 자산운용 이해관계자에게 사용되고 있다.

Lord[4]는 좋은 성과분해 시스템의 특징을 다음과 같이 정의했다.
- 성과분해를 위한 일관된 접근방식
- 이론적 평가 프레임워크
- 포트폴리오 및 지수에 대한 일관된 분석 방법
- 포트폴리오 투자결정과정 단계와 일치하는 성과요인
- 보유내역 기반의 요약 성과분해 및 관련 세부 데이터
- 거래내역
- 체계적인 분석 시스템과 고품질 데이터

Murira와 Sierra[5]에 따르면 성과분해 프레임워크는 다음과 같은 두 가지 주요 사항을 충족해야 한다.
(1) 성과분해는 포트폴리오의 투자결정과정과 일치해야 한다. 성과분해는 투자결성과성을 반영하는 경우에 가장 유용하며, 이를 통해 초과 수익률의 원천을 식별하고 효과적으로 설명할 수 있다.
(2) 성과분해는 회사의 성과분석 및 리스크관리 시스템과 호환되어야 한다. 성과

---

4 Lord, "The Attribution of Portfolio and Index Returns in Fixed Income"(1997).
5 Murira and Sierra, "Fixed Income Attribution: A Unified Framework - Part 1"(2006).

분해 과정에서 정보가 회사의 성과분석 및 리스크관리 시스템에서 생성된 정보와 일치되지 않는 경우, 해당 정보를 신뢰하기 어렵다.

초기 발전

Fama는 "Components of Investment Performance(1972)"[6]에서 성과분해를 최초로 제안하였다. 해당 논문에서 Fama는 수익률을 두 가지 요인으로 분해할 것을 제안하였으며, 이는 종목 선택 능력에서 기여하는 요인(당시에는 'selectivity'라고 정의, 현재는 종목선택효과로 정의)과 전반적인 시장 움직임이 기여하는 요인(식 5.62의 시스템적 위험)으로 정의되었다.

한편, 영국 투자분석 협회(Society of Investment Analysts in the UK)는 연기금을 위한 포트폴리오 성과측정에 대한 권고안을 마련하기 위해 연구회를 설립했다. 이 연구회에서는 1972년에 성과분석방법[7]을 발표하였으며, 이는 두 가지 목표를 가지고 있었다. 첫째, 포트폴리오의 수익률을 공정한 비교할 수 있는 표준적인 방법을 제안하는 것, 둘째, 연기금의 성과를 개별 종목 선택과 섹터 선택이라는 두 가지 요인으로 분해하는 것이다. 첫 번째 목표는 단순 근사치를 사용한 시간가중수익률을 통하여 달성하였으며(식 3.29 참조), 두 번째 목표, 시장지수를 기반으로 모델 포트폴리오를 구성하고 이를 실제 펀드와 비교하는 방식으로 이루어졌다.

이 초기연구는 주식시장의 섹터를 거시적 효과로, 해당 부문 내의 종목을 미시적 효과로 다뤘지만, 현재는 자산군(주식, 채권, 비상장 자산 등)을 거시적 효과로, 자산군 내의 종목을 미시적 효과로 다루는 것이 일반적이다.

연구회에서는 다음과 같이 두 개의 명목 포트폴리오(=가상 포트폴리오)를 설정했다.

(1) 완전 명목 포트폴리오 : 벤치마크 지수수익률, 벤치마크 지수 가중치
(2) 부분 명목 포트폴리오 : 벤치마크 지수수익률, 포트폴리오 가중치

---

[6] Fama, "Components of Investment Performance"(1972).
[7] Society of Investment Analysts(1972).

실제 포트폴리오는 실제 수익률과 포트폴리오 실제 가중치로 구성된다는 점에서 명목 포트폴리오와 차이가 있으며, 완전 명목 포트폴리오는 전략적 벤치마크 가중치 또는 정책적 가중치에 시장지수 수익률(=벤치마크 수익률)을 곱한 것을 의미한다.

완전 명목 포트폴리오 :

$$b = \sum_{i=1}^{n} W_i \times b_i \qquad (6.1) \; or(4.8)$$

W_i = 벤치마크 i번째 자산의 비중($\sum_{i=1}^{n} W_i = 1$)

b_i = i번째 자산의 벤치마크 수익률

> **Note**
> 성과분해가 정확하려면 벤치마크 총 수익률이 구성요소의 가중 합과 일치해야 한다. 대부분의 시장 지수는 이러한 방식으로 산출된다. 식 6.1은 성과분해의 기초가 된다.

부분 명목 포트폴리오는 포트폴리오의 실제 가중치에 벤치마크 지수수익률을 곱한 것을 의미한다.

부분 명목 포트폴리오 :

$$b_S = \sum_{i=1}^{n} w_i \times b_i \qquad (6.2)$$

w_i = 포트폴리오 i번째 자산의 비중($\sum_{i=1}^{n} w_i = 1$)

실제 포트폴리오:

$$r = \sum_{i=1}^{n} w_i \times r_i \qquad (6.3) \; or(3.41)$$

r_i = 포트폴리오 i번째 자산의 수익률

> **Note**
> 성과분해가 정확하려면 포트폴리오의 총 수익률이 구성요소의 기여수익률 합과 같아야 한다. 이는 대부분의 수익률 방법론에 적용할 수 있지만 내부수익률(IRR)에는 적합하지 않다.

포트폴리오의 성과는 자산군의 선택(=자산배분 효과)과 자산군 내에서 종목 선택 두 가지 요인으로 구성된다. 각 요인의 기여도는 Table 6.1과 같이 완전 명목 포트폴리오에서 실제 포트폴리오의 차이로 계산할 수 있다. 매니저의 자산배분성과는 부분 명목 포트폴리오의 성과를 완전 명목 포트폴리오와의 차이로 계산한다. 매니저의 종목선택효과는 실제 포트폴리오의 성과를 부분 명목 포트폴리오의 성과와 차이로 계산한다.

Table 6.1 완전 명목 포트폴리오에서 실제 포트폴리오로 전환

초과수익률 :	실제 포트폴리오 - 완전 명목 포트폴리오
자산선택효과 : (자산배분효과)	부분 명목 포트폴리오 - 완전 명목 포트폴리오
종목선택효과 :	실제 포트폴리오 - 부분 명목 포트폴리오

투자분석협회의 보고서는 매니저의 투자결정을 거시적 및 미시적 수준의 요인으로 설명하고, 부분 명목 포트폴리오를 도입하여 요인별 효과를 계산할 수 있게 하였다.

Holbrook[8]은 사실상 BAI 보고서, Fama의 성과분해, 그리고 투자분석 협회의 보고서를 종합한 논문을 발표하였다. 이 논문은 많이 알려지지 않았지만, 성과분해 발전에 많은 기여를 하였다. Holbrook은 연기금 위원회에서 활용할 수 있도록 투자결정과정을 다음과 같이 정의하였다.

연기금 포트폴리오의 실질적인 운용에서는 다음의 세 가지 투자결정이 필요하다.

---

8   Holbrook, "Investments Performance of Pension Funds"(1977).

(ⅰ) **운용정책(Policy)**

운용정책의 핵심은 투자자가 장기적으로 보유해야 할 자산의 비중이다. 이 정책의 주요 사항은 주식형과 채권형 간의 투자 비중이다. 세부적으로는 주식형에서 국내 주식, 해외 주식 및 부동산 등의 세부 비중을 설정한다. 신탁관리자가 장기 투자에 대한 전문 지식이 없다면, 투자 전문 기관의 자문을 통해 정책을 수립할 수 있으며, 연기금 제도의 재정정책 대한 논의와 자문도 받을 수 있다.

(ⅱ) **투자전략(Strategy)**

투자전략에서는 시장 상황을 고려하여 투자지침의 자산배분 비중을 조정할 수 있으며, 여기에는 단기 자금의 투자 비중도 포함된다. 투자자는 관련 투자 회의를 위해 다양한 시장 전문가로부터 시장 전망에 대한 자문을 받는다. 전략적 자산배분과 관련된 권한을 매니저와 자문 인력에게 위임하지 않는 한, 투자 회의는 정기적으로 개최되며, 시장에 중요한 이슈가 발생하거나 발생할 가능성이 있을 경우에는 추가 회의를 진행한다. 또한, 투자자는 매니저에게 매수의 타이밍을 결정할 수 있는 권한을 부여하기도 하며, 이를 통해 매니저는 자금의 일부를 단기 자금으로 운용할 수 있다.

(ⅲ) **투자실행(Selection)**

투자실행은 다양한 시장에서 투자자산을 보유, 매입 또는 매도하는 것으로 다양한 투자 행위가 의미한다. 많은 신탁관리자는 운용사에게 전면 재량권(carte blanche)을 부여하지만, 일부는 일일 거래에 대해 엄격히 통제하기도 한다.

Holbrook은 일반적으로 신탁관리자들이 수행해야 하는 사항들에 대해 다음과 같이 설명하였다. 먼저, 신탁관리자는 자금의 전체 성과가 좋았는지, 보통이었는지, 부진하였는지 파악해야 한다. 이를 위해 수익률 계산, 시장성과와 비교, 그리고 위험 대비 성과에 대한 검토가 필요하다. 포트폴리오 전체 성과뿐만 아니라 및 세부 자산의 성과도 살펴보아야 한다. 둘째, 신탁관리자는 자산 성과도 상세히 살펴보아야 힌다. 이를 위해 성과를 분석하여 총 성과에 기여한 운용정책, 투자선약 및 투자실행을 살펴보아야 한다. 마지막으로, 성과분해 결과를 참고하여 향후 운용지침을 수립할 수 있어야 한다. 성과분해 결과를 바탕으로 투자결정과정을 재고하고, 필요에 따라 매니저 변경도 할 수 있다.

Holbrook는 수익률을 운용정책, 투자전략 및 투자실행으로 분해하기 위해 3개의 모델 포트폴리오를 기반으로 한 수익률 분해를 제안하였다.

r_m = 기본 모델(시장 기준의 주식과 채권의 비중)

r_p = 운용정책 비중 모델

r_A = 실제 자산배분 모델

전체 포트폴리오의 기하학적 초과수익률 g는 다음과 같다.

$$(1+g) = \frac{(1+r)}{(1+r_m)} = \frac{(1+r_p)}{(1+r_m)} \times \frac{(1+r_A)}{(1+r_p)} \times \frac{(1+r)}{(1+r_A)} \qquad (6.4)$$

첫 번째 요인은 모델 비중(=시장 비중)과 운용정책 비중 간의 차이로 발생하는 기여 성과를 나타낸다. 두 번째 요인은 실제 자산배분 비중과 운용정책 비중 간의 차이에서 발생하는 전략적 자산배분에 의한 성과를 나타낸다. 세 번째 요인은 채권과 주식의 선택 효과로 인한 기여 성과를 나타낸다. 이러한 방법은 투자결정과정을 단계별로 분리하기 위해 명목 포트폴리오를 사용한 첫 번째 사례였다.

Holbrook이 제안한 명목 포트폴리오를 통한 성과분해 방법을 Fama의 성과분해 방법과 결합하여, 첫 번째 요인은 투자자가 체계적 위험을 감수함으로써 얻는 성과 요인, 두 번째 요인은 포트폴리오 매니저가 체계적 위험을 조정하여 추가적으로 발생하는 성과요인, 그리고 세 번째 요인은 종목선택으로부터 발생하는 요인으로 정의할 수 있다.

> **Note**
> 위 내용은 1977년에 Holbrook 제안하였다.

수익률 성과분해의 종류

Fama의 성과분해는 포트폴리오 수익률로부터 기여요인을 산출하는 방법으로, 수익률 기반 성과분해 또는 요인분해로 알려져 있다. Fama의 성과분해는 단일 시장을 기반으로 한 모형이었고, Fama와 French는 일반 시장 요인, size 요인 및 value 요인으로 구성된 3 요인 모형을 제안하였다. Carhart는 여기에 momentum 요인을 추가한 4 요인 모형을 제안하였다. Sharpe[9]는 12 요인 모형을 제안하였으며, 그 이후로는 더 많은 요인을 고려하는 새로운 모형들이 제안되었다.

> **? Interpretation**
> 요인(factor)은 자산 또는 포트폴리오의 위험과 수익률을 설명하는 데 기여하는 특성을 의미한다.

전통적인 포트폴리오 성과분해는 보유내역을 기반으로 하며, 보유내역 기반 성과분해와 보유내역 및 거래내역를 모두 기반으로 하는 거래내역 기반 성과분해로 분류할 수 있다. 따라서 포트폴리오 수익률 기반, 보유내역 기반 및 거래내역 기반의 세 가지 성과분해 유형이 있다.

수익률 기반 성과분해 또는 요인분해
(Returns-based attribution or factor attribution)

수익률 기반 성과분해는 회귀분석을 통하여 포트폴리오 수익률의 원천을 식별하였다. 이러한 수익률의 원천 또는 요인들은 주성분 분석, 거시적 요인 또는 근본적 요인에서 도출될 수 있다. 주식의 고유요인(stock-specific factors)은 일반적으로 잔차로 간주된다. 성과분해모형을 해 유용한 정보를 얻을 수 있지만, 정확도는 항상 보장되지 않는다. Amnec, Sfeir 및 Martellini[10]는 4 요인 모형을 다음과 같이 제안했다.

(1) *내생적 요인 모형(Implicit Factor Model)*
   수익률 시계열에서 통계적 방법론(예 : 회귀분석, PCA 등)을 통하여 산출된 변수가 요인으로 사용되며, 이러한 요인들은 해석이 쉽지 않을 수 있다.

(2) *외생적 거시적 요인 모형(Explicit Macro Factor Model)*
   거시경제 변수가 요인으로 사용된다.

---

9   Sharpe, "Asset Allocation: Management Style and Performance Measurement"(1992).
10 Amnec, Sfeir and Matellini, "An Integrated Framework for Style Analysis and Performance Measurement"(2003).

(3) *외생적 미시적 요인 모형(Explicit Micro Factor Model)*
　　미시경제 변수가 요인으로 사용된다.
(4) *시장 지수 요인 모형(Explicit Index Factor Model)*
　　금융시장지수 등이 요인으로 사용된다.

수익률 기반 성과분해 또는 요인분해의 장점은 다음과 같다.
(1) 포트폴리오의 보유내역이 필수적이지는 않음
(2) 전통적인 보유내역 또는 거래내역 기반의 성과분해를 보완함
(3) 비교적 쉽고 효율적으로 분석할 수 있음
(4) 매니저의 투자결정과정과 일관성이 높을 수 있음

수익률 기반 성과분해 또는 요인분해의 단점은 다음과 같다.
(1) 운용 전략에 대한 정확도가 낮을 수 있음
(2) 요인 정의가 중요함
(3) 성과분해 기간에 어느 수준 이상의 투자비중 유지를 가정

보유내역 기반 성과분해

　복잡한 성과분해 프로세스를 단순화한 거래내역을 제외한 보유내역 기반 성과분해가 있다. 해당 방법에서는 섹터와 종목의 기초 가중치와 수익률을 사용하여 성과 요인을 측정하며, 이는 실제 포트폴리오 수익률이 아닌 다른 정의로부터 파생된 수익률이 사용된다.

　이 방법의 장점은 비교적 계산이 간편하다는 점이다. 성과분해 시스템에 보유내역만 입력하면 되기 때문이다. 이 방법을 선호하는 사람들은 수익률 자체가 추정치에 불과하며, 평가액 또한 불확실하기 때문에 포트폴리오 매니저가 매도를 원해도 실제로 평가액으로 실현하기 어렵다고 말한다. 즉, 평가액이 정확하지 않기 때문에, 방법론의 정확성에 대해 지나치게 우려할 필요가 없다는 주장이다. 그러나 이 접근법의 큰 단점은 보유내역 기반 수익률이 포트폴리오의 실제 수익률과 일치하지 않는다는 점이다. 이로 인해 실제 포트폴리오 수익률과 성과분해에서 설명되는 수익률 간에 잔차가 발생한다. 잔차가 작을 경우 큰 문제가 되지 않겠지만, 잔차가

시간이 지남에 따라 점차 커져 단일 요인 중 가장 큰 요인이 될 수 있으며, 이에 따라 전체 성과분해 결과에 의문을 제기할 수도 있다.

보유내역 기반 성과분해에서 잔차는 다음과 같은 경우에 커질 수 있다.
(1) 턴오버가 높은 경우
(2) 큰 외부현금흐름
(3) 비유동성 자산
(4) 장기간이 성과분석

위와 같은 경우가 아니더라도 큰 잔차는 발생할 수 있다. 매매내역이 반영되지 않으면 매매로 인한 기여 성과는 포함되지 않는다. 보유내역 기반 성과분해를 하는 경우는 포트폴리오 실제 수익률과 차이가 발생할 수 있기 때문에 운영상의 오류를 발견하기 어려울 수도 있다.

거래내역 기반 성과분해
거래내역 기반 성과분해는 대부분의 수익원천을 파악할 수 있고 포트폴리오 수익률을 정확하게 분해할 수 있는 형태이다. 거래내역 기반 성과분해는 다음과 같이 정의된다.

보유내역 및 거래내역 데이터로 수익률 성과분해가 이루어진다.

거래내역이 반영된다면 직접적으로 측정기간 동안의 타이밍 효과, 매매 스프레드 및 거래비용 효과를 포함하여 수익률 원천을 측정할 수 있다.
어떤 성과분해방법을 사용할지는 성과분해의 목적, 투자결정과정, 투자 목표, 데이터의 품질, 비용 및 시간, 자산 유형, 복잡성 및 보고 목적에 따라 결정된다. 보유내역 기반 성과분해는 운용사의 내부 사용에는 적합할 수 있지만, 잔차로 인한 차이 때문에 이해관계자들에게 제공하기에는 적합하지 않을 수 있다. 반면, 수익률 기반 성과분해는 기존 성과분해를 보완할 수 있으며, 요인 기반 투자결정과정을 가진이 자산운용사가 의사소통을 더 쉽게 할 수 있도록 도와줄 수 있으나, 이 방법은 예기치 못한 편향을 초래하기도 한다.

> **Note**
> 실용적인 접근은 성과분석가에게 중요하다. 그러나 거래내역 기반 성과분해는 분해된 데이터를 통해 운영상의 오류를 신속히 식별하고 회사의 전반적인 리스크관리 환경을 개선하는 데 큰 기여한다. 비록 추가적인 운영 리소스가 필요하더라도, 거래내역 기반 성과분해는 필요하다.

각 성과분해 방법의 장단점은 Table 6.2와 같다.

Table 6.2 각 성과분해 방법의 장단점

성과분해방법	장점	단점
수익률 기반 성과분해	1) 분석이 쉽고 경제적임 2) 투자결정과정과 일치시킬 수 있음 3) 보유내역 및 거래내역이 필요하지 않음	1) 정확도가 낮고 잔차가 존재 2) 요인 정의에 의존적임 3) Buy and Hold 가정 4) 오류를 파악할 수 없음
보유내역 기반 성과분해	1) 분석이 쉽고 경제적임 2) 대안 가격을 사용할 수 있음	1) 실제수익률과 차이가 있음 2) 잔차가 클 수 있음 3) 오류를 파악하기 어려움
거래내역 기반 성과분해	1) 실제 수익률을 분석할 수 있음 2) 초과수익률 원천을 식별할 수 있음 3) 오류를 파악할 수 있음	1) 비경제적이며 구현이 어려움 2) 데이터의 적합성이 필요

산술적 성과분해

보유내역 및 거래내역 성과분해모형의 기초는 Brinson, Hood 및 Beebower[11](1986년, 1985년)의 논문 2편과 Brinson 및 Fachler[12]의 논문에 의해 정의되었다. 이 논문들은 Brinson 모형으로 알려져 있으며, 영국 투자 분석가 협회와 Holbrook의 연구를 기반으로 하며 포트폴리오 수익률과 벤치마크 수익률은 부분의 합이라는 가정을

---

11 Brinson, Hood and Beebower, "Determinants of Portfolio Performance"(1986)
12 Brinson and Fachler, "Measuring Non-US Equity Portfolio Performance"(1985).

전제로 한다. 즉, 포트폴리오 및 벤치마크 수익률을 분해할 수 있다고 가정한다.

식 6.3의 전체 포트폴리오 수익률은 i 섹터(자산군, 지역, 국가, 산업, 요인 또는 종목)에 대한 포트폴리오 가중치 w_i 와 포트폴리오 섹터 수익률 r_i 의 곱의 합으로 나타낼 수 있다.

$$r = \sum_{i=1}^{n} w_i \times r_i \tag{6.3}$$

식 6.3의 전체 포트폴리오 수익률은 i 섹터에 대한 포트폴리오 가중치 w_i 와 포트폴리오 수익률 r_i 의 곱의 합이다.

$$b = \sum_{i=1}^{n} W_i \times b_i \tag{6.1) or (4.8}$$

단기간 성과분해의 과제는 포트폴리오 수익률 r 과 벤치마크 수익률 b 간의 차이에 기여하는 포트폴리오 매니저의 기여를 측정하는 것이다.

Brinson, Hood and Beebower

Brinson, Hood 및 Beebower는 포트폴리오 매니저가 자산배분 및 종목선택을 통해 알파를 추구하는 투자결정과정을 전제로 하여 산술적 초과수익률 $(r-b)$을 분해하는 모형을 제안했다.

자산배분에서 자산운용사가 포트폴리오의 섹터비중을 벤치마크의 섹터비중과 비교하여 설정함으로써 알파를 추구하려고 한다. 포트폴리오의 특정 섹터비중이 해당 벤치마크의 섹터비중보다 크면 초과 비중이며, 더 작은 비중이라면 축소 비중이다.

매니저는 양호한 성과가 예상되는 섹터에 비중을 확대할 것이며, 부진한 성과가 예상되는 섹터에는 비중을 축소 할 것이다. Brinson, Hood 및 Beebower는 이러한 선택 효과를 'timing'이라고 정의하였으며, 이후 자산배분이라는 용어로 표현된다. 매니저는 섹터 내에서 양호한 성과가 예상되는 종목의 비중을 확대하고, 부진한 성과가 예상되는 종목의 비중을 축소하여 추가적인 알파를 추구한다.

자산배분(Asset allocation)

자산배분으로 인한 알파 기여 부분을 측정하기 위해 '자산배분 명목 포트폴리오', '종목선택 명목 포트포리오'와 같은 명목 포트폴리오의 수익률을 계산해야 한다. 명목 포트폴리오는 실제 포트폴리오와 벤치마크의 중간 단계의 모델 포트폴리오이다.

> **Note**
> 중간 명목 포트폴리오(semi-notional fund)는 완전 명목 포트폴리오(fully notional fund)와 실제 포트폴리오(actual fund)의 중간(semi)을 의미한다.

자산배분 명목 포트폴리오는 실제 포트폴리오 섹터 가중치와 벤치마크의 섹터 수익률로 구성된다. 자산배분 명목 포트폴리오는 매니저의 자산배분 '베팅'은 반영하지만, 섹터의 수익률은 벤치마크 섹터 수익률이 사용되기 때문에 종목선택효과는 반영되지 않는다.

자산배분 명목 포트폴리오

$$b_S = \sum_{i=1}^{n} w_i \times b_i \tag{6.2}$$

자산배분효과는 자산배분 명목 포트폴리오와 벤치마크 간의 차이로 측정된다.

$$b_S - b = \sum_{i=1}^{n} w_i \times b_i - \sum_{i=1}^{n} W_i \times b_i = \sum_{i=1}^{n} (w_i - W_i) \times b_i \tag{6.5}$$

섹터 i의 기여 자산배분효과는 다음과 같이 계산된다.

$$A_i = (w_i - W_i) \times b_i \tag{6.6}$$

포트폴리오의 자산배분효과는 다음과 같이 계산된다.

$$\sum_{i=1}^{n} A_i = b_S - b \tag{6.7}$$

종목선택효과(Security selection)

종목선택에서 발생한 알파를 측정하기 위해 '종목선택 명목 포트폴리오'를 설정하고 수익률을 측정해야 한다. 종목선택 명목 포트폴리오도 실제 포트폴리오와 벤치마크의 중간 단계의 모델 포트폴리오다. 종목선택 명목 포트폴리오의 섹터 비중은 벤치마크 섹터 비중이며, 섹터의 수익률은 실제 포트폴리오 섹터 수익률을 사용한다. 이러한 정의로 종목선택 명목 포트폴리오는 포트폴리오 매니저의 종목선택효과를 반영하지만 섹터 자산배분효과를 반영하지 않게 된다.

종목선택 명목 포트폴리오

$$r_S = \sum_{i=1}^{n} W_i \times r_i \tag{6.8}$$

종목선택효과는 종목선택 명목 포트폴리오와 벤치마크의 수익률 차이로 측정된다.

$$r_S - b = \sum_{i=1}^{n} W_i \times r_i - \sum_{i=1}^{n} W_i \times b_i = \sum_{i=1}^{n} W_i \times (r_i - b_i) \tag{6.9}$$

섹터 i의 종목선택효과는 다음과 같다.

$$S_i = W_i \times (r_i - b_i) \tag{6.10}$$

포트폴리오의 종목선택효과는 다음과 같다.

$$\sum_{i=1}^{n} S_i = r_S - b \tag{6.11}$$

교차효과(Interaction)

자산배분효과 및 종목선택효과만으로는 산술적 초과수익률을 완전히 설명할 수 없다. 완전히 설명하기 위해서는 교차효과가 필요하다.

$$\text{종목선택효과 + 자산배분효과} = r_S - b + b_S - b$$
$$= r_S + b_S - 2 \times b \tag{6.12}$$

초과수익률인 $r-b$을 설명하기 위해서는 다음과 같은 교차효과를 고려해야 한다.

$$r-b = \underbrace{r_S - b}_{\text{종목선택효과}} + \underbrace{b_S - b}_{\text{자산배분효과}} + \underbrace{r - r_S - b_S + b}_{\text{교차효과}} \tag{6.13}$$

Brinson, Hood 및 Beebower는 식 6.12의 마지막 항을 'other'로 표현하였으나, 오늘날에는 교차효과로 표현한다. 이는 식 6.14에서 다음과 같이 정의된다.

$$r - r_S - b_S + b = \sum_{i=1}^{n} w_i \times r_i - \sum_{i=1}^{n} W_i \times r_i - \sum_{i=1}^{n} w_i \times b_i + \sum_{i=1}^{n} W_i \times b_i \tag{6.14}$$

식 6.15를 통해 교차효과는 자산배분효과와 종목선택효과의 조합인 것을 확인할 수 있다.

$$\sum_{i=1}^{n} (w_i - W_i) \times (r_i - b_i) \tag{6.15}$$

섹터 i의 교차효과는 다음과 같다.

$$I_i = (w_i - W_i) \times (r_i - b_i) \tag{6.16}$$

포트폴리오의 교차효과는 식 6.17과 같다.

$$\sum_{i=1}^{n} I_i = r - r_S - b_S + b \tag{6.17}$$

> **Interpretation**
> 교차효과(interaction)는 잔차(residual)나 조정 항목이 아니다. 이는 수학적으로 정의된 개념으로, 자산배분효과와 종목선택효과의 조합을 의미한다.

포트폴리오 성과분해에 대한 Brinson 프레임은 Figure 6.1과 같다.

	Selection Actual	Selection Passive
Allocation Actual	**Quadrant IV** Portfolio return $r = \sum_{i=1}^{i=n} w_i \times r_i$	**Quadrant II** Semi-notional $b_s = \sum_{i=1}^{i=n} w_i \times b_i$
Allocation Passive	**Quadrant III** Selection notional $r_s = \sum_{i=1}^{i=n} W_i \times r_i$	**Quadrant I** Benchmark return $b = \sum_{i=1}^{i=n} W_i \times b_i$

Figure 6.1 Brinson 프레임

초과수익률 성과분해 :

자산배분효과　Ⅱ - Ⅰ

종목선택효과　Ⅲ - Ⅰ

교차효과　　　Ⅳ - Ⅲ - Ⅱ + Ⅰ

초과수익률　　Ⅳ - Ⅰ

Figure 6.2은 각 섹터 i의 성과요인을 차트로 나타낸 것이다. 포트폴리오 섹터 i의 성과영역은 $r_i \times w_i$ 이고 벤치마크 섹터 i의 성과영역은 $b_i \times W_i$ 이다. 이 예제에서는 섹터 i의 포트폴리오 섹터 수익률 r_i은 벤치마크 섹터 수익률 b_i 보다 크고 포트폴리오 섹터 가중치 w_i도 벤치마크의 가중치 W_i보다 크다.

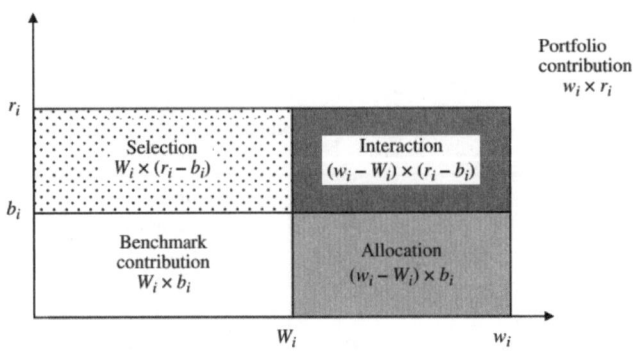

Figure 6.2 성과요인 when $(r_i - b_i) > 0$, $(w_i - W_i) > 0$

초과수익률에서 섹터 i 의 기여효과는 종목선택효과 영역 $W_i \times (r_i - b_i)$, 자산배분효과 영역 $(w_i - W_i) \times b_i$ 및 교차효과 영역 $(w_i - W_i) \times (r_i - b_i)$ 영역의 합으로 정의된다. 이 예제에서는 $(r_i - b_i) > 0$ 및 $(w_i - W_i) > 0$ 이기 때문에 세 가지 영역 모두 초과수익률에 양(+)의 기여를 한다. 그러나 $(r_i - b_i) < 0$ 인 경우, 포트폴리오나 벤치마크 중 어느 쪽이 더 큰 기여를 하는지 확인하기 어렵다. $(r_i - b_i) < 0$ 이므로 종목선택효과는 음(-)의 기여를 한다. $(r_i - b_i) < 0$ 및 $(w_i - W_i) > 0$ 이므로 교차효과는 음(-)의 영역이지만 $(w_i - W_i) > 0$ 및 $b_i > 0$ 이므로 초과수익률에는 양(+)의 기여를 한다. 결국, 초과수익률에서 섹터 i 의 기여효과는 종목선택효과 영역 $W_i \times (r_i - b_i)$, 자산배분효과 영역 $(w_i - W_i) \times b_i$ 및 교차효과 영역 $(w_i - W_i) \times (r_i - b_i)$ 의 합으로 동일한 형태로 구성된다.

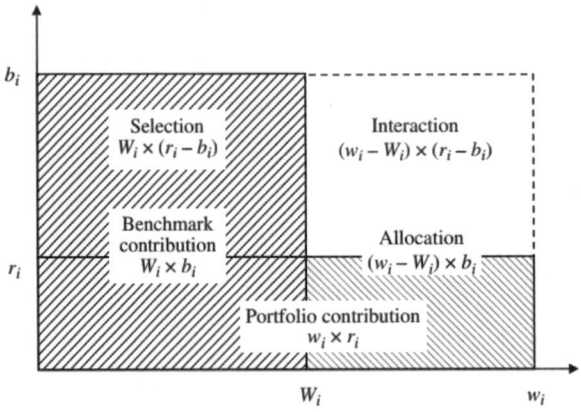

Figure 6.3 성과요인 when $(r_i - b_i) < 0$, $(w_i - W_i) > 0$

Figure 6.4와 같이 $(r_i - b_i) > 0$ 이고 $(w_i - W_i) < 0$ 인 경우에도 비슷한 문제가 발생한다. $(r_i - b_i) > 0$ 이므로 종목선택효과는 양(+)의 영역이다. $(r_i - b_i) > 0$ 이고 $(w_i - W_i) < 0$ 이므로 상호작용효과는 음(-)의 기여를 하며, 자산배분효과는 $(w_i - W_i) < 0$ 이고, $b_i > 0$ 이므로 음(-)의 기여를 한다. 초과수익률에 대한 섹터 i의 기여는 종목선택효과 $W_i \times (r_i - b_i)$, 자산배분효과 $(w_i - W_i) \times b_i$ 및 상호작용효과 $(w_i - W_i) \times (r_i - b_i)$ 로 구분된다.

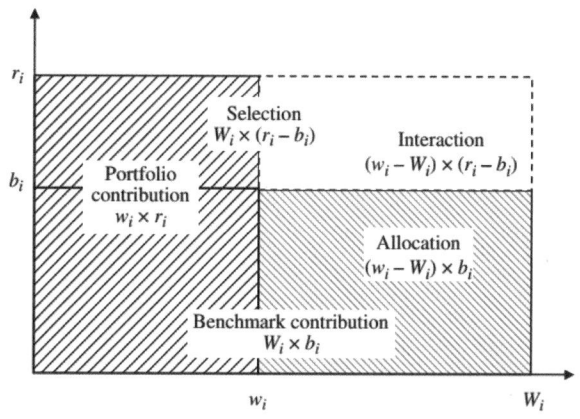

Figure 6.4 성과요인 when $(r_i - b_i) > 0$, $(w_i - W_i) < 0$

$(r_i - b_i) < 0$ 이고 $(w_i - W_i) < 0$ 이며 벤치마크 수익률이 양(+)의 값을 갖는 경우, Figure 6.5와 같이 벤치마크의 섹터 i 기여는 포트폴리오의 섹터 i 기여보다 크다. 이 예제에서, 종목선택효과 영역 $W_i \times (r_i - b_i)$ 는 음수이고 자산배분효과 영역 $(w_i - W_i) \times b_i$ 도 음(-)의 값이다. 교차효과 영역 $(w_i - W_i) \times (r_i - b_i)$ 은 종목선택효과 영역 및 자산배분효과 영역과 겹치는 부분을 나타내며, 결국 이 기여도는 양(+)의 기여를 한다.

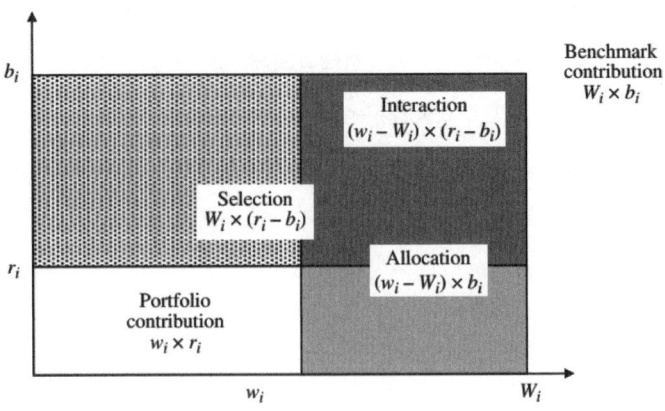

Figure 6.5 성과요인 when $(r_i - b_i) < 0$, $(w_i - W_i) < 0$

Table 6.3은 영국, 일본 및 미국주식으로 구성된 예제 포트폴리오의 보유내역이다.

Table 6.3 예제 포트폴리오 (3개 섹터)

	포트폴리오 내 비중(%)	벤치마크 내 비중(%)	포트폴리오 수익률(%)	벤치마크 수익률(%)
영국주식	40	40	20	10
일본주식	30	20	-5	-4
미국주식	30	40	6	8
포트폴리오	**100**	**100**	**8.3**	**6.4**

Exhibit 6.1에서는 Table 6.3의 예제 포트폴리오 데이터를 사용하여 포트폴리오, 벤치마크 및 명목 포트폴리오의 수익률을 계산한다.

Exhibit 6.1 포트폴리오별 수익률

포트폴리오 수익률

$$r = \sum_{i=1}^{n} w_i \times r_i$$

$$r = 40\% \times 20\% + 30\% \times -5\% + 30\% \times 6\% = 8.3\%$$

벤치마크 수익률

$$b = \sum_{i=1}^{n} W_i \times b_i$$

$$b = 40\% \times 10\% + 20\% \times -4\% + 40\% \times 8\% = 6.4\%$$

자산배분 명목 포트폴리오 수익률

$$b_S = \sum_{i=1}^{n} w_i \times b_i$$

$$b_S = 40\% \times 10\% + 30\% \times -4\% + 30\% \times 8\% = 5.2\%$$

종목선택 명목 포트폴리오 수익률

$$r_S = \sum_{i=1}^{n} W_i \times r_i$$

$$r_S = 40\% \times 20\% + 20\% \times -5\% + 40\% \times 6\% = 9.4\%$$

이 예제에서 성과분해는 벤치마크 대비 포트폴리오 산술적 초과수익률 1.9%을 기여한 요인으로 분해하고 측정하는 것이다. 식 6.6을 사용하여 예제 포트폴리오에 대한 자산배분효과를 Exhibit 6.2와 같이 계산할 수 있다.

Exhibit 6.2 자산배분효과

포트폴리오 자산배분효과	
$b_S - b = 5.2\% - 6.4\% = -1.2\%$	
국가별 자산배분효과 : $A_i = (w_i - W_i) \times b_i$	
영국주식	$(40\% - 40\%) \times 10\% = 0.0\%$
일본주식	$(30\% - 20\%) \times -4.0\% = -0.4\%$
미국주식	$(30\% - 40\%) \times 8\% = -0.8\%$
포트폴리오	$0.0\% - 0.4\% - 0.8\% = -1.2\%$

Exhibit 6.2를 살펴보면 포트폴리오와 벤치마크에서 영국주식의 비중은 동일하여 해당 섹터의 자산배분효과는 없다. 그러나 일본주식은 포트폴리오의 비중이 +10% 더 높고, 일본주식의 수익률이 -4.0%이기 때문에 자산배분효과는 -0.4%로 음(-)의 기여를 한다.

포트폴리오에서 벤치마크 대비 비중이 높은 섹터가 있다면, 다른 하나 이상의 섹터에서는 비중이 낮아야 한다. Exhibit 6.3에서 미국주식의 상대비중이 -10%p

낮고 미국주식의 수익률이 8.0%를 적용하면 자산배분효과는 -0.8%로 음(-)의 기여를 한다. 초과수익률에서 전체 자산배분효과는 -1.2%로 계산된다.

Exhibit 6.3 종목선택효과

포트폴리오 종목선택효과	$r_S - b = 9.4\% - 6.4\% = 3.0\%$
국가별 종목선택효과 : $S_i = W_i \times (r_i - b_i)$	
영국주식	$40\% \times (20\% - 10\%) = 4.0\%$
일본주식	$20\% \times (-5.0\% + 4.0\%) = -0.2\%$
미국주식	$40\% \times (6.0\% - 8.0\%) = -0.8\%$
포트폴리오	$4.0\% - 0.2\% - 0.8\% = 3.0\%$

영국주식 섹터의 성과는 벤치마크 대비 10%로 양호한 성과였다. 벤치마크에서 40% 비중으로 영국주식에 투자하였기에 영국주식에 종목선택효과는 4.0%이다. 일본주식의 성과는 벤치마크 대비 -1%로 부진하였고 벤치마크의 비중은 20%로 일본주식의 종목선택효과는 -0.2% 이다. 미국주식은 벤치마크 대비 -2%로 부진하였고 벤치마크의 비중은 40%로 미국주식의 종목선택효과는 -0.8%이다. 포트폴리오 초과수익률 1.8%는 자산배분효과 -1.2%와 종목선택효과 3.0%로 설명된다. 설명되지 않은 부분은 식 6.16을 사용하여 Exhibit 6.4에서 교차효과로 설명된다.

Exhibit 6.4 교차효과

포트폴리오 교차효과	$r - r_S - b_S + b = 8.3\% - 9.4\% - 5.2\% + 6.4\% = 0.1\%$
국가별 교차효과 : $I_i = (w_i - W_i) \times (r_i - b_i)$	
영국주식	$(40\% - 40\%) \times (20\% - 10\%) = 0.0\%$
일본주식	$(30\% - 20\%) \times (-5.0\% + 4.0\%) = -0.1\%$
미국주식	$(30\% - 40\%) \times (6.0\% - 8.0\%) = 0.2\%$
포트폴리오	$0.0\% - 0.1\% + 0.2\% = 0.1\%$

일반적으로 교차효과의 기여도는 크지 않다. 영국주식의 경우 포트폴리오 비중과 벤치마크 비중과 동일하여 교차효과는 없다. 일본주식은 벤치마크 대비 10% 높은

비중으로 투자하였지만, 벤치마크 대비 부진한 성과로 인하여 교차효과는 -0.1%를 기록하였다. 미국주식은 벤치마크 대비 부진한 성과를 기록하였지만 10% 낮은 비중으로 투자하여 0.2%로 양호한 교차효과를 기록하였다. 따라서 포트폴리오 교차효과는 0.1%이다.

초과수익률에 대한 성과분해는 Table 6.4와 같다.

Table 6.4 Brinson, Hood와 Beebower의 성과분해

	포트폴리오 내 비중 w_i(%)	벤치마크 내 비중 W_i(%)	포트폴리오 수익률 r_i(%)	벤치마크 수익률 b_i(%)	자산배분 효과 (%)	종목선택 효과(%)	교차 효과(%)
영국주식	40	40	20	10.0	0	4.0	0.0
일본주식	30	20	-5	-4	-0.4	-0.2	-0.1
미국주식	30	40	6	8	-0.8	-0.8	0.2
포트폴리오	100	100	8.3	6.4	-1.2	3.0	0.1
산술적 초과수익률			1.9				

성과분해를 통해 초과수익률의 원천을 파악할 수 있지만, 포트폴리오 매니저가 실제로 투자결정과정을 반영하고 있는지도 확인해야 한다.

일반적으로 자산배분 결정은 전체 벤치마크 설정 과정에서 이루어진다. 자산배분 매니저는 긍정적인 시장에 대해 투자 비중 확대를 추구하는 것이 아니고, 전체 벤치마크보다 성과가 좋을 것으로 예상되는 시장에 대한 투자 비중 확대를 추구한다. 따라서, 양호한 성과를 기록하더라도 전체 벤치마크보다 낮은 성과를 보이는 시장에 투자 비중을 확대하면 전체 성과 관점에서 벤치마크 대비 해당 시장은 부정적인 기여를 하게 된다. 따라서 이러한 자산배분 관점에서 성과분해를 수행해야 한다.

BRINSON과 FACHLER 모형

Brinson, Hood 및 Beebower[13] 모형에서는 성과가 양호한 시장의 초과 비중 포지

---

[13] Brinson, Hood 및 Beebower 연구에서는 개별 섹터의 기여수익률에 대하여 고려하지 않았다. 하지만, 실무에서는 지난 수년간에 걸쳐 개별 섹터나 카테고리에 해당 모형을 적용해 왔다.

션은 벤치마크 전체 수익률에 관계없이 초과수익률에 양호한 기여를 하였으며, 성과가 부진한 시장의 초과 비중 포지션은 초과수익률에 부정적 기여를 하였다. 분명히, 자산배분 측면에서는 부진한 시장의 투자 비중이 크더라도, 해당 시장이 전체 벤치마크 성과를 초과하면 긍정적 기여를 하게 된다. Brinson 및 Fachler 모형은 이와 같은 자산배분 관련 문제를 다음과 같이 벤치마크와의 수익률을 세분화하여 해결했다.

$$b_S - b = \sum_{i=1}^{n}(w_i - W_i) \times b_i = \sum_{i=1}^{n}(w_i - W_i) \times (b_i - b) \tag{6.18}$$

단, $\sum_{i=1}^{n}w_i = \sum_{i=1}^{n}W_i = 1$이며, 섹터 i 의 자산배분효과는 다음과 같다.

$$A_i = (w_i - W_i) \times (b_i - b) \tag{6.19}$$

Brinson과 Fachler 모형은 Figure 6.2를 확장한 Figure 6.6에서 설명된다. Figure 6.6을 살펴보면 종목선택효과와 교차효과의 영역은 변화가 없지만 자산배분효과는 $(w_i - W_i) \times (b_i - b)$ 영역으로 설명된다.

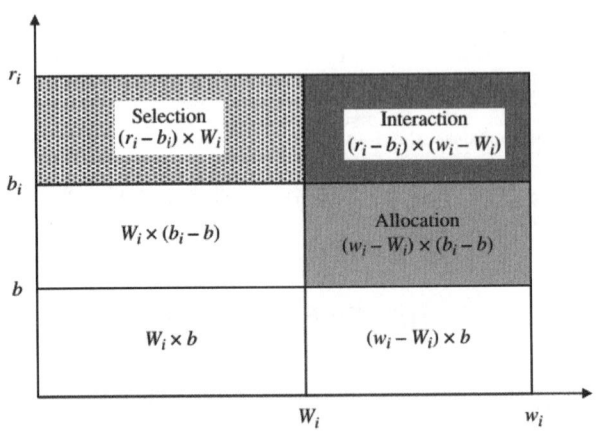

Figure 6.6 Brinson와 Fachler 모형

식 6.18은 Figure 6.6의 영역의 합계가 Figure 6.2의 영역의 합계와 동일한 것을 보여준다. $\sum_{i=1}^{n} W_i = 1$ 이므로 벤치마크 수익률은 모든 섹터의 $W_i \times b$ 영역의 합으로 나타난다.

$$\sum_{i=1}^{n} W_i \times b = b \tag{6.20}$$

따라서, $\sum_{i=1}^{n} W_i = 1$과 $\sum_{i=1}^{n} w_i = 1$이기 때문에 면적의 합 $(w_i - W_i) \times b$은 0이 된다.

$$\sum_{i=1}^{n} (w_i - W_i) \times b = 0 \tag{6.21}$$

Brinson과 Fachler의 자산배분효과는 다음의 Exhibit 6.5와 같다.

Exhibit 6.5 Brinson과 Fachler의 자산배분효과

포트폴리오 자산배분효과	
	$b_S - b = 5.2\% - 6.4\% = -1.2\%$
국가별 자산배분효과 :	$A_i = (w_i - W_i) \times (b_i - b)$
영국주식	$(40\% - 40\%) \times (10\% - 6.4\%) = 0.0\%$
일본주식	$(30\% - 20\%) \times (-4.0\% - 6.4\%) = -1.04\%$
미국주식	$(30\% - 40\%) \times (8.0\% - 6.4\%) = -0.16\%$
포트폴리오	$0.0\% - 1.04\% - 0.16\% = -1.2\%$

일본주식의 자산배분효과가 가장 크다. 일본주식은 -4.0% 부진한 성과를 기록하였고, 상대적으로 높은 초과 비중으로 투자하여 -1.04%의 자산배분효과를 기록하였다. 미국주식의 자산배분효과는 작았다. 성과가 양호한 시장에서 축소 비중으로 운용하여 자산배분효과는 -0.16%를 기록하였다. 포트폴리오 자산배분효과는 여전히 -1.2%로 동일하며, 개별 자산군의 자산배분효과만 조정된 것이다. Brinson과 Fachler의 포트폴리오의 성과분해는 Table 6.5에 정리되어 있다.

Table 6.5 Brinson과 Fachler의 성과분해

	포트폴리오 내 비중 w_i(%)	벤치마크 내 비중 W_i(%)	포트폴리오 수익률 r_i(%)	벤치마크 수익률 b_i(%)	자산배분 효과 (%)	종목선택 효과(%)	교차 효과(%)
영국주식	40	40	20	10.0	0	4.0	0.0
일본주식	30	20	-5	-4	-1.04	-0.2	-0.1
미국주식	30	40	6	8	-0.16	-0.8	0.2
포트폴리오	100	100	8.3	6.4	-1.2	3.0	0.1
산술적 초과수익률			1.9				

> **Note**
> Brinson과 Fachler 모형이 BHB(Brinson, Hood and Beebower)모형보다 선호되는 경향이 있다. 이는 Brinson과 Fachler 모형이 투자결정과정과 일관성이 더 높기 때문이다.

교차효과(INTERACTION)

Brinson 모형의 단점은 교차효과를 포함한다는 점이다. 교차효과는 투자결정과정의 일부가 아니며, 포트폴리오 매니저가 교차효과를 통해 초과성과를 달성하기는 거의 불가능하다.

교차효과는 자산배분효과와 종목선택효과의 결합효과를 의미하지만, 매니저들은 단순히 결합효과를 통해 초과성과를 추구하지는 않는다. 일반적인 투자결정과정은 먼저 자산배분이 이루어지고, 자금이 집행된 후, 종목선택이 진행된다. 만약, 종목선택부터 투자결정과정이 진행된다면 자산배분과정은 포함되지 않을 것이며, 이러한 투자결정과정으로 진행된다면 자산배분효과는 제외하고 종목선택효과로만 성과분해를 진행해야 한다.

교차효과는 투자결정과정의 일부가 아니므로 해석하기가 어려울 수 있으며, 오용될 소지도 있다. 더불어, 교차효과가 명시되지 않거나 다른 요인에 비례적으로 또는 균등 분배하는 때 이해관계자들을 혼동시킬 수도 있다.

투자결정에서 자산배분이 우선 결정되고, 그다음에 종목선택이 이루어진다고 가정할 때, 자산배분의 효과는 다음과 같다.

$$r - b_S = \sum_{i=1}^{n} w_i \times r_i - \sum_{i=1}^{n} w_i \times b_i = \sum_{i=1}^{n} w_i \times (r_i - b_i) \tag{6.22}$$

식 6.22는 Figure 6.1의 사분면Ⅳ에서 사분면Ⅱ를 뺀 것과 같다. 섹터i의 종목선택효과는 식 6.23과 같다.

$$S_i = w_i \times (r_i - b_i) \tag{6.23}$$

이제 교차효과는 종목선택효과에 포함된다. 이는 임의의 결정이 아니며, 일반적인 투자결정과정에서 연속적으로 발생한다고 가정하는 것이다.

> **Note**
> 일반적으로 교차효과는 투자결정과정의 일부가 아니므로 별도로 산출하는 것은 선호되지 않으며, 교차효과는 대부분의 투자결정과정의 순서상, 종목선택효과에 포함될 수 있다.

Figure 6.7은 개별 섹터에 대한 영향을 보여준다. 수정된 종목선택효과는 Exhibit 6.6에서 계산된다. 종목선택효과는 실제 투자한 포트폴리오 가중치가 반영되어 계산된다. 포트폴리오의 종목선택효과를 계산할 때 벤치마크 가중치를 반영하는 것은 특별한 이점은 없다. 종목선택효과를 계산할 때는 전반적인 성과 내에서 종목의 기여도를 평가하기보다는, 개별 섹터 내 종목의 기여도로 판단하는 것이 적절하다. 이러한 결과는 Table 6.6에 요약되어 있다.

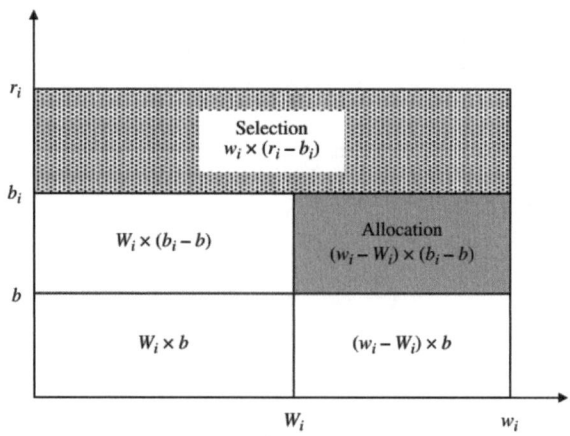

Figure 6.7 Brinson와 Fachler의 성과분해모형
(종목선택효과에 교차효과를 반영)

Exhibit 6.6 종목선택효과(교차효과 반영)

포트폴리오 종목선택효과
$$r - b_S = 8.3\% - 5.2\% = -3.1\%$$

국가별 종목선택효과

영국주식	$40\% \times (20\% - 10\%) = 4.0\%$
일본주식	$30\% \times (-5.0\% + 4.0\%) = -0.3\%$
미국주식	$30\% \times (6.0\% - 8.0\%) = -0.6\%$
포트폴리오	$4.0\% - 0.3\% - 0.6\% = 3.1\%$

Table 6.6 Brinson와 Fachler의 성과분해 (종목선택효과에 교차효과 반영)

	포트폴리오 내 비중 w_i(%)	벤치마크 내 비중 W_i(%)	포트폴리오 수익률 r_i(%)	벤치마크 수익률 b_i(%)	자산배분 효과(%)	종목선택 효과(%)
영국주식	40	40	20	10	0	4.0
일본주식	30	20	-5	-4	-1.04	-0.2
미국주식	30	40	6	8	-0.16	-0.6
포트폴리오	100	100	8.3	6.4	-1.2	3.1
산술적 초과수익률			1.9			

Figure 6.1의 Brinson 사분면으로 설명하는 것보다 Figure 6.8와 같이 투자결정과정을 단계별로 설명하는 것이 더 이해하기 쉽다.

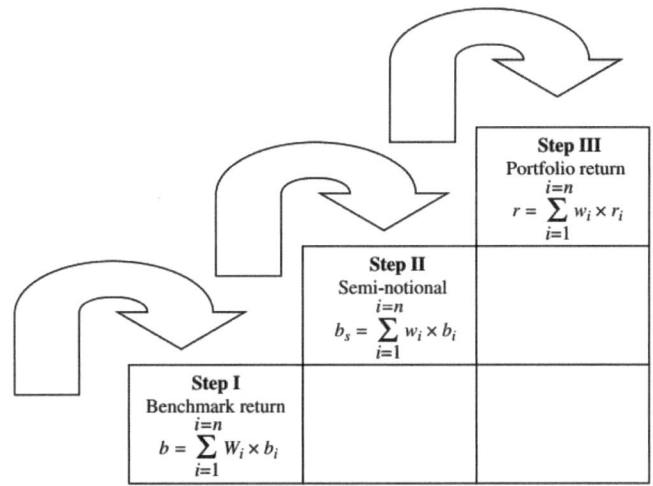

Figure 6.8 투자결정과정의 단계별 접근

기하학적 초과수익률 성과분해
(GEOMETRIC EXCESS RETURN ATTRIBUTION)

지금까지 설명된 Brinson 모형은 산술적 초과수익률을 기반으로 분석되었다. 제 4장에서 포트폴리오 매니저에 의한 성과를 측정하기 위해 기하학적 초과수익률에 대해 설명한다.

여러 기하학적 초과수익률 측정 모형이 연구되었다(Allen[14]; Bain[15]; Burnie, Knowles 및 Teder[16]; Bacon[17]). 이러한 방법들은 유사하며, 일부는 논문이 공개되기 이전부터 사용됐다.

Brinson 모형은 기하학적 초과수익률을 분해하기 위해 다음과 같이 확장될 수 있다.

---

14 Allen, "Performance Attribution of Global Equity Portfolios"(1991).
15 Bain, Investment Performance Measurement(1996).
16 Burnie, Knowles and Teder, "Arithmetic and Geometric Attribution"(1998).
17 Bacon, "Excess Returns - Arithmetic or Geometric"(2002).

$$\frac{(1+r)}{(1+b)}-1 \qquad (4.25)$$

자산배분효과

자산 배분효과를 측정하기 위해, Brinson 방법에서 사용한 동일한 명목 포트폴리오를 활용할 수 있다. 다만, 이번에는 기하학적 차이를 적용하여 분석한다.

$$\frac{(1+b_S)}{(1+b)}-1 \qquad (6.24)$$

섹터 i의 기하학적 자산배분효과는 다음과 같이 계산된다.

$$A_i^G = (w_i - W_i) \times \left(\frac{1+b_i}{1+b}-1\right) \qquad (6.25)$$

포트폴리오의 기하학적 자산배분효과 A^G는 다음과 같다.

$$A^G = \sum_{i=1}^{n} A_i^G = \frac{(1+b_S)}{1+b}-1 \qquad (6.26)$$

이러한 기하학적 방법은 섹터별 자산배분효과가 포트폴리오 전체 자산배분효과로 합산되므로 혼합 기하학적-산술적 방법으로 설명될 수 있다. 순수한 기하학적 방법론에서는 섹터별 자산배분효과는 복리 계산되어 포트폴리오 전체 자산배분효과가 된다.

식 6.24는 식 6.19와 유사하지만, 벤치마크 섹터 수익률과 벤치마크 전체 수익률의 기하학적 차이를 사용한 것이 차이점이다. 산술적 차이 대신 기하학적 차이를 사용한 것이 주요 차이점이며, 더 자세한 내용은 부록 A에 설명되어 있다.

종목선택효과

자산배분효과와 유사한 과정으로 종목선택효과를 산출하기 위해, 포트폴리오의 수익률과 명목 포트폴리오의 수익률을 사용한다. 이는 선택에 대한 총 기여도를 식별하기 위해 포트폴리오의 수익률을 기준으로 명목 포트폴리오의 수익률과 비교한 비율을 사용하는 방식이다.

$$\frac{(1+r)}{(1+b_S)} - 1 \tag{6.27}$$

섹터 i의 기하학적 종목선택효과는 다음과 같은 식으로 계산한다.

$$S_i^G = w_i \times \left(\frac{1+r_i}{1+b_i} - 1\right) \times \frac{(1+b_i)}{(1+b_S)} \tag{6.28}$$

앞서 설명한 기하학적 식 6.2에는 없는 새로운 항 $\frac{1+b_i}{1+b_S}$이 식 6.28에 추가되었다. 이 항은 이미 우수한 성과를 기록한 벤치마크 섹터 i가 수학적으로 부진한 벤치마크 섹터보다 기하학적으로 더 많은 성과를 추가로 반영하도록 한 것이다. 더 자세한 내용은 부록 A에 설명되어 있다.

식 6.29는 식 6.28을 단순화한 형태로, Burnie, Knowles 및 Teder가 제안한 중간 명목 포트폴리오를 활용하여 산출 차이를 단순화한 것이다.

$$S_i^G = w_i \times \frac{(r_i - b_i)}{(1+b_S)} \tag{6.29}$$

포트폴리오의 기하학적 종목선택효과 S^G는 다음과 같이 계산된다.

$$S^G = \sum_{i=1}^{n} S_i^G = \frac{(1+r)}{(1+b_S)} - 1 \tag{6.30}$$

종목선택효과 및 자산배분효과를 복리로 결합하여 다음과 같이 기하학적 초과수익률이 된다.

$$\frac{(1+r)}{(1+b_S)} \times \frac{(1+b_S)}{(1+b)} - 1 = \frac{(1+r)}{(1+b)} - 1 \tag{6.31}$$

또는,

$$(1+S^G) \times (1+A^G) - 1 = \frac{(1+r)}{(1+b)} - 1 = g \qquad (6.32)$$

기하학적 초과수익률의 자산배분효과는 Exhibit 6.7에서 계산된다.

Exhibit 6.7 기하학적 자산배분효과

Table 6.3의 예제를 활용한 기하학적 자산배분효과 :

$$\frac{(1+b_S)}{(1+b)} - 1 = \frac{1.052}{1.064} - 1 = -1.13\%$$

국가별 자산배분효과 :

$$A_i^G = (w_i - W_i) \times \left(\frac{1+b_i}{1+b} - 1\right)$$

영국주식 $(40\% - 40\%) \times \left(\frac{1.10}{1.064} - 1\right) = 0.0\%$

일본주식 $(30\% - 20\%) \times \left(\frac{0.96}{1.064} - 1\right) = -0.98\%$

미국주식 $(30\% - 40\%) \times \left(\frac{1.08}{1.064} - 1\right) = -0.15\%$

포트폴리오 $0.0\% - 0.98\% - 0.15\% = -1.13\%$

벤치마크 수익률이 양수인 경우, 기하학적 초과수익률은 산술적 초과수익률보다 작다. 기하학적 자산배분효과를 산술적 자산배분효과와 비교하였을 때, 섹터별 영향력 순서는 동일하며 부호는 같지만, 크기는 약간 작다. 기하학적 수익률의 종목선택효과는 Exhibit 6.8에서 계산된다.

Exhibit 6.8 기하학적 종목선택효과

Table 6.3의 예제를 활용한 기하학적 종목선택효과

$$\frac{(1+r)}{(1+b_S)} - 1 = \frac{1.083}{1.052} - 1 = 2.95\%$$

국가별 자산배분효과

$$S_i^G = w_i \times \left(\frac{1+r_i}{1+b_i} - 1\right) \times \frac{(1+b_i)}{(1+b_S)}$$

영국주식	$40\% \times \left(\dfrac{1.20}{1.10} - 1\right) \times \dfrac{1.10}{1.052} = 3.80\%$	
일본주식	$30\% \times \left(\dfrac{0.95}{0.96} - 1\right) \times \dfrac{0.96}{1.052} = -0.28\%$	
미국주식	$30\% \times \left(\dfrac{1.06}{1.08} - 1\right) \times \dfrac{1.08}{1.052} = -0.57\%$	
포트폴리오	$3.80\% - 0.28\% - 0.57\% = 2.95\%$	

기하학적 종목선택효과는 산술적 종목선택효과와 비슷하지만 크기는 약간 더 작다. Exhibit 6.9와 같이 자산배분효과와 종목선택효과가 복리로 결합되어 기하학적 초과수익률이 된다.

Exhibit 6.9 기하학적 초과수익률

포트폴리오의 기하학적 초과수익률

$$\frac{(1+r)}{(1+b)} - 1 = \frac{1.083}{1.064} - 1 = 1.79\%$$

$$\frac{(1+r)}{(1+b)} - 1 = \frac{(1+r)}{(1+b_S)} \times \frac{(1+b_S)}{(1+b)} - 1 = \frac{1.083}{1.052} \times \frac{1.052}{1.064} - 1 = 1.79\%$$

기하학적 초과수익률의 성과분해는 Table 6.7과 같이 정리된다.

Table 6.7 기하학적 성과분해 (교차효과는 종목선택효과에 반영)

	포트폴리오 내 비중 w_i(%)	벤치마크 내 비중 W_i(%)	포트폴리오 수익률 r_i(%)	벤치마크 수익률 b_i(%)	기하학적 자산배분 효과(%)	기하학적 종목선택 효과(%)
영국주식	40	40	20	10	0	3.8
일본주식	30	20	-5	-4	-0.98	-0.28
미국주식	30	40	6	8	-0.15	-0.57
포트폴리오	100	100	8.3	6.4	-1.13	2.95
기하학적 초과수익률			1.79			

섹터 비중
(SECTOR WEIGHTS)

Brinson 모형(산술적 또는 기하학적)에서는 식 6.3에서와 같이 섹터 비중에 섹터 수익률을 가중하여 합하면 총 포트폴리오 수익률과 같다고 가정한다. 식 6.3이 성립되기 위해서는 투자결정과정의 각 단계를 요인으로 분해할 수 있는 방법을 사용해야 한다.

각 섹터, 세그먼트 또는 부문에 대한 수익률 방법은 전체 수익률에 사용된 방법과 동일해야 한다. 내부 수익률은 성과측정기간 동안 동일한 수익률을 가정하기 때문에 성과분해에 적합하지 않다.

Dietz 방법에 따라 산출된 수익률을 분해할 수 있기 때문에 Brinson 모형을 적용할 수 있다. 성과 측정 기간 동안의 매매로 인한 자산배분효과 및 종목선택효과는 Dietz 방법의 가중치 가정으로 인해 잘못 계산될 수 있지만, 총 수익률은 설명된다. 이 부분을 설명하기 위한 예제가 Table 6.8에 있다. Table 6.8에는 포트폴리오의 단순 Dietz 수익률과 시간가중수익률이 계산되었다. 기간이 합쳐진 시간가중수익률의 성과분해를 살펴보면, 미국주식은 벤치마크를 상회한 성과를 기록한 것으로 나타났다.

정확한 기여효과를 얻기 위해서는 현금흐름을 기점으로 이전과 이후의 기간에 대한 기여효과를 계산해야 하며, Table 6.9에 기간별로 정리되어 있다. 전체 기간의 자산배분효과는 거의 없으며, 첫 번째 기간에 모든 시장의 성과는 동일하였으며, 두 번째 기간에는 베팅 크기가 작았다. 첫 번째 기여효과는 포트폴리오의 비중이 중립적 비중으로 리밸런싱되는 것을 반영하지 못했다. 원래의 기여는 조정되었지만, 이 예제에서는 Dietz 수익률은 자산배분효과와 종목선택효과간의 전이가 발생하여 효과를 제대로 설명하지 못한다. 예로 Table 6.7과 비교해보면, 미국주식의 종목선택효과는 우수하고 일본주식의 종목선택효과는 부진하다.

결론적으로 이러한 성과분해는 측정 기간을 더 짧게 기간 단위로 할 때 분석 결과가 정확해지며, 매일 측정하는 것이 가장 이상적이다.

Table 6.8 성과분해의 상세 내역

	영국주식	일본주식	미국주식
초기값	£400	£400	£200
최종값	£480	£185	£418
현금흐름	£0	-£200	£200
현금흐름 발생시 평가값	n/a	£420	£220
단순 Dietz 수익률	$\dfrac{480-400}{400}=20.0\%$	$\dfrac{185-400+200}{400-\dfrac{200}{2}}=-5\%$	$\dfrac{418-200-200}{200+\dfrac{200}{2}}=6.0\%$
시간가중수익률	$\dfrac{480}{400}-1=20.0\%$	$\dfrac{420}{400}\times\dfrac{185}{220}-1=-11.7\%$	$\dfrac{220}{200}\times\dfrac{418}{420}-1=9.48\%$

Table 6.9 현금흐름 전후 기간별 성과분해

	포트폴리오 내 비중(%)	벤치마크 내 비중(%)	포트폴리오 수익률(%)	벤치마크 수익률(%)	자산배분 효과(%)	종목선택 효과(%)
현금흐름 발생 전 기간(A)						
영국주식	40	40	10	10	0.0	0.0
일본주식	40	20	5	10	0.0	-1.8
미국주식	20	40	10	10	0.0	0.0
포트폴리오	100	100	8.0	10.0	0.0	-1.8
현금흐름 발생 후 기간(B)						
영국주식	40.74	40	9.1	0.0	0.0	3.8
일본주식	20.37	20	-15.9	-8.6	0.0	-0.7
미국주식	38.89	40	-0.5	-1.8	0.0	0.5
포트폴리오	100	100	0.3	-2.4	0.0	3.7
전체 기간 (A)+(B)						
영국주식	n/a	n/a	20.0	10.0	0.0	3.8
일본주식	n/a	n/a	-11.7	-4.0	0.0	-2.5
미국주식	n/a	n/a	9.5	8.0	0.0	0.5
포트폴리오			8.3	6.4	0.0	1.8

성과분해 주기
(FREQUENCY OF ANALYSIS)

성과분해의 주기가 짧을수록 더 우수하다는 주장은 논란의 여지가 있다. DiBartolomeo[18]는 일별 성과분해가 월별 성과분해보다 적합하다는 주장을 반박하며, 일반적인 성과분해 방법을 일일 데이터에 적용하는 것은 편향되고 신뢰할 수 없는 가정에 의존한다고 하였고, 단순히 기여수익률을 산출하는 것뿐만 아니라, 그 결과가 통계적으로 유의미한지 확인할 수 있어야 한다고 하였다. DiBartolomeo는 일별 성과분해에 다음과 같은 네 가지 오류가 있다고 설명하였다.

(1) 일별 성과분해의 경제성
항상 경제성이 있지 않다. 예를 들어, 시간가중수익률에서 현금흐름의 시점을 수정하면 정보가 손실될 수 있다.
(2) 일일 수익률의 정확성
일일수익률은 항상 정확하지는 않다. 많은 종목이 서로 다른 시간에 여러 거래소나 장외시장에서 거래되므로, 어떤 종가를 사용하여 수익률을 계산하는지에 따라 일일 수익률이 달라질 수 있다. 또한, 배당, 분할 및 합병과 같은 기업 이벤트의 적용 시점은 지수 업체를 선정하기 어려울 수 있으며, 적용 방식에 따라서 일일 수익률에도 영향을 줄 수 있다.
(3) 독립적 모니터링 가정
투자 포트폴리오는 매일 새로운 투자결정과정으로 시작하지 않기 때문에 독립적인 '새로운 시작'이라는 가정이 합리적이라고 보기는 어려운 부분이 있다. 실제 포트폴리오 운용은 상당한 시간 종속성이 존재하며, 이는 매니저 역량을 독립적이고 정기적으로 모니터링해야 한다는 가정은 현실적이지 않다.
(4) 모수적 분포의 가정
대부분의 논문에 따르면, 분기 또는 월별 수익률 데이터 분포에 대한 가정의

---

[18] DiBartolomeo, "Just Because We Can Doesn't Mean We Should"(2003).

이슈는 작지만, 일일 데이터의 경우 분포 가정에 대한 이슈가 작지 않다. 일반적으로 일일 수익률의 분포는 정규분포와 달리 꼬리가 두꺼운 분포를 가지며, 분포의 극단치 수익률에 대한 이슈가 정규분포보다 더 자주 발생한다. 반대로, 분기 또는 월수익률에서는 시간 종속성이 낮아 분포 가정이 문제가 작다.

DiBartolomeo는 일일 성과분해를 누적하는 것은 긴 주기의 데이터로 성과분해보다 시간가중수익률의 정확한 측정이 가능하게 하지만, 통계적 유의성을 성향이 낮아진다는 결론을 내렸다. Darling과 MacDougall[19]은 주기가 짧고 상세한 성과분해의 이점에 의문을 제기하며, 보유내역 수준에서 이루어지는 일일 성과분해가 비용 대비 효율적이지 못한다고 하였다.

> ⚠ **Caution**
> 최근 기술과 솔루션의 발전으로 Darling과 MacDougall의 의견은 적합하지 않을 수 있다. 이제는 성과분해가들은 경제적인 비용으로 많은 양의 데이터를 처리할 수 있는 솔루션과 환경을 갖추고 있다.

Darling과 MacDougall은 월별 수정 Dietz 수익률이 최적 균형에 가깝다고 제안하였다. 반면, Frongello[20]는 일일 성과분해의 필요성을 주장하며, 실제 투자에서는 부주의, 사고 또는 투자종목의 위험요인 변화로 인해 의도치 않게 위험요인 불일치가 발생할 수 있음을 설명하였다. 성과분해는 모든 위험요인 불일치로 인한 성과를 설명하려고 노력해야 하며, 일일 성과분해는 이러한 위험요인 불일치의 상태와 결과를 모니터링하기 최선의 방법이다.

Zangari와 Bayraktar[21]는 체계적인 일일 성과분해가 월간 성과분해보다 우수한 결과를 제공할 것이라고 주장하였다. 방법론과는 상관없이, 궁극적으로 성과분해의

---

19 Darling and MacDougall, "Using Performance Statistics: Have Measurers Lost the Plot?"(2002/2003).
20 Frongello, "Linking of Attribution Results"(2006).
21 Zangari and Bayraktar, "Which Is Better: Daily or Monthly Attribution?"(2005/2006).

프로세스가 가장 중요하다고 강조하였다. 좋은 성과분해의 프로세스는 다음과 같은 5가지 핵심 구성요소를 포함한다고 설명하였다.

(1) 데이터 관리와 품질 관리
    가장 중요한 요소로 보유 포지션, 가격, 기업 이벤트 등이 정확하게 확인, 처리 및 반영되어야 한다.
(2) 인프라
    적절한 인프라(하드웨어 및 데이터베이스 등)가 확보되어야 오류와 지연 가능성이 줄어든다.
(3) 분석
    성과분해 등을 계산하는 적절한 방법론이 있어야 한다.
(4) 방법
    예로 들어, 일일 보유-매매내역, 월간 보유-매매내역, 거래기반 성과분해 등이 있다.
(5) 보고서
    적시성 및 정확성이 확보되고 이해하기 쉬운 성과보고서가 생성되어야 한다.

Zangari와 Bayraktar는 프로세스가 성과분해 결과의 정확성을 결정하는 데 핵심적인 역할을 한다고 주장하였으며, 수익률 성과분해는 주요 원천 데이터를 모니터링하고, 성과분해 결과를 일일 평가하는 프로세스를 기반으로 이루어져야 한다고 언급했다.

> **Note**
> 일일 성과분해를 계산하는 것이 더 정확하며, 충분한 지원이 있다면 쉽게 수행할 수 있다. 따라서 이러한 일일 성과분해를 수행하는 것을 권장한다. 반면, 일일 성과평가는 장기적인 시각을 가진 자산소유자들과의 커뮤니케이션을 수행하는 관점에서는 부적합한 측면이 있다. 일일 성과분해는 장기 분석을 위한 기초이며, 일일 성과분해는 미들 및 백오피스에 반드시 필요하며, 일일 성과분해에 기반한 기간 성과분해는 모두에서 유용하다.

종목 수준의 성과분해

투자결정과정이 '상향식'으로 진행된다면 자산 또는 섹터배분효과를 계산하는 것은 적합하지 않다. 개별 종목 수준의 성과분해에서는, 투자결정과정이 개별 종목을 전략적으로 비중 확대 또는 비중 축소로 운용 경우가 있다. 따라서, 종목 수준에서의 영향을 측정하기 위해 산술적 및 기하학적 배분을 대한 식 6.19 및 식 6.25를 사용할 수 있다. 전통적인 종목선택효과를 산출하는 식 6.23 및 6.28은 개별 종목에서 초과 성과를 창출할 수 있는 능력을 효과적으로 측정한다. 이 효과에는 거래비용, 매매 스프레드, 종가 대비 매매가에서 발생하는 매매손익도 포함된다.

Table 6.10의 데이터를 사용하여 개별 종목의 성과분해를 하였다. 이 예제는 5개의 종목의 보유하는 벤치마크에 대해 종목선택효과와 타이밍효과를 측정하였다.

Table 6.10 종목 수준의 성과분해

	포트폴리오 내 비중 w_i(%)	벤치마크 내 비중 W_i(%)	포트폴리오 수익률 r_i(%)	벤치마크 수익률 b_i(%)	종목선택 효과(%)	타이밍 효과(%)
종목 1	10.2	9.3	15.0	15.0	0.08	0.0
종목 2	5.2	0.1	-25.0	-25.0	-1.48	0.0
종목 3	15.0	20.8	3.4	3.4	0.11	0.0
종목 4	22.0	14.7	-5.2	-5.2	-0.74	0.0
종목 5	47.6	55.1	6.9	7.5	-0.15	-0.28
포트폴리오	100	100	2.88	5.46	-2.17	-0.28
기하학적 초과수익률			-2.44			

Exhibit 6.10과 Exhibit 6.11에 자세한 계산 내역이 있다.

Exhibit 6.10 기하학적 '상향식' 종목 수준의 성과분해

Table 6.10을 활용한 종목선택효과

$$\frac{(1+b_S)}{(1+b)}-1 = \frac{1.0317}{1.0546}-1 = -2.17\%$$

개별 종복선택효과

$$(w_i - W_i) \times \left(\frac{1+b_i}{1+b}-1\right)$$

종목 1	$(10.2\% - 9.3\%) \times \left(\dfrac{1.15}{1.0546} - 1\right)$	$= 0.08\%$
종목 2	$(5.2\% - 0.1\%) \times \left(\dfrac{0.75}{1.0546} - 1\right)$	$= -1.48\%$
종목 3	$(15.0\% - 20.8\%) \times \left(\dfrac{1.034}{1.0546} - 1\right)$	$= 0.11\%$
종목 4	$(22.0\% - 14.7\%) \times \left(\dfrac{0.948}{1.0546} - 1\right)$	$= -0.74\%$
종목 5	$(47.6\% - 55.1\%) \times \left(\dfrac{1.075}{1.0546} - 1\right)$	$= -0.15\%$
포트폴리오	$0.08\% - 1.48\% + 0.11\% - 0.74\% - 0.15\%$	$= -2.17\%$

Exhibit 6.11 기하학적 '상향식' 종목 수준의 성과분해

Table 6.10을 활용한 타이밍효과

$$\frac{(1+r)}{(1+b_S)} - 1 = \frac{1.0288}{1.0317} - 1 = -0.28\%$$

개별 타이밍효과

$$w_i \times \left(\frac{1+r_i}{1+b_i} - 1\right) \times \left(\frac{1+b_i}{1+b_S}\right)$$

종목 1	$10.2\% \times \left(\dfrac{1.15}{1.15} - 1\right) \times \left(\dfrac{1.15}{1.0317}\right)$	$= 0.00\%$
종목 2	$5.2\% \times \left(\dfrac{0.75}{0.75} - 1\right) \times \left(\dfrac{0.75}{1.0317}\right)$	$= 0.0\%$
종목 3	$15.0\% \times \left(\dfrac{1.034}{1.034} - 1\right) \times \left(\dfrac{1.034}{1.0317}\right)$	$= 0.0\%$
종목 4	$22.0\% \times \left(\dfrac{0.948}{0.948} - 1\right) \times \left(\dfrac{0.948}{1.0317}\right)$	$= 0.0\%$
종목 5	$47.6\% \times \left(\dfrac{1.069}{1.075} - 1\right) \times \left(\dfrac{1.075}{1.0317}\right)$	$= -0.28\%$
포트폴리오	$0.0\% + 0.0\% + 0.0\% + 0.0\% - 0.28\%$	$= -0.28\%$

위 예제를 살펴보면, 기하학적으로 포트폴리오는 벤치마크 대비 -2.44% 성과를 기록하였으며, 이 중 가장 큰 기여요인은 종목2의 종목선택효과이다. 해당 초과비중 포지션은 초과수익률 -1.48%를 기록했다.

타이밍 요인은 상대적으로 작은 음(-)의 기여를 하였다. 매매가 없는 경우, 포트폴리오의 개별 종목 수익률은 벤치마크와 거의 동일하며, 특히 같은 가격 원천을 사용한 경우는 동일할 것으로 예상된다. 종목 5의 타이밍효과는 -0.28%이다. 이는

해당 기간에 일부 매매가 있음을 나타낸다. 초과수익에 기여하는 타이밍 효과를 기록하는 것도 가능하지만, 이는 거래 비용과 매매 스프레드를 모두 커버할 수 있는 충분히 유리한 가격으로 거래해야 한다. 따라서 타이밍 효과는 음(-)의 기여를 할 가능성이 높다.

상향식 투자결정과정에서 개별 종목배분효과를 섹터로 통합하는 것은 적절하지 않다. 섹터배분효과는 섹터 지수로 계산되지만, 상향식 종목선택효과는 본질적으로 개별 종목 가격을 산출되는 다른 투자과정이다. 그러므로 개별 종목배분효과의 합은 섹터 내 종목선택효과의 합과는 다를 수 있다.

상향식 포트폴리오 매니저들은 개별 종목 수준에서 투자결정을 내리는 경우가 많으므로 개별 종목의 분석이 필요하다. 배분효과는 투자결정과정을 정확히 반영해야 한다. 개별종목선택의 기여 정도를 측정하기 위해 전통적인 Brinson과 Fachler 모형을 사용하는 것은 적절해보이지 않을 수 있지만, 상향식 투자결정을 반영하여 측정할 수 있다. 상향식 포트폴리오 매니저는 개별 종목 수준에서 투자 결정을 내리며, 개별 종목 배분 과정에서 비중확대 또는 비중축소를 하고, 자산배분효과는 이를 측정한다.

종목 수준의 분석 관점에서, Brinson과 Fachler 모형의 종목선택효과는 포트폴리오 내에서 종목의 수익률과 벤치마크 내에서 동일한 종목의 수익률 간 차이를 측정한다. 이는 포트폴리오와 벤치마크 간에 사용되는 가격 원천이나 기업 이벤트로 차이가 발생할 수도 있지만, 대부분은 기간 내 매매로 의한 차이일 가능성이 크다.

하지만 종목 수준의 성과분해는 상향식 개별 종목 투자자뿐만 아니라 '하향식' 매니저와 이해관계자들에게도 중요한 의미를 가진다. 포트폴리오 매니저에게 모든 성과분해는 유용하며, 특히 성과가 부진할 때 더욱 그렇다. 포트폴리오 매니저가 왜 성과가 부진했는지, 그리고 성과 개선을 설명하는 데도 도움이 된다. 종목 수준의 분석은 성과를 완전히 설명할 수 있으며, 필요한 경우 성공적인 요인을 찾아내거나, 아니면 반복될 가능성이 적은 부진한 성과요인도 찾아낼 수 있다.

미들 오피스(성과평가와 리스크관리)에 종목 수준의 성과분해는 실제 수익률이 정확한지 확인하는 데 도움이 된다. 백 오피스에서는 일일 종목 수준의 성과분해를 통해 가격 및 운영 오류를 진단할 수도 있다.

> **Note**
> 성과평가자의 첫 번째 역할은 계산된 수익률이 정확한지 확인하는 것이다. 정확한 수익률을 기반으로 해야만 리스크 및 성과분해를 정상적으로 수행할 수 있기 때문이다.

종목 수준의 성과분해는 자산운용사의 중요한 운용 도구 중 하나로 투자결정과정을 통제하고, 자산 소유주와의 효과적인 의사소통을 도우며, 포트폴리오의 성과를 이해하고, 수익률의 정확성을 보장하며, 오류를 식별하게 해준다.

종목 수준의 성과분해는 의미 있는 대량의 정보를 제공한다. 하지만, 데이터 양이 너무 많으므로, 핵심적인 영향을 중심으로 분석하는 것이 중요하다. 예를 들어, 비중 확대 포지션 중 상위 양(+)의 기여 5건과 하위 음(-)의 기여 5건, 축소 비중 포지션 중 상위 양(+)의 기여 5건과 하위 음(-)의 기여 5건을 함께 살펴보는 것이다. 또한, 포트폴리오에는 포함되지 않았지만, 벤치마크에 포함된 종목의 경우 '회피한 위험(dodged bullets)'과 '놓친 기회(missed opportunities)'를 분석할 수도 있다. 특히, 산업이나 섹터 포트폴리오에서 자주 발생하는 현상으로 회피한 위험은 벤치마크에 속한 성과가 부진했던 종목이 포트폴리오에 포함되지 않아 긍정적으로 기여한 경우를 의미한다. 반면, 놓친 기회는 벤치마크에 속한 성과가 우수했던 종목이 포트폴리오 편입되지 않아 부정적으로 기여한 경우를 의미한다. 매니저들은 벤치마크에 포함되지 않은 종목에 투자하기도 하며, 이를 off-benchmark라고 한다. 현금 역시 일반적으로 포트폴리오에만 존재하므로 사실상 off-benchmark로 간주한다. 상승장에서는 현금은 부정적 기여를 하며, 하락장에서는 긍정적 기여를 한다. 포트폴리오 내의 모든 영향을 분석하는 것은 매우 중요하며, 특히 시간이 지나면서 상대 성과에 큰 기여를 하는 현금 분석이 그렇다. 또한, off-benchmark을 통한 기여를 측정할 때는 적절한 벤치마크를 선택하는 것이 중요하다.

거래비용

대부분의 거래기반 성과분해는 기본적으로 거래비용을 종목선택효과에 반영한다. 자산배분효과는 섹터 지수 및 전체 벤치마크를 기준으로 계산되며, 거래비용을 반영하지 않는다. 그러나 자산배분을 실행할 때는 자금 집행 과정에서 거래비용이 발생하며, 특히 신흥시장이나 비유동성 자산의 경우 이러한 거래비용이 작지 않을 수 있다. 따라서 이러한 거래비용은 종목선택이 아닌 자산배분에서 반영되어야 한다.

off-benchmark 성과분해

시간이 흐르면서, 투자 규정의 범위 내에서 매니저들은 벤치마크에 포함되지 않은 종목이나 자산에 투자할 수 있다. 벤치마크 외 투자 결정의 영향을 평가하는 것은 어려울 수 있다. 이는 해당 투자 범주가 벤치마크의 투자 범주와 일치하지 않을 수 있기 때문이다. 투자결정과정에 따라, 벤치마크 외 투자 결정의 영향을 성과분석에서 적절히 분해할 수 있는 세 가지 방법이 있다.

(1) 자산배분효과만 분해
(2) 종목선택효과만 분해
(3) 자산배분효과 및 종목선택효과 분해

Table 6.11에 벤치마크 외 투자에 대한 예제 포트폴리오가 있다. 투자 규정 허용 범위 내에서 투자를 하는 것으로 가정하고, 매니저는 벤치마크에 포함되지 않는 신흥시장의 종목에 투자했다.

Table 6.11 off-benchmark 투자

	포트폴리오 내 비중(%)	벤치마크 내 비중(%)	포트폴리오 수익률(%)	벤치마크 수익률(%)
영국주식	40	40	20	10
일본주식	30	20	-5	-4
미국주식	20	40	6	8
신흥시장	10	0	8	n/a
포트폴리오	100	100	8.5	6.4

매니저가 벤치마크 외 국가의 종목을 편입의 근거가 해당 종목의 가치에만 기반을 둔다면, 이는 순수한 종목선택 결정이며, 종목선택효과로 반영되어야 한다. 종목선택효과에만 반영하기 위해 신흥시장을 위한 섹터 벤치마크의 수익률은 전체 벤치

마크 수익률로 사용해야 한다(Table 6.12). 전략적 벤치마크 가중치가 0%이므로 신흥시장의 벤치마크 선택은 벤치마크 총 수익률에 영향을 미치지 않는다. Exhibit 6.12에서는 수익률을 계산하고, Exhibit 6.13에서는 성과요인을 계산하며, Exhibit 6.14에서는 기하학적 종목선택효과를 계산한다.

Table 6.12 off-benchmark 투자 (only 종목선택 투자결정)

	포트폴리오 내 비중(%)	벤치마크 내 비중(%)	포트폴리오 수익률(%)	벤치마크 수익률(%)	자산배분 효과(%)	종목선택 효과(%)
영국주식	40	40	20	10	0.00	3.81
일본주식	30	20	-5	-4	-0.98	-0.29
미국주식	20	40	6	8	-0.30	-0.38
신흥시장	10	0	8	6.4	0.00	0.15
포트폴리오	100	100	8.5	6.4	-1.13	3.29
기하학적 초과수익률			1.97			

Exhibit 6.12 기하학적 off-benchmark 투자의 종목선택효과 (only 종목선택 투자결정)

포트폴리오 수익률 : $r = \sum_{i=1}^{n} w_i \times r_i$

$r = 40\% \times 20\% + 30\% \times -5\% + 20\% \times 6\% + 10\% \times 8\% = 8.5\%$

벤치마크 수익률 : $b = \sum_{i=1}^{n} W_i \times b_i$

$b = 40\% \times 10\% + 20\% \times -4\% + 20\% \times 8\% + 0\% \times 6.4\% = 6.4\%$

명목 포트폴리오 수익률 : $b_S = \sum_{i=1}^{n} w_i \times b_i$

$b_S = 40\% \times 10\% + 30\% \times -4\% + 20\% \times 8\% + 10\% \times 6.4\% = 5.0\%$

Exhibit 6.13 기하학적 off-benchmark 투자의 자산배분효과 (only 종목선택 투자결정)

Table 6.12를 활용한 기하학적 자산배분효과

$$\frac{(1+b_S)}{(1+b)} - 1 = \frac{1.050}{1.064} - 1 = -1.28\%$$

국가별 자산배분효과

$$A_i^G = (w_i - W_i) \times \left(\frac{1+b_i}{1+b} - 1\right)$$

영국주식	$(40\% - 40\%) \times \left(\frac{1.10}{1.064} - 1\right) = 0.0\%$
일본주식	$(30\% - 20\%) \times \left(\frac{0.96}{1.064} - 1\right) = -0.98\%$
미국주식	$(20\% - 40\%) \times \left(\frac{1.08}{1.064} - 1\right) = -0.30\%$
신흥주식	$(10\% - 0\%) \times \left(\frac{1.064}{1.064} - 1\right) = 0.0\%$
포트폴리오	$0.0\% - 0.98\% - 0.30\% + 0.0\% = -1.28\%$

Exhibit 6.14 기하학적 off-benchmark 투자의 종목선택효과 (only 종목선택 투자결정)

Table 6.12를 활용한 기하학적 자산배분효과

$$\frac{(1+r)}{(1+b_S)} - 1 = \frac{1.085}{1.050} - 1 = 3.29\%$$

국가별 종목선택효과

$$S_i^G = w_i \times \left(\frac{1+r_i}{1+b_i} - 1\right) \times \frac{1+b_i}{1+b_S}$$

영국주식	$40\% \times \left(\frac{1.20}{1.10} - 1\right) \times \frac{1.10}{1.05} = 3.81\%$
일본주식	$30\% \times \left(\frac{0.95}{0.96} - 1\right) \times \frac{0.95}{1.05} = -0.29\%$
미국주식	$20\% \times \left(\frac{1.06}{1.08} - 1\right) \times \frac{1.08}{1.05} = -0.38\%$
신흥주식	$10\% \times \left(\frac{1.08}{1.064} - 1\right) \times \frac{1.064}{1.05} = 0.15\%$
포트폴리오	$3.81\% - 0.29\% - 0.38\% + 0.15\% = 3.29\%$

포트폴리오 매니저가 종목 가치가 아닌 산업, 국가 또는 지역 가치로 인해 특정 산업이나 국가에 투자하려 한다면, 이는 자산배분 투자결정으로 간주되며, 이를 반영한 성과분해를 수행해야 한다. 이 결정을 자산배분효과를 산출하기 위해 벤치마크 수익률을 포트폴리오 섹터 수익률 사용한다(벤치마크에서 해당 섹터의 비중이 0%이기 때문에 전체 벤치미크 수익률에는 영향이 없다.). 이러한 자산배분효과는 Table 6.13과 같이 계산되었다. 영국, 일본 및 미국 주식에 대한 성과요인은 변화되

지 않았다. 신흥시장의 종목선택으로 발생한 0.15% 성과는 자산배분효과로 반영되어, 벤치마크 외 섹터를 투자함으로 추가 성과를 기록하였다. Exhibit 6.15에서는 신흥시장에 대한 기하학적 자산배분효과 및 종목선택효과가 계산되었다.

Table 6.13 off-benchmark 투자 (only 자산배분 투자결정)

	포트폴리오 내 비중(%)	벤치마크 내 비중(%)	포트폴리오 수익률(%)	벤치마크 수익률(%)	자산배분 효과(%)	종목선택 효과(%)
영국주식	40	40	20	10	0.00	3.80
일본주식	30	20	-5	-4	-0.98	-0.29
미국주식	20	40	6	8	-0.30	-0.38
신흥시장	10	0	8	8	0.15	0.00
포트폴리오	100	100	8.5	6.4	-1.13	3.14
기하학적 초과수익률			1.97			

Exhibit 6.15 off-benchmark 투자 성과분해 (only 자산배분 투자결정)

자산배분효과 :

신흥시장 $\quad (10\% - 0\%) \times \left(\dfrac{1.08}{1.064} - 1\right) = 0.15\%$

종목선택효과 :

신흥시장 $\quad 10\% \times \left(\dfrac{1.08}{1.08} - 1\right) \times \dfrac{1.08}{1.052} = 0.00\%$

자산배분 명목 포트폴리오의 수익률(5.2%)은 종목선택 명목 포트폴리오의 수익률(5.0%)과 다르다.

$b_S = 40\% \times 10\% + 30\% \times -4\% + 20\% \times 8\% + 10\% \times 8\% = 5.2\%$

그러나 매니저가 자산배분을 한 후, 신흥시장의 종목을 선택한다면, 성과분해는 이 투자결정을 반영해야 한다. 벤치마크에서 해당 섹터의 비중이 0%로 전체 수익률에는 영향을 주지는 않지만, 자산배분효과 및 종목선택효과는 Table 6.14와 Exhibit 6.16과 같이 재산출되어야 한다.

종목선택효과만으로 계산된 +0.15%는 이제는 자산배분효과에 +0.28%, 종목선택효과에 -0.13%로 분배된다. 또한, 신흥시장의 벤치마크가 설정되고, 포트폴리오 내 신흥시장의 종목이 성과가 부진한 경우, 자산배분효과는 양(+)의 기여를 한다.

Table 6.14 off-benchmark 투자 (자산배분 및 종목선택 투자결정)

	포트폴리오 내 비중(%)	벤치마크 내 비중(%)	포트폴리오 수익률(%)	벤치마크 수익률(%)	자산배분 효과(%)	종목선택 효과(%)
영국주식	40	40	20	10	0.00	3.80
일본주식	30	20	-5	-4	-0.98	-0.29
미국주식	20	40	6	8	-0.30	-0.38
신흥시장	10	0	8	9.4	0.28	-0.13
포트폴리오	100	100	8.5	6.4	-1.00	3.00
기하학적 초과수익률			1.97			

Exhibit 6.16 off-benchmark 투자 성과분해 (자산배분 및 종목선택 투자결정)

자산배분효과 :

신흥시장 $\quad (10\% - 0\%) \times \left(\dfrac{1.094}{1.064} - 1\right) = 0.28\%$

종목선택효과 :

신흥시장 $\quad 10\% \times \left(\dfrac{1.08}{1.094} - 1\right) \times \dfrac{1.094}{1.0534} = -0.13\%$

자산배분효과 및 종목선택효과를 위한 명목 포트폴리오의 수익률 5.34%는 종목선택 명목 포트폴리오의 수익률 5.0%이나 자산배분 명목 포트폴리오 수익률 5.2%와 다르다.

$b_S = 40\% \times 10\% + 30\% \times -4\% + 20\% \times 8\% + 10\% \times 9.4\% = 5.34\%$

성과분해에서 off-benchmark를 어떻게 처리할지는 투자결정과정에 기반을 두어 결정해야 한다. 만약 off-benchmark 구간을 0%로 처리한다면 Table 6.15와 Exhibit 6.17과 같이 오해를 불러일으킬 수 있는 결과를 초래할 수 있다.

Table 6.15 off-benchmark 투자 (off-benchmark 수익률 0%)

	포트폴리오 내 비중(%)	벤치마크 내 비중(%)	포트폴리오 수익률(%)	벤치마크 수익률(%)	자산배분 효과(%)	종목선택 효과(%)
영국주식	40	40	20	10	0.00	3.80
일본주식	30	20	-5	-4	-0.98	-0.29
미국주식	20	40	6	8	-0.30	-0.38
신흥시장	10	0	8	0	-0.60	0.77
포트폴리오	100	100	8.5	6.4	-1.88	3.93
기하학적 초과수익률			1.97			

Exhibit 6.17 off-benchmark 투자 성과분해 (off-benchmark 수익률 0%)

자산배분효과 :

신흥시장 $(10\% - 0\%) \times \left(\dfrac{1.0}{1.064} - 1 \right) = -0.60\%$

종목선택효과 :

신흥시장 $10\% \times \left(\dfrac{1.08}{1.0} - 1 \right) \times \dfrac{1.0}{1.044} = 0.77\%$

$b_S = 40\% \times 10\% + 30\% \times -4\% + 20\% \times 8\% + 10\% \times 0\% = 4.4\%$

off-benchmark 구간을 0%로 가정하면, 자산배분효과는 -0.60%, 종목선택효과는 0.77%를 기여하는 잘못한 결과를 만들어 낼 수 있으며, 이러한 오류로 인해 잘못된 결론을 초래할 수 있다.

투자결정과정 기반 성과분해

성과분해는 투자결정과정과 일치해야 한다. 투자결정은 명확한 과정을 통해 이루어져야 하며, 성과분해는 그 투자결정과정을 설명할 수 있어야 한다. 또한, 자산소유자는 자신들의 자산이 투자지침에 따라 투자되고 있으며, 투자결정과정의 결과에 따라 성과가 산출된다고 기대하고 있을 것이다. 예를 들어, Table 6.16의 유럽 종목 데이터는 투자결정과정에 따라 다양하게 분석할 수 있다. 투자결정과정에는 국가별, 업종별, 시장 자본화 기준, 요인 기준 또는 개별 종목 수준일 수 있다. 이 예제의 분석을 위해 벤치마크는 Table 6.17에 나와 있는 10개 종목으로 동일가중

지수를 설정하였다.

Table 6.16 유럽 종목 포트폴리오

종목	국가	섹터	사이즈	가치/성장	비중(%)	수익률(%)
종목 1	프랑스	에너지	대형	가치	13	7.0
종목 2	프랑스	헬스케어	중형	성장	4	3.5
종목 3	프랑스	금융	소형	성장	11	4.0
종목 4	독일	에너지	소형	성장	3	-3.0
종목 5	독일	헬스케어	대형	가치	20	2.5
종목 6	독일	금융	중형	성장	9	6.0
종목 7	이탈리아	에너지	중형	가치	12	10.0
종목 8	이탈리아	헬스케어	소형	성장	8	5.6
종목 9	이탈리아	에너지	대형	가치	7	8.1
종목 10	이탈리아	금융	중형	가치	13	-5.7
				포트폴리오	100	3.91

Table 6.17 동일가중지수 (유럽 종목 포트폴리오)

종목	비중(%)	수익률(%)
종목 1	10	7.0
종목 2	10	3.5
종목 3	10	4.2
종목 4	10	-3.0
종목 5	10	2.5
종목 6	10	6.4
종목 7	10	10.0
종목 8	10	5.2
종목 9	10	8.1
종목 10	10	-5.7
지수(동일가중)	**100**	**3.82**

매니저가 국가별 자산배분을 기준으로 투자결정을 하는 경우, Table 6.18과 같이 성과분석을 한다. Exhibit 6.18 및 Exhibit 6.19에서는 성과요인이 계산된다.

Table 6.18 유럽 종목 포트폴리오 (국가별 자산배분 투자결정)

	포트폴리오 내 비중(%)	벤치마크 내 비중(%)	포트폴리오 수익률(%)	벤치마크 수익률(%)	자산배분 효과(%)	종목선택 효과(%)
프랑스	28	30	5.32	4.90	-0.02	0.11
독일	32	30	2.91	1.97	-0.04	0.31
이탈리아	40	40	3.69	4.40	0.00	-0.28
포트폴리오	100	100	3.91	3.82	-0.06	0.15
기하학적 초과수익률			0.09			

Exhibit 6.18 기하학적 자산배분효과 (국가별 자산배분 투자결정)

Table 6.18을 활용한 기하학적 자산배분효과

프랑스 $\quad (28\% - 30\%) \times \left(\dfrac{1.049}{1.0382} - 1\right) = -0.02\%$

독일 $\quad (32\% - 30\%) \times \left(\dfrac{1.0197}{1.0382} - 1\right) = -0.04\%$

이탈리아 $\quad (40\% - 40\%) \times \left(\dfrac{1.044}{1.0382} - 1\right) = 0.00\%$

포트폴리오 $\quad -0.02\% - 0.04\% + 0.00\% = -0.06\%$

Exhibit 6.19 기하학적 종목선택효과 (국가별 자산배분 투자결정)

Table 6.18을 활용한 기하학적 종목선택효과

프랑스 $\quad 28\% \times \left(\dfrac{1.0532}{1.049} - 1\right) \times \dfrac{1.049}{1.0376} = 0.11\%$

독일 $\quad 32\% \times \left(\dfrac{1.0291}{1.0197} - 1\right) \times \dfrac{1.0197}{1.0376} = 0.31\%$

이탈리아 $\quad 40\% \times \left(\dfrac{1.0369}{1.044} - 1\right) \times \dfrac{1.044}{1.0376} = -0.28\%$

포트폴리오 $\quad 0.11\% + 0.31\% - 0.28\% = 0.15\%$

명목 포트폴리오 $b_S = \sum_{i=1}^{n} w_i \times b_i$

$b_S = 28\% \times 4.9\% + 32\% \times 1.97\% + 40\% \times 4.4\% = 3.76\%$

매니저는 국가별 자산배분효과로 음(-)의 성과를 기록하였다. 프랑스 -0.02%, 독일 -0.04%를 기록하였다. 종목선택효과는 프랑스 0.11%, 독일 0.31%, 이탈리아 -0.28%로 전반적으로는 양(+)의 성과를 기록하였다.

Table 6.19에서는 섹터별 투자결정과정을 보여준다. 성과분해 결과는 Exhibit 6.20과 Exhibit 6.21에서 계산된다.

Table 6.19 유럽 종목 포트포리오 (섹터별 자산배분 투자결정)

	포트폴리오 내 비중(%)	벤치마크 내 비중(%)	포트폴리오 수익률(%)	벤치마크 수익률(%)	자산배분 효과(%)	종목선택 효과(%)
에너지	35	40	7.39	5.53	-0.08	0.63
헬스케어	32	30	3.40	3.73	0.00	-0.10
금융	33	30	0.72	1.63	-0.06	-0.29
포트폴리오	100	100	3.91	3.82	-0.15	0.24
기하학적 초과수익률			0.09			

Exhibit 6.20 기하학적 자산배분효과 (섹터별 자산배분 투자결정)

Table 6.19를 활용한 기하학적 자산배분효과

에너지　　$(35\% - 40\%) \times \left(\dfrac{1.0553}{1.0382} - 1\right) = -0.08\%$

헬스케어　$(32\% - 30\%) \times \left(\dfrac{1.0373}{1.0382} - 1\right) = 0.00\%$

금융　　　$(33\% - 30\%) \times \left(\dfrac{1.0162}{1.0382} - 1\right) = -0.06\%$

포트폴리오　$-0.08\% + 0.00\% - 0.06\% = -0.15\%$

Exhibit 6.21 기하학적 종목선택효과 (섹터별 자산배분 투자결정)

Table 6.19를 활용한 기하학적 종목선택효과

에너지　　$35\% \times \left(\dfrac{1.0739}{1.0553} - 1\right) \times \dfrac{1.0553}{1.0376} = 0.63\%$

헬스케어　$32\% \times \left(\dfrac{1.034}{1.0373} - 1\right) \times \dfrac{1.0373}{1.0367} = -0.10\%$

금융　　　$33\% \times \left(\dfrac{1.0072}{1.0163} - 1\right) \times \dfrac{1.0163}{1.0367} = -0.29\%$

포트폴리오	$0.63\% - 0.10\% - 0.29\% = 0.24\%$
명목 포트폴리오	$b_S = \sum_{i=1}^{n} w_i \times b_i$
	$b_S = 35\% \times 5.53\% + 32\% \times 3.73\% + 33\% \times 1.63\% = 3.67\%$

매니저는 에너지 섹터에서 -0.08%, 금융 섹터에서 -0.06%의 음(-)의 성과를 기여하였다. 종목선택효과는 에너지 섹터 0.63%, 헬스케어 섹터 -0.1%, 금융 섹터 -0.29%를 기여했으며, 전반적으로는 양(+)의 성과를 기록하였다.

매니저가 시가총액 규모로 자산배분을 기준으로 투자결정을 하는 경우, Table 6.20과 같이 성과분해를 수행한다. Exhibit 6.22 및 Exhibit 6.23에서 성과요인이 계산된다.

Table 6.20 유럽 종목 포트폴리오 (규모별 자산배분 투자결정)

	포트폴리오 내 비중(%)	벤치마크 내 비중(%)	포트폴리오 수익률(%)	벤치마크 수익률(%)	자산배분 효과(%)	종목선택 효과(%)
대형주	40	30	4.94	5.87	0.20	-0.35
중형주	38	40	3.00	3.55	0.01	-0.20
소형주	22	30	3.63	2.13	0.13	0.32
포트폴리오	100	100	3.91	3.82	0.33	-0.24
기하학적 초과수익률			0.09			

Exhibit 6.22 기하학적 자산배분효과 (규모별 자산배분 투자결정)

Table 6.20을 활용한 기하학적 자산배분효과

대형주	$(40\% - 30\%) \times \left(\dfrac{1.0587}{1.0382} - 1\right) = 0.20\%$
중형주	$(38\% - 40\%) \times \left(\dfrac{1.0355}{1.0382} - 1\right) = 0.01\%$
소형주	$(22\% - 30\%) \times \left(\dfrac{1.0213}{1.0382} - 1\right) = 0.13\%$
포트폴리오	$0.20\% + 0.01\% + 0.13\% = 0.33\%$

Exhibit 6.23 기하학적 종목선택효과(규모별 자산배분)

Table 6.20을 활용한 기하학적 종목선택효과

$$\text{대형주} \quad 40\% \times \left(\frac{1.0494}{1.0587} - 1\right) \times \frac{1.0587}{1.0417} = -0.35\%$$

$$\text{중형주} \quad 38\% \times \left(\frac{1.03}{1.0355} - 1\right) \times \frac{1.0355}{1.0417} = -0.20\%$$

$$\text{소형주} \quad 22\% \times \left(\frac{1.0363}{1.0213} - 1\right) \times \frac{1.0213}{1.0417} = 0.32\%$$

포트폴리오 $\quad -0.35\% - 0.20\% + 0.32\% = -0.24\%$

명목 포트폴리오 $b_S = \sum_{i=1}^{n} w_i \times b_i$

$$b_S = 40\% \times 5.87\% + 38\% \times 3.55\% + 22\% \times 2.13\% = 4.17\%$$

매니저는 규모별 자산배분효과에서 대형주 0.2%, 중형주 0.01%, 소형주 0.13%를 각각 기록하였다. 종목선택효과는 대형주 -0.35%, 중형주 -0.2%, 소형주 0.32%로 전반적으로 음(-)의 성과를 기록하였다.

매니저가 요인(Factor)으로 자산배분 투자결정을 하는 경우, Table 6.21과 같이 성과분해를 수행한다. Exhibit 6.24 및 Exhibit 6.25에서 성과요인이 계산된다.

Table 6.21 유럽 종목 포트폴리오 (요인별 자산배분 투자결정)

	포트폴리오 내 비중(%)	벤치마크 내 비중(%)	포트폴리오 수익률(%)	벤치마크 수익률(%)	자산배분 효과(%)	종목선택 효과(%)
성장주	53	50	5.01	5.50	0.05	-0.25
가치주	47	50	2.67	2.14	0.05	0.24
포트폴리오	100	100	3.91	3.82	0.10	-0.01
기하학적 초과수익률			0.09			

Exhibit 6.24 기하학적 자산배분효과 (요인별 자산배분 투자결정)

Table 6.21을 활용한 기하학적 자산배분효과

성장주 $\quad (53\% - 50\%) \times \left(\dfrac{1.055}{1.0382} - 1\right) = 0.05\%$

가치주 $\quad (47\% - 50\%) \times \left(\dfrac{1.0214}{1.0382} - 1\right) = 0.05\%$

포트폴리오 $\quad 0.05\% + 0.05\% = 0.10\%$

Exhibit 6.25 기하학적 종목선택효과 (요인별 자산배분 투자결정)

Table 6.21을 활용한 기하학적 종목선택효과

성장주 $\quad 53\% \times \left(\dfrac{1.0501}{1.055} - 1\right) \times \dfrac{1.055}{1.0392} = -0.25\%$

가치주 $\quad 47\% \times \left(\dfrac{1.0267}{1.0214} - 1\right) \times \dfrac{1.0214}{1.0392} = 0.24\%$

포트폴리오 $\quad -0.25\% + 0.24\% = -0.01\%$

명목 포트폴리오 $\quad b_S = \sum\limits_{i=1}^{n} w_i \times b_i$

$$b_S = 53\% \times 5.50\% + 47\% \times 2.14\% = 3.92\%$$

매니저는 요인별 자산배분효과에서 성장주 0.05%, 가치주 0.05%를 기록하였다. 종목선택효과는 성장주 -0.25%, 가치주 0.24%로 전반적으로 0%에 가까운 성과를 기록하였다.

> **Note**
> 두 가지 카테고리로 구성된 포트폴리오에서 자산배분효과는 모두 양(+)의 성과이거나 모두 음(-)의 성과일 것이다.

매니저가 종목투자 기반의 상향식 투자결정을 하는 경우, Table 6.22와 같이 성과분해를 수행한다. Exhibit 6.26 및 Exhibit 6.27에서 성과요인이 계산된다.

Table 6.22 유럽 종목 포트폴리오 (상향식 종목기반 투자결정)

	포트폴리오 내 비중(%)	벤치마크 내 비중(%)	포트폴리오 수익률(%)	벤치마크 수익률(%)	종목선택 효과(%)	타이밍 효과(%)
종목 1	13	10	7.0	7.0	0.09	0.00
종목 2	4	10	3.5	3.5	0.02	0.00
종목 3	11	10	4.0	4.2	0.00	-0.02
종목 4	3	10	-3.0	-3.0	0.46	0.00
종목 5	20	10	2.5	2.5	-0.13	0.00
종목 6	9	10	6.0	6.4	-0.03	-0.03
종목 7	12	10	10.0	10.0	0.12	0.00
종목 8	8	10	5.6	5.2	-0.03	0.03
종목 9	7	10	8.1	8.1	-0.12	0.00
종목10	13	10	-5.7	-5.7	-0.28	0.00
포트폴리오	100	100	3.91	3.82	0.12	-0.03
기하학적 초과수익률			0.09			

Exhibit 6.26 기하학적 종목선택효과 (상향식 종목기반 투자결정)

Table 6.22를 활용한 기하학적 종목선택효과

종목 1 $\quad (13\% - 10\%) \times \left(\dfrac{1.07}{1.0382} - 1\right) = 0.09\%$

종목 2 $\quad (4\% - 10\%) \times \left(\dfrac{1.035}{1.0382} - 1\right) = 0.02\%$

종목 3 $\quad (11\% - 10\%) \times \left(\dfrac{1.042}{1.0382} - 1\right) = 0.00\%$

종목 4 $\quad (3\% - 10\%) \times \left(\dfrac{0.97}{1.0382} - 1\right) = 0.46\%$

종목 5 $\quad (20\% - 10\%) \times \left(\dfrac{1.015}{1.0382} - 1\right) = -0.13\%$

종목 6 $\quad (9\% - 10\%) \times \left(\dfrac{1.064}{1.0382} - 1\right) = -0.03\%$

종목 7 $\quad (12\% - 10\%) \times \left(\dfrac{1.1}{1.0382} - 1\right) = 0.12\%$

종목 8 $\quad (8\% - 10\%) \times \left(\dfrac{1.052}{1.0382} - 1\right) = -0.03\%$

종목 9 $\quad (7\% - 10\%) \times \left(\dfrac{1.081}{1.0382} - 1\right) = -0.12\%$

종목10	$(13\% - 10\%) \times \left(\dfrac{0.943}{1.0382} - 1\right) = -0.28\%$	
포트폴리오	$0.10\% - 0.02\% + 0.00\% + 0.48\% - 0.13\%$ $- 0.03\% + 0.12\% - 0.03\% - 0.13\% - 0.29\% = 0.12\%$	

Exhibit 6.26 기하학적 타이밍효과 (상향식 종목기반 투자결정)

Table 6.22를 활용한 기하학적 타이밍효과

종목 3	$11\% \times \left(\dfrac{1.04}{1.042} - 1\right) \times \left(\dfrac{1.042}{1.0394}\right) = -0.02\%$
종목 6	$9\% \times \left(\dfrac{1.06}{1.064} - 1\right) \times \left(\dfrac{1.064}{1.0394}\right) = -0.03\%$
종목 8	$15\% \times \left(\dfrac{1.056}{1.052} - 1\right) \times \left(\dfrac{1.052}{1.0394}\right) = 0.03\%$
포트폴리오	$-0.02\% - 0.03\% + 0.03\% = -0.03\%$

이 상향식 종목기반 투자결정에서 종목 4는 가장 작은 비중으로 가장 뛰어난 0.46% 기여를 하였고, 종목 10은 -0.28%로 가장 부정적인 기여를 하였다. 타이밍효과는 종목 매매로 인해 발생하며, 벤치마크 종목 수익률과는 다르게 나타나며 일반적으로 음(-)의 기여를 한다. 타이밍효과를 살펴보면, 종목 3에서 -0.02%, 종목 6에서 -0.03% 각각 기여를 하였고, 종목 8에서는 양호한 가격으로 매매하여 거래비용과 매매스프레드를 상쇄하고 +0.03% 기여를 하였다.

시장중립 포트폴리오의 성과분해

시장중립 포트폴리오는 시장 변동에 중립적인 수익을 추구하도록 설계되었다. 이론적으로, 이 포트폴리오는 대상 시장에 대한 100% 매수포지션과 100% 매도포지션으로 상쇄되는 구조로 구성된다. 그 결과, 익스포저는 100% 현금과 매수포지션에서의 종목선택으로 인한 초과수익, 그리고 매도포지션에서의 종목선택으로 인한 초과수익으로 구성된다. 따라서, 뛰어난 종목선택을 통해 시장 익스포저 없이도 두 방향에서 초과수익을 창출할 수 있으며, 이는 매우 직관적이고 매력적인 절대수익 전략이다.

시장중립 포트폴리오에 대한 성과분해는 포트폴리오의 매수포지션과 매도포지션을 별도의 섹터로 가정하면, 기존 성과분해 방식과 동일하게 수행할 수 있다. 다만, 성과분해에서 성과의 부호와 익스포저의 부호를 주의해야 한다. 예를 들어, 매도포지션에서의 음(-)의 성과는 양(+)의 이익을 발생시킨다. Table 6.23의 데이터를 사용하여, Exhibit 6.29에서는 자산배분효과를, Exhibit 6.30에서는 종목선택효과가 각각 계산하며, Exhibit 6.28에서는 포트폴리오, 벤치마크 및 중간 명목 포트폴리오의 수익률을 계산한다.

Table 6.23 시장중립 포트폴리오의 성과분해

	포트폴리오 내 비중(%)	벤치마크 내 비중(%)	포트폴리오 수익률(%)	벤치마크 수익률(%)	자산배분 효과(%)	종목선택 효과(%)
영국주식 (매수포지션)	40	40	20	10	-0.68	2.93
일본주식 (매수포지션)	70	60	-5.0	-4.0	-0.68	-0.68
영국주식 (매도포지션)	-30	-40	6.0	10.0	0.68	1.17
일본주식 (매도포지션)	-60	-60	-7.0	-4.0	0.0	1.76
현금	90	100	3.0	3.0	0.0	0.0
합계	100	100	7.6	3.0	-0.68	5.18

Exhibit 6.28 시장중립 포트폴리오의 수익률

포트폴리오 수익률 : $r = \sum_{i=1}^{n} w_i \times r_i$

$r = 30\% \times 20\% + 70\% \times -5\% - 30\% \times 6\% - 60\% \times -7\% + 90\% \times 3\% = 7.6\%$

벤치마크 수익률 : $b = \sum_{i=1}^{n} W_i \times b_i$

$b = 40\% \times 10\% + 60\% \times -4\% - 40\% \times 10\% - 60\% \times -4\% + 100\% \times 3\% = 3.0\%$

중간 명목 포트폴리오 수익률 : $b_S = \sum_{i=1}^{n} w_i \times b_i$

$b_S = 30\% \times 10\% + 70\% \times -4\% - 30\% \times 10\% - 60\% \times -4\% + 90\% \times 3\% = 2.3\%$

Exhibit 6.29 시장중립 포트폴리오의 자산배분효과

Table 6.23을 활용한 기하학적 자산배분효과

$$\frac{(1+b_S)}{(1+b)}-1=\frac{1.023}{1.03}-1=-0.68\%$$

포지션별 자산배분효과

영국주식 (매수포지션)	$(30\%-40\%)\times\left(\frac{1.10}{1.03}-1\right)$	$=-0.68\%$
일본주식 (매수포지션)	$(70\%-60\%)\times\left(\frac{0.96}{1.03}-1\right)$	$=-0.68\%$
영국주식 (매도포지션)	$(-30\%-40\%)\times\left(\frac{1.10}{1.03}-1\right)$	$=0.68\%$
일본주식 (매도포지션)	$(-60\%+60\%)\times\left(\frac{0.96}{1.03}-1\right)$	$=0.0\%$
현금	$(90\%-100\%)\times\left(\frac{1.03}{1.03}-1\right)$	$=0.0\%$
포트폴리오	$-0.68\%-0.68\%+0.68\%+0.0\%+0.0\%=-0.68\%$	

Exhibit 6.30 시장중립 포트폴리오의 종목선택효과

Table 6.23을 활용한 기하학적 종목선택효과(교차효과 포함)

$$\frac{(1+r)}{(1+b_S)}-1=\frac{1.076}{1.023}-1=5.18\%$$

포지션별 종목선택효과

영국주식 (매수포지션)	$30\%\times\left(\frac{1.20}{1.10}-1\right)\times\frac{1.10}{1.023}$	$=2.93\%$
일본주식 (매수포지션)	$70\%\times\left(\frac{0.95}{0.96}-1\right)\times\frac{0.96}{1.023}$	$=-0.68\%$
영국주식 (매도포지션)	$-30\%\times\left(\frac{1.06}{1.10}-1\right)\times\frac{1.10}{1.023}$	$=1.17\%$
일본주식 (매도포지션)	$-60\%\times\left(\frac{0.93}{0.96}-1\right)\times\frac{0.96}{1.023}$	$=1.76\%$
현금	$90\%\times\left(\frac{1.03}{1.03}-1\right)\times\frac{1.03}{1.023}$	$=0.0\%$
포트폴리오	$2.93\%-0.68\%+1.17\%+1.76\%+0.0\%=5.18\%$	

성과분해 결과 중 자산배분효과를 살펴보면, 영국주식의 매수포지션(long-position) 과 매도포지션(short-position)이 서로 상쇄되었으며, 일본주식에서는 10%의 매수포

지션으로 −0.68%의 자산배분효과가 발생한다. 현금의 자산배분효과는 현금의 벤치마크가 벤치마크 수익률이기 때문에, 가중치와 상관없이 항상 0%로 나타난다. 이 포트폴리오의 초과수익은 대부분 종목선택효과에서 발생하며, 영국주식의 매수포지션에서는 양(+)의 성과를, 일본주식의 매수포지션에서는 음(-)의 성과를 기록하였다. 영국주식의 매도포지션에서는 포트폴리오 매니저가 벤치마크보다 성과가 부진한 주식을 투자하여 양(+)의 성과를 기록하였고, 일본주식의 매도포지션에서도 벤치마크보다 부진한 성과의 종목을 선택하여 매도포지션과 결합하여 양(+)의 성과를 기여하였다. 현금의 종목선택효과는 중립적이지만, 매도포지션으로 발생한 주식대여수수료는 현금 섹터나 해당 매도포지션에 비용으로 반영될 수 있다.

130/30 펀드의 성과분해

130/30 펀드(120/20 등 다른 가중치 변형 포함)는 시장중립 포트폴리오에서 파생된 펀드로 30% 매도포지션과 130% 매수포지션으로 구성된 시장 중립펀드의 변형이다. 이러한 펀드를 통해 시장 익스포저를 보유하면서 자산운용사가 일정 비율의 매도포지션을 운용할 수 있다.

130/30 펀드의 경우, Table 6.24의 데이터를 기반으로 Exhibit 6.31 및 Exhibit 6.32에서 계산된다.

Table 6.24 130/30 펀드의 성과분해

	포트폴리오 내 비중(%)	벤치마크 내 비중(%)	포트폴리오 수익률(%)	벤치마크 수익률(%)	자산배분 효과(%)	종목선택 효과(%)
영국주식	120	130	14	10	0.00	4.39
영국주식 (매도포지션)	-30	-30	9	10	0.00	0.27
현금	10	0	3	3.0	-0.64	0.00
포트폴리오	100	100	14.4	10.0	-0.64	4.67

Exhibit 6.31 130/30 펀드의 자산배분효과

Table 6.24의 예제를 활용한 기하학적 자산배분효과

$$\frac{(1+b_S)}{(1+b)}-1 = \frac{1.093}{1.1}-1 = -0.64\%$$

포지션별 자산배분효과

- 영국주식 $(120\% - 130\%) \times \left(\frac{1.10}{1.10}-1\right) = 0.00\%$
- 영국주식 (매도포지션) $(-30\% + 30\%) \times \left(\frac{1.10}{1.10}-1\right) = 0.00\%$
- 현금 $(10\% - 0\%) \times \left(\frac{1.03}{1.10}-1\right) = -0.64\%$
- **포트폴리오** $0.0\% + 0.0\% - 0.64\% = -0.64\%$

Exhibit 6.32 130/30 펀드의 종목선택효과

Table 6.24의 예제를 활용한 기하학적 종목선택효과

$$\frac{(1+r)}{(1+b_S)}-1 = \frac{1.144}{1.093}-1 = 4.67\%$$

포지션별 종목선택효과

- 영국주식 $120\% \times \left(\frac{1.14}{1.10}-1\right) \times \frac{1.10}{1.093} = 4.39\%$
- 영국주식 (매도포지션) $-30\% \times \left(\frac{1.09}{1.10}-1\right) \times \frac{1.10}{1.093} = 0.27\%$
- 현금 $10\% \times \left(\frac{1.03}{1.03}-1\right) \times \frac{1.03}{1.093} = 0.0\%$
- **포트폴리오** $4.39\% + 0.27\% + 0.0\% = 4.67\%$

중간 명목 포트폴리오의 수익률

$$b_S = 120\% \times 10\% - 30\% \times 10\% + 10\% \times 3\% = 9.3\%$$

해당 성과분해에서 주목할 점은, 영국주식의 벤치마크가 전체 벤치마크와 동일하기 때문에 매수 또는 매도포지션의 자산배분효과가 없다는 점이다. 그러나 현금포지션에 대한 비중으로 자산배분효과에서 -0.64%의 성과를 기록하였다. 종목선택효과를 살펴보면, 영국주식의 매수포지션은 20%의 레버리지가 적용되어, 양호한 성과를 기록하였다. 다만, 매도포지션의 영국주식은 벤치마크 대비 부진한 성과를 보여, 양호한 성과를 기여하였다. 참고로, 벤치마크는 영국주식에 대하여 100% 매수포지션으로 구성되어 있다.

레버리지의 성과분해

레버리지는 포트폴리오 가치보다 큰 가치(현금성 제외)로 투자하는 것을 의미하며, 레버리지는 다음과 같이 계산된다.

$$레버리지 = \frac{경제적자산의 총 가치}{포트폴리오의 총 가치} - 1 \tag{6.33}$$

식 6.33에서 마지막 항 1은 일반적인 포트폴리오의 익스포저 100%를 의미한다. 레버리지는 투자자가 자금을 얼마나 차입하여 투자하고 있는지를 나타낸다.

레버리지의 반대는 디레버리지(deleverage)로, 포트폴리오의 총가치 대비 현금을 포함한 현금성 자산 총가치로 나타낸다.

$$디레버리지 = \frac{현금성자산의 총 가치}{포트폴리오의 총 가치} - 1 \tag{6.34}$$

성과분해에서 레버리지 활용은 투자결정과정에서 결정된다. 레버리지 관련 사항은 주로 자산운용위원회에서 결정되며, 이후 자산운용사는 이 결정사항을 바탕으로 투자를 수행한다. Exhibit 6.33에서 이러한 레버리지의 성과분해를 확인할 수 있다.

Exhibit 6.33 레버리지의 성과분해

벤치마크		+10.0%
종목선택효과	*+1.7%*	
자산배분효과	*-0.5%*	
현금	*-0.3%*	
총자산		+11.0%
레버리지	*+1.3%*	
총 자산(보수차감 전)		+12.4%
보수 및 비용	*-0.4%*	
총 자산(보수차감 후)		+12.0%
기타성과	*+1.2%*	
투자자 성과		+13.4%

투자결정과정의 각 단계의 차이는 성과요인으로 정의되어 측정된다. 예로, 레버리지로 인한 기여도는 레버리지를 포함한 총 자산 성과와 레버리지를 제외한 총 자산 성과 간의 기하학적 차이로 정의 및 측정할 수 있다.

$$\frac{1.124}{1.11} - 1 = 1.3\%$$

레버리지를 사용한 투자결정은 섹터 수준에서 투자결정과정의 일부로 정의할 수 있다. 레버리지를 포함한 포트폴리오의 경우, Table 6.25에서와 같이 데이터를 수정하여 Exhibit 6.34, Exhibit 6.35 및 Exhibit 6.36에서 성과요인을 계산한다.

Table 6.25 레버리지를 포함한 포트폴리오 성과분해

	포트폴리오 내 비중(%)	벤치마크 내 비중(%)	포트폴리오 수익률(%)	벤치마크 수익률(%)	자산배분 효과(%)	종목선택 효과(%)
영국주식	150	40	20	10	3.72	13.04
일본주식	50	20	-5	-4	-2.93	-0.43
미국주식	100	40	6	8	0.90	-1.74
현금	-200	0	3	3	6.39	0.00
포트폴리오	100	100	27.5	6.4	8.08	10.87

Exhibit 6.34 레버리지를 포함한 포트폴리오 수익률

포트폴리오 수익률 $r = \sum_{i=1}^{n} w_i \times r_i$

$r = 150\% \times 20\% + 50\% \times -5\% + 100\% \times 6\% - 200\% \times 3\% = 27.5\%$

벤치마크 수익률 $b = \sum_{i=1}^{n} W_i \times b_i$

$b = 40\% \times 10\% + 20\% \times -4\% + 40\% \times 8\% = 6.4\%$

중간 명목 포트폴리오 수익률 $b_S = \sum_{i=1}^{n} w_i \times b_i$

$b_S = 150\% \times 10\% + 50\% \times -4\% + 100\% \times 8\% - 200\% \times 3\% = 15.0\%$

Exhibit 6.35 레버리지를 포함한 포트폴리오의 자산배분효과

Table 6.25를 활용한 기하학적 자산배분효과

$$\frac{(1+b_S)}{(1+b)} - 1 = \frac{1.15}{1.064} - 1 = 8.08\%$$

섹터별 자산배분효과

영국주식 $\quad (150\% - 40\%) \times \left(\frac{1.10}{1.064} - 1\right) = 3.72\%$

일본주식	$(50\% - 20\%) \times \left(\dfrac{0.96}{1.064} - 1\right) = -2.93\%$
미국주식	$(100\% - 40\%) \times \left(\dfrac{1.08}{1.064} - 1\right) = 0.90\%$
현금	$(-200\% - 0\%) \times \left(\dfrac{1.03}{1.064} - 1\right) = 6.39\%$
포트폴리오	$3.72\% - 2.93\% + 0.9\% + 6.39\% = 8.08\%$

포트폴리오 레버리지 : $\dfrac{300\%}{100\%} - 1 = 200\%$

Exhibit 6.36 레버리지를 포함한 포트폴리오의 종목선택효과

Table 6.25를 활용한 기하학적 종목선택효과(교차효과 포함)

$$\frac{(1+r)}{(1+b_S)} - 1 = \frac{1.275}{1.15} - 1 = 10.87\%$$

섹터별 종목선택효과

영국주식	$150\% \times \left(\dfrac{1.20}{1.10} - 1\right) \times \dfrac{1.10}{1.15} = 13.04\%$
일본주식	$50\% \times \left(\dfrac{0.95}{0.96} - 1\right) \times \dfrac{0.96}{1.15} = -0.43\%$
미국주식	$100\% \times \left(\dfrac{1.06}{1.08} - 1\right) \times \dfrac{1.03}{1.15} = -1.74\%$
현금	$-200\% \times \left(\dfrac{1.03}{1.03} - 1\right) \times \dfrac{1.03}{1.15} = 0.00\%$
포트폴리오	$13.04\% - 0.43\% - 1.74\% + 0.0\% = 10.87\%$

Exhibit 6.35를 살펴보면, 포트폴리오에서 레버리지를 사용하여 영국주식 및 미국주식을 투자함으로써 양호한 자산배분효과를 기여했을 뿐만 아니라, 레버리지(현금의 매도포지션)를 활용해 추가적인 양호한 성과를 기여하는 것을 확인할 수 있다. Exhibit 6.36의 종목선택효과에서도 양호한 성과의 영국주식과 부진한 성과의 미국주식이 비중이 높아지면서 성과 규모가 커졌다. 이는 레버리지와 그로 인해 증가한 익스포저가 추가적인 성과를 창출한다는 것을 보여준다.

파생상품의 성과분해

주가지수선물의 성과분해

다른 자산과 마찬가지로, 주가지수선물의 성과분해도 투자결정과정을 반영해야 한다.

투자결정과정을 반영하는 효과적인 방법은 명목 자산을 활용하는 것이다. 주가지수선물에서 발생하는 손익은 매일 계좌에서 평가되며, 이는 포트폴리오의 자산으로 반영된다. 투자결정과정의 익스포저와 손익은 동일한 사이즈의 두 개의 명목 자산으로 분해 될 수 있다. 하나는 매수포지션으로 주식포지션을 대변하며, 다른 하나는 매도포지션으로 현금을 대변한다. 금리의 효과는 벤치마크 금리[22]를 명목 현금자산에 적용하며, 이 가상의 수익은 계좌에서 손익의 일부를 나타낸다.

이 명목 자산의 영향은 Table 6.26의 데이터를 사용하여 Exhibit 6.37, Exhibit 6.38 및 Exhibit 6.39에서 계산된다.

Table 6.26 지수선물을 포함한 포트폴리오 성과분해

	포트폴리오 내 비중(%)	벤치마크 내 비중(%)	포트폴리오 수익률(%)	벤치마크 수익률(%)	자산배분 효과(%)	종목선택 효과(%)
영국주식	40	50	20	10	-0.15	3.71
미국주식	55	40	6.0	8.0	-0.05	-1.02
현금	5	10	1.4	1.5	0.32	0.00
영국 지수선물	5	0.0	9.5	9.9	0.07	-0.02
미국 지수선물	-15	0.0	8.6	8.5	-0.02	-0.01
영국 경제성 현금	-5	0.0	1.5	1.5	0.32	0.0
미국 경제성 현금	15	0.0	1.2	1.2	-0.99	0.0
포트폴리오	100	100	10.66	8.35	-0.51	2.65

---

[22] 선물계약에 금리 벤치마크가 명시된다.

Exhibit 6.37 지수선물을 포함한 포트폴리오 수익률

포트폴리오 수익률 $r = \sum_{i=1}^{n} w_i \times r_i$

$$r = 40\% \times 20\% + 55\% \times 6\% + 5\% \times 1.4\% + 5\% \times 9.5\% \\ - 15\% \times 8.6\% - 5\% \times 1.5\% + 15\% \times 1.2\% = 10.66\%$$

벤치마크 수익률 $b = \sum_{i=1}^{n} W_i \times b_i$

$$b = 50\% \times 10\% + 40\% \times 8\% + 10\% \times 1.5\% = 8.35\%$$

명목 포트폴리오 수익률 $b_S = \sum_{i=1}^{n} w_i \times b_i$

$$b_S = 40\% \times 10\% + 55\% \times 8\% + 5\% \times 1.5\% + 5\% \times 9.9\% \\ - 5\% \times 1.5\% + 15\% \times 1.2\% = 7.8\%$$

Exhibit 6.38 지수선물을 포함한 포트폴리오의 자산배분효과

Table 6.26을 활용한 기하학적 자산배분효과

$$\frac{(1+b_S)}{(1+b)} - 1 = \frac{1.078}{1.0835} - 1 = -0.51\%$$

포지션별 자산배분효과

영국주식	$(40\% - 50\%) \times \left(\frac{1.10}{1.0835} - 1\right) = -0.15\%$	
미국주식	$(55\% - 40\%) \times \left(\frac{1.08}{1.0835} - 1\right) = -0.05\%$	
현금	$(5\% - 10\%) \times \left(\frac{1.015}{1.0835} - 1\right) = 0.32\%$	
영국 지수선물	$(5\% - 0\%) \times \left(\frac{1.099}{1.0835} - 1\right) = -0.02\%$	
미국 지수선물	$(-15\% - 0\%) \times \left(\frac{1.085}{1.0835} - 1\right) = -0.02\%$	
영국 경제성 현금	$(-5\% - 0\%) \times \left(\frac{1.015}{1.0835} - 1\right) = 0.32\%$	
미국 경제성 현금	$(15\% - 0\%) \times \left(\frac{1.012}{1.0835} - 1\right) = -0.99\%$	
포트폴리오	$-0.15\% - 0.05\% + 0.32\% + 0.07\% - 0.02\% + 0.32\% - 0.99\%$ $= -0.51\%$	

Exhibit 6.39 지수선물을 포함한 포트폴리오의 종목선택효과

Table 6.26을 활용한 기하학적 종목선택효과

$$\frac{(1+r)}{(1+b_S)} - 1 = \frac{1.1066}{1.078} - 1 = 2.65\%$$

포지션별 종목선택효과

영국주식	$40\% \times \left(\frac{1.20}{1.10} - 1\right) \times \frac{1.10}{1.078}$	$= 3.71\%$
미국주식	$55\% \times \left(\frac{1.06}{1.08} - 1\right) \times \frac{1.08}{1.078}$	$= -1.02\%$
현금	$5\% \times \left(\frac{1.014}{1.015} - 1\right) \times \frac{1.015}{1.078}$	$= 0.00\%$
영국 지수선물	$5\% \times \left(\frac{1.095}{1.099} - 1\right) \times \frac{1.099}{1.078}$	$= -0.02\%$
미국 지수선물	$-15\% \times \left(\frac{1.086}{1.085} - 1\right) \times \frac{1.085}{1.078}$	$= -0.01\%$
영국 경제성 현금	$-5\% \times \left(\frac{1.015}{1.015} - 1\right) \times \frac{1.015}{1.078}$	$= 0.00\%$
미국 경제성 현금	$15\% \times \left(\frac{1.012}{1.012} - 1\right) \times \frac{1.012}{1.078}$	$= 0.00\%$
포트폴리오	$3.71\% - 1.02\% + 0.0\% - 0.02\% - 0.01\% + 0.0\% + 0.0\% = 2.65\%$	

Table 6.26에서는 자산을 나열하여 성과분해하고 있다. 투자결정과정에서는 선물계약을 독립적으로 사용하는 경우는 드물며, 투자결정과정과 일관되게 적용될 수 있는 방법을 찾아야 한다. 성과분해 결과를 살펴보면, 영국선물이 영국선물의 벤치마크보다 부진하였다. 이는 시점 차이 때문일 수도 있지만, 지수선물과 현물지수 간의 차이로 인해서 발생할 수도 있다. 또한, 미국과 영국선물의 벤치마크가 기초자산의 벤치마크와 동일하지 않다. 이는 보편적으로 발생하며, 실제 벤치마크의 섹터에는 지수선물 계약이 없을 수 있다. 이러한 불일치로 인한 영향은 어쩔 수 없지만, 측정은 가능하다. 마지막으로, 미국 경제적 현금의 수익률이 영국 경제적 현금의 수익률과 다르다는 점도 주목해야 한다. 이는 미국의 금리가 영국의 금리보다 낮기 때문이다.

주가지수선물을 포함한 포트폴리오 성과분해는 투자결정과정에 따라 달라진다. 만약, 영국주식과 미국주식을 투자하는 포트폴리오 매니저들이 선물투자에 대한 투자의사 결정권을 가지고 있다면, 효과를 통합하는 것이 적절하다. 이는 Table

6.27 및 Exhibit 6.40, Exhibit 6.41, Exhibit 6.42에 나타나 있다.

Table 6.27 포트폴리오 성과분해(지수선물을 종목선택에 반영)

	포트폴리오 내 비중(%)	벤치마크 내 비중(%)	포트폴리오 수익률(%)	벤치마크 수익률(%)	자산배분 효과(%)	종목선택 효과(%)
영국주식	45	50	18.83	10	-0.08	3.69
미국주식	40	40	5.03	8.0	0.00	-1.10
현금	15	10	1.17	1.5	-0.32	-0.05
포트폴리오	**100**	**100**	**10.66**	**8.35**	**-0.39**	**2.54**

Exhibit 6.40 포트폴리오 수익률(지수선물을 종목선택에 반영)

Table 6.27 데이터를 활용한 섹터 수익률 r_i

영국주식 $\quad \dfrac{40\% \times 20.0\% + 5\% \times 9.5}{40\% + 5\%} = 18.83\%$

미국주식 $\quad \dfrac{55\% \times 6.0\% - 15\% \times 8.6}{55\% - 15\%} = 5.03\%$

현금 $\quad \dfrac{5\% \times 1.4\% - 5\% \times 1.5 + 15\% \times 1.2}{5\% - 5\% + 15\%} = 1.17\%$

포트폴리오 수익률(선물효과 포함) $r = \sum_{i=1}^{n} w_i \times r_i$

$r = 45\% \times 18.83\% + 40\% \times 5.03\% + 15\% \times 1.17\% = 10.66\%$

벤치마크 수익률 $b = \sum_{i=1}^{n} W_i \times b_i$

$b = 50\% \times 10\% + 40\% \times 8\% + 10\% \times 1.5\% = 8.35\%$

중간 명목 포트폴리오 수익률 $b_S = \sum_{i=1}^{n} w_i \times b_i$ (투자결정과정의 변경 반영)

$b_S = 45\% \times 10\% + 40\% \times 8\% + 15\% \times 1.5\% = 7.93\%$

Exhibit 6.41 포트폴리오의 자산배분효과(지수선물을 종목선택에 반영)

Table 6.27 데이터를 활용한 기하학적 자산배분효과

$$\dfrac{(1+b_S)}{(1+b)} - 1 = \dfrac{1.0793}{1.0835} - 1 = -0.39\%$$

섹터별 자산배분효과

영국주식 $\quad (45\% - 50\%) \times \left(\dfrac{1.10}{1.0835} - 1 \right) = -0.08\%$

미국주식	$(40\% - 40\%) \times \left(\dfrac{1.08}{1.0835} - 1\right)$	$= 0.00\%$
현금	$(15\% - 10\%) \times \left(\dfrac{1.015}{1.0835} - 1\right)$	$= -0.32\%$
포트폴리오	$-0.08\% + 0.0\% - 0.32\%$	$= -0.39\%$

Exhibit 6.42 포트폴리오의 종목선택효과(지수선물을 종목선택에 반영)

Table 6.27 데이터를 활용한 기하학적 종목선택효과

$$\frac{(1+r)}{(1+b_S)} - 1 = \frac{1.1066}{1.0793} - 1 = 2.54\%$$

섹터별 종목선택효과

영국주식	$45\% \times \left(\dfrac{1.188}{1.10} - 1\right) \times \dfrac{1.10}{1.0793}$	$= 3.69\%$
미국주식	$40\% \times \left(\dfrac{1.06}{1.08} - 1\right) \times \dfrac{1.08}{1.0793}$	$= -1.10\%$
현금	$15\% \times \left(\dfrac{1.012}{1.015} - 1\right) \times \dfrac{1.015}{1.0793}$	$= -0.05\%$
포트폴리오	$3.69\% - 1.10\% - 0.05\%$	$= 2.54\%$

개별 섹터 매니저가 아닌 자산배분 매니저가 선물계약의 운용 권한이 있다면, 이는 성과분해에 반영되어야 한다. 여기에는 지수선물과 현물지수 간의 차이도 포함된다(Table 6.28 참조). 자산배분효과는 Exhibit 6.41에서와 동일하지만, 투자결정과정을 반영하여 종목선택효과에서 선물 영향은 분리된다. 기초자산에 대한 종목선택효과는 Exhibit 6.39에서와 동일하지만, 이와는 별도로 아래와 같은 두 가지 요인이 추가되었다.

(1) 선물 타이밍 – 선물계약의 매매나 가치차이로 인한 타이밍 효과를 의미하며, Exhibit 6.39에서 종목선택효과로 나타난다.
(2) 선물 불일치 – 지수선물과 현물지수 간의 차이로부터 발생하며, Exhibit 6.43에서 계산된다.

자산배분효과에는 현물자산과 선물자산이 포함된다. 먼저, 선물타이밍 효과를 살펴보면 -2bp의 선물타이밍 손실은 영국 선물 계약이 지수 대비 소폭 저조한 성과

를 보였기 때문이며, 미국지수선물의 매도포지션이 지수 대비 약간의 초과 성과를 기록하여 추가 손실 -1bp이 발생하였다. 선물불일치 효과는 미국 선물 매도 포지션에서 -0.07% 손실이 발생하였으며, 이는 선물 계약 지수가 벤치마크 지수보다 더 높은 수익률을 기록했기 때문이며, 현금 포지션에서 발생한 -0.04% 손실은 순 현금 포지션이 미국 금리에 노출되어 있었고, 그 금리가 영국 금리보다 낮았기 때문이다.

Table 6.28 포트폴리오 성과분해 (지수선물을 자산배분에 반영)

	포트폴리오 비중(%)	벤치마크 비중(%)	포트폴리오 수익률(%)	벤치마크 수익률(%)	자산배분 효과(%)	선물 불일치(%)	종목선택 효과(%)	선물 타이밍(%)
영국주식	45	50	20	10	-0.08	0.00	3.71	-0.02
미국주식	40	40	6.0	8.0	0.00	-0.07	-1.02	-0.01
현금	15	10	1.4	1.5	-0.32	-0.04	0.00	0.00
포트폴리오	100	100	10.66	8.35	-0.39	-0.12	2.69	-0.03

Exhibit 6.43 선물 불일치

영국선물 $\quad 5\% \times \left(\dfrac{1.099}{1.10} - 1\right) \times \dfrac{1.10}{1.078} = 0.00\%$

미국주식 $\quad -15\% \times \left(\dfrac{1.085}{1.08} - 1\right) \times \dfrac{1.08}{1.078} = -0.07\%$

영국 경제적 현금 $\quad -5\% \times \left(\dfrac{1.015}{1.015} - 1\right) \times \dfrac{1.015}{1.078} = 0.00\%$

미국 경제적 현금 $\quad 15\% \times \left(\dfrac{1.012}{1.015} - 1\right) \times \dfrac{1.015}{1.078} = -0.04\%$

포트폴리오 $\quad 0.0\% - 0.07\% + 0.0\% - 0.04\% = -0.12\%$

옵션의 성과분해

옵션에 대한 성과분해의 핵심은 적절한 경제적 익스포저를 반영하는 것이며, 이를 위해 옵션의 델타를 사용한다. Stannard[23]는 명목 자산을 통한 옵션의 경제적 익스포저를 측정하는 방법을 제안하였고, 옵션의 경제적 익스포저는 옵션 평가액과 명목자산을 통해 측정된다.

---

23 Stannard, "Measuring Investment Returns of Portfolios Containing Futures and Options" (1996).

$$\text{옵션의 경제적 익스포저} = \delta \times \text{옵션 수} \times \text{종목가격} \qquad (6.35)$$

$$\text{옵션의 경제적 익스포저} = \text{옵션의 평가액} + \text{명목자산} \qquad (6.36)$$

델타는 계속 변하고 이에 따라서 옵션의 경제적 익스포저도 계속해서 변한다. 그러나 일별로 명목 자산으로 익스포저를 계산하면 감마의 영향을 많이 줄일 수 있다. 롱 콜 옵션과 현금으로 구성된 포트폴리오의 수익률 계산 및 성과분해는 Exhibit 6.44와 Exhibit 6.45에 나와 있으며, Table 6.29에 요약되어 있다.

Exhibit 6.44 옵션의 성과측정

옵션 종류	Long Call option		
기초자산	Massive Firm Inc.		
현재 주가	$100		
행사가	$100		
현재 옵션가격	$10		
옵션 델타	50%		
기초자산 종가	$102		
옵션 종가	$11		
성과분석기간의 이자 = 0.1%			
	평가가격(기초)	평가가격(기말)	수익률
옵션	1,000	1,100	10.0%
현금	9,000	9,009	0.1%
포트폴리오	10,000	10,109	1.09%
옵션의 경제적 가치 = 0.5×100×100 = 5,000		(식 6.35 참조)	
필요한 명목 자산 = 5,000 − 1,000 = 4,000		(식 6.36 참조)	
	평가가격(기초)	평가가격(기말)	수익률
옵션(A)	1,000	1,100	10.0%
명목 익스포저(B)	4,000	4,004	0.1%
합계(A) +(B)	5,000	5,104	2.08%
현금(C)	9,000	9,009	0.1%
명목 현금(D)	(4,000)	(4,004)	0.1%
합계(C) +(D)	5,000	5,005	0.1%
포트폴리오	10,000	10,109	1.09%

옵션과 필요한 명목 익스포저 자산을 합산하여, 옵션의 합성 수익률 2.08%를 계산하였다.

Exhibit 6.45 옵션을 포함한 포트폴리오의 성과분해

Exhibit 6.44의 포트폴리오를 사용하고, 벤치마크는 옵션의 기초자산 40%와 현금 60%로 구성된다고 가정하면, 다음과 같이 성과분해가 된다.

포트폴리오 수익률
$$r = 50\% \times 2.08\% + 50\% \times 0.1\% = 1.09\%$$

벤치마크 수익률
$$b = 40\% \times 2.0\% + 60\% \times 0.1\% = 0.86\%$$

중간 명목 포트폴리오 수익률
$$b_S = 50\% \times 2.0\% + 50\% \times 0.1\% = 1.05\%$$

기하학적 자산배분효과
$$\frac{(1+b_S)}{(1+b)} - 1 = \frac{1.0105}{1.0086} - 1 = 0.19\%$$

$$\text{옵션}: (50\% - 40\%) \times \left(\frac{1.02}{1.0086} - 1\right) = 0.11\%$$

$$\text{현금}: (50\% - 60\%) \times \left(\frac{1.001}{1.0086} - 1\right) = 0.08\%$$

기하학적 종목선택효과
$$\frac{(1+r)}{(1+b_S)} - 1 = \frac{1.0109}{1.0105} - 1 = 0.04\%$$

$$\text{옵션}: 50\% \times \left(\frac{1.0208}{1.02} - 1\right) \times \frac{1.02}{1.0105} = 0.04\%$$

$$\text{현금}: 50\% \times \left(\frac{1.001}{1.001} - 1\right) \times \frac{1.001}{1.0105} = 0.00\%$$

Table 6.29 옵션을 포함한 포트폴리오 성과분해

	포트폴리오 비중(%)	벤치마크 비중(%)	포트폴리오 수익률(%)	벤치마크 수익률(%)	자산배분 효과(%)	종목선택 효과(%)
영국주식	50	40	2.08	2.0	0.11	0.04
미국주식	50	60	0.10	0.10	0.08	0.00
포트폴리오	100	100	1.09	0.86	0.19	0.04
기하학적 초과수익률			0.23			

적절한 경제적 익스포저를 조정한 결과인 Table 6.29를 살펴보면, 자산배분효과에서 옵션의 초과 비중과 현금의 축소 비중으로 +0.19% 초과성과를 기록하였다. 종목선택효과에서도 +0.04%의 초과성과를 기록하였으며, 이는 델타 이외의 옵션과

관련 그릭스가 기여한 결과다. 다만, 어떤 그릭스가 얼마나 기여했는지는 식별하지는 않았다. 옵션을 포함한 포트폴리오의 성과는 2.08%로, 벤치마크 성과 2.0%를 초과하였다. 위와 같은 분석을 통해 매니저의 투자결정과정을 정량화할 수 있지만, 옵션만으로 구성된 포트폴리오의 경우에는 더욱 상세한 분석이 필요할 수 있다.

다중통화 성과분해
(MULTI-CURRENCY ATTRIBUTION)

다중통화 성과분해는 복잡하고 논쟁의 여지가 있는 성과분해이다. 단일통화 포트폴리오에서는 다중통화 이슈는 고려되지 않거나, 자산배분과정에 있어서 통화결정은 암묵적인 결정일 수 있다. 하지만 이러한 다중통화 성과분해는 분명히 다루어져야 하는 이슈이며, 다음과 같은 사항들을 포함하여 포괄적으로 다루어져야 한다.

(1) 시장수익률과 통화 수익률의 복리효과
(2) 시장 간의 금리차이
(3) 통화선도 계약의 미실현 손익
(4) 기준통화 이외 통화로 발행된 증권

다중통화 성과분해에 대한 초기연구에는 기하학적 접근방식을 제시한 Allen[24]과 산술적 접근을 제시한 Ankrim과 Hensel[25]의 연구가 있다.

Ankrim과 Hensel

Ankrim과 Hensel은 통화수익률을 두 가지 요인으로 설명하였다. 첫 번째는 통화 간 금리 차이 요인인 '선도프리미엄'이며, 두 번째는 예측할 수 없는 요인인 '통화서프라이즈'이다.

---

24 Allen, "Performance Attribution of Global Equity Portfolios"(1991).
25 Ankrim and Hensel, "Multi-currency Performance Attribution"(1992).

$S_i^t = $ t시점에서 통화 i의 현물환율

$F_i^{t+1} = $ t시점에서 $t+1$시점에 대한 통화 i의 선도환율

통화 i의 수익률:

$$c_i = \frac{S_i^{t+1} - S_i^t}{S_i^t} = \frac{S_i^{t+1}}{S_i^t} - 1 \tag{6.37}$$

식 6.37을 확장하면 다음과 같다.

$$c_i = \frac{S_i^{t+1} - F_i^{t+1} + F_i^{t+1} - S_i^t}{S_i^t} \tag{6.38}$$

통화수익률은 앞서 설명한 두 요인으로 다음과 같이 분해된다.

$$\text{통화}i\text{의 통화서프라이즈}, \quad e_i = \frac{S_i^{t+1} - F_i^{t+1}}{S_i^t} \tag{6.39}$$

$$\text{통화}i\text{의 선도프리미엄}, \quad d_i = \frac{F_i^{t+1} - S_i^t}{S_i^t} = \frac{F_i^{t+1}}{S_i^t} - 1 \tag{6.40}$$

통화수익률은 통화서프라이즈와 선도프리미엄의 합과 같다.

$$c_i = e_i + d_i \tag{6.41}$$

식 6.3은 다음과 같이 확장될 수 있다.

$$r = \sum_{i=1}^{n} w_i \times (r_i - e_i - d_i) + \sum_{i=1}^{n} w_i \times e_i + \sum_{i=1}^{n} w_i \times d_i \tag{6.42}$$

포트폴리오에 통화선도포지션이 포함된 경우, 이를 분리하여 식 6.43과 같이 별도로 계산할 수 있다.

$$r = \sum_{i=1}^{n} w_i \times (r_i - e_i - d_i) + \sum_{i=1}^{n} w_i \times e_i + \sum_{i=1}^{n} w_i \times d_i + \sum_{i-1}^{n} \widetilde{w_i} \times f_i \tag{6.43}$$

통화선도계약의 수익률은 다음과 같이 계산된다.

$$f_i = \frac{S_i^{t+1} - F_i^{t+1}}{F_i^{t+1}} = \frac{S_i^{t+1}}{F_i^{t+1}} - 1 \qquad (6.44)$$

$\widetilde{w_i}$: 통화 i 선도계약의 비중

통화선도계약의 수익률에는 통화서프라이즈 요인이 다음과 같이 반영되어 있다.

$$f_i = \frac{e_i}{(1+d_i)} \qquad (6.45)$$

통화선도계약은 양(+)의 비중을 가진 통화와 음(-)의 비중을 가진 통화로 구성된다.

통화수익률, 통화선도수익률, 통화서프라이즈, 그리고 선도프리미엄이 포트폴리오와 벤치마크에서 동일하다고 가정하면, 벤치마크 수익률은 다음과 같다.

$$b = \sum_{i=1}^{n} W_i \times (b_i - e_i - d_i) + \sum_{i=1}^{n} W_i \times e_i + \sum_{i=1}^{n} W_i \times d_i + \sum_{i=1}^{n} \widetilde{W_i} \times f_i \qquad (6.46)$$

$\widetilde{W_i}$: 벤치마크 내 통화 i에 통화선도 계약의 비중

Brinson 모형에 식 6.43의 포트폴리오 수익률과 식 6.46의 벤치마크 수익률을 적용하면 다음과 같이 성과분해 할 수 있다.

자산배분효과 :
$$A_i = (w_i - W_i) \times (l_i - l) \qquad (6.47)$$
여기서, $l_i = b_i - e_i - d_i = b_i - c_i \qquad (6.48)$

식 6.48은 기준통화로 된 벤치마크 수익률과 통화 수익률의 산술적 차이를 나타내며, 이는 현지 수익률과 다를 수 있다. 현지 수익률은 기하학적 차이로 산출되어야 한다. 환율을 조정한 수정 벤치마크 수익률은 다음과 같다.

$$l = \sum_{i=1}^{n} W_i \times l_i \tag{6.49}$$

교차효과를 제외한 종목선택효과는 다음과 같다.

종목선택효과 :
$$S_i = W_i \times (k_i - l_i) \tag{6.50}$$
여기서, $k_i = r_i - e_i - d_i = r_i - c_i$ \hfill (6.51)

교차효과 :
$$I_i = (w_i - W_i) \times (k_i - l_i) \tag{6.52}$$

주식선택을 포함하여 종목선택효과를 다음과 같이 계산된다.

$$S_i = w_i \times (k_i - l_i) \tag{6.53}$$

통화효과는 자산배분효과와 비슷하다

$$C_i = \underbrace{(w_i - W_i) \times (e_i - e)}_{\text{기초자산효과}} + \underbrace{(\tilde{w}_i - \widetilde{W}_i) \times (f_i - e)}_{\text{통화선도효과}} \tag{6.54}$$

여기서, C_i = 통화i의 효과

$$e = \sum_{i=1}^{n} W_i \times e_i, \text{가중평균 통화서프라이즈효과} \tag{6.55}$$

통화선도프리미엄효과도 자산배분효과와 비슷하다.

$$D_i = (w_i - W_i) \times (d_i - d) \tag{6.56}$$

여기서, D_i = 통화i의 신도프리미엄 효과

벤치마크의 통화선도프리미엄효과는 다음과 같다.

$$d = \sum_{i=1}^{n} W_i \times d_i \tag{6.57}$$

Table 6.3의 데이터를 Table 6.30의 데이터로 확장하면, 기준통화는 파운드이며, 다중 통화선도 계약을 포함한 예제 포트폴리오가 생성된다. Exhibit 6.46에서는 Table 6.30의 데이터를 사용하여 포트폴리오 및 벤치마크 수익률을 계산한다.

Table 6.30 Ankrim과 Hensel의 성과분해

	포트폴리오 내 비중 w_i(%)	벤치마크 내 비중 W_i(%)	포트폴리오 수익률 r_i(%)	벤치마크 수익률 b_i(%)	통화 효과 (%)	통화서프라 이즈효과 (%)	선도프리미엄 (%)
영국주식	40	40	20	10.0	0	0	0
일본주식	30	20	4.5	5.6	10	9	1
미국주식	30	40	27.2	29.6	20	18	2
	$\widetilde{w}_i$(%)	$\widetilde{W}_i$(%)		f_i(%)			
파운드 선도계약	+20	+30		0			
엔화 선도계약	-15	-10		8.91			
US 달러 선도계약	-10	-20		17.65			
포트폴리오	100	100	15.29	12.54			

Exhibit 6.46 Ankrim과 Hensel의 수익률

Table 6.30의 데이터를 사용한 포트폴리오 수익률 :
$r = 40\% \times 20\% + 30\% \times 5.6\% + 30\% \times 29.6\% - 15\% \times 8.91\% - 10\% \times 17.65\% = 15.29\%$

벤치마크 수익률 :
$b = 40\% \times 10\% + 20\% \times 5.6\% + 40\% \times 29.6\% - 10\% \times 8.91\% - 20\% \times 17.65\% = 12.54\%$

벤치마크의 통화서프라이즈효과 :
$e = 40\% \times 0.0\% + 20\% \times 9.0\% + 40\% \times 18\% = 9.0\%$

벤치마크의 선도프리미엄효과 :
$d = 40\% \times 0.0\% + 20\% \times 1.0\% + 40\% \times 2.0\% = 1.0\%$

수정된 벤치마크 수익률 :
$l = 40\% \times (10.0\% - 0.0\%) + 20\% \times (5.6\% - 10.0\%) + 40\% \times (29.6\% - 20.0\%) = 6.96\%$

Exhibit 6.47에서는 Ankrim과 Hensel의 자산배분효과가 계산되었다. 국가별 수익률과 통화효과의 복리효과가 자산배분효과에 반영되어, Exhibit 6.5에서의 자산배분효과 -1.2%는 이러한 복리효과로 인하여 -1.4%로 변경되었다.

Exhibit 6.47 Ankrim과 Hensel의 자산배분효과

	$(w_i - W_i) \times (l_i - l)$
영국주식	$(40\% - 40\%) \times [(10.0\% - 0.0\%) - 6.96\%] = 0.0\%$
일본주식	$(30\% - 20\%) \times [(5.6\% - 10.0\%) - 6.96\%] = -1.14\%$
미국주식	$(30\% - 40\%) \times [(29.6\% - 20.0\%) - 6.96\%] = -0.26\%$
포트폴리오	$0.0\% - 1.14\% - 0.26\% = -1.4\%$

Exhibit 6.48 Ankrim과 Hensel의 종목선택효과

	$W_i \times (k_i - l_i)$
영국주식	$40\% \times [(20.0\% - 0.0\%) - (10.0\% - 0.0\%)] = 4.0\%$
일본주식	$20\% \times [(-4.5\% - 10.0\%) - (-4.4\% - 10.0\%)] = -0.22\%$
미국주식	$40\% \times [(27.2\% - 20.0\%) - (29.6\% - 20.0\%)] = -0.96\%$
포트폴리오	$4.0\% - 0.22\% - 0.96\% = 2.82\%$

Exhibit 6.48에서는 Ankrim과 Hensel의 종목선택효과가 계산되었다. 영국 주식에는 복리 효과가 없으므로 Exhibit 6.6의 결과와 동일하다. 하지만 일본 및 미국 주식의 종목선택효과는 복리효과에 영향을 받아, 미국주식의 경우 -0.6%에서 -0.96%로 변경되었다. Exhibit 6.49에서는 수정된 교차효과가 계산되었다.

Exhibit 6.49 Ankrim과 Hensel의 교차효과

	$(w_i - W_i) \times (k_i - l_i)$
영국주식	$(40\% - 40\%) \times [(20.0\% - 0.0\%) - (10.0\% - 0.0\%)] = 0.0\%$
일본주식	$(30\% - 20\%) \times [(4.5\% - 10.0\%) - (5.6\% - 10.0\%)] = -0.11\%$
미국주식	$(30\% - 40\%) \times [(27.2\% - 20.0\%) - (29.6\% - 20.0\%)] = 0.24\%$
포트폴리오	$0.0\% - 0.11\% + 0.24\% = 0.13\%$

통화배분효과는 Exhibit 6.50에서 계산된다. 기초자산에서 파운드화는 투자비중

의 변동이 없어 기여도가 없으며, 엔화는 10% 초과 비중이지만, 엔화의 통화 서프라이즈는 벤치마크 서프라이즈와 동일하여 0% 기여하였다. 그러나 달러는 성과가 좋은 가운데 벤치마크 대비 -10% 보유하여 -0.9% 기여하였다.

Exhibit 6.50 Ankrim과 Hensel의 통화효과

기초자산	$(w_i - W_i) \times (e_i - e)$
영국파운드	$(40\% - 40\%) \times (0.0\% - 9.0\%) = 0.0\%$
일본엔	$(30\% - 20\%) \times (9.0\% - 9.0\%) = 0.0\%$
미국달러	$(30\% - 40\%) \times (18.0\% - 9.0\%) = -0.9\%$
통화선도계약	$(\widetilde{w_i} - \widetilde{W_i}) \times (f_i - e)$
영국파운드	$(20\% - 30\%) \times (0.0\% - 9.0\%) = 0.9\%$
일본엔	$(-15\% - 10\%) \times (8.91\% - 9.0\%) = 0.0\%$
미국달러	$(-5\% - 20\%) \times (17.65\% - 9.0\%) = 1.3\%$
포트폴리오	$0.0\% + 0.0\% - 0.09\% + 0.9\% + 0.0\% + 1.3\% = 1.3\%$

통화선도계약 또한 양(+)의 초과성과를 기록하는 데 기여를 하였다. 해당 계정의 기준통화는 파운드화였으며, 벤치마크의 환헤지 포지션 대비 파운드화를 -10% 적게 보유하였지만, 달러 대비 파운드화는 약세를 보여 결과적으로 양(+)의 기여를 하였다. 벤치마크에서는 지수 가중치로 인한 통화 포지션의 50%가 헤지되었다. 엔화 비중축소의 영향은 미미하였지만, 벤치마크 대비 비중을 초과한 달러 선도계약은 축소 운용된 기초자산의 비중으로 상쇄하고, 양호한 성과인 +1.3% 기여하였다.

선도프리미엄 효과는 단기간에는 작은 경향이 있으며, Exhibit 6.51에서는 미국달러의 축소 비중이 -0.1% 기여하였다.

Exhibit 6.51 Ankrim과 Hensel의 선도프리미엄효과

선도프리미엄	$(w_i - W_i) \times (d_i - d)$
영국파운드	$(40\% - 40\%) \times (0.0\% - 1.0\%) = 0.0\%$
일본엔	$(30\% - 20\%) \times (1.0\% - 1.0\%) = 0.0\%$
미국달러	$(30\% - 40\%) \times (2.0\% - 1.0\%) = -0.1\%$
포트폴리오	$0.0\% + 0.0\% - 0.1\% = -0.1\%$

통화 포트폴리오의 성과분해는 Table 6.31에 정리되어 있다.

Table 6.31 통화 포트폴리오에 대한 Ankrim과 Hensel의 성과분해

	자산배분 효과(%)	종목선택 효과(%)	선도프리미 엄효과(%)	통화효과(%)	교차효과(%)
영국주식	0.0	4.0	0.0	0.0	0.0
일본주식	-1.14	-0.22	0.0	0.0	-0.11
미국주식	-0.26	-0.96	-0.10	-0.9	0.24
				$(\widetilde{w_i} - \widetilde{W_i}) \times (f_i - e)$	
파운드 선도계약				0.9	
일본엔 선도계약				0.0	
미국달러 선도계약				1.3	
포트폴리오	**-1.40**	**2.82**	**-0.10**	**1.30**	**0.13**
		포트폴리오 초과수익률 :			2.75

Ankrim과 Hensel의 모형은 다음과 같은 문제점이 있다.

(1) 주요 문제는 산술적 수익률 프리미엄 k의 사용이다. 이는 시장과 통화와의 복리효과를 고려하지 못하고, 포트폴리오의 초과수익률을 자산배분효과, 종목선택효과, 교차효과로 분해한다.
(2) 선도프리미엄효과는 별도의 효과로 계산된다. 하지만, 실제로는 이 효과는 자산배분결정 과정 중 하나이다. 선도프리미엄효과도 자산배분효과에 포함되어야 한다.
(3) 벤치마크의 기준통화효과 e는 벤치마크 헤지 변경으로 인한 영향을 받지 않는다.

Karnosky와 Singer

Karnosky와 Singer[26]의 연구는 성과분해 분야에서 중요한 연구 중 하나이다. 이 연구에서는 포트폴리오에서 통화가 별도로 관리되지 않으면, 다중통화 포트폴리오

를 관리하는 것이 비효율적인 이유를 설명하고, 금리 차이를 고려한 성과분해 모형을 제안하였다. 이 모형에서는 연속복리 수익률을 사용하여 복리효과 문제를 해결하였고, 현지금리를 초과하는 부분을 '수익률 프리미엄'으로 정의하여 선도프리미엄 효과를 설명하였다.

포트폴리오 전체 수익률 :

$$r = \sum_{i=1}^{n} w_i \times r_{Li} + \sum_{i=1}^{n} w_i \times c_i \tag{6.58}$$

여기서, r_{Li} : 통화 i의 현지통화 수익률

> **Note**
> Karnosky와 Singer는 연속복리 또는 로그 수익률을 사용하여 복리문제를 해결하였고, 계산을 단순화하였다.

식 6.58을 확장하면 다음과 같다.

$$r = \sum_{i=1}^{n} w_i \times (r_{Li} - x_i) + \sum_{i=1}^{n} w_i \times (c_i + x_i) \tag{6.59}$$

여기서, x_i : 통화i 금리

포트폴리오에 통화선도 계약이 포함된 경우, 식 6.60과 같이 분리하여 나타낼 수 있다.

$$r = \sum_{i=1}^{n} w_i \times (r_{Li} - x_i) + \sum_{i=1}^{n} w_i \times (c_i + x_i) + \sum_{i=1}^{n} \tilde{w}_i \times f_i \tag{6.60}$$

연속복리수익률을 사용하는 경우 다음과 같이 계산된다.

$$f_i = c_i + x_i - x_B$$

---

26 Karnosky and Singer, Global Asset Management and Performance Attribution(1994).

여기서, x_B 는 기준통화 금리

$\sum_{i=1}^{n} \tilde{w}_i = 0$ 이면 $\sum_{i=1}^{n} \tilde{w}_i \times f_i = \sum_{i=1}^{n} c_i + x_i$ 이고, 식 6.60은 다음과 같이 단순화된다.

$$r = \sum_{i=1}^{n} w_i \times (r_{Li} - x_i) + \sum_{i=1}^{n} (w_i + \tilde{w}_i) \times (c_i + x_i) \tag{6.61}$$

벤치마크 수익률도 같은 방식으로 식 6.62와 같이 계산된다.

$$b = \sum_{i=1}^{n} W_i \times (b_{Li} - x_i) + \sum_{i=1}^{n} (W_i + \widetilde{W}_i) \times (c_i + x_i) \tag{6.62}$$

여기서, b_{Li} 벤치마크 통화 i 의 현지 수익률

초과수익률은 식 6.61에서 식 6.62를 차감하여 다음과 같이 계산된다.

$$r - b = \underbrace{\sum_{i=1}^{n} w_i \times (r_{Li} - x_i) - \sum_{i=1}^{n} W_i \times (b_{Li} - x_i)}_{\text{현지프리미엄효과}}$$
$$+ \underbrace{\sum_{i=1}^{n} (w_i + \tilde{w}_i) \times (c_i + x_i) - \sum_{i=1}^{n} (W_i + \widetilde{W}_i) \times (c_i + x_i)}_{\text{통화효과}} \tag{6.63}$$

Brinson와 Fachler의 접근방식을 식 6.27의 현지프리미엄효과와 통화효과에 각각 적용하면, 초과수익률을 Figure 6.9와 같이 나타낼 수 있다.

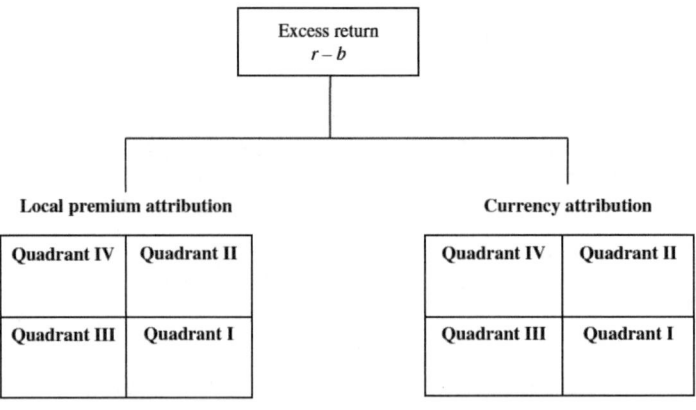

Figure 6.9 Kannosky와 Singer 모형을 통한 다중통화 성과분해

자산배분효과 :
$$A_i = (w_i - W_i) \times (l_i' - l') \quad (6.64)$$

여기서, $l_i' = b_{Li} - x_i$(벤치마크 현지 i의 수익률프리미엄)

$$l' = \sum_{i=1}^{n} W_i \times l_i' \text{(벤치마크의 현지 수익률프리미엄)} \quad (6.65)$$

벤치마크의 수익률프리미엄에 선물프리미엄효과가 포함된다.

종목선택효과(교차효과 제외) :
$$S_i = W_i \times (k_i' - l_i') \quad (6.66)$$

여기서, $k_i' = r_{Li} - x_i$(포트폴리오 현지 i의 수익률프리미엄) (6.67)

교차효과 :
$$I_i = (w_i - W_i) \times (k_i' - l_i') \quad (6.68)$$

종목선택효과(교차효과 포함) :
$$S_i = w_i \times (k_i' - l_i') \quad (6.69)$$

통화효과는 자산배분효과와 유사하다.

$$C_i = \underbrace{(w_i - W_i) \times (c_i + x_i - c')}_{\text{기초자산효과}} + \underbrace{(\tilde{w}_i - \tilde{W}_i) \times (c_i + x_i - c')}_{\text{통화선도효과}} \quad (6.70)$$

여기서, $c' = \sum_{i=1}^{n} W_i \times (c_i + x_i)$ \quad (6.71)

Table 6.32의 데이터를 통해 포트폴리오 수익률과 벤치마크 수익률을 계산할 수 있으며, Exhibit 6.52에서는 벤치마크의 수익률과 벤치마크 현지 수익률프리미엄이 계산된다.

Table 6.32 Karnosky과 Singer의 성과분해

	포트폴리오 비중 w_i(%)	벤치마크 비중 W_i(%)	포트폴리오 현지수익률 r_{Li}(%)	벤치마크 현지수익률 b_{Li}(%)	현지 이자율 x_i(%)	통화 수익률 c_i(%)
영국주식	40	40	15.0	10.0	1.5	0
일본주식	30	20	5.0	6.0	0.5	5
미국주식	30	40	-8.0	-6.0	1.0	10
	$\widetilde{w}_i$	$\widetilde{W}_i$				
파운드화 선도계약	+40	+30			1.5	0
일본엔화 선도계약	-30	-10			0.5	5
미국달러 선도계약	-10	-20			1.0	10
포트폴리오	100	100	5.1	2.8		
기준통화 수익률	7.45	5.5				

Exhibit 6.52 Kanosky과 Singer 모형을 통한 포트폴리오 및 벤치마크 수익률

Table 6.32의 데이터를 사용한 포트폴리오 수익률:

$r = 40\% \times (15.0\% + 0.0\%) + 30\% \times (6.0\% + 5.0\%) + 30\% \times (-6.0\% + 10.0\%)$
$\quad + 40\% \times (1.5\% + 0.0\%) - 30\% \times (0.5\% + 5.0\%) - 10\% \times (1.0\% + 10.0\%) = 7.45\%$

벤치마크 수익률:

$b = 40\% \times (10\% + 0.0\%) + 20\% \times (6.0\% + 5.0\%) + 40\% \times (-6.0\% + 10.0\%)$
$\quad + 30.0\% \times (1.5\% + 0.0\%) - 10\% \times (0.5\% + 5.0\%) - 20\% \times (1.0\% + 10.0\%) = 5.5\%$

벤치마크의 현지 수익률프리미엄:

$l' = 40\% \times (10.0\% - 1.5\%) + 20\% \times (6.0\% - 0.5\%) + 40\% \times (-6.0\% - 1.0\%) = 1.7\%$

벤치마크의 수익률(통화효과 포함):

$c' = 40\% \times (1.5\% + 0.0\%) + 20\% \times (0.5\% + 5.0\%) + 40\% \times (1.0\% + 10.0\%)$
$\quad + 30\% \times (1.5\% + 0.0\%) - 10\% \times (0.5\% + 5\%) - 20\% \times (1\% + 10\%) = 3.8\%$

Exhibit 6.53에서는 수익률프리미엄을 사용하여 자산배분효과를 계산한다.

Exhibit 6.53 Karnosky과 Singer의 자산배분효과

	$(w_i - W_i) \times (l'_i - l')$
영국주식	$(40\% - 40\%) \times [(10.0\% - 1.5\%) - 1.7\%] = 0.0\%$
일본주식	$(30\% - 20\%) \times [(6.0\% - 0.5\%) - 1.7\%] = 0.38\%$
미국주식	$(30\% - 40\%) \times [(-6.0\% - 1.0\%) - 1.7\%] = 0.87\%$
포트폴리오	$0.0\% + 0.38\% + 0.87\% = 1.25\%$

Exhibit 6.54에서는 포트폴리오의 현지수익률을 사용하여 종목선택효과를 계산한다.

Exhibit 6.54 Karnosky과 Singerl의 종목선택효과(교차효과 포함)

	$w_i \times (k'_i - l'_i)$
영국주식	$40\% \times [(15.0\% - 1.5\%) - (10.0\% - 1.5\%)] = 2.0\%$
일본주식	$30\% \times [(5.0\% - 0.5\%) - (6.0\% - 0.5\%)] = -0.3\%$
미국주식	$30\% \times [(-8.0\% - 1.0\%) - (-6.0\% - 1.0\%)] = -0.6\%$
포트폴리오	$2.0\% - 0.3\% - 0.6\% = 1.1\%$

Exhibit 6.55에서는 통화선도 계약을 포함한 통화효과를 계산하며, 참고로 통화벤치마크는 기본적으로 통화와 현금을 포함한다.

Exhibit 6.55 Karnosky와 Singer의 통화 익스포저

기초자산	$(w_i - W_i) \times (c_i + x_i - c')$
영국파운드	$(40\% - 40\%) \times [(0.0\% + 1.5\%) - 3.8\%] = 0.0\%$
일본엔	$(30\% - 20\%) \times [(5.0\% + 0.5\%) - 3.8\%] = 0.17\%$
미국달러	$(30\% - 40\%) \times [(10.0\% + 1.0\%) - 3.8\%] = -0.72\%$
통화선도	$(\widetilde{w}_i - \widetilde{W}_i) \times (c_i + x_i - c')$
영국파운드	$(40\% - 30\%) \times [(0.0\% + 1.5\%) - 3.8\%] = -0.23\%$
일본엔	$(-30\% + 10\%) \times [(5.0\% + 0.5\%) - 3.8\%] = -0.34\%$
미국달러	$(-10\% + 20\%) \times [(10.0\% + 1.0\%) - 3.8\%] = 0.72\%$
포트폴리오	$0.0\% + 0.17\% - 0.72\% - 0.23\% - 0.34\% + 0.72\% = -0.40\%$

Table 6.33에는 Karnosky와 Singer 모형을 사용한 성과분해가 정리되어 있다. 해당 포트폴리오는 자산배분효과와 종목선택효과에서는 양(+)의 성과를, 통화효과에서 음(-)의 성과를 기록하였다. 통화효과를 살펴보면 파운드화는 기초자산 비중은 벤치마크와 동일하지만, 통화선도계약을 통해 벤치마크 대비 파운드를 초과 비중으로 -0.23% 손실을 기록하였다. 다른 통화들은 파운드 금리 대비 낮은 금리를 제공했음에도 불구하고 파운드보다 높은 초과 성과를 달성했다. 미국달러의 통화선도계약으로 초과 비중 10%을 설정하여 벤치마크와 미국주식 비중이 일치하여 통화효과는 상쇄되었다. 그러나 일본엔화의 기초자산 10% 초과 비중은 엔화 통화선도계약의 -20% 축소 포지션으로 인해 -0.17%의 손실을 기록하였다. 따라서 벤치마크 대비 포트폴리오의 통화효과는 -0.4% 성과를 기록하였다.

Table 6.33 Karnosky와 Singer의 성과분해

	자산배분효과(%) $(w_i - W_i) \times (l_i' - l')$	종목선택효과(%) $w_i \times (k_i' - l_i')$	통화효과(%) $(w_i - W_i) \times (c_i + x_i - c')$
영국주식	0.0	2.0	0.0
일본주식	0.38	-0.30	0.17
미국주식	0.87	-0.60	-0.72
			$(\tilde{w}_i - \widetilde{W}_i) \times (c_i + x_i - c')$
파운드화 선도계약			-0.23
일본엔화 선도계약			-0.34
미국달러 선도계약			0.72
포트폴리오	**1.25**	**1.1**	**-0.40**
초과수익률			**1.95**

기하학적 다중통화 성과분해
(GEOMETRIC MULTI-CURRENCY ATTRIBUTION)

Karnosky와 Singer는 Ankrim과 Hensel 모형에서 나타난 산술적 한계를 연속복리 수익률을 사용하여 해결했다. 그러나 단순수익률을 사용하기 위해서는, 시장수익률과 통화 수익률 간의 기하학적 관계 때문에 다중통화 성과분해에서는 기하학적 초과수익률을 사용해야 한다.

단순 통화효과(Naïve currency attribution)

가장 상위 수준인 포트폴리오 수익률 레벨에서는 간단하게 통화효과를 계산할 수 있다.

포트폴리오 수익률(기준통화기준) :

$$r = \sum_{i=1}^{n} w_i \times r_i \qquad (3.41) \text{ or}(6.3)$$

포트폴리오 수익률(현지통화기준) :

$$r_L = \sum_{i=1}^{n} w_i \times r_{Li} \qquad (3.45)$$

포트폴리오의 통화효과는 기준통화 기준의 포트폴리오 수익률과 현지통화 기준의 포트폴리오 수익률간의 차이로 설명된다.

벤치마크 수익률(기준통화기준):

$$b = \sum_{i=1}^{n} W_i \times b_i \qquad (6.1) \text{ or}(4.8)$$

벤치마크 수익률(현지통화기준) :

$$b_L = \sum_{i=1}^{n} W_i \times b_{Li} \qquad (6.72)$$

중간 명목 포트폴리오 수익률(현지통화기준) :

$$b_{SL} = \sum_{i=1}^{n} w_i \times b_{Li} \qquad (6.73)$$

$$r_C' = \frac{1+r}{1+r_L} - 1 \qquad (6.74)$$

벤치마크의 통화효과도 기본통화 기준의 벤치마크 수익률과 현지통화 기준의 벤치마크 수익률의 차이로 설명된다.

$$b_C' = \frac{1+b}{1+b_L} - 1 \qquad (6.75)$$

포트폴리오의 통화효과와 벤치마크 통화효과의 비율은 '단순 통화효과'로 정의되며, 다음과 같이 계산된다.

$$\left(\frac{\frac{1+r}{1+r_L}}{\frac{1+b}{1+b_L}}\right) - 1 \tag{6.76}$$

'단순 통화효과'는 고유한 통화효과를 의미하며, 다음과 같이 정의된다.

$$단순\ 통화효과 : \left(\frac{1+r}{1+r_L}\right) \times \left(\frac{1+b_L}{1+b}\right) - 1 \tag{6.77}$$

이 단순 통화효과는 Karnosky와 Singer가 설명한 금리 차이를 고려하지 않아 '단순'이라는 표현한다. 이 부분은 이후에 다시 설명할 것이다.

이 단순 통화효과에서 종목선택효과와 자산배분효과 같은 일반적인 성과요인을 다음과 같이 계산할 수 있다.

$$종목선택효과 : \frac{1+r_L}{1+b_{SL}} - 1 \tag{6.78}$$

$$자산배분효과 : \frac{1+b_{SL}}{1+b_L} - 1 \tag{6.79}$$

$$단순\ 통화효과 : \left(\frac{1+r}{1+r_L}\right) \times \left(\frac{1+b_L}{1+b}\right) - 1 \tag{6.80}$$

위 효과들은 복리결합되어 다음과 같이 초과수익률로 나타난다.

$$\left(\frac{1+r_L}{1+b_{SL}}\right) \times \left(\frac{1+b_{SL}}{1+b_L}\right) \times \left(\frac{1+r}{1+r_L}\right) \times \left(\frac{1+b_L}{1+b}\right) - 1 = \frac{1+r}{1+b} - 1 \tag{6.81}$$

> **Note**
> 단순 통화효과는 비교적 쉽게 산출할 수 있지만, 완전한 통화효과는 너무 복잡하여 복잡성 대비 효율성이 낮을 수 있다. Karnosky와 Singer는 금리 차이를 반드시 고려해야 한다고 했지만, 포트폴리오 매니저들이 자산배분시 금리 차이를 항상 고려하는 것은 아니므로 분석 모형을 선택할 때 신중한 접근이 필요하다. 또한, 일반적으로 금리 차이로 인한 효과는 매우 작다.

Table 6.34는 기존 예제를 확장하여 기초 통화를 포함하되, 통화선도계약을 포함하지 않는 포트폴리오를 생성하였다. 이 포트폴리오를 통해 Exhibit 6.56에서 기준통화수익률을 계산하였다.

Table 6.34 다중통화포트폴리오의 기하학적 성과분해

	포트폴리오 비중 w_i(%)	벤치마크 비중 W_i(%)	포트폴리오 현지 수익률 r_{Li}(%)	벤치마크 현지 수익률 b_{Li}(%)	포토폴리오 기준 수익률 r_i(%)	벤치마크 기준 수익률 b_i(%)	통화효과 c_i(%)
영국주식	40	40	20	10	20	10	0
일본주식	30	20	-5	-4	4.5	5.6	10
미국주식	30	40	6	8	27.2	29.6	20
포트폴리오	100	100	8.3	6.4	17.51	16.96	

Exhibit 6.56 다중통화 포트폴리오의 수익률

Table 6.34의 데이터를 사용한 포트폴리오의 현지수익률 :
$r_L = 40\% \times 20\% + 30\% \times -5\% + 30\% \times 6\% = 8.3\%$

벤치마크의 현지수익률 :
$b = 40\% \times 10\% + 20\% \times -4\% + 40\% \times 8\% = 6.4\%$

중간 명목 포트폴리오의 현지수익률 :
$b_{SL} = 40\% \times 10\% + 30\% \times -4\% + 30\% \times 8\% = 5.2\%$

포트폴리오의 수익률(기준통화 기준) :
$r = 40\% \times 20\% + 30\% \times 4.5\% + 30\% \times 27.2\% = 17.51\%$

벤치마크의 수익률(기준통화 기준) :
$b = 40\% \times 10\% + 20\% \times 5.6\% + 40\% \times 29.6\% = 16.96\%$

단순 통화효과(naïve currency attribution)는 단순한 기하학적 계산이다. Exhibit 6.57을 살펴보면, 포트폴리오의 통화효과는 8.5%이고 벤치마크의 통화효과는 9.92%로, 통화로 인한 상대 성과는 포트폴리오 통화효과와 벤치마크 통화효과의 비율인 −1.29%로 나타난다.

Exhibit 6.57 다중통화 포트폴리오의 단순 통화효과

포트폴리오 통화효과 :
$$r'_C = \frac{1+r}{1+r_L} - 1 = \frac{1.1751}{1.083} - 1 = 8.50\%$$

벤치마크 통화효과 :
$$b'_C = \frac{1+b}{1+b_L} - 1 = \frac{1.1696}{1.064} - 1 = 9.92\%$$

단순 통화효과 :
$$\frac{1+r'_C}{1+b'_C} - 1 = \frac{\frac{1+r}{1+r_L}}{\frac{1+b}{1+b_L}} - 1 = \frac{1.0850}{1.0992} - 1 = -1.29\%$$

Exhibit 6.7 및 6.8의 자산배분효과와 종목선택효과는 Exhibit 6.58 및 6.59에서도 동일하다.

Exhibit 6.58 다중통화 포트폴리오의 자산배분효과

Exhibit 6.7에서의 기하학적 자산배분효과 : $\frac{(1+b_{SL})}{(1+b)} - 1$

$$\frac{1.052}{1.064} - 1 = -1.13\%$$

국가별 자산배분효과 : $(w_i - W_i) \times \left(\frac{(1+b_{Li})}{(1+b_L)} - 1 \right)$

영국주식	$(40\% - 40\%) \times \left(\frac{1.10}{1.064} - 1 \right)$	$= 0.0\%$
일본주식	$(30\% - 20\%) \times \left(\frac{0.96}{1.064} - 1 \right)$	$= -0.98\%$
미국주식	$(30\% - 40\%) \times \left(\frac{1.08}{1.064} - 1 \right)$	$= -0.15\%$
포트폴리오	$0.0\% - 0.98\% - 0.15\% = -1.13\%$	

Exhibit 6.59 다중통화 포트폴리오의 종목선택효과

Exhibit 6.8에서의 기하학적 종목선택효과 : $\dfrac{(1+r_L)}{(1+b_{SL})}-1$

$$\dfrac{1.083}{1.052}-1=2.95\%$$

국가별 종목선택효과 : $w_i \times \left(\dfrac{1+r_{Li}}{1+b_{Li}}-1\right) \times \dfrac{(1+b_{Li})}{(1+b_{SL})}$

영국주식 $30\% \times \left(\dfrac{1.2}{1.1}-1\right) \times \dfrac{1.1}{1.052}=3.8\%$

일본주식 $30\% \times \left(\dfrac{0.95}{0.96}-1\right) \times \dfrac{0.96}{1.052}=-0.29\%$

미국주식 $40\% \times \left(\dfrac{1.06}{1.08}-1\right) \times \dfrac{1.08}{1.052}=-0.57\%$

포트폴리오 $3.8\%-0.29\%-0.57\%=2.95\%$

Exhibit 6.60에서는 초과수익률을 통화효과, 자산배분효과 및 종목선택효과로 기하학적 결합으로 설명하였다.

Exhibit 6.60 단순 통화효과

$$\left(\dfrac{1+r_L}{1+b_{SL}}\right) \times \left(\dfrac{1+b_{SL}}{1+b_L}\right) \times \left(\dfrac{1+r}{1+r_L}\right) \times \left(\dfrac{1+b_L}{1+b}\right)-1$$

$$=\dfrac{1.083}{1.052} \times \dfrac{1.052}{1.064} \times \dfrac{1.1751}{1.083} \times \dfrac{1.064}{1.1696}-1$$

$$=\dfrac{1+r}{1+b}-1=\dfrac{1.1751}{1.1696}-1=0.47\%$$

또는, $1.0295 \times 0.9887 \times 0.9871-1=0.47\%$

Table 6.35에는 단순 통화효과가 정리되어 있다.

Table 6.35 단순 통화효과

	포트폴리오 비중 w_i(%)	벤치마크 비중 W_i(%)	포트폴리오 수익률 r_i(%)	벤치마크 수익률 b_i(%)	자산배분 효과 (%)	종목선택 효과 (%)	단순 통화 효과 (%)
영국주식	40	40	20	10	0.0	3.8	
일본주식	30	20	4.7	5.6	-0.98	-0.28	

미국주식	30	40	28.0	29.6	-0.15	-0.57	
포트폴리오	**100**	**100**	**17.51**	**16.96**	**-1.13**	**2.95**	**-1.29**

복리효과(Compounding effects)

다중통화 포트폴리오에서 기초자산의 시장가치 변동으로 인한 통화 익스포저 변동을 측정하기가 쉽지 않다. 다중통화 포트폴리오 매니저는 포트폴리오 또는 벤치마크의 시장가치를 실시간으로 파악하기 어려우며, 평가액이 공시될 때만 확인할 수 있다. 따라서 통화별로 운용이 되는 경우, 복리효과를 별도로 계산해야 한다. 벤치마크의 i 통화 수익률은 다음과 같이 계산된다.

$$c_i = \frac{1+b_i}{1+b_{Li}} - 1 \tag{6.82}$$

대부분의 해외 지수는 동일한 현물 환율[27]을 적용하기 때문에 각 통화의 벤치마크 수익률은 일관성을 가지며, 식 6.82와 같이 통화 수익률은 기준 지수수익률과 현지지수 수익률을 사용하여 계산된다.

Table 6.35의 통화수익률은 Exhibit 6.61에서 계산된다.

Exhibit 6.61 통화수익률

일본엔화 통화수익률 : $\frac{1.056}{0.96} - 1 = 10.0\%$

미국달러 통화수익률 : $\frac{1.296}{1.08} - 1 = 20.0\%$

포트폴리오의 통화수익률과 벤치마크의 통화수익률이 동일하다고 가정하면, 아래와 같이 단순화된다.

일본엔화 통화수익률 : $\frac{1.045}{0.95} - 1 = 10.0\%$

미국달러 통화수익률 : $\frac{1.272}{1.06} - 1 = 20.0\%$

---

[27] WM Reuters 4 o'clock London close.

벤치마크의 내재 통화수익률은 벤치마크 통화수익률의 가중합과 동일하다.

벤치마크의 내재 통화수익률 :

$$b_C = \sum_{i=1}^{n} W_i \times c_i \tag{6.83}$$

포트폴리오의 내재 통화수익률도 포트폴리오 통화수익률의 가중합과 동일하다.

포트폴리오의 내재 통화수익률 :

$$b_{SC} = \sum_{i=1}^{n} w_i \times c_i \tag{6.84}$$

Exhibit 6.62에서는 내재 통화수익률이 계산된다.

Exhibit 6.62 내재 통화수익률

벤치마크의 내재 통화수익률 :
$$b_C = 40\% \times 0\% + 20\% \times 10.0\% + 40\% \times 20.0\% = 10.0\%$$

포트폴리오의 내재 통화수익률 :
$$b_{SC} = 40\% \times 0\% + 30\% \times 10.0\% + 30\% \times 20.0\% = 9.0\%$$

Exhibit 6.62의 벤치마크 및 포트폴리오의 내재 통화수익률은 Exhibit 6.57에서 계산된 실제 통화수익률과는 다소 차이가 있으며, 이러한 차이는 평가기간 동안 기초자산의 시장가치 변동으로부터 발생한다. 이 예제를 살펴보면, 엔화가 상승하는 가운데 일본시장이 하락으로 감소한 일본시장의 익스포저는 미국시장의 상승으로 증가한 미국시장의 익스포저로 일부 상쇄가 된다. 시장 변동으로 인한 벤치마크 및 포트폴리오의 실제 통화수익률은 Exhibit 6.63에서 계산된다.

Exhibit 6.63 통화수익률

벤치마크 실제 통화수익률	$b'_C = \dfrac{1+b}{1+b_L} - 1 = 9.92\%$
영국파운드	$40\% \times 0.0\% \times \left(\dfrac{1.1}{1.064}\right) = 0\%$
일본엔화	$20\% \times 10.0\% \times \left(\dfrac{0.96}{1.064}\right) = 1.80\%$
미국달러	$40\% \times 20.0\% \times \left(\dfrac{1.08}{1.064}\right) = 8.12\%$
포트폴리오	$0.0\% + 1.8\% + 8.12\% = 9.92\%$
포트폴리오 실제 통화수익률	$r'_C = \dfrac{1+r}{1+r_L} - 1 = 8.5\%$
영국파운드	$40\% \times 0.0\% \times \left(\dfrac{1.20}{1.083}\right) = 0\%$
일본엔화	$30\% \times 10.0\% \times \left(\dfrac{0.95}{1.083}\right) = 2.63\%$
미국달러	$30\% \times 20.0\% \times \left(\dfrac{1.06}{1.083}\right) = 5.87\%$
포트폴리오	$0.0\% + 2.63\% + 5.87\% = 8.50\%$

내재 통화수익률과 실제 통화수익률 간의 차이는 복리효과로부터 발생한다.

벤치마크의 복리효과 :

$$\frac{1+b_C}{1+b'_C} - 1 \tag{6.85}$$

포트폴리오의 복리효과 :

$$\frac{1+r'_C}{1+b_{SC}} - 1 \tag{6.86}$$

Exhibit 6.64에서는 Table 6.35에 데이터를 사용하여 예제 포트폴리오의 복리효과를 계산하였다.

Exhibit 6.64 복리효과

벤치마크의 복리효과 :	$\dfrac{1+b_C}{1+b'_C} - 1 = \dfrac{1.1}{1.0992} - 1 = 0.07\%$
포트폴리오의 복리효과 :	$\dfrac{1+r'_C}{1+b_{SC}} - 1 = \dfrac{1.085}{1.09} - 1 = -0.45\%$

시장 변동으로 인한 복리효과를 인지하지 못한 포트폴리오 매니저에게 이를 할당하는 것은 적절하지 않다. 이 예제에서 복리효과는 몇 베이시스 포인트에 불과하며, 측정기간이 짧다면 더 작아진다.

Bain[28]과 McLaren[29]의 기하학적 다중통화 포트폴리오 성과분해 방법은 이러한 영향을 인식하고, 시장 비중을 조정하여 수정된 종목선택효과 및 자산배분효과를 계산하여 이 문제를 해결할 것을 제안하였다.[30]

기하학적 통화배분효과(Geometric currency allocation)

식 6.83와 식 6.84에서 내재 통화수익률을 사용하여, 복리효과를 제외한 통화배분효과를 계산할 수 있으며, 통화배분효과는 자산배분효과와 유사하며, 이는 다음과 같은 식으로 계산된다.

$$(w_i - W_i) \times \left(\dfrac{1+c_i}{1+b_C} - 1\right) \tag{6.87}$$

포트폴리오의 통화배분효과 :

$$\dfrac{1+b_{SC}}{1+b_C} - 1 \tag{6.88}$$

Exhibit 6.65에서는 통화배분효과가 계산된다.

---

[28] Bain, Investment Performance Measurement(1996).
[29] McLaren, "A Geometric Methodology for Performance Attribution"(2001)
[30] McLaren은 투자결정과정의 순서에 따라 어떤 요소에 영향을 미칠지 선택하도록 하였다.

Exhibit 6.65 기하학적 통화배분효과

포트폴리오의 통화배분효과

$$\frac{1+b_{SC}}{1+b_C}-1 = \frac{1.09}{1.10} = -0.91\%$$

개별 통화배분효과 :

영국파운드 $(40\% - 40\%) \times \left(\frac{1.0}{1.10}-1\right) = 0.00\%$

일본엔화 $(30\% - 20\%) \times \left(\frac{1.1}{1.1}-1\right) = 0.00\%$

미국달러 $(30\% - 40\%) \times \left(\frac{1.20}{1.10}-1\right) = -0.91\%$

포트폴리오 $0.00\% + 0.00\% - 0.91\% = -0.91\%$

포트폴리오와 벤치마크의 통화복리효과와 통화배분효과를 결합하여 포트폴리오 단순 통화효과를 다음과 같은 식을 통해 계산한다.

$$\underbrace{\left(\frac{1+r'_C}{1+b_{SC}}\right)}_{\substack{\text{포트폴리오}\\\text{복리효과}}} \times \underbrace{\left(\frac{1+b_C}{1+b'_C}\right)}_{\substack{\text{벤치마크}\\\text{복리효과}}} \times \underbrace{\left(\frac{1+b_{SC}}{1+b_C}\right)}_{\text{통화배분효과}} \times -1 = \frac{1+r'_C}{1+b'_C}-1 \tag{6.89}$$

통화타이밍효과 (Currency timing)

지금까지는 포트폴리오와 벤치마크의 각 통화의 수익률이 동일하다고 가정했지만, 실제 포트폴리오에서는 이런 경우는 드물다. 벤치마크 지수에서 사용되는 환율과 실제 포트폴리오에서 사용되는 환율은 서로 동일하지 않으며, 이러한 차이로부터 종목선택효과와 비슷한 통화선택효과 또는 통화타이밍효과가 발생한다.

많은 성과분석시스템에서는 실제로 벤치마크의 통화 수익률을 통하여 포트폴리오의 수익률에서 현지수익률을 계산하여 통화타이밍효과는 별도로 계산되지 않는다. 하지만 포트폴리오의 통화수익률은 기준통화 및 현지통화 기준의 평가액과 현금흐름을 사용하여 별도로 계산되어야 한다. 보유내역을 통한 분석에서는 통화타이밍효과를 측정하는 것보다는 분석 방법론 및 데이터로부터 문제가 더 큰 이슈가 될 수 있다. 다만 통화선도계약의 경우, **통화타이밍효과**의 측정은 비교적 쉬우며, 이는 중요한 의미를 갖기도 한다.

참고로, b_{SC}는 통화타이밍효과를 반영하지 않으므로, 사실상 중간 명목 포트폴리오 수익률에 해당한다.

포트폴리오의 내재 통화수익률은 통화타이밍효과를 포함하여 다음과 같이 나타난다.

$$r_C = \sum_{i=1}^{n} w_i \times c'_i \tag{6.90}$$

포트폴리오에서 시장별 통화수익률 :

$$c'_i = \frac{1+r_i}{1+r_{Li}} - 1 \tag{6.91}$$

통화타이밍효과는 다음과 같이 통화선택효과와 비슷하게 계산된다.

$$w_i \times \left(\frac{1+c'_i}{1+c_i} - 1\right) \times \left(\frac{1+c_i}{1+b_{SC}}\right) \tag{6.92}$$

포트폴리오의 통화타이밍효과:

$$\frac{1+r_C}{1+b_{SC}} - 1 \tag{6.93}$$

식 6.53은 통화타이밍효과를 포함하여 다음과 같이 확장된다.

$$\underbrace{\left(\frac{1+r'_C}{1+r_C}\right)}_{\substack{\text{포트폴리오} \\ \text{복리효과}}} \times \underbrace{\left(\frac{1+b_C}{1+b'_C}\right)}_{\substack{\text{벤치마크} \\ \text{복리효과}}} \times \underbrace{\left(\frac{1+b_{SC}}{1+b_C}\right)}_{\text{통화배분효과}} \times \underbrace{\left(\frac{1+r_C}{1+b_{SC}}\right)}_{\substack{\text{통화타이밍} \\ \text{효과}}} - 1 = \frac{1+r'_C}{1+b'_C} - 1$$

$$= \frac{1+r}{1+r_L} \times \frac{1+b_L}{1+b} - 1 \tag{6.94}$$

포트폴리오 매니저는 통화배분과 통화타이밍을 복합적으로 고려할 수 있다. 식 6.81은 다음과 같이 확장될 수 있다.

$$\underbrace{\frac{1+r_L}{1+b_{SL}}}_{\substack{\text{종목선택}\\\text{효과}}} \times \underbrace{\frac{1+b_{SL}}{1+b_L}}_{\substack{\text{자산배분}\\\text{효과}}} \times \underbrace{\frac{1+r_C}{1+b_{SC}} \times \frac{1+b_{SC}}{1+b_C}}_{\text{통화오버레이효과}} \times \underbrace{\frac{1+r'_C}{1+r_C} \times \frac{1+b_C}{1+b'_C}}_{\text{복리효과}} - 1 = \frac{1+r}{1+b} - 1 \quad (6.95)$$

    Table 6.36의 데이터는 Table 6.34에서 수정된 것으로, 포트폴리오 통화 수익률이 벤치마크 통화 수익률과 다를 때의 영향을 설명하기 위해 생성되었다. 수정된 포트폴리오 및 포트폴리오 내재 통화 수익률은 Exhibit 6.66에서 계산되었으며, 벤치마크 수익률은 변경되지 않았다.

Table 6.36 다중통화 포트폴리오의 기하학적 성과분해

	포트폴리오 비중 w_i(%)	벤치마크 비중 W_i(%)	포트폴리오 현지 수익률 r_{Li}(%)	벤치마크 현지 수익률 b_{Li}(%)	포트폴리오 기본 수익률 r_i(%)	벤치마크 기본 수익률 b_i(%)	포트폴리오 통화효과 c_i(%)	벤치마크통화효과 c_i(%)
영국주식	40	40	20	10	20	10	0	0
일본주식	30	20	-5	-4	4.7	5.6	10.2	10
미국주식	30	40	6	8	28.0	29.6	20.8	20
포트폴리오	100	100	8.3	6.4	17.81	16.96		

Exhibit 6.66 수정된 포트폴리오 수익률

포트폴리오 기준통화효과 :
$$r = 40\% \times 20\% + 30\% \times 4.7\% + 30\% \times 28.0\% = 17.81\%$$

포트폴리오 일본주식의 통화수익률 : $\frac{1.047}{0.95} - 1 = 10.2\%$

벤치마크 일본주식의 통화수익률 :   10.0%

포트폴리오 미국달러의 통화수익률 : $\frac{1.28}{1.06} - 1 = 20.8\%$

벤치마크 미국달러의 통화수익률 :   20.0%

포트폴리오 내재 통화수익률 :
$r_C = 40\% \times 0\% + 30\% \times 10.2\% + 30\% \times 20.8\% = 9.29\%$

Exhibit 6.67에서는 통화타이밍효과를 계산한다.

Exhibit 6.67 다중통화 포트폴리오의 통화타이밍효과

$$\frac{1+r_C}{1+b_{SC}}-1 = \frac{1.0929}{1.09}-1 = 0.27\%$$

개별 통화타이밍효과

영국파운드 $\quad 40\% \times \left(\frac{1.0}{1.0}-1\right) \times \frac{1.0}{1.09} = 0\%$

일본엔화 $\quad 30\% \times \left(\frac{1.102}{1.10}-1\right) \times \frac{1.10}{1.09} = 0.06\%$

미국달러 $\quad 30\% \times \left(\frac{1.208}{1.20}-1\right) \times \frac{1.20}{1.09} = 0.21\%$

포트폴리오 $\quad 0\% + 0.06\% + 0.21\% = 0.27\%$

통화타이밍효과는 포트폴리오 통화수익률과 복리효과에 영향을 주며, Exhibit 6.68에서 계산된다.

Exhibit 6.68 통화타이밍효과의 영향

포트폴리오 통화효과
$$\frac{1+r}{1+r_L}-1 = \frac{1.178}{1.083}-1 = 8.78\%$$

통화타이밍효과를 반영한 포트폴리오 복리효과
$$\frac{1+r'_C}{1+r_C}-1 = \frac{1.0878}{1.0929}-1 = -0.47\%$$

통화타이밍효과를 반영하지 않은 벤치마크 복리효과
$$\frac{1+b_C}{1+b'_C}-1 = \frac{1.1}{1.0992}-1 = 0.07\%$$

Exhibit 6.69에서는 통화타이밍효과를 반영한 포트폴리오의 수정된 성과분해가 계산된다.

Exhibit 6.69 수정된 성과분해

종목선택효과 :
$$\frac{1+r}{1+b_{SL}}-1 = \frac{1.083}{1.052}-1 = 2.95\%$$

자산배분효과 :
$$\frac{1+b_{SL}}{1+b_L}-1 = \frac{1.052}{1.064}-1 = -1.13\%$$

단순통화효과 :
$$\frac{1+r}{1+r_L} \times \frac{1+b_L}{1+b}-1 = \frac{1.178}{1.083} \times \frac{1.064}{1.1696}-1 = -1.04\%$$

위 효과들이 복리로 적용되어 다음과 같이 계산된다.

$$\underbrace{\frac{1+r_L}{1+b_{SL}}}_{\text{종목선택효과}} \times \underbrace{\frac{1+b_{SL}}{1+b_L}}_{\text{자산배분효과}} \times \underbrace{\frac{1+r}{1+r_L} \times \frac{1+b_L}{1+b}}_{\text{단순통화효과}} -1 = \frac{1+r}{1+b}-1$$

$$\underbrace{\frac{1.083}{1.052}}_{\substack{\text{종목선택} \\ \text{효과}}} \times \underbrace{\frac{1.052}{1.064}}_{\substack{\text{자산배분} \\ \text{효과}}} \times \underbrace{\frac{1.1781}{1.083} \times \frac{1.064}{1.1696}}_{\text{단순통화효과}} -1 = \frac{1.1781}{1.1696}-1 = 0.73\%$$

또는, $1.0295 \times 0.9887 \times 0.9896 - 1 = 0.73\%$

단순통화효과는 다음과 같이 분해될 수 있다.

$$\underbrace{\frac{1+r_C}{1+b_{SC}} \times \frac{1+b_{SC}}{1+b_C}}_{\text{통화오버레이효과}} \times \underbrace{\frac{1+r'_C}{1+r_C} \times \frac{1+b_C}{1+b'_C}}_{\text{복리효과}} -1$$

$$\underbrace{\frac{1.0929}{1.09} \times \frac{1.09}{1.1}}_{\text{통화오버레이효과}} \times \underbrace{\frac{1.0878}{1.0929} \times \frac{1.1}{1.0992}}_{\text{복리효과}} -1 = -1.04\%$$

금리 차이
(INTEREST RATE DIFFERENTIALS)

다중통화 포트폴리오에서는 복잡한 요인 중 하나는 매니저들이 통화에 대한 '베팅'을 하면서 발생하는 금리 차이에 대한 익스포저이다. Ankrim과 Hensel에서는 금리 차이를 선도 프리미엄 효과로 설명하였으며, Karnosky와 Singer에서는 현지시 상수익률이 현지금리를 초과하는 수익률 프리미엄을 통해 금리 차이를 설명하였다.
금리 차이가 중요한 이유 중 하나는 투자결정과정에서의 자산배분 때문이다.

국가와 통화 배분 과정이 별도로 이루어진다고 가정하면, 자산 배분 매니저가 일본 주식을 비중 확대를 결정하면, 이는 엔화에 대한 매수포지션으로 이어진다. 통화 매니저는 엔화 포지션을 중립적으로 유지하기 위해 통화선도계약을 통해 확대된 비중을 헤지할 수 있다. 포트폴리오의 기본통화가 파운드일 경우, 통화 매니저는 엔화를 매도하고 파운드를 매수할 수 있다. 이는 엔화를 차입하여 파운드를 매수하는 것과 같으며, 이로 인해 두 통화 간의 금리 차이에 따라 비용이나 이익이 발생할 수 있으며, 파운드 금리가 엔화 금리보다 높다면 이익이 발생하게 된다. 이러한 방식이 '캐리 트레이드(carry trade)'이다. 투자자들은 엔화를 매도하고 뉴질랜드 달러와 같은 고수익 통화를 매수하여 이익을 창출하였으며, 이는 성과분해에서의 중요한 요인 중 하나가 되었다. 포트폴리오에서 통화포지션을 중립적으로 유지하는 것을 '중립 헤지(hedged to neutral)'라고 한다.

국가별 자산배분에 의해 발생한 초과 비중 포지션이나 축소 비중 포지션을 헤지하거나 벤치마크를 복제하기 위해서 헤지 포지션을 사용하는 것 외에도, 통화 매니저는 통화선도계약이나 기타 파생상품을 통해 능동적으로 통화 포지션을 생성할 수 있다.

통화선물계약은 금리 차이를 기준으로 가격이 측정되므로, 통화자산에 '베팅'을 하고자 하는 경우 금리 차이에 따른 손익에 노출될 수밖에 없다. 따라서, 통화배분 효과를 측정할 때는 현물통화 금리가 아닌 선물통화 금리를 사용해야 한다. 그리고 이러한 금리 차이로 인한 손익은 통화 매니저가 아닌 국가별 자산배분 매니저에게 귀속되어야 한다.

통화수익률은 다음과 같이 통화선도 수익률과 선도 프리미엄(또는 금리차이)으로 분해할 수 있다.

$$c_i = \frac{S_i^{t+1}}{S_i^t} - 1 \tag{6.96}$$

통화선도 수익률은 다음과 같이 정의된다.

$$f_i = \frac{S_i^{t+1}}{F_i^{t+1}} - 1 \qquad (6.97)$$

통화 i와 기준통화 간의 선도 프리미엄이나 금리차이는 다음과 같다.

$$d_i = \frac{F_i^{t+1}}{S_i^t} - 1 \qquad (6.98)$$

통화수익률은 다음과 같이 정의된다.

$$\frac{S_i^{t+1}}{S_i^t} = \frac{S_i^{t+1}}{F_i^{t+1}} \times \frac{F_i^{t+1}}{S_i^t} = (1+f_i) \times (1+d_i) = (1+c_i) \qquad (6.99)$$

통화 i에 대한 헤지 벤치마크 수익률 b_{Hi}은 다음과 같이 정의된다.

$$b_{Hi} = \frac{(1+b_i)}{(1+f_i)} - 1 \qquad (6.100)$$

기준수익률, 현지수익률, 헤지수익률, 통화수익률, 통화선도수익률 및 금리차이는 다음과 같이 연결된다.

$$b_{Hi} = (1+b_{Li}) \times (1+d_i) - 1 \qquad (6.101)$$

$$b_{Hi} = \frac{(1+b_i)}{(1+f_i)} - 1 = (1+b_{Li}) \times (1+d_i) - 1 \qquad (6.102)$$

따라서, 헤지수익률은 현지수익률과 금리차이를 복리로 계산한 것이거나, 기준통화수익률을 통화선도 수익률로 나눈 것과 같다.

$$\frac{(1+b_i)}{(1+b_{Li})} - 1 = (1+f_i) \times (1+d_i) - 1 = c_i \qquad (6.103)$$

시장지수에서 벤치마크 헤지수익률은 약간 다르게 계산된다. 일반적으로 월별 헤지수익률은 월초에 설정된 가상의 통화선도 계약을 기준으로 계산된다. 시장에 따라서 익스포저는 변경될 수 있지만, 통화선도 계약은 변경되지 않으므로 헤지되지 않은 익스포저가 발생하게 된다.

수정된 통화배분효과(Revised currency allocation)

통화 매니저에 의한 베팅은 가상의 통화선도 계약, 실제 통화선도 계약 또는 기타 통화 파생상품으로부터 생성된다. 따라서, 이러한 베팅의 기여도를 측정하기 위해서는 현물환율(spot rate)이 아닌 선도환율(forward rate)을 사용해야 한다.

따라서, 내재 통화수익률 또는 중간 명목 통화 수익률은 벤치마크와의 차이를 다음과 같이 조정해야 한다.

$$b_{SC} = \sum_{i=1}^{n} W_i \times c_i + \sum_{i=1}^{n} (w_i - W_i) \times f_i \tag{6.104}$$

식 6.87에서 현물환율을 선도환율로 대체하면 다음과 같다.

$$(w_i - W_i) \times \left(\frac{1+f_i}{1+b_C} - 1 \right) \tag{6.105}$$

전체 통화배분효과는 다음과 같다.

$$\frac{1+b_{SC}}{1+b_C} - 1 \tag{6.88}$$

분석을 위해 Table 6.36의 예제에 통화선도[31]를 추가하여 Table 6.37의 예제로 확장하였다. Exhibit 6.70에서는 수정된 통화배분효과를 계산하였다.

---

31 영국 파운드, 일본 엔화, 그리고 미국 달러의 금리차이는 다음과 같다.
; 엔화의 경우, $\frac{1.10}{1.0887} - 1$ 또는 $\frac{0.97}{0.96} - 1 = 1.04\%$ (파운드금리가 엔화금리보다 1.04% 더 높다)
; 미국달러의 경우, $\frac{1.20}{1.1782} - 1$ 또는 $\frac{1.1}{1.08} - 1 = 1.85\%$ (파운드금리가 미국달러금리보다 1.85% 더 높다)

Table 6.37 통화선도 데이터

	벤치마크 헤지 수익률 b_{Hi}(%)	선도통화	벤치마크 통화선도 수익률 f_i(%)
영국주식	10.0	파운드	0.0
일본주식	-3.0	엔화	8.87
미국주식	10.0	미국달러	17.82

Exhibit 6.70 수정된 통화자산배분효과 (선도환율 사용)

수정된 내재 통화수익률(또는 중간 명목 통화 수익률):

$b_{SC} = 40\% \times 0 + 20\% \times 10.0\% + 40\% \times 20.0\% + (40\% - 40\%) \times 0\%$
$\qquad + (30\% - 20\%) \times 8.87\% + (30\% - 40\%) \times 17.82\% = 9.10\%$

수정된 통화배분효과 :

$$\frac{1+b_{SC}}{1+b_C} - 1 = \frac{1.091}{1.10} - 1 = -0.81\%$$

통화별 수정된 자산배분효과

$\quad$ 영국파운드 $\quad (40\% - 40\%) \times \left(\dfrac{1.0}{1.10} - 1\right) = 0.00\%$

$\quad$ 일본엔화 $\quad (30\% - 20\%) \times \left(\dfrac{1.089}{1.10} - 1\right) = -0.10\%$

$\quad$ 미국달러 $\quad (30\% - 40\%) \times \left(\dfrac{1.178}{1.0555} - 1\right) = -0.71\%$

$\quad$ **포트폴리오** $\quad 0.00\% - 0.10\% - 0.71\% = -0.81\%$

수정된 국가배분효과(Revised country allocation)

실제 통화 포지션에 의해 발생하는 비용이나 이익은 국가별 자산배분 매니저에게 귀속된다. 이를 측정하기 위해 현지지수 대신 헤지지수를 사용하여 국가별 자산배분 매니저의 실제 성과를 측정할 수 있다. 이 과정에서 비용이나 이익은 통화 오버레이 매니저에서 국가별 자산배분 매니저의 성과로 이전된다.

헤지 비용을 포함하는 수정 중간 명목 포트폴리오의 수익률은 다음과 같다.

$$b_{SH} = \sum_{i=1}^{n} W_i \times b_{Li} + (w_i - W_i) \times b_{Hi} \qquad (6.106)$$

이는 기준통화에서의 벗어나는 모든 것을 헤지하는 Karnosky와 Singer 방법론과는 약간의 다르며, 이 방법에서는 벤치마크 통화 포지션과의 차이만 헤지한다.

식 6.25는 헤지 지수를 사용하도록 다음과 같이 수정된다.

$$(w_i - W_i) \times \left(\frac{1+b_{Hi}}{1+b_L} - 1\right) \qquad (6.107)$$

헤지 비용을 반영한 수정된 자산배분효과는 다음과 같다.

$$\frac{1+b_{SH}}{1+b_L} - 1 \qquad (6.108)$$

수정된 중간 명목 포트폴리오와 수정된 자산배분효과는 Exhibit 6.71에서 계산된다. 수정된 자산배분효과는 -1.22%이며, 이는 이전에 계산된 자산배분효과 -1.13%와는 약간의 차이가 있다. 이러한 차이는 국가자산배분 매니저의 자산배분에 대한 헤지비용이다. 일반적으로 해당 비용을 통화별로 분해할 필요는 없지만, 이는 Exhibit 6.72에서 계산된다. 저금리 엔화를 매도하고 고금리 파운드를 매수하는 방식인 '캐리 트레이드'로 인해 이익이 발생한다. 이 예제에서 저금리 달러로 자금을 차입, 고금리 파운드화로 빌려주어야 한다. 달러와 파운드 사이의 금리 차이는 엔화와 파운드 간의 금리 차이보다 크기 때문에, 전체 비용은 음(-)의 값으로 나타난다.

Exhibit 6.71 수정된 자산배분효과

수정된 중간 명목 포트폴리오 수익률 :
$b_{SH} = 40\% \times 10.0 + 20\% \times -4.0\% + 40\% \times 8.0\% + (40\% - 40\%) \times 10\%$
$\quad + (30\% - 20\%) \times -3.0\% + (30\% - 40\%) \times 10.0\% = 5.1\%$

수정된 자산배분효과 :

$$\frac{1+b_{SH}}{1+b_C} - 1 = \frac{1.051}{1.064} - 1 = -1.22\%$$

국가별 자산배분효과

영국배분효과 $= (40\% - 40\%) \times \left(\frac{1.1}{1.064} - 1\right) = 0.00\%$

일본배분효과 $= (30\% - 40\%) \times \left(\frac{0.97}{1.064} - 1\right) = -0.88\%$

미국배분효과 $= (30\% - 40\%) \times \left(\frac{1.1}{1.064} - 1\right) = -0.34\%$

포트폴리오 $\quad 0.00\% - 0.88\% - 0.34\% = -1.22\%$

Exhibit 6.72 중립 헤지를 위한 비용

$$\frac{1+b_{SH}}{1+b_{SL}}-1 = \frac{1.051}{1.052}-1 = -0.09\%$$

국가별 헤지 비용을 다음과 같이 계산할 수 있다.

영국 $= (40\% - 40\%) \times \left(\frac{1.0}{1.10}-1\right) \times \left(\frac{1.10}{1.052}\right) = 0.00\%$

일본 $= (30\% - 20\%) \times \left(\frac{0.97}{0.96}-1\right) \times \left(\frac{0.96}{1.052}\right) = 0.10\%$

미국 $= (30\% - 40\%) \times \left(\frac{1.08}{1.10}-1\right) \times \left(\frac{1.10}{1.052}\right) = -0.19\%$

포트폴리오 $\quad 0.00\% + 0.10\% - 0.19\% = -0.09\%$

종목선택효과는 현지통화로 계산되며, 이전과 동일하게 산출된다. 현물환율이 아닌 선도환율을 사용하여 초과수익률을 종목선택효과, 자산배분효과 및 통화효과로 분해하였으며, 이는 Exhibit 6.73에서 계산된다.

Exhibit 6.73 수정된 성과분해 (헤지비용 포함)

종목선택효과 :

$$\frac{1+r}{1+b_{SL}}-1 = \frac{1.083}{1.052}-1 = 2.95\%$$

자산배분효과 :

$$\frac{1+b_{SH}}{1+b_L}-1 = \frac{1.051}{1.064}-1 = -1.22\%$$

총 통화효과 :

$$\frac{1+b_{SL}}{1+b_{SH}} \times \frac{1+r'_C}{1+b'_C}-1 = \frac{1+b_{SL}}{1+b_{SH}} \times \frac{1+r}{1+r_L} \times \frac{1+b_L}{1+b}-1$$

위 효과들이 복리로 적용되면 다음과 같이 계산된다.

$$\underbrace{\frac{1+r_L}{1+b_{SL}}}_{\substack{\text{종목선택}\\\text{효과}}} \times \underbrace{\frac{1+b_{SH}}{1+b_L}}_{\substack{\text{자산배분}\\\text{효과}}} \times \underbrace{\frac{1+b_{SL}}{1+b_{SH}}}_{\substack{\text{헤지비용}\\\text{효과}}} \times \underbrace{\frac{1+r}{1+r_L} \times \frac{1+b_L}{1+b}}_{\text{단순통화효과}} -1 - \frac{1+r}{1+b}-1$$

$$\underbrace{\frac{1.083}{1.052}}_{\substack{\text{종목선택}\\\text{효과}}} \times \underbrace{\frac{1.051}{1.064}}_{\substack{\text{자산배분}\\\text{효과}}} \times \underbrace{\frac{1.052}{1.051}}_{\substack{\text{헤지비용}\\\text{효과}}} \times \underbrace{\frac{1.1781}{1.083} \times \frac{1.064}{1.190}}_{\text{단순통화효과}} -1 = \frac{1.1781}{1.696}-1 = 0.73\%$$

통화선도계약의 반영

실제 포트폴리오와 벤치마크에 통화선도계약을 반영하면 다음과 같이 정의된다.

포트폴리오 :

$$r = \sum_{i=1}^{n} w_i \times r_i + \sum_{i=1}^{n} \tilde{w}_i \times f_i' \tag{6.109}$$

벤치마크 :

$$b = \sum_{i=1}^{n} W_i \times b_i + \sum_{i=1}^{n} \widetilde{W}_i \times f_i \tag{6.110}$$

f_i' = 포트폴리오 통화선도계약의 통화 i에 대한 수익률
f_i = 벤치마크 통화선도계약의 통화 i에 대한 수익률
$\tilde{w}_i$ = 포트폴리오 통화선도계약의 통화 i에 대한 비중
$\widetilde{W}_i$ = 벤치마크 통화선도계약의 통화 i에 대한 비중
(또는, 벤치마크에서의 통화 i에 대한 헤지 비중)

Table 6.38에는 통화선도계약이 포함되어 있다. 해당 포트폴리오에서는 실제 통화선도계약만 포함되어 있기 때문에 종목선택효과, 자산배분효과 및 헤지비용효과는 이전과 동일하며, 새로운 통화배분효과 및 통화타이밍효과가 추가되었으며, 복리효과는 수정되었다.

Table 6.38 포트폴리오 성과분해 (통화선도 반영)

	포트폴리오 비중 w_i(%)	벤치마크 비중 W_i(%)	포트폴리오 현지수익률 r_{Li}(%)	벤치마크 현지수익률 b_{Li}(%)	포트폴리오 기본수익률 r_i(%)	벤치마크 기본수익률 b_i(%)	벤치마크 통화효과 c_i(%)
영국주식	40	40	20	10	20	10	0
일본주식	30	20	-5	-4	4.7	5.6	10
미국주식	30	40	6	8	28.0	29.6	20
	$\tilde{w}_i$	$\widetilde{W}_i$			포트폴리오 통화선도 수익률 f_i'	벤치마크 통화선도 수익률 f_i	
영국파운드 통화선도	+20	+30	n/a	n/a	0	0	

계약 일본엔화 통화선도 계약	-15	-10	n/a	n/a	9.5	8.9
미국달러 통화선도 계약	-5	-20	n/a	n/a	17.0	17.8
포트폴리오	**100**	**100**	**8.3**	**6.4**	**15.54**	**12.51**

식 6.83과 6.84를 통화선도계약을 포함하여 확장하면, 포트폴리오와 벤치마크에 대한 수정된 통화 수익률은 다음과 같다.

$$b_C = \sum_{i=1}^{n} W_i \times c_i + \sum_{i=1}^{n} \widetilde{W}_i \times f_i \tag{6.111}$$

$$b_{SC} = \sum_{i=1}^{n} W_i \times c_i + \sum_{i=1}^{n} (w_i - W_i + \widetilde{w}_i) \times f_i \tag{6.112}$$

수정된 포트폴리오, 벤치마크, 통화 벤치마크, 그리고 통화 중간 명목 포트폴리오의 수익률은 Exhibit 6.74에서 계산된다.

Exhibit 6.74 포트폴리오 수정된 수익률 (통화선도 반영)

포트폴리오의 기준통화(파운드) 수익률 :
$r = 40\% \times 20\% + 30\% \times 4.5\% + 30\% \times 27.2\% + 20\% \times 0\%$
$\quad -15\% \times 9.5\% - 5\% \times 17.0\% = 15.54\%$

벤치마크의 기준통화(파운드) 수익률 :
$b = 40\% \times 20\% + 20\% \times 4.6\% + 40\% \times 29.6\% + 30\% \times 0\%$
$\quad -10\% \times 8.87\% - 20\% \times 17.82\% = 12.51\%$

수정된 벤치마크의 통화 수익률 :
$b_C = 40\% \times 0\% + 20\% \times 10.0\% + 40\% \times 20.0\% + 30\% \times 0\%$
$\quad -10\% \times 8.87\% - 20\% \times 17.82\% = 5.55\%$

수정된 중간 명목 포트폴리오의 통화 수익률 :
$b_{SC} = 40\% \times 0\% + 20\% \times 10.0\% + 40\% \times 20.0\% + (40\% - 40\% + 20\%) \times 0\%$
$\quad + (30\% - 20\% - 15\%) \times 8.87\% + (30\% - 40\% - 5\%) \times 17.82\% = 6.88\%$

주식시장 익스포저에 대해서는 현물환율이 사용된다. 이는 실제 자산이 익스포저를 생성하며, 통화선도 계약은 익스포저는 관련이 없기 때문이다. 선도환율은 벤치마크에 헤지 요소가 포함된 경우에만 사용된다. 이는 Karnosky와 Singer 방법론과 약간 차이가 있다. Karnosky와 Singer는 해외투자자산에 수익률 프리미엄(즉, 기준통화로 헤지됨)을 생성한다고 가정한다. 그러나 대부분의 투자전략에서는 벤치마크와의 차이만 이 방식으로 측정해야 한다.

벤치마크의 통화 익스포저는 통화선도 계약 없이 생성되며, 금리 차이에 노출되지 않는다. 다만, 벤치마크에 헤지 요소가 포함된 경우는 예외이다.

식 6.105에 통화선도 계약을 포함하여 식 6.113과 같이 정의되었다.

$$((w_i + \tilde{w}_i) - (W_i + \widetilde{W}_i)) \times \left(\frac{1+f_i}{1+b_C} - 1\right) \tag{6.113}$$

Exhibit 6.75에서는 수정된 통화배분효과를 계산하였다. 해당 포트폴리오는 영국 파운드의 비중을 축소하고, 미국달러와 일본엔의 비중을 확대하여 이익을 얻었다.

Exhibit 6.75 포트폴리오의 통화자산배분효과 (통화선도 반영)

포트폴리오의 통화자산배분효과

$$\frac{1+b_{SC}}{1+b_C} - 1 = \frac{1.0688}{1.0555} - 1 = 1.26\%$$

통화별 자산배분효과

$$((w_i - \tilde{w}_i) - (W_i - \widetilde{W}_i)) \times \left(\frac{1+f_i}{f+b_C} - 1\right)$$

영국파운드	$= (60\% - 70\%) \times \left(\frac{1.0}{1.0555} - 1\right) = 0.53\%$
일본엔	$= (15\% - 10\%) \times \left(\frac{1.089}{1.0555} - 1\right) = 0.15\%$
미국달러	$= (25\% - 20\%) \times \left(\frac{1.178}{1.0555} - 1\right) = 0.58\%$
포트폴리오	$0.53\% + 0.15\% + 0.58\% = 1.26\%$

통화타이밍효과를 계산하기 위해, 중립 헤지하는 영향을 제외하고 순수한 타이밍효과만을 측정할 수 있도록 식 6.109를 다음과 같이 수정하였다.

$$r_{SC} = \sum_{i=1}^{n} w_i \times c_i + \sum_{i=1}^{n} \tilde{w}_i \times f_i \tag{6.114}$$

포트폴리오의 통화 수익률과 중간 명목 포트폴리오의 통화 수익률은 Exhibit 6.76에서 계산되었다.

Exhibit 6.76 포트폴리오 수정된 통화수익률 (통화선도 포함)

포트폴리오의 통화 수익률 :
$r_C = 40\% \times 0\% + 30\% \times 10.2\% + 30\% \times 20.8\%$
$\quad + 20\% \times 0\% - 15\% \times 9.5\% - 5\% \times 17.0\% = 7.01\%$

중간 명목 포트폴리오의 통화 수익률 :
$r_{SC} = 40\% \times 0\% + 30\% \times 10.0\% + 30\% \times 20.0\%$
$\quad + 20\% \times 0\% - 15\% \times 8.87\% - 5\% \times 17.82\% = 6.78\%$

통화선도계약과 기초자산의 통화타이밍 효과는 식 6.92를 수정하여 다음과 같이 정의하였다.

기초자산 :
$$w_i \times \left(\frac{1+c_i'}{1+c_i} - 1\right) \times \left(\frac{1+c_i}{1+r_{SC}}\right) \tag{6.115}$$

통화선도계약 :
$$\tilde{w}_i \times \left(\frac{1+f_i'}{1+f_i} - 1\right) \times \left(\frac{1+f_i}{1+r_{SC}}\right) \tag{6.116}$$

Exhibit 6.77에서는 통화타이밍효과가 계산되었다. 통화선도에서의 통화타이밍 효과는 통화 오버레이 매니저의 타이밍 결정에 따라 발생한 실제 통화타이밍 효과이다. 기초자산의 현지수익률이 성과분해 시스템에서 별도로 계산되지 않는 한, 일반적으로 통화타이밍 효과는 통화선도계약을 통해서만 발생한다.

Exhibit 6.77 통화타이밍 효과 (통화선도계약 포함)

$$\frac{1+r_C}{1+r_{SC}} = \frac{1.0701}{1.0678} - 1 = 0.22\%$$

기초자산의 통화타이밍 효과: $w_i \times \left(\frac{1+c'_i}{1+c_i} - 1\right) \times \left(\frac{1+c_i}{1+r_{SC}}\right)$

영국파운드	$40\% \times \left(\frac{1.0}{1.0} - 1\right) \times \frac{1.0}{1.0678} = 0\%$
일본엔화	$30\% \times \left(\frac{1.102}{1.10} - 1\right) \times \frac{1.10}{1.0678} = 0.06\%$
미국달러	$30\% \times \left(\frac{1.208}{1.20} - 1\right) \times \frac{1.20}{1.0678} = 0.21\%$

통화선도의 통화타이밍 효과: $\tilde{w}_i \times \left(\frac{1+f'_i}{1+f_i} - 1\right) \times \left(\frac{1+f_i}{1+b_{SC}}\right)$

영국파운드	$20\% \times \left(\frac{1.0}{1.0} - 1\right) \times \frac{1.0}{1.0678} = 0\%$
일본엔화	$-15\% \times \left(\frac{1.095}{1.089} - 1\right) \times \frac{1.089}{1.0678} = -0.09\%$
미국달러	$-5\% \times \left(\frac{1.17}{1.178} - 1\right) \times \frac{1.178}{1.0678} = 0.04\%$
포트폴리오	$0.0\% + 0.06\% + 0.21\% + 0\% - 0.09\% + 0.04\% = 0.22\%$

요약

포트폴리오의 초과수익률을 다음과 같은 요인으로 분해하였다.

종목선택효과: $\quad \dfrac{1+r_L}{1+b_{SL}} - 1 \qquad\qquad\qquad\qquad (6.42)$

자산배분효과: $\quad \dfrac{1+b_{SH}}{1+b_L} - 1 \qquad\qquad\qquad\qquad (6.70)$

전체 통화효과: $\quad \dfrac{1+b_{SL}}{1+b_{SH}} \times \dfrac{1+r'_C}{1+b'_C} - 1 \qquad\qquad (6.117)$

$\qquad\qquad$ or $\quad \dfrac{1+b_{SL}}{1+b_{SH}} \times \dfrac{1+r}{1+r_L} \times \dfrac{1+b_L}{1+b} - 1 \qquad (6.118)$

이러한 요인들이 결합되어 다음과 같은 관계를 갖는다.

$$\underbrace{\frac{1+r_L}{1+b_S}}_{\substack{\text{종목선택}\\\text{효과}}} \times \underbrace{\frac{1+b_{SH}}{1+b_L}}_{\substack{\text{자산배분}\\\text{효과}}} \times \underbrace{\frac{1+b_S}{1+b_{SH}}}_{\substack{\text{헤지비용}\\\text{효과}}} \times \underbrace{\frac{1+r}{1+r_S} \times \frac{1+b_L}{1+b}}_{\text{단순통화효과}} - 1 = \frac{1+r}{1+b} - 1 \qquad (6.119)$$

총 통화효과는 다음과 같이 분해된다.

$$\underbrace{\frac{1+r_C}{1+r_{SC}} \times \frac{1+b_{SC}}{1+b_C}}_{\text{통화오버레이효과}} \times \underbrace{\frac{1+b_S}{1+b_{SH}} \times \frac{1+r_{SC}}{1+b_{SC}}}_{\text{헤지불일치효과}} \times \underbrace{\frac{1+r'_C}{1+r_C} \times \frac{1+b_C}{1+b'_C}}_{\text{복리효과}} - 1 \qquad (6.120)$$

잔차가 발생되지 않도록 $(1+r_{SC})/(1+b_{SC})$이 추가되었다. 이 비율은 헤지비용과 결합되었을 경우, 거의 0에 가까워진다. 이러한 미세한 조정이 필요한 이유는 통화 오버레이에 암묵적으로 포함된 헤지비용의 영향이 국가별 자산배분효과와는 약간 다른 분모로 산출되기 때문이다. Exhibit 6.78에서는 이 비율을 적용하여 성과분해를 한다.

Exhibit 6.78 포트폴리오의 통화성과분해 요약 (조정비율 포함)

종목선택효과 :
$$\frac{1+r_L}{1+b_S} - 1 = \frac{1.083}{1.052} - 1 = 2.95\%$$

자산배분효과 :
$$\frac{1+b_{SH}}{1+b_L} - 1 = \frac{1.051}{1.064} - 1 = -1.22\%$$

전체 통화효과 :
$$\frac{1+b_S}{1+b_{SH}} \times \frac{1+C_r}{1+C_b} - 1 \text{ or } \frac{1+b_S}{1+b_{SH}} \times \frac{1+r}{1+r_L} \times \frac{1+b_L}{1+b} - 1$$
$$= \frac{1.052}{1.051} \times \frac{1.155}{1.083} \times \frac{1.064}{1.125} - 1 = 0.98\%$$

위 효과들이 복리로 적용되면 다음과 같이 계산된다.

$$\underbrace{\frac{1+r_L}{1+b_S}}_{\substack{\text{종목선택}\\\text{효과}}} \times \underbrace{\frac{1+b_{SH}}{1+b_L}}_{\substack{\text{자산배분}\\\text{효과}}} \times \underbrace{\frac{1+b_S}{1+b_{SH}}}_{\substack{\text{헤지효과}\\\text{(전가된)}}} \times \underbrace{\frac{1+r}{1+r_L} \times \frac{1+b_L}{1+b}}_{\text{단순통화효과}} - 1 = \frac{1+r}{1+b} - 1$$

$$\underbrace{\frac{1.083}{1.052}}_{\text{종목선택}\atop\text{효과}} \times \underbrace{\frac{1.051}{1.064}}_{\text{자산배분}\atop\text{효과}} \times \underbrace{\frac{1.052}{1.051}}_{\text{헤지효과}\atop\text{(전가된)}} \times \underbrace{\frac{1.155}{1.083} \times \frac{1.064}{1.121}}_{\text{단순통화효과}} - 1 = \frac{1.155}{1.125} - 1 = 2.69\%$$

전체 통화효과는 다음과 같이 분해될 수 있다.

$$\underbrace{\frac{1+r_C}{1+r_{SC}} \times \frac{1+b_{SC}}{1+b_C}}_{\text{통화오버레이효과}} \times \underbrace{\frac{1+b_{SH}}{1+b_S} \times \frac{1+r_{SC}}{1+b_{SC}}}_{\text{헤지불일치효과}} \times \underbrace{\frac{1+r'_C}{1+r_C} \times \frac{1+b_C}{1+b'_C}}_{\text{복리효과}} - 1$$

$$\underbrace{\frac{1.0701}{1.0678} \times \frac{1.0688}{1.0555}}_{\text{통화오버레이효과}} \times \underbrace{\frac{1.052}{1.051} \times \frac{1.0678}{1.0688}}_{\text{헤지불일치효과}} \times \underbrace{\frac{1.0668}{1.0701} \times \frac{1.0555}{1.0574}}_{\text{복리효과}} - 1 = 0.98\%$$

포트폴리오 배분효과는 Table 6.39, 통화배분효과는 Table 6.40에 각각 정리되어 있다.

Table 6.39 다중통화 포트폴리오의 기하학적 성과분해

	종목선택 효과(%)	국가배분 효과(%)	통화타이밍 효과(%)	통화배분 효과(%)	기타효과* (%)	초과수익률 (%)
영국주식	3.8	0	3.8	0.53		
일본주식	-0.29	-0.88	-0.03	0.16		
미국주식	-0.57	-0.34	0.25	0.58		
포트폴리오	2.95	-1.22	0.22	1.26	-0.5	2.70

*실제로 성과측정 기간을 짧게 한다면 기타효과는 1~2bp 이하 정도로 줄어든다.

Table 6.40 다중통화 포트폴리오의 성과분해

	포트폴리오 비중 $w_i + \tilde{w}_i$(%)	벤치마크 비중 $W_i - \widetilde{W}_i$(%)	포트폴리오 통화효과 c'_i(%)	벤치마크 통화효과 c_i(%)	포토폴리오 통화선도효과 f'_i(%)	벤치마크 통화선도효과 f_i(%)	통화배분 효과 (%)	타이밍 효과 (%)
영국주식	60	70	0	0	0	0	0.53	0
일본주식	15	10	10.2	10.0	9.5	8.9	0.15	-0.03
미국주식	25	20	20.8	20.0	17.0	17.9	0.58	0.25
포트폴리오	100	100	7.01	5.55			1.26	0.22

$$\text{복리효과}: \frac{1+r'_C}{1+r_C} - \frac{1+b_C}{1+b'_C} = -0.5$$

$$\text{헤지불일치효과}: \frac{1+b_S}{1+b_{SH}} \times \frac{1+r_{SC}}{1+b_{SC}} = 0.0$$

통화 관련 기타 이슈(other currency issues)

선물계약과 달리, 이익과 손실이 계좌의 마진을 통해 처리되는 통화선도계약에서는 미실현손익이 누적된다. 이로 인해 실질적으로 순선도 포지션이 형성되며, 이로 인해 미실현 이익이 발생하는 경우, 성과를 둔화시키고, 미실현 손실이 발생할 경우, 성과를 확대하는 효과로 이어진다. 이러한 순선도 포지션은 별도의 기여요인으로 간주된다.

증권의 액면통화는 반드시 증권의 익스포저와 일치하지 않는다. 예로 일본의 워런트와 전환사채는 국제 투자자들이 투자할 수 있게 하도록 미 달러, 스위스 프랑 및 기타 통화로 발행되었다. 이러한 금융상품들의 가치는 증권의 엔화 가격과 연결된다. 따라서 이 상품의 가격은 발행 통화와 엔화 간의 환율 변동에 따라 조정되며, 결과적으로 엔화에 노출되게 된다. 다른 예로는 미국 예탁 증서(ADRs)가 있다.

채권성과분해
(FIXED INCOME ATTRIBUTION)

채권의 투자결정과정은 주식과는 구조적으로 다르기 때문에, Brinson 모형과 같이 주식 포트폴리오에서 사용되는 모형을 채권 포트폴리오에 적용하는 것은 적합하지 않다. 채권은 사전에 정의된 미래 현금 흐름의 연속으로, 이를 할인율을 통해 가격을 측정할 수 있다.[32] 채권의 성과는 금리 곡선의 변화 때문에 결정되며, 체계적 리스크인 듀레이션은 채권 투자과정의 매우 중요한 요소이다. 채권성과분해에 대한 단일화된 표준 방법은 존재하지 않으며, 주식성과분해보다 더 복잡하다. 그 이유는 다음과 같다.

(1) 자산운용사들은 다양한 채권 투자결정과정을 사용
(2) 금리 곡선 및 금리 곡선 변화는 다양한 방식으로 정의될 수 있음
(3) 일반적인 채권 벤치마크의 적합성이 낮음
(4) 채권 매니저는 방대한 상품에 대한 유니버스를 가지고 있음

---

[32] 식 5.113 참조.

(5) 유동성이 낮은 채권 및 일부 상품에 대한 가격 측정이 어려움
(6) 이자율변화보다는 금리변화 용어가 더 많이 사용됨

대부분이 장외투자인 채권투자는 장내투자인 주식투자보다 이질적인 성향이 있다. 이로 인해 소프트웨어 업체들은 자체 수익률 성과분해 솔루션을 개발하여 제공하기도 한다. 성과요인의 정의와 계산 방식의 차이로 인해, 동일한 수익률 요인이라도 서로 다른 시스템에서는 다른 값으로 계산될 수 있다.

> **Note**
> 일반적으로 채권성과분해는 산술적으로 계산되어 제시된다. 산술적 계산은 정확성은 떨어지지만, 다음과 같은 이유로 널리 사용되고 있다.
> (1) 채권 포트폴리오의 초과수익률은 작기 때문에 산술적 초과수익률과 기하학적 초과수익률 간의 차이는 매우 미미하다.
> (2) 벤치마크 수익률이 비교적 평이하며, 초과수익률이 작다.
> (3) 대부분의 채권 매니저들은 산술적 계산 방식을 선호한다.

> **⚠ Caution**
> 성과평가자에게 채권 포트폴리오는 다음과 같은 이유로 분석하기 까다로운 과제이다.
> (1) 초과수익률이 작아 basis point 단위까지 세밀하게 다루어야 한다.
> (2) 채권 매니저는 듀레이션, 금리변화 등으로 수익률이 계산되기 전에 이미 그 결과를 어느 정도 예상할 수 있다.
> (3) 일반적으로 채권매니저들은 산술적 역량이 뛰어나다.

금리 곡선

금리 곡선은 다양한 만기 채권의 만기수익률로 이루어진 그래프로, 현재 채권시장 수익률의 스냅샷을 시각적으로 나타낸다. 채권 매니저는 이러한 금리 곡선의 변화를 예상하여 초과성과를 달성하려고 한다.

Figure 6.10은 일반적인 형태의 금리 곡선을 보여준다. 우상향하는 금리 곡선은 단기 금리로 시작해, 오른쪽으로 갈수록 금리와 위험이 점진적으로 증가한다. 실제

금리 곡선은 단기 금리의 변화와 장기 보유에 따른 리스크 프리미엄을 반영한다. 한편, 금리 곡선의 역전 현상은 경기 침체를 나타낼 수 있다.

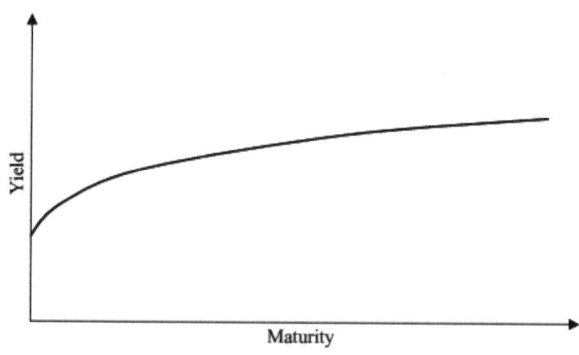

Figure 6.10 금리 곡선

금리 곡선 분석(Yield curve analysis)

금리 곡선의 변화는 시프트, 트위스트, 그리고 버터플라이 세 가지 형태로 정의할 수 있다.

시프트(Shift)

시프트 효과는 금리 곡선의 모든 만기시점에서 수익률이 평행 이동하는 것을 가정하며, Figure 6.11과 같이 표현된다. 평행 이동은 특정 만기를 기준으로 하거나 전체 평균 이동을 기준으로 측정할 수 있다.

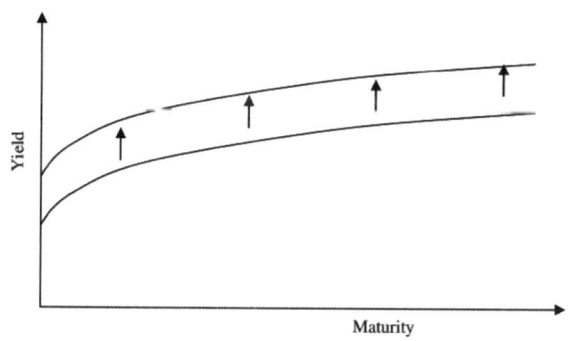

Figure 6.11 평행 이동(Parallel shift)

트위스트(Twist 또는 slope)

트위스트 또는 슬로프는 금리 곡선의 기울기 변화나 비평행 움직임의 영향을 측정한다. 금리 곡선이 특정 축점을 중심으로 비틀리거나, 금리 곡선의 한쪽 끝이 다른 쪽 끝보다 덜 움직이면서 Figure 6.12와 같이 기울기 변화가 가파르게 되거나 평평해질 수 있다. 축점을 어디에 설정하느냐에 따라 기울기 효과의 측정 결과가 달라질 수 있다.

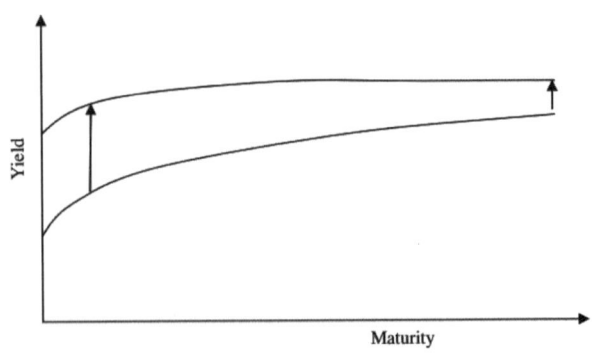

Figure 6.12 트위스트(Twist or Slope)

버터플라이(butterfly 또는 Curvature)

버터플라이는 금리 곡선의 곡률 변화를 측정한다. 예를 들어, Figure 6.13과 같이 곡선의 중간 부분에서 수익률 변화가 단기나 장기 부분보다 더 크게 나타날 수 있다.

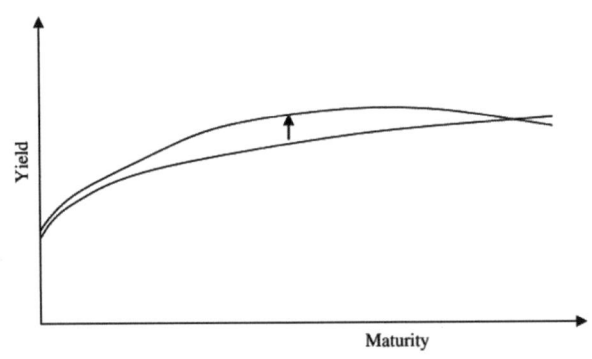

Figure 6.13 버터플라이(Butterfly or Curvature)

캐리(Carry)

채권 수익률에 대한 추가 기여 요소는 시간 경과 또는 캐리로부터 비롯된다. 다른 조건이 동일하다면, 채권이 만기에 가까워질수록 수익률이 수렴되거나 롤다운 되면서 추가 기여가 발생할 수 있으며, 또한 쿠폰 지급에 의해서도 추가 기여가 발생한다.

신용 스프레드(Credit Spread)

일부 발행자에게 채무불이행 위험이 존재한다. 투자자들은 이러한 리스크에 대해 보상(=수익률)을 요구하며, 이 위험에 대한 보상으로 제공되는 위험 프리미엄을 신용 스프레드라고 한다. 신용 스프레드는 수익 일부로, 국채 금리 대비 측정된다. 경기가 좋을 때는 신용 스프레드가 축소되며, 경기 침체기에는 확대되는 경향이 있다.

금리 곡선 분해(Yield Curve Decomposition)

채권 포트폴리오의 총 수익률은 캐리, 금리 곡선의 움직임(시프트, 트위스트 및 버터플라이로 측정), 그리고 신용 스프레드 변화로 분해할 수 있다. Figure 6.14는 일반적인 채권 초과수익률에 대한 성과분해 아키텍처를 보여준다.

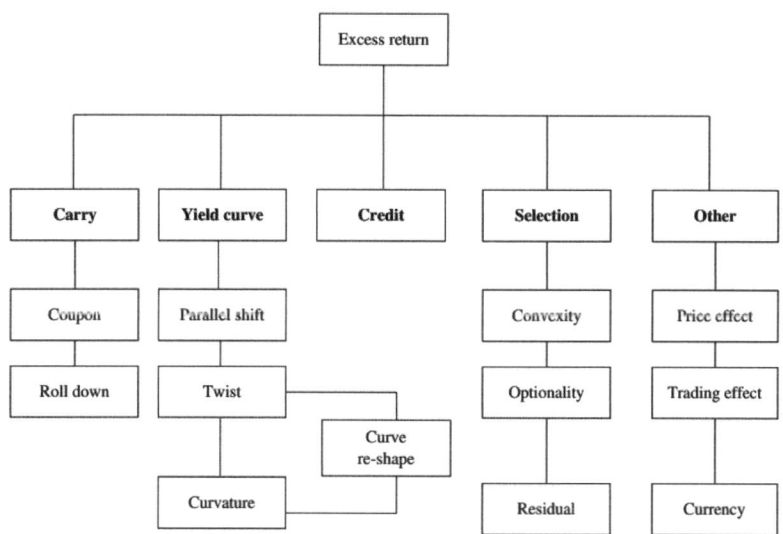

Figure 6.14 채권 성과분해 아키텍처

캐리(Carry)는 쿠폰, 경과이자 및 롤다운 효과가 포함된다.

수익률곡선(Yield curve) 효과는 금리 곡선의 변화를 의미하며, 쉬프트, 트위스트, 그리고 버터플라이(곡률)로 분해된다. 트위스트와 버터플라이는 결합되어 금리곡선의 비평행 변화로 설명되기도 한다.

신용(Credit)은 신용 스프레드의 확대 또는 축소로 인한 기여를 의미한다.

종목선택효과(Selection)에는 컨벡서티, 채권 종류 등이 포함된다. 일반적으로 잔차는 모형 또는 데이터 오류로 인해 발생하며, 그 크기는 매우 작다.

기타효과(other)는 채권의 특성으로부터 직접적으로 발생하지 않는 효과를 의미한다. 여기에는 포트폴리오 내 채권의 평가 가격과 벤치마크의 채권의 평가 가격 간의 차이도 포함하며, 이는 채권 자체의 문제로 간주된다. 매매 효과는 당일 매매에서 발생하는 효과를 측정하며, 통화로 인한 효과는 별도로 다루어진다.

채권 포트폴리오의 성과분해모형은 하향식 포트폴리오 방법(top-down successive portfolio methods) 또는 상향식 포트폴리오 방법(bottom-up / yield curve decomposition methods)으로 구분할 수 있다. 상향식 포트폴리오 방법은 포트폴리오와 벤치마크의 개별 채권에 대한 금리 곡선 변화 및 신용 스프레드 영향을 계산하여 결과를 산출한다. 반면, 하향식 포트폴리오 방법은 계산이 더 간단하며 수익자나 이해관계자에게 설명하기 더 효과적일 수 있다.

Wagner와 Tito

Wagner와 Tito[33]는 체계적 위험의 척도로 베타 대신 듀레이션을 사용하는 Fama 모형을 채권 포트폴리오에 적용하는 것을 제안하였다. 이는 Figure 6.15에 나타나 있으며, Figure 5.17과 유사한 구조를 보인다.

---

[33] Wagner and Tito, "Definite New Measures of Bond Performance and Risk"(1977).

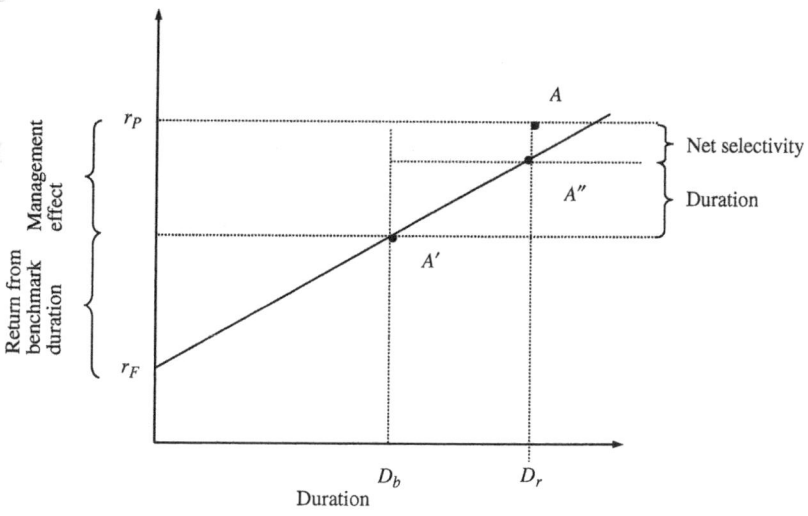

Figure 6.15 Wagner와 Tito

다양한 관점에서 보면, Fama 모형은 체계적 위험인 듀레이션이 채권 수익에 중요한 영향을 미치기 때문에 주식 포트폴리오 분석보다 채권 포트폴리오 분석에 더 적합하다고 할 수 있다.

A''와 A'의 차이는 금리변화로 인한 가치 차이를 나타낸다. A''는 포트폴리오 듀레이션으로 발생하는 수익률이고, A'는 벤치마크의 수익률이다. A와 A''의 차이는 종목 선택으로 인해 발생하는 가치 차이를 나타낸다.

가중 듀레이션 효과(Weighted duration attribution)

Van Breukelen[34]은 채권 포트폴리오의 성과분해에 대하여 하향식 투자결정과정에 적용하는 방법을 제안했다. 이 방법은 Wagner와 Tito 모형과 Brinson 모형을 결합한 것으로, 주요인인 가중 듀레이션에 초점을 맞추고 있다. 이는 듀레이션을 체계적 위험의 척도로 사용하는 수정된 Brinson 모형이다. Van Breukelen 모형에서는 다음과 같은 근사식을 사용하여 수익률을 측정한다.

---

[34] Van Breukelen, "Fixed Income Attribution Journal"(2000).

$$r_{Li} = x_i + D_i \times (-\Delta y_i) \tag{6.121}$$

D_i : 채권포트폴리오 섹터 i의 수정듀레이션
Δy_i : 채권포트폴리오 섹터 i의 금리 변화
x_i : 통화 i의 현지금리 ($Karnosky$와 $Singer$ 모형)

> **Note**
> 식 6.121에서 Karnosky와 Singer의 수익률은 해외 통화를 포함한 채권 포트폴리오를 분석할 때 사용할 수 있다. 일반적으로 단일 통화 포트폴리오의 경우, 수익이나 쿠폰 수익률을 통해 통화의 금리를 측정할 수 있다.

Karnosky와 Singer 모형에서는 포트폴리오 수익률을 다음과 같이 정의한다.

$$r = \sum_{i=1}^{n} w_i \times (r_{Li} - x_i) + \sum_{i=1}^{n} w_i \times (c_i + x_i) \tag{6.59}$$

벤치마크 수익률은 식 6.122에서 정의된다.

$$b = \sum_{i=1}^{n} W_i \times (b_{Li} - x_i) + \sum_{i=1}^{n} W_i \times (c_i + x_i) \tag{6.122}$$

식 6.121에 식 6.59을 대입하면 다음과 같다.

$$r = \sum_{i=1}^{n} w_i \times D_i \times (-\Delta y_i) + \sum_{i=1}^{n} w_i \times (c_i + x_i) \tag{6.123}$$

$w_i \times D_i$ 산출시 비중은 투자자산 가중치와 동일하며, 채권매니저는 듀레이션을 늘리거나 투자비중을 증가시켜 듀레이션 익스포저를 증가시킬 수 있다.
이와 같은 방법으로 벤치마크 수익률은 다음과 같이 정의된다.

$$b = \sum_{i=1}^{n} W_i \times D_{bi} \times (-\Delta y_{bi}) + \sum_{i=1}^{n} W_i \times (c_i + x_i) \tag{6.124}$$

D_{bi} : 벤치마크 섹터 i의 수정듀레이션
Δy_{bi} : 벤치마크 섹터 i의 금리 변화

식 6.123과 식 6.124에 Brinson 모형을 적용하면, 초과수익률은 식 6.125와 같이 정의된다.

$$r - b = \sum_{i=1}^{n} w_i \times D_i \times (-\Delta y_i) - \sum_{i=1}^{n} W_i \times D_{bi} \times (-\Delta y_{bi}) \\ + \sum_{i=1}^{n} w_i \times (c_i + x_i) - \sum_{i=1}^{n} W_i \times (c_i + x_i) \qquad (6.125)$$

c와 c'를 다음과 같이 정의한다.

$$c = \sum_{i=1}^{n} w_i \times (c_i + x_i) \qquad (6.126)$$

$$c' = \sum_{i=1}^{n} W_i \times (c_i + x_i) \qquad (6.127)$$

이는 Karnosky와 Singer 모형에서 통화 성과요인을 나타내는 마지막 두 항과 유사하다. Van Breukelan은 통화효과를 제외하고, 듀레이션, 시장 선택, 그리고 종목 선택을 통해 채권성과를 측정하기 위해 두 개의 명목 포트폴리오를 사용할 것은 제안하였다.

듀레이션 명목 포트폴리오는 다음과 같이 정의된다.

$$b_D = \sum_{i=1}^{n} D_\beta \times D_{bi} \times W_i \times -\Delta y_{bi} + c' \qquad (6.128)$$

여기서, $D_\beta = \dfrac{D_r}{D_b} =$ duration β \qquad (5.127)

D_r : 포트폴리오 듀레이션
D_b : 벤치마크 듀레이션

듀레이션 베타(Duration Beta)는 주식 베타(Equity Beta)와 동일한 개념이며, 포

트폴리오 듀레이션 베타를 활용하여 다음과 같이 성과 분해할 수 있다.

$$\begin{aligned} b_D - b &= \sum_{i=1}^{n} D_\beta \times D_{bi} \times W_i \times \Delta y_{bi} - \sum_{i=1}^{n} D_{bi} \times W_i \times \Delta y_{bi} \\ &= \left(D_\beta \times \sum_{i=1}^{n} D_{bi} \times W_i - \sum_{i=1}^{n} D_{bi} \times W_i \right) \times \Delta y_b \\ &= \sum_{i=1}^{n} D_{bi} \times W_i \times (D_\beta - 1) \times \Delta y_b \end{aligned} \qquad (6.129)$$

포트폴리오의 듀레이션 효과는 투자결정과정에 듀레이션 전략이 포함될 때에만 반영되어야 한다. 듀레이션 중간 명목 포트폴리오는 다음과 같이 정의된다.

$$b_{DS} = \sum_{i=1}^{n} D_i \times w_i \times - \Delta y_{bi} + c' \qquad (6.130)$$

따라서 듀레이션 효과는 다음과 같이 계산된다.

$$b_{DS} - b_D = \sum_{i=1}^{n} D_i \times w_i \times \Delta y_{bi} - \sum_{i=1}^{n} D_\beta \times D_{bi} \times W_i \times \Delta y_{bi} \qquad (6.131)$$

식 6.18에서 사용된 Brinson과 Fachler 모형에 동일하게 적용하면 다음과 같다.

$$b_{DS} - b_D = \sum_{i=1}^{n} (D_i \times w_i - D_\beta \times D_{bi} \times W_i) \times (- \Delta y_{bi} + \Delta y_b) \qquad (6.132)$$

섹터 i의 자산배분효과는 다음과 같다.

$$A_i' = (D_i \times w_i - D_\beta \times D_{bi} \times W_i) \times (- \Delta y_{bi} + \Delta y_b) \qquad (6.133)$$

포트폴리오의 듀레이션이 투자결정과정의 일부가 아니라면, 다음과 같이 계산할 수 있다.

$$b_{DS} - b_D = \sum_{i=1}^{n} (D_i \times w_i - D_{bi} \times W_i) \times (- \Delta y_{bi} + \Delta y_b) \qquad (6.134)$$

섹터 i의 자산배분효과는 다음과 같다.

$$A_i = (D_i \times w_i - D_{bi} \times W_i) \times (-\Delta y_{bi} + \Delta y_b) \tag{6.135}$$

종목선택효과는 다음과 같다.

$$r - b_{DS} - (c - c') = \sum_{i=1}^{n} D_i \times w_i \times (-\Delta y_{ri}) - \sum_{i=1}^{n} D_i \times w_i \times (-\Delta y_{bi}) - c + c' \tag{6.136}$$

섹터 i의 종목선택효과는 다음과 같이 계산한다.

$$S_i = D_i \times w_i \times (-\Delta y_{ri} + \Delta y_{bi}) \tag{6.137}$$

> **Note**
> 종목선택은 금리 곡선에서의 포지셔닝, 신용 위험, 옵션, 볼록성 등 다양한 요소를 포함한다. 대부분의 채권 매니저들은 종목선택 시 이러한 요소들을 상세히 고려한다.

Karnosky와 Singer를 통한 통화선도 계약을 제외한 통화배분효과는 다음과 같다.

$$C_i = (w_i - W_i) \times (c_i + x_i - c') \tag{6.70}$$

Table 6.41은 영국, 일본 및 미국 채권으로 구성된 예제 포트폴리오이다.

Table 6.41 채권포트폴리오의 성과분해

	포트폴리오 내 비중 w_i(%)	벤치마크 내 비중 W_i(%)	포트폴리오 수정듀레이션 D_i	벤치마크 수정듀레이션 D_{bi}	포트폴리오 수익률 r_i(%)	벤치마크 수익률 b_i(%)	무위험 수익률 x_i(%)
영국 채권	50	50	7.8	5.0	5.6	3.5	1.0
일본 채권	20	10	1.0	2.0	0.5	0.5	0.1
미국 채권	30	40	4.0	3.0	3.2	3.0	0.2
포트폴리오	**100**	**100**	**5.3**	**3.9**	**3.86**	**3.0**	**0.59**

Exhibit 6.79에서는 Table 6.41의 데이터를 사용하여 포트폴리오와 벤치마크의

수익률, 수정듀레이션 그리고 듀레이션 베타를 계산한다.

Exhibit 6.79 포트폴리오의 수익률과 듀레이션

포트폴리오의 수정듀레이션 :
$$D = \sum_{i=1}^{n} w_i \times D_i, \quad 50\% \times 7.8 + 20\% \times 1.0 + 30\% \times 4.0 = 5.3$$

벤치마크의 수정듀레이션 :
$$D_b = \sum_{i=1}^{n} W_i \times D_{bi}, \quad 50\% \times 5.0 + 10\% \times 2.0 + 40\% \times 3.0 = 3.9$$

듀레이션 베타 :
$$D_\beta = \frac{5.3}{3.9}$$

포트폴리오의 수익률 :
$$r = \sum_{i=1}^{n} w_i \times r_i, \quad 50\% \times 5.6\% + 20\% \times 0.5\% + 30\% \times 3.2\% = 3.86\%$$

벤치마크의 수익률 :
$$b = \sum_{i=1}^{n} W_i \times b_i, \quad 50\% \times 3.5\% + 10\% \times 0.5\% + 40\% \times 3.0\% = 3.0\%$$

포트폴리오의 무위험수익률 :
$$x_r = \sum_{i=1}^{n} w_i \times x_i = 50\% \times 1.0\% + 20\% \times 0.1\% + 30\% \times 0.2\% = 0.58\%$$

또는, 통화수익률 0인 경우, c

벤치마크의 무위험수익률 :
$$x_b = \sum_{i=1}^{n} W_i \times x_i = 50\% \times 1.0\% + 10\% \times 0.1\% + 40\% \times 0.2\% = 0.59\%$$

또는, 통화수익률 0인 경우, c'

내재수익률 변화로 인한 포트폴리오 수익률과 벤치마크 수익률은 식 6.121을 사용하여 Exhibit 6.80과 Exhibit 6.81에서 계산된다.

Exhibit 6.80 내재수익률 변화에 따른 포트폴리오 수익률

영국 채권 $\quad \Delta y_i = \dfrac{-(r_i - x_i)}{D_i} = \dfrac{-(5.6\% - 1.0\%)}{7.8} = -0.59\%$

일본 채권 $\quad \dfrac{-(0.5\% - 0.1\%)}{1.0} = -0.4\%$

| 미국 채권 | $\dfrac{-(3.2\% - 0.2\%)}{4.0} = -0.75\%$ |
| 포트폴리오 | $\dfrac{-(3.86\% - 0.58\%)}{5.3} = -0.62\%$ |

Exhibit 6.81 내재수익률 변화에 따른 벤치마크 수익률

영국 채권	$\dfrac{-(3.5\% - 1.0\%)}{5.0} = -0.5\%$
일본 채권	$\dfrac{-(0.5\% - 0.1\%)}{2.0} = -0.2\%$
미국 채권	$\dfrac{-(3.0\% - 0.2\%)}{3.0} = -0.93\%$
벤치마크	$\dfrac{-(3.00\% - 0.59\%)}{3.9} = -0.62\%$

이 예제에서는 포트폴리오 듀레이션이 투자결정과정의 일부이다. Exhibit 6.82에서는 듀레이션 명목 포트폴리오와 듀레이션 중간 명목 포트폴리오가 계산된다.

Exhibit 6.82 명목 포트폴리오

듀레이션 명목 포트폴리오

$$b_D = \sum_{i=1}^{n} D_\beta \times D_{bi} \times W_i \times \Delta y_{bi} + c'$$
$$= \dfrac{5.3}{3.9} \times (5.0 \times 50\% \times 0.5\% + 2.0 \times 10\% \times 0.2\% + 3.0 \times 40\% \times 0.93) + 0.59\% = 3.87\%$$

듀레이션 중간 명목 포트폴리오

$$b_{DS} = \sum_{i=1}^{n} D_i \times w_i \times -\Delta y_{bi} + c'$$
$$= (7.8 \times 50\% \times 0.5\% + 1.0 \times 20\% \times 0.2\% + 4.0 \times 30\% \times 0.93) + 0.59\% = 3.70\%$$

전체 듀레이션 효과는 Exhibit 6.83에서와 같이 듀레이션 명목 포트폴리오와 벤치마크 수익률 간의 차이로 계산된다. 이는 투자결정과정 중 하나로, 이에 따른 성과가 계산된다. 해당 예시에서는 포트폴리오의 듀레이션이 벤치마크의 듀레이션보다 훨씬 길다. 채권 강세 시장에서 이는 양(+)의 효과로 이어지며, +0.87% 성과를 기록하였다.

Exhibit 6.83 듀레이션 배분효과

$$b_D - b = 3.87\% - 3.0\% = 0.87\%$$

Exhibit 6.84에서는 각 국가에 대한 자산배분효과를 계산한다. 국가별 자산배분효과를 계산하기 위해서는 듀레이션 베타를 사용하여 포트폴리오 듀레이션과 일치시킨 후 계산해야 한다. 포트폴리오는 영국 채권에 확대 운용하였는지만, 저조한 성과인 -0.06%를 기록하였다. 반면, 일본채권은 비중이 작았음에도 +0.03% 성과를 기록했으며, 비중이 작은 미국채권은 -0.14% 성과를 기록하였다.

Exhibit 6.84 자산배분효과

$$b_{DS} - b_D = \sum_{i=1}^{n}(D_i \times w_i - D_\beta \times D_{bi} \times W_i) \times (-\Delta y_{bi} + \Delta y_b) = 3.70\% - 3.87\% = -0.17\%$$

국가별 자산배분효과	$(D_i \times w_i - D_\beta \times D_{bi} \times W_i) \times (-\Delta y_{bi} + \Delta y_b)$
영국채권	$(7.8 \times 50\% - \dfrac{5.3}{3.9} \times 5.0 \times 50\%) \times (0.5 - 0.62) = -0.06\%$
일본채권	$(1.0 \times 20\% - \dfrac{5.3}{3.9} \times 2.0 \times 10\%) \times (0.2 - 0.62) = 0.03\%$
미국채권	$(4.0 \times 30\% - \dfrac{5.3}{3.9} \times 3.0 \times 40\%) \times (0.93 - 0.62) = -0.14\%$
포트폴리오	$-0.06\% + 0.03\% - 0.14\% = -0.17\%$

Exhibit 6.85에서는 종목선택효과를 계산한다. 이를 살펴보면, 포트폴리오는 영국채권과 일본채권에서 벤치마크 대비 초과성과를 달성했지만, 미국채권에서는 저조한 성과를 기록하였다. Exhibit 6.86에서는 통화효과를 계산한다. 이 예시에서는 통화로 인한 수익률은 0이므로, 통화효과는 국가별 금리배분효과를 의미한다. 포트폴리오는 저금리인 일본채권에 높은 비중을 두어 부진한 성과를 기록했지만, 저금리인 미국채권에 대한 축소 운용으로 일본채권으로 인한 부진한 성과가 대부분 상쇄되었다.

Exhibit 6.85 종목선택효과

$$r - b_{DS} = \sum_{i=1}^{n} D_i \times w_i \times (-\Delta y_{ri}) - \sum_{i=1}^{n} D_i \times w_i \times (-\Delta y_{bi}) - c + c'$$
$$= 3.86\% - 3.70\% - 0.58\% + 0.59\% = 0.17\%$$

국가별 종목선택효과	$D_i \times w_i \times (-\Delta y_{ri} + \Delta y_{bi})$	
영국채권	$7.8 \times 50\% \times (0.59\% - 0.5\%) = 0.35\%$	
일본채권	$1.0 \times 20\% \times (0.4\% - 0.2\%) = 0.04\%$	
미국채권	$4.0 \times 30\% \times (0.75\% - 0.93\%) = -0.22\%$	
포트폴리오	$0.35\% + 0.04\% - 0.22\% = 0.17\%$	

Exhibit 6.86 통화배분효과

$$c - c' = \sum_{i=1}^{n} w_i \times (c_i + x_i) - \sum_{i=1}^{n} W_i \times (c_i + x_i) = 0.58\% - 0.59\%$$

국가별 통화배분효과	$(w_i - W_i) \times (c + x_i - c')$	
영국 채권	$(50\% - 50\%) \times (0.0\% + 1.0\% - 0.59\%) = 0.0\%$	
일본 채권	$(20\% - 10\%) \times (0.0\% + 0.1\% - 0.59\%) = -0.05\%$	
미국 채권	$(30\% - 40\%) \times (0.0\% + 0.2\% - 0.59\%) = 0.04\%$	
포트폴리오	$0.0\% - 0.05\% + 0.04\% = -0.01\%$	

Table 6.42에는 채권형 포트폴리오 성과분해가 정리되어 있다. 이러한 채권 성과분해는 글로벌 채권 포트폴리오나 일반적인 채권 포트폴리오에 적합하다. 일반적인 채권 포트폴리오는 Brinson 모형으로도 성과분해를 할 수 있지만, 듀레이션 효과는 포트폴리오의 채권 요인으로 설명되어야 한다. 주식의 위험요인은 섹터별 투자비중(Category Weight)이지만 채권의 위험요인은 가중 듀레이션(Weighted Duration)이다.

Table 6.42 가중 듀레이션 효과

포트폴리오 가중 듀레이션	벤치마크 가중 듀레이션	포트폴리오 금리 변화	벤치마크 금리 변화	자산배분 효과	종목선택 효과	통화 효과
$w_i \times D_i$	$W_i \times D_{bi}$	Δy_i (%)	Δy_{bi} (%)	$(D_i \times w_i - D_\beta \times D_{bi} \times W_i) \times (-\Delta y_{bi} + \Delta y_b)$ (%)	$D_i \times w_i \times (-\Delta y_{ri} + \Delta y_{bi})$ (%)	$(w_i - W_i) \times (c_i + x_i - c')$ (%)

영국 채권	3.9	2.5	-0.59	-0.5	-0.06	0.35	0.0
일본 채권	0.2	0.2	-0.4	0.2	0.03	0.04	-0.05
미국 채권	1.2	1.2	-0.75	-0.93	-0.14	-0.22	0.04
포트폴리오	5.0	3.9	-0.62	-0.62	-0.17	0.17	-0.01
					전체 듀레이션 $b_D - b$		0.87

채권 포트폴리오의 기하학적 성과분해

Van Breukelen은 산술적 성과분해 방법을 제안했으며, 이는 기하학적 성과분해에도 적용할 수 있다. Figure 6.16은 Table 6.42의 예제 포트폴리오를 사용하여 투자결정과정을 4단계로 나타낸다. 각 단계에서 기하학적 요인의 합은 포트폴리오의 전체 성과와 일치한다. Exhibit 6.87은 기하학적으로 계산된 포트폴리오의 듀레이션 효과를 설명한다.

Exhibit 6.87 포트폴리오의 듀레이션 효과 (기하학적)

$$\frac{1+b_D}{1+b} - 1 = \frac{1.0387}{1.03} - 1 = 0.84\%$$

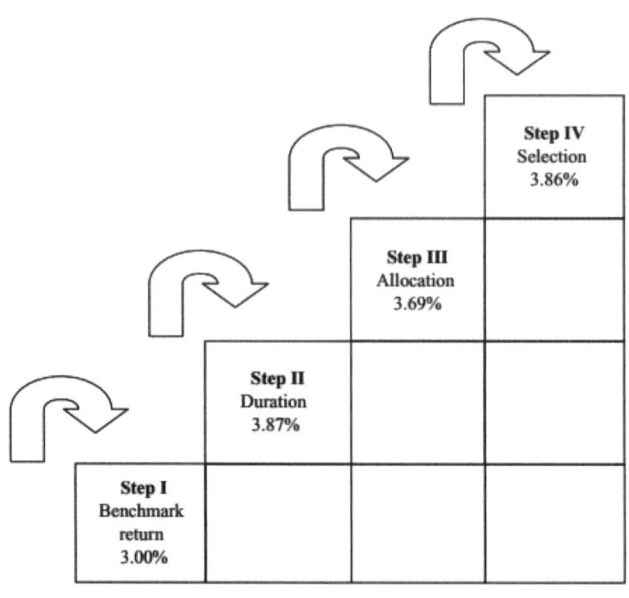

Figure 6.16 채권 포트폴리오의 기하학적 성과분해 과정

Exhibit 6.88에서는 앞서 계산한 포트폴리오 듀레이션 효과와 무위험 수익률을 사용하여 자산배분효과를 측정한다(통화효과 미반영). 포트폴리오에서의 국가별 자산배분이 다양한 무위험 수익률에 대한 투자 비중을 결정하므로, 국가별 배분과 무위험 수익률에 대한 배분은 하나의 자산배분으로 통합되어 분석된다.

Exhibit 6.88 기하학적 자산배분효과

$$b'_{DS} = \sum_{i=1}^{n} D_i \times w_i \times (-\Delta y_{bi}) + c = 7.8\% \times 50\% \times 0.5\% + 1.0\% \times 20\% \times 0.2\%$$
$$+ 4.0\% \times 30\% \times 0.93 + 0.58\% = 3.69\%$$

$$\frac{1+b'_{DS}}{1+b_D} - 1 = \frac{1.0369}{1.0387} - 1 = -0.17\%$$

기하학적 자산배분효과 $A_i'^G = (D_i \times w_i - D_\beta \times D_{bi} \times W_i) \times \dfrac{(-\Delta y_{bi} + \Delta y_b)}{1+b_D}$ (6.136)

영국채권 $(7.8 \times 50\% - \dfrac{5.3}{3.9} \times 5.0 \times 50\%) \times \dfrac{(0.5-0.62)}{1.0387} = -0.06\%$

일본채권 $(1.0 \times 20\% - \dfrac{5.3}{3.9} \times 2.0 \times 10\%) \times \dfrac{(0.20-0.62)}{1.0387} = 0.03\%$

미국채권 $(4.0 \times 30\% - \dfrac{5.3}{3.9} \times 3.0 \times 40\%) \times \dfrac{(0.93-0.62)}{1.0387} = -0.13\%$

무위험수익률 효과 $C_i^G = (w_i - W_i) \times \left(\dfrac{1+x_i}{1+c'} - 1\right) \times \dfrac{1-c'}{1+b_D}$ (6.137)

이 예제에서 모든 $c_i = 0$ 임

영국 무위험수익률 $(50\% - 50\%) \times \left(\dfrac{1.01}{1.0059} - 1\right) \times \dfrac{1.0059}{1.0387} = 0.00\%$

일본 무위험수익률 $(20\% - 10\%) \times \left(\dfrac{1.001}{1.0059} - 1\right) \times \dfrac{1.0059}{1.0387} = -0.05\%$

미국 무위험수익률 $(30\% - 40\%) \times \left(\dfrac{1.002}{1.0059} - 1\right) \times \dfrac{1.0059}{1.0387} = 0.04\%$

자산배분효과 $-0.06\% + 0.03\% - 0.13\% + 0.0\% - 0.05\% + 0.04\% = -0.17\%$

Exhibit 6.89에서는 중간 명목 포트폴리오 b'_{DS}를 사용하여 종목선택효과를 계산한다. 종목선택효과를 산출하기 위해, 가중 듀레이션에 적용된 수익률 대신 포트폴리오의 듀레이션에 해당하는 벤치마크 수익률을 사용할 수도 있다. Table 6.43의 성과 기여효과는 산술적 예시와 비슷하다.

Exhibit 6.89 기하학적 종목선택효과

$$\frac{1+r}{1+r'_{DS}} - 1 = \frac{1.0386}{1.0369} - 1 = 0.16\%$$

포트폴리오의 듀레이션으로 조정한 벤치마크 : $b_{Di} = \frac{D_{ri}}{D_{bi}} \times (b_i - x_i) + x_i$

영국채권 $\frac{7.8}{5.0} \times (3.5\% - 1.0\%) + 1.0\% = 4.9\%$

일본채권 $\frac{1.0}{2.0} \times (0.5\% - 0.1\%) + 0.1\% = 0.3\%$

미국채권 $\frac{4.0}{3.0} \times (3.0\% - 0.2\%) + 0.2\% = 3.93\%$

종목선택효과(식 6.28부터 파생)

$$S_i^G = w_i \times \left(\frac{1+r_i}{1+b_{Di}} - 1\right) \times \frac{(1+b_{Di})}{(1+b'_{DS})} \tag{6.140}$$

영국채권 $50\% \times \left(\frac{1.056}{1.049} - 1\right) \times \frac{1.049}{1.0369} = 0.34\%$

일본채권 $20\% \times \left(\frac{1.005}{1.003} - 1\right) \times \frac{1.003}{1.0369} = 0.04\%$

미국채권 $30\% \times \left(\frac{1.032}{1.0393} - 1\right) \times \frac{1.0393}{1.0369} = -0.21\%$

또는, 종목선택효과(식 6.29부터 파생)

$$S_i^G = D_i \times w_i \times \frac{(-\Delta y_{ri} + \Delta y_{bi})}{1+b'_{DS}} \tag{6.141}$$

영국 채권 $7.8 \times 50\% \times \frac{(0.59\% - 0.5\%)}{1.0369} = 0.34\%$

일본 채권 $1.0 \times 20\% \times \frac{(0.4\% - 0.2\%)}{1.0369} = 0.04\%$

미국 채권 $4.0 \times 30\% \times \frac{(0.75\% - 0.93\%)}{1.0369} = -0.21\%$

포트폴리오 $0.34\% + 0.04\% - 0.21\% = 0.16\%$

Campisi 프레임

Campisi[35]는 van Breukelen, Wagner 및 Tito와 유사한 개념을 사용하여 채권 포트폴리오의 총 수익률을 쿠폰수익과 채권평가손익으로 분해하는 것을 Figure

---

35   Campisi, "Primer on Fixed Income Performance Attribution"(2000).

6.17과 같이 제안하였다.

$$\text{총 수익률} = \text{쿠폰수익} + \text{채권평가손익} \tag{6.142}$$

$$\text{여기서, 쿠폰수익} = \frac{\text{연간쿠폰금리}}{\text{채권의 연초평가가격}} \tag{6.143}$$

$$\begin{aligned}\text{채권평가손익} &= \text{금리변화효과} \\ &= \text{국고금리 효과} + \text{스프레드 효과} + \text{종목 효과}\end{aligned} \tag{6.144}$$

국고금리 효과는 국고채 금리변화의 영향을 의미한다. 포트폴리오의 금리 민감도는 수정 듀레이션으로 측정되며, 식 5.118에서 확인할 수 있다.

Table 6.43 기하학적 가중 듀레이션 효과

	포트폴리오 가중 듀레이션 $w_i \times D_i$	벤치마크 가중 듀레이션 $W_i \times D_{bi}$	포트폴리오 금리변화 Δy_i (%)	벤치마크 금리변화 Δy_{bi} (%)	시장배분 효과 (%)	종목선택 효과(%)	무위험 수익률(%)
영국채권	3.9	2.5	-0.59	-0.5	-0.06	0.34	0.0
일본채권	0.2	0.2	-0.4	0.2	0.03	0.04	-0.05
미국채권	1.2	1.2	-0.75	-0.93	-0.13	-0.21	0.04
포트폴리오	**5.1**	**3.9**	**-0.62**	**-0.62**	**-0.16**	**0.16**	**-0.01**
				전체 듀레이션	$\frac{1+b_D}{1+b}-1$		0.84

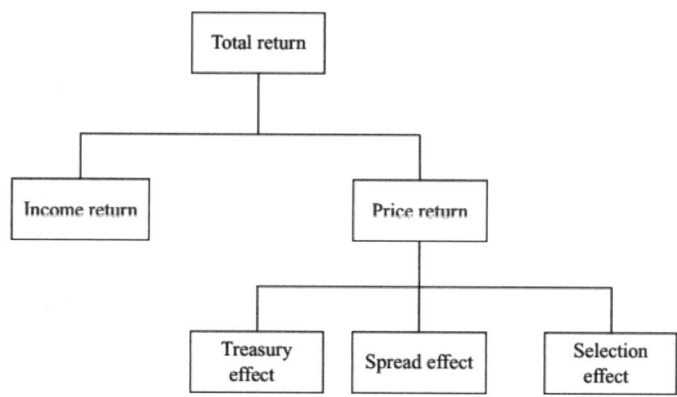

Figure 6.17 Campisi 프레임

Campisi는 식 6.121을 수정하여 현지금리를 쿠폰수익과 스프레드 효과로 설명하며, 채권 포트폴리오의 수익률을 식 6.145와 같이 정의하였다.

$$r_i = I_i + D_i \times (-\Delta y_i) + D_i \times (-\Delta y_{Si}) + \varepsilon_i \qquad (6.145)$$

여기서, I_i = 섹터 i의 쿠폰 수익
D_i = 섹터 i의 수정듀레이션
Δy_i = 듀레이션 D_i에서의 국고금리 변화
Δy_{Si} = 섹터 i의 벤치마크스프레드
ε_i = 기타손익 (쿠폰손익, 국고금리, 스프레드효과로 설명되지 않는 부분)

벤치마크 수익률은 다음과 같다.

$$b_i = I_{bi} + D_{bi} \times (-\Delta y_i) + D_{bi} \times (-\Delta y_{Si}) \qquad (6.146)$$

여기서, I_{bi} = 벤치마크 섹터 i의 쿠폰 수익
D_{bi} = 벤치마크 섹터 i의 수정듀레이션

벤치마크에는 기타손익이 없으므로, 쿠폰 또는 국고금리로 설명되지 않는 부분은 스프레드 효과로 간주된다.

Campisi 프레임의 성과분해는 Table 6.44의 데이터를 사용하여 설명된다.

포트폴리오의 쿠폰과 벤치마크의 쿠폰 차이인 0.52% - 0.45%는 초과수익률의 쿠폰기여부분 0.08%로 계산된다. 국고금리효과는 구간별 국고금리 변화를 통해 Exhibit 6.90에서 계산된다.

벤치마크의 스프레드 효과는 벤치마크의 섹터 수익률이 쿠폰이나 국고금리효과가 아닌 스프레드에서만 발생한다고 가정하여 계산된다. 이렇게 계산된 벤치마크의 스프레드 효과를 포트폴리오 섹터의 듀레이션에 적용하면 포트폴리오의 스프레드 효과를 계산할 수 있다. 포트폴리오 기타효과는 종목선택효과로 정의된다. 스프레드효과 및 종목선택효과는 Exhibit 6.91에서 계산되며, Campisi 프레임워크를 활용한 성과분해는 Table 6.45에 요약되어 있다.

Table 6.44 Campisi 프레임

	포트폴리오 내 비중 w_i(%)	벤치마크 내 비중 W_i(%)	포트폴리오 수정듀레이션 D_i	벤치마크 수정듀레이션 D_{bi}	포트폴리오 수익률 r_i(%)	포트폴리오 쿠폰수익 I_i(%)	벤치마크 수익률 b_i(%)	벤치마크 쿠폰수익 I_{bi}(%)
국고채	20	50	4.75	4.75	6.0	0.3	6.0	0.3
회사채	65	40	3.6	5.25	4.4	0.52	8.0	0.57
하이일드	15	10	4.3	4.0	5.6	0.82	5.0	0.71
전체	100	100	3.94	4.88	4.9	0.52	6.7	0.45

Exhibit 6.90 국고금리효과

듀레이션 D_i	국고금리변화 Δy_i (%)	국고금리효과 $D_i \times (-\Delta y_i)$ (%)
3.6	-1.00	+3.60
4.0	-1.05	+4.20
4.3	-1.10	+4.73
4.75	-1.20	+5.70
5.25	-1.35	+7.09

포트폴리오의 국고금리효과
$20\% \times 5.7\% + 65\% \times 3.6\% + 15\% \times 4.73\% = 4.19\%$
벤치마크의 국고금리효과
$50\% \times 5.7\% + 40\% \times 7.09\% + 10\% \times 4.2\% = 6.11\%$
초과수익률의 국고금리효과
$4.19\% - 6.11\% = -1.92\%$

Exhibit 6.91 스프레드 효과

벤치마크의 섹터별 스프레드 변화:

$$\Delta y_{Si} = \frac{-(b_i - I_{bi} - D_{bi} \times (-\Delta y_i))}{D_{bi}}$$

회사채 $\quad \dfrac{-(8.0 - 0.57\% - 5.25 \times 1.35)}{5.25} = -0.07\%$

하이일드 $\quad \dfrac{-(5.0 - 0.71\% - 4.0 \times 1.05)}{4.0} = -0.02\%$

벤치마크의 섹터별 스프레드 효과 :
회사채 : 효과 $\qquad -\Delta y_{si} \times D_{bi} = 0.07 \times 5.25 = 0.35\%$
$\qquad$ 기여 효과 $\qquad W_i \times -\Delta y_{Si} \times D_{bi} = 40\% \times 0.07 \times 5.25 = 0.14\%$
하이일드 : 효과 $\qquad 0.02 \times 4.0 = 0.09\%$

기여 효과	$10\% \times 0.02 \times 4.0 = 0.01\%$

벤치마크의 스프레드 효과 $0.14\% + 0.01\% = 0.15\%$

벤치마크 스프레드 효과를 통한 포트폴리오의 스프레드 효과 측정 :

회사채 : 효과	$-\Delta y_{si} \times D_i = 0.07 \times 3.6 = 0.24\%$
기여 효과	$w_i \times -\Delta y_{Si} \times D_i = 65\% \times 0.07 \times 3.6 = 0.15\%$
하이일드 : 효과	$0.02 \times 4.3 = 0.10\%$
기여 효과	$15\% \times 0.02 \times 4.3 = 0.01\%$

포트폴리오의 스프레드 효과 $0.15\% + 0.01\% = 0.17\%$

초과수익률의 스프레드 효과 $0.17\% - 0.15\% = 0.02\%$

종목선택효과(쿠폰수익, 국고금리효과, 및 스프레드로 설명되지 않는 부분) :

회사채 : 효과	$4.4\% - 0.52\% - 3.6\% - 0.24\% = 0.04\%$
기여효과	$65\% \times 0.04\% = 0.03\%$
하이일드 : 효과	$5.6\% - 0.82\% - 4.73\% - 0.10\% = -0.05\%$
기여효과	$15\% \times -0.05\% = -0.01\%$

초과수익률의 종목선택효과 $0.03\% - 0.01\% = 0.02\%$

Table 6.45 Campisi 프레임 요약

	포트폴리오(%)	벤치마크(%)	초과수익률(%)
전체 수익률	4.90	6.70	-1.80
쿠폰수익	0.52	0.45	0.08
국고금리효과	4.19	6.11	-1.92
스프레드효과	0.17	0.15	0.02
종목선택효과	0.02	n/a	0.02

Campisi는 수익률을 더 세분화하는 것을 추천하지 않지만, Brinson 모형과 Van Breukelen 모형을 결합하면 더욱 상세한 분석을 할 수 있다. 이 결합 모형을 통해 쿠폰수익은 Exhibit 6.92에서, 국고금리효과를 Exhibit 6.93에서, 스프레드효과는 Exhibit 6.94에서 각각 계산되며, Table 6.46에 정리되어 있다.

해당 포트폴리오의 결과를 살펴보면, 숏 듀레이션 하에 금리가 평행이동하여 -118bp 손실이 발생했으며, 장기 금리의 큰 하락폭으로 인해 -74bp 추가 손실이 발생하였다. 그러나 쿠폰효과, 신용 스프레드 축소 및 양(+)의 종목선택효과로 전체 적으로는 양(+)의 성과를 기록했다.

모형과의 비교를 위해, 표준 Brinson 모형을 사용한 성과분해는 Exhibit 6.95에서 계산하여 Table 6.47에 정리되어 있다. 이 예제에서는 Brinson 모형을 사용하여 채권 성과분해를 하는 경우, 잘못된 종목선택효과가 나타날 수 있음을 보여준다.

Exhibit 6.92 쿠폰효과

Brinson 모형
자산배분효과 :
- 국고채 $(20\% - 50\%) \times (0.3\% - 0.45\%) = 0.04\%$
- 회사채 $(65\% - 40\%) \times (0.57\% - 0.45\%) = 0.03\%$
- 하이일드 $(15\% - 10\%) \times (0.71\% - 0.45\%) = 0.01\%$
- **포트폴리오** $0.04\% + 0.03\% + 0.01\% = 0.08\%$

종목선택효과 :
- 국고채 $20\% \times (0.3\% - 0.3\%) = 0.0\%$
- 회사채 $65\% \times (0.52\% - 0.57\%) = -0.03\%$
- 하이일드 $15\% \times (0.82\% - 0.71\%) = 0.02\%$
- **포트폴리오** $0.00\% - 0.03\% + 0.02\% = -0.01\%$

Exhibit 6.93 국고금리효과

금리변화에 따른 벤치마크 듀레이션(4.88) 효과 $= -1.25\%$
금리곡선의 평행 이동 효과: $(D_r - D_b) \times -y_b$
$= (3.94 - 4.88) \times 1.25\% = -1.18\%$
금리 커브 효과(비평행 이동) : $w_i \times D_i \times (-y_i + y_b)$
- 국고채 $20\% \times 4.75 \times (1.20\% - 1.25\%) = -0.05\%$
- 회사채 $65\% \times 3.6 \times (1.0\% - 1.25\%) = -0.59\%$
- 하이일드 $15\% \times 4.3 \times (1.1\% - 1.25\%) = -0.10\%$
- **포트폴리오** $-0.05\% - 0.59\% - 0.10\% = -0.74\%$

Exhibit 6.94 스프레드효과

벤치마크 스프레드 변화 :
$$y_{Sb} = \frac{-(6.7 - 0.45\% - 6.11)}{4.88} = -0.03\%$$

포트폴리오와 벤치마크의 듀레이션 차이를 통한 스프레드 효과 :
$(D_r - D_b) \times -y_{Sb} = (3.94 - 4.88) \times 0.03\% = -0.03\%$
섹터별 스프레드 효과: $(w_i \times D_i - W_i \times D_{bi}) \times (-y_{Si} + y_{Sb})$

국고채	$(20\% \times 4.75 - 50\% \times 4.75) \times (0.0\% - 0.03\%) = 0.04\%$	
회사채	$(65\% \times 3.6 - 40\% \times 5.25) \times (0.07\% - 0.03\%) = 0.01\%$	
하이일드	$(15\% \times 4.3 - 10\% \times 4.0) \times (0.02\% - 0.03\%) = 0.0\%$	
포트폴리오	$0.04\% + 0.01\% + 0.0\% = 0.05\%$	

Table 6.46 Campisi 프레임 정리

	쿠폰배분 효과(%)	쿠폰선택 효과(%)	듀레이션 효과(%)	기타 금리커브효과 (%)	스프레드 듀레이션 효과(%)	스프레드 효과 (%)	종목선택 효과 (%)
국고채	0.04	0.00	n/a	-0.05	n/a	0.04	0.00
회사채	0.03	-0.03	n/a	-0.59	n/a	0.01	0.03
하이일드	0.01	0.02	n/a	-0.1	n/a	0.00	-0.01
포트폴리오	0.09	-0.01	-1.18	-0.74	-0.03	0.05	0.02

금리 곡선 분해(Yield curve decomposition)

Van Breukelen과 Campisi의 하향식 접근법과 달리, 채권 매니저들은 포트폴리오와 벤치마크에 포함된 개별 채권이나 상품의 수익률을 분해하고 이를 합산하여 보다 정확한 상향식 성과분해를 선호하는 경향이 있다. 이러한 접근법은 일반적인 채권 포트폴리오의 투자결정과정과 더 일치한다.

Exhibit 6.95 Brinson 모형

자산배분효과 :		
국고채	$(20\% - 50\%) \times (6.0\% - 6.7\%) = 0.21\%$	
회사채	$(65\% - 40\%) \times (8.0\% - 6.7\%) = 0.33\%$	
하이일드	$(15\% - 10\%) \times (5.0\% - 6.7\%) = -0.09\%$	
포트폴리오	$0.21\% + 0.33\% - 0.09\% = 0.45\%$	
종목선택효과 :		
국고채	$20\% \times (6.0\% - 6.0\%) = 0.0\%$	
회사채	$65\% \times (4.4\% - 8.0\%) = -2.34\%$	
하이일드	$15\% \times (5.6\% - 5.0\%) = 0.09\%$	
포트폴리오	$0.00\% - 2.34\% + 0.09\% = -2.25\%$	

Table 6.47 Brinson 모형의 성과분해

	포트폴리오 내 비중 $w_i(\%)$	벤치마크 내 비중 $W_i(\%)$	포트폴리오 수익률 $r_i(\%)$	벤치마크 수익률 $b_i(\%)$	자산배분효과(%) $(w_i - W_i) \times (b_i - b)$	종목선택효과(%) $w_i \times (r_i - b_i)$
국고채	20	50	6.0	6.0	0.21	0.0
회사채	65	40	4.4	8.0	0.33	-2.34
하이일드	15	10	5.6	5.0	-0.09	0.09
포트폴리오	100	100	4.9	6.7	0.45	-2.25

> ⚠ **Caution**
> 금리 곡선 분해는 포트폴리오와 벤치마크에 포함된 모든 투자상품에 대한 정확한 가격 측정과 상당한 노력이 수반되어야 한다.

금리 곡선 분해는 Table 6.48의 포트폴리오와 벤치마크 데이터를 사용하여 Figure 6.14에서 설명된 방식으로 이루어진다. 이해를 돕기 위해, 각 채권은 오늘(T)로부터 1년을 기점으로 연간 쿠폰 지급하는 것으로 가정한다. 금리 곡선은 Table 6.49에서 제공된 분기 단위의 금리를 사용하여 구성되었다.

Table 6.48 채권 포트폴리오 및 벤치마크 정보

	포트폴리오 비중(%)	벤치마크 비중(%)	포트폴리오 수익률(%)	벤치마크 수익률(%)	포트폴리오 수정 듀레이션	벤치마크 수정듀레이션
국고채 3% T+3	10	0	-0.20		2.87	
국고채 4.5% T+5	10	25	-0.95	-0.95	4.53	4.53
국고채 5% T+7	15	0	-2.68		6.04	
회사채 6.5% T+7	25	0	-2.78		5.86	
국고채 6% T+10	10	25	-3.85	-3.85	7.93	7.93
국고채 5.5% T+12	10	25	-4.53	-4.53	9.28	9.28
국고채 3% T+14	10	0	-6.18		11.42	
국고채 4% T+15	10	25	-6.11	-6.11	11.57	11.57
포트폴리오	100	100	-3.28	-3.86	7.13	8.33

Table 6.49 구간별 시작 및 종료 시점 금리

Year	Quarter	구간 초 금리(%)	구간 말 금리(%)
1 year	3rd quarter	1.25	1.73
	4th quarter	1.25	1.73
2 years	1st quarter	1.28	1.77
	2nd quarter	1.32	1.82
	3rd quarter	1.35	1.85
	4th quarter	1.38	1.89
3 years	1st quarter	1.42	1.94
	2nd quarter	1.45	1.98
	3rd quarter	1.48	2.01
	4th quarter	1.52	2.05
4 years	1st quarter	1.55	2.09
	2nd quarter	1.58	2.13
	3rd quarter	1.62	2.16
	4th quarter	1.65	2.21
5 years	1st quarter	1.68	2.24
	2nd quarter	1.71	2.29
	3rd quarter	1.74	2.33
	4th quarter	1.77	2.38
6 years	1st quarter	1.80	2.44
	2nd quarter	1.83	2.50
	3rd quarter	1.85	2.56
	4th quarter	1.88	2.62
7 years	1st quarter	1.91	2.67
	2nd quarter	1.94	2.72
	3rd quarter	1.97	2.77
	4th quarter	2.00	2.80
8 years	1st quarter	2.03	2.83
	2nd quarter	2.05	2.85
	3rd quarter	2.08	2.88
	4th quarter	2.10	2.90
9 years	1st quarter	2.13	2.93
	2nd quarter	2.15	2.95
	3rd quarter	2.18	2.96
	4th quarter	2.20	2.98
10 years	1st quarter	2.22	3.00

	2nd quarter	2.23	3.01
	3rd quarter	2.25	3.01
	4th quarter	2.26	3.02
11 years	1st quarter	2.27	3.03
	2nd quarter	2.28	3.03
	3rd quarter	2.30	3.03
	4th quarter	2.31	3.04
12 years	1st quarter	2.33	3.04
	2nd quarter	2.33	3.04
	3rd quarter	2.34	3.05
	4th quarter	2.35	3.05
13 years	1st quarter	2.36	3.07
	2nd quarter	2.37	3.07
	3rd quarter	2.38	3.08
	4th quarter	2.39	3.09
14 years	1st quarter	2.40	3.11
	2nd quarter	2.41	3.11
	3rd quarter	2.42	3.12
	4th quarter	2.43	3.14
15 years	1st quarter	2.44	3.14
	2nd quarter	2.45	3.15
	3rd quarter	2.45	3.15
	4th quarter	2.46	3.15

Table 6.49의 금리와 식 5.113을 사용하여, Table 6.48에 있는 국고채 중 하나의 기간 초와 기간 말의 평가액이 각각 Table 6.50과 Table 6.51에서 계산된다. 기간 초와 기간 말 사이의 금리 곡선의 변화는 Table 6.52에 나타낸 대로 곡선 이동, 기울기 및 곡률 변화로 설명될 수 있다. 포트폴리오와 벤치마크에 포함된 각 채권에 대해 롤다운과 Table 6.53부터 Table 6.56까지 금리 곡선의 이동에 따른 가격 변화를 계산할 수 있다.

Table 6.50 10년 만기 국고채(쿠폰 6%)의 기간 초 평가액

	현금흐름	현물금리(%)	현재가치
1 year	6	1.25	5.93
2 years	6	1.38	5.85
3 years	6	1.52	5.74
4 years	6	1.65	5.62
5 years	6	1.77	5.50
6 years	6	1.88	5.36
7 years	6	2.00	5.22
8 years	6	2.10	5.08
9 years	6	2.20	4.93
10 years	106	2.26	84.78
평가액			134.00

Table 6.51 10년 만기 국고채(쿠폰 6%)의 기간 말 평가액

	현금흐름	현물금리(%)	현재가치
0.75 year	6	1.73	5.92
1.75 years	6	1.85	5.81
2.75 years	6	2.01	5.68
3.75 years	6	2.16	5.54
4.75 years	6	2.33	5.38
5.75 years	6	2.56	5.19
6.75 years	6	2.77	4.99
7.75 years	6	2.88	4.82
8.75 years	6	2.96	4.65
9.75 years	106	3.01	79.37
평가액			127.34

Table 6.52 금리 곡선의 변화

Year	Quarter	구간 초 금리(%)	+ 평행 이동(%)	+ 금리 기울기(%)	+금리 곡률(%)
1 year	3rd quarter	1.25	1.75	1.75	1.73
	4th quarter	1.25	1.75	1.75	1.73
2 years	1st quarter	1.28	1.78	1.79	1.77
	2nd quarter	1.32	1.82	1.83	1.82
	3rd quarter	1.35	1.85	1.86	1.85
	4th quarter	1.38	1.88	1.90	1.89

3 years	1st quarter	1.42	1.92	1.94	1.94
	2nd quarter	1.45	1.95	1.98	1.98
	3rd quarter	1.48	1.98	2.01	2.01
	4th quarter	1.52	2.02	2.05	2.05
4 years	1st quarter	1.55	2.05	2.09	2.09
	2nd quarter	1.58	2.08	2.13	2.13
	3rd quarter	1.62	2.12	2.16	2.16
	4th quarter	1.65	2.15	2.20	2.21
5 years	1st quarter	1.68	2.18	2.23	2.24
	2nd quarter	1.71	2.21	2.27	2.29
	3rd quarter	1.74	2.24	2.30	2.33
	4th quarter	1.77	2.27	2.33	2.38
6 years	1st quarter	1.80	2.30	2.37	2.44
	2nd quarter	1.83	2.33	2.40	2.50
	3rd quarter	1.85	2.35	2.43	2.56
	4th quarter	1.88	2.38	2.47	2.62
7 years	1st quarter	1.91	2.41	2.50	2.67
	2nd quarter	1.94	2.44	2.53	2.72
	3rd quarter	1.97	2.47	2.57	2.77
	4th quarter	2.00	2.50	2.60	2.80
8 years	1st quarter	2.03	2.53	2.63	2.83
	2nd quarter	2.05	2.55	2.66	2.85
	3rd quarter	2.08	2.58	2.69	2.88
	4th quarter	2.10	2.60	2.72	2.90
9 years	1st quarter	2.13	2.63	2.75	2.93
	2nd quarter	2.15	2.65	2.78	2.95
	3rd quarter	2.18	2.68	2.80	2.96
	4th quarter	2.20	2.70	2.83	2.98
10 years	1st quarter	2.22	2.72	2.86	3.00
	2nd quarter	2.23	2.73	2.88	3.01
	3rd quarter	2.25	2.75	2.89	3.01
	4th quarter	2.26	2.76	2.91	3.02
11 years	1st quarter	2.27	2.77	2.93	3.03
	2nd quarter	2.28	2.78	2.94	3.03
	3rd quarter	2.30	2.80	2.96	3.03
	4th quarter	2.31	2.81	2.98	3.04
12 years	1st quarter	2.33	2.83	3.00	3.04

		2nd quarter	2.33	2.83	3.01	3.04
		3rd quarter	2.34	2.84	3.02	3.05
		4th quarter	2.35	2.85	3.03	3.05
13 years		1st quarter	2.36	2.86	3.05	3.07
		2nd quarter	2.37	2.87	3.06	3.07
		3rd quarter	2.38	2.88	3.07	3.08
		4th quarter	2.39	2.89	3.09	3.09
14 years		1st quarter	2.40	2.90	3.11	3.11
		2nd quarter	2.41	2.91	3.12	3.11
		3rd quarter	2.42	2.92	3.13	3.12
		4th quarter	2.43	2.93	3.15	3.14
15 years		1st quarter	2.44	2.94	3.16	3.14
		2nd quarter	2.45	2.95	3.17	3.15
		3rd quarter	2.45	2.95	3.18	3.15
		4th quarter	2.46	2.96	3.20	3.15

Table 6.53 10년 만기 국고채(쿠폰 6%)의 평가액 (롤다운 포함)

	현금흐름	현물금리(%)	현재가치
0.75 year	6	1.25	5.94
1.75 years	6	1.35	5.86
2.75 years	6	1.48	5.76
3.75 years	6	1.62	5.65
4.75 years	6	1.74	5.53
5.75 years	6	1.85	5.40
6.75 years	6	1.97	5.26
7.75 years	6	2.08	5.12
8.75 years	6	2.18	4.97
9.75 years	106	2.25	85.36
평가액			134.85

Table 6.54 10년 만기 국고채(쿠폰 6%)의 평가액 (평행이동 포함)

	현금흐름	현물금리(%)	현재가치
0.75 year	6	1.75	5.92
1.75 years	6	1.85	5.81
2.75 years	6	1.98	5.68
3.75 years	6	2.12	5.55

	현금흐름	현물금리(%)	현재가치
4.75 years	6	2.24	5.40
5.75 years	6	2.35	5.25
6.75 years	6	2.47	5.09
7.75 years	6	2.58	4.93
8.75 years	6	2.68	4.76
9.75 years	106	2.75	81.40
평가액			129.79

Table 6.55 10년 만기 국고채(쿠폰 6%)의 평가액 (기울기 포함)

	현금흐름	현물금리(%)	현재가치
0.75 year	6	1.75	5.92
1.75 years	6	1.86	5.81
2.75 years	6	2.01	5.68
3.75 years	6	2.16	5.54
4.75 years	6	2.30	5.39
5.75 years	6	2.43	5.23
6.75 years	6	2.57	5.06
7.75 years	6	2.69	4.89
8.75 years	6	2.80	4.71
9.75 years	106	2.89	80.28
평가액			128.49

Table 6.56 10년 만기 국고채(쿠폰 6%)의 평가액 (곡률 포함)

	현금흐름	현물금리(%)	현재가치
0.75 year	6	1.73	5.92
1.75 years	6	1.85	5.81
2.75 years	6	2.01	5.68
3.75 years	6	2.16	5.54
4.75 years	6	2.33	5.38
5.75 years	6	2.56	5.19
6.75 years	6	2.77	4.99
7.75 years	6	2.88	4.82
8.75 years	6	2.96	4.65
9.75 years	106	3.01	79.37
평가액			127.34

Exhibit 6.96에서는 각 성과요인이 계산된다.

Exhibit 6.96 10년 만기 국고채(쿠폰 6%) 수익률의 성과분해

분기 쿠폰 수익률

$$\text{쿠폰 효과} = \frac{6.0\%}{134 \times 4} = 1.21\% \quad (\text{식 }6.142\text{ 참고})$$

$$\text{Rolldown 효과} = \frac{\text{Price}_{Roll} - \text{Price}_S}{\text{Price}_S} \tag{6.147}$$

$$= \frac{134.85 - 134.0}{134.0} = 0.63\%$$

시간 경과로 발생한 수익은 $1.21\% + 0.63\% = 1.84\%$ 이다.

$$\text{평행이동 효과 (=Shift return)} = \frac{\text{Price}_{Shift} - \text{Price}_{Roll}}{\text{Price}_S} \tag{6.148}$$

$$= \frac{129.79 - 134.85}{134.0} = -3.78\%$$

$$\text{기울기 효과 (=Slope return)} = \frac{\text{Price}_{Slope} - \text{Price}_{Shift}}{\text{Price}_S} \tag{6.149}$$

$$= \frac{128.49 - 129.79}{134.0} = -0.97\%$$

$$\text{곡률 효과 (=Curvature return)} = \frac{\text{Price}_{Curve} - \text{Price}_{Slope}}{\text{Price}_S} \tag{6.150}$$

$$= \frac{127.34 - 128.49}{134.0} = -0.86\%$$

$$\text{Clean price return} = \frac{\text{Price}_E - \text{Price}_S}{\text{Price}_S} \tag{6.151}$$

$$= \frac{127.34 - 134.0}{134.0} = -4.97\%$$

Clean Price Return = Rolldown 효과 + 평행이동 효과 + 기울기 효과 + 곡률 효과
$= 0.63\% - 3.78\% - 0.97\% - 0.86\% = -4.97\%$

총 수익률(Total return) = 쿠폰 + Clean Price Return $= 1.12\% - 4.97\% = -3.85\%$

포트폴리오와 벤치마크에 있는 각 채권에 대해 위와 동일한 방식으로 수익률 분해를 할 수 있다. 회사채의 경우, 추가적으로 신용 리스크에 노출되어 있으며, 회사채의 미래 현금 흐름은 추가적인 디폴트 위험으로 인해 더 높은 금리로 할인된다. 이 예시에서는 신용 스프레드가 확대되어 추가적인 부진한 성과가 반영되었다.

포트폴리오 수익률에 대한 기여도는 Table 6.57에 정리되어 있으며, 벤치마크 수익률에 대한 기여도는 Table 6.58에 정리되어 있다. 초과수익률에 대한 성과분해 결과는 Table 6.59에 요약되어 있다.

포트폴리오는 0.58%의 초과수익률을 기록했다. 이 중 0.02%는 투자 시작 시점에서 구조적으로 더 높은 쿠폰으로 이미 '내재화'된 초과성과였으며, 이는 금리나 신용 스프레드가 변하더라도 변동하지 않는다. 금리가 0.5%만큼 병렬적으로 상승했으며, 포트폴리오의 듀레이션이 짧아 이로 인해 0.58%의 초과성과가 발생했다. 금리곡선에 대한 포지셔닝은 다소 긍정적이었으나, 금리가 단기보다 장기에서 더 많이 상승했고, 포트폴리오는 중간 부분의 익스포저가 조금 더 커서 -0.19%의 성과를 기록하였다. 또한, 포트폴리오는 신용 스프레드 확대로 인해 -0.13%의 성과를 기록하였다.

Table 6.57 채권 포트폴리오의 요인별 기여도

	비중(%)	쿠폰(%)	Rolldown(%)	평행이동(%)	기울기(%)	곡률(%)	신용스프레드(%)
국고채 3% T+3	10	0.07	0.05	-0.13	-0.01	0.00	0.00
국고채 4.5% T+5	10	0.10	0.06	-0.21	-0.03	-0.01	0.00
국고채 5% T+7	15	0.16	0.10	-0.43	-0.08	-0.15	0.00
회사채 6.5% T+7	25	0.32	0.17	-0.69	-0.12	-0.23	-0.13
국고채 6% T+10	10	0.11	0.06	-0.38	-0.10	-0.09	0.00
국고채 5.5% T+12	10	0.10	0.06	-0.44	-0.14	-0.04	0.00
국고채 3% T+14	10	0.07	0.07	-0.54	-0.20	-0.01	0.00
국고채 4% T+15	10	0.08	0.07	-0.55	-0.22	0.00	0.00
포트폴리오	100	1.01	0.63	-3.38	-0.88	-0.53	-0.13

Table 6.58 채권 벤치마크의 요인별 기여도

	비중(%)	쿠폰(%)	Rolldown(%)	평행이동(%)	기울기(%)	곡률(%)	신용스프레드(%)
국고채 3% T+3	0	0.00	0.00	0.00	0.00	0.00	0.00
국고채 4.5% T+5	25	0.25	0.14	-0.53	-0.06	-0.03	0.00
국고채 5% T+7	0	0.00	0.00	0.00	0.00	0.00	0.00
회사채 6.5% T+7	0	0.00	0.00	0.00	0.00	0.00	0.00
국고채 6% T+10	25	0.28	0.16	-0.94	-0.24	-0.21	0.00

국고채 5.5% T+12	25	0.26	0.16	-1.10	-0.34	-0.10	0.00
국고채 3% T+14	0	0.00	0.00	0.00	0.00	0.00	0.00
국고채 4% T+15	25	0.21	0.17	-1.38	-0.54	0.01	0.00
포트폴리오	100	0.99	0.63	-3.96	-1.19	-0.34	0.00

Table 6.59 초과수익률의 요인별 기여도

	쿠폰 (%)	Rolldown (%)	평행이동 (%)	기울기 (%)	곡률 (%)	신용 스프레드(%)	합계 (%)
국고채 3% T+3	0.07	0.05	-0.13	-0.01	0.00	0.00	**-0.02**
국고채 4.5% T+5	-0.15	-0.08	0.32	0.04	0.02	0.00	**0.14**
국고채 5% T+7	0.16	0.10	-0.43	-0.08	-0.15	0.00	**-0.40**
회사채 6.5% T+7	0.32	0.17	-0.69	-0.12	-0.23	-0.13	**-0.70**
국고채 6% T+10	-0.17	-0.10	0.57	0.15	0.13	0.00	**0.58**
국고채 5.5% T+12	-0.15	-0.10	0.66	0.21	0.06	0.00	**0.68**
국고채 3% T+14	0.07	0.07	-0.54	-0.20	-0.01	0.00	**-0.62**
국고채 4% T+15	-0.12	-0.10	0.83	0.32	-0.01	0.00	**0.92**
포트폴리오	0.02	0.00	0.58	0.30	-0.19	-0.13	**0.58**

다기간 성과분해
(MULTI-PERIOD ATTRIBUTION)

4장에서 전체기간에 대해 산술적으로 계산된 초과수익률은 전체 기간을 나눈 각각의 하위기간에 대해 산술적으로 계산된 초과수익률들의 합과 일치하지 않는다는 것을 확인했다.

$$R - \overline{R} \neq \sum (R_t - \overline{R_t}) \tag{6.152}$$

따라서 전체 기간을 구성하는 하위기간에 대한 산술적 성과분해 요인들의 합과 전체 기간에 대한 산술적 성과분해 요인은 같지 않을 것을 예상할 수 있다. 적극적인 자산운용으로 인해 초과수익률은 시간이 지남에 따라 누적되며, 이는 다기간 분석 프레임에서 반드시 고려되어야 한다. 자연스럽게, 성과분해의 최종사용자와 자산소유자는 성과분해가 이러한 차이 없이 합산이 동일한 결과를 제공할 것을 기대한다. 일반적으로 성과분석 솔루션 업체들은 자사 방법론을 유지하면서 이러한 문제에 대한 해결책을 제시해 왔다.

이와 같은 해결책은 두 가지 유형이 있다. 하나는 Carino[36]와 Menchero[37]가 제안한 것과 같은 스무딩 알고리즘이고, 다른 하나는 GRAP[38], Frongello[39], 그리고 Bonafede, Forestri와 Matheos[40]이 제안한 연결 알고리즘이다.

스무딩 알고리즘은 성과분해에서 발생한 잔차를 다른 요인들에 체계적으로 재분배하는 방식이다. Carino는 로그를 사용하였고, Menchero는 잔차를 최적화된 방식으로 재분배하여 각 요인의 변화를 최소화한다. GRAP, Frongello, Bonafede 등은 시간에 따라 요인 효과를 누적(연결)시켜 동일한 결과를 도출하지만, 중요한 점은 이 방법들이 순서에 의존적이라는 것이다. 따라서 기간 순서를 반대로 하면 요인분해 결과가 달라진다. Frongello는 순서 의존성을 인정하면서 이를 강점으로 보지만, Laker[41]를 포함한 다른 사람들은 이를 약점으로 설명한다.

Davies와 Laker[42]는 Brinson 모형을 사용하여 포트폴리오 수준에서 다기간에 걸쳐 성과요인을 계산하기 위한 정확한 방법을 제시했다. 다만, 이 방법은 섹터 수준에서는 적용되지 않는다.

> **Note**
> 이 방법들은 블랙박스[43]처럼 보일 수 있다. 이러한 방법들은 이해할 필요 없이 사용되며, 사실 합산되어서는 안 되는 숫자들이 합산되도록 하는 표현상의 편리함에 불과하다. 만약 산술 초과수익률이 사용되어야 한다면, 스무딩 또는 연결 알고리즘을 사용해야 하며, 사용의 근거는 표현상의 편의성 외에는 찾기 어렵다. 어떤 소프트웨어 선택에 따라 사용되는 방법이 결정된다. 성과분해 결과는 약간 다를 수 있지만, 해석에는 큰 차이가 없다.

---

36 Carino, "Combining Attribution Effects Over Time"(1999).
37 Menchero, "An Optimized Approach to Linking Attribution Effects Over Time"(2000).
38 GRAP(Groupe de Recherche en Attribution de Performance), "Synthese des modeles d'attribution de performance"(1997).
39 Frongello, "Linking Single Period Attribution Results"(2002).
40 Bonafede, Foresti, and Matheos, "A Multi-Period Linking Algorithm That Has Stood the Test of Time"(2002).
41 Laker, "A View from Down Under"(2002).
42 Davies and Laker, "Multiple-period Performance Attribution Using the Brinson Model"(2001).

스무딩 알고리즘
(SMOOTHING ALGORITHMS)

Carino

Carino는 단일기간 성과가 시간이 지남에 따라 누적 성과로 변환하는 방식을 제안하였다. 식(3.12)에서 설명하였듯 연속복리 수익률은 더해질 수 있다.

Carino는 다음의 관계에 통해 k 계수를 제시하였다.

$$k_t = \frac{\ln(1+r_t) - \ln(1+b_t)}{r_t - b_t} \tag{6.153}$$

여기서, $r_t = b_t$ 이라면 $k_t = \frac{1}{(1+r_t)}$ 이다.

3장에서 언급한 바와 같이, 연속복리 수익률은 다음과 같다.

$$\ln(1+r) = \ln(1+r_1) + \ln(1+r_2) + \cdots + \ln(1+r_n) \tag{3.12}$$

벤치마크의 연속복리 수익률도 동일하게 산출된다.

$$\ln(1+b) = \ln(1+b_1) + \ln(1+b_2) + \cdots + \ln(1+b_n) \tag{6.154}$$

식 3.12에서 식 6.154을 차감하여 초과수익률을 다음과 같이 나타낼 수 있다.

$$\ln(1+r) - \ln(1+b) = \ln(1+r_1) - \ln(1+b_1) \cdots + \ln(1+r_n) - \ln(1+b_n) \tag{6.155}$$

식 6.153을 식 6.155에 대입하여 정리하면 다음과 같다.

$$\ln(1+r) - \ln(1+b) = \sum_{t=1}^{T} k_t \times (r_t - b_t) \tag{6.156}$$

---

43 항공기의 비행 기록 장치, 내부 작동 방식이 숨겨져 있거나 쉽게 알 수 없는 복잡한 시스템이나 장치를 의미한다.

전체기간에 대한 산술적 초과수익률로 변환하기 위해 Carino는 전체기간에 대한 k계수를 제안했다.

$$k = \frac{\ln(1+r) - \ln(1+b)}{r-b} \tag{6.157}$$

식 6.157을 식 6.156에 대입하면 다음과 같다.

$$r - b = \sum_{t=1}^{n} \frac{k_t}{k} \times (r_t - b_t) \tag{6.158}$$

$(r_t - b_t)$를 각 기간에 대한 성과요인인 A_t(배분효과) + S_t(선정효과) + I_t(교차효과)로 대체하면 다음과 같다.

$$r - b = \sum_{t=1}^{n} \frac{k_t}{k} \times A_t + \sum_{t=1}^{n} \frac{k_t}{k} \times S_t + \sum_{t=1}^{n} \frac{k_t}{k} \times I_t \tag{6.159}$$

Table 6.60의 예시 데이터는 Table 6.6의 데이터를 분기별 데이터로 확장한 것이다. 포트폴리오 연수익률은 3.86%이며, 벤치마크 연수익률은 -9.41%이다. 분기별 성과요인을 합하여 벤치마크 대비 초과수익률인 13.27%를 도출하려고 한다.

Table 6.60 예시 분기 데이터

	포트폴리오 비중 (%)	벤치마크 비중 (%)	포트폴리오 수익률 (%)	벤치마크 수익률 (%)	자산배분 효과 (%)	종목선정 효과 (%)
1분기						
영국주식	40	40	20	10	0.0	4.0
일본주식	30	20	-5	-4	-1.04	-0.3
미국주식	30	40	6	8	-0.16	-0.6
포트폴리오	100	100	8.3	6.4	-1.2	3.1
2분기						
영국주식	70	40	-5	-7	-0.72	1.4
일본주식	20	30	3	4	-0.86	-0.2
미국주식	10	30	-5	-10	1.08	0.5

포트폴리오	100	100	-3.4	-4.6	-0.5	1.7
3분기						
영국주식	30	50	-20	-25	2.5	1.5
일본주식	50	40	8	5	1.75	1.5
미국주식	20	10	-15	-20	-0.75	1.0
포트폴리오	100	100	-5.0	-12.5	3.5	4.0
4분기						
영국주식	30	40	10	5	-0.3	1.5
일본주식	50	40	-7	-5	-0.7	-1.0
미국주식	20	20	25	10	0.0	3.0
포트폴리오	100	100	4.5	2.0	-1.0	3.5
연수익률			3.86	-9.41		

Exhibit 6.97에서는 각 분기별 및 전체 기간에 대한 Carino 계수가 다음과 같이 계산된다.

Exhibit 6.97 Carino 계수

$$k_t = \frac{\ln(1+r_t) - \ln(1+b_t)}{r_t - b_t}$$

1분기 $\quad k_1 = \frac{(\ln 1.083 - \ln 1.064)}{(8.3\% - 6.4\%)} = 0.93156$

2분기 $\quad k_2 = \frac{(\ln 0.966 - \ln 0.954)}{(-3.4\% + 4.6\%)} = 1.04168$

3분기 $\quad k_3 = \frac{(\ln 0.95 - \ln 0.875)}{(-5.0\% + 12.5\%)} = 1.09651$

4분기 $\quad k_4 = \frac{(\ln 1.045 - \ln 1.02)}{(4.5\% - 2.0\%)} = 0.96857$

1년 $\quad k = \frac{(\ln 1.0386 - \ln 0.9059)}{(3.86\% + 9.41\%)} = 1.03013$

Exhibit 6.97에서 계산된 Carino 계수를 사용하여, 1분기 성과요인을 전체기간(1년) 기준으로 다음과 같이 조정하였다.

Exhibit 6.98 Carino 계수를 사용하여 1분기 성과분해 조정

영국주식 자산배분효과	$0\% \times \dfrac{k_1}{k} = 0\% \times \dfrac{0.93156}{1.03013} = 0\%$	
일본주식 자산배분효과	$-1.04\% \times \dfrac{0.93156}{1.03013} = -0.94\%$	
미국주식 자산배분효과	$-0.16\% \times \dfrac{0.93156}{1.03013} = -0.14\%$	
영국주식 종목선택효과	$4.0\% \times \dfrac{0.93156}{1.03013} = 3.62\%$	
일본주식 종목선택효과	$-0.3\% \times \dfrac{0.93156}{1.03013} = -0.27\%$	
미국주식 종목선택효과	$-0.6\% \times \dfrac{0.93156}{1.03013} = -0.54\%$	

Exhibit 6.98의 과정을 4개 분기에 걸쳐 반복하여, Table 6.61에 제시된 전체 기간(1년) 기준으로 산출된 Carino 계수로 조정한 후, 결과로 나온 조정된 성과요인을 모두 합산하면 연간 벤치마크 대비 초과수익률인 13.27%와 일치함을 확인할 수 있다. 이 방법은 이해하기 쉽지만, 분석 기간을 수정하는 경우 모든 하위기간에 대한 성과요인을 연장된 전체 기간 기준의 새로운 Carino 계수로 조정하는 추가작업이 필요하다.

Table 6.61 조정된 분기별 성과분해 (Carino 방법)

	기존 산술적 성과분해		Carino 방법 조정한 성과분해	
	자산배분효과 (%)	종목선택효과 (%)	자산배분효과 (%)	종목선택효과 (%)
1분기				
영국주식	0.0	4.0	0.0	3.62
일본주식	-1.04	-0.3	-0.94	-0.27
미국주식	-0.16	-0.6	-0.14	-0.54
포트폴리오	**-1.2**	**3.1**	**-1.09**	**2.80**
2분기				
영국주식	-0.72	1.4	-0.73	1.42
일본주식	-0.86	-0.2	-0.87	-0.2

	포트폴리오 수익률 (%)	벤치마크 수익률 (%)	자산배분효과 (%)	종목선택효과 (%)
미국주식	1.08	0.5	1.09	0.51
포트폴리오	-0.5	1.7	-0.51	1.72
3분기				
영국주식	2.5	1.5	2.66	1.60
일본주식	1.75	1.5	1.86	1.60
미국주식	-0.75	1.0	-0.8	1.06
포트폴리오	3.5	4.0	3.73	4.26
4분기				
영국주식	-0.3	1.5	-0.28	1.41
일본주식	-0.7	-1.0	-0.66	-0.94
미국주식	0.0	3.0	0.0	2.82
포트폴리오	-1.0	3.5	-0.94	3.29
연(1~4분기)				
영국주식			1.65	8.04
일본주식			-0.60	0.18
미국주식			0.15	3.85
포트폴리오			1.20	12.07
	포트폴리오 수익률 (%)	벤치마크 수익률 (%)	자산배분효과 (%)	종목선택효과 (%)
포트폴리오	3.86	-9.41	1.20	12.07

Menchero

Menchero는 Carino와 유사하지만, 더 정교한 방법을 제안했다. 상수 M의 개념을 도입하여 기하복리수익률을 조정하는 방법을 식 6.160과 같이 제안하였다.

$$r - b \approx M \times \sum_{t=1}^{T}(r_t - b_t) \tag{6.160}$$

이론적으로, Menchero의 M은 포트폴리오와 벤치마크 산술적 평균 수익률 차이를 포트폴리오와 벤치마크 기하학적 평균 수익률의 차이로 나눈 비율을 의미한다.

$$M = \frac{(r-b)/T}{[(1+r)^{1/T} - (1-b)^{1/T}]} \tag{6.161}$$

$$\text{If } \quad r = b \quad \text{set} \quad M = (1+r)^{\frac{(T-1)}{T}} \tag{6.162}$$

위와 같이 M을 정의하고 식 6.155에 대입하여도 여전히 잔차가 발생하게 된다. 잔차를 보정하기 위해, 아래 식과 같이 α_t를 정의하여 추가적으로 보정해 주어야 한다.

$$r - b = \sum_{t=1}^{T}(M + \alpha_t) \times (r_t - b_t) \tag{6.163}$$

$M + \alpha_t$ 이 균등분포가 될 수 있도록 하는 가능한 작은 α_t를 산출하고자, Menchero는 라그랑스 승수를 사용하여 α_t를 다음과 같이 정의하였다.

$$\alpha_t = \left(\frac{r - b - M \times \sum_{t=1}^{T}(r_t - b_t)}{\sum_{t=1}^{T}(r_t - b_t)^2} \right) \times (r_t - b_t) \tag{6.164}$$

이를 통해 초과수익률의 성과요인은 다음과 같이 조정된다.

$$r - b = \sum_{t=1}^{n}(M + \alpha_t) \times A_t + \sum_{t=1}^{n}(M + \alpha_t) \times S_t + \sum_{t=1}^{n}(M + \alpha_t) \times I_t \tag{6.165}$$

Table 6.60 데이터를 기준으로 각 분기(하위기간) 및 전체기간에 대해 산출한 Menchero 요인이 Exhibit 6.99에 계산되어 있다. 첫 번째 분기의 조정된 Menchero 요인은 Exhibit 6.100에서 계산되어 있다.

Exhibit 6.100의 과정을 2~4분기에 대해서도 확장할 수 있으며, 이 과정에서 수정된 모든 분기(1~4분기) 개별 성과요인의 합은 전체기간 기준 벤치마크 대비 초과수익률 3.86%-(-9.41%) = 13.27%과 동일해지는 것을 Table 6.62에서 확인할 수 있다. Carino와 접근방식에서 약간 차이는 있지만, 이 방법론 역시 전체기간 벤치마크 대비 초과수익률과 하위기간 성과요인의 합이 일치되는 것을 확인할 수 있다. 분석기간을 연장하거나 축소함에 따라, 분석기간의 하위기간(개별기간)에 대한 조정계수를 재산출하여 개별 하위기간의 성과요인들을 조정해야 한다. 이러한 과정으로 인해 번거롭고 직관성이 떨어진다는 의견도 있다.

Exhibit 6.99 Menchero 요인

$$a_t = \left(\frac{r - b - M \times \sum_{t=1}^{T}(r_t - b_t)}{\sum_{t=1}^{T}(r_t - b_t)^2} \right) \times (r_t - b_t)$$

$$M = \frac{(+3.86\% + 9.41\%)/4}{[(1.0386)^{1/4} - (0.9059)^{1/4}]} = 0.97813$$

$$\sum_{t=1}^{T}(r_t - b_t) = (8.3\% - 6.4\% - 3.4\% + 4.6\% - 5.0\% + 12.5\% + 4.5\% + 2\%) = 13.1\%$$

$$\sum_{t=1}^{T}(r_t - b_t)^2 = (1.9\%)^2 + (1.2\%)^2 + (7.5\%)^2 + (2.5\%)^2 = 0.6755\%$$

Table 6.61의 데이터에 적용하면 다음과 같다.

$$a_t = \left(\frac{3.86\% + 9.41\% - 0.97813 \times 13.1\%}{0.6755\%} \right) \times (r_t - b_t) = 0.6755 \times (r_t - b_t)$$

1분기 $\quad a_1 = 0.6755 \times (8.3\% - 6.4\%) = 0.01284$

2분기 $\quad a_2 = 0.6755 \times (-3.2\% + 4.6\%) = 0.00946$

3분기 $\quad a_3 = 0.6755 \times (-5.0\% + 12.5\%) = 0.05068$

4분기 $\quad a_4 = 0.6755 \times (4.5\% - 2\%) = 0.01689$

Exhibit 6.100 1분기 성과분해 조정 (Menchero 방법)

영국주식 자산배분효과	$0\% \times (M + a_1) = 0\% \times (0.97813 + 0.01284) = 0\%$
일본주식 자산배분효과	$-1.04\% \times (0.97813 + 0.01284) = -1.03\%$
미국주식 자산배분효과	$-0.16\% \times (0.97813 + 0.01284) = -0.16\%$
영국주식 종목선택효과	$4.0\% \times (0.97813 + 0.01284) = 3.96\%$
일본주식 종목선택효과	$-0.3\% \times (0.97813 + 0.01284) = -0.3\%$
미국주식 종목선택효과	$-0.6\% \times (0.97813 + 0.01284) = -0.59\%$

Table 6.62 조정된 분기별 성과분해 (Menchero 방법)

	기존 산술적 성과분해		Menchero 방법 조정된 성과분해	
	자산배분효과(%)	종목선택효과(%)	자산배분효과(%)	종목선택효과(%)
1분기				
영구주식	0.0	4.0	0.0	3.96
일본주식	-1.04	-0.3	-0.94	-0.30
미국주식	-0.16	-0.6	-0.14	-0.59
포트폴리오	-1.2	3.1	-1.19	3.07
2분기				
영구주식	-0.72	1.4	-0.71	1.38
일본주식	-0.86	-0.2	-0.85	-0.2
미국주식	1.08	0.5	1.07	0.49
포트폴리오	-0.5	1.7	-0.49	1.68
3분기				
영구주식	2.5	1.5	2.57	1.54
일본주식	1.75	1.5	1.80	1.54
미국주식	-0.75	1.0	-0.77	1.03
포트폴리오	3.5	4.0	3.60	4.11
4분기				
영구주식	-0.3	1.5	-0.30	1.49
일본주식	-0.7	-1.0	-0.70	-0.99
미국주식	0.0	3.0	0.0	2.98
포트폴리오	-1.0	3.5	-0.99	3.48
1년(1~4분기)				
영구주식			1.56	8.38
일본주식			-0.78	0.05
미국주식			0.14	3.91
포트폴리오			0.92	12.34
	포트폴리오 수익률(%)	벤치마크 수익률(%)	자산배분효과(%)	종목선택효과(%)
포트폴리오	3.86	-9.41	0.92	12.34

연결 함수
(LINKING ALGORITHMS)

GARP method

Carino와 Menchero의 방법론은 특정 기간(전체기간) 수익률과 해당 기간을 구성하는 개별 기간(하위 기간) 수익률들의 합의 불일치로 발생하는 잔차를 모든 성과요인에 구조적으로 배분하는 스무딩 알고리즘이다.

파리를 중심으로 활동하는 성과분석 전문가 집단인 GRAP는 다른 접근방식인 연결 함수를 사용할 것을 제안하였다.

a_t를 t 기간의 산술적 초과수익률로 정의하면 다음과 같다.

$$r_1 = b_1 + a_1 \text{ for 1분기} \quad / \quad r_2 = b_2 + a_2 \text{ for 2분기}$$

1분기 ~ 2분기에 대한 전체 수익률과 초과 수익률은 다음과 같다.

$$\begin{aligned}(1+r) &= (1+b_1+a_1) \times (1+b_2+a_2) \\ &= (1+b_1+a_1) \times (1+b_2) + (1+b_1+a_1) \times a_2 \\ &= (1+b_1) \times (1+b_2) + a_1 \times (1+b_2) + (1+r_1) \times a_2 \\ &= (1+b) + a_1 \times (1+b_2) + (1+r_1) \times a_2 \\ (r-b) &= a = a_1 \times (1+b_2) + (1+r_1) \times a_1 \end{aligned} \quad (6.166)$$

식을 보면, 1분기 초과수익률은 2분기 벤치마크 수익률로 재투자되며, 2분기 초과수익률은 1분기 포트폴리오 수익률에 의해 복리 계산된다.

n 기간에 대해 일반화하면 식 6.167과 같다.

$$a = \sum_{T=1}^{n} a_T \times \prod_{t=1}^{T-1}(1+r_t) \times \prod_{t=T+1}^{n}(1+b_t) \quad (6.167)$$

$t = T$ 기간 초과수익률은 $t = T$ 이전까지의 각 하위기간 포트폴리오 수익률로 복리 계산된 후, $t = T$ 이후에는 벤치마크 수익률로 재투자된다. 이는 다음과 같이 정리된다.

$$r - b = \sum_{T=1}^{n} (A_T + S_T + I_T) \times \prod_{t=1}^{T-1} (1 + r_t) \times \prod_{t=T+1}^{n} (1 + b_t) \tag{6.168}$$

GRAP 방법론으로 조정한 1분기 초과성과는 Exhibit 6.101과 같다.

Exhibit 6.101 조정된 1분기 성과분해 (GRAP 방법)

영국주식 자산배분효과	$0\% \times (1+b_2) \times (1+b_3) \times (1+b_4) = 0\% \times 0.954 \times 0.875 \times 1.02 = 0\%$
일본주식 자산배분효과	$-1.04\% \times 0.954 \times 0.875 \times 1.02 = -0.89\%$
미국주식 자산배분효과	$-0.16\% \times 0.954 \times 0.875 \times 1.02 = -0.14\%$
영국주식 종목선택효과	$4.0\% \times 0.954 \times 0.875 \times 1.02 = 3.41\%$
일본주식 종목선택효과	$-0.3\% \times 0.954 \times 0.875 \times 1.02 = -0.26\%$
미국주식 종목선택효과	$-0.6\% \times 0.954 \times 0.875 \times 1.02 = -0.51\%$

GRAP 방법론으로 수정한 2분기 초과성과는 Exhibit 6.102와 같다.

Exhibit 6.102 조정된 2분기 성과분해 (GRAP 방법)

영국주식 자산배분효과	$-0.72\% \times (1+r_1) \times (1+b_3) \times (1+b_4)$ $= -0.72\% \times 1.083 \times 0.875 \times 1.02 = -0.7\%$
일본주식 자산배분효과	$-0.86\% \times 1.083 \times 0.875 \times 1.02 = -0.83\%$
미국주식 자산배분효과	$1.08\% \times 1.083 \times 0.875 \times 1.02 = 1.04\%$
영국주식 종목선택효과	$1.4\% \times 1.083 \times 0.875 \times 1.02 = 1.35\%$
일본주식 종목선택효과	$-0.2\% \times 1.083 \times 0.875 \times 1.02 = -0.19\%$
미국주식 종목선택효과	$0.5\% \times 1.083 \times 0.875 \times 1.02 = 0.48\%$

Exhibit 6.101와 Exhibit 6.102의 과정을 전체 4분기로 확장하면 Table 6.63에 나오는 바와 같이 전체 4분기 조정된 성과요인의 산술적 합이 전체기간 벤치마크 대비 초과수익률과 같아지는 것을 확인할 수 있다.

이는 Carino나 Menchero와는 조금 다른 접근 방법이다.

Table 6.63 조정된 분기별 성과분해 (GRAP 방법)

	기존 산술적 성과분해		GRAP 방법론 조정된 성과분해	
	자산배분효과(%)	종목선택효과(%)	자산배분효과(%)	종목선택효과(%)
1분기				
영국주식	0.0	4.0	0.0	3.41
일본주식	-1.04	-0.3	-0.89	-0.26
미국주식	-0.16	-0.6	-0.14	-0.51
포트폴리오	-1.2	3.1	-1.04	2.64
2분기				
영국주식	-0.72	1.4	-0.70	1.35
일본주식	-0.86	-0.2	-0.83	-0.19
미국주식	1.08	0.5	1.04	0.48
포트폴리오	-0.5	1.7	-0.48	1.64
3분기				
영국주식	2.5	1.5	2.67	1.60
일본주식	1.75	1.5	1.87	1.60
미국주식	-0.75	1.0	-0.80	1.07
포트폴리오	3.5	4.0	3.73	4.27
4분기				
영국주식	-0.3	1.5	-0.30	1.49
일본주식	-0.7	-1.0	-0.70	-0.99
미국주식	0.0	3.0	0.0	2.98
포트폴리오	-1.0	3.5	-0.99	3.48
1년(1~4분기)				
영국주식			1.67	7.85
일본주식			-0.55	0.16
미국주식			0.11	4.02
포트폴리오			1.24	12.03
	포트폴리오 수익률(%)	벤치마크 수익률(%)	자산배분효과 (%)	종목선택효과 (%)
포트폴리오	3.86	-9.41	1.24	12.03

Frongello 방법

Frongello(2002)는 GRAP과 유사한 접근방식(Linking Approach)으로, 다음 방식을 제안했다.

$$f_T = a_T \times \prod_{t=1}^{T-1}(1+r_t) + b_T \times \sum_{t=1}^{T-1} f_t \tag{6.169}$$

여기서, f_t는 Frongello 방식으로 조정한 t기간 성과분해를 의미한다.

위 식의 첫 번째 부분은 각 하위기간 산술적 초과수익률을 이전 기간($T-1$)까지의 포트폴리오 누적수익률과 곱한 것이고, 식의 두 번째 부분은 Exhibit 6.103에서 설명한 부분과 같이 ($T-1$)까지 Frongello 방법으로 조정된 각 구간 초과수익률들의 합에 T 구간 벤치마크 수익률로 곱한 부분이다.

Exhibit 6.103 조정된 2분기 성과분해 (Frongello 방법)

Frongello 방법으로 성과분해 조정 시 1분기 성과는 조정하지 않음	
영국주식 자산배분효과	$-0.72\% \times (1+r_1) + b_2 \times f_1 = -0.72\% \times 1.083 - 0.046 \times 0.0 = -0.78\%$
일본주식 자산배분효과	$-0.86\% \times 1.083 - 0.046 \times -1.04\% = -0.88\%$
미국주식 자산배분효과	$1.08\% \times 1.083 - 0.046 \times -0.16\% = 1.18\%$
영국주식 종목선택효과	$1.4\% \times 1.083 - 0.046 \times 4.0 = 1.33\%$
일본주식 종목선택효과	$-0.2\% \times 1.083 - 0.046 \times -0.30 = -0.2\%$
미국주식 종목선택효과	$0.5\% \times 1.083 - 0.046 \times -0.6 = 0.57\%$

식은 다음과 같이 정리할 수 있다.

$$a = r - b - \sum_{T=1}^{n}(A_T + S_T + I_T) \times \prod_{t=1}^{T-1}(1+r_t) + b_T \times \sum_{t=1}^{T-1} f_t \tag{6.170}$$

3분기 성과요인을 Frongello 방법으로 조정하면 Exhibit 6.104와 같다.

Exhibit 6.104 조정된 3분기 성과분해 (Frongello 방법)

영국주식 자산배분효과	$2.5\% \times (1+r_1) \times (1+r_2) + b_3 \times (f_2+f_1) = 2.5\% \times 1.083 \times 0.966$ $-0.125 \times (-0.78 + 0.0\%) = 2.71\%$
일본주식 자산배분효과	$1.75\% \times 1.083 \times 0.966 \times -0.125 \times (-0.88\% - 1.04\%) = 2.07\%$
미국주식 자산배분효과	$-0.75\% \times 1.083 \times 0.966 \times -0.125 \times (1.18\% - 0.16\%) = -0.91\%$
영국주식 종목선택효과	$1.5\% \times 1.083 \times 0.966 \times -0.125 \times (1.33\% + 4.0\%) = 0.9\%$
일본주식 종목선택효과	$1.5\% \times 1.083 \times 0.966 \times -0.125 \times (-0.2\% - 0.3\%) = 1.63\%$
미국주식 종목선택효과	$1.0\% \times 1.083 \times 0.966 \times -0.125 \times (0.57\% - 0.6\%) = 1.05\%$

Table 6.64 조정된 분기별 성과분해 (Frongello 방법)

	기존 산술적 성과분해		Frongello 방법 조정된 성과분해	
	자산배분효과(%)	종목선택효과(%)	자산배분효과(%)	종목선택효과(%)
1분기				
영구주식	0.0	4.0	0.0	4.0
일본주식	-1.04	-0.3	-1.04	-0.3
미국주식	-0.16	-0.6	-0.16	-0.6
포트폴리오	-1.2	3.1	-1.2	3.1
2분기				
영구주식	-0.72	1.4	-0.78	1.33
일본주식	-0.86	-0.2	-0.88	-0.50
미국주식	1.08	0.5	1.18	0.57
포트폴리오	-0.5	1.7	-0.49	1.70
3분기				
영구주식	2.5	1.5	2.71	0.90
일본주식	1.75	1.5	2.07	1.63
미국주식	-0.75	1.0	-0.91	1.05
포트폴리오	3.5	4.0	3.87	3.58
4분기				
영구주식	-0.3	1.5	-0.26	1.62
일본주식	-0.7	-1.0	-0.69	-0.97
미국주식	0.0	3.0	0.0	3.00
포트폴리오	-1.0	3.5	-0.95	3.65
1년(1~4분기)				
영구주식			1.67	7.85
일본주식			-0.55	0.16
미국주식			0.11	4.02
포트폴리오			1.24	12.03
	포트폴리오 수익률(%)	벤치마크 수익률(%)	자산배분효과(%)	종목선택효과(%)
포트폴리오	3.86	-9.41	1.24	12.03

Exhibit 6.103과 Exhibit 6.104의 과정을 전체 4분기에 확장 적용한 결과인 Table 6.64를 살펴보면, 전체기간 산술적 초과수익률과 각 구간 조정된 성과요인 합이 같아짐을 확인할 수 있다.

GRAP 방법론을 적용한 전체 기간에 대한 성과분해 내역과 Frongello 방법론을 적용한 전체 기간에 대한 성과분해 내역은 동일하게 산출된다.

두 방법론 모두 데이터의 정렬순서에 따라 결과가 다르게 산출된다. 즉, 분기 데이터 순서가 변경에 따라 산출되는 결과가 달라진다.

> **Note**
> 데이터 정렬순서에 의존적임에도 불구하고, 직관적이며 계산의 편의성으로 Carino나 Menchero 방법론보다 선호될 수도 있다. 참고로 Carino나 Menchero 방법은 분석대상 기간이 연장될 때마다 재계산해야 하는 비효율적인 부분도 있다.

Davies와 Laker 방법

Davies와 Laker는 Brinson 모형을 다기간에 걸쳐 적용하자고 제안했던 Brinson, Hood 및 Beebower 모형을 언급하였으며, Kirievsky와 Kirievsky[44]의 연구를 참조하였다.

다기간 성과분해를 도출하기 위해, 각 명목 포트폴리오를 생성하여 성과분해하는 방식을 제안했다.

전체기간에 대한 산술적 초과수익률은 다음과 같이 정의된다.

$$r - b = \prod_{t=1}^{n}(1+r_t) - \prod_{t=1}^{n}(1+b_t) \tag{6.171}$$

자산배분효과 :

---

[44] Kirievsky and Kirievsky, "Attribution Analysis: Combining Attribution Effects Over Time Made Easy"(2000).

$$\prod_{t=1}^{n}(1+b_{S,t}) - \prod_{t=1}^{n}(1+b_t) \qquad (6.172)$$

여기서, $b_{S,t} = t$기간에 대한 자산배분 명목 포트폴리오(allocation notional fund)

$$b_S = \prod_{t=1}^{n}(1+b_{S,t}) - 1$$

종목선택효과 :

$$\prod_{t=1}^{n}(1+r_{S,t}) - \prod_{t=1}^{n}(1+b_t) \qquad (6.173)$$

여기서, $r_{S,t} = t$기간에 대한 종목선택 명목 포트폴리오(selection notional fund)

$$r_S = \prod_{t=1}^{n}(1+r_{S,t}) - 1$$

교차효과 :

$$\prod_{t=1}^{n}(1+b_t) = \prod_{t=1}^{n}(1+r_t) - \prod_{t=1}^{n}(1+r_{S,t}) - \prod_{t=1}^{n}(1+b_{S,t}) \qquad (6.174)$$

Davies와 Laker 방법론은 자산배분효과, 종목선택효과 및 교차효과로 성과분해한다. 그들의 2001년 논문에서는 각 요인을 산출하는 과정에서 섹터 수익률에 대해서 다루지는 않았지만, 섹터 기여도를 계산하기 위해 Carino유형의 알고리즘을 사용했다고 암시했다.

Table 6.60의 데이터를 다시 사용하여, Brinson 명목 포트폴리오를 분기별로 계산한 후 Exhibit 6.105에서 모든 기간에 대해 통합하였다.

Exhibit 6.105 Brinson 명목 포트폴리오

1분기

해당 분기 자산배분 명목 포트폴리오(allocation notional) 수익률 $b_{S,1} = \sum_{i=1}^{n} w_i \times b_i$ 는

$$b_{S,1} = 40\% \times 10\% + 30\% \times -4\% + 30\% \times 8\% = 5.2\%$$

해당 분기 종목선택 명목 포트폴리오(selection notional) 수익률 $r_{S,1} = \sum_{i=1}^{n} W_i \times r_i$ 는

$r_{S,1} = 40\% \times 20\% + 20\% \times -5\% + 40\% \times 6\% = 9.4\%$

2분기

$b_{S,2} = 70\% \times -7.0\% + 20\% \times 4.0\% + 10\% \times 10.0\% = -5.1\%$

$r_{S,2} = 40\% \times -5.0\% + 30\% \times 3.0\% + 30\% \times -5.0\% = -2.6\%$

3분기

$b_{S,3} = 50\% \times -20.0\% + 40\% \times 8.0\% + 10\% \times -15.0\% = -9.0\%$

$r_{S,3} = 30\% \times -25.0\% + 50\% \times 5.0\% + 20\% \times -20.0\% = -8.3\%$

4분기

$b_{S,4} = 30\% \times 5.0\% + 50\% \times -5.0\% + 20\% \times 10.0\% = 1.0\%$

$r_{S,4} = 40\% \times 5.0\% + 40\% \times -5.0\% + 20\% \times 10.0\% = 6.2\%$

명목 포트폴리오 복리수익률(Compounded notional funds)

$\prod_{t=1}^{n}(1+b_{S,t}) = 1.052 \times 0.949 \times 0.91 \times 1.01 = 0.9176$

$\prod_{t=1}^{n}(1+r_{S,t}) = 1.094 \times 0.974 \times 0.917 \times 1.062 = 1.0377$

전체 기간에 대한 '정확한' 성과분해는 Exhibit 6.106에서 산출되었다.

Exhibit 6.106 전체 기간 성과분해

$r = \prod_{t=1}^{n}(1+r_t) - 1 = 3.86\%$

$b = \prod_{t=1}^{n}(1+b_t) - 1 = -9.41\%$

$r_S = \prod_{t=1}^{n}(1+r_{S,t}) - 1 = 3.77\%$

$b_S = \prod_{t=1}^{n}(1+b_{S,t}) - 1 = -8.24\%$

초과수익률 $3.86\% + 9.41\% = 13.27\%$

종목선택효과 $3.77\% + 9.41\% = 13.18\%$

자산배분효과 $-8.24\% + 9.41\% = 1.17\%$

교차효과 $3.86\% - 3.77\% + 8.24\% - 9.41\% = -1.08\%$

$\underbrace{13.27\%}_{\text{초과수익률}} = \underbrace{13.18\%}_{\text{종목선택효과}} + \underbrace{1.17\%}_{\text{자산배분효과}} - \underbrace{1.08\%}_{\text{교차효과}}$

이 방법으로는 전체 기간에 대한 성과분해의 각 효과만 계산할 수 있다. 기간별의 효과를 산출하기 위해서는 각 요인에 대해 개별적 스무딩 알고리즘을 적용하여 산출해야 한다.

이 방법은 산술적 개념과 기하학적 개념을 결합한 것으로, 실제로 두 방법론 사이에서 발전한 방법론이라 할 수 있다.

Davies와 Laker 방법론은 Brinson 모형의 기본적 결점인 의미가 모호한 교차효과를 그대로 복리로 계산하여, 이 요인이 의미가 더욱 불분명해지는 결과를 초래하였다. 교차효과를 종목선택효과에 포함하여 종목선택효과를 다음과 같이 정의하는 것이 더 합리적일 수 있다.

$$\prod_{t=1}^{n}(1+r_t) - \prod_{t=1}^{n}(1+b_{St}) \qquad (6.175)$$

이를 통해 종목선택효과와 자산배분효과의 합으로 초과수익률을 설명할 수 있다.

$$r - b = \underbrace{\prod_{t=1}^{n}(1+r_t) - \prod_{t=1}^{n}(1+b_{St})}_{\text{종목선택효과}} + \underbrace{\prod_{t=1}^{n}(1+b_{St}) - \prod_{t=1}^{n}(1+b_t)}_{\text{자산배분효과}} \qquad (6.176)$$

다기간 기하학적 성과분해(Multi-period geometric attribution)

다기간 기하학적 성과분해는 다기간 산술적 성과분해와 같은 연결 문제를 가지고 있지 않다. 4장에서는 기하학적 초과수익률이 다기간에 대해서 복리로 계산된다는 것을 보여주었다. 기하학적 성과요인도 복리로 계산되어 단일기간 초과수익률을 분해할 수 있다. 따라서 식 6.32를 식 4.32에 대입하면 된다.

$$\prod_{t=1}^{n}(1+S_t^G) \times \prod_{t=1}^{n}(1+A_t^G) - 1 = g \qquad (6.177)$$

여기서, $S_t^G = t$기간 동안 종목선택에 대한 총 기하학적 성과요인
$A_t^G = t$기간 동안 자산배분에 대한 총 기하학적 성과요인

Table 6.65는 전체 4분기에 대한 기하학적 성과분해에 대한 내역이다.

Table 6.65 기하학적 분기별 성과분해

	기하학적 성과분해	
	자산배분효과(%)	종목선택효과(%)
1분기		
영국주식	0.0	3.8
일본주식	-0.98	-0.29
미국주식	-0.15	-0.57
포트폴리오	**-1.13**	**2.95**
2분기		
영국주식	-0.75	1.48
일본주식	-0.90	-0.21
미국주식	1.13	0.53
포트폴리오	**-0.52**	**1.79**
3분기		
영국주식	2.86	1.65
일본주식	2.00	1.65
미국주식	-0.86	1.10
포트폴리오	**4.0**	**4.40**
4분기		
영국주식	-0.29	1.49
일본주식	-0.69	-0.99
미국주식	0.0	2.97
포트폴리오	**-0.98**	**3.47**
	자산배분효과	종목선택효과
1년	**1.29**	**13.19**

다기간 산술적 성과분해와 달리, 성과측정기간이 변경되더라도 기간별 성과분해 내역에 대한 연속적인 조정 과정이 필요하지 않다. 전체 기간에 대한 성과분해 내역은 Exhibit 6.107에서와 같이 복리로 계산된다.

Exhibit 6.107 다기간 기하학적 성과분해

종목선택효과	$1.0295 \times 1.0179 \times 1.044 \times 1.0347 - 1 = 13.19\%$
자산배분효과	$0.9887 \times 0.9948 \times 1.04 \times 0.9902 - 1 = 1.29\%$
기하학적 초과성과	$\dfrac{1.0386}{0.9059} - 1 = 1.1319 \times 1.0129 - 1 = 14.64\%$

실제로 기하학적 성과분해 총 효과는 Exhibit 6.108과 같이 Davies와 Laker의 산술적 방법론의 기하학적 결합의 결과와 동일하다.

Exhibit 6.108 전체기간 기하학적 성과분해

$$r = \prod_{t=1}^{n}(1+r_t) - 1 = 3.86\%$$

$$b = \prod_{t=1}^{n}(1+b_t) - 1 = -9.41\%$$

$$b_S = \prod_{t=1}^{n}(1+b_{S,t}) - 1 = -8.24\%$$

초과수익률	$\dfrac{1.0386}{0.9295} - 1 = 14.64\%$
종목선택효과	$\dfrac{1.0386}{0.9176} - 1 = 13.19\%$
자산배분효과	$\dfrac{0.9176}{0.9059} - 1 = 1.29\%$

$$\underset{\text{초과주익률}}{14.64\%} = \underset{\text{종목선택효과}}{1.1319} \times \underset{\text{자산배분효과}}{1.0129} - 1$$

전체 기간에 대한 기하학적 성과요인을 계산할 때, 각 기간에 대한 기하학적 성과요인을 조정할 필요는 없다. 각 기간 내에서 각 카테고리의 기여효과는 총 기하학적 요인에 합산된다. 따라서 조정되지 않은 카테고리의 효과는 총합과 동일한 방식으로 복리 계산할 수 없다. 필요한 경우, 식 6.178을 따라 개별 카테고리의 효과를 조정하여 총 효과로 복리 계산할 수 있다.

$$\widehat{S_i} = (1+S_i) \times \left(\frac{1+S}{\prod_{i=1}^{n}(1+S_i)} \right)^{\left(\frac{|S_i|}{\sum |S_i|}\right)} - 1 \qquad (6.178)$$

여기서, $\widehat{S_i}$= 카테고리 i에 대한 조정된 기하학적 성과요인

1분기의 조정된 기하학적 종목선택효과는 Exhibit 6.109에 계산되어 있다. 조정은 매우 작으며, 전체 기간이 변경되더라도 조정할 필요가 없다.

Exhibit 6.109 조정된 종목선택효과

$$\prod_{i=1}^{n}(1+S_i) = 1.038 \times 0.9971 \times 0.9943 = 1.0291$$

$$\sum |S_i| = 3.8\% + 0.29\% + 0.53\% = 4.62\%$$

영국주식 $\quad 1.038 \times \left(\frac{1.0295}{1.02916}\right)^{\frac{3.8\%}{4.62\%}} - 1 = 3.83\%$

일본주식 $\quad 0.9971 \times \left(\frac{1.0295}{1.02916}\right)^{\frac{0.29\%}{4.62\%}} - 1 = -0.28\%$

미국주식 $\quad 0.9943 \times \left(\frac{1.0295}{1.02916}\right)^{\frac{0.57\%}{4.62\%}} - 1 = -0.57\%$

$$\prod_{i=1}^{n}(1+\widehat{S_i}) = 1.0383 \times 0.9972 \times 0.9943 = 1.0295$$

> **Note**
>
> 대부분 상황에서 연결방법(linking method)의 결과 해석은 크게 변경되지 않는다. 저자는 기하학적 초과수익률을 선호하며, 산술적 초과수익률을 분해하는 경우에는 GRAP 또는 Frongello 방법론 사용을 선호한다.

초과수익률의 연율화

포트폴리오 수익률이나 벤치마크 수익률과 마찬가지로, 초과수익률도 연율화될 수 있어야 하며, 실제로 연율화가 가능하다. 기하학적 초과수익률은 다기간 수익률을 복리로 계산하는 과정을 통해 변환될 수 있지만, 산술적 초과수익률은 그렇지

않다. Exhibit 3.22에 벤치마크 데이터를 추가하여 Exhibit 6.110에서 초과수익률을 연율화 하였다.

Exhibit 6.110 초과수익률의 연율화

	포트폴리오	벤치마크	산술적 초과수익률	기하학적 초과수익률
2003	10.5%	8.6%	+1.9%	+1.75%
2002	-5.6%	-8.1%	+2.5%	+2.72%
2001	23.4%	18.7%	+4.7%	+3.96%
2000	-15.7%	-13.2%	-2.5%	-2.88%
1999	8.9%	12.5%	-3.6%	-3.20%
누적	18.2%	15.70%	+2.5%	+2.15%
평균	4.3%	3.70%	+0.60%	n/a
연율화	3.4%	2.96%	+0.44%	+0.43%

초과수익률을 연율화하는 데 있어, 아래와 같은 세 가지 방법을 검토해 볼 수 있다.
(1) 누적 산술적 초과수익률에 대한 평균 :
$$\frac{2.5\%}{5} = 0.5\%$$
(2) 연도별 산술적 초과수익률에 대한 평균 :
$$4.3\% - 3.7\% = 0.6\%$$
(3) 연율화 수익률과 연율화 벤치마크 수익률의 산출적 차이 :
$$3.4\% - 2.96\% = 0.44\%$$
(1)과 (2)의 방법은 모두 부적절하다. 연율화 산술 초과수익률을 계산해야 하는 경우에는 (3)의 방법을 사용해야 한다.

기하학적 초과수익률을 사용하는 이유는 아래와 같이 세 가지 방법 모두 동일한 초과수익률이 산출되기 때문이다.

(1) 누적 기하학적 초과수익률에 대한 기하학적 평균:
$$(1.0216)^{1/5} - 1 = 0.43\%$$
(2) 연도별 기하학적 초과수익률에 대한 기하학적 평균:
$$(1.0175 \times 1.0272 \times 1.0396 \times 0.9712 \times 0.968)^{1/5} - 1 = 0.43\%$$
(3) 연율화 수익률의 기하학적 차이:
$$\frac{1.034}{1.0296} - 1 = 0.43\%$$

성과요인의 연율화

식 6.177에 통화를 반영하도록 식 6.118을 반영하여 확장하면 다음과 같다.

$$\prod_{t=1}^{n}(1+S_t^G) \times \prod_{t=1}^{n}(1+A_t^G) \times \prod_{t=1}^{n}(1+C_t^G) - 1 = g \qquad (6.179)$$

여기서, $C_t^G = t$기간 동안 통화효과에 따른 총 기하학적 성과요인

Exhibit 6.111을 참고하면, 연율화 종목선택효과, 자산배분효과 및 통화효과는 복리계산을 통해 연율화 기하학적 초과수익률로 합산될 수 있다. 기하학적 초과수익률은 일관성이 있으며, 다기간 내역을 연율화할 수도 있다. Carino와 Menchero의 방법론과 같이 잔차를 체계적으로 배분하는 방법은 분석기간이 길수록 기하학적 방법론에 비해 상대적으로 비효율적이고 해석력이 떨어질 수 있다.

Exhibit 6.111 성과요인의 연율화

	포트폴리오	벤치마크	기하학적 초과수익률	종목선택 효과	자산배분 효과	통화효과
2003	10.5%	8.6%	+1.75%	+2.3%	+1.8%	-2.30%
2002	-5.6%	-8.1%	+2.72%	+1.1%	+0.5%	+1.10%
2001	23.4%	18.7%	+3.96%	+0.7%	+1.1%	+2.11%
2000	-15.7%	-13.2%	-2.88%	-2.5%	-0.9%	+0.51%
1999	8.9%	12.5%	-3.20%	-2.7%	+1.1%	-1.60%
누적	18.2%	15.70%	+2.15%	-1.20%	+3.63%	-0.24%
연율화	3.4%	2.96%	+0.43%	-0.24%	+0.72%	-0.05%

종목선택효과 $(1.023 \times 1.011 \times 1.007 \times 0.975 \times 0.973)^{1/5} - 1 = -0.24\%$

자산배분효과 $(1.018 \times 1.005 \times 1.011 \times 0.991 \times 1.011)^{1/5} - 1 = +0.72\%$

통화효과 $(0.977 \times 1.011 \times 1.0211 \times 1.0051 \times 0.984)^{1/5} - 1 = -0.05\%$

참고:
$(\underbrace{0.988}_{\text{종목선택효과}} \times \underbrace{1.0363}_{\text{자산배분효과}} \times \underbrace{0.9976}_{\text{통화효과}}) - 1 = 2.15\%$ (누적)

그리고,
$(\underbrace{0.9976}_{\text{종목선택효과}} \times \underbrace{1.0072}_{\text{자산배분효과}} \times \underbrace{0.9995}_{\text{통화효과}}) - 1 = 0.43\%$ (연율화)

기여 분석/절대수익률 성과분해
(CONTRIBUTION ANALYSIS/ABSOLUTE RETURN ATTRIBUTION)

벤치마크나 절대 수익 전략이 없는 포트폴리오는 성과분해 정의에 적합하지 않다. 이는 벤치마크가 없어 비교할 기준이 없기 때문이다. 기여 분석은 포트폴리오의 총 수익률을 개별 상품이나 상품 유형별로 분해하여 포트폴리오 내 수익률의 원천에 대한 정보를 제공한다.

0% 수익률 또는 현금 수익률 벤치마크가 존재하더라도, 일반적인 성과분해는 여전히 적용될 수 있다. 포트폴리오 매니저가 절대 수익 목표를 달성하기 위한 명확한 전략을 사용하고 있다면, 해당 전략은 맞춤형 벤치마크로 변환될 수 있으며, 이를 바탕으로 기여 분석을 계산할 수 있다. 시장 중립형 전략은 이러한 접근방식의 좋은 예이다.

위험조정 성과분해
(RISK-ADJUSTED ATTRIBUTION)

Brinson, Hood, and Beebower[45]는 후속 논문에서 베타나 듀레이션과 같은 체계적 위험 측정 지표들이 제안한 표준 모형과 함께 사용할 수 있음을 설명하였다. 이는 포트폴리오 매니저가 투자 결정 과정에서 체계적 위험을 활용하는 경우에 적합하다. 예를 들어, 주식 포트폴리오 매니저는 자산배분효과를 위해 과도하게 비중을 두는 대신, 특정 카테고리의 베타를 증가시킬 수 있다. 이러한 투자결정과정을 표준 Brinson 모형에서 체계적 위험 지표를 적용한 CAPM 모형을 사용하여 측정할 수 있다.

Brinson 모형은 성과분해의 기초가 되는 대표적인 모형이지만, 이를 변형하여 다양한 방식으로 적용할 수 있으며, 몇 가지 대안적인 접근법도 존재한다.

---

[45] Brinson, Singer and Beebower, "Determinants of Portfolio Performance II: An Update"(1991).

$$\text{CAPM 회귀모형} : \quad r_P - r_F = \alpha + \beta \times (b - r_F) + \epsilon \tag{5.40}$$

식 5.40을 오차항을 제외하고 정리하면, 수익률을 선택성과 Jensen의 알파, 그리고 체계적 위험에서 발생된 수익률로 분해할 수 있다.

$$r_P = \underbrace{\alpha}_{\text{종목선택효과}} + \underbrace{r_F + \beta \times (b - r_F)}_{\text{체계적 위험}} \tag{6.180}$$

체계적 위험에 대해 조정된 명목 벤치마크 수익률 b_i'를 다음과 같이 정의할 수 있다.

$$b_i' = x_i + \beta_i \times (b_i - x_i) \tag{6.181}$$

$x_i =$ 국가 i의 무위험수익률
$b_i =$ 국가 i의 벤치마크수익률
$\beta_i =$ 국가 i의 체계적 위험

체계적 위험에 대한 배분으로 발생한 부가가치를 확인하기 위해서는 추가적으로 중간 명목 포트폴리오의 수익률을 계산해야 한다.

체계적 위험을 반영한 명목 포트폴리오는 실제 펀드의 카테고리별 투자비중과 카테고리별의 체계적 위험에 맞게 조정된 명목 벤치마크의 수익률을 사용하여 계산한다.

$$\text{체계적 위험의 명목 포트폴리오} \quad b_S' = \sum_{i=1}^{n} w_i \times b_i' \tag{6.182}$$

이제 전체 초과수익률은 3 요인으로 구성된다.

$$\frac{1+r}{1+b} - 1 = \underbrace{\frac{1+r}{1+b_S'}}_{\text{종목선택}\atop\text{효과}} \times \underbrace{\frac{1+b_S'}{1+b_S}}_{\text{체계적 위험}} \times \underbrace{\frac{1+b_S}{1+b} - 1}_{\text{자산배분}\atop\text{효과}} \tag{6.183}$$

종목선택효과

종목선택효과를 산출하기 위해서 포트폴리오 수익률을 체계적 위험 명목 포트폴리오 수익률로 나눈다.

$$\frac{(1+r)}{(1+b'_S)} - 1 \tag{6.184}$$

카테고리 i의 종목선택효과는 다음과 같이 계산된다.

$$S'_i = w_i \times \left(\frac{1+r_i}{1+b'_i} - 1\right) \times \frac{(1+b'_i)}{(1+b'_S)} \tag{6.185}$$

체계적 위험으로 인한 효과를 계산하기 위해, 체계적 위험 명목 포트폴리오의 수익률을 중간 명목 포트폴리오의 수익률로 나눈다.

$$\frac{(1+b'_S)}{(1+b_S)} - 1 \tag{6.186}$$

여기서 카테고리 i의 체계적 위험에 따른 효과는 다음과 같이 계산된다.

$$R_i = w_i \times \left(\frac{1+b'_i}{1+b_i} - 1\right) \times \frac{(1+b_i)}{(1+b_S)} \tag{6.187}$$

식에서 자산배분효과 항은 변경되지 않았다. Table 6.66에는 국가별 베타와 무위험수익률을 포함한 예제 데이터가 정리되어 있다. 이 예제에서는 포트폴리오 매니저는 자산배분과정에서 베타을 사용하고 있다고 가정한다.

Table 6.66 무위험수익률과 베타를 포함한 성과분해 예제데이터

	포트폴리오 비중 w_i (%)	벤치마크 비중 W_i (%)	포트폴리오 수익률 r_i (%)	벤치마크 수익률 b_i (%)	무위험 수익률 (%)	베타 β
영국주식	40	40	20	10	1.0	1.3
일본주식	30	20	-5	-4	0.1	1.0
미국주식	30	40	6	8	0.2	0.8
포트폴리오	100	100	8.3	6.4		

회귀식을 사용하여 위험조정 벤치마크 수익률을 계산하고, 이를 통해 Exhibit 6.112, Exhibit 6.113 및 Exhibit 6.114에 나타난 것처럼 종목선택효과 및 체계적 위험에 대한 효과를 계산한다.

Exhibit 6.112 체계적 위험의 조정 수익률

체계적 위험을 반영한 벤치마크 수익률
영국주식 $x_i + \beta_i \times (b_i - x_i) = 1.0\% + 1.3 \times (10.0\% - 1.0\%) = 12.7\%$
일본주식 $0.1\% + 1.0\% \times (-4.0\% - 0.1\%) = -4.0\%$
미국주식 $0.2\% + 0.8\% \times (8.0\% - 0.2\%) = 6.44\%$
체계적 위험에 대한 명목 포트폴리오의 수익률
$$b'_S = 40\% \times 12.7\% + 30\% \times -4\% + 30\% \times 6.44\% = 5.81\%$$

Exhibit 6.113 종목선택효과

$$\frac{1+r}{1+b'_S} - 1 = \frac{1.083}{1.0581} - 1 = 2.35\%$$

국가별 종목선택효과

영국주식 $40\% \times \left(\frac{1.20}{1.127} - 1\right) \times \frac{1.127}{1.0581} = 2.76\%$

일본수식 $30\% \times \left(\frac{0.95}{0.96} - 1\right) \times \frac{0.96}{1.0581} = -0.28\%$

미국주식 $30\% \times \left(\frac{1.06}{1.0644} - 1\right) \times \frac{1.0644}{1.0581} = -0.12\%$

포트폴리오 $2.76\% - 0.28\% - 0.12\% = 2.35\%$

Exhibit 6.114 체계적 위험

$$\frac{1+b'_S}{1+b_S} - 1 = \frac{1.0581}{1.052} - 1 = 0.58\%$$

국가별 체계적 위험 배분효과

영국주식 $40\% \times (\frac{1.127}{1.10} - 1) \times \frac{1.10}{1.052} = 1.03\%$

일본주식 $30\% \times (\frac{0.96}{0.96} - 1) \times \frac{0.96}{1.052} = 0.0\%$

미국주식 $30\% \times (\frac{1.0644}{1.08} - 1) \times \frac{1.08}{1.052} = -0.44\%$

포트폴리오 $1.03\% - 0.0\% - 0.44\% = 0.58\%$

 자산배분효과는 이전과 동일하다. Table 6.67에 위험조정 성과분해가 요약되어 있다. 체계적 위험의 배분효과와 자산배분효과를 합산하여 전체 자산배분효과로 계산할 수 있다. 상승하는 영국주식시장에서 베타를 1보다 높게 설정하여 운용함으로써 영국주식에서 +1.03%의 자산배분효과가 발생했다. 사실, 영국주식 포트폴리오의 20.0% 수익률 중 상당 부분은 높은 체계적 위험에 의한 것이며, 전적으로 종목선택효과로 발생하였다고 볼 수 없다.

 이와 같은 방식으로 포트폴리오가 운용되는 경우가 드물기 때문에, 주식에 대한 위험조정 성과분해는 거의 사용되지 않는다.

Table 6.67 위험조정 성과분해

	포트폴리오 비중 w_i (%)	벤치마크 비중 W_i (%)	포트폴리오 수익률 r_i (%)	벤치마크 수익률 b_i (%)	자산배분 효과(%)	체계적위험 배분효과(%)	종목선택 효과(%)
영국주식	40	40	20	10	0.00	1.03	2.76
일본주식	30	20	-5	-4	-0.98	0.0	-0.28
미국주식	30	40	6	8	-0.15	-0.44	-0.12
포트폴리오	100	100	8.3	6.4	-1.13	0.58	2.35

다단계 성과분해
(MULTI-LEVEL ATTRIBUTION)

Figure 6.8에서는 Brinson 모형을 사용한 전형적인 3단계 하향식 성과분해 과정을 보여준다.

1단계 : 벤치마크
2단계 : 자산배분효과(중간 명목 포트폴리오 사용)
3단계 : 종목선택효과

Figure 6.12에서는 4단계 투자결정과정을 제시하였다.

1단계 : 벤치마크
2단계 : 듀레이션
3단계 : 자산배분효과(듀레이션 및 무위험수익률 사용)
3단계 : 종목선택효과

더 복잡한 다단계 투자결정과정이더라도 투자결정과정을 각 단계별로 정의하고 순서화할 수 있다면, Brinson 모형에 적용할 수 있다.

Table 6.68은 주식과 채권의 혼합형 포트폴리오에 대한 데이터이다. 이 포트폴리오의 경우, Figure 6.18에 설명된 바와 같이 5단계의 명확한 투자결정과정으로 구성되었다. 각 투자결정과정 단계는 중간 명목 포트폴리오로 표현되며, 각 단계에서 포트폴리오를 자산배분비중은 해당 단계의 독립적인 투자결정과정의 영향을 나타낸다.

$$\frac{1+{}^1b_S}{1+b} \times \frac{1+{}^2b_S}{1+{}^1b_S} \times \frac{1+{}^3b_S}{1+{}^2b_S} \times \frac{1+r}{1+{}^3b_S} = \frac{1+r}{1+b} \qquad (6.188)$$

각 단계에 대한 중간 명목 포트폴리오는 투자결정과정의 각 단계에 적합한 벤치마크를 사용하여 다음과 같이 계산된다.

$$^d b_s = \sum_{i=1}^{n} {^d w_i} \times {^d b_i} \tag{6.189}$$

Table 6.68 다단계 성과분해

		포트폴리오 비중(%)	벤치마크 비중(%)	포트폴리오 수익률(%)	벤치마크 수익률(%)
Level1	주식	58.5	55.0	8.49	8.95
Level2	미국	19.0	15.0	5.36	7.50
Level3	금융업	10.0	5.0	8.38	9.60
Level3	소프트웨어	9.0	10.0	2.00	6.45
Level2	유럽	39.5	40.0	5.36	7.50
Level3	자동차	22.5	25.0	16.05	15.60
Level3	화학	17.0	15.0	2.00	-0.67
Level1	채권	41.5	45.0	2.35	1.78
Level2	국채	12.5	10.0	2.0	1.00
Level2	회사채	29.0	35.0	2.50	2.00
합계		100.0	100.0	5.94	5.72

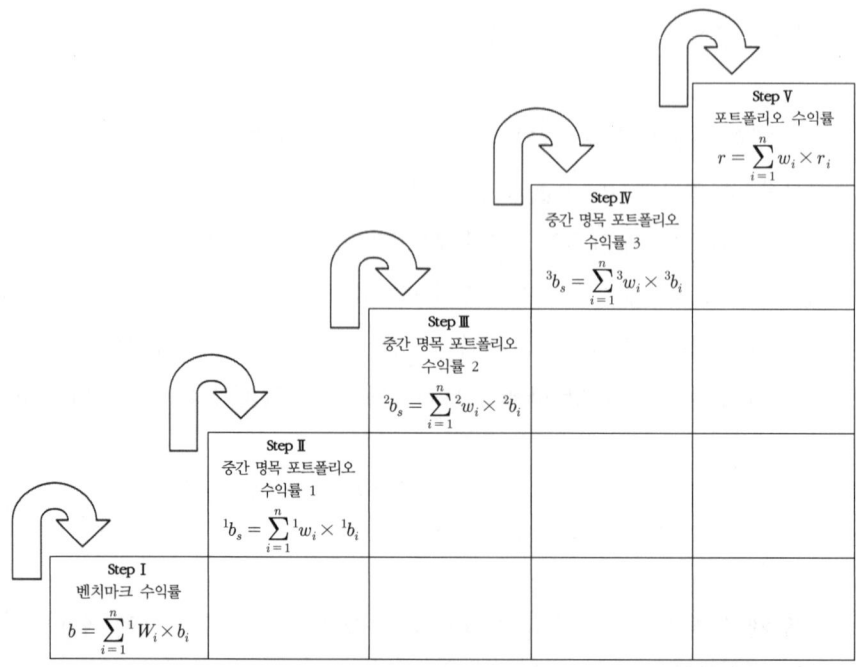

Figure 6.18 다단계 성과분해(Multi-level attribution)

5단계 투자결정과정은 다음과 같다.

1단계 벤치마크
2단계 중간 명목 포트폴리오 수익률 1 (주식과 채권 간의 자산배분을 나타냄)
3단계 중간 명목 포트폴리오 수익률 2 (주식 국가 및 채권 섹터 간의 배분을 나타냄)
4단계 중간 명목 포트폴리오 수익률 3 (주식의 업종 간 배분을 나타냄. 이 과정에서 채권자산에 대한 투자결정과정은 없음)
5단계 마지막 단계 (종목선택을 나타냄)

투자결정과정의 d번째 단계에서 i번째 카테고리에 대한 기하학적 자산배분 기여도는 다음과 같이 정의된다.

$$(^d w_i - {^d W_i}) \times \left(\frac{1 + {^d b_i}}{1 + {^{d-1} b_i}} - 1 \right) \times \frac{1 + {^{d-1} b_i}}{1 + {^{d-1} b_S}} \tag{6.190}$$

$^{d-1}b_S$은 성과분해 해당 단계의 각 카테고리를 대변하는 서브인덱스이어야 한다. 투자결정과정은 성과분해의 각 단계별 자산배분에 반영된다. $^0 b_S = b$는 전체자산에 대한 벤치마크를 의미한다. 첫 번째 단계에서는 사전 단계가 없으므로 자산배분효과는 다음과 같다.

$$(^1 w_i - {^1 W_i}) \times \left(\frac{1 + {^1 b_i}}{1 + b} - 1 \right) \tag{6.191}$$

단계별 해당 카테고리에 대한 자산배분효과는 다음과 같다.

$$\frac{1 + {^d b_S}}{1 + {^{d-1} b_S}} - 1 \tag{6.192}$$

마지막 단계, 종목선택효과는 다음과 같다.

$$^d w_i \times \left(\frac{1+r_i}{1+{}^d b_i}-1\right) \times \frac{1+{}^d b_i}{1+{}^d b_S} \qquad (6.193)$$

Table 6.68 데이터를 기준으로 포트폴리오, 벤치마크 및 단계별 중간 명목 포트폴리오의 수익률이 Exhibit 6.115에 계산되어 있다.

Exhibit 6.115 다단계 포트폴리오의 벤치마크 및 중간 명목 포트폴리오 수익률

Table 6.68 데이터로 계산한 포트폴리오의 수익률 :
$$r = 10\% \times 8.38\% + 9.0\% \times 2.0\% + 22.5\% \times 16.05\% + 17\% \times 2.0\%$$
$$+ 12.5\% \times 2.0\% + 29\% \times 2.5\% = 5.94\%$$

또는
$$r = 58.5\% \times 8.49\% + 41.5\% \times 2.35\% = 5.94\%$$

각 부분의 하위섹터는 구성요소의 합과 같다.

벤치마크 수익률 :
$$b = 5\% \times 9.6\% + 10\% \times 6.45\% + 25\% \times 15.6\% + 15\% \times -0.67\% + 10\% \times 1.0\% + 35\% \times 2.0\%$$

또는
$$b = 55\% \times 8.95\% + 45\% \times 1.78\% = 5.72\%$$

첫 번째 중간 명목 포트폴리오(semi-notional) 수익률 :
$$^1b_s = 58.5\% \times 8.95\% + 41.5\% \times 1.78\% = 5.98\%$$

두 번째 중간 명목 포트폴리오(semi-notional) 수익률 :
$$^2b_s = 19\% \times 7.50\% + 39.5\% \times 9.50\% + 12.5\% \times 1.0\% + 29\% \times 2.0\% = 5.88\%$$

세 번째 중간 명목 포트폴리오(semi-notional) 수익률 :
$$^3b_s = 10\% \times 9.60\% + 9\% \times 6.45\% + 22.5\% \times 15.6\% + 17\% \times -0.67\%$$
$$+ 12.5\% \times 1.0\% + 29.0\% \times 2.0\% = 5.64\%$$

Exhibit 6.116에서는 투자결정과정의 각 단계에 대한 성과요인이 계산된다.

Exhibit 6.116 다단계 성과분해

$$\frac{1+{}^1b_S}{1+b} \times \frac{1+{}^2b_S}{1+{}^1b_S} \times \frac{1+{}^3b_S}{1+{}^2b_S} \times \frac{1+r}{1+{}^3b_S} - 1 = \frac{1+r}{1+b} - 1$$

1단계 배분효과 (step 2)	$\dfrac{1+{}^1b_s}{1+b}-1 = \dfrac{1.0598}{1.0572}-1 = 0.24\%$	
2단계 배분효과 (step 3)	$\dfrac{1+{}^2b_s}{1+{}^1b_s}-1 = \dfrac{1.0588}{1.0598}-1 = -0.09\%$	
3단계 배분효과 (step 4)	$\dfrac{1+{}^3b_s}{1+2b_s}-1 = \dfrac{1.0564}{1.0588}-1 = -0.23\%$	
종목선택효과 (step 5)	$\dfrac{1+r}{1+{}^3b_s}-1 = \dfrac{1.0594}{1.0564}-1 = 0.28\%$	
초과성과 합계	$\dfrac{1+r}{1+b}-1 = \dfrac{1.0594}{1.0572}-1 = 0.21\%$	

$$\dfrac{1.0598}{1.0572} \times \dfrac{1.0588}{1.0598} \times \dfrac{1.0564}{1.0588} \times \dfrac{1.0594}{1.0564} - 1 = \dfrac{1.0594}{1.0572} - 1$$

성과분해 각 단계 기준, 1단계 배분효과는 Exhibit 6.117, 2단계 배분효과는 Exhibit 6.118, 3단계배분효과는 Exhibit 6.119, 종목선택효과는 Exhibit 6.120에 계산된다.

Exhibit 6.117 1단계 성과분해 (step 2)

$$\dfrac{1+{}^1b_S}{1+b}-1 = \dfrac{1.0598}{1.0572}-1 = 0.24\%$$

주식 $({}^1w_i - {}^1W_i) \times (\dfrac{1+{}^1b_i}{1+b}-1) = (58.5\% - 55\%) \times (\dfrac{1.0895}{1.0572}-1) = 0.11\%$

채권 $(41.5\% - 45\%) \times (\dfrac{1.0178}{1.0572}-1) = 0.13\%$

포트폴리오 $0.11\% + 0.13\% = 0.24\%$

Exhibit 6.118 2단계 성과분해 (step 3)

$$\dfrac{1+{}^2b_S}{1+{}^1b_S}-1 = \dfrac{1.0588}{1.0598}-1 = -0.09\%$$

2단계(step3)에서 각각의 배분효과는 다음과 같다.

$$({}^2w_i - {}^2W_i) \times (\dfrac{1+{}^2b_i}{1+{}^1b_i}-1) \times \dfrac{1+{}^1b_i}{1+{}^1b_S}$$

미국주식	$(19\% - 15\%) \times (\frac{1.075}{1.0895} - 1) \times \frac{1.0895}{1.0598} = -0.05\%$
유럽주식	$(39.5\% - 40\%) \times (\frac{1.095}{1.0895} - 1) \times \frac{1.0895}{1.0598} = 0.00\%$
국채	$(12.5\% - 10\%) \times (\frac{1.01}{1.0178} - 1) \times \frac{1.0178}{1.0598} = -0.02\%$
회사채	$(29.0\% - 35\%) \times (\frac{1.02}{1.0178} - 1) \times \frac{1.0178}{1.0598} = -0.01\%$
포트폴리오	$-0.05\% + 0.0\% - 0.02\% - 0.01\% = -0.09\%$

Exhibit 6.119 3단계 성과분해 (step 4)

$$\frac{1 + {}^3b_S}{1 + {}^2b_S} - 1 = \frac{1.0564}{1.0588} - 1 = -0.23\%$$

3단계에서 각각의 배분효과는 다음과 같다.

$$({}^3w_i - {}^3W_i) \times (\frac{1 + {}^3b_i}{1 + {}^2b_i} - 1) \times \frac{1 + {}^2b_i}{1 + {}^2b_S}$$

금융	$(10\% - 5\%) \times (\frac{1.096}{1.075} - 1) \times \frac{1.075}{1.0588} = 0.10\%$
소프트웨어	$(9\% - 10\%) \times (\frac{1.0645}{1.075} - 1) \times \frac{1.075}{1.0588} = 0.01\%$
자동차	$(22.5\% - 25\%) \times (\frac{1.156}{1.095} - 1) \times \frac{1.095}{1.0588} = -0.14\%$
화학	$(17.0\% - 15\%) \times (\frac{0.9933}{1.095} - 1) \times \frac{1.095}{1.0588} = -0.19\%$
포트폴리오	$0.1\% + 0.01\% - 0.14\% - 0.19\% = -0.23\%$

Exhibit 6.120 종목선택효과 (step 5)

$$\frac{1 + r}{1 + {}^3b_S} - 1 = \frac{1.0594}{1.0564} - 1 = 0.28\%$$

종목선택효과 :

$${}^3w_i \times (\frac{1 + r_i}{1 + {}^3b_i} - 1) \times \frac{1 + {}^3b_i}{1 + {}^3b_s}$$

금융	$10\% \times (\frac{1.0838}{1.096} - 1) \times \frac{1.096}{1.0564} = -0.12\%$
소프트웨어	$9\% \times (\frac{1.02}{1.0645} - 1) \times \frac{1.0645}{1.0564} = -0.38\%$

자동차	$22.5\% \times (\frac{1.1605}{1.156} - 1) \times \frac{1.156}{1.0564} = 0.09\%$
화학	$17\% \times (\frac{1.02}{0.9933} - 1) \times \frac{0.9933}{1.0564} = 0.43\%$
국채	$12.5\% \times (\frac{1.02}{1.01} - 1) \times \frac{1.01}{1.0564} = 0.12\%$
회사채	$29\% \times (\frac{1.025}{1.02} - 1) \times \frac{1.02}{1.0564} = 0.14\%$
포트폴리오	$-0.12\% - 0.38\% + 0.09\% + 0.43\% + 0.12\% + 0.14\% = 0.28\%$

Table 6.69에는 다단계 성과분해가 정리되어 있다. 각 성과분해 단계에 대한 해석은 간단하다. 1단계에서는 주식에 초과 비중으로 투자하고 채권에 대해서는 축소 비중으로 투자하여, 배분효과는 24bp로 전체자산 초과성과에 양(+)의 기여를 하였다. 2단계에서는 미국주식 및 국채에 초과 비중으로 투자하고, 회사채에 축소 비중으로 투자하여 -9bp의 자산배분효과가 나타났다. 3단계에서는 자동차 및 화학에 축소 비중으로 투자하고, 금융에 초과 비중으로 투자하여 -23bp의 자산배분효과를 기록하였다.

Table 6.69 다단계 성과분해

			1단계(%)	2단계(%)	3단계(%)	종목선택(%)
1단계		주식	0.11	-0.06	-0.23	0.03
	2단계	미국		-0.05	0.11	-0.50
		3단계 금융업			0.10	-0.12
		3단계 소프트웨어			0.01	-0.38
	2단계	유럽		-0.00	-0.34	0.52
		3단계 자동차			-0.14	0.09
		3단계 화학			-0.19	0.43
1단계		채권	0.13	-0.03		0.26
	2단계	국채		-0.02		0.12
	2단계	회사채		-0.01		0.14
포트폴리오			0.24	-0.09	-0.23	0.28

자동차, 화학, 국채 및 회사채에서 양(+)의 종목선택효과가 발생하였고, 금융과 소프트웨어에서의 음(-)의 종목선택효과가 발생하여 전체적으로 +0.28%의 기하학

적 초과수익을 추가하였다. 전체적으로 포트폴리오는 +0.21% 초과성과를 기록하였다. 이는 1단계 자산배분 및 종목선택효과에서 양(+)의 기여와 2단계 및 3단계 자산배분에서 음(-)의 기여가 반영된 결과이다.

균형 성과분해 (Balanced attribution)

균형 투자전략은 주식, 채권, 현금과 같은 유동자산과 부동산, 사모투자 자산, 인프라와 같은 비유동 자산을 배분하여 위험과 수익을 균형 있게 맞추는 것을 목표로 한다. 균형 포트폴리오는 단순히 주식과 채권만으로 구성될 수 있지만, 더 긴 투자 기간을 목표로 하여 '대체자산'[46]을 포함하고, 비유동 리스크 프리미엄을 활용해 다양한 투자자산을 활용하여 다중 자산 포트폴리오를 만들기도 한다.

앞서 논의된 바와 같이, 유동자산의 수익률은 일반적으로 시간가중수익률로 측정하고, 비유동 자산의 수익률은 금액가중수익률로 측정한다. 정확한 성과 기여도 분석을 위해서는 잔차 없이 일관된 수익률 방법을 사용하는 것이 중요하다. 대부분의 경우, 가장 적합한 일관된 방법은 시간가중수익률이며 그 이유는 다음과 같다.

(1) 균형 포트폴리오의 대부분 자산은 유동자산으로 구성된다.
(2) 시간가중수익률은 성과 기여도를 분해할 수 있다.
(3) 타이밍의 영향은 성과요인으로 확인할 수 있다.

내부 수익률(IRR)은 측정기간 동안 일정한 수익률을 가정하기 때문에, 해당 방법론은 성과분해에는 적합하지 않다. 그러나 Illmer와 Marty[47], 그리고 Illmer[48]는 이를 해결할 수 있는 잠재적 방안을 제시하였다. 수정 Dietz 방법(내부수익률의 근사값)을 사용한 성과분해는 쉽게 계산할 수 있으며, O'Shea와 Jeet[49]는 이를 사모자산의 단일기간 성과분해에 적용하는 방안을 제안했다.

---

46 '대체자산'에는 부동산, 사모자산, 인프라, 그리고 헤지 펀드가 포함된다.
47 Illmer and Marty, "Decomposing the Money-weighted Rate of Return"(2003).
48 Illmer, "Decomposing the Money-weighted Rate of Return"(2009).
49 O'Shea and Jeet, "Single-Period Brinson-Style Performance Attribution for Private Capital"(2018).

> ⚠️ **Caution**
> 다만, 수정 Dietz 수익률은 장기간의 내부수익률(IRR)을 근사하는 데 한계가 있다.

멀티에셋 포트폴리오에 대한 벤치마크 구성은 쉽지 않을 수 있다. 특히 비유동 자산의 경우, 투명성이 낮고 기초 위험 익스포저를 파악하기 어려워 벤치마크를 정하기가 쉽지 않다. 유동자산에서는 개별 종목 수준의 분석이 가능하지만, 비유동 자산에서는 개별 종목 단위로 분석하기 어렵다.

균형 포트폴리오와 다단계 성과분해는 밀접한 연관 관계가 있다. 균형 포트폴리오의 성과분해는 투자결정과정을 반영해야 하며, 다양한 자산 유형과 투자결정과정의 순서에 따라 다양한 접근법을 사용할 수 있다. Figure 6.19부터 Figure 6.25까지는 이러한 접근법을 보여준다. Figure 6.19는 네 가지 계층(Level)과 다섯 단계(step)로 구성된 투자결정과정을 설명한다. 일반적으로 첫 번째 단계는 벤치마크 설정이며, 두 번째 단계, 즉 첫 번째 계층(Level 1)의 투자결정은 유동 자산과 비유동 자산 간의 자산배분이다. 두 번째 계층(Level 2)의 투자결정은 유동 자산을 주식과 채권으로, 비유동 자산을 부동산, 사모 자산, 인프라로 세분화한다. 세 번째 계층(Level 3)의 투자결정은 지역 또는 국가별로 배분하며, 네 번째 계층(Level 4)의 투자결정은 개별 증권, 금융 상품 또는 개별 종목 수준에서 이루어진다. 투자결정의 각 계층에서 성과요인 효과가 계산되며, 전체 포트폴리오의 관점에서 계산하거나, 각 투자결정 계층에서 심층 분석(drilled down)을 수행할 수 있다. 이는 투자자(자산소유자)나 경영진의 의사에 따라 결정된다.

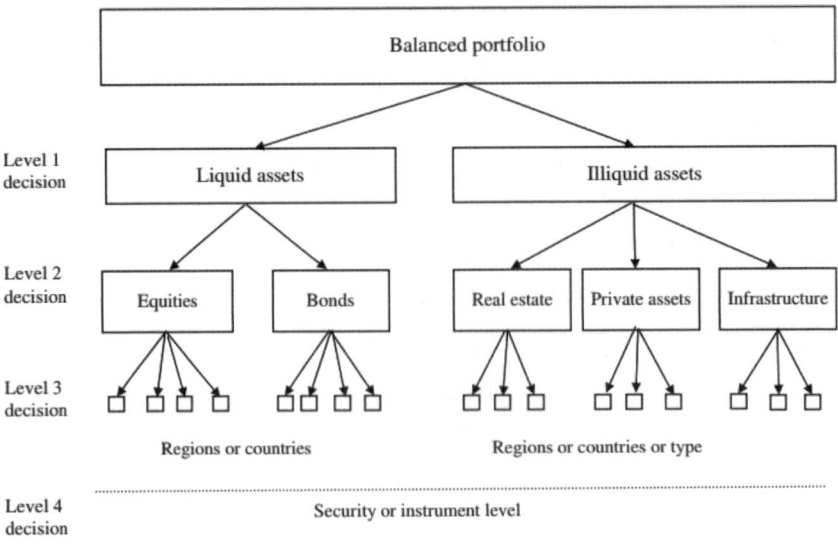

Figure 6.19 네 가지 계층과 다섯 단계로 구성된 투자결정과정

Figure 6.20은 세 가지 계층과 네 단계로 구성된 투자결정과정을 보여주는 예제이다. 첫 번째 단계는 전략적 벤치마크에 반영되는 전략적 자산 배분이다. 두 번째 단계, 즉, 첫 번째 계층(Level 1)의 투자결정에서는 주식, 채권, 부동산, 사모 펀드, 인프라 등 다양한 유형에 걸친 자산 배분을 한다. 현금은 별도의 자산 유형으로 분류될 수도 있지만, 각 자산 유형의 배분에 포함되기도 한다. 통화의 경우, 일반적으로 투자결정과정에서 별도의 계층으로 다루어지지 않지만, 외부 오버레이 전략이 사용될 경우 독립적으로 관리될 수 있다. 어떤 자산이든 통화 익스포저를 생성할 수 있으며, 독립적인 통화 오버레이 매니저는 투자지침과 전략적 통화 벤치마크에 따라 통화 파생상품을 사용해 통화 익스포저를 관리한다. 비유동 자산은 통화 오버레이 매니저에게 통화 관련 문제를 초래할 수 있다. 비유동 자산 가치의 큰 변동은 통화 오버레이 매니저가 예상치 못한 통화 익스포저를 초래할 수 있으며, 이는 의도하지 않은 통화효과로 이어질 수 있다. 두 번째 계층(Level 2)의 투자결정은 지역 또는 국가별로 자산을 배분하는 것이며, 세 번째 계층(Level 3)의 투자결정은 개별 증권, 금융 상품 또는 개별 종목 수준에서 이루어진다.

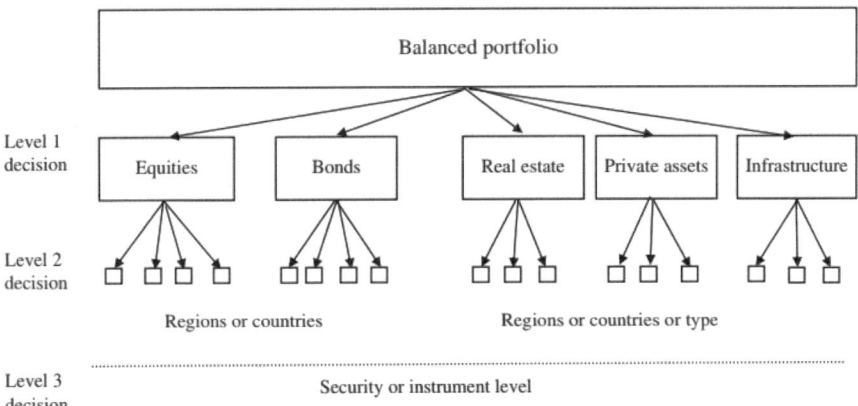

Figure 6.20 세 가지 계층과 네 단계로 구성된 투자결정과정

Figure 6.21은 전혀 다른 두 가지 계층(Level)과 세 단계(Step)로 구성된 투자결정 과정을 나타낸다. 여기서 첫 번째 계층의 투자결정은 국가별 자산배분이며, 두 번째 계층의 투자결정은 각 국가 내에서 상향식(Bottom-Up)으로 이루어지는 세부 자산 배분이다. 이 접근방식은 Figure 6.8에서 설명된 기본 접근방식과 비슷하다.

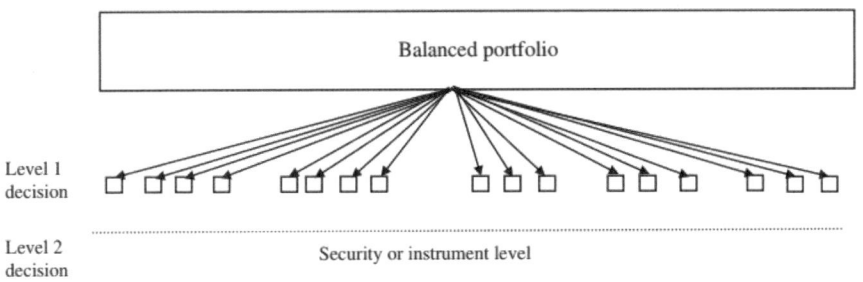

Figure 6.21 두 가지 계층과 세 단계로 구성된 투자결정과정

Figure 6.22의 접근방식은 네 가지 계층과 다섯 단계로 구성된 해외 포트폴리오의 투자결정과정을 보여준다. 첫 번째 계층의 투자결정은 대륙별 자산배분을 한다. 예로 북미, 유럽, 아시아, 신흥 시장과 같은 주요 지역 간의 자산배분을 결정한다. 두 번째 계층의 투자결정은 Figure 6.19에서 설명된 세 가지 계층, 네 단계로 구성된 투자결정과 유사한 과정을 수행한다. 세 번째 계층의 투자결정에서는 국가별로 자산을 배분하며, 마지막 네 번째 계층의 투자결정은 개별 증권, 금융 상품 또는 종목

수준에서 이루어진다.

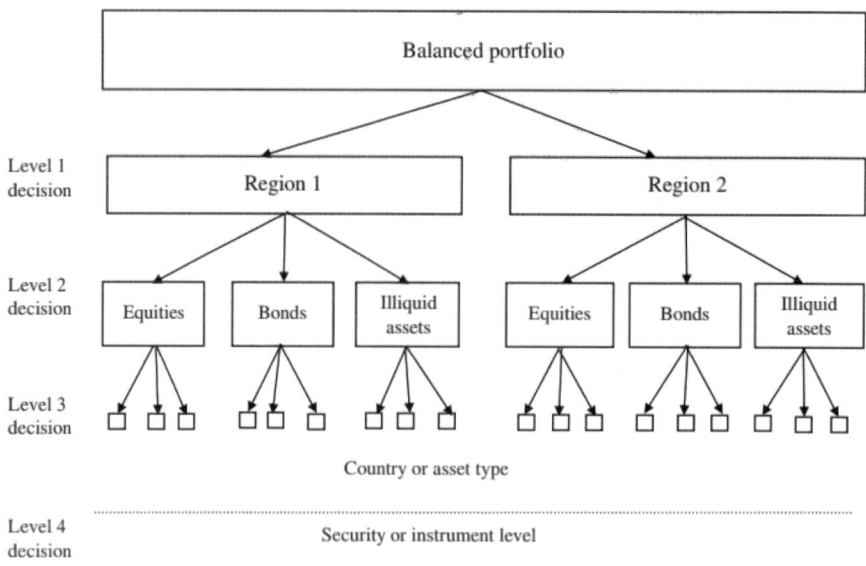

Figure 6.22 네 가지 계층과 다섯 단계로 구성된 해외 투자결정과정

Figure 6.23은 세 가지 계층(Level)과 네 단계(Step)로 구성된 유동자산(채권 및 주식)에 대한 투자결정과정을 보여준다. 첫 번째 계층의 투자결정은 채권과 주식 간의 자산배분을 한다. 두 번째 계층의 투자결정은 지역 또는 국가별로 자산을 배분한다. 세 번째 계층의 투자결정은 자산군별로 자산배분을 한다. 주식의 경우 개별 증권, 금융 상품 또는 종목 수준에서 투자결정을 하며, 채권의 경우 신용 위험, 금리 곡선 및 기타 요인을 고려하여 투자결정을 한다. 유동 자산만으로 구성된 균형 포트폴리오의 경우, 자산 유형별 투자과정이 완전히 다를 수 있어서 서로 다른 수준에서의 분석이 필요하며, 이로 인해 성과요인을 통합하는 데 어려움이 있을 수 있다.

채권 부문에 대한 투자결정과정에서는 가중 듀레이션 방법론을 사용하는 것이 적절하다. 가중 듀레이션 접근법은 Brinson 모형에 듀레이션을 반영한 수정 버전으로, 균형 포트폴리오에 적합하다. Figure 6.121부터 Figure 6.126까지는 Table 6.70과 Table 6.71의 데이터를 사용하여 가중 듀레이션을 활용한 기여도 분석 결과이다.

가중 듀레이션 접근법에서는 채권이 포함된 모든 단계에서 자산배분이 가중치와 듀레이션의 조합으로 이루어지며, 채권 벤치마크는 듀레이션을 반영하도록 조정된다. 이는 Exhibit 6.121과 같다. Exhibit 6.122에서는 포트폴리오, 벤치마크, 중간 명목 포트폴리오의 수익률 및 듀레이션 등이 계산되며, Exhibit 6.123에서는 계층별 기여도가 계산된다. Exhibit 6.124에서는 첫 번째 계층의 기여도 분석에서 주식 초과 비중에서 -0.21%, 채권 축소비중에서 -0.09%의 손실이 각각 발생했다. 채권에서 짧은 듀레이션이 축소 비중 포지션과 결합하여 -0.04% 손실, 첫 번째 계층에서 총 -0.35%의 기하학적 초과 손실이 발생하였다. Exhibit 6.125에서는 두 번째 계층을 살펴보았으며 미국주식 초과 비중으로 -0.15%, 유럽주식 축소 비중으로 -0.13%의 손실이 발생했다. 채권 관련 효과는 대체로 중립적이었고, 추가로 가중 듀레이션과 캐리 효과를 살펴보았다. Exhibit 6.126에서는 종목선택효과를 살펴보았다. 미국주식과 유럽주식 모두 부진한 성과를 기록하였으며, 미국채권은 초과 성과, 유럽채권은 부진한 성과를 기록했다. 종목선택효과는 첫 번째 및 두 번째 계층에서 이미 수정된 듀레이션을 반영하여 조정되었다. Table 6.72에 성과요인별 효과가 정리되어 있다.

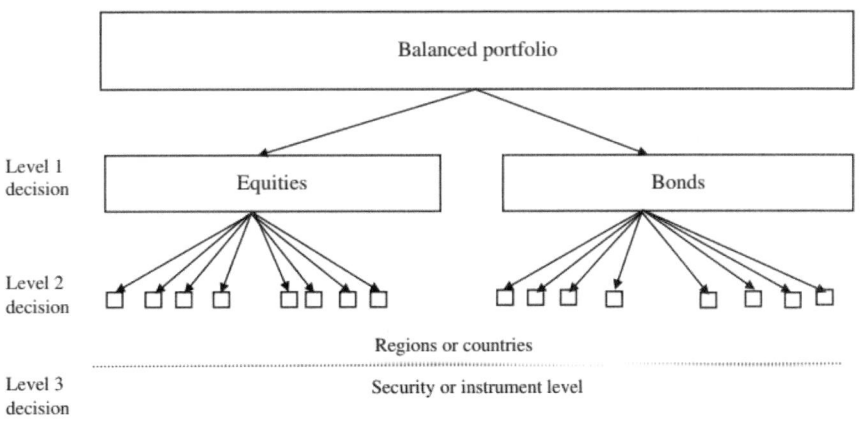

Figure 6.23 세 가지 계층과 네 단계로 구성된 유동자산에 대한 투자결정과정

Table 6.70 균형 포트폴리오의 성과분해(가중듀레이션 포함)

		포트폴리오 비중(%)	벤치마크 비중(%)	포트폴리오 수익률(%)	벤치마크 수익률(%)
Level 1	주식	34.8	30	-6.40	-5.05
Level 2	미국	25.5	15	-6.80	-6.20
Level 2	유럽	9.3	15	-5.30	-3.90
Level 1	채권	65.2	70	1.41	1.23
Level 2	미국채권	24.7	30	2.4	1.40
Level 2	유로채권	40.5	30	0.80	1.10
합계		100	100	-1.31	-0.66

Table 6.71 균형 포트폴리오의 성과분해(듀레이션과 금리 곡선의 변화 포함)

	포트폴리오 비중(%)	벤치마크 비중(%)	캐리 효과(%)	포트폴리오 내재금리 변화(%)	벤치마크 내재금리 변화(%)
미국채권	4.1	3.5	0.5	-0.46	-0.26
유로채권	4.0	5.0	0.2	-0.15	-0.18
합계	4.04	4.36	0.33	-0.27	-0.21

Exhibit 6.121 포트폴리오 듀레이션을 반영한 벤치마크

Table 6.70과 Table 6.71의 데이터 및 식 6.121을 사용하여 조정된 듀레이션 벤치마크

$$b_{Di} = \frac{D_{ri}}{D_{bi}} \times D_{bi} \times -\Delta y_{bi} + x_i \tag{6.194}$$

미국채권 $= \frac{4.1}{3.5} \times 3.5 \times 0.26\% + 0.5\% = 1.55\%$

또는, $= \frac{4.1}{3.5} \times (1.4\% - 0.5\%) + 0.5\% = 1.55\%$

유로채권 $= \frac{4.0}{5.0} \times 5.0 \times 0.18\% + 0.2\% = 0.92\%$

또는, $= \frac{4.0}{5.0} \times (1.1\% - 0.2\%) + 0.2\% = 0.92\%$

포트폴리오 $= \frac{4.04}{4.36} \times 4.36 \times 0.21\% + 0.33\% = 1.16\%$

또는, $= \frac{4.04}{4.36} \times (1.23\% - 0.33\%) + 0.33\% = 1.16\%$

Exhibit 6.122 포트폴리오, 벤치마크 및 중간 명목 포트폴리오의 수익률

Table 6.59의 데이터를 사용하여 포트폴리오 수익률 :

$$r = 25.2\% \times -6.8\% + 9.3\% \times -5.3\% + 24.7\% \times 2.4\% + 40.5\% \times 0.8\% = -1.31\%$$

또는,

$$r = 34.8\% \times -6.40\% + 65.2\% \times 1.41\% = -1.31\%$$

벤치마크 수익률 :

$$b = 15\% \times -6.2\% + 15\% \times -3.9\% + 30\% \times 1.4\% + 40\% \times 1.1\% = -0.66\%$$

또는,

$$b = 30\% \times -5.05\% + 70\% \times 1.23\% = -0.66\%$$

첫 번째 중간 명목 포트폴리오 수익률 :

$$^1b_S = 34.8\% \times -5.05\% + 65.2\% \times 1.23\% = -0.96\%$$

첫 번째 중간 명목 포트폴리오 수익률(듀레이션 반영) :

$$^1b_{DS} = 34.8\% \times -5.05\% + 65.2\% \times 1.16\% = -1.00\%$$

두 번째 중간 명목 포트폴리오 수익률 :

$$^2b'_{DS} = 25.5\% \times -6.20\% + 9.3\% \times -3.90\% + 24.7\% \times 1.55\% + 40.5\% \times 0.92\% = -1.19\%$$

Exhibit 6.123 다중 계층의 균형 포트폴리오의 성과분해(가중 듀레이션 포함)

$$\frac{1+{}^1b_S}{1+b} \times \frac{1+{}^1b_{DS}}{1+{}^1b_S} \times \frac{1+{}^2b'_{DS}}{1+{}^1b_{DS}} \times \frac{1+r}{1+{}^2b'_{DS}} - 1 = \frac{1+r}{1+b} - 1$$

첫 번째 계층의 자산배분효과(2단계) $\quad \dfrac{1+{}^1b_S}{1+b} - 1 = \dfrac{0.9904}{0.9934} - 1 = -0.30\%$

첫 번째 계층의 자산배분효과(듀레이션 반영) $\quad \dfrac{1+{}^1b_{DS}}{1+{}^1b_S} - 1 = \dfrac{0.99}{0.9904} - 1 = -0.04\%$

두 번째 계층의 자산배분효과(3단계 / 캐리 반영) $\quad \dfrac{1+{}^2b'_{DS}}{1+{}^1b_{DS}} - 1 = \dfrac{0.9881}{0.99} - 1 = -0.19\%$

세 번째 계층의 종목선택효과(4단계) $\quad \dfrac{1+r}{1+{}^2b'_{DS}} - 1 = \dfrac{0.9869}{0.9881} - 1 = -0.12\%$

초과수익률 $\dfrac{1+r}{1+b} - 1 = \dfrac{0.9869}{0.9934} - 1 = -0.66\%$

$$\frac{0.9904}{0.9934} \times \frac{0.99}{0.9904} \times \frac{0.9881}{0.99} \times \frac{0.9869}{0.9881} - 1 = \frac{0.9869}{0.9934} - 1$$

Exhibit 6.124 1단계 계층(Level1)의 균형 포트폴리오의 성과분해 (가중 듀레이션 포함)

$$\frac{1+{}^1b_S}{1+b} - 1 = \frac{0.9904}{0.9934} - 1 = 0.30\%$$

자산군별 성과분해 : $({}^1w_i - {}^1W_i) \times \left(\frac{1+{}^1b_S}{1+b} - 1\right)$

주식 $(34.8\% - 30\%) \times \left(\frac{0.9495}{0.9934} - 1\right) = -0.21\%$

채권 $(65.2\% - 70\%) \times \left(\frac{1.0123}{0.9934} - 1\right) = -0.09\%$

포트폴리오 $-0.21\% - 0.09\% = -0.30\%$

가중 듀레이션 반영

$$\frac{1+{}^1b_S}{1+b} \times \frac{1+{}^1b_{DS}}{1+{}^1b_S} - 1 = \frac{1+{}^1b_{DS}}{1+b} - 1$$

$$\frac{0.9904}{0.9934} \times \frac{0.99}{0.9904} - 1 = \frac{0.99}{0.9934} - 1$$

$$0.997 \times 0.9996 - 1 = -0.35\%$$

Exhibit 6.125 두 번째 계층(Level2)의 균형 포트폴리오의 성과분해(가중 듀레이션 포함)

$$\frac{1+{}^2b'_{DS}}{1+{}^1b_{DS}} - 1 = \frac{0.9881}{0.99} - 1 = -0.19\%$$

두 번째 계층에서 개별 주식의 기여효과

$$= ({}^2w_i - {}^2W_i) \times \left(\frac{1+{}^2b_i}{1+{}^1b_i} - 1\right) \times \frac{1+{}^1b_i}{1+{}^1b_{DS}}$$

미국주식 $= (25.5\% - 15\%) \times \left(\frac{0.938}{0.9495} - 1\right) \times \frac{0.9495}{0.99} = -0.12\%$

유럽주식 $= (9.3\% - 15\%) \times \left(\frac{0.961}{0.9495} - 1\right) \times \frac{0.9495}{0.99} = -0.07\%$

두 번째 계층에서 개별 채권의 기여효과

$$= (D_i \times {}^2w_i - D_{bi} \times {}^2W_i) \times \frac{(-\Delta y_{bi} + \Delta y_b)}{1+{}^1b_{DS}} \quad (6.195)$$

미국채권 $= (4.1 \times 24.7\% - 4.0 \times 30\%) \times \frac{(-0.26\% + 0.21\%)}{0.99} = 0.00\%$

유로채권 $= (4.0 \times 40.5\% - 5.0 \times 40\%) \times \frac{(-0.18\% + 0.21\%)}{0.99} = 0.01\%$

두 번째 계층에서 개별 채권의 기여효과

미국채권 $= (24.7\% - 30\%) \times \left(\dfrac{1.005}{1.0033} - 1\right) \times \dfrac{1.0033}{0.99} = -0.01\%$

유로채권 $= (40.5\% - 40\%) \times \left(\dfrac{1.002}{1.0033} - 1\right) \times \dfrac{1.0033}{0.99} = 0.00\%$

포트폴리오 $= -0.12\% - 0.07\% + 0.00\% + 0.01\% - 0.01\% + 0.00\% = -0.19\%$

Exhibit 6.126 두 번째 계층(Level2)의 균형 포트폴리오의 성과분해(가중 듀레이션 포함)

$$\dfrac{1+r}{1+{}^2b'_{DS}} - 1 = \dfrac{0.9869}{0.9881} - 1 = -0.12\%$$

주식의 종목선택효과

$$= {}^2w_i \times \left(\dfrac{1+r_i}{1+{}^2b_i} - 1\right) \times \dfrac{1+{}^2b_i}{1+{}^2b_S}$$

미국주식 $= 25.5\% \times \left(\dfrac{0.932}{0.938} - 1\right) \times \dfrac{0.938}{0.9881} = -0.15\%$

유럽주식 $= 9.3\% \times \left(\dfrac{0.967}{0.961} - 1\right) \times \dfrac{0.961}{0.9881} = -0.13\%$

채권의 종목선택효과

$$= {}^2w_i \times \left(\dfrac{1+r_i}{1+{}^2b_{Di}} - 1\right) \times \dfrac{1+{}^2b_{Di}}{1+{}^2b_S}$$

미국채권 $= 24.7\% \times \left(\dfrac{1.024}{1.0155} - 1\right) \times \dfrac{1.0155}{0.9881} = 0.21\%$

유로채권 $= 40.5\% \times \left(\dfrac{1.008}{1.0092} - 1\right) \times \dfrac{1.0092}{0.9881} = -0.05\%$

채권의 종목선택효과는 다음과 같은 방식으로도 계산될 수 있다.

$$= (D_i \times {}^2w_i) \times \dfrac{(-\Delta y_{ri} + \Delta y_{bi})}{1+{}^2b_S}$$

미국채권 $= (4.1 \times 24.7\%) \times \dfrac{(-0.46\% + 0.26\%)}{0.9881} = 0.21\%$

유로채권 $= (4.0 \times 40.5\%) \times \dfrac{(-0.15\% + 0.18\%)}{0.9881} = -0.05\%$

포트폴리오 $= -0.15\% - 0.13\% + 0.21\% - 0.05\% = -0.12\%$

Table 6.72 균형 포트폴리오의 성과분해(가중듀레이션 포함)

		첫 번째 계층 배분효과(%)	첫 번째 계층 듀레이션(%)	두 번째 계층 배분효과(%)	두 번째 계층 캐리효과(%)	종목선택 효과 (%)
Level1	주식	-0.21		-0.19		-0.29
Level2	미국			-0.12		-0.15
Level2	유럽			-0.07		-0.14
Level1	채권	-0.09	-0.04	0.00		0.16
Level2	미국채			0.00	-0.01	0.21
Level2	유로채			0.01	0.00	-0.05
합계		-0.30	-0.04	-0.19		-0.12

Figure 6.24는 포트폴리오의 일부에서 투자결정과정 단계가 다르게 설정된 비대칭형 투자결정과정을 보여준다. 첫 번째 계층에서의 투자결정은 주식과 채권 간의 자산배분이다. 두 번째 계층에서의 투자결정은 주식에 대해서만 지역별 또는 국가별로 배분이 이루어지며, 채권 부분에서는 투자결정이 이루어지지 않는다. 세 번째 계층에서의 투자결정은 개별 증권, 금융 상품 또는 종목 수준에서 이루어진다.

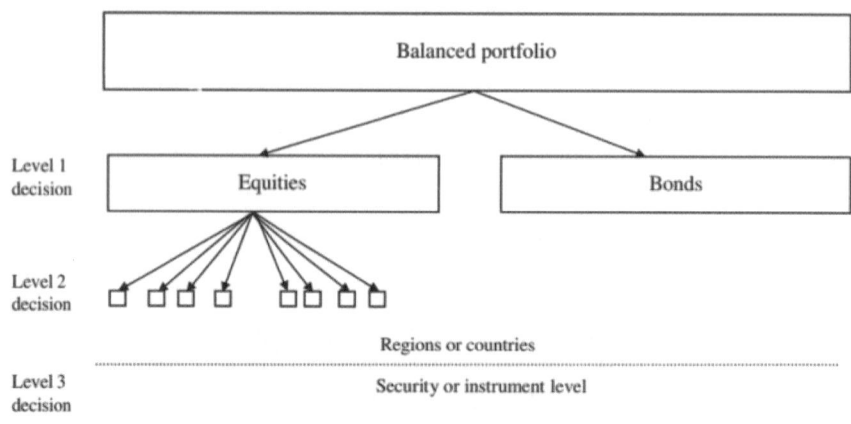

Figure 6.24 세 가지 계층과 네 단계로 구성된 비대칭형 투자결정과정

Figure 6.25는 Figure 6.18에 제시되고 Table 6.69에 요약된 다단계 투자결정과정을 보여준다. 첫 번째 계층에서의 투자결정은 채권과 주식 간의 자산 배분을 나타낸다. 두 번째 계층에서의 투자결정은 주식의 경우 지역별로, 채권의 경우 국고채와 회사채로 배분한다. 세 번째 계층에서의 투자결정은 주식에 대해서만 업종별로 이루어진다. 네 번째 계층에서의 투자결정은 개별 증권, 금융 상품 또는 종목 수준에서 이루어진다.

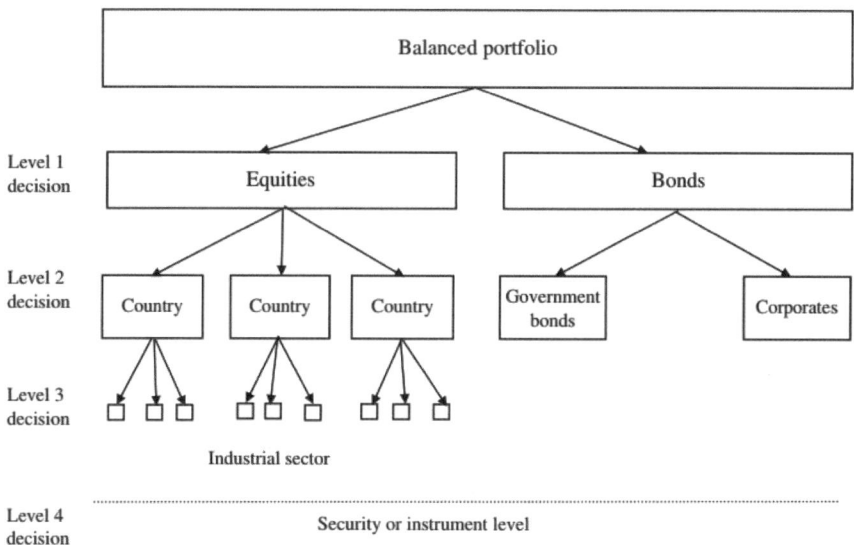

Figure 6.25 네 가지 계층과 다섯 단계로 구성된 비대칭형 투자결정과정

데이터 원천의 분류
(ABOR, IBOR 또는 PBOR)

성과분해에 필요한 데이터의 원천에 대해서는 다음과 같은 세 가지로 분류할 수 있다.

(1) 회계정보(ABOR : Accounting Book of Record)
   회계정보는 규제 및 자산소유자의 요구사항에 부합하는 공식기록으로 백오피스와 관련이 있다. 데이터는 정확하고 자주 조정되며, 기준에 따라 생성이 된다. 다만, 데이터 생성에 시간이 걸리며, 일부 제한이 있을 수 있다.
(2) 투자정보(IBOR : Investment Book of Record)
투자정보는 투자결정과정과 프론트 오피스의 요구사항에 부합하는 정보이다. 투자정보는 유연하고 실시간 데이터 제공이 가능하며, 상대적으로 복잡하고 유동적이다.
(3) 성과정보(PBOR : Performance Book of Record)
성과정보는 투자결정과정과 미들오피스의 요구사항에 부합하는 정보이다. 성과정보는 회계정보의 공식성과 정확성과 투자정보의 유연성을 조화시킨 최적의 선택이라 할 수 있다.

성과분해는 투자결정과정을 충실히 반영해야 의미를 가진다. 회계정보는 정확성은 뛰어나지만, 기여도 분석을 위한 데이터로는 적합하지 않다. 투자정보는 프론트 오피스의 내부적이고 즉각적인 요구를 충족하는 데는 적합하지만, 다른 목적에 활용하기에는 한계가 있다. 반면, 성과정보는 회계정보의 공식성과 정확성에 투자정보의 유연성을 결합한 최적의 선택이라 할 수 있다.

성과분해 방법론의 발전
(EVOLUTION OF PERFORMANCE ATTRIBUTION METHODOLOGIES)

Figure 6.26에는 성과분해의 발전과정이 나타나 있다. 상대성과측정은 1968년 BAI 연구에서 시작되었으나, 수익률 기반 성과분해는 1972년 Fama에 의해 시작되었다. Fama 이후에는 자산유형체계 또는 분산형 성과분해로 나누어졌으며, 1972년 영국 투자분석가 협회(UK Society of Investment Analysts)가 선택(selection), 배분(allocation), 명목 포트폴리오(notional portfolios) 개념을 도입했다. 이와는 별도로 수익률 기반 성과분해는 Fama와 French, Carhart, Sharpe 및 여러 연구자들에 의해 다소 늦게 제안되었다.

채권 성과분해는 별도로 발전하였으며, 1977년 Wagner와 Tito가 Fama의 분해(decomposition)모형에서 베타를 듀레이션으로 대체하면서 시작되었다. 1997년 Lord가 채권 매니저들의 전형적인 투자결정과정을 반영한 방법을 제안하며 이를 발전시켰다. 초기에는 산술적 접근 방법인 Brinson 모형과 Holbrook의 기하학적 접근법으로 분류되었다. 다기간 산술적 모형의 결과가 합산하기 위해 스무딩 방법 및 연결 알고리즘이 필요했으며, 이는 주로 소프트웨어 회사들이 설계하고 구현했다. 이러한 알고리즘은 사용된 지 몇 년 후, Carino를 시작으로 Menchero, GRAP, Frongello, Bonafede, Foresti 및 Matheos에 의해 다양한 방식으로 공개되었다. Allen가 제안한 방법은 Holbrook의 접근법과 직접적으로 연결되지만, 다중통화문제를 다룬다는 점에서 차별화되었다. Burnie, Knowles와 Teder, Bain 및 Bacon은 Holbrook과 Allen 방법에서 다루지 않은 기하학적 종목선정 및 자산배분 방법을 제안하였다. Ankrim과 Hensel, 그리고 Karnosky와 Singer는 다중통화기여도를 위해 기본 Brinson 모형을 수정하여 금리 차이를 고려한 방법을 제안하였다. Van Breukelen은 채권 포트폴리오의 연속적 기여도 분석을 위해 Brinson 모형을 수정하여 제안하였다.

Figure 6.26은 Brinson과 Fachler가 성과분해 발전의 중심에 있음을 명확히 보여준다. 최근에는 채권 투자결정과정의 다양성을 반영하는 다양한 금리 곡선 분해 모형이 등장하며 발전을 이어가고 있다.

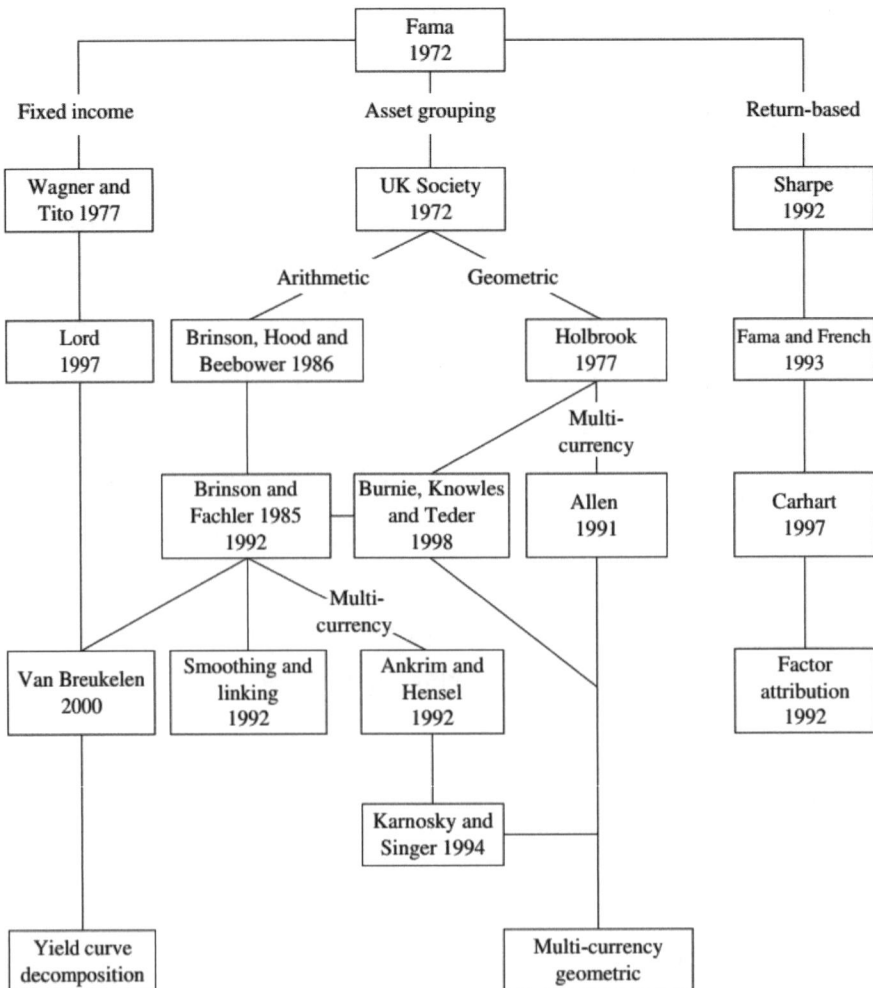

Figure 6.26 성과분해 방법론의 발전

제7장

성과공시기준
Performance Presentation Standards

기준이 없다면 발전할 수 없다.

Taiichi Ohno(1912-1990)

세상의 많은 악은 의도적으로 발생하지 않는다. 금융 시장에서도 많은 사람들이 의도치 않게 큰 손해를 끼쳤다.

George Soros(1930-)

성과공시기준은 왜 필요한가?
(WHY DO WE NEED PERFORMANCE PRESENTATION STANDARDS?)

CFA협회는 GIPS®(Global Investment Performance Standards)를 제정하여 공표함으로써, 포트폴리오 성과의 계산 및 공시를 위한 윤리적 프레임을 제공하였다. GIPS는 포트폴리오 성과 수익률의 완전 공시 및 공정한 표현이라는 기본 원칙에 기반한 자발적인 표준 기준이다.

1980년대 미국에서 이러한 기준의 필요성이 대두되었다. 투자자들은 투자자산을 운용할 투자회사를 찾을 때 많은 자료를 접하게 되는데, 대부분의 자료에는 포트폴리오의 성과가 평균 이상을 기록하였다고 명시되어 있을 것이며, 투자자들은 "그럼 평균 이하의 성과는 어디에 있을까?" 하는 의문을 가질 수 있다.

포트폴리오 매니저들은 잠재 고객에게 제시하는 투자 성과에 대해서는 매우 민감하다. 대부분의 포트폴리오 마케팅 담당자들은 성과가 가장 좋은 투자 기간을 알고 있으며, 이에 따라 '체리 피킹(cherry picking)'으로 가장 좋은 투자 기간에 대한 성과를 보여주곤 했다. 자산운용사의 성과는 단일 대표 포트폴리오의 성과를 통해 자산운용사의 성과처럼 보이기도 했고, 오랫동안 대표 포트폴리오라는 것은 해당 유형 및 투자전략에서 좋은 성과를 내는 포트폴리오 중 하나를 의미했다. 반대로, 대표 포트폴리오의 성과가 부진한 경우에는 새로운 대표 펀드로 교체가 될 수 있다. 자산운용사들은 성과계산 방법의 선택에 있어서도 선별적으로 접근했는데, 이는 제3장에서 언급한 사례를 통해 알 수 있다. 이 밖에도 이론, 모델 또는 가상 성과를 잘못 적용하는 것, 부적절하게 벤치마크를 소급 변경하는 것, 부적절하거나 오해의 소지가 있는 정보를 사용하는 것이 포함된다. 이러한 이유 등으로 자산운용사에서 공개한 정보는 항상 공정하고 정확하다고 보기 어려운 부분이 있다.

그 결과, 미국에서는 자발적인 성과 지침인 AIMR 성과공시기준[1](AIMR-PPS)이 제정되었다. 영국에서도 NAPF(National Association of Pension Funds)는 투자성과위원회[2]의 주요 권고 사항 중 하나인 연기금에 대한 지침[3]을 제정하였다.

> **Note**
> 저자는 런던에 본사를 둔 미국 지점 은행에서 AIMR-PPS와 NAPF의 기준을 모두 준수하여 성과공시를 하려 했으나, 이는 불가능하다는 것을 확인하였다. 두 기준은 동일한 윤리 목표를 가지고 있지만, 일부 측면에서는 서로 모순되는 부분이 있다. 이러한 경험을 통해 글로벌 성과공시기준이 필요성을 확인하였다.

GIPS®(GLOBAL INVESTMENT PERFORMANCE STANDARDS)의 역사

1995년에 CFA 협회는 단일 성과공시기준을 개발하기 위해 GIPS®(Global Investment Performance Standards) 위원회를 후원하였다. GIPS 위원회에서는 다

---

1 미국 재무분석가 연맹(Financial Analysts Federation), 'Performance Presentation Standards'(1987).
2 NAPF, "Committee of Enquiry Report into Investment Performance Measurement"(1990).
3 NAPF, 'Pension Fund Investment Performance Code'(1992).

음과 같은 목표를 가지고 성과공시기준을 제정하였다.

(1) 전체 공시(full disclosure)를 기본으로 한 공정하고 비교 가능한 투자 성과를 계산 및 공시하는 국제적 성과공시기준을 도입
(2) 리포팅, 기록 보관, 마케팅 및 공시를 위한 정확하고 일관된 투자 데이터를 보장
(3) 신규 회사에는 진입 장벽을 만들지 않고, 모든 투자회사 간의 공정한 글로벌 경쟁을 촉진
(4) 글로벌 기반의 산업자율규제의 개념을 촉진

1999년 2월에 GIPS 기준이 제정되었으며, GIPS 위원회는 모든 국가에서 GIPS 기준을 사용하도록 하는 것을 목표로 하는 IPC 위원회(Investment Performance Council)로 변경되었다.

IPC는 많은 국가에서 GIPS 기준을 사용하도록 장려하기 위하여 GIPS 기준의 국가별 모범 사례를 포함하고, GIPS의 국가별 기준(CVGs; Country Version of GIPS)을 승인함으로써 기존 국가별 성과공시기준 대신 GIPS 기준을 사용하도록 유도하였다. GIPS 기준은 2005년 2월에 개정되었으며, 2006년 1월 1일부터 시행되었다.

개정된 GIPS 기준에는 여러 개선 사항과 부동산 및 사모펀드에 대한 사항이 포함하여, CVGs의 필요성을 사실상 없앴다.

2006년에 IPC 위원회는 GIPS 기준에 대한 의사결정기관인 GIPS 집행 위원회와 GIPS 기준의 개발 및 홍보를 통하여 GIPS 기준을 활성화하기 위한 GIPS 협의회로 분할되었다.

GIPS 협의회(GIPS Council)는 GIPS 기준을 채택하고 4명의 GIPS 집행 위원회 구성원들을 포함한 국가별 후원기관으로 구성되었다.

2008년, GIPS 집행위원회는 기존 규정을 개선 작업에 착수하였으며, GIPS 기준 2010년 개정본[4]이 2011년 1월 1일부터 시행되었다.

GIPS 집행위원회의 목적은 다음과 같다.

---

4   CFA Institute, 'Global Investment Performance Standards(GIPS®)'(2010).

"GIPS(글로벌 투자 성과 기준)를 통해 윤리와 진정성을 촉진하고 신뢰를 구축하며, 투자자의 전반적인 준수 요구를 충족하고, 자산운용사의 채택을 유도하며, 규제 기관의 지지를 확보함으로써 궁극적으로 글로벌 투자 커뮤니티에 이익을 실현하는 것을 목표로 합니다."

2017년, GIPS 집행위원회는 위의 목적 달성을 위해서는 기존 GIPS 기준의 개선이 필요하다고 판단하였다. GIPS 기준은 전통자산 자산운용사들 사이에서는 성공적으로 안착되었다. 그 당시, 전 세계 자산의 60% 이상을 운용[5]하는 자산운용사들이 GIPS 기준 중 전체 또는 일부에 대해 준수한다 하였고, 41개국에서는 GIPS 기준을 승인하였다. 하지만, 비전통자산 자산운용사 분야에서는 GIPS 기준이 안착되지 못하였다. 대체 자산(사모펀드, 인프라 등) 자산운용사, 연기금펀드 자산운용사 및 고액자산가 중심의 자산운용사에게 GIPS 기준이 적용되기 위해서는 개선이 필요했다. 개선사항에는 오버레이 전략 반영, 투자자(asset owners)참여, 일부 복잡한 규정과 기술적 요소에 대한 개선이 포함됐다.

GIPS 집행위원회는 GIPS 기준의 주요사항을 설명하고, 특정사항에 대한 공개적 의견수렴을 시작으로 GIPS 기준의 개정을 시작하였다. 해당 의견들을 수렴하여 2018년 8월 31일에 초안이 공개되었으며, 2020년 판 GIPS 기준이 2019년 6월 30일에 공표되었다.[6]

2021년 12월 31일 기준, 모든 주요 자본 시장을 포함한 41개국에서 GIPS 기준을 채택하였다. 해당 국가 리스트는 Table 7.1과 같다.

Table 7.1 GIPS 기준을 채택한 국가

국가	후원기관
Australia Brazil	Financial Services Council - Performance Analyst GroupCFA Society Brazil
Canada	Canadian Investment Performance Council
Chile	CFA Society Chile
China	CFA Society Beijing

---

5 Cerulli Associates(2015).

6 CFA Institute, "Global Investment Performance Standards, for Firms, for Asset Owners, for Verifiers"(2019).

Table 7.1 GIPS 기준을 채택한 국가

국가	후원기관
Czech Republic	CFA Society Czech Republic Czech Capital Market Association
Denmark	CFA Society Denmark
France	CFA Society France
Germany	BVI - Federal Investment and Asset Management e.V. CFA Society Germany
Ghana	Ghana Securities Industry Association
Greece	CFA Society Greece
India	CFA Society India
Indonesia	Indonesia Association of Mutual Fund Managers, CFA Society Indonesia
Ireland	Irish Association of Investment Managers
Italy	ABI Italian Banking Association
	The Italian Association of Financial Analysts, Assogestioni Association Market Development of Pension Funds, Assirevi & CFA Society Italy
Japan	The Securities Analysts Association of Japan
Kazakhstan	Association of Financial & Investment Analysts
Liechtenstein	Liechtenstein Investment Fund Association
Mexico	CFA Society Mexico
Micronesia	Asia Pacific Association for Fiduciary Studies
Netherlands	CFA Society VBA Netherlands
New Zealand	CFA Society New Zealand
Nigeria	CFA Society Nigeria, Pensions Operators Association of Nigeria Fund Managers Association of Nigeria
Norway	The Norwegian Society of Financial Analysts CFA Society Norway
Pakistan	CFA Society Pakistan
Peru	CFA Society Peru Association of Promoting Companies of the Capital Market
Philippines	CFA Society Philippines
	Trust Officers Association of the Philippines Fund Managers Association of the Philippines
Poland	CFA Society Poland
Portugal	Portuguese Association of Financial Analysts
Russia	CFA Association Russia
Saudi Arabia	CFA Society Saudi Arabia
Singapore	Investment Management Association of Singapore
South Africa	Association for Savings Investment, South Africa

Table 7.1 GIPS 기준을 채택한 국가

국가	후원기관
Spain	CFA Society Spain, Association of Collective Investment Institutions and Pension Funds
	Spanish Institute of Financial Analysts
Sri Lanka	CFA Society Sri Lanka
Sweden	CFA Society Sweden
Switzerland	Asset Management Association Switzerland
Thailand	CFA Society Thailand
Ukraine	The Ukrainian Association of Investment Business
United Kingdom	The Investment Association, Pensions and Lifetime Savings Association
	The Association of Consulting Actuaries, The Society of Pension Professionals
	The Investment Property Forum,
	The Alternative Investment Management Association
	The Personal Investment Management and Financial Advice Association
	The Association of Professional Pension Trustees
United States	United States Investment Performance Committee

자산운용사에게 주는 이점
(ADVANTAGES FOR ASSET MANAGERS)

글로벌 성과기준이 투자자(Asset Owners)에게 주는 이점은 명확하다. 투자자들은 GIPS 기준을 준수하는 자산운용사에서 제공한 성과가 공정하고 정확하다는 어느 정도의 신뢰를 하고 자산운용사를 선택할 수 있다.

> ⚠ **Caution**
> 투자자는 투자자산을 보호하기 위하여 GIPS 기준을 준수하는 자산운용사를 선택해야 한다.

GIPS 기준을 준수하지 않는 것은 윤리적 기준이나 내부 통제가 부족하다는 신호로 해석될 수 있다. 성과측정이 제대로 이루어지지 않는 경우, 자산운용사의 다른 부문들 역시 비정상적으로 운영되고 있을 가능성이 있다.

자산운용사에게 명확한 장점이 없다면 GIPS 기준을 준수할 이유는 없지만, GIPS 기준을 준수하는 것은 자산운용사에게 다음과 같은 이점이 있다.

(1) 마케팅 활용(Marketing advantage)
GIPS 기준의 도입 초기, GIPS 기준 준수는 마케팅 관점에서 우수한 성과기준을 준수한다는 장점이었다. 하지만 이제는 미국에서는 GIPS 기준을 준수하지 않는 것은 단점이 되었으며, 이러한 상황은 유럽과 다른 지역에서도 동일하다.
많은 투자자는 자산운용사가 GIPS 기준을 준수하지 않거나 GIPS 기준 준수를 독립적으로 검증받지 못하는 경우, 위탁 운용사 선정 참여를 제한할 수 있다. 어떤 투자자도 GIPS 기준을 준수하지 않는 자산운용사를 선정하여, 추후에 문제가 발생하거나 선정자료의 오류가 발견되는 경우 비판 또는 법적 조치의 위험을 감수하는 것을 원하지 않는다.

(2) 공정한 글로벌 투자환경(Level playing field – international passport)
GIPS 기준은 글로벌 경쟁을 장려하고 진입 장벽을 제거하기 위해 고안되었다. 실제로 GIPS 기준을 준수함으로써 자산운용사는 현지 업체와의 동일한 기준하에 자사의 성과를 마케팅할 수 있다. 또한, 자산운용사들은 경쟁사들과 동일한 기준을 준수하고 있다면 잘못된 성과공시에 대한 부담감을 줄일 수 있다.

(3) 전문성 향상(Increased professionalism)
기준을 준수하기 위해서는 자산운용사는 정확한 성과측정 프로세스 및 절차를 수립하고 적합한 성과 기록을 보여줘야 한다. 이러한 과정들을 통하여 회사 내에서의 성과분석가들의 중요성은 높아진다.

(4) 리스크관리(Risk control)
GIPS 기준을 준수하기 위해서는 기본적인 수준의 리스크관리가 필수적이다. 자산운용사는 매니저들이 운용가이드라인 준수를 확인하기 위해 포트폴리오 성과 기록의 특이점들을 점검해야 한다. 이를 통하여 부진한 성과의 포트폴리오를 조기 식별하고 우수한 성과를 유도할 수 있으며, 회사 내 포트폴리오들에 대한 투자목표 및 운용지침을 이해하고 인식할 수 있다.

(5) 업무 효율성 및 데이터 품질(Business efficiency and data quality)

효율적인 업무 절차를 수립하고 성과분석 시스템을 정착시키기 위해서는 투자가 필요하다. 처음부터 체계적으로 구축한다면 이후에 발생하는 오류를 수정하는데 시간과 인력을 소비하는 것보다 훨씬 효율적이다. 그렇다고 해서 매니저가 직접 포트폴리오별로 성과를 제대로 계산되었는지 확인하는 것은 비효율적이다.

> **Note**
> 리스크관리, 업무 효율성 및 데이터 품질의 개선만으로도 GIPS 기준 준수의 비용을 정당화 할 수 있다. GIPS 기준 준수의 외부적 장점이 명확하지 않더라도 모든 자산운용사가 GIPS 기준에 대한 준수를 권장한다.

GIPS 기준
(THE GIPS STANDARDS)

GIPS 기준은 투자 성과를 공정하고 투명하게 공개하기 위해 마련된 윤리적 기준이다. GIPS 기준(2020년 판)은 다음과 같은 세 개의 부분으로 구성되어 있다.

(1) (투자)회사를 위한 GIPS 기준
   (GIPS Standards for Firms)
(2) 투자자를 위한 GIPS 기준
   (GIPS Standards for Asset Owners)
(3) 검증기관을 위한 GIPS 기준
   (GIPS Standards for Verifiers)

이 장에서는 회사를 위한 GIPS 기준을 주로 설명할 것이다. 필수사항에 대해서는 요구사항과 함께 추가 설명을 제공하며, 독자들에게는 CFA 협회에서 제공하는 GIPS 기준 관련 자료를 참조할 것을 추천한다. 투자자를 위한 GIPS 기준은 회사를 위한 GIPS 기준과 유사하다. 이 기준은 사업 경쟁을 목적으로 하지 않고 감독기관에 보고하는 투자자를 위한 것이며, 투자자가 GIPS 기준을 준수하도록 하는 목적은 다음과 같다. 투자자가 GIPS 기준을 준수할 경우, 위탁 운용사들도 GIPS 기준을 준수할 가능성이 커진다. 검증기관을 위한 GIPS 기준은 다음과 같은 독립적인 검증 프로세스에 중점을 둔다.

(1) 검증의 목적(Purpose of verification)
(2) 검증기관의 자격요건(Verifier qualification requirements)
(3) 검증의 범위(Scope of verification)
(4) 계약 조건에 대한 합의(Agreeing on the terms of engagement)
(5) 필요한 검증 절차(Required verification procedures)
(6) 검증기관의 문서 관리(Maintenance of verifier documentation)
(7) 위임장(Representation letter)
(8) 검증보고서(Verification report)
(9) 추천서(Recommendation letter)
(10) 성과검증(Performance examination)

> ⚠ **Caution**
> GIPS 기준은 구조상 복잡하고 유연하며, 때로는 주관적이다. 외부기관의 독립적인 검증 없이 GIPS 기준을 준수를 주장하는 것은 위험하다. 자산운용사에게는 독립적인 검증을 받을 것을 권장한다.

자산운용업을 수행하는 회사는 다음 8개 섹터로 구성된 회사를 위한 GIPS 기준[7]을 준수해야 한다.

---

[7] GIPS 기준에서는 자산운용사는 회사라고 표현한다.

(1) 컴플라이언스 정립(Fundamentals of compliance)
(2) 입력 데이터 및 계산 방법론(Input data and calculation methodology)
(3) 컴포지트 및 투자펀드의 관리(Composite and pooled fund maintenance)
(4) 컴포지트 시간가중수익률 보고서(Composite time-weighted return report)
(5) 컴포지트 금액가중수익률 보고서(Composite money-weighted return report)
(6) 펀드 시간가중수익률 보고서(Pooled fund time-weighted return report)
(7) 펀드 금액가중수익률 보고서(Pooled fund money-weighted return report)
(8) GIPS 공시 지침(GIPS advertising guidelines)

GIPS 기준은 준수해야 하는 필수사항과 모범적인 성공 사례를 통해 보는 권장사항 부분으로 구성된다. 회사는 CFA 협회 및 GIPS 기준 관리기관에서 제공하는 모든 가이드라인, 해석 및 질의응답을 포함하여 GIPS 기준의 필수사항을 모두 준수해야 한다.

기준은 공표되고, 시장변화에 대응하고, 오류를 수정하고, 언제 어디서나 해석을 제공할 수 있을 때 장기적으로 성공할 수 있다. CFA 협회는 가이드라인, 공식 질의응답, 및 핸드북을 사용하여 새로운 가이드라인, 해석 및 오류 수정을 제공한다. 그러므로 운용사와 검증기관은 GIPS 기준을 이해하고 최신 정보를 숙지하고 있어야 한다. GIPS 기준에 대한 정보, 가이드라인 및 GIPS 뉴스레터 구독 방법은 GIPS 웹사이트(www.gipsstandards.org)에서 확인할 수 있다.

GIPS 기준의 기본 원칙
(FUNDAMENTALS OF COMPLIANCE)

회사를 위한 GIPS 기준의 섹션1은 GIPS 기준 준수의 기본 사항을 설명한다. 섹션1에는 다음과 같은 내역을 다루는 39개의 필수조항이 있다.

(1) 회사의 정의(Definition of the Firm)
(2) 정책 및 절차 유지(Maintaining Policies and Procedures)
(3) GIPS 보고서 제공(Providing GIPS Reports)

(4) 벤치마크 선정(Benchmark Selection)

(5) GIPS 보고서 오류 수정(Correcting Errors in GIPS Reports)

(6) 컴포지트 설명(Composite Descriptions)

(7) 기록 보관(Record keeping)

(8) 이론적 성과와 실제 성과의 연결

　　(Linking of Theoretical and Actual Performance)

(9) 이동성(Portability)

(10) 시간가중수익률 및 금액가중수익률의 활용

　　(Use of Time-Weighted and Money-Weighted Rates of Returns)

회사의 정의 (Definition of the firm)

회사의 정의는 규정 준수를 위한 기초작업이며, 이를 통해 회사의 총자산의 범위를 규정한다. GIPS 기준은 전사적으로 적용되어야 하며, 회사는 특정 자산군, 투자전략, 상품 또는 펀드에만 GIPS 기준을 준수한다고 주장할 수는 없다.

> **관련 조항**
> 1.A.1 GIPS 기준은 전체 회사 차원으로 적용되어야 한다. 기준 준수는 전사적 차원으로 이루어져야 하며, 컴포지트, 펀드 또는 포트폴리오 단위의 적용으로는 이루어질 수 없다.
> 1.A.2 회사는 독립사업 단위인 투자회사, 자회사 또는 사업단위로 대중에게 공개되어야 한다.
> 1.A.3 GIPS 기준 준수를 주장하기 위해서는 회사가 최소 5년 동안(회사가 설립된 지 5년 미만인 경우, 회사가 설립된 이후)은 GIPS 기준 준수를 해야 한다.
> 1.A.4 회사는 CFA 협회와 GIPS 기준 관리기관에서 제공하는 모든 가이드라인, 해석 및 질의응답(Q&A)을 포함하여 GIPS 기준의 필수사항을 준수해야 한다.

회사는 최소 5년 동안 GIPS 기준의 적용 가능한 필수사항을 준수할 때(회사가 설립된 지 5년 미만인 경우, 회사가 설립된 이후) GIPS 기준 준수를 주장할 수 있다.

GIPS 기준을 준수하려면 회사는 고객 또는 잠재 고객에게 독립된 사업단위로 인식되는 투자회사, 자회사 또는 사업단위여야 한다. 독립사업단위는 다른 사업단위, 부문, 부서 또는 사무소로부터 조직 및 기능이 분리되어 있고, 운용자산에 대한 운용재량권을 가지며, 투자결정과정에 대한 자율성을 보장받는 투자회사, 사업단위, 부문, 부서 또는 사무소를 의미한다. 독립사업단위의 기준은 법인조직, 독립된 시장이나 고객(예로 기관투자자, 개인고객 등)을 보유, 독립된 투자 프로세스를 보유하는 조직이어야 한다.

하나의 투자 조직 안에 개인고객 그룹이나 헤지펀드 사업부와 같이 별개의 사업체인 경우 위와 같은 GIPS 기준의 회사요건을 각각 충족한다며 별도의 회사로 정의될 수 있다. 동일한 모회사 내의 두 법인이 실질적으로 유사한 투자 상품을 제공하더라도 관할구역이 다른 지역에 위치한다면 서로 다른 회사로 인식될 수 있다. GIPS 기준은 광범위하고 의미 있는 회사의 정의를 제공한다. 이러한 회사의 정의에는 투자회사의 회사명과 관계없이 동일한 브랜드로 운영되는 모든 지점 및 해외 사무소 등이 포함되어야 한다. GIPS 기준에서는 회사 정의가 겹치는 부분에 대하여 언급하고 있지는 않지만, 회사의 정의는 배타적이어야 한다.

> ⚠ **Caution**
> 투자사업조직이 대중에게 어떻게 공개되고 있는지는 회사를 정의하는 핵심 요소 중 하나이다.

GIPS 기준은 회사 전체적으로 준수하도록 하여, 성과가 좋지 않은 계좌가 과거 회사 성과에서 제외되지 않도록 한다. 회사의 정의가 완료된 후, 계좌를 컴포지트 포트폴리오에 할당하는 작업을 시작할 수 있으며, 이를 통해 할당될 포트폴리오의 범위가 결정된다.

회사의 정의는 의미 있고 합리적이며, 공정해야 한다. 이 정의는 성과가 저조한 상품이나 계좌를 제외하려는 목적으로 협소하게 정의할 수 없다.

일반적으로는 가장 포괄적인 정의가 권장되지만, 나중에 하나의 회사로 통합될 목적으로 위의 기준을 충족한다면, 동일한 조직 내에서 여러 회사를 정의하는 것도 가능하다. 단, 단일 조직 내의 모든 회사가 동시에 기준을 준수할 필요는 없으며, 조직 내 일부 회사만 기준 준수할 수도 있다. 이러한 유연성은 다른 지역에 회사가 위치하는 경우 사용될 수 있지만, 회사 내에서 부진한 성과 부분을 제외하는 용도로 사용해서는 안 된다.

회사 구조 조정이나 합병 및 인수로 인해 회사의 정의를 변경될 수 있다.

정책과 절차의 유지(Maintaining policies and procedures)

회사는 GIPS 기준 준수를 하기 위해 정책과 절차를 문서화하고, 일관성 있게 적용해야 한다.

📒 관련 조항

1.A.5 회사는 반드시
 (a) GIPS 기준의 요구사항을 준수하고 유지하기 위해 사용하는 정책과 절차, 그리고 채택한 권장 사항을 문서화해야 하고, 이를 일관되게 적용해야 한다.
 (b) CFA 협회 및 GIPS 기준 관리기관에서 공개한 모든 기준, 해석 및 Q&A의 변경 및 추가사항을 모니터링하고 파악하기 위한 정책과 절차를 수립해야 한다.

1.A.6 회사는 반드시
 (a) 성과계산 및 공시와 관련된 모든 법률 및 규정을 준수해야 한다.
 (b) 성과계산 및 공시와 관련된 법률 및 규정의 변경 및 추가사항을 모니터링하고 파악하는 정책 및 절차를 수립해야 한다.

회사의 성과 관련 정책과 절차에 대한 문서 작성 및 관리는 GIPS 기준 적용이 회사의 효과적인 운영 관리에 기여하는 중요한 부분 중 하나일 수 있다.

적절한 문서 작성은 일반적으로 다른 업무보다 우선순위가 낮게 여겨지기 때문에, 정책과 절차의 수정사항은 이메일과 메모로만 기록되는 경우가 많다. 해당 수정사항들이 기존 문서에 반영되지 않으면, 해당 정책과 절차는 시간이 지나면 부정확해질 수 있나. GIPS 기준 적용은 관리사들이 기존 문서를 개선하고 시간을 할애하는 데 도움이 될 수 있다. 지속적인 정책과 절차에 대한 문서화 노력은 내부 통제를 강화하고 운영 효율성을 높이는 데 기여한다.

GIPS 보고서 제공 (Providing GIPS Reports)

회사는 모든 잠재 고객과 제한된 펀드에 대해 GIPS 보고서를 제공하기 위해

'모든 합리적인 노력'을 기울여야 한다. 잠재 고객은 회사의 투자 상품 중 하나에 관심을 두고 투자할 가능성이 있는 개인 또는 법인을 의미하며, 잠재 투자자는 회사의 펀드 중 하나에 관심을 가지고 투자할 가능성이 있는 개인 또는 법인을 의미한다. 기존 고객과 투자자는 현재의 투자 상품이나 펀드를 포함한 다른 모든 상품에 대하여 잠재 고객 및 잠재 투자자가 될 수 있다. 투자 컨설턴트 및 제3자는 개인 또는 법인을 대리하는 경우 잠재 고객 및 잠재 투자자로 간주된다.

> **관련 조항**
>
> 1.A.11 회사는 잠재 고객이 처음으로 잠재 고객이 되었을 때 GIPS 컴포지트 보고서를 제공하기 위해 합리적인 노력을 기울여야 한다. 또한, 회사는 특정 잠재 고객을 선택하여 GIPS 컴포지트 보고서를 제공해서는 안 된다.
> 1.A.12 회사가 잠재 고객에게 GIPS 컴포지트 보고서를 제공한 후, 해당 잠재 고객이 여전히 잠재 고객인 경우, 최소 12개월마다 업데이트된 GIPS 컴포지트 보고서를 제공해야 한다.
> 1.A.13 회사는 모든 제한된 펀드의 잠재 투자자에게 GIPS 보고서를 제공하기 위해 모든 합리적인 노력을 기울여야 하며, 다음 중 하나의 GIPS 보고서를 제공해야 한다. 또한, 특정 잠재 투자자를 선택하여 GIPS 보고서를 제공해서는 안 된다.
>   (a) GIPS 펀드 보고서(GIPS Polled Fund Report)
>   (b) GIPS 컴포지트 보고서(GIPS Composite Report)
>   ; GIPS 컴포지트 보고서는 제한된 펀드가 포함된 경우에만 제공할 수 있음
> 1.A.14 회사는 제한된 펀드의 잠재 투자자에게 GIPS 펀드 보고서 또는 GIPS 컴포지트 보고서를 제공한 후, 해당 제한된 펀드의 잠재 투자자가 여전히 제한된 펀드의 잠재 투자자인 경우, 최소 12개월마다 업데이트된 GIPS 펀드 보고서 또는 GIPS 컴포지트 보고서를 제공해야 한다.
> 1.A.15 회사는 공모 펀드의 잠재 투자자에게 펀드를 포함하는 GIPS 컴포지트 보고서 또는 GIPS 공모 펀드 보고서를 제공할 수 있지만, 의무적으로 제공할 필요는 없다.
> 1.A.16 회사는 잠재 고객 및 잠재 투자자에게 최근 연말 기준의 연간 정보를 포함하여 GIPS 보고서를 제공해야 한다.
> 1.A.17 회사는 다음과 같은 GIPS 보고서를 제공하기 위해 어떤 합리적인 노력을 기울였는지 반드시 입증해야 한다.
>   (a) 잠재 고객에게 제공하는 GIPS 컴포지트 보고서
>   (b) 제한된 펀드의 잠재 투자자에게 제공하는 GIPS 펀드 보고서 또는 GIPS 컴포지트 보고서

GIPS 보고서는 GIPS 펀드 보고서 또는 GIPS 컴포지트 보고서 중 하나이다. 만약 컴포지트에 공모 펀드가 포함되면 잠재 투자자에게 GIPS 컴포지트 보고서를 제공할 수 있다. 잠재 고객 또는 투자자가 과거 12개월에 대한 GIPS 보고서를 받은 경우, 회사가 GIPS 보고서를 제공하기 위해 모든 합리적인 노력을 기울였다고 볼 수 있다.

공모 펀드(Broad Distribution Pooled Fund)는 규제 하에 운용되면서 일반 대중들에게 투자가 허용된 펀드이다. 대부분 지역에서의 현지 법률과 규정은 해당 펀드 보고서에 포함되어야 할 내용과 포함되지 말아야 하는 내용을 명확히 규정하고 있으므로, 잠재 투자자에게 GIPS 보고서를 제공하는 것은 필수는 아니다. 다만, 회사가 공모 펀드를 포함하는 GIPS 펀드 보고서 또는 GIPS 컴포지트 보고서를 예비 투자자에게 제공할 수 있다. GIPS 기준에서는 공모 펀드를 제외한 나머지 모든 펀드를 제한된 펀드(Limited Distribution Pooled Fund)로 정의한다.

GIPS 기준에 따르면, 회사는 성과측정 및 공시와 관련된 모든 법률과 규정을 준수해야 하며, 이는 GIPS 보고서와 현지 법률에 따른 보고서에 모두 적용된다. GIPS 기준이 현지 법률과 규정과 충돌하는 경우 회사는 현지 법률 및 규정을 우선 준수하고, GIPS 기준과의 충돌이 발생한 이유와 세부 내용을 공개해야 한다. 또한, GIPS 기준은 회사가 성과측정 및 공시와 관련된 법률과 규정의 변경 및 추가사항을 지속적으로 모니터링하기 위한 정책 및 절차 수립을 요구한다.

벤치마크 선택(Benchmark selection)

벤치마크(4장 참조)는 투자자의 요구사항을 명확히 나타내고, 매니저 성과를 평가하는 데 필수적인 도구이다.

> **관련 조항**
>
> 1.A.18 GIPS 컴포지트 보고서에 사용되는 컴포지트 벤치마크는 반드시 해당 컴포지트의 투자 의무, 목표 또는 전략을 반영해야 하며, 회사는 GIPS 컴포지트 보고서에서 가격 지수(Price Index)를 벤치마크로 사용해서는 안 된다.
>
> 1.A.19 GIPS 펀드 보고서에 사용된 펀드 벤치마크는 펀드의 투자 권한, 목표 또는 전략을 반영해야 하며, 회사는 GIPS 펀드 보고서에서 가격지수를 벤치마크로 사용해서는 안 된다.

회사는 컴포지트의 투자 의무, 목표 또는 전략을 반영하는 벤치마크의 총 수익률과 표준 편차를 공시해야 한다.

GIPS 컴포지트 보고서에서 명시된 벤치마크는 컴포지트 내 구성 포트폴리오의 벤치마크와는 다를 수 있다. 이는 컴포지트 내 포트폴리오들이 서로 다른 벤치마크를 사용하는 경우에 발생할 수 있다. 또한, 두 개 이상의 벤치마크가 포함될 수 있으며, 회사는 각 컴포지트에 적합한 벤치마크를 선택해야 한다.

회사는 이자와 배당 같은 수익을 제외한 가격지수를 벤치마크로 사용해서는 안 된다. 컴포지트 및 펀드 수익률을 가격지수와 비교하여 나타내는 것은 성과를 왜곡할 수 있으므로, 총 수익지수를 벤치마크로 사용하는 것이 적절하다. 지수제공업체에서 총 수익률 지수를 제공하지 않는 경우에도, 가격 지수를 사용하는 것은 적절하지 않다.

> ⚠ **Caution**
> 어떤 상황에서도 GIPS 보고서에서 가격지수를 벤치마크로 사용하는 것은 적절하다고 보기는 어렵다.

GIPS 보고서의 오류 수정(Correcting errors in GIPS Reports)

보고서에는 오류가 발생할 수 있으며, 다음과 같은 오류 유형이 있다.

(1) 평가 오류(Valuation errors)

(2) 거래 누락(Missed trades)

(3) 현금흐름의 시점 오류(Incorrectly timed cash flows)

(4) 컴포지트 내 포트폴리오 설정 오류

　　(Incorrect allocation of portfolios to composites)

(5) 공시사항의 누락이나 오류(Missed or incorrect disclosures)

(6) 절차 불이행(Failures to follow procedures)

(7) 부적절한 방법론(Inappropriate methodologies)

(8) 기준에서 허용되지 않는 정책 및 절차

　　(Policies and procedures not allowed within the standards)

(9) 벤치마크 등 외부에 공개된 정보의 오류

(Errors in externally published information, such as benchmark)

(10) 오타(Misprints)

> **관련 조항**
>
> 1.A.20 회사는 GIPS 컴포지트 보고서에 중대한 오류가 있는 경우, 이를 수정해야 하고 다음과 같이 제공해야 한다.
>   (a) 현재 검증자에게 수정된 GIPS 컴포지트 보고서를 제공해야 한다.
>   (b) 중대한 오류가 있는 GIPS 컴포지트 보고서를 받은 현재 고객 및 이전 검증인에게도 수정된 GIPS 컴포지트 보고서를 제공해야 한다.
>   (c) 중대한 오류가 있는 GIPS 컴포지트 보고서를 받은 현재 모든 잠재 고객 및 잠재 투자자에게 수정된 GIPS 컴포지트 보고서를 제공하기 위해 모든 합리적인 노력을 기울여야 한다. 회사는 과거 고객, 과거 투자자, 과거 잠재 고객 또는 과거 잠재 투자자에게는 수정된 GIPS 컴포지트 보고서를 제공할 의무는 없다.
>
> 1.A.21 회사는 GIPS 펀드 보고서에 중대한 오류가 있는 경우, 수정해야 하고 다음과 같이 제공해야 한다.
>   (a) 현재 검증자에게 수정된 GIPS 펀드 보고서를 제공해야 한다.
>   (b) 중대한 오류가 있는 GIPS 펀드 보고서를 받은 현재 투자자 및 이전 검증인에게 수정된 GIPS 펀드 보고서를 제공해야 한다.
>   (c) 중대한 오류가 있는 GIPS 펀드 보고서를 받은 현재 모든 잠재 투자자에게는 수정된 GIPS 펀드 보고서를 제공하기 위해 모든 합리적인 노력을 기울여야 한다. 회사는 과거 투자자 또는 과거 잠재 투자자에게 수정된 GIPS 컴포지트 보고서를 제공할 의무는 없다.

보고서의 오류는 항상 회사의 GIPS 기준 준수를 위반하는 것은 아니지만, 오류는 반드시 올바르게 수정되어야 하며, 회사는 이전에 보고된 수익률을 재계산할 필요가 있는지 여부와 오류를 고객에게 통지해야 하는지를 판단해야 한다.

회사는 다음과 같은 오류 정정 절차를 포함하고 있어야 한다.

(1) 오류 처리를 위한 정책 및 절차
(2) 중요성의 정의

(3) 오류 정정 프로세스

수익률 오차가 1~2bp에 불과하다면 해당 오류는 중요하지 않은 문제로 간주될 수 있다. 하지만 해당 오차가 1~2% 정도라면 이는 중요한 문제로 다른 문제를 일으킬 수 있다. 회사는 이러한 중요한 오류에 대한 기준을 자유롭게 정의할 수 있지만, 오류 정정은 관련 정책과 절차에 따라 이루어져야 한다. 만일 이러한 오류로 인해 이해관계자들의 투자의사결정이 영향을 받는다면 해당 오류는 중요한 오류로 간주되어야 한다.

오류 정정 프로세스는 다음과 같은 사항을 포함해야 한다.

(1) 수익률 재계산
(2) 중요한 오류의 기준
(3) 오류 정정에 대한 절차
(4) 원본 보고서, 수정된 보고서 및 오류정정에 관한 내용을 문서로 보관

중요한 오류가 발생한 경우, 회사는 수정된 GIPS 보고서를 현재의 검증자에게 제공해야 하며, 잘못된 보고서를 받은 현재 고객 및 투자자들에게도 수정된 GIPS 보고서를 제공해야 한다. 과거의 검증자들에게도 잘못된 보고서를 제공한 경우 수정된 GIPS 보고서를 제공해야 한다. 또한, 회사는 잘못된 보고서를 받은 현재의 잠재 고객 및 투자자들에게 수정된 GIPS 보고서를 제공하기 위해 합리적인 노력을 기울여야 하며, 잘못된 GIPS 보고서를 받을 가능성이 있는 고객과 투자자를 확인할 수 있는 절차를 갖추고 있어야 한다. 그러나 중요한 오류에 대한 임계값을 높게 설정했다고 해서 회사의 중요성 수준이 높다고 평가할 수는 없다.

중요한 오류로 판단되지 않은 경우에도 오류를 처리하기 위한 절차가 필요하며, 오류의 규모에 따라 다음과 같은 조치가 포함될 수 있다.

(1) GIPS 보고서 정정 및 보고서 오류 공개
    (Correcting the GIPS Report and disclosing the error in the report)
(2) 내부적으로 GIPS 보고서 정정

(Correcting the GIPS Report with no disclosure)
(3) 후속조치 없음 (Taking no action)

회사는 과거 고객, 과거 투자자, 과거 잠재 고객 또는 과거 잠재 투자자에게 수정된 GIPS 보고서를 제공할 필요는 없다. 중요한 오류는 벤치마크 및 부정확하거나 누락된 공시, 그리고 기타 요구사항에도 적용될 수 있다.

> **Note**
> 자산운용사는 적절한 오류 수정 절차를 갖추어야 한다. 투자자는 현장 실사의 일환으로 항상 자산운용사의 오류 수정 정책과 절차를 요청하고 검토해야 한다.

컴포지트 상세정보 (Composite Descriptions)

회사는 잠재 고객이 컴포지트 상세정보를 요청할 경우, 이를 제공해야 하며, 요청이 있을 경우, 컴포지트 목록에 포함된 모든 컴포지트에 대해 기준에 부합하는 보고서를 제공해야 한다. 종료된 컴포지트는 종료일로부터 최소 5년 동안 컴포지트 목록에 포함되어야 한다. 또한, 회사는 요청이 있을 경우 제한적 펀드의 잠재 투자자에게 제한적 펀드에 대한 컴포지트 상세정보 목록을 제공해야 한다. 단, 목록에는 잠재 투자자가 투자 자격이 있는 펀드만 포함되어야 한다.

> **관련 조항**
> 1.A.22 회사는 다음 목록을 유지해야 한다.
>   (a) 컴포지트 상세정보의 전체 목록 : 종료된 컴포지트는 종료일로부터 최소 5년 동안 이 목록에 포함되어야 한다.
>   (b) 제한적 펀드에 대한 상세정보의 전체 목록 : 이 목록에는 종료된 제한적 펀드를 포함할 필요는 없다.
>   (c) 공모 펀드의 전체 목록 : 이 목록에는 종료된 공모 펀드를 포함할 필요는 없다.
> 1.A.23 회사는 다음 목록을 제공해야 한다.
>   (a) 컴포지트 상세정보의 전체 목록 : 이를 요청하는 모든 잠재 고객에게 제공해야 한다.

(b) 제한적 펀드에 대한 상세정보의 전체 목록: 이를 요청하는 모든 제한적 펀드 잠재 투자자에게 제공해야 한다. 단, 목록에는 잠재 투자자가 투자 자격이 있는 제한적 펀드만 대상으로 한다.

(c) 공모 펀드의 전체 목록 : 이를 요청하는 모든 공모 펀드 잠재 투자자에게 제공해야 한다. 단, 목록에는 잠재 투자자가 투자 자격이 있는 공모 펀드만 포함될 수 있다. 회사가 공모 펀드의 전체 목록을 웹사이트에 게시하고 있는 경우, 잠재 투자자를 웹사이트로 안내할 수 있다.

(d) 공모 펀드에 대한 상세정보 : 이를 요청하는 모든 공모 펀드 잠재 투자자에게 제공해야 한다.

1.A.24 회사는 다음 보고서를 제공해야 한다.

(a) GIPS 컴포지트 보고서 : 회사의 컴포지트 상세정보 목록에 있는 모든 컴포지트에 대해 이를 요청하는 모든 잠재 고객에게 제공해야 한다.

(b) GIPS 펀드 보고서 또는 GIPS 컴포지트 보고서 : 제한적 펀드가 해당 컴포지트에 포함된 경우, 회사의 제한적 펀드 상세정보 목록에 있는 모든 제한적 펀드에 대해 이를 요청하는 모든 제한적 펀드 잠재 투자자에게 제공해야 한다.

> **Note**
> 회사가 잠재 고객과 투자자에게 정보를 선택적으로 제공하는 것을 방지하기 위해 투자자는 항상 컴포지트 및 펀드 리스트를 요청해야 한다. 이러한 리스트를 신속하고 신뢰성 있게 제공하는 것은 자산운용사의 신뢰도를 나타낸다.

회사가 성과가 부진한 컴포지트를 종료하고 유사한 컴포지트를 새로 개설함으로써 성과가 좋지 않은 컴포지트를 감추려는 시도를 방지하기 위해, 종료된 컴포지트를 항상 컴포지트 목록에 반영해야 한다. 반면, 종료된 펀드는 투자자가 투자할 수 없으므로 해당 목록에 포함될 필요는 없다. 또한, 회사는 잠재 투자자의 요청에 따라 공모 펀드의 전체 펀드 목록을 제공해야 하며, 해당 리스트에는 공모 펀드 설명서가 포함될 필요는 없지만, 공모 펀드 투자자가 특정 공모 펀드 설명서를 요청하는 경우 이를 제공해야 한다.

기록보관 (Record keeping)

GIPS 기준에서의 요구사항은 GIPS 보고서에 포함된 모든 정보가 입증 가능해야 한다는 것이다. 회사는 성과를 재계산할 수 있을 뿐만 아니라 GIPS 보고서와 관련된 모든 정보를 입증하기 위하여 기록을 보관해야 한다.

> **관련 조항**
> 1.A.25 GIPS 컴포지트 보고서, GIPS 펀드 보고서 및 GIPS 광고에 포함된 모든 항목을 입증하는 데 필요한 모든 데이터 및 정보는 해당 보고서 및 광고가 유지되는 기간 동안 사용할 수 있도록 보관되어야 한다.
> 1.A.26 회사는 GIPS 기준 준수 주장의 책임이 있으며, 제3자로부터 제공받은 기록 및 정보가 GIPS 기준의 요구사항에 충족하는지 확인 받아야 한다.

보관된 자료나 정보에 즉시 접근할 필요는 없다. 이러한 정보는 제3자 업체에 의해 관리될 수도 있다. 그러면 보관된 기록이나 정보는 합리적인 시간 내에 접근 가능해야 하며, 제3자와의 계약에는 신속한 접근 조항이 포함되어야 한다. 접근할 수 없는 시스템에 저장된 정보는 기록 보존 요구사항을 충족시키지 못한다. 또한, 이러한 시스템은 기록을 보호하기 위해서 재해 복구 계획을 보유하고 있어야 한다. 천재지변 등으로 인해 모든 기록, 전자적 및 기타 백업이 파기된 경우, 회사는 관리인, 컨설턴트, 검증인, 고객 및 제3자의 정보를 사용하여 GIPS 보고서를 재구성해야 한다. 재구성이 불가능한 경우, 회사는 GIPS 기준 준수 기간 중 해당 영향을 받는 기간 동안 기록이 없음을 공개해야 한다. 그러나 GIPS 기준 준수를 아직 주장하지 않는 회사에는 이러한 사항이 적용되지 않는다.

GIPS 핸드북[8]에는 기준 준수를 주장하는 데 필요한 사항들에 대한 포괄적인 목록을 제공하고 있다.

포트폴리오 레벨 수준에서의 수익률을 입증하기 위한 필요정보
(1) 포트폴리오 명세서(포지션 및 평가액 포함)와 공정가치 평가의 기초정보
(2) 성과가 실제 자산 내역을 기반을 두고 있음을 증명하는 정보(수탁자 명세서 및 정정 기록 포함)

---

[8] CFA Institute, *GIPS Standards Handbook for Firms*(November 2020).

(3) 포트폴리오 거래 내역서

(4) 미결제 거래 내역서

(5) 기업 공시보고서

(6) 수입/매출 보고서

(7) 미수수익 보고서

(8) 해외 또는 원천징수 환급 보고서

(9) 현금흐름/가중현금흐름 보고서

(10) 환율 정보

(11) 사용된 계산 방법론에 대한 정보

(12) 제3자(예: 자문기관 또는 수탁자)가 제공한 정보로, GIPS 기준 요구사항 충족을 확인하기 위해 추가 조치가 필요할 수 있는 정보

(13) 운용보수 정보

(14) 다음과 같은 펀드 세부 정보:

    (a) 펀드의 순자산가치(NAV) 보고서

    (b) 펀드의 배당금 및 이익분배금

    (c) 펀드의 순자산가치(NAV)에 대한 증빙 문서(예, 시산표)

    (d) 수탁 및 관리 보수를 포함한 보수 데이터

    (e) 펀드 비용 정보

    (f) 주주/수익자 정보 및 현금흐름

    (g) 제한된 펀드(LDPF)에 대한 손익 보고서

컴포지트 레벨에서의 수익률을 입증하기 위한 필요정보

(1) 컴포지트에 포트폴리오가 포함되는 경우 :

    (a) 컴포지트에 각 포트폴리오의 유입 및 유출 시점

    (b) 각 기간 및 포트폴리오별 수익률

    (c) 각 기간 및 포트폴리오별 가중치의 기준값

       (시작값 또는 시작값에 가중된 외부현금흐름 반영)

(2) 컴포지트 내 포트폴리오 수와 자산규모

    (매년 말 기준 및 GIPS 보고서에 이 정보가 제시된 기타 기간에 대한 데이터)

(3) 내부 분산 데이터
(4) 평가모형을 통하여 컴포지트 수익률을 계산하는 경우, 운용보수 정보
(5) 최근 3년 데이터를 사용하여 연율화 사후 표준편차 및 기타 위험지표 산출 내역
(6) 컴포지트 수익률을 다른 통화로 변환하는 데 사용된 환율

특정 컴포지트에 포트폴리오 편입과 관련된 정보
(1) 컴포지트 정의(특히, 컴포지트 편입과 관련된 부분)
(2) 모든 컴포지트에서 제외된 포트폴리오와 제외 사유
(3) 투자운용계약과 운용가이드라인(수정사항 포함)
(4) 투자자가 컴포지트에 투자 결정을 지원하는데 제공된 보고서
(5) 컴포지트 자산배분에 관련된 분석 자료
(6) 포트폴리오의 투자 정의, 목표, 전략에 대해 변경사항을 포함하여 투자자에게 제공한 자료

GIPS 보고서에 포함된 기타 정보에 대한 정보
(1) 자문 전용 자산
(2) 잔여 약정 자본
(3) 회사 및 컴포지트 오버레이 익스포저
(4) 컴포지트 운용보수 체계
(5) 펀드 비용비율과 운용보수 체계
(6) 성과보수
(7) 벤치마크 수익률 및 맞춤형 벤치마크 방법론
(8) 예상 거래비용
(9) 추가 정보

회사가 GIPS 기준 준수 주장을 위한 지원정보
(1) GIPS 기준 정책 및 절차(회사가 GIPS 기준 준수를 주장하는 모든 기간)
(2) 회사의 정의(과거 정보 포함)

(3) 회사 총자산을 계산하기 위한 근거자료(연말을 포함한 GIPS 보고서에 제시된 모든 기간 포함)
(4) 컴포지트의 시작일 및 설정일
(5) 공모펀드(BDPF)와 제한된 펀드(LDPF)의 구분
(6) 컴포지트 설명 목록
(7) 제한된 펀드(LDPF)의 목록(시작일 정보 포함)
(8) 회사 웹사이트가 없는 경우, 공모펀드(BDPF)의 목록
(9) 모든 컴포지트에 대한 GIPS 컴포지트 보고서
(10) GIPS 펀드 보고서가 발행된 모든 펀드의 GIPS 펀드 보고서

기준 준수 주장을 위한 추가적인 정보
(1) 제안 요청서(RFP)에 제출한 자료
(2) 제3자로부터의 작성된 내부 통제 보고서 및 시스템
　(예: 회계 보고서, 고객을 위한 기타 내부 통제 보고서)
(3) 제3자와의 계약서(예: 자문, 신탁, 성과 데이터)
(4) 의사결정 관련 위원회(예: 이사회, 운용 위원회, GIPS 준수 위원회)의 회의록
(5) 고객과 투자자에게 부과하는 보수체계
(6) 시스템 매뉴얼
　(특히, 포트폴리오, 펀드, 컴포지트 수익률 및 GIPS 보고서를 생성하는 시스템과 관련된 매뉴얼)
(7) 모든 잠재 고객 및 잠재 투자자에게 GIPS 보고서 제공하기 위해 노력한 사항에 대한 문서화
(8) 오류 수정 정책을 준수했음을 입증하는 문서
　(특히, 중요한 오류가 발생한 경우 수정된 GIPS 보고서와 오류 공시를 모든 관련 당사자에게 제공하려는 노력을 포함)
(9) 기본 벤치마크 데이터(공개적으로 이용할 수 없는 경우)
(10) 잠재 고객 또는 잠재 투자자의 요청에 의해 다음과 같은 문서를 제공한 경우
　(a) 컴포지트 투자설명서 또는 제한된 펀드(LDPF) 투자설명서 목록

(b) 공모펀드(BDPF) 목록(웹사이트에 공개되지 않는 경우)

(c) 공모펀드(BDPF) 설명서(웹사이트에 공개되지 않는 경우)

(d) GIPS 보고서

(e) 포트폴리오 평가 정책(계정 및 펀드)

(f) 성과계산 정책

(g) GIPS 보고서 작성 정책

(h) 검증보고서

(i) 성과평가 보고서

이론 성과와 실제 성과의 차이

회사는 실제 성과를 이론 성과와 연결해서는 안 된다. 실제 성과와 이론 성과는 본질적으로 다른 개념이다. 이론 성과란, 제시된 전략에 실제 자산이 투자된 포트폴리오나 컴포지트에서 도출된 성과가 아니라, 가상으로 산출된 성과를 의미한다. 새로운 투자 전략을 개발, 테스트 및 개선하는 과정에서 회사는 모델 포트폴리오를 구성하고, 과거의 종목 가격을 활용해 과거 측정 기간 동안의 이론적 성과는 시뮬레이션을 통해 산출한다. 반면, 실제 성과에는 시뮬레이션, 백테스트, 가상, 사전(ex-ante), 미래 예측, 또는 모델 포트폴리오가 포함될 수 없다. 회사는 서로 다른 컴포지트, 펀드 또는 분리된 계정을 결합하여 시뮬레이션 전략을 생성하고 이를 실제 성과로 제시해서는 안 된다. 실제 자산으로 구성되었더라도, 컴포지트, 포트폴리오, 펀드 또는 분리된 계정의 결합은 이론적 투자 결정을 요구하므로 모델 포트폴리오로 간주된다. 성과 중단이나 누락된 이력을 이론 성과로 보완해서는 안 된다. 이론 성과는 실제 성과와 연결되지 않고, 보충 정보로 명확히 표시되며, 해당 정보의 관련성을 평가할 수 있는 충분한 지식을 가진 고객과 투자자에게 제공되는 경우에 한정하여 GIPS 보고서에 포함될 수 있다.

📑 관련 조항

1.A.27 회사는 실제 성과를 과거의 이론 성과와 연결해서는 안 된다.

1.A.28 회사 조직 변화로 인해 과거 성과가 변경되어서는 안 된다.

1.A.29 GIPS 보고서에 제시된 시간가중수익률의 경우, 회사는 GIPS 기준 준수 이후 GIPS 기준 준수 성과에 준수 이전의 GIPS 비준수 성과를 연결해서는 안 된다. 다만, GIPS 기준 준수 기간에 대한 GIPS 기준 준수 성과가 표시되는 경우, GIPS 기준 준수 성과에 GIPS 비준수 성과를 연결할 수 있다.

1.A.30 GIPS 보고서에 금액가중수익률이 명시되는 경우 회사는 GIPS 기준 준수 기간에 대한 GIPS 비준수 성과를 표시할 수 없다. 그러나 GIPS 기준 준수 이전의 비준수 기간에 해당하는 GIPS 비준수 성과는 GIPS 보고서에 표시할 수 있다.

⚠ Caution

백테스트와 모델을 통한 이론 성과는 내부 통제 관점에서 분명히 유용할 수 있다. 그러나 외부에서는 이를 참고해서는 안 된다. 자기 선택(self-selection) 문제만으로도 그 이슈는 매우 크기 때문이다. 이는 내부에서도 마찬가지이다. 이론 성과가 부진한 경우는 외부에 공개되는지 않기 때문입니다.

GIPS 기준에 정의된 회사는 구조 조정이나 상황에 따라 변화될 수 있다. 그러나 회사에 변화가 있더라도 과거의 컴포지트 성과를 수정할 수는 없다. 실제로도, 오류 수정을 제외하면 과거의 컴포지트 성과를 변경하는 것은 불가능하다. 다만, 최초 GIPS 기준 준수일에 대한 이슈는 이론적 문제로, 이는 2000년에 GIPS 기준이 처음 발표되기 전에 성과를 그 이후의 GIPS 준수 성과와 연결할 수 있는 역량과 관련이 있다. 또한, 2006년 1월 1일부터 적용된 부동산 및 사모펀드 기준과도 연관된다.

이동성 (Portability)

과거 성과 기록은 개별 포트폴리오 매니저의 성과보다는 자산운용사의 성과에 더 초점을 맞추고 있다. GIPS 기준에서는 성과가 다양한 요인들(예: 경영진의 의사결정, 리서치, 오퍼레이션 부서, 동료들의 피드백, 성과평가, 리스크관리, 자산운용위원회 등)로 인해 형성된다는 점을 명확하게 보여준다. 하지만 이러한 요인들이 모두 동일하게 적용되거나 이전될 수 있는 것은 아니다. 포트폴리오 수석 매니저가 주요 기여자일 수는 있지만, 다른 환경에서는 동일한 성과를 보장할 수 없다는 점을 명심해야 한다.

> **관련 조항**
>
> 1.A.31 회사가 다른 회사와 공동으로 마케팅을 진행할 때, 어느 회사가 GIPS 기준을 준수하고 있는지 명확히 구분하여 명시해야 한다.
> 1.A.32 인수 회사가 다음 조건을 충족하면 피인수 회사 또는 계열사의 컴포지트 및 펀드의 성과를 인수 회사의 과거 실적에 반영하고, 인수 회사의 성과와 연계할 수 있다.
>   (a) 인수 회사는 투자 결정과 관련된 직원들을 채용해야 한다.
>   (예: 리서치 인력, 포트폴리오 매니저 및 기타 관련 인력)
>   (b) 인수 회사의 투자결정과정은 본질적으로 완전히 독립적으로 운영되어야 한다.
>   (c) 인수 회사는 성과에 대한 기초데이터를 보유하고 있어야 한다.
>   (d) 피인수 회사와 인수 회사 간에 성과 기록에는 연속성이 유지되어야 한다.
>   만약 위의 조건 중 하나라도 충족되지 않으며, 피인수 회사의 성과를 인수 회사의 지속적인 성과 기록과 연결해서는 안 된다.
> 1.A.33 피인수 회사와 인수 회사 사이의 성과에 차이가 발생할 경우, 인수 회사가 특정 컴포지트 또는 특정 펀드에 대하여 다음 조건을 충족하면 인수 회사의 과거 성과를 나타내는 데 피인수 회사의 성과를 사용할 수 있다.
>   (a) 인수 회사는 투자 결정과 관련된 직원들을 채용해야 한다.
>   (예: 리서치 인력, 포트폴리오 매니저 및 기타 관련 인력)
>   (b) 인수 회사의 투자결정과정은 본질적으로 완전히 독립적으로 운영되어야 한다.
>   (c) 인수 회사는 성과에 대한 기초데이터를 보유하고 있어야 한다.
>   (d) 인수 회사는 중단 전 성과와 중단 후 성과를 구분하여 표시해야 한다.
>   (e) 인수 회사는 중단 전과 중단 후의 성과를 연결해서는 안 된다.
> 1.A.34 회사가 다른 회사나 계열사를 인수하는 경우, 인수 회사는 기준을 준수하지 않는 자산에 대하여 1년 동안 기준을 준수하도록 한다. 인수한 비준수 회사 또는 계열사의 자산은 인수일로부터 1년 이내에 GIPS 기준의 모든 요구사항을 지속해서 충족해야 한다.

GIPS 기준에 따르면, 다음과 같은 요구사항을 충족한다면, 피인수 회사의 과거 성과를 인수한 회사의 과거 성과로 표시할 수 있으며, 이를 특정 포트폴리오 또는 펀드 기준으로 인수된 회사의 성과나 새로운 회사의 성과와 연계할 수 있다.

- 인수 회사는 피인수 회사의 주요 투자 결정과 관련된 직원들을 채용해야 한다.
- 인수 회사의 투자 결정 과정은 본질적으로 완전히 독립적으로 운영되어야 한다.
- 인수 회사는 보고된 성과를 기록하고, 이에 대한 기초데이터를 보유하고 있어야 한다.
- 성과 기록은 지속적으로 유지되어야 한다.

운용 팀이 한 회사에서 다른 회사로 이동하면서 일정 기간 동안 투자 결정을 할 수 없거나 운용을 할 수 없는 경우, 성과 중단이 발생할 수 있다. 인수 회사는 피인수 회사의 성과를 기초 자료와 함께 제시할 수 있지만, 성과 기록의 차이나 중단으로 인해 인수 회사의 성과와 연결되지 않을 수 있다. 이런 경우에는 피인수 회사의 성과를 별도로 표기해야 한다.

GIPS 기준을 준수하는 회사가 다른 회사나 계열사를 인수했을 때, 그 회사는 1년 이내에 모든 비준수 자산을 GIPS 기준을 준수하도록 해야 한다.

> ⚠ **Caution**
> 과거 성과의 이동성(portability)은 복잡하고 때로는 논란이 될 수 있는 주제이다. 1년의 유예 기간이 길게 느껴질 수도 있지만, 상황에 따라서는 성과 이전을 적합하게 처리하기에 1년이라는 기간은 충분하지 않을 수도 있다.

GIPS 기준에서 끊어진 성과를 연결하기는 쉽지 않지만, 합병이나 인수 시에 이를 적용할 수 있도록 이동성 기준이 규정되어 있다. 한 자산운용사의 팀을 다른 회사로 이동할 때, 모든 투자 결정 권한이 이전하고 투자결정과정이 그대로 유지된다면, 이전의 성과를 새로운 회사의 성과와 연결할 수 있다. 그러나 기존 팀을 유지하지 못한다면, 피인수 회사의 성과를 연결한 데이터를 확보하는 것은 쉽지 않을 수 있다. 다만, 회사는 피인수 회사의 모든 전략을 연결할 필요는 없다. 성과는 특정 컴포지트 또는 펀드 단위로 연결할 수 있으며, 이러한 이동성 기준은 이전에 비해 더 유연하게 적용될 수 있도록 완화되었다.

> **Note**
> 2020년 GIPS 기준은 이전 기준에 비하여 이동성(portability)에 있어서 더 유연하게 적용될 수 있도록 완화되었다. 이제는 컴포지트 단위로 적용 가능하며, 이로 인하여 인수 또는 합병 시 성과를 연결하는 부분을 자체적으로 선택하는 것이 가능해졌다.

시간가중수익률과 금액가중수익률의 사용

일반적으로 회사는 시간가중수익률로 공시해야 하며, 특정한 경우에는 금액가중수익률을 사용하여 공시할 수 있다.

> **관련 조항**
> 1.A.35 회사는 일반적으로 각 컴포지트나 펀드에 대해 시간가중수익률을 공시해야 하며, 특정한 상황에서는 금액가중수익률을 공시할 수 있다. 회사는 컴포지트 또는 펀드의 외부 자금 유입을 통제하고, 해당 컴포지트 또는 펀드가 다음 중 하나 이상의 조건에 만족하는 경우에 한하여 금액가중수익률을 공시할 수 있다.
> (a) 폐쇄형(Closed-end)
> (b) 고정된 운용 연한(Fixed life)
> (c) 고정 약정(Fixed commitment)
> (d) 비유동성 자산 중심의 운용전략
>   (Illiquid investments as a significant part of the investment strategy)
> 1.A.36 회사는 각 컴포지트나 펀드에 대해 시간가중수익률, 금액가중수익률 또는 두 가지를 모두 공시할 것인지 여부를 선택해야 하며, 선택한 수익률을 각 컴포지트나 펀드에 대해 일관되게 적용해야 한다.

시간가중수익률은 외부현금흐름의 영향을 제외하고 투자자산의 가치 변화를 반영하여 기간별 수익률을 계산하는 방법이다. GIPS 기준에서 일반적으로 사용되는 시간가중수익률 산출 방법에는 일반적인 방법 외에도 연결된 수정 Dietz 수익률과 같은 하이브리드 방법이 포함된다(제3장 참조).

금액가중수익률은 외부현금흐름의 규모와 시점을 반영하여 투자자산의 가치 변화를 반영하며, 특정 기간 동안의 수익률을 계산하는 방법이다. GIPS 기준에서 일반적인 금액가중수익률은 내부 수익률(IRR)이다. 회사는 금액가중수익률을 공시할 수 있으며, 이를 공시하는 경우에는 회사가 컴포지트나 펀드의 외부 자금 흐름을 통제할 수 있어야 하며, 다음 중 하나의 조건을 만족해야 한다.

(1) 포트폴리오가 폐쇄형, 고정된 운용 연한 또는 고정 약정인 경우
(2) 비유동성 자산을 중심으로 한 운용 전략인 경우

시간가중수익률은 외부현금흐름의 영향을 배제하고, 서로 다른 외부현금흐름을 가진 포트폴리오 매니저들의 성과를 공정하게 비교하기 위해 고안되었다.

운용성과를 공정하게 평가하는 것은 GIPS 기준의 핵심이며, 따라서 시간가중수익률은 중요하게 다루어진다. 그러나 GIPS 기준에서는 시간가중수익률이 모든 투자자산에 적용하는 것은 적절하지 않을 수 있다고 하였으며, 특히 인프라, 부동산 등과 같은 비유동성 자산 및 폐쇄형, 약정형 펀드와 같은 특수한 펀드 구조에는 금액가중수익률이 더 적합하다고 명시하고 있다.

금액가중수익률을 사용하기 위해서는 외부현금흐름을 통제하는 것이 필수 조건임을 인지해야 한다. 더불어, GIPS 기준에서 포트폴리오의 성과를 금액가중수익률로 평가하기 위해서는 외부현금흐름 통제 외에도 지정한 요구사항 중 하나를 충족해야 한다.

> ⚠ **Caution**
> 3장을 통해 시간가중수익률과 금액가중수익률의 여러 장단점을 이해할 수 있다. 시간가중수익률 이외 다른 수익률을 사용할 경우 성과 비교는 어려워진다. GIPS 기준에서는 회사가 외부현금흐름을 통제하여 금액가중수익률로 전환하거나, 수익률 계산방법을 임의로 변경하는 것을 방지하기 위해서 이를 명확하게 규정하고 있다.

GIPS 기준 준수의 주장

회사는 GIPS 기준을 일부를 제외하고 준수한다거나 부분 준수를 한다고 주장할 수 없다. GIPS 기준에서는 예외를 허용하지 않고 있다.

> **관련 조항**
>
> 1.A.37 회사는 마케팅 자료에 GIPS 컴포지트 리포트 또는 GIPS 펀드 리포트를 포함하는 경우, 해당 사실을 반드시 마케팅 자료 안에 명시해야 한다.
>
> 1.A.38 회사는 GIPS 기준 준수를 주장하기 위해서는 GIPS 준수 양식을 다음과 같은 사항을 기준으로 작성하여 CFA 협회에 제출해야 한다.
>
>   (a) 회사가 처음으로 GIPS 기준을 준수 주장할 때는 GIPS 준수 양식을 제출해야 한다.
>
>   (b) 회사 연락처 정보를 제외한 모든 정보는 매년 최신 정보로 갱신되어야 하며, 최신 정보는 매년 12월 31일이다.
>
>   (c) 최초 제출 이후에는 매년 6월 30일까지 제출해야 한다.
>
> 1.A.39 회사가 검증(verification)을 받는 경우, 검증자의 독립성에 대한 정책을 파악하고 검증자의 독립성 평가를 고려해야 한다.

GIPS 기준에 부합한다거나 GIPS 기준과 일관된 계산방법을 사용한다는 유사한 표현은 허용되지 않는다. 현재 포트폴리오의 성과를 "GIPS(Global Investment Performance Standards)에 따라 산출되었다."라고 표현하는 것은 GIPS 기준을 준수하는 회사가 현재 고객에게 개별 계정의 성과를 보고하거나 현재 투자자에게 펀드의 성과를 보고하는 경우에만 예외적으로 허용된다.

> **Note**
> GIPS 기준은 공정한 표현과 완전한 공개를 보장하기 위한 윤리적 지침으로, 단순한 수익률 계산 그 이상을 의미한다. 이 기준은 데이터의 정직성, 일관된 정책과 절차, 그리고 성과의 적절한 공시를 기반으로 구성되어 있다.

입력 데이터 및 계산 방법론
(INPUT DATA AND CALCULATION METHODOLOGY)

GIPS 기준의 제2장에서는 회사에 대한 입력 데이터와 계산방법을 설명한다. 이 기준은 효과적인 준수와 투자성과의 완전하고 공정한 비교를 위해 입력 데이터의 일관성을 제공하는 청사진 역할을 한다. 제2장에서는 총 50개의 필수조항이 포함되어 있으며, 아래와 같은 내용으로 구성되어 있다.

(1) 회사 자산, 컴포지트 자산, 그리고 펀드 자산

   (Firm assets, composite assets and pooled fund assets)

(2) 오버레이 자산 (Overlay exposure)

(3) 수익률 (Returns)

(4) 가치평가 (Valuation)

(5) 시간가중수익률 (Time-weighted returns)

(6) 금액가중수익률 (Money-weighted returns)

(7) 순수익률 (Net returns)

(8) 컴포지트수익률 (Composite returns)

(9) 장외투자 (Private market investments)

(10) 부동산 (Real estate)

(11) 보수 차감 후 부분분리 수익률 (Net-of-fees carve-out returns)

(12) 랩 수수료, 부가비용 및 신용공여

   (Wrap fees, side pockets and subscription lines of credit)

회사 자산, 컴포지트 자산 그리고 펀드 자산

투자자산(회사 고유 자산 또는 위탁 자산을 포함한 회사 전체 자산)의 관리는 엄격하게 보면 성과와 직접적으로 관련된 정보는 아니지만, 특정 자산을 관리하는 능력을 증명하는 과정으로, 일부는 성과평가와 관련이 있다.

> **관련 조항**
>
> 2.A.1 회사 전체 자산 :
>
>   (a) 회사가 운용하는 자산은 투자 재량권 여부와 관계없이 모두 공정가치로 평가되어 통합되어야 한다. 이는 보수가 발생하는 포트폴리오와 보수가 발생하지 않는 포트폴리오를 모두 포함한다는 의미이다.
>
>   (b) 회사가 투자자문사를 선택할 수 있는 권한을 가지고 있다면, 투자자문사에 배분된 자산도 포함해야 한다.

> (c) 투자 자문만 하는 자산은 제외되어야 한다.
> (d) 미사용 약정 자본은 제외되어야 한다.
>
> 2.A.2 회사 자산, 컴포지트 자산 및 펀드 자산은 다음과 같아야 한다.
> (a) 회사가 실제로 운용하는 자산만 포함한다.
> (b) 자율적 레버리지를 제외하고 순 자산 가치로 계산되어야 하며, 레버리지가 포함하여 총 자산 가치로 계산해서는 안 된다.
>
> 2.A.3 회사는 회사 자산, 컴포지트 자산 또는 펀드 자산을 계산할 때 자산을 중복해서 계산해서는 안 된다.
>
> 2.A.4 컴포지트 및 펀드의 성과는 회사가 실제로 운용하는 자산만을 대상으로 계산되어야 한다.

  회사 전체 자산은 회사가 투자 책임을 지고 있는 자산의 공정가치 합계를 의미한다. 회사의 정의는 포함해야 할 포트폴리오와 포함하지 않아야 할 포트폴리오의 경계를 결정한다. 회사 전체 자산에는 투자 재량권 있는 포트폴리오와 없는 포트폴리오, 보수가 발생하는 포트폴리오와 보수가 발생하지 않는 포트폴리오가 포함되지만, 투자 자문만 하는 자산과 미사용 약정 자본은 제외된다.

  투자 자문 자산은 회사가 투자 추천을 제공하지만, 투자 결정을 하지 않으며 투자 권한이 없는 자산을 의미한다. 투자 자문 자산은 회사 전체 자산에 포함될 수 없지만, 회사는 회사 전체 자산 외에도 회사 전체 투자 자문 자산을 별도로 보고하거나 회사 전체 자산과 회사 전체 투자자문 자산을 구별하여 함께 보고할 수 있다. 투자 재량권이 없는 자산의 경우 일반적으로 회사는 투자를 결정하고 거래 권한을 가지지만 투자에 대한 완전한 권한을 보유할 수 없어 투자 전략을 구현할 충분한 권한을 가지고 있지 않다. 투자 전략을 충분히 수행할 권한이 없는 경우, 매니저들은 투자성과에 대해 전적인 책임을 질 필요는 없다.

  미사용 약정 자본은 투자 포트폴리오에 약속된 자본 중 실행되지 않은 자본을 의미하며, 실제로 실행되지 않을 수도 있다. 미사용 약정 자본은 회사 전체 자산에 포함될 수 없지만, 회사는 이를 독립적으로 보고하거나 회사 전체 자산에 합산하여 미사용 약정 자본을 함께 보고할 수 있다.

오버레이 자산(Overlay exposure)

오버레이 전략(Overlay Strategy)은 투자 전략의 일부를 기초 포트폴리오와 별도로 수행하는 전략을 의미한다.

> **관련 조항**
>
> 2.A.5 회사는 투자 운용 책임을 지는 모든 재량적 및 비재량적 전략 포트폴리오를 포함하여 전체 회사 오버레이 익스포저를 계산해야 한다.
>
> 2.A.6 오버레이 자산을 계산할 때, 다음 사항을 준수해야 한다:
> (a) 오버레이 전략 포트폴리오의 명목 자산가치, 오버레이 대상이 되는 기초 포트폴리오 가치, 또는 명시된 목표 자산가치 중 하나를 사용해야 한다.
> (b) 컴포지트 내 모든 포트폴리오에도 동일한 방법을 적용해야 한다.
>
> 2.A.7 오버레이 전략 포트폴리오 수익률을 계산할 때, 다음 사항을 준수해야 한다.
> (a) 분모로 오버레이 전략 포트폴리오의 명목 자산가치, 오버레이 대상이 되는 기초 포트폴리오의 가치, 또는 명시된 목표 자산가치 중 하나를 사용해야 한다.
> (b) 컴포지트 내 모든 포트폴리오에도 동일한 방법을 적용해야 한다.

오버레이 전략은 일반적으로 기초 자산의 위험 프로파일을 변경하기 위해 사용되는 파생상품으로 구성된다. 오버레이 자산은 오버레이 전략의 명목 자산가치, 오버레이 대상인 기초 자산가치, 또는 목표 자산가치를 의미한다.

오버레이 자산은 회사 전체 자산에 포함해서는 안 되지만, 회사 전체 오버레이 자산을 별도로 나타낼 수 있다. 오버레이 자산 컴포지트에 한해서는 회사 전체 자산 대신 회사 전체 오버레이 자산을 보고할 수 있다. 오버레이 자산은 오버레이 투자전략의 상대적 중요성을 포트폴리오 자산보다 더 잘 나타낸다.

수익률

회사는 GIPS 기준의 요구사항을 충족하는 수익률을 계산하기 위해 회계 및 성과측정 원칙을 준수해야 한다.

> **관련 조항**
>
> 2.A.8 반드시 총 수익률(Total Returns)을 사용해야 한다
>
> 2.A.9 거래일 기준 회계를 사용해야 한다.
>
> 2.A.10 채권 및 이자 수익을 발생시키는 모든 투자에 대해 발생주의 회계(Accrual Accounting)를 사용해야 하며, 다만, 현금 및 현금성 자산에 대한 이자 수익은 현금으로 인식될 수 있다. 발생한 모든 수익은 성과를 계산할 때 포트폴리오 시작 및 최종 가치에 포함되어야 한다.
>
> 2.A.11 회사가 현금 투자를 통해 현금을 관리하지 않더라도, 모든 수익률 계산에 현금 및 현금성 자산이 포함되어야 한다.
>
> 2.A.12 1년 미만의 기간 수익률은 연율화하면 안 된다.
>
> 2.A.13 모든 수익률은 해당 기간 동안 발생한 거래비용을 차감한 후에 계산되어야 하며, 회사는 실제 거래비용을 알 수 없는 포트폴리오에 대해서만 추정 거래비용을 사용할 수 있다.
>
> 2.A.14 번들 수수료(bundled fees)가 있는 포트폴리오, 회사가 거래비용을 추정할 수 없거나 실제 거래비용을 번들 수수료로부터 분리할 수 없는 경우:
>
> (a) 보수 차감 전 수익률(gross-of-fees returns)을 계산할 때, 수익률은 전체 번들 수수료 또는 번들 수수료에서 거래비용 부분을 차감해야 한다.
>
> (b) 보수 차감 후 수익률(net-of-fees returns)을 계산할 때, 수익률은 전체 번들 수수료 또는 번들 수수료에서 거래비용과 운용 보수(investment management fee) 부분을 차감해야 한다.
>
> 2.A.15 모든 수익률은 별도로 명시된 경우를 제외하고 레버리지를 차감한 수익률로 계산해야 한다.
>
> 2.A.16 회사는 컴포지트별 또는 펀드별 운용약관에 따라 성과를 계산해야 한다.
>
> 2.A.17 펀드에 투자한 경우, 모든 수익률은 펀드 수준에서 부과되는 모든 보수 및 비용을 차감하여 반영해야 한다. 단, 회사가 펀드의 운용보수를 제어하는 경우 회사는 펀드의 운용보수를 차감하지 않은 보수 차감 전 수익률을 계산할 수 있다.
>
> 2.A.18 추가적인 위험 측정을 계산할 때:
>
> (a) 컴포지드 또는 펀드와 벤치마크의 수익률 주기는 반드시 동일해야 한다.
>
> (b) 컴포지트 또는 펀드와 벤치마크의 위험은 동일한 방법으로 계산되어야 한다.

수익률 계산은 실현 손익, 미실현 손익 그리고 수입을 반영해야 한다.

거래는 결제일(settlement date)이 아닌 거래일(trade date)을 기준으로 반영되어야 한다. 거래가 발생하더라도 결제는 바로 이루어지지 않을 수 있으므로, 결제일은

거래일보다 며칠 늦어질 수 있다. 거래가 확정되는 순간부터 포트폴리오는 가격 변동에 노출되며, 특히 거래일과 결제일 사이에 월말, 연말 등의 기간 말일이 포함되는 경우에는 거래 반영 시점이 특히 중요하다.

포트폴리오의 실제 경제적 가치를 측정하기 위해서, 수익이나 비용이 발생할 때 반영하는 발생주의 회계(accrual accounting)가, 수익이 수령되거나 비용이 지급되었을 때를 반영하는 현금주의 회계(cash accounting)보다 더 적합하다. GIPS 기준은 채권과 모든 이자 수익을 발생시키는 투자(현금 제외)에 대해 발생주의 회계 사용을 요구하며, 배당금에 대해서는 발생주의 회계를 권장한다. 발생주의 회계 하에서의 수익률 계산을 위해서는 올바른 분모를 제공하기 위해 기간 시작 시점과 기간 종료 시점의 포트폴리오 가치가 모두 사용되어야 한다. 발생한 수익은 사실상 자산운용사가 사용할 수 있는 자본에 해당하므로, 기간 시작 시점에 발생 수익을 제외하면 수익률이 부적절하게 레버리지될 수 있다.

> **Note**
> GIPS 기준에서는 주식 배당금에 대해 발생주의 회계를 적용할 것을 요구하지 않는다. 이는 많은 회계 시스템이 주식 배당금을 발생 처리하지 않는 현실을 반영한 것이지만, 최선의 선택은 아니다. 따라서 주식 배당금에 대해서도 발생주의 회계를 적용할 것을 권장한다. 대부분의 주식 지수는 배당금을 발생주의 회계 처리한다.

현금 및 현금성 자산의 수익은 수익률 계산에 반드시 포함되어야 한다. 포트폴리오 내 현금 발생은 단순히 현금의 수익이 아니라 상대 수익률에 중요한 영향을 미치는 요인이다. 따라서 포트폴리오의 수익을 계산할 때는 현금성 자산의 수익을 포함하는 것이 중요하다.

GIPS 기준에서는 1년 이상 기간의 수익률에 대해서만 연율화 하는 것을 허용하고 있다. 1년 미만의 기간에 대해 연율화 하는 것은 해당 기간의 수익률이 해당 연도의 나머지 기간에도 지속할 것이라는 가정을 내포하고 있는데, 이는 유효한 가정은 아니다(단, 현금 수익률은 예외).

보수 차감 전 수익률 및 보수 차감 후 수익률(Gross Return and Net Return of Fees) 계산에는 모든 거래비용을 반영해야 한다. 이 거래비용에는 중개 수수료,

거래소 수수료 및 세금이 포함되지만, 수탁비용은 포함되지 않는다. 실제 거래비용을 알 수 없는 경우, 해당 국가 규정에서 허용한다면 회사는 거래비용을 추정하여 사용할 수 있다.

> **Note**
> 보수 차감 전 수익률(Gross-of-fees return)은 자산운용사의 보수를 차감 전의 포트폴리오 수익률을 산출한 것이며, 거래비용은 포트폴리오 매니저의 운용으로 발생하는 기본 수익률의 일부로 보수 차감 전 수익률에 항상 반영된다.
> 보수 차감 후 수익률(Net-of-fees return)은 자산운용사의 보수를 차감 후 포트폴리오 수익률이며, 이 중 신탁비용(포트폴리오 거래와는 별도로)은 운용사의 기여 성과로부터 발생하는 것은 아니다.

번들 수수료는 여러 종류의 수수료가 하나로 '묶여' 있는 것을 의미한다. 회사가 번들 수수료 중 거래비용을 분류할 수 없는 경우, 보수 차감 전 수익률 계산 시 번들 수수료 전체를 차감해야 한다. 이것은 불공정하게 보일 수 있지만, 전체 번들 수수료를 차감하지 않는 것도 불공정하다.

수익률은 레버리지 및 보수를 차감 후 수익률로 계산되어야 한다. 레버리지를 차감한다는 것은 수익률 계산의 분모에 차입액을 반영한다는 것을 의미한다. 예를 들어, 5,000,000 파운드의 포트폴리오에서 1,000,000 파운드를 차입한 경우, 총 자산은 6,000,000 파운드이지만 순 자산은 5,000,000 파운드로 계산된다.

회사는 컴포지트 내의 포트폴리오 수익률과 컴포지트 자체의 수익률을 계산하기 위한 컴포지트 별 정책과 절차를 수립해야 한다. 이러한 정책은 일관되게 적용되어야 하며, 외부 서비스 업체에도 동일하게 적용되어야 한다. 다양한 유형의 포트폴리오(예: 펀드 및 개별 계정)들을 동일한 컴포지트에 포함될 수 있지만, 일관되게 적용되어야 한다. GIPS 기준에서는 회사의 정책과 절차에서 포함해야 할 항목에 대한 예시를 다음과 같이 명시하고 있다.

- 회사가 외부 서비스 업체로부터 받은 정보가 GIPS 기준의 요구사항을 충족하며, 필요한 경우 이를 통해 GIPS 기준에 부합하는 수익률을 산출할 수 있음을

설명해야 한다.
- 거래비용을 추정하는 경우, 거래비용 추정 방법
- 보수 차감 전 수익률(Gross-of-fees returns) 및 보수 차감 후 수익률(net-of-fees returns)을 계산할 때 반영되는 보수와 비용
- 회사가 컴포지트와 포트폴리오에 사용하는 시간가중수익률(Time-weighted return) 방법론
- 회사가 컴포지트와 포트폴리오에 사용하는 금액가중수익률(Money-weighted return) 방법론
- 외부현금흐름을 반영한 포트폴리오의 수익률 계산 방법론
- 이자와 배당금을 반영할 때 환급 가능한 원천징수세의 처리 방법
- 보수 차감 후 수익률(net-of-fees returns)에 모델 운용보수가 반영하는 경우, 해당 보수 계산방법
- 성과보수에 환수조건(clawbacks)이 있는 경우, 이 대한 처리 방식
- 사이드 포켓(side pocket)이 있는 경우, 이 대한 처리 방식

일반적으로 펀드의 수익률은 펀드에 부과된 모든 비용 및 보수를 차감하여 계산되어야 한다. 다만, 회사에서 펀드의 운용보수를 통제하는 경우, 보수 차감 후 수익률 계산 시에 운용보수를 차감하지 않고 반영할 수 있다. 다시 말하면, 회사가 펀드의 운용보수를 통제할 수 없다면, 운용보수는 펀드 선택에 있어서 고려사항이 된다. 재간접펀드(fund-of-funds: 펀드에 투자하는 펀드) 구조에서는 상위 펀드의 운용보수에 하위 펀드의 운용보수가 반영될 수 있으므로, 상위 펀드의 보수 차감 전 수익률을 계산할 때 하위 펀드의 운용보수를 포함하는 것이 합리적이다.

5장에서 설명한 것과 같이 컴포지트와 벤치마크의 위험 측정에 있어서 동일한 주기와 일반적인 방법을 사용해야 한다.

평가(Valuation)

정확한 수익률 계산을 위해서는 정확한 평가가 필요하며, 포트폴리오 평가는 공정가치를 기반으로 이루어져야 한다.

> **Note**
> 공정가치(Fair value)
> 공정가치는 투자자산이 정상적인 시장 상황에서 거래될 수 있는 금액을 의미한다.

> **관련 조항**
> 2.A.19 포트폴리오는 공정가치 기준에 의해 평가되어야 한다.
> 2.A.20 회사는 컴포지트별 또는 펀드별 평가 정책에 따라 포트폴리오를 평가해야 한다.
> 2.A.21 회사가 최근 가격 또는 예상 가격을 공정가치 평가액으로 사용하는 경우, 다음을 준수해야 한다.
>   (a) 현재 공정가치를 최적 근사치로 간주해야 한다.
>   (b) 근사치와 최종 가치 간의 차이를 확인하고, 이 차이가 컴포지트나 펀드 자산, 회사 전체 자산, 성과에 미치는 영향을 확인한 후, 최종 가치가 확인되면 조정을 해야 한다.
> 2.A.22 컴포지트 및 펀드는 일정한 연간 공정가치 평가기간을 가져야 한다. 컴포지트나 펀드가 회계연도가 평가연도와 다르게 설정된 경우를 제외하고, 연초와 연말 평가일은 연도 마지막일 또는 연도의 마지막 영업일이어야 한다.

공정가치는 주식의 시장가치를 반영해야 한다. 이는 관측 가능하며 객관적인 가격을 의미한다. 시장가치를 반영할 수 없는 경우, 회사의 공정가치평가에 대한 정책 및 절차를 수립하여 이를 적용해야 한다. GIPS 기준 권고사항 2.B.6에는 공정가치 평가의 체계가 명시되어 있다.

공정가치 평가 체계의 제안(Recommended Valuation Hierarchy)
(1) 투자자산은 평가일에 동일한 투자자산에 대해 관측 가능한 객관적인 시장가격으로 평가되어야 한다. 이러한 가격이 사용 **불가능**한 경우에는 (2)와 같이 평가되어야 한다.
(2) 객관적이고 관측 가능한 유동성이 풍부한 시장에서 유사한 투자자산에 대한 시장가격(예: 평가대상 투자자산과 동일 자산군 내에서 유사한 특성을 투자자산의 시장가격)을 사용해야 한다. 이러한 가격이 사용할 수 없거나 적절하지 않은 경우, (3)과 같이 평가되어야 한다.

(3) 유동성이 풍부하지 않은 시장(거래가 적고 매매 스프레드가 큰 시장)에서 유사한 투자자산에 대한 가격을 사용해야 한다. 이러한 가격이 사용할 수 없거나 적절하지 않은 경우, (4)와 같이 평가되어야 한다.

(4) 투자자산에 대하여 평가가격 이외의 시장에서 관측값을 입력변수로 사용하여 평가한다. 이러한 가격이 사용할 수 없거나 적절하지 않은 경우, (5)와 같이 평가되어야 한다.

(5) 시장가격이나 시장에서의 관측값을 사용할 수 없거나 적절하지 않은 경우에는, 주관적이거나 시장에서 측정되지 않는 입력변수를 공정가치 평가하는데 사용할 수 있다. 시장에서 측정되지 않는 관측값을 사용한다는 것은 해당 변수가 시장에서 사용된다는 가정으로 가능한 최상의 정보를 반영해야 한다. 이러한 값은 회사 자체의 데이터를 기반으로 하며, 기본요율이나 유동성 부족에 대한 할인률과 같은 정보를 반영하여 투자자산의 가치를 평가할 수 있다.

유동성이 풍부한 시장의 자산이나 장내시장의 자산은 시장가치와 공정가치는 동일이다. 주관적이고 비시장 입력값을 통한 공정가치는 가장 후순위 평가방법이다. 일반적으로 회사는 독자적인 평가모형과 자산평가사와의 공정가치평가액을 같이 사용한다. 만일 기업이 공정가치로 예비 가치 또는 추정 가치를 사용한다면, 해당 가치를 최적 근사치로 가정하는 것이다.

비교 가능성을 위하여 공정가치평가는 원칙적으로는 연말 또는 연도의 마지막 영업일에 이루어져야 한다. 그러나 전 세계적으로 공휴일이 다양하게 있기 때문에, 마지막 영업일 기준으로 한 평가를 직접적으로 비교하는 것은 어려울 수 있다.

GIPS 기준에서는 사모펀드, 인프라 및 기타 비유동성 자산과 같은 장외시장 투자에 대한 공정가치평가는 적어도 1년에 한 번은 자격을 갖춘 독립된 제3자로부터 평가를 받을 것을 권장한다.

시간가중수익률(Time-weighted returns)

GIPS 기준의 핵심은 일관성, 투명성, 그리고 비교 가능성이다. 따라서 수익률 계산의 핵심은 시간가중수익률이다. 시간가중수익률 측정 방법으로는 시간가중방법과 연결된 수정 Dietz 방법이 일반적으로 사용되며, 벤치마크를 사용한 근사치를 대체값으로 사용하는 것은 허용되지 않는다.

> **관련 조항**

2.A.23 컴포지트에 포함된 포트폴리오의 시간가중수익률을 계산할 때, 장외시장 투자 포트폴리오(2.A.40 참조)를 제외한 모든 포트폴리오는 다음과 같이 평가되어야 한다.
  (a) 최소한 월 단위로 평가되어야 한다.
  (b) 월 말일 또는 월의 마지막 영업일 기준
  (c) 대규모 현금흐름이 발생하면, 회사는 컴포지트 내 포트폴리오가 평가되어야 하는 대규모 현금흐름의 기준을 각 컴포지트 별로 정의해야 한다.

2.A.24 컴포지트에 포함된 모든 포트폴리오(장외시장 투자 포트폴리오(2.A.41 참조) 제외)에 대한 시간가중수익률을 계산할 때, 회사는 다음을 준수해야 한다.
  (a) 최소한 월 단위로 수익률을 계산해야 한다.
  (b) 월간 수익률은 월말 또는 월의 마지막 영업일 기준으로 계산된다.
  (c) 일일 수익률을 계산하지 않은 경우, 모든 큰 현금흐름이 발생하는 시점에서 중간 기간 수익률을 계산해야 한다.
  (d) 일일 수익률을 계산하지 않은 경우, 큰 현금흐름이 아닌 외부현금흐름이 발생한 경우에는 외부현금흐름을 일별로 가중하여 반영한 포트폴리오 수익률을 계산해야 한다.
  (e) 회사의 컴포지트 정책에 따라서 외부현금흐름을 반영해야 한다.
  (f) 기간 및 중간 기간 수익률은 기하학적으로 연결해야 한다.
  (g) 개별 포트폴리오에 사용된 수익률 방법론은 일관되게 적용해야 한다.

2.A.25 컴포지트에 포함되지 않은 펀드의 시간가중수익률을 계산할 때, 펀드는 다음을 준수하여 평가되어야 한다.
  (a) 최소한 연 단위로 평가되어야 한다.
  (b) 연도 또는 회계연도 말에 평가되어야 한다.
  (c) 펀드에 설정 또는 환매 시마다 평가되어야 한다.
  (d) 기간 성과는 기간 말 기준으로 평가되어야 한다.

2.A.26 컴포지트에 포함되지 않는 펀드의 시간가중수익률을 계산할 때, 회사는 다음을 순수해야 한다.
  (a) 최소한 연단위로 수익률을 계산해야 한다.
  (b) 연 수익률은 연말 또는 해당년의 마지막 영업일 기준으로 계산햐야 한다.
  (c) 설정 및 환매의 시점에서 중간 기간 수익률을 계산해야 한다.
  (d) 기간 및 중간 기간 수익률은 기하학적으로 연결한다.

(e) 펀드 순 수익률을 계산할 때, 펀드의 총비용을 차감한 펀드 순 수익률을 계산해야 한다.

2.A.27 회사는 각 펀드의 성과 기록 시작 시점을 위해 펀드의 설정일(inception date)을 지정해야 한다.

GIPS 기준에서 시간가중수익률이 선호되는 이유는 비교 가능성을 확보하기 위해서다. 공정한 비교를 위해 현금흐름의 영향을 배제해야 하며, 현금흐름 시점에서 평가를 요구하면 이론적으로 정확성을 높일 수 있다. 또한, 이는 현금흐름에 유리한 방식으로 수익률 계산방법을 선택하는 조작 가능성을 방지할 수 있다.

GIPS 기준에서는 시간가중수익률을 계산할 때는 포트폴리오 성과의 비교가능성을 위해 월말 또는 월 마지막 영업일 기준으로 평가되어야 한다. 또한, 회사는 대규모 현금흐름이 발생일에 포트폴리오를 평가해야 한다(제3장 참조). 대규모 현금흐름은 외부현금흐름이 수익률을 왜곡할 수 있는 수준으로, 회사가 각 컴포지트에 대해 정의한 값으로 설정된다. 이 수준은 사전에 결정하고 정의되어야 하며, 단일 값 또는 특정 기간 동안 합계로 정의될 수 있다. 대규모 현금흐름은 현금 또는 자산으로 구성될 수 있으며, 포트폴리오 또는 컴포지트 평가액의 절대 금액 또는 백분율로 정의될 수 있다.

> ⚠ **Caution**
> 회사는 수익률의 재계산을 피하기 위한 목적으로 대규모 현금흐름을 높은 수준으로 정의해서는 안 된다.

일일 가중 현금흐름을 조정해야 한다는 요구사항은 실제로 수정 Dietz 방법을 사용하라는 지침이다. 기간과 중간 기간 수익률을 연결해야 한다는 요구사항은 시간가중수익률의 핵심을 나타내지만, 반드시 진정한 시간가중방식(True Time-Weighting)을 의미하는 것은 아니다. 단일 대규모 외부현금흐름에 대해 재평가를 수행하면 수정 Dietz 수익률 계산으로 구성된 두 개의 중간 기간이 생성될 수 있으며, 이러한 중간 기간과 월간 기간은 기하학적으로 연결되어 하이브리드 시간가중수익률 방법이 된다.

공모펀드의 설정일은 일반적으로 펀드의 기준가를 처음 계산하는 시점이다. 사모펀드의 경우 설정일은 다음과 같다.

(1) 운용보수가 처음으로 청구되었을 때
(2) 처음으로 투자 관련 현금흐름이 발생하였을 때
(3) 첫 캐피탈 콜이 발생하였을 때
(4) 최초 공모가 마감되고 법적 효력이 발생하였을 때

금액가중수익률(Money-weighted returns)

시간가중수익률은 GIPS 기준의 핵심이지만, GIPS 기준에서는 시간가중수익률이 항상 적합한 것은 아니며, 특정한 상황에서는 금액가중수익률의 사용을 허용한다.

> **관련 조항**
>
> 2.A.28 금액가중수익률을 계산할 때, 회사는 포트폴리오를 최소 연 1회 평가해야 하며, 성과가 계산되는 기간 말일 기준으로 평가해야 한다.
> 2.A.29 금액가중수익률을 계산할 때, 회사는 다음을 준수해야 한다.
> (a) 설정 이후 연율화 금액가중수익률을 계산한다.
> (b) 일일 외부현금흐름을 반영하여 금액가중수익률을 계산한다.
> (c) 주식 배당을 외부현금흐름으로 포함하고, 배당일에서 주식을 평가한다.
> (d) 펀드 보수 차감 후 수익률을 계산할 때, 펀드의 총 비용과 보수를 차감하여 펀드 보수 차감 후 순수익률을 계산한다.

GIPS 기준에서 금액가중수익률은 내부수익률(IRR)을 의미한다(제3장 참조). 내부수익률을 계산할 때는 측정 기간의 종료 시점에서만 평가가 필요하므로, GIPS 기준에서는 금액가중수익률은 최소 연간으로 계산되어야 한다.

> **Note**
>
> **평가주기(Frequency of valuation)**
>
> 금액가중수익률의 경우, 회사는 포트폴리오를 연간으로 평가하면 되지만, 고객 보고를 위해 더 자주 평가가 필요할 수 있다. 일반적으로 금액가중수익률은 비유동성 자산을 평가하는 데 사용되며, 평가주기를 짧게 하는 것은 비용과 시간의 문제로 인해 어려움이 따를 수 있다.

설정 이후 금액가중수익률은 설정일부터 전체 투자 기간을 대상으로 하며, 어떠한 하위 기간을 연결시키지 않고 전체 기간에 대해 단일 계산만을 수행한다. 설정 이후 내부수익률은 대부분 유동성이 낮은 자산에 대한 표준 수익률 방법이다.

보수 차감 후 수익률(Net Returns)

단순하게 보면, 보수 차감 후 수익률(net-of-fees returns)은 보수 차감 전 수익률(gross-of-fees returns)에서 운용보수를 차감한 수익률을 의미한다.

> **관련 조항**
>
> 2.A.30 컴포지트의 보수 차감 후 수익률(net-of-fees returns)을 계산할 때, 반영되는 운용보수는 다음 중 하나를 사용해야 한다.
>   (a) 컴포지트 내 각 포트폴리오의 실제 운용보수
>   (b) 잠재 고객에게 적합한 모델 포트폴리오의 운용보수
>
> 2.A.31 만약 회사가 모델 포트폴리오의 운용보수를 고려하여 보수 차감 후 수익률을 계산하는 경우, 해당 계산된 수익률은 반드시 운용보수를 차감한 수익률과 동일하거나 낮아야 한다.
>
> 2.A.32 펀드의 보수 차감 후 수익률을 계산할 때, 계산에 사용된 펀드의 총 보수는 다음 중 하나를 사용해야 한다.
>   (a) 펀드의 실제 총 보수
>   (b) 잠재 투자자에게 적합한 모델 포트폴리오의 총 보수
>
> 2.A.33 회사가 펀드의 보수 차감 후 수익률을 계산할 때 모델 포트폴리오의 총 보수를 사용하는 경우, 계산된 수익률은 실제 펀드의 총 보수를 사용할 때의 수익률과 같거나 더 낮아야 한다.
>
> 2.A.34 컴포지트 보수 차감 후 수익률과 펀드 보수 차감 후 수익률을 계산할 때, 회사는

> 성과보수의 환수조건(Clawback)이 발생하면 해당 기간에 이를 반영해야 한다.

보수는 일반적으로 자산가치를 기준으로 비례하여 부과되는 '애드밸로렘(Ad Valorem)' 방식이 적용되며, 성과 보수가 포함된다. 보수 차감 후 수익률 계산에서는 실제 운용보수 또는 GIPS 보고서를 받는 잠재적인 고객에게 적합한 모델 포트폴리오의 운용보수를 사용해야 한다. 모델 포트폴리오의 운용보수를 차감한 수익률은 실제 보수를 차감한 수익률보다 작거나 같아야 한다. 또한, 성과보수의 환수조건(Clawback)은 부진한 성과로 인해 이전에 지급한 성과보수를 반환하는 것을 나타내며, 이 반환은 발생한 기간에 반영되어야 한다.

> **Note**
> 직관적이지는 않지만, 지급한 성과보수의 환수조건(Clawback)이 발생한 경우에 일정 기간 동안 보수 차감 후 수익률이 보수 차감 전 수익률보다 높아질 수 있다.

컴포지트 수익률(Composite Returns)

컴포지트(Composite)는 특정한 투자 전략이나 목표를 대표하기 위해 여러 포트폴리오를 통합한 그룹이다. 컴포지트는 자산운용사의 성과를 공정하게 나타낸 것으로, '좋은 것과 나쁜 것을 모두 포함'한 결과이다.

> **관련 조항**
> 2.A.35 장외시장 투자 컴포지트(2.A.42 참조)를 제외한 컴포지트의 시간가중수익률은 최소 월 단위로 계산되어야 한다.
> 2.A.36 컴포지트의 시간가중수익률은 다음 중 하나의 방법으로 계산되어야 한다.
>   (a) 기간 초의 자산가치 비중으로 개별 포트폴리오 수익률을 가중하여 계산한다.
>   (b) 기간 초의 자산가치와 외부현금흐름을 반영하여 개별 포트폴리오의 수익률을 가중하여 계산한다.
>   (c) 포트폴리오를 합산하여 계산한다.
> 2.A.37 컴포지트의 보수 차감 전 수익률은 거래비용을 차감하여 계산해야 한다.
> 2.A.38 컴포지트의 보수 차감 후 수익률은 거래비용과 운용보수를 차감하여 계산해야 한다.

2.A.39 컴포지트의 금액가중수익률을 계산할 때, 회사는 컴포지트에 포함된 포트폴리오를 집계하여 컴포지트 수익률을 계산해야 한다.

보고서에 사용할 컴포지트 수익률을 계산하기 위해서는 개별 포트폴리오 수익률을 다음 세 가지 가중 방법의 하나를 사용하여 계산해야 한다(3장 참조).

(a) 기간 초의 자산가치 비중
(b) 기간 초의 자산가치 비중과 외부현금흐름을 반영
(c) 포트폴리오의 총 합산
　　(대상 하위 포트폴리오의 자산을 합산하여 하나의 포트폴리오로 계산하는 방식)

> **Note**
> 컴포지트 자산 가중(Composite asset weighting)
> 자산 가중방법에 따라 수익률이 다르겠지만, 특정한 편향이 없는 한 모든 방법이 허용된다.

확실히, 더 큰 규모의 포트폴리오는 컴포지트 수익률에 더 큰 영향을 준다. 동일가중 컴포지트(Equal-Weighted Composites)는 처음에는 고려되었지만, 소규모 포트폴리오의 결과를 조작할 가능성 때문에 사용되지 않는다.

장외시장 투자(Private market investments)

장외시장 투자는 비유동성 자산으로 비상장 주식, 사모 대출, 인프라 및 부동산 등을 포함한다.

> **관련 조항**
> 2.A.40 컴포지트에 포함된 장외시장 포트폴리오의 시간가중수익률을 계산할 때는, 해당 장외시장 포트폴리오는 다음과 같이 평가되어야 한다.
> 　　(a) 최소 분기에 한번

> (b) 분기 말일이나 분기의 마지막 영업일을 기준으로 한다.
> 2.A.41 장외시장 포트폴리오의 시간가중수익률을 계산할 때, 다음을 준수해야 한다.
>   (a) 분기별로 수익률을 계산한다.
>   (b) 분기 말일이나 분기의 마지막 영업일을 기준으로 수익률을 계산한다.
>   (c) 일일 외부현금흐름을 반영하여 포트폴리오 수익률을 계산한다.
>   (d) 회사의 컴포지트 별 정책에 의하여 외부현금흐름을 반영한다.
>   (e) 기간 및 중간 기간 수익률은 기하학적으로 연결한다.
>   (f) 수익률 방법론은 개별 포트폴리오에 일관되게 적용한다.
> 2.A.42 장외시장 컴포지트의 시간가중수익률은 적어도 분기별로 계산한다.

장외시장 투자자산의 시간가중수익률을 계산할 때, 자산은 적어도 분기별로 가치평가 되어야 하며 분기별 수정 Dietz 수익률은 기하학적으로 연결될 수 있다.

부동산 (Real estate)

고객과의 계약에 별도의 명시가 없는 한, 부동산 투자자산은 자격을 갖춘 독립된 제3자에 의해 외부 평가를 받아야 한다.

> **관련 조항**
> 2.A.43 부동산 개방형 펀드(open-end fund)의 부동산 투자자산은 최소 1년에 한 번은 외부 평가를 받아야 한다.
> 2.A.44 부동산 개방형 펀드에 포함되지 않은 부동산 투자자산은 다음과 같이 평가를 받아야 한다.
>   (a) 고객과의 계약에 별도 명시가 없을 경우, 부동산 투자는 최소 1년에 한 번 외부 평가를 받아야 한다. 반면, 고객 계약에 별도 명시가 있는 경우에는 부동산 투자가 최소 3년에 한 번 외부 평가를 받거나, 계약에서 3년보다 짧은 주기로 외부 평가를 요구할 경우 그에 따라 평가를 받아야 한다.
>   (b) 독립된 공인 회계법인이 작성한 연간 재무제표는 감사 대상이다. 부동산 투자자산은 공정가치로 반영되어야 하며, 최근 감사 재무제표는 독립된 공인 회계법인으로부터 수정되지 않은 의견을 받아야 한다.
> 2.A.45 부동산 투자자산에 대한 외부 평가는 전문 자격을 갖춘 부동산 평가사 또는 감정평가사인 독립된 제3자가 수행해야 한다. 이러한 전문가가 없는 시장에서는 회사는 자격을 갖춘 독립된 부동산 평가사나 감정사를 통해 평가받을 수 있도록 조치를 취해야

> 한다
> 2.A.46 회사는 부동산 평가사나 감정평가사의 수수료가 투자자산의 평가가치에 따라 결정되는 경우, 부동산 투자자산에 대해 외부평가를 할 수 없다.

고객 계약에 별도로 명시된 경우, 비용 절감을 위해 외부평가는 최대 3년까지 긴 주기 단위로 진행될 수 있다. 또한, 연간 재무제표 감사가 외부평가를 대체할 수 있다.

보수 차감 후 부분분리 수익률(Net-of-fees carve-out returns)

GIPS 기준에서의 부분분리(Carve-out)는 이 장의 후반부에서 자세히 설명한다.

> **📑 관련 조항**
> 2.A.47 부분분리(Carve-out)를 포함하는 컴포지트의 보수 차감 후 수익률을 계산할 때, 부분분리(Carve-out)에 대한 운용보수는 잠재적 고객에게 부과되거나 부과될 수 있는 운용보수를 반영해야 한다.
> (a) 잠재 고객에게 독립된 포트폴리오의 성과를 제시하는 경우, 운용보수는 해당 전략에 따라 운용되는 독립 포트폴리오의 운용보수를 반영해야 한다.
> (b) 잠재 고객에게 멀티에셋 전략 포트폴리오의 성과를 제시하는 경우, 운용보수는 해당 전략에 따라 운용되는 멀티에셋 전략 포트폴리오의 운용보수를 반영해야 한다.

부분분리(Carve-out)는 멀티에셋 포트폴리오의 하위 집합이다. 일반적으로 분리계정 수익률 계산에는 운용보수가 포함되지 않는다. 보수 차감 후 분리계정 수익률을 계산하기 위해서는 대부분의 경우 모델 포트폴리오의 운용보수를 설정해야 할 필요가 있다. 멀티에셋 포트폴리오 전체에 적용되는 운용보수는 분리계정에 적합하지 않을 수 있으므로, 분리계정 전략에 맞는 운용보수를 사용해야 한다.

랩 수수료, 사이드 포켓, 신용 대출(Wrap fee, side pockets and subscription lines of credit)

랩 수수료, 사이드 포켓 및 신용 대출은 대부분의 자산운용사와는 관련이 없는 금융 상품이다.

> **관련 조항**
> 2.A.48 고객에게 제공할 수익률을 계산할 때는 전체 랩 수수료를 차감한 기준으로 계산해야 한다. 이는 컴포지트 포트폴리오 내 모든 랩 수수료 포트폴리오와 비-랩 수수료(non-wrap fee) 포트폴리오에도 동일하게 적용된다.
> 2.A.49 모든 컴포지트 포트폴리오와 펀드의 수익률은 컴포지트 포트폴리오 또는 펀드가 보유한 사이드 포켓(side pockets)의 영향을 포함해야 한다.
> 2.A.50 신용 대출을 제외한 컴포지트 포트폴리오 및 펀드에 대한 금액가중수익률을 계산할 때, 회사는 신용 대출로 인한 현금흐름을 포함해야 한다.

사이드 포켓은 대체투자 펀드에서 사용되는 분리된 투자자산으로, 유동성이 높은 자산과 구분하여 유동성이 낮은 자산을 따로 관리하기 위해 사용된다. 일반적으로 사이드 포켓은 신규 투자자에게는 사용되지 않는다. 다만, 신규 투자자에게 제공되지 않더라도, 이는 펀드의 실제 성과를 나타내므로 모든 수익률 계산에 포함되어야 한다.

> **⚠ Caution**
> 사이드 포켓(side pockets)은 명확한 목적을 가지고 있다. 가치가 하락하거나 유동성이 낮아 가치평가가 어려운 자산을 별도로 관리할 수 있도록 한다. 이를 통해 기존 투자자들은 유동성이 낮거나 가치가 하락한 자산에 대한 익스포저를 유지하면서도 환매할 수 있으며, 신규 투자자가 낮은 가치로 펀드를 매수하여 미래의 수익을 희석하거나 높은 가치로 매수하는 것을 방지할 수 있다. 하지만 사이드 포켓은 복잡성을 초래할 수 있다. 투자자에 따라 투자 경험이 다르고, 보수나 공정성과 관련된 문제도 발생할 수 있다. 따라서 사이드 포켓의 성과가 매니저의 실적에 적절히 반영되고, 누락되지 않도록 관리해야 한다.

신용한도는 미청구 약정 투자자본을 담보로 한 신용 계약으로, 현금흐름을 관리하기 위해 사용되며, 처음에는 짧은 기간에만 사용되었으나, 이제는 긴 기간으로 사용되고 있다.

> ⚠ Caution
>
> 신용한도가 레버리지를 생성하고 외부현금흐름의 타이밍을 변경하여 성과를 왜곡할 수 있다는 일부 의견[9]이 제기되었다. 수익률 계산은 투자자의 현금흐름을 기준으로 해야 하는지, 아니면 전략의 현금흐름을 기준으로 해야 하는지에 대한 논란이 있다. GIPS 기준은 수익률 계산에 신용한도가 미치는 영향을 파악하는 데 도움을 준다.

컴포지트와 펀드의 관리
(COMPOSITE AND POOLED FUND MAINTENANCE)

컴포지트는 자산운용사가 투자자에게 투자전략 성과를 공정하고 정직하게 제시할 수 있는 주요한 수단이며, 따라서 이는 GIPS 기준의 필수 요소이다. GIPS 기준의 3장에는 부분분리(Carve-outs)를 포함한 컴포지트 관리에 관한 19개의 조항이 포함되어 있다.

컴포지트 관리(Composite maintenance)

컴포지트는 유사한 투자 지침, 목표 또는 전략에 따라 운용되는 포트폴리오의 집합체이다. 포트폴리오는 단일 투자자가 투자한 부분분리(Carve-out)일 수도 있고, 다중 투자자가 투자한 펀드일 수도 있다. 회사는 성과를 공정하게 표현하고, 일관성을 유지하며, 비교할 수 있도록 의미 있는 컴포지트를 구성해야 한다. 펀드는 컴포지트의 정의를 충족하는 경우 해당 컴포지트에 포함되어야 한다. 회사는 투자전략을 개별 계정으로 제공하는 경우를 제외하고 한 개 이상의 펀드만 포함한 컴포지트를 생성할 의무는 없다.

---

[9] Kazemi, Subscription Line of Credit: Benefits, Risks and Distortions, CAIA Association, September 2020

> **Note**
> 일반적으로 대부분 시장에서 펀드에 대한 규제는 잘 수립되어 있다. GIPS 기준은 과도한 요구사항을 포함하지 않으면서도 기준을 준수할 수 있도록 구성되어 있다. 잠재 투자자에게만 제공되는 펀드로 구성된 컴포지트를 생성할 필요는 없다. 그러나 동일한 전략이 잠재 고객에게 별도의 계정으로 제공된다면, 해당 펀드를 포함하여 컴포지트를 생성해야 한다.

> **Note**
> GIPS 기준에 의하면, 펀드는 컴포지트의 정의를 충족하는 경우 컴포지트에 포함되어야 한다. 이 규정은 명확하지만, 대부분의 경우 펀드는 분리된 계정을 위해 설계된 일반적인 컴포지트 정의를 충족하지 못한다. 펀드의 수익률 특성은 분리된 계정과 다르다. 펀드는 지속적인 현금흐름에 영향을 받으며, 환매나 추가 설정을 처리하기 위해서는 시간이 필요하다. 분리계정 및 폐쇄형 펀드는 개방형 펀드보다는 비유동성 자산에 투자할 수 있는 더 큰 유연성을 가지고 있다.

관련 조항

3.A.1 회사는 개별 계정으로 운용되거나 제공되는 회사의 전략을 수행하는 컴포지트를 생성해야 한다.

3.A.2 보수를 부과하고 운용 재량이 있는 별도의 계정은 적어도 하나 이상의 컴포지트에 포함되어야 한다. 운용 재량이 없는 포트폴리오는 컴포지트에 포함되어서는 안 된다.

3.A.3 보수를 부과하고 운용 재량이 있는 펀드는 컴포지트 정의에 부합하는 경우 적어도 하나 이상의 컴포지트에 포함되어야 한다. 회사는 하나 이상의 펀드만 포함된 컴포지트를 생성할 의무는 없으며, 회사가 해당 전략을 별도의 계정으로 제공하는 경우에만 해당 컴포지트를 생성해야 한다. 만약 하나 이상의 펀드만 포함하기 위해 생성된 컴포지트가 회사의 전략을 대표하지 않는 경우, 해당 컴포지트를 해지할 수 있다.

3.A.4 보수를 부과하지 않는 운용 재량이 있는 포트폴리오도 컴포지트에 포함될 수 있다. 회사가 보수가 발생하지 않는 운용 재량이 있는 포트폴리오를 컴포지트에 포함하는 경우, 해당 포트폴리오는 보수를 부과하는 포트폴리오와 동일한 정책 및 절차를 준수해야 한다.

3.A.5 컴포지트는 투자 지침, 목표 또는 운용 전략에 따라 정의되어야 한다. 컴포지트는 분리계정과 펀드를 포함하여 컴포지트 정의를 충족하는 모든 포트폴리오를 포함해야 하며, 법규에 따른 정의의 차이에만 근거하여 포트폴리오를 컴포지트에서 제외해서는

안 된다.

3.A.6 컴포지트 정의에 대한 변경은 소급 적용되어서는 안 된다.

3.A.7 일관된 컴포지트별 기준에 따라 새로운 포트폴리오가 운용이 시작되면 적시에 컴포지트에 포함되어야 한다.

3.A.8 컴포지트의 성과를 산출할 때 해당 기간 동안 운용된 포트폴리오만을 포함해야 하며, 해당 기간 동안 운용되지 않은 포트폴리오는 컴포지트에서 제외해야 한다.

3.A.9 해지된 포트폴리오는 각 포트폴리오가 운용되었던 마지막 기간까지의 컴포지트의 과거 성과에 포함되어야 하며, 회사가 운용 재량이 있었던 기간까지만 포함한다.

3.A.10 포트폴리오는 투자 지침, 목표 또는 전략의 고객 지시 변경 또는 컴포지트 재정의로 인해 적절한 경우가 아니라면 한 컴포지트에서 다른 컴포지트로 이동할 수 없다. 포트폴리오의 과거 성과는 원래의 컴포지트에 남아 있어야 한다. 회사는 전략 변경에 따라 포트폴리오를 컴포지트에 포함하거나 제외해서는 안 된다.

3.A.11 회사가 컴포지트에 포함될 포트폴리오의 최소 자산 기준을 수립하는 경우, 다음을 준수해야 한다:
 (A) 컴포지트의 최소 자산 기준 이하의 포트폴리오는 포함해서는 안 된다.
 (B) 컴포지트의 최소 자산 기준 변경을 소급 적용해서는 안 된다.

3.A.12 중요한 현금흐름으로 인해 포트폴리오를 컴포지트에서 제외하는 경우, 회사는 '중요한 현금흐름'을 사전적으로 컴포지트 별로 정의하고 일관되게 적용해야 한다.

3.A.13 중요한 현금흐름의 영향을 제거하기 위해 임시로 신규 계정을 사용하는 경우, 회사는 사전적으로 컴포지트 별로 정책을 수립해야 한다. 임시 계정은 컴포지트 성과에 포함해서는 안 된다.

3.A.14 회사는 포트폴리오의 정책에 따라서 실제 랩 포트폴리오 보수를 컴포지트 성과에 반영해야 한다. GIPS 컴포지트 보고서를 고객에게 제시할 때는 이러한 컴포지트(실제 랩 포트폴리오 보수를 반영)가 사용되어야 한다.

공정한 성과평가를 촉진하기 위해, GIPS 기준에서는 회사가 별도계정으로 운영하거나 별도계정으로 제공하는 운용 전략에 대하여 의무적으로 컴포지트를 생성하고 유지하도록 요구하고 있다. 회사는 보수가 발생하는 운용 재량이 있는 분리계정을 투자 지침, 목표 또는 전략에 따라 정의된 최소한 한 개의 컴포지트에 포함되어야 한다. 또한, 회사는 컴포지트나 펀드의 운용에서 사용하는 모든 전략에 관한 정보를 관리하고 제공해야 한다. 해당 컴포지트나 펀드에는 손실 계좌까지 모두 포함되어야 하며, 이를 통해 성과가 좋은 계좌를 선택하는 'cherry-picking'은 없어야 한다.

모든 포트폴리오는 적어도 하나의 컴포지트에 속해야 하며(부진한 성과의 계좌를 제외하는 것을 예방하기 위함), 따라서 컴포지트 정의는 겹칠 수 있다. 그러나 운용재량권이 없는 포트폴리오는 회사의 컴포지트에 포함돼서는 안 된다.

운용재량권의 정의는 회사가 투자전략을 실행할 수 있는 자유에 기반을 둔다. 회사가 포트폴리오를 의도한 투자전략을 운용할 수 있는 경우, 운용재량권이 있다고 판단한다.

투자자가 증권의 매수, 보유, 매도에 대한 투자 결정의 자유를 제한하거나, 매매 전에 승인을 요구하는 등 투자전략 실행 과정에 대해 제한을 하는 경우, 회사는 해당 포트폴리오에 대해 실제로 운용재량권을 보유하고 있는지 판단해야 한다. 일반적으로, 투자전략을 정상적으로 수행하기 어려울 정도로 제한을 두는 경우, 회사는 해당 포트폴리오에는 운용재량권을 보유하고 있지 않다고 판단할 수 있다.

일부 경우에는 투자자가 자산운용사의 운용 유연성을 제한할 수 있다. 예를 들어, 투자자가 사회적으로 용납할 수 없다고 판단한 산업(알코올, 무기, 화석 연료, 담배, 도박 등)에 속한 회사에 대한 투자를 금지할 수 있다. 또한, 회사 주식의 매도를 금지하거나, 재단이 창립자가 재산을 축적한 회사가 발행한 증권의 매도를 제한하는 경우도 있다. 법적 제한이 적용되는 경우도 있는데, 예를 들어 공공 기금이 법적으로 해외증권에 투자하지 못하도록 규정된 사례가 이에 해당한다.

운용재량권의 범위는 다양하며, 정도가 다양하다는 점을 인식하고, 회사는 투자자가 요구한 제한 사항, 포트폴리오의 전략 또는 스타일, 그리고 투자 과정(특히 보유한 금융 상품) 간의 상호작용을 종합적으로 고려해야 한다. 예를 들어, 투자자의 투자 정책이 선물, 스왑, 옵션과 같은 파생상품의 사용을 금지할 수 있다. 이러한 경우, 회사는 이러한 제한이 적절한지를 판단해야 한다. 자산운용사가 단순히 보통주를 매수, 보유, 매도하는 경우, 파생상품 사용을 금지하는 투자자의 정책은 큰 영향을 주지 않을 수도 있다. 그러나 파생상품의 사용이 투자전략을 실행하는 데 핵심적인 역할을 한다면, 투자자의 정책이 해당 포트폴리오를 운용재량권을 제한한다고 판단할 수 있다.

일부 경우, 외부현금흐름으로 인해 포트폴리오 운용이 재량권이 사라질 수 있다. 예를 들어, 투자자가 정기적으로 대규모 인출을 자주 수행하는 경우, 자산운용사는 다른 유사한 투자 지침, 목표 또는 전략을 가진 포트폴리오와 동일하게 투자전략을 실행할 수 없을 정도로 높은 유동성을 유지해야 할 수도 있다.

회사의 재량권 정의는 어떤 포트폴리오를 컴포지트에 포함해야 하는지 결정하는 기준이 된다. 실제로 보수를 지급하는 분리계정이 재량 운용에 해당한다면, 최소 하나의 컴포지트에 포함되어야 한다. 반대로, 비재량 운용인 경우에는 어떤 컴포지트에도 포함되어서는 안 된다. 또한, 한 회사에서 재량 운용으로 간주되는 것이 다른 회사에서는 비재량 운용으로 간주될 수 있으며, 마찬가지로 투자자가 재량 운용으로 간주하는 것이 회사에서는 비재량 운용으로 간주되거나 그 반대의 경우도 있을 수 있다. 회사는 재량권 유무를 자사의 운용재량권 정의에 따라 일관되게 판단해야 한다. 이러한 판단은 문서화되고, 일관되게 적용되어야 한다.

> ⚠ **Caution**
> 운용재량권은 컴포지트 수준이나 포트폴리오 수준에서 정의될 수 있어야 하며, 회사 전체에서 일관되게 정의되고 적용되어야 한다. 재량권을 더 낮은 수준에서 정의하면, 부실한 성과 기록을 회피하기 위해 포트폴리오를 비재량적으로 정의할 수도 있다. 물론, 이러한 행위는 허용되지 않는다.

컴포지트는 투자지침, 투자목표 또는 투자전략에 따라 정의되어야 하며, 컴포지트에는 회사의 컴포지트 정의를 만족하는 모든 분리계정을 포함해야 한다. 또한, 컴포지트에 포트폴리오를 포함하는 기준을 상세히 설명한 컴포지트 설명은 요청 시 제공되어야 한다. 회사는 법률적 기준으로만 포트폴리오를 컴포지트에서 제외해서는 안 된다. 잘 정의된 컴포지트는 회사의 투자상품을 객관적으로 대표하며, 회사의 마케팅 전략과 일관성을 유지할 수 있다.

컴포지트 정의에는 포트폴리오를 컴포지트에 편입하는 기준이 포함되며, 기준에는 투자 지침, 스타일 또는 전략, 자산 유형, 파생상품 사용, 레버리지, 헤지, 목표 위험지표, 투자 제약, 포트폴리오 유형 등이 포함될 수 있다.

벤치마크는 투자전략을 잘 반영해야 하며, 관련된 컴포지트가 없는 경우, 포트폴리오의 벤치마크를 기준으로 신규 컴포지트를 정의할 수 있다. 컴포지트 정의는 회사의 정책 및 절차에 문서화되어야 한다.

회사가 오버레이 전략을 사용하여 포트폴리오를 운용하고, 해당 포트폴리오가 별도계정으로 운용되면, 회사는 오버레이 컴포지트를 생성해야 한다. 반면, 오버레이 전략이 더 큰 전략의 일부로 사용되는 경우, 회사는 오버레이 전략 컴포지트를 생성할 의무는 없지만, 선택적으로 컴포지트를 생성할 수 있다.

투자자에게 보고할 때 사용되는 통화는 투자전략에 영향을 미치는 경우가 아니면 컴포지트 정의의 기준으로 사용되어서는 안 된다. 기준 통화가 다른 포트폴리오도 동일한 컴포지트에 포함될 수 있지만, 해당 포트폴리오의 자산과 수익률은 반드시 컴포지트의 기준 통화로 표시되어야 한다. 헤지 전략의 경우 추가적인 컴포지트를 설정해야 할 가능성이 높다. 예를 들어, 미달러로 헤지된 전략은 스위스 프랑으로 헤지된 전략과는 다르므로, 이 두 전략은 동일한 컴포지트에 포함될 수 없다.

> **Note**
> 컴포지트 수익률은 일반적으로 기준 통화로 계산되지만, 기준 통화 수익률은 제3장에서 설명된 통화 전환 방법을 사용하여 다른 통화로 표시할 수 있다. 그러나 다른 통화로 헤지하여 수익률을 변환하는 것은 사실상 운용전략 변경으로 허용되지 않는다.

새로운 포트폴리오가 운용을 시작하면, 일관된 기준에 따라 적시에 컴포지트에 편입되어야 한다. 회사는 새로운 포트폴리오를 적시에 컴포지트에 포함하기 위한 정책을 수립하고 문서화하여, 이를 일관되게 적용해야 한다. 새로운 포트폴리오는 투자전략에 따라 투자하는 데 시간이 걸릴 수 있다. 특히, 포트폴리오가 현금 및 현금성 자산이 아닌 증권으로 자금을 조달하고, 포트폴리오가 회사의 전략과 일치하도록 재조정해야 하거나 매수할 증권의 유동성이 낮은 경우가 이에 해당한다. 그러므로 GIPS 기준에서는 회사가 신규 포트폴리오를 언제 컴포지트에 편입할지 결정하는 데 일부 재량을 부여한다. 이 경우에 회사는 각 컴포지트에 대한 정책을 수립하고 이를 모든 신규 포트폴리오에 일관되게 적용해야 한다. 회사는 해지된 포트폴리오를 해당 컴포지트의 과거 성과에 포함해야 하며, 포트폴리오의 마지막 정상 운용 기간까지 성과를 반영해야 한다.

회사는 컴포지트에 일정 자산 이상의 포트폴리오만 편입되도록 할 수 있다. 이는 특정 규모 자산 이상의 포트폴리오만 투자전략을 완전히 시행할 수 있는 경우에 해당한다. 만일, 회사가 특정 컴포지트에 포함될 포트폴리오에 대한 최소 자산규모를 설정한다면, 그 자산규모 이하의 포트폴리오를 해당 컴포지트에 편입되어서는 안 된다. 각 컴포지트의 최소 자산규모는 변경될 수 있지만, 소급 적용될 수는 없다.

> ⚠️ **Caution**
> 최소 자산 수준은 단순히 포트폴리오를 컴포지트에서 제외하기 위한 기준으로 사용되어서는 안 된다. 특정 최소 수준 이하에서는 적절한 투자전략을 수행할 수 없다고 가정하는 것은, 회사가 암묵적으로 해당 수준 이하의 포트폴리오를 비재량 운용으로 간주하고 있음을 의미한다. 또한, 최소 자산 수준을 충족하지 못하는 잠재 고객에게는 GIPS 보고서를 제공해서는 안 된다.

포트폴리오는 투자 지침, 목표, 또는 전략의 명시적인 변경이나 컴포지트의 재정의로 인한 경우를 제외하고는 다른 컴포지트로 편입될 수 없다. 컴포지트가 변경되더라도 포트폴리오의 과거 성과는 원래 컴포지트에 반영되어야 한다.

> 📝 **Note**
> 만약 GIPS 기준에서 회사에 포트폴리오를 원하는 컴포지트로 편입할 수 있도록 허용하였다면, 일부 회사는 측정 기간 동안 투자성과가 우수한 포트폴리오들을 선택하여 컴포지트에 재편입하여 성과를 시키는 방법으로 이를 악용할 수 있다.

투자자가 포트폴리오 자산 운용에 대한 투자지침, 목표 또는 전략을 수정하고 해당 변경사항이 문서화되는 경우, 해당 컴포지트는 다른 컴포지트로 전환될 수 있다. 또한, 투자약관 등과 같이 고객과의 문서에는 포트폴리오가 어떤 컴포지트에 편입되는지 명시되어야 한다.

또한, 컴포지트의 재정의되어 포트폴리오가 기존 컴포지트에 더 이상 적합하지 않은 경우에는 다른 컴포지트로 편입될 수 있다. 다만, GIPS 기준에서는 컴포지트 정의 변경이 소급 적용될 수 없도록 규정하고 있다.

회사는 사전에 수립된 정책에 따라, 중요한 현금 유출이 발생할 경우 포트폴리오를 일시적으로 컴포지트에서 제외할 수 있다. 중요한 현금 유출이란 고객의 운용지

시에 의해 발생한 외부현금흐름이 일시적으로 회사가 컴포지트 전략을 수행하는 데 방해가 될 수 있는 수준을 의미한다. 즉, 중요한 현금 유출이 발생하면 포트폴리오가 단기간 동안 현금 유입 또는 유출을 처리하는 과정에서 정상적으로 컴포지트 전략을 실행할 수 없게 되며, 이 기간의 성과는 컴포지트 성과에서 제외되어야 한다.

> ⚠ **Caution**
> 회사는 컴포지트가 하나의 포트폴리오로만 구성되어 있고, 해당 포트폴리오에서 중요한 현금 유출이 발생하는 경우, 해당 포트폴리오를 일시적으로 컴포지트에서 제외하면 해당 컴포지트의 성과는 일시적으로 중단될 수 있음을 인지해야 한다.

> 📝 **Note**
> 중요한 현금 유출과 큰 현금 유출은 혼동해서는 안 된다. 중요한 현금 유출은 투자전략의 수행에 영향을 미칠 정도로 큰 규모의 현금 유출로, 이로 인해 포트폴리오가 일시적으로 컴포지트에서 제외될 수 있다. 반면, 큰 현금 유출은 수익률 계산을 왜곡할 정도로 큰 규모의 현금 유출을 의미한다. 일반적으로 큰 현금 유출의 규모는 중요한 현금 유출보다 작을 수 있지만, 두 개념은 별도로 정의되고 독립적으로 처리되어야 한다.

또한, 기업은 중요한 현금흐름의 영향을 최소화하기 위해 일시적인 신규 계정을 사용할 수 있다. 이는 사전에 관련 정책이 수립되어 있어야 한다. 일시적인 신규 계정에서는 현금흐름을 별도의 계정에 분리한 후 거래를 수행하고, 측정 기간이 끝난 후 기존 계정과 통합한다. 이를 통해 신규 자금을 투자하는 동안 발생하는 '현금 드래그(cash drag)' 효과를 효과적으로 제거할 수 있으며, 신규 자금 투자에 따른 거래비용도 방지할 수 있다. 특히, 거래비용은 투자자에게 중요한 요소로, 포트폴리오 매니저가 비용을 효율적으로 통제하고 신규 자산 투자 시점을 적절히 조율했는지를 확인하는 데 중점을 둔다. 다만, 신규 자금 투자의 비용을 포함시키는 것이 매니저의 장기적인 투자전략을 평가하는 데 얼마나 유용한지는 논란의 여지가 있다.

> **Note**
> 실제로는 일시적인 계정은 여러 가지 제약 조건으로 인해 사용되지 않는다.

위에 언급된 중요한 현금흐름, 운용재량권, 투자전략 등의 변경으로 인하여 포트폴리오의 컴포지트 이력은 상당히 복잡해질 수 있다. 예로 Figure 7.1에 나와 있는 포트폴리오의 타임라인 이력을 살펴보겠다. 회사는 point 1 에서 초기 현금 유입을 받았으며, 이 투자전략은 컴포지트 A에 포함될 자격이 있다. 그러나 포트폴리오는 다음 측정 기간이 시작될 때 적용되는 컴포지트 A의 신규 포트폴리오 정책에 따라 point 2 에서 컴포지트 A에 편입된다. 포트폴리오는 일정 기간 컴포지트 A에 속해 있다가, 투자전략이 변경되어 컴포지트 B에 포함될 자격이 생겼다는 통지를 받고, 회사 정책에 따라 마지막 측정 기간이 종료 시점 point 3 에서 컴포지트 A에서 제외된다. 그 후, 포트폴리오는 컴포지트 B의 새로운 포트폴리오 정책에 의해 point 4 에서 컴포지트 B에 편입된다. point 3과 point 4 사이에서는 포트폴리오가 비재량적(non-discretionary) 상태가 되며, 매니저는 컴포지트 B의 투자전략에 맞게 포트폴리오를 재조정한다. 이후 포트폴리오는 계약 해지 통보를 받은 마지막 측정 기간 종료 시점 point 5에서 컴포지트 B에서 편출된다. 최종적으로, 투자자의 지시에 따라 자금이 인출된 후, 포트폴리오는 point 6에서 완전히 제거된다.

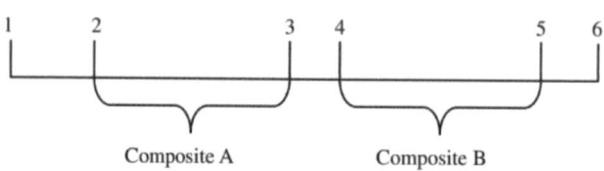

Figure 7.1 컴포지트 관리

초반에는 회사는 컴포지트를 자체적으로 정의하는 유연성을 가지고 있다. 이러한 유연성은 회사들이 차별화된 상품을 제공하고, 새로운 상품을 개발하는 데 도움이 된다.

회사는 컴포지트 범위를 결정해야 하며, 넓게 정의된 컴포지트에는 전략의 작은 변형이 가능하다. 예를 들어, 회사가 호주 투자를 허용하지 않는 제약 조건이 있는 글로벌 주식 계정의 수익률이 제약이 없는 글로벌 주식 계정의 수익률과 유사하다고 판단하는 경우, 두 계정을 넓게 정의된 글로벌 주식 컴포지트에 함께 포함시킬 수 있다. 넓게 정의된 컴포지트는 관리가 더 쉬우며, 매니저가 더 많은 운용자산을 포함한 컴포지트를 제시할 수 있게 해준다. 반면, 좁게 정의된 컴포지트는 규모가 작고, 투자전략의 사소한 변경으로 포트폴리오를 다른 컴포지트로 이동시켜야 할 수도 있으므로 세밀한 모니터링이 필요하며, 관리가 어렵다. 그러나 좁게 정의된 컴포지트는 컴포지트 내 수익률 분산이 작아져 엄격한 투자 통제가 이루어졌음을 나타낸다.

부분분리(Carve-outs)

부분분리(Carve-outs)는 멀티에셋 포트폴리오의 하위 그룹으로, 광범위한 목표를 가진 포트폴리오에서 좁은 목표에 대한 성과를 기록하는 데 사용된다. 일반적으로 부분분리(Carve-outs)는 특정 전략에 적합한 포트폴리오가 존재하지 않거나 트랙 레코드가 짧은 경우에는 해당 전략에 대한 운용 능력을 보여주기 위해 매니저에 의해 사용된다. 경우에 따라서는 규모가 큰 포트폴리오 일부로 부분분리(Carve-outs)가 존재하는 경우도 있다.

> **관련 조항**
> 3.A.15 컴포지트 안에 있는 모든 부분분리(Carve-out)는 현금 또는 현금 관련 수입을 다음 중 하나로 처리해야 한다.
>   (a) 별도의 계정으로 관리
>   (b) 일관된 기준에 따라서 적시에 해당 부분분리(Carve-out)에 포함
> 3.A.16 컴포지트에 포함된 모든 부분분리(Carve-out)은 해당 전략에 따라 현재 또는 운용 예정인 독립 포트폴리오를 대표해야 한다.
> 3.A.17 회사가 특정 전략의 부분분리(Carve-out)를 설정하여 자금을 배정하고, 이를 컴포지트에 편입하는 경우, 회사는 해당 전략에 따라 운용되는 회사 내 모든 포트폴리오 및 포트폴리오 세그먼트를 포함하는 부분분리(Carve-out)를 생성해야 하며, 이 부분분리(Carve-out)를 컴포지트에 편입해야 한다.
> 3.A.18 회사가 이미 존재하는 부분분리(Carve-out)와 동일한 전략으로 운용되는 독립 포트폴리오를 설정하는 경우, 해당 포트폴리오를 위해 별도의 컴포지트를 생성해야 한다.

> 3.A.19 회사는 서로 다른 컴포지트, 펀드 또는 부분분리(Carve-out)를 결합하여 시뮬레이션한 후 이를 컴포지트로 제시해서는 안 된다.

일반적인 부분분리(Carve-out)는 포트폴리오 일부로, 회사에 의해 정의된다. 현금은 성과에 부정적인 영향을 미치는 경향이 있으며, 만약 부분분리(Carve-out)의 수익률 계산에 현금이 포함되지 않는다면 이는 성과를 제대로 나타내지 못할 수 있다.

현금흐름의 이슈 이외에도 다음과 같은 문제가 있다.

(1) 집중도(Concentration)

보통 부분분리(Carve-out)는 큰 포트폴리오의 일부로, 독립 포트폴리오보다 보유종목 수가 적은 경향이 있으며, 이로 인하여 더 큰 쏠림 리스크를 가질 수 있다.

(2) 통화

상위 포트폴리오에 통화 오버레이 전략이 포함되어 있으면 부분분리(Carve-out)의 통화 효과를 분리하는 것은 사실상 불가능하다.

(3) 자산배분

상위 포트폴리오에서의 자산 배분은 전체 벤치마크의 기준에서 이루어지며, 이는 부분분리(Carve-out)의 벤치마크는 다를 수 있다. 즉, 부분분리(Carve-out)가 상위 포트폴리오와 동일한 방식으로 운용되지 않을 수 있다.

(4) 베팅 규모(Bet size)

전체 전략에서 부분분리(Carve-out)의 비중이 작은 경우, 부분분리(Carve-out)의 베팅 규모는 과장되는 경향이 있다.

(5) 컴포지트 관리

컴포지트 관리는 복잡하고 적지 않은 리소스를 수반하는 업무이다. 독립 포트폴리오의 경우 계좌 수와 투자 지침 변경을 쉽게 확인할 수 있다. 그러나 부분분리(Carve-out)가 사용된 경우, 해당 전략을 따라 운용되는 모든 부분분리(Carve-out)는 컴포지트에 포함해야 한다. 회사는 부분분리(Carve-out)가 해당 컴포지트에 포함되었음을 설명하고, 포트폴리오 내에서 부분분리

(Carve-out) 전략의 변경을 식별하기 위한 절차를 마련해야 한다.

GIPS 기준에 따르면, 컴포지트에 포함된 모든 부분분리(Carve-out)는 반드시 현금 및 관련 수익을 포함해야 한다. 현금은 별도로 관리될 수 있으며(별도의 경우, 하위 포트폴리오로 관리), 또는 일관된 기준으로 부분분리(Carve-out)에 할당할 수 있다.

GIPS 기준 관점에서, 자체 현금 배분을 포함하여 상위 포트폴리오 내에서 관리되는 부분분리(Carve-out)는 독립 포트폴리오로 간주된다. 중요한 점은, GIPS 기준에서는 컴포지트에 포함된 부분분리(Carve-out)가 해당 전략으로 운용되는 독립 포트폴리오를 대표해야 한다고 요구한다. 일반적으로 독립 포트폴리오는 전략과는 상관없는 자산에 대한 집행을 위해 어느 정도의 현금을 포함하는데, 이 현금은 시간이 지남에 따라 중요한 영향을 미칠 수 있다. 부분분리(Carve-out)에 현금이 포함되지 않을 경우, 상승 시장하에 포트폴리오에서 나타나는 '현금 드래그(cash drag)' 효과를 겪지 않게 된다.

회사가 부분분리(Carve-out)와 동일한 전략으로 운용되는 독립 포트폴리오를 설정하는 경우, 해당 독립 포트폴리오를 위해 별도의 컴포지트를 생성해야 한다. 이를 통해 잠재 고객은 해당 전략의 정확한 성과를 확인할 수 있으며, 부분분리(Carve-out)의 성과와 독립 포트폴리오의 성과를 비교할 수 있다.

> ⚠ **Caution**
> 부분분리(Carve-out)의 성과가 독립 포트폴리오의 성과를 대표한다고 입증하기는 어렵다. 따라서 가능하면 부분분리(Carve-out)의 사용을 피하고, 부득이한 경우에만 사용하는 것이 좋다.

성과보고
(PRESENTATION AND REPORTING)

GIPS 기준에는 다음과 같은 유형의 수익률을 사용하여 보고할 때 요구사항과 권장사항을 자세히 설명하는 4가지 보고 섹션이 있다.

- 컴포지트 시간가중수익률
- 컴포지트 금액가중수익률
- 펀드 시간가중수익률
- 펀드 금액가중수익률

네 개의 보고서 섹션은 각각 독립적으로 구성되어 있으며, 각 섹션에는 관련 요구사항과 권장사항이 포함되어 있다. 컴포지트와 펀드의 시간가중수익률에 대한 요구사항은 대부분 중복되며, 금액가중수익률에 대한 요구사항도 동일하다. 몇 가지 주요 차이를 제외하면, 네 개의 보고서에 대한 공시사항은 동일하다. 따라서 컴포지트 시간가중수익률 보고서와 컴포지트 금액가중수익률 보고서에 대한 설명에서는 주요 차이점만 설명하였다.

컴포지트 금액가중수익률 보고서

GIPS 기준의 4장에는 성과공시와 보고에 대한 18개의 요구사항 규정이 있으며, 여기에는 다음과 같은 내용이 포함된다.

(1) 수익률, 분산 및 리스크
(2) 비공시 입력값, 보수 차감 전 수익률 또는 보수 차감 후 수익률, 다중 벤치마크, 성과중단, 부분분리(Carve-outs) 및 미보수 포트폴리오
(3) 약정자본 및 자문자산
(4) 공시통화, 부분분리(Carve-outs), 오버레이 전략, 랩 수수료 및 부가 정보

수익률, 분산 및 리스크

GIPS 기준에서는 처음에는 최소 5년의 성과 기록을 제공하도록 요구하며, 데이터가 축적되면 이를 10년으로 확대해야 한다. 이는 특정 기간만 선택적으로 강조하는 'cherry-picking'을 방지하고 성과의 일관성을 보여주기 위한 취지이다.

> **관련 조항**
>
> 4.A.1 GIPS 컴포지트 보고서에서 다음과 같은 사항을 포함해야 한다.
>
> > (a) GIPS 기준의 요구사항을 충족하는 성과가 최소 5년 동안 공시되어야 하며(또는 컴포지트 운용 기간이 5년 미만인 경우, 해당 기간의 성과), 회사가 최소 5년간의 GIPS 기준 준수 성과(또는 컴포지트 설정일 이후 기간)를 공시한 후, 매년 추가로 1년 성과를 공시하여 GIPS 기준 준수 성과를 최소 10년간의 성과를 공시해야 한다.
> >
> > (b) 연도별 컴포지트 수익률
> >
> > (c) 설정 이후 기간이 1년 미만인 경우, 설정일부터 기간 말까지의 컴포지트의 수익률
> >
> > (d) 컴포지트가 해지된 경우, 직전 연말부터 컴포지트 종료일까지의 수익률
> >
> > (e) 각 연간 컴포지트 성과가 공시되는 모든 기간에 대한 벤치마크의 총 수익률
> > (단, 적절한 벤치마크가 없다고 회사가 판단하는 경우는 제외)
> >
> > (f) 각 연말 시점의 컴포지트 내 포트폴리오 수
> > (단, 컴포지트 내 포트폴리오가 5개 이하인 경우 포트폴리오 수는 필수 항목이 아님)
> >
> > (g) 각 연말 시점의 컴포지트 자산
> >
> > (h) 각 연말 시점의 전체 회사자산
> >
> > (i) 연도별 개별 포트폴리오 연간 수익률의 내부 분산
> > (단, 컴포지트 내 포트폴리오가 5개 이하인 경우 포트폴리오 수는 필수 항목이 아님)
> >
> > (j) 컴포지트 월 수익률이 제공되는 경우, 각 연말 시점에서 컴포지트 및 벤치마크의 최근 3년간 연율화 표준편차(월수익률 기준)

성과를 평가하는 데 10년은 적절한 기간이다. GIPS 기준에서 요구하는 최소 5년은 10년에 대한 성과이력이 신규 진입자에게는 높은 장벽이 될 수 있어 이를 완화하여 진입을 장려하기 위해 설정된 것이다.

> **Note**
>
> **분기 보고서**
>
> GIPS 기준은 연간 데이터만 요구하지만, 분기별 데이터를 제시하고 컴포지트 보고서를 분기마다 업데이트할 것을 권장한다.

회사는 컴포지트 내 포트폴리오 수와 해당 포트폴리오 수익률의 분산을 공시해야 한다. 포트폴리오 수의 변화는 포트폴리오 성장을 보여준다. 단, 특정 고객이 식별될 가능성을 피하기 위해, 포트폴리오 수가 5개 이하인 경우, 포트폴리오 수를 공개할 필요는 없다.

컴포지트의 성과를 살펴볼 때, 가중 수익률뿐만 아니라 컴포지트 내부의 수익률 분산, 즉 내부 리스크도 중요하게 살펴보아야 한다. 분산이 크다는 것은 투자 관리 통제가 미흡하거나 컴포지트가 너무 광범위하게 정의되어 있어 유의미한 정보를 제공하지 못할 수도 있다는 것을 의미할 수 있다.

GIPS 기준에서는 특정한 분산 측정치를 규정하지 않으며 다양한 측정 방법이 사용될 수 있다.

(1) 동일가중 표준편차

$$S_D = \sqrt{\frac{\sum (R_i - \overline{R})^2}{n}} \qquad (7.1)$$

여기서, R_i : i 번째 포트폴리오 수익률
n : 포트폴리오 수

(2) 금액가중 표준편차

$$D = \sqrt{\sum W_i \times (R_i - R)^2} \qquad (7.2)$$

여기서, W_i : i 번째 포트폴리오 비중
R : 컴포지트 수익률

(3) 최고-최저(High-low)

최고-최저는 측정 기간 동안 컴포지트 내에서의 가장 높은 수익률과 가장 낮은 수익률의 차이를 의미한다. GIPS 기준에서는 매년 분산 측정치를 요구하기 때문에 연도별 포트폴리오 수익률만 고려하여 계산해야 한다.

(4) 사분위 수 범위(Interquartile range)

사분위 범위는 1사분위수(25번째 백분위수)와 3사분위수(75번째 백분위수) 간의 차이를 나타낸다.

분산 측정치는 연간에 컴포지트에 충분한 포트폴리오가 있는 경우에만 의미가 있으며, 포트폴리오가 5개 이하인 경우, 분산을 계산할 필요는 없다.

> **Note**
> 최고-최저와 동일가중 표준편차는 일반적인 분산 측정 방법이다. 최고-최저는 너무 극단적인 측면이 있다. 수익 중 하나인 최고 수익률 또는 최저 수익률은 하나의 이상치 일수 있어, 실제 분산을 의미하지 않을 수도 있다. 이에 반해 사분위 수 범위는 최고-최저의 좋은 대안이 된다.

회사는 매 연말 기준으로 컴포지트 또는 펀드와 해당 벤치마크의 3년 연율화 표준편차(월간 수익률 기준) 또는 변동성(식 5.5 및 식 5.7 참조)을 공시해야 한다. 이는 잠재 고객이 투자전략의 위험을 비교할 수 있도록 하기 위함이다.

> **Note**
> 일부 자산운용사들은 자신의 투자전략 특성으로 인해 표준편차가 적절한 위험 측정 방법이 아니라고 주장할 수 있다. 그러나 GIPS 기준 보고서가 과거 데이터를 기반으로 측정하기 때문에 비교 가능성을 제공하며, 이로 인해 절대 수익률의 변동성을 벤치마크나 경쟁사와 비교하는 것은 의미 있다.

비공시 입력값, 보수 차감 전 수익률 또는 보수 차감 후 수익률, 다중 벤치마크, 성과중단, 부분분리(Carve-outs), 미보수 포트폴리오

회사가 공정가치평가를 위해 비공시 입력값을 사용한다. 다만, 비공시 입력값의 비중이 높다면 투자자들 사이에서 신뢰를 확보하지 못할 수 있다.

회사는 보수 차감 전 수익률, 보수 차감 후 수익률 또는 둘 다를 공시할 수 있지만, 이를 명확하게 표시해야 한다. 특정한 상황에서는 규제에 따라 보수 차감 후 수익률이 필요할 수도 있다.

> **Note**
> 보수 차감 전 수익률과 보수 차감 후 수익률에 대한 선호는 다양한 의견이 있을 수 있다. 보수 차감 전 수익률은 자산운용사의 근본적인 성과를 보여주며, 다양한 보수 구조 간 공정한 비교를 가능하게 한다. 또한, 보수는 협상할 수 있다는 점에서 자산운용사를 평가할 때 이를 제외하는 것이 적절할 수도 있다. 그러나 공모펀드와 같이 보수를 협상할 수 없는 경우에는 투자자의 실제 경험을 반영하기 위해 보수 차감 후 수익률을 사용하는 것이 더 적합하다.

> **관련 조항**
> 4.A.2 최근 연말 기준, 컴포지트 자산 중 비공식 입력값으로 평가하는 자산의 비중이 높다면, 회사는 컴포지트 자산의 총 공정가치 중 주관적인 비공식 입력값(2.B.6.e 참조)을 사용하여 평가된 자산의 비중을 명시해야 한다.
> 4.A.3 회사는 다음 사항에 대하여 명확하게 명시해야 한다.
>   (a) 공시 기간
>   (b) 컴포지트 수익률이 보수 차감 전 수익률인지 보수 차감 후 수익률인지?
> 4.A.4 GIPS 컴포지트 보고서에 2개 이상의 벤치마크가 포함된 경우, 회사는 공시된 모든 벤치마크에 대해 요구되는 모든 정보를 공개해야 한다.
> 4.A.5 만약 컴포지트에 포트폴리오가 남아 있지 않다면, 컴포지트의 성과 기록은 중단되어야 한다. 이후에 컴포지트에 포트폴리오가 추가된다면, 컴포지트의 성과 기록은 재시작되어야 한다. 또한, 성과 기록에는 성과 기록 중단 이전과 이후의 기간이 모두 표시되어야 하며, 성과의 중단 부분 또한 명확하게 표시되어야 한다. 성과 기록 중단 이전의 성과를 성과 기록 중단 이후의 성과와 연결해서는 안 된다.
> 4.A.6 만약 컴포지트에 포함된 부분분리(Carve-outs)에 배분된 현금이 있다면, 회사는 각 기간 말 기준으로 컴포지트에서 배분된 현금을 포함한 컴포지트 내 부분분리(Carve-outs)의 비중을 명시해야 한다.
> 4.A.7 컴포지트가 미보수 포트폴리오를 포함하는 경우, 보수 차감 후 수익률(Net-of-Fees)이 실제 보수를 사용해 계산되어 공시될 때, 각 기간 종료 시점에서 컴포지트에서 미보수 포트폴리오가 차지하는 비율도 함께 공시해야 한다.

GIPS 컴포지트 보고서에는 하나 이상의 벤치마크가 포함될 수 있으며, 실제로도 컴포지트 내의 포트폴리오는 각각 다른 벤치마크를 가질 수 있다. 다만, 포트폴리오의 투자전략들은 컴포지트에 포함되기 위한 조건을 충족해야 한다.

> ⚠️ **Caution**
> GIPS 컴포지트 보고서에 여러 개의 벤치마크를 포함할 수 있을 수 있지만, 이는 너무 넓은 컴포지트 정의를 의미할 수도 있다.

컴포지트와 성과중단 이전의 이력은 구성 포트폴리오가 없더라도 유지된다는 점에 유의할 필요가 있다. 구성 포트폴리오가 없어도 컴포지트는 자동으로 종료되지 않으며, 자산운용사는 해당 투자전략을 계속 제공할 수 있고 잠재 고객에게 과거 성과를 제시해야 할 의무가 있다. 다만, 성과중단 기간 동안의 수익률을 기하학적으로 연결해서는 안 된다. 또한, 0% 수익률, 벤치마크 수익률, 또는 모델 수익률을 사용하는 것 또한 허용되지 않는다. 성과중단 이전과 이후의 수익률은 명확히 구분되어 제시되어야 한다. 또한, 배분된 현금을 포함한 부분분리(Carve-out)와 관련된 사항을 고려할 때, 부분분리(Carve-out) 수익률이 과거 성과에서 차지하는 비율을 이해하는 것이 중요하다. 이는 부분분리(Carve-out) 수익률이 신뢰도가 낮을 수 있기 때문이다.

> ⚠️ **Caution**
> **컴포지트 내 배분된 현금을 포함한 부분분리(Carve-out) 비율**
> 이 정보는 매우 유용하다. 만약 비율이 100%라면, 해당 자산운용사가 현재 이 전략에서 독립 포트폴리오를 운영하지 않는다는 것을 투자자들이 알 수 있다. 비율이 100% 미만이라면 독립된 포트폴리오가 존재하며, 이는 자산 운용사의 능력을 평가하는 데 사용될 수 있다.

미보수 포트폴리오에는 운용을 시작하기 위한 시드 자금이나 운용사 자본이 포함될 수 있다. 이러한 성과 기록은 유효하지만, 보수 차감 후 수익률이 공시된 경우에는 미보수 포트폴리오의 비중을 파악하는 것도 중요하다.

투자약정 금액 및 자문 자산(Committed capital and advisory assets)
회사 전체 자산에는 하위 자문사가 운용하는 자산이 포함되지만, 자문 전용 자산, 미실현 약정 금액 그리고 오버레이 익스포저는 포함되지는 않는다. 자문 전용 자산은 일부 회사에서 문제가 될 수 있으며, 미실현 약정 금액은 대체 자산운용사에

서 이슈가 될 수 있다.

> **관련 조항**
>
> 4.A.8 회사가 미실현 약정 금액 또는 컴포지트 자산과 미실현 약정 금액을 합산하여 공시한 다면, 다음과 같은 사항을 준수해야 한다.
> (a) 동일 기간에 컴포지트 자산과 컴포지트의 미실현 약정 금액을 합산을 공시하는 경우에는 컴포지트 내 미실현 약정 금액도 공시해야 한다.
> (b) 컴포지트 내 미실현 약정 금액을 명확히 표시해야 한다.
> (c) 컴포지트 자산과 컴포지트 내 미실현 약정 금액의 합산을 명확히 표시해야 한다.
>
> 4.A.9 회사가 전체 미실현 약정 금액 또는 회사 전체 자산과 회사 내 전체 미실현 약정 금액을 합산하여 공시한다면, 다음과 같은 사항을 준수해야 한다.
> (a) 동일 기간에 회사 전체 자산과 회사 내 전체 미실현 약정 금액의 합산을 공시하는 경우, 해당 기간에 회사 내 미실현 약정 금액을 공시해야 한다.
> (b) 회사 내 미실현 약정 금액을 명확히 표시해야 한다.
> (c) 회사 전체 자산과 회사 내 미실현 약정 금액의 합산을 명확히 표시해야 한다.
>
> 4.A.10 회사가 컴포지트의 투자 규정, 목표 또는 전략을 반영하는 자문자산 또는 컴포지트 자산과 컴포지트의 투자 규정, 목표, 또는 전략을 반영하는 자문자산을 합산하여 공시한다면, 다음과 같은 사항을 준수해야 한다.
> (a) 컴포지트 자산과 컴포지트의 투자 규정, 목표 또는 전략을 반영하는 자문자산을 합산하여 공시하는 경우, 해당 기간에 대해 컴포지트의 규정, 목표, 또는 전략을 반영하는 자문자산을 공시해야 한다.
> (b) 컴포지트의 투자 규정, 목표, 또는 전략을 반영하는 자문자산을 명확히 표시해야 한다.
> (c) 컴포지트 자산과 컴포지트의 투자 규정, 목표 또는 전략을 반영하는 자문자산을 합산하는 경우, 명확히 표시해야 한다.
>
> 4.A.11 회사가 회사 전체 내에서 자문자산 또는 회사 전체 자산과 회사 전체 내에서 자문자산을 합산하여 공시한다면, 다음과 같은 사항을 준수해야 한다.
> (a) 회사 전체 자산과 회사 내 자문자산의 합산하여 경우, 해당 기간에 대해 회사 내 자문자산을 공시해야 한다.
> (b) 회사 내 자문자산을 명확히 표시해야 한다.
> (c) 회사 전체 자산과 회사 내 자문자산의 합산에 대하여 명확히 표시해야 한다.

자문 전용 자산은 회사가 투자 자문은 하지만 투자 결정 과정에 관여하지 않고 매매 권한이 없는 자산을 의미한다. 자문자산과 비교하여 회사 전체 자산에서 제외되는 자산과 투자 결정의 실행을 포함한 운용 자율성이 없는 포트폴리오 간에는 다음과 같은 차이가 있다. 자문자산의 경우, 회사는 계정을 직접 운용하거나 매매 권한이 없다. 운용 자율성이 없는 포트폴리오의 경우, 회사는 원하는 투자전략을 수행할 수 없다.

만약 회사가 회사 내 자문자산을 공시하고자 한다면, 회사는 별도로 공시하거나 회사 전체 자산과 회사 내 자문자산의 합산을 공시할 수 있다.

투자약정금액은 투자자 또는 회사(limited partners and general partner)가 투자대상에 대한 일정 금액에 대한 투자 약속을 의미한다. 약정 금액은 일반적으로 시간이 지남에 따라서 출자되며, 미실현 약정 금액은 아직 투자되지 않은 약정금액을 의미한다.

회사 내 미실현 약정 금액을 공시하고자 한다면, 회사는 별도의 금액으로 공시하거나 회사 전체 자산과 회사 미실현 약정 금액의 합산을 공시할 수 있다.

공시통화, 부분분리(Carve-outs), 오버레이 전략, 랩 수수료 및 부가 정보
(Reporting currency, carve-outs, overlay strategies, wrap fees and supplemental information)

GIPS 보고서에 수익률, 벤치마크, 자산 평가액 및 리스크 지표를 포함한 요구사항과 권장사항은 동일한 통화로 공시되어야 한다.

컴포지트 수익률은 3장에서 설명된 기하학적 환산 방법을 사용하여 다른 통화로 변환하여 공시하는 것도 가능하다. 예로, 컴포지트의 기준통화가 달러인 경우라도, 유럽 고객에게 제공하기 위해 통화를 유로 변환하는 것이 가능하다.

> ⚠ **Caution**
> 포트폴리오의 기준통화를 변경하면 이에 따라 표준편차와 같은 위험지표도 변경될 수 있다.

⚠️ **Caution**

GIPS 보고서의 기준통화를 변경하는 것은 가능하지만, 기준통화를 변경하여 헤지 수익률을 계산하는 것은 허용되지 않는다. 이는 사실상 시뮬레이션 결과에 해당하며, 실제 포트폴리오의 헤지 수익률은 완벽히 계산하는 것은 불가능하다.

📝 **관련 조항**

4.A.12 GIPS 컴포지트 보고서에 포함된 모든 요구 및 권장 사항은 동일한 통화로 제시되어야 한다.

4.A.13 회사가 배분된 자산이 있는 부분분리(Carve-outs)를 포함하고, 동일한 전략에 따라 운용되는 독립 포트폴리오의 컴포지트 성과를 공시하는 경우, 회사는 독립 포트폴리오의 컴포지트에 대하여 다음 사항을 공시해야 한다
  (a) 독립 포트폴리오 컴포지트가 운용된 각 연도에 대한 컴포지트 수익률
  (b) 독립 포트폴리오 컴포지트가 운용된 각 연말 기준의 컴포지트 자산
    이 정보는 할당된 자산이 있는 부분분리(Carve-outs)를 포함하는 컴포지트의 GIPS 컴포지트 리포트에 포함되어야 한다.

4.A.14 오버레이 전략 컴포지트의 경우, 회사는 매 연말 기준으로 컴포지트 오버레이 익스포저를 공시해야 한다. 회사가 컴포지트 오버레이 익스포저를 제시하는 동안에는 컴포지트 자산을 공시하지 않을 수 있다.

4.A.15 오버레이 컴포지트의 경우, 회사 전체 자산을 공시할 필요는 없으며, 대신 각 연말 기준으로 회사 전체 오버레이 익스포저를 공시할 수 있다.

4.A.16 회사가 랩 컴포지트의 성과를 잠재 고객에게 전달하는 경우에는 다음과 같은 사항을 준수해야 한다.
  (a) 컴포지트 투자목표, 목적 또는 전략에 따라 운용되는 경우, 실제 모든 랩 수수료를 반영한 포트폴리오의 성과를 포함하는 컴포지트 성과
  (b) 전체 랩 수수료를 반영한 컴포지트 성과
  (c) 각 연말 기준, 컴포지트 내 랩 포트폴리오의 비중

4.A.17 랩 포트폴리오에 대한 전체 수익률을 공시할 때, 회사는 다음을 준수해야 한다.
  (a) 전체 수익률임을 명시해야 한다.
  (b) 전체 수익률은 부가 정보임을 식별해야 한다.

4.A.18 GIPS 컴포지트 보고서에 포함된 부가 정보는 다음과 같은 사항을 준수해야 한다.
  (a) 반드시 컴포지트와 직접적으로 연관성이 있어야 한다.
  (b) GIPS 컴포지트 보고서의 요구사항과 이해상충이 발생해서는 안 된다.
  (c) 부가 정보로 명확하게 명시해야 한다.

회사는 회사 전체의 오버레이 익스포저를 제공할 수 있으며, 오버레이 컴포지트의 경우 회사 전체 자산 대신 회사 전체 오버레이 익스포저를 공시할 수 있다. 오버레이 전략은 파생상품의 투자로 운용되며, 이로 인해 순자산가치는 작거나 음의 값으로 나타날 수 있다. 오버레이 익스포저는 회사가 운용하는 자산의 규모를 평가하는 데 유의미하다.

랩 수수료는 일반적으로 모든 보수와 비용을 포함하며, 투자 운용보수, 거래비용, 신탁 보수 및 관리 비용을 포함하는 수수료이다.

기본적으로 GIPS 보고서에서는 다음과 같은 4가지 정보도 포함되어 있다.

(1) 추가 정보
(2) 부가 정보
(3) 성과와 관련 없는 정보
(4) 잘못된 정보

추가 정보는 GIPS 기준에서 요구사항이나 권장사항에서 파생된 성과 관련 정보를 의미한다. 부가 정보는 GIPS 기준의 요구사항 및 권장사항을 보완하며, 성과 제시의 일부로 포함된 모든 성과 관련 정보를 의미한다. 성과와 관련 없는 정보는 기본적으로 서술적인 내용으로, 회사와 직원에 대한 정보, 경제 상황 및 투자전략에 대한 설명, 또는 투자전략에 대한 보다 상세한 설명을 포함한다. 오해를 불러일으키는 정보는 GIPS 기준과 상충되며, GIPS 기준을 준수하는 회사에서는 절대 사용해서는 안 된다.

부가 정보는 더 많은 정보를 제공하여 공시 품질을 높이는데 유용한 도구가 될 수 있다. 부가 정보는 GIPS 기준의 원칙을 충족해야 하며, GIPS 기준과 모순되지 않아야 하고, 검증에 포함되지 않기 때문에 반드시 명확히 부가 정보로 표시되어야 한다. 부가 정보의 예로는 기여도 분석, 대표 계좌의 사전(ex-ante) 위험 분석, 섹터별 수익률, 컴포지트 또는 포트폴리오 리스트, 그리고 피어그룹 순위 등이 있다.

> ⚠️ **Caution**
> 부가정보는 GIPS 기준을 우회하기 위해 사용되어서는 안 된다. 다만, GIPS 기준에서는 고객이 특별히 요청한 정보를 제공하는 것을 제한하지 않는다. 오해를 일으킬 수 있는 부가정보를 제공할 경우, 자산운용사는 해당 정보를 신중하게 제공해야 한다.

컴포지트 금액가중수익률 보고서

GIPS 5장에는 컴포지트 금액가중수익률 공시와 관련된 15개의 요구사항이 있고, 일부 사항은 GIPS 4장의 컴포지트 시간가중수익률 보고서 사항과 동일하다. 일부 금액가중수익률 보고서 항목에는 연율화된 설정 이후 금액가중수익률, 펀드 대출 및 사모펀드에 적합한 성과 지표들이 포함된다.

📌 관련 조항

5.A.1 GIPS 컴포지트 리포트에는 다음 사항을 포함해야 한다.
 (a) 최근 연말 기준, 설정 이후 컴포지트 연율화 금액가중수익률
 (b) 설정 1년 미만인 경우, 연말 기준 컴포지트 금액가중수익률(연율화 x)
 (c) 컴포지트가 종료된 경우, 컴포지트 종료일 기준 설정 이후 컴포지트 연율화 금액가중수익률
 (d) 회사가 적절한 벤치마크가 없다고 판단하지 않는 이상, 컴포지트와 동일 기간의 벤치마크 금액가중수익률
 (e) 4.A.1.f 참조
 (f) 4.A.1.g 참조
 (g) 4.A.1.h 참조
5.A.2 펀드 대출이 있는 경우, 회사는 최근 연말 기준, 설정 이후 금액가중수익률을 대출 포함과 미포함으로 각각 나타내야 한다. 펀드 대출이 다음과 같은 특성을 만족하는 경우, 펀드 대출을 포함하지 않은 수익률을 나타낼 필요는 없다.
 (a) 약정된 캐피탈 콜에 의하여 120일 이내에 원금 상환된 경우
 (b) 분배금에 설정액이 포함되지 않은 경우
5.A.3 4.A.2 참조
5.A.4 컴포지트 내 포트폴리오에 약정자본이 있는 경우, 회사는 최근 연말 기준으로 다음의 사항을 반드시 제시해야 한다.
 (a) 설정 이후 컴포지트 납입자본(paid-in capital)

(b) 설정 이후 컴포지트 분배금
(c) 컴포지트 전체 약정자본
(d) 설정 이후 납입자본에 대비 전체 평가액(투자 배수 또는 TVPI)
(e) 설정 이후 납입자본에 대비 분배금(실현 배수 또는 DPI)
(f) 전체 약정자본 대비 설정 이후 납입자본(PIC 배수)
(g) 설정 이후 납입자본에 대비 잔존 평가액(미실현 배수 또는 RVPI)

5.A.5 회사는 다음 사항을 명확히 표시해야 한다.
(a) 공시 기간
(b) 컴포지트 수익률이 보수 차감 전 수익률(Gross-of-Fees)인지 보수 차감 후 수익률(Net-of-Fees)인지 여부
(c) 컴포지트 수익률에 신용대출을 반영했는지 여부
(회사가 신용대출 포함 수익률과 제외 수익률 모두를 제시하는 경우에만 해당)

5.A.6 4.A.5 참조
5.A.7 4.A.6 참조
5.A.8 4.A.7 참조
5.A.9 4.A.8 참조
5.A.10 4.A.9 참조
5.A.11 4.A.10 참조
5.A.12 4.A.11 참조
5.A.13 4.A.12 참조
5.A.14 4.A.13 참조
5.A.15 4.A.18 참조

회사가 금액가중수익률(Money-Weighted Returns, MWR)을 제시하기 위한 요건을 충족하고 이를 공시하기로 결정하는 경우, 회사는 최근 연말 기준으로 설정 이후 연율화 금액가중수익률을 공시해야 한다. 금액가중수익률은 비교 가능성이 낮지만, GIPS 기준은 특정 자산 및 상황에서 설정이후 금액가중수익률이 더 적합할 수 있음을 나타내고 있다.

회사는 컴포지트의 설정 이후 금액가중수익률을 벤치마크의 시간가중수익률과 비교하면 안된다. 다만, 벤치마크의 금액가중수익률은 컴포지트의 외부현금흐름을 반영하여 계산될 수 있다.

> **Note**
> 벤치마크의 금액가중수익률의 예시로 공공 시장 등가 방법(Public Market Equivalent Method, PME, 4장에서 설명)이 있다.

약정 신용대출의 레버리지와 외부현금흐름의 시점 변경을 통하여 수익률을 왜곡시킬 수 있다. GIPS 기준에서는 약정 신용대출을 반영하는 경우, 약정 신용대출을 반영한 수익률과 반영하지 않은 수익률을 모두 공시하도록 요구하고 있으며, 이를 통해 약정 신용대출이 수익률에 주는 영향을 파악할 수 있도록 하고 있다. 또한, 벤치마크의 금액가중수익률도 약정 신용대출을 반영한 경우와 반영하지 않은 경우를 각각 공시해야 한다. 만약 신용대출이 단기 운용에 사용되어, 해당 자금이 120일 이내에 원금이 상환되고, 분배 자금으로 사용되지 않았다면 이를 반영한 설정 이후 금액가중수익률을 별도로 계산할 필요는 없다.

설정 이후 금액가중수익률은 사모펀드의 성과를 평가하는 데 유용한 지표이지만, 벤치마크나 다른 펀드와의 비교는 어렵고 비유동성 등의 제약이 있다. 보다 심층적인 인사이트를 얻기 위해서는 추가적인 지표가 필요할 수 있으며, GIPS 컴포지트 보고서에는 이러한 추가적인 지표 중 일부가 반드시 명시되어야 한다.

설정 이후 컴포지트 납입자본

설정 이후 컴포지트 납입자본은 컴포지트 내 모든 포트폴리오로 자본 유입을 의미한다.(재투자된 분배금 포함)

설정 이후 컴포지트 분배금

설정 이후 컴포지트 분배금은 투자자에게 분배된 현금 및 주식을 포함한 분배된 금액을 의미한다.

컴포지트 전체 약정자본

컴포지트 전체 약정자본은 컴포지트 내 포트폴리오의 약정자본의 총액을 의미하며, 전체 약정자본은 납입된 자본 또는 아직 납입되지 않은 자본일 수 있다.

설정 이후 납입자본 대비 전체 평가액(TVPI) or 투자자본배수(MOIC)

투자자본 배수는 납입금액 대비 평가액에 대한 배수를 나타낸다.

$$TVPI \text{ or } MOCI = \frac{\text{설정이후 분배금} + \text{잔존평가액}}{\text{설정이후 납입자본}} \quad (7.3)$$

> **Note**
> 투자자본배수는 설정 이후 금액가중수익률과 더불어 사모펀드 자산의 성과를 평가하는 중요한 지표이다. 높은 설정 이후 금액가중수익률과 높은 투자자본배수는 양호한 성과를 의미한다.

설정 이후 납입자본 대비 분배금(DPI)

설정 이후 납입자본 대비 분배금은 분배된 자본을 전체 납입자본으로 나눈 비율이다.

$$DPI = \frac{\text{설정이후 분배금}}{\text{설정이후 납입자본}} \quad (7.4)$$

전체 약정자본 대비 설정 이후 납입자본(PIC 배수)

전체 약정자본 대비 설정 이후 납입자본은 전체 약정자본 대비 미실현 약정자본이 얼마나 남아 있는지 확인할 수 있는 비율이다.

$$PIC = \frac{\text{설정이후 납입자본}}{\text{전체 약정자본}} \quad (7.5)$$

설정 이후 납입자금 대비 잔존 평가액(RVPI)

RVPI는 기간 종료 시점의 컴포지트의 기타금액을 설정 이후 납입자본으로 나눈 비율이다.

$$RVPI = \frac{\text{잔존 평가액}}{\text{설정이후 납입자본}} \quad (7.6)$$

따라서, 설정 이후 납입자본 대비 전체 평가액(TVPI), 설정 이후 납입자본 대비 분배금(DPI)과 설정 이후 납입자금 대비 잔존 평가액(RVPI) 간의 관계는 다음과 같이 나타난다.

$$TVPI = DPI + RVPI \qquad (7.7)$$

공시
(DISCLOSURES)

공시는 회사가 성과보고와 관련하여 더 많은 정보를 제공할 수 있도록 한다. 이러한 공시에는 요구사항 및 권장사항을 모두 포함되어야 하며, 필요한 경우 자산운용사는 성과보고를 이해하는 데 도움이 되는 내용을 추가해야 한다. GIPS 기준의 요구사항은 포트폴리오 성과를 이해하는 데 유용한 정보를 제공하고, 투자자들이 추가 정보를 요청하도록 유도하며, 특정 접근 방법을 공시하도록 요구함으로써 자산운용사가 특정 방법을 사용하지 않도록 제한하는 역할을 하기도 한다.

공정한 표현과 완전한 공시를 위해 GIPS 기준에서 요구하는 최소한의 사항을 넘어서는 정보를 제공해야 할 수도 있다. 자산운용사는 GIPS 기준의 공시 요구사항과 가능하다면 회사 전체 및 각 컴포지트 또는 펀드에 대해 GIPS 기준의 요구사항 및 권장사항을 충족시키는 확인하기 위해 기준 준수 체크리스트를 사용하는 것이 적합하다.

컴포지트 시간가중수익률 보고서에는 48개의 요구사항이 있으며, 컴포지트 금액가중수익률 보고서에는 44개의 요구사항이 있다. 대부분은 중복되며, 다음과 같은 사항을 포함한다.

(1) GIPS 기준 준수 선언
(2) 회사, 컴포지트 및 벤치마크의 정의
(3) 보수 공개
(4) 설정일, 생성일, 컴포지트 정책 및 절차 목록의 제공 가능 여부, 레버리지 및 예상 거래비용
(5) 중요한 이벤트, 재정의, 최소 자산규모, 원천세

(6) 규제와의 충돌, 부분분리(Carve-out) 공시, 외부자문

(7) 벤치마크 공개

(8) 중요한 현금흐름 및 중요한 오류

(9) 위험지표, 오버레이 전략, 부동산 평가 및 모델 평가 공개

GIPS 기준 준수 선언

GIPS 기준의 모든 요구사항을 충족할 경우, 회사는 GIPS 기준 준수를 선언할 수 있다. 이 선언은 회사 차원에서 이루어지며, 특정 프레젠테이션, 컴포지트 또는 고객 유형에 국한되지 않는다. GIPS 기준에서는 GIPS 보고서에서만 사용해야 하는 준수 선언의 문구를 규정하고 있으며, 이 문구는 회사가 GIPS 기준 준수를 검증받았는지 또는 추가 평가를 받았는지에 따라 달라진다.

> ⚠ **Caution**
> 회사는 GIPS 기준 준수 보고서를 제공하는 대상을 임의로 선택할 수 없다. GIPS 기준은 윤리적 기준으로, 회사는 GIPS 기준 준수를 선언함으로써 모든 성과 보고서가 공정하고 정직하게 작성되었음을 보증한다.

> 📑 **관련 조항**
> 4.C.1 회사가 GIPS 기준의 모든 적용 가능한 요구사항을 충족한 경우, 다음 중 하나의 문구를 사용하여 GIPS 기준의 준수를 공시해야 한다. 컴포지트에 대한 준수 문구는 반드시 GIPS 컴포지트 보고서에서만 사용해야 한다.
> (a) 검증된 회사를 위한 문구:
> "[회사명]은 GIPS®(Global Investment Performance Standards)을 준수하며, GIPS 기준에 따라 본 보고서를 작성하고 제공합니다. [회사명]은 [기간에 대해 독립적인 검증을 받았습니다. 검증 보고서는 요청할 경우 제공될 수 있습니다. GIPS 기준 준수를 선언하는 회사는 GIPS 기준의 요구사항을 준수하기 위한 정책과 절차를 수립해야 합니다. 검증은 컴포지트 및 펀드 관리, 성과 계산, 공시 및 배포 관련 정책과 절차가 GIPS 기준에 따라 수립되었고 회사 전체에 적용 대한 신뢰성을 제공합니다. 검증은 특정 성과 보고서의 정확성을 보증하지는 않습니다."
> (b) 검증된 회사의 컴포지트가 성과 검증을 받은 경우:

"[회사명]은 GIPS®(Global Investment Performance Standards) 기준을 준수하며, GIPS 기준에 따라 본 보고서를 작성하고 공시합니다. [회사명은 [기간에 대해 독립적인 검증을 받았습니다. GIPS 기준 준수를 선언하는 회사는 GIPS 기준의 요구사항을 준수하기 위한 정책과 절차를 수립해야 합니다. 검증은 컴포지트 및 펀드 관리, 성과 계산, 공시 및 배포 관련 정책과 절차가 GIPS 기준에 따라 수립되었고 회사 전체에 적용 대한 신뢰성을 제공합니다. [컴포지트명]은 [기간에 대해 성과 검토를 받았습니다. 검증 및 성과 검토 보고서는 요청 시 제공됩니다."

    (c) 검증을 받지 않은 회사를 위한 문구:

"[회사명]은 GIPS®(Global Investment Performance Standards) 기준을 준수하며, GIPS 기준에 따라 본 보고서를 작성 및 공시합니다. [회사명]은 독립적인 검증을 받지 않았습니다."

회사는 기준 준수 문구의 내용을 임의로 생략할 수 없다. 기준 준수 문수를 수정할 수 없으며, 내용 추가만 가능하다.

4.C.2 회사는 다음과 같은 사항을 공개해야 한다

"GIPS®는 CFA Institute의 등록 상표입니다. CFA Institute는 이 조직을 보증하거나 홍보하지 않으며, 본 보고서 내용의 정확성이나 품질을 보증하지 않습니다."

기준 준수 이외에도 회사는 다음과 같은 사항을 포함해야 한다. "GIPS®는 CFA Institute의 등록 상표이다. CFA Institute는 본 기관을 지원하거나 홍보하지 않으며, 본 보고서 내용의 정확성이나 품질을 보증하지 않습니다." 해당 문구는 기준 준수 내용과는 별도로 첨부되거나 연결될 되어 명시될 필요는 없다.

회사, 컴포지트 및 벤치마크의 정의

'회사(firm)'의 정의는 회사의 총 자산과 GIPS 기준 준수 범위를 결정하는 데 사용되며, 공시되어야 한다. 이 정의를 통해 잠재 고객은 어떤 투자 회사 또는 회사 일부가 GIPS 기준 준수를 선언하여 성과를 공시하는지, 그리고 계약 시 자산 운용할 역량이 있는지 파악할 수 있다.

관련 조항

4.C.3 회사는 총 자산과 회사 전체의 GIPS 기준 준수에서 사용된 회사의 정의를 공시해야 한다.

> 4.C.4 회사는 컴포지트 설명을 공시해야 한다.
> 4.C.5 회사는 다음과 같은 사항을 공시해야 한다.
> 　　(a) 벤치마크 설명, 여기에는 벤치마크의 핵심 전략, 시장에서 사용되는 지수, 또는 일반적으로 알려진 지수명이 포함되어야 한다.
> 　　(b) 벤치마크 수익률이 월 단위보다 긴 주기로 산출되는 경우, 해당 산출 주기

컴포지트 설명에는 컴포지트의 투자 위임 사항, 투자목표 또는 투자전략에 대한 정보가 포함되어야 한다. 컴포지트 설명은 컴포지트 정의보다 더 간결할 수 있지만, 컴포지트의 주요 특징을 모두 포함해야 하며, 잠재 고객이 컴포지트의 투자 위임 사항, 투자목표 또는 투자전략의 주요 특성을 이해할 수 있도록 다음과 같은 충분한 정보가 포함되어야 한다.

- 컴포지트 전략의 주요 위험 요인
- 레버리지, 파생상품 및 공매도가 주요 전략인 경우, 이 상품들의 정보
- 비유동성 투자가 주요 전략인 경우, 이 상품들의 정보

컴포지트 정의와 컴포지트 설명을 비교해 보면, 컴포지트 설명을 해당 컴포지트가 대표하는 운용전략에 중점을 두고 설명하며, 컴포지트 정의는 컴포지트 설명뿐만 아니라 포트폴리오가 컴포지트에 편입되는지와 편입 시점을 결정하는 상세한 기준도 포함되어야 한다.

회사는 벤치마크 설명을 공개해야 하며, 이는 벤치마크의 주요 특징 또는 일반적으로 사용되는 지수를 포함해야 한다. 수익률 산출기간이 월간보다 긴 경우, 벤치마크의 산출 주기 또한 공개해야 한다.

보수 공시 (Fee disclosures)

보수 차감 전 수익률(Gross-of-fees returns), 보수 차감 후 수익률(net-of-fees returns) 또는 둘 다 공시할 수 있다. 보수 차감 전 수익률을 공시할 때, 거래비용 외에 추가로 차감된 비용이 있는지 공시해야 한다. 마찬가지로, 보수 차감 후의 수익률을 제시할 때는 거래비용과 운용보수 외에 추가로 차감되는 비용이나 보수가

있는지, 순수 보수 차감 후 수익률이 성과 보수나 캐리 이자를 반영한 수익률인지 공시해야 한다. 또한, 보수 차감 후 수익률을 공시할 경우, 모델 포트폴리오 운용보수와 실제 운용보수 중 어느 것이 사용되었는지 명시해야 한다. 모델 포트폴리오 운용보수가 사용되고 보수 차감 전 수익률이 제시되지 않는 경우, 사용된 모델 포트폴리오 운용보수와 산출 방식을 공개해야 한다.

> **관련 조항**
>
> 4.C.6 보수 차감 전 수익률(gross-of-fees returns)을 공시할 때, 회사는 거래비용 외에 추가로 차감되는 항목을 반드시 공시해야 한다.
> 4.C.7 보수 차감 후 수익률(net-of-fee returns)을 공시할 때, 회사는 다음 사항을 반드시 공시해야 한다.
> (a) 운용보수와 거래비용 외에 추가로 차감되는 보수와 비용
> (b) 성과 보수(performance-based fees) 또는 캐리 이자(carried interest)가 보수 차감 후 수익률에 반영 여부
> (c) 운용보수가 모델 포트폴리오 운용보수를 기반으로 하는지, 실제 운용보수를 기반으로 하는지 여부.
> (d) 모델 포트폴리오 운용보수가 사용되고, 컴포지트 보수 차감 전 수익률이 제시되지 않은 경우, 보수 차감 후 수익률에 사용된 모델 포트폴리오 운용보수
> (e) 모델 포트폴리오 운용보수가 차감된 경우, 보수 차감 후 수익률을 산출하기 위해서 사용된 방법
> 4.C.8 회사는 운용보수 외에 회사가 고객에게 별도로 부과하는 보수와 비용(예: 리서치 비용)이 중요한 경우 이를 반드시 공개해야 한다.
> 4.C.9 회사는 보고서에 사용된 통화를 공시하거나 명시해야 한다.
> 4.C.10 회사는 내부 분산의 측정 방법을 공개해야 한다.
> 4.C.11 회사는 잠재 고객이나 잠재 투자자에게 적용되는 현재 보수 체계를 공시해야 한다.
> (a) 단독 포트폴리오의 성과를 잠재 고객에게 제시할 때, 보수 체계는 해당 전략에 따라 관리되는 독립 포트폴리오의 보수 체계를 반영해야 한다.
> (b) 부분분리(Carve-out)를 포함하는 컴포지트 수익률의 성과를 멀티에셋 포트폴리오의 잠재 고객에게 제시할 경우, 보수 체계는 멀티에셋 포트폴리오에 따른 운용 보수 체계를 반영해야 한다.
> (c) 잠재 랩 고객에게 랩 컴포지트를 제시할 때, 수수료 체계는 랩 총 수수료를 반영해야 한다.

> (d) 컴포지트에 포함된 펀드에 대한 GIPS 컴포지트 리포트를 잠재 투자자에게 제시할 때, 회사는 펀드의 현재 보수 체계와 비용 비율을 공시해야 한다.
> 4.C.12 보수 체계에 성과 보수(performance-based fees) 또는 캐리 이자(carried interest)가 포함된 경우, 성과 보수 또는 캐리 이자에 대한 설명을 공시해야 한다.

회사는 잠재 고객 또는 잠재 투자자에게 적합한 보수 체계를 공개해야 한다. '보수 체계'라는 용어는 회사의 현재 운용보수나 번들형 수수료 체계를 의미하나, 보수 체계에 성과 보수가 포함된 경우, 회사는 성과 보수 설명을 포함해야 한다.

> **Note**
> 보수 체계는 GIPS 기준에서 까다로운 요구사항 중 하나이다. 이는 고객마다 보수 체계가 다를 수 있어, 동일한 GIPS 컴포지트 보고서를 모든 고객에게 반복적으로 사용할 수 없기 때문이다. 이를 위해 보수 체계 자체를 가능한 한 일반적으로 만드는 것이 중요하다.

추정 거래비용이 사용된 경우, 회사는 추정 비용이 사용되었음을 명시하고, 해당 비용의 추정치와 산출 방식을 공개해야 한다.

설정일, 생성일, 컴포지트 정책, 절차의 유효성, 레버리지 및 추정 거래비용

회사는 컴포지트 생성일을 공개해야 한다. 이는 회사가 하나 이상의 포트폴리오를 결합하여 컴포지트를 처음 만든 날을 의미하며, 보고된 컴포지트 성과의 시작일과 다를 수 있다. 이 정보는 잠재 고객이 해당 전략이 오랜 기간 운영된 것인지, 아니면 현재 프레젠테이션을 위해 최근에 생성된 것인지를 판단할 수 있도록 도와준다. 또한, 회사는 컴포지트 설정일도 공개해야 한다. 이는 컴포지트의 성과 기록이 시작된 날짜를 의미하며, 컴포지트 생성일과는 다른 개념이다.

> **관련 조항**
> 4.C.13 회사는 컴포지트 설정일(inception date)을 공개해야 한다
> 4.C.14 회사는 컴포지트 생성일(creation date)을 공개해야 한다.
> 4.C.15 회사는 다음 목록이 요청 시 제공된다는 사실을 공개해야 하며, 해당하는 경우 이를

명시해야 한다.
(a) 컴포지트 설명 목록
(b) 제한된 펀드 설명 목록
(c) 펀드 목록

4.C.16 회사는 투자자산의 평가, 성과 계산, 및 GIPS 보고서 작성의 관련 정책이 요청 시 제공된다는 것을 공개해야 한다.

4.C.17 회사는 레버리지, 파생상품 및 공매도의 과거 사용 내역을 공개해야 하며, 중요한 경우 이를 명시해야 한다.

4.C.18 추정 거래비용을 사용된 경우, 회사는 다음과 사항을 공개해야 한다.
(a) 추정 거래비용이 사용되었음을 명시해야 한다.
(b) 사용된 추정 거래비용과 이를 산출한 방법을 공개해야 한다.

회사는 컴포지트 또는 펀드 설명을 공개해야 하며, 회사의 전체 컴포지트 설명 목록, 제한된 펀드 설명 그리고 펀드의 목록이 요청 시 제공된다는 것을 명시해야 한다. 이러한 정보는 잠재 고객이 제공받은 GIPS 보고서가 적절한지를 판단하고, 관심 있는 다른 컴포지트나 펀드의 GIPS 보고서를 요청하는 데 도움을 준다. 컴포지트 목록은 회사의 현재 모든 컴포지트뿐만 아니라, 지난 5년간 운용되었던 모든 컴포지트를 포함해야 하며, 이를 통해 중단된 컴포지트에서의 부진한 성과나 실패한 전략도 투명하게 공개된다. 단, 중단된 펀드는 더 이상 투자할 수 없으므로 목록에 포함되지 않아도 된다.

> **Note**
> 실제로 고객들이 이러한 목록을 요청하는 경우는 거의 없다.

회사는 중요한 경우 레버리지, 파생상품 및 공매도 포지션의 내역, 사용 및 한도를 중요한 경우에 공개해야 한다. 공개 내용에는 해당 상품의 사용 빈도와 특성을 설명하여 위험을 식별하는 데 도움이 되는 충분한 정보가 포함되어야 한다. 이러한 설명은 잠재 고객이나 투자자가 과거 성과를 이해하고 레버리지나 파생상품 사용으로 인한 추가적인 위험을 파악하는 데 도움을 준다.

중요한 사건, 재정의, 최소 자산규모, 원천징수세

회사는 잠재 고객 또는 잠재 투자자가 GIPS 보고서를 이해하는 데 필요한 모든 중요한 사건을 공개해야 한다. 예를 들어, 회사의 소유권 변경이나 합병은 대부분 회사에서 중요한 사건으로 인식된다. 또한, 특정 전략의 과거 성과가 회사를 떠난 '스타' 포트폴리오 매니저에 의해 상당 부분 달성되거나, 전략을 지원하는 리서치팀의 모든 주요 구성원이 퇴사한 경우 잠재 고객에게도 공개해야 한다. 반면, 포트폴리오 매니저가 퇴사하고 그가 단순히 팀 결정을 수행했다면, 이러한 것은 중요한 사건으로 인식되지 않는다.

📑 관련 조항

4.C.19 회사는 잠재 고객이 GIPS 컴포지트 보고서를 이해하는 데 필요한 모든 중요한 사건을 공개해야 한다. 이 공개는 최소 1년 동안 유지되어야 하며, 성과를 이해하는데 관련이 있는 한 계속 포함되어 공개되어야 한다.

4.C.20 GIPS 기준을 준수하지 않은 최소 유효 준수 기간 이전의 성과를 제시하는 경우, 회사는 해당 비준수 기간을 공개해야 한다.

4.C.21 회사가 재정의되면, 재정의 날짜와 내용을 공개해야 한다.

4.C.22 컴포지트가 재정의되면, 재정의 날짜와 내용을 공개해야 한다.

4.C.23 회사는 컴포지트 이름의 변경사항을 공개해야 한다. 이 공개는 최소 1년 동안 유지되어야 하며, 성과를 이해하는데 관련이 있는 한 계속 포함되어 공개되어야 한다.

4.C.24 회사는 다음과 같은 사항을 공개해야 한다.
  (a) 컴포지트에 포함되지 않는 포트폴리오의 최소 자산 수준(관련 규제 존재 시)
  (b) 최소 자산 수준의 변경내역

4.C.25 회사는 중요한 경우, 컴포지트 수익률이 원천세 공제 전인지 아니면 공제 후인지를 공개해야 한다.

4.C.26 회사는 가능한 경우, 벤치마크 수익률이 원천세 공제 후인지를 공개해야 한다.

회사가 컴포지트에 편입되기 위한 포트폴리오의 최소 운용 규모를 설정한 경우, 해당 운용 규모는 공개되어야 한다. 이는 잠재 고객에게 자산운용사가 컴포지트 전략을 규모가 작은 포트폴리오에는 적용할 수 없다는 것을 인식하게 해준다. 회사가 재정의되는 경우, 재정의 날짜와 세부 내용을 공개해야 한다. 만약 한 기업이 여러 회사를 보유하는 경우, GIPS 기준에서는 모 기업 내의 자회사들의 목록을

공개할 것을 권장한다. 회사 재정의는 합병 및 인수 시에 발생할 수 있다. 조직 초기 단계에서는 조직 내에서 다수 회사를 정의할 수 있으며, 일부는 GIPS 기준을 준수하고 다른 일부는 준수하지 않을 수 있다. 이후 모든 정의된 회사가 GIPS 기준을 준수하게 되면, GIPS 기준 준수 회사를 단일 회사로 재정의하는 것이 적절할 수 있다.

회사가 컴포지트를 재정의하는 경우, 재정의 날짜와 내용을 공개해야 한다. 마찬가지로, 컴포지트 이름 변경사항도 공개해야 한다. 컴포지트의 설명이나 이름 변경은 전략의 변경을 의미할 수도 있고, 그렇지 않을 수도 있다. 이는 잠재 고객에게 중요한 관심사가 될 수 있다.

GIPS 기준은 회사가 환급 가능 또는 환급 불가능한 원천세를 반영할 것을 요구하지 않는다. 투자자들은 국가마다 서로 다른 원천세를 납부하여 비교가 어렵기 때문이다.

> **Note**
> 비교의 어려움에도 불구하고, GIPS 기준은 수익률이 환급할 수 없는 원천세를 공제한 후 수익률을 계산할 것을 권장하고 있다. 환급이 가능한 원천세는 미수 처리해야 하며, 실제로 환급까지는 오랜 기간이 소요될 수 있다.

GIPS 기준에 따르면, 벤치마크 수익률이 원천세를 차감 후 수익률인지 여부를 공개해야 한다. 원천세는 국가별로 투자자마다 다르게 적용되지만, 일부 지수 제공 업체는 원천세를 가정하여 벤치마크를 산출하기도 한다.

> **Note**
> 비교의 어려움과 상대적으로 작은 영향, 그리고 포트폴리오 수익률이 원천세 차감 후 수익률(net of withholding tax)인 경우에 한해, 원천세 차감 후 벤치마크를 사용하고 이를 공개하는 것이 적절하다.

규제와의 충돌, 부분분리(Carve-out) 공시, 외부자문

회사는 성과 산출 및 공시와 관련된 모든 법률과 규정을 준수해야 한다. 만약, GIPS 기준과 법률 및 규정이 충돌하는 경우, 해당 법률과 규정을 우선 준수하고 관련 사항을 공개해야 한다.

> **Note**
> 현지 법률과 규정은 항상 GIPS 기준보다 우선한다. 잠재 고객의 요청 또한 GIPS 기준보다 우선하며, GIPS 기준에는 고객이 요청한 정보를 제공하는 것을 제한하는 조항은 없다.

> **관련 조항**
> 4.C.27 GIPS 컴포지트 보고서가 GIPS 기준의 요구사항과 충돌하는 법률 및 규정을 준수하는 경우, 회사는 관련 GIPS 기준이 해당 법률 및 규정과 어떻게 충돌하는지 공개해야 한다.
> 4.C.28 만약 컴포지트에 자금이 배정된 부분분리(Carve-outs)가 편입된 경우, 회사는 다음과 사항을 공개해야 한다.
>   (a) 컴포지트 이름에 부분분리(Carve-out)를 명시해야 한다.
>   (b) 컴포지트에 부분분리(Carve-out)가 포함되어 있음을 공개해야 한다.
>   (c) 부분분리(Carve-outs)에 대한 자금배분 정책을 공개해야 한다.
>   (d) 독립형 포트폴리오의 컴포지트가 존재하는 경우, 독립형 포트폴리오 컴포지트에 대한 GIPS 컴포지트 보고서를 요청할 시 제공할 수 있음을 공개해야 한다.
> 4.C.29 회사는 하위 운용사의 사용 여부와 사용 기간을 공개해야 한다.
> 4.C.30 컴포지트의 평가 등급 체계가 권장 평가 등급 체계와 다르다면, 회사는 이를 공개해야 한다.(2.B.6 참조 - 권장 평가 등급 체계)

컴포지트에 자금이 배분된 부분분리(Carve-outs)가 포함된 경우, 회사는 반드시 컴포지트 이름에 부분분리(Carve-outs)를 명시하고, 컴포지트에 자금이 배분된 부분분리(Carve-outs)가 포함되어 있음을 공개해야 한다. 또한, 부분분리(Carve-outs)에 대한 자금배분정책을 공개하고, 매년 말 기준 컴포지트 자산에서 배분된 자금을 포함한 부분분리(Carve-outs) 계정이 차지하는 비중도 공개해야 한다. 아울러, 독립형 포트폴리오 컴포지트가 존재하는 경우, 해당 컴포지트에 대한 GIPS 컴포지트 보고서를 요청 시 제공할 수 있음을 공개해야 한다. 이와 더불어, 독립형 포트폴리오 컴포지트가 존재하는 각 연도별 컴포지트 수익률과 해당 연도 말 기준 컴포지트 자산은 배분된 자금을 포함한 부분분리(Carve-outs) 계정이 포함된 컴포지트의 GIPS 컴포지트 보고서에 반드시 포함되어야 한다.

> ⚠ **Caution**
> 이 조항들은 자금을 배분한 부분분리(Carve-outs)의 오용을 방지하기 위해 설계되었다. 분리형 계정의 수익률을 독립적인 동일 복합 포트폴리오와 비교하면 대부분 분리형 계정이 왜곡된 결과가 나타나는 현상이 있다.

회사는 특정 전략의 일부 또는 전체를 운용하기 위해 하위 운용사를 사용할 수 있다. 만약 회사가 하위 운용사를 계약하고 해지 권한을 가지고 있는 경우, 하위 운용사에 의해 운용된 자산의 성과는 컴포지트에 포함되어야 한다. 회사는 하위 운용사의 계약과 계약기간을 공개해야 하지만, 하위 운용사의 이름을 공개할 의무는 없다.

회사는 포트폴리오 평가를 위해 관련 정책과 절차를 수립해야 한다. GIPS 기준에서는 특정 가치평가 등급 체계를 요구하지 않으며, 회사는 공정 평가를 위해서 자체 평가 등급 체계를 수립할 수 있다. 다만, 회사가 자체 평가 등급 체계를 사용하는 경우, GIPS 기준의 권장 등급 체계와의 이를 공시해야 한다.

벤치마크 공시

회사가 적절한 컴포지트의 벤치마크가 없다고 한 경우, 벤치마크가 없는 이유를 공시해야 한다.

> 📝 **Note**
> 적절한 벤치마크가 없는 경우는 실제로 거의 없기 때문에, 이를 설명하는 공시를 요구하는 것은 적합하다. 절대 수익률 전략인 경우에도, 목표 수익률 또는 무위험 수익률은 벤치마크의 한계성을 보유함에도 불구하고 벤치마크로 사용될 수 있다.

회사가 벤치마크를 변경하는 경우, 변경일과 변경 내용을 공시해야 한다.

> **Note**
> 상대적인 성과를 개선하기 위해 벤치마크를 변경하여 소급하는 것은 잘못된 방법이다. 벤치마크를 소급하여 변경해서는 안 되며, 운용전략이 변경된 경우는 이전 벤치마크와 신규 벤치마크를 연결하여 사용할 수 있다.(제4장 참조)

GIPS 기준에서는 회사가 컴포지트의 투자 지침, 목표 또는 전략과 벤치마크의 전략 간의 중요한 차이점을 공시하는 것을 권장한다. 회사가 하나 이상의 벤치마크를 사용하는 경우, 모든 벤치마크에 대해 필요한 정보를 제공하고 공시해야 한다. 피어 그룹과 같은 한계가 있는 벤치마크를 사용하는 경우, 회사는 이러한 한계점을 공시해야 한다.(4장 참조)

> **관련 조항**
> 4.C.31 회사가 컴포지트에 적합한 벤치마크가 없다고 판단한 경우, 벤치마크를 제시되지 않은 이유를 공개해야 한다.
> 4.C.32 회사가 벤치마크를 변경하는 경우, 다음 사항을 공개해야 한다.
> (a) 향후 벤치마크를 변경한 경우, 변경일과 변경 내용을 공시해야 한다. 이러한 변경사항은 GIPS 컴포지트 리포트에 이전 벤치마크의 수익률이 포함되는 동안 공시되어야 한다.
> (b) 과거 벤치마크를 변경한 경우, 변경일과 변경 내용을 공시해야 한다. 변경은 최소 1년 동안 공시되어야 하며, 과거 성과와 관련이 있는 한 공개되어야 한다.
> 4.C.33 사용자 정의 벤치마크 또는 합성 벤치마크를 사용하는 경우, 회사는 다음 사항을 공개해야 한다.
> (a) 벤치마크 구성 요소, 가중치 및 리밸런싱 프로세스를 공개
> (b) 계산 방법론
> (c) 해당 벤치마크가 사용자 정의 벤치마크임을 명시
> 4.C.34 사용자 정의 벤치마크에 포트폴리오 가중치를 반영하는 경우, 회사는 다음 사항을 공개해야 한다.
> (a) 벤치마크가 컴포지트에 포함된 모든 포트폴리오의 벤치마크 가중 평균 수익률을 사용해 리밸런싱된다는 점

(b) 리밸런싱 주기
(c) 최근 연말 기준, 사용자 정의 벤치마크의 구성 요소 및 각 요소의 비중
(d) 과거 기간에 사용된 구성 요소 및 가중치를 요청할 시 제공한다는 점

사용자 정의 벤치마크 또는 합성 벤치마크를 사용하는 경우, 회사는 벤치마크의 구성 요소, 가중치, 리밸런싱 프로세스 및 산출 방법을 공시하고 사용자 정의 벤치마크임을 명확하게 명시해야 한다.

⚠ Caution
포트폴리오 가중 벤치마크는 서로 다른 벤치마크로 운용되는 포트폴리오들을 포함하는 컴포지트를 위한 사용자 정의 가중 벤치마크이다. 실제로 이러한 벤치마크를 사용하면 컴포지트의 상대 수익률을 더 정확하게 측정할 수 있다. 하지만 이러한 사용자 정의 가중 벤치마크에는 문제가 있을 수 있다. 일반적으로 컴포지트에 포함된 각 포트폴리오는 벤치마크와의 투자비중 차이가 크지 않도록 운용되어야 한다.

중요한 현금흐름 및 중요한 오류
회사가 특정 컴포지트에 중요한 현금흐름 정책을 수립한 경우, 해당 컴포지트에 대해 중요한 현금흐름을 어떻게 정의했는지와 적용 기간을 공시해야 한다.

⚠ Caution
중요한 현금흐름 정책을 사전에 수정하는 것은 가능하다. 컴포지트에 포함된 포트폴리오 수가 적은 경우, 중요한 현금흐름 정책이 여전히 적절한지 재고할 필요가 있다. 정책으로 인해 컴포지트에 포트폴리오가 없어지고 성과중단을 초래하는 경우, 사후적으로 정책을 변경하는 것은 늦을 수 있다.

📝 관련 조항
4.C.35 회사 컴포지트에 대한 중요한 현금흐름 정책을 수립한 경우, 해당 컴포지트에서 중요한 현금흐름의 정의와 적용기간을 공개해야 한다.
4.C.36 회사가 컴포지트에 대해 최소 3년의 연간 성과 기록을 보유하고 있는 경우, 36개월의

월별 수익률 데이터가 부족해 컴포지트 및/또는 벤치마크의 3년 연율화 표준편차를 공시하지 못한다면, 해당 내용을 공시해야 한다.

4.C.37 회사가 과거의 회사 또는 관련 회사의 실적을 공시하는 경우, 해당 내용을 공시하고 해당 기간을 명시해야 한다.

4.C.38 회사는 중요한 오류의 수정으로 인해 GIPS 컴포지트 보고서에 변경사항이 발생한 경우, 해당 내용을 공시해야 한다. 수정된 GIPS 컴포지트 보고서에는 해당 내용이 최소 1년 동안 포함되어야 하며, 과거 성과와 관련성이 있는 한 포함되어야 한다. 다만, 중요한 오류가 포함된 GIPS 컴포지트 보고서를 받지 않은 잠재 고객 또는 잠재 투자자에게 제공되는 보고서에는 해당 내용이 포함될 필요는 없다.

4.C.39 회사가 컴포지트에 포함된 포트폴리오가 5개 이하라는 이유로 포트폴리오 수를 공시하지 않기로 결정한 경우, 컴포지트에 포함된 포트폴리오가 5개 이하임을 공시하거나 이에 준하는 표현을 사용해야 한다.

4.C.40 회사가 전체 연도 동안 컴포지트에 포함된 포트폴리오가 5개 이하라는 이유로 개별 포트폴리오 수익률의 내부 분산을 공시하지 않기로 결정한 경우, 내부 분산이 적용되지 않음을 공시하거나 이에 준하는 표현을 사용해야 한다.

4.C.41 회사가 공정가치를 위해 대체 값 또는 추정된 값을 사용하는 경우, 이를 공시해야 한다.

4.C.42 회사가 컴포지트에 대해 제시되는 수익률 유형(예: 금액가중수익률에서 시간가중수익률로의 변경)을 변경하는 경우, 변경일과 변경 내용을 공시해야 한다. 사항과 변경 날짜를 공개해야 한다. 해당 내용은 최소 1년 동안 공시되어야 하며, 과거 성과와 관련성이 있는 한 공시되어야 한다.

일부 벤치마크는 분기별로만 산출되기 때문에 월 수익률을 사용하여 3년 표준편차를 산출하는 것은 불가능하며, 해당 내용은 공시되어야 한다.

회사 정책에 따라, GIPS 보고서의 중요한 오류가 발견된 경우 이를 수정하고 수정된 GIPS 컴포지트 보고서에 해당 내용이 명시되어야 한다. 다만, 이러한 사항은 오류가 포함된 보고서를 받은 사람들에게만 적용되며, 새로운 잠재 고객들에게는 별도로 공시할 필요는 없다.

> ⚠️ **Caution**
> 회사는 중대한 오류를 공개하고 수정된 GIPS 보고서를 재발행하는 데 따르는 불이익을 피하려고 하며, 중대한 오류에 대한 허용 기준을 매우 높게 설정할 수 있다. 투자자는 자산운용사의 오류 수정 프로세스를 점검하고, 회사가 설정한 허용 수준을 자체적으로 평가를 해야 한다.

컴포지트에 포함된 포트폴리오 수는 투자자에게 컴포지트의 성장을 이해할 수 있는 정보를 제공한다. 단일 포트폴리오 컴포지트를 강조하고, 이를 통해 특정 고객의 성과를 드러내지 않게 하려면, 회사는 구체적인 수 대신 '컴포지트에 포함된 포트폴리오가 5개 이하'라는 표현으로 공시하면 된다.

컴포지트에 포함된 포트폴리오가 연중 5개 이하인 경우, 내부 분산을 계산할 필요는 없다. 포트폴리오 수가 작은 경우에는 분산은 유의미한 의미를 제공하지 않기 때문이다.

펀드를 포함하여 평가가 지연되거나 늦어지는 경우, 투자자산의 공정가치평가를 위해 대체 평가가치로 평가하는 것은 일반적이다. 이러한 경우 해당 내용을 공시해야 하며, 최종 평가에 따라 성과가 변경되는 경우 회사의 오류 수정 절차를 통해 이를 검토해야 한다.

위험지표, 오버레이 전략, 부동산 평가 및 이론성과 공시

성과는 최소한 리스크와 수익률이라는 두 가지 요소로 구성된다. 회사는 변동성보다 성과를 더 효과적으로 잘 설명할 수 있는 추가적인 위험지표를 제공할 수 있다. 추가적인 위험지표를 포함하는 경우, 사용된 위험지표에 대한 설명과 함께 사용된 무위험수익률 정보를 공시해야 한다.

> ⚠️ **Caution**
> 추가적인 위험지표를 계산할 때 사용된 무위험수익률을 공시하는 것은 매우 중요하다. 이는 리스크 측정에 상당한 영향을 줄 수 있기 때문이다.

> **관련 조항**
>
> 4.C.43 추가적인 위험지표를 제시하는 경우, 다음 사항을 공시해야 한다.
> (a) 추가적인 위험지표에 대한 설명을 제공해야 한다.
> (b) 추가적인 위험지표값에 무위험 수익률이 사용된 경우, 해당 무위험 수익률을 공시해야 한다.
>
> 4.C.44 회사는 제시된 위험지표를 계산할 때 보수 차감 전 수익률(gross-of-fees) 또는 보수 차감 후 수익률(net-of-fees)을 사용했는지 공시해야 한다.
>
> 4.C.45 오버레이 전략 컴포지트의 경우, 회사는 다음을 공시해야 한다.
> (a) 컴포지트 오버레이 익스포저 계산에 사용된 방법
> (b) 담보 및 담보 수익이 컴포지트 수익률에 반영되었는지 여부
>
> 4.C.46 부동산 개방형 펀드가 아닌 부동산 투자와 관련하여, 다음 중 하나를 공시해야 한다.
> (a) 외부평가가 이루어졌는지와 그 평가의 빈도
> (b) 회사가 회계 감사 결과를 사용하는지 여부
>
> 4.C.47 랩 수수료 컴포지트에서 회사가 보수 차감 전 순수 수익률(pure gross-of-fees)을 공시하는 경우, 해당 수익률이 거래비용을 차감하지 않았음을 공시해야 한다.
>
> 4.C.48 GIPS 컴포지트 보고서에 추가적으로 이론적 성과를 포함할 경우, 다음 사항을 공시해야 한다.
> (a) 이론적 성과가 실제 자산의 성과를 기반으로 하지 않는다는 점과 해당 이론적 성과가 모델의 과거 수행 또는 예측 수행에서 도출되었는지 여부
> (b) 잠재 고객이나 투자자가 이론적 성과를 이해할 수 있도록 방법과 가정에 대한 충분한 설명, 특히 이론적 성과가 모델 성과, 백테스트 성과, 또는 가상의 성과를 기반으로 하는지 여부
> (c) 이론적 성과가 실제 또는 추정된 운용 보수, 거래비용, 혹은 실제 포트폴리오에서 고객이 부담했거나 부담할 보수와 비용을 차감했는지 여부
> (d) 이론적 성과가 추가 정보로 명확히 표시되었는지 여부

오버레이 전략은 수익률 계산 시 여러 가지 고려 사항을 포함한다. 수익률 계산의 분모는 배분된 자본이 아니라 오버레이 익스포저를 기준으로 하며, 오버레이 익스포저는 다음 중 하나로 정의된다.

(1) 운용 중인 오버레이 전략의 명목 익스포저
(2) 오버레이가 적용되는 포트폴리오의 가치

(3) 특정 목표 익스포저

회사는 사용 중인 오버레이 익스포저 산출 방법을 명확히 공시해야 한다.

오버레이 전략을 수행하는 데 필요한 담보는 다양한 방식으로 관리될 수 있다. 회사는 담보 관리정책을 수립하고, 담보 및 담보 수익이 컴포지트 수익률에 포함되는지를 공시해야 한다. 또한, GIPS 보고서에 이론적 성과가 추가적으로 포함되는 경우, 보고서 수신자가 제공된 정보를 충분히 이해할 수 있도록 필요한 공시사항들이 포함되어야 한다.

> ⚠️ **Caution**
> 이론적 성과를 계산할 때 자기 선택(self-selection)을 피하는 것은 사실상 불가능하다. 자산운용사들은 이론적 성과를 외부적으로 공시하는 것을 지양하고, 투자자들에게는 이를 단순히 참고만 할 것을 권장한다.

> 📑 **관련 조항**
> 5.C.36 투자약정 신용한도(subscription line of credit)를 사용한 경우, 회사는 신용한도를 사용한 경우와 사용하지 않은 경우의 수익률을 모두 제시해야 한다면, 회사는 다음 사항을 반드시 공시해야 한다.
> (a) 투자약정 신용한도의 사용 목적
> (b) 가장 최근 연말 기준 투자약정 신용한도의 규모
> (c) 가장 최근 연말 기준 투자약정 신용한도의 미상환 금액

투자약정 신용한도는 레버리지를 발생시키고 외부현금흐름의 시점을 변경함으로써 수익률을 왜곡할 가능성이 있다. 따라서 투자자가 투자약정 신용한도의 사용 목적, 범위 및 영향을 이해하는 것이 중요하다.

GIPS 컴포지트 예제 보고서
(SAMPLE GIPS COMPOSITE REPORT)

Exhibit 7.1은 GIPS 컴포지트 보고서의 기본 요건을 나타낸다.

Exhibit 7.1 GIPS 컴포지트 예제 보고서

연도	컴포지트 수익률(%)	벤치마크 수익률(%)	컴포지트 표준편차(%)	벤치마크 표준편차(%)	내부분산 (%)	포트폴리오 개수	컴포지트 자산(£M)	운용사 자산(£M)
2021	1.4	-2.1	23.4	26.0	0.9	189	1,800	16,798
2020	13.7	15.2	20.9	22.7	1.5	193	1,757	14,596
2019	12.5	14.1	22.1	24.5	1.4	225	1,438	12,758
2018	-6.7	-9.5	18.7	19.9	1.1	176	1,056	14,352
2017	24.9	25.2	23.5	20.7	2.5	183	1,126	15,147

공시사항

준수 선언

ABC 자산운용사는 글로벌 투자 성과 기준(GIPS®)을 준수를 주장하며, 이 보고서를 GIPS 기준을 준수하여 작성 및 공시되었다. ABC 자산운용사는 2017년 1월 1일부터 2021년 12월 31일까지의 기간에 대해 독립적인 검증을 받았으며, 검증 보고서는 요청 시 제공된다. GIPS 기준 준수를 주장하는 회사는 GIPS 기준의 모든 관련 요구사항을 준수하기 위한 정책과 절차를 수립해야 한다. 검증은 컴포지트 및 공모펀드 유지관리, 성과 계산, 공시 및 배포와 관련된 회사의 정책과 절차가 GIPS 기준에 따라 설계되었으며 회사 전체적으로 구현되었는지를 확인하는 절차이다. 단, 검증은 특정 성과 보고서의 정확성에 대해 보증을 하지 않는다.

2. 회사 정의

ABC 자산운용사는 신흥시장의 주식 전문 운용사로, 기관 및 개인 고객 포트폴리오를 운용한다.

3. 컴포지트 설명

Global Emerging Markets Composite는 전 세계 신흥시장 주식에 투자하며 글로벌 신흥시장 채권의 비중이 10%를 초과하지 않는 모든 기관 포트폴리오를 포함한다. 선진국 시장 비중이 5%를 초과하는 포트폴리오는 제외된다. 이 컴포지트의 계좌 최소 금액은 1천만 파운드이다.

4. 생성일

이 컴포지트는 2022년 2월에 생성되었으며, 설정일은 2016년 12월 31일이다.

5. 벤치마크

벤치마크는 Freedom Global Emerging Market Index이다.

6. 보수 체계

운용보수는 연간 0.6%이다.

7. 수익률 산출 방법

수익률은 보수 차감 전 기준으로 시간가중방법(True Time-Weighted Methodology)을 사용하여 계산된다. 평가액은 영국 파운드 기준으로 계산되며 수익률도 동일한 통화로 보고된다.

8. 컴포지트 목록

컴포지트 설명 목록은 요청 시 제공된다.

9. 리스크

포트폴리오 및 벤치마크의 표준편차는 36개월의 월 수익률 기준으로 연율화하여 계산된다.

10. 내부분산

내부 분산은 동일가중 표준편차를 사용하여 계산된다.

11. 제공 가능한 정보의 범위

ABC 자산운용사는 투자 평가, 성과 계산 및 GIPS 보고서 작성과 관련된 정책을 요청할 시 제공한다.

12. 상표

GIPS는 CFA Institute의 등록 상표이다. CFA Institute는 이 조직을 보증하거나 홍보하지 않으며, 이 문서의 내용의 정확성이나 품질을 보증하지 않는다.

GIPS 광고 가이드라인
(GIPS ADVERTISING GUIDELINES)

회사가 GIPS 기준 준수를 광고하기 위해서는 GIPS 광고 가이드라인을 준수해야 한다. GIPS 광고는 GIPS 기준 준수하는 회사가 GIPS 광고 가이드라인의 요구사항을 준수하여 제작한 광고를 의미한다.

광고에는 신문, 회사 브로셔, 운용 보고서, 웹사이트, 제안서 등 두 명 이상에게 배포되는 모든 문서 및 전산 자료가 포함된다. 다만, 1:1 프레젠테이션 및 개별 고객 보고서는 광고로 간주되지 않는다.

GIPS 기준 준수를 주장하는 회사의 광고와 관련하여 다음과 같은 3가지 방법이 있다.

(1) GIPS 광고 가이드라인을 준수하여 광고를 작성
(2) 광고에 GIPS 보고서를 포함

(3) 광고에서 GIPS를 언급하지 않음

회사는 광고에서 GIPS 기준 준수를 반드시 주장해야 하는 것은 아니다. 그러나 GIPS 기준 준수를 광고에 포함하기 위해서는 GIPS 광고 가이드라인의 모든 요구사항을 충족하거나 GIPS 보고서를 포함해야 한다. 만약 법률이나 규정이 GIPS 기준 또는 GIPS 광고 가이드라인의 요구사항과 충돌하는 경우, 회사는 해당 법률이나 규정을 우선적으로 준수해야 한다.

GIPS 광고 가이드라인에는 다음 사항이 포함되어 있다.

(1) GIPS 광고 가이드라인의 기본 요구사항
(2) 성과를 포함하지 않는 GIPS 광고
(3) 컴포지트를 위한 GIPS 광고
(4) 제한된 펀드를 위한 GIPS 광고
(5) 펀드를 위한 GIPS 광고

GIPS 광고 가이드라인의 기본 요구사항

GIPS 광고 가이드라인의 기본 요구사항에는 14개의 조항이 있다.

> **관련 조항**
> 8.A.1 GIPS 광고 가이드라인은 이미 GIPS 기준 준수를 주장하는 회사에만 적용된다.
> 8.A.2 GIPS 광고에서 GIPS 기준 준수를 주장하는 회사는 GIPS 광고 가이드라인의 모든 관련 요구사항을 준수해야 한다.
> 8.A.3 회사는 GIPS 광고에 포함된 모든 내용을 입증하는 데 필요한 모든 데이터 및 정보를 보유해야 하다.
> 8.A.4 GIPS 광고에 포함된 1년 미만의 기간 수익률은 연율화해서는 안 된다.
> 8.A.5 GIPS 광고에 시간가중수익률이 제시될 경우, 회사는 최소 유효 준수일부터의 기간에 대해 GIPS 기준을 준수하지 않는 성과를 GIPS 기준 준수 성과에 연결해서는 안 된다. 다만, 최소 유효 준수일부터의 기간에 대해 GIPS 기준 준수 성과만 제시된 경우, GIPS 광고에서 GIPS 기준을 준수하지 않는 성과를 GIPS 기준 준수 성과에 연결할 수 있다.

> 8.A.6 GIPS 광고에 금액가중수익률이 제시될 경우, 회사는 최소 유효 준수일부터 종료일까지의 기간에 대해 GIPS 기준을 준수하지 않는 성과를 포함할 수 없다. 단, 최소 유효 준수일부터 종료까지의 기간에 대해 GIPS 기준 준수 성과만 포함될 경우, 최소 유효 준수일 이전의 GIPS 기준을 준수하지 않는 성과를 GIPS 광고에서 GIPS 기준 준수 성과와 연결할 수 있다.

GIPS 광고 가이드라인은 이미 GIPS 기준 준수하는 회사에만 적용된다. GIPS 보고서와 마찬가지로, 회사는 GIPS 광고에 포함된 모든 내용을 입증하기 위해 충분한 데이터와 정보를 보유해야 한다.

📕 관련 조항

8.A.7 GIPS 광고에 포함된 컴포지트 수익률은 해당 GIPS 컴포지트 보고서에 포함되었거나 포함될 수익률에서 파생되어야 한다.

8.A.8 컴포지트에 대한 GIPS 광고에 포함된 공시는 해당 GIPS 컴포지트 보고서의 포함된 공시와 일치해야 한다. 다만, GIPS 광고에 포함된 공시가 최신이며, 아직 해당 GIPS 컴포지트 보고서에 반영되지 않은 경우는 예외이다.

8.A.9 GIPS 광고에 포함된 제한된 펀드 수익률은 해당 GIPS 펀드 보고서에 포함되거나 포함될 수익률에서 파생되어야 한다.

8.A.10 제한된 펀드에 대한 GIPS 광고에 포함된 공시는 해당 GIPS 펀드 보고서의 관련 공시와 일치해야 한다. 다만, GIPS 광고에 포함된 공개사항이 더 최신이고 해당 GIPS 펀드 보고서에 반영될 예정인 경우는 예외이다.

8.A.11 GIPS 광고에 포함된 벤치마크 수익률은 반드시 총 수익률(Total return)이어야 한다.

8.A.12 회사는 다음과 같은 사항을 명확하게 명시해야 한다.
   (a) GIPS 광고가 작성된 컴포지트 또는 펀드 이름
   (b) GIPS 광고에 포함된 벤치마크의 이름
   (c) GIPS 광고에 제시된 기간

8.A.13 GIPS 광고 가이드라인에서 요구되거나 권장되는 정보 외에 추가로 제공되는 정보(예: 추가 기간의 컴포지트 또는 펀드 수익률)는 GIPS 광고 가이드라인에서 요구되거나 권장되는 정보보다 더 두드러지게 표시되거나 강조돼서는 안 되며, GIPS 기준 또는 GIPS 광고 가이드라인의 요구사항 또는 권장 사항과도 충돌해서는 안 된다.

8.A.14 GIPS 광고에 포함된 모든 요구사항과 권장사항은 동일한 통화 기준으로 공시되어야 한다.

GIPS 광고에 포함된 모든 컴포지트 수익률은 GIPS 컴포지트 보고서에 포함되거나 포함될 수익률에서 파생되어야 한다. 다만, 광고에 최신 성과를 포함하는 것은 허용된다.

> **Note**
> 성과 정보는 가능한 한 최신 상태를 유지해야 하며, 정확성이 보장되어야 한다. 따라서 최신 성과를 반영하는 것은 허용된다. 그러나 대체로 회사는 GIPS 보고서를 업데이트하는 것이 지나치게 느리며, 특히 독립적인 검증이 완료될 때까지 오랜 기간을 기다리는 경우가 많다. 검증되지 않은 단기 성과를 포함해 GIPS 보고서를 업데이트하는 것은 허용될 뿐만 아니라, 오히려 바람직한 방식이 될 수 있다. 물론, 성과가 뛰어났던 시점 이후에 광고를 진행하려는 결정에는 다소 자기 편향(self-selection)이 개입될 수 있다. 하지만 실사를 통해 장기적인 성과 기록의 가치를 충분히 평가할 수 있을 것이다.

GIPS 광고에는 요구사항과 권장사항 이외의 정보가 포함되는 경우, 다음 사항을 준수해야 한다.

(1) 동등하거나 덜 두드러지게 표시되어야 한다.
    (예: 더 작은 글자 포인트로 표기)
(2) GIPS 기준이나 광고 가이드라인과 이해 상충해서는 안 된다.
(3) 잘못된 정보이거나 오해를 불러일으킬 만한 정보는 안 된다.
(4) 공정한 표현과 완전 공개 원칙을 준수해야 한다.

성과 정보를 포함하지 않는 GIPS 광고

회사는 GIPS 보고서를 제공하지 않고도 GIPS 기준을 준수한다는 사실을 광고할 수 있다. GIPS 광고 가이드라인에 따르면 성과 정보를 제공하지 않고도 GIPS 기준 준수를 주장하는 광고를 할 수 있다.

> **Note**
> 이전 GIPS 기준에서는 회사가 GIPS 준수를 주장하면서 GIPS 보고서를 제공하지 않고 광고할 수 있는지에 대한 지침이 없었다. 회사들이 GIPS 준수를 위해 상당한 투자를 한다는 점을 고려할 때, 2020 GIPS 광고 가이드라인에서의 GIPS 기준 준수 주장을 광고로 허용한 것은 긍정적인 변화이다.

> **관련 조항**
> 8.B.1 회사는 GIPS 광고 가이드라인 준수 문구를 공시해야 한다.
> "[회사명]은 국제 투자 성과 기준(GIPS®)을 준수합니다."
> 8.B.2 회사는 다음을 공시해야 한다.
> "GIPS®는 CFA Institute의 등록 상표입니다. CFA Institute는 이 회사를 보증하지 않으며, 이 문서의 정확성이나 내용을 보증하지 않습니다."
> 8.B.3 회사는 전략과 투자상품에 대한 GIPS 기준에 따른 성과 정보를 산출 과정을 공시해야 한다.

회사는 성과 정보를 포함하지 않은 컴포지트, 제한적 펀드, 펀드에 대한 GIPS 광고에 다음 준수 문구를 반드시 포함해야 한다.

"[회사명]은 국제투자성과기준(GIPS®)을 준수합니다."

회사는 GIPS가 CFA Institute의 등록 상표임을 공시해야 한다. 위와 같은 문구를 등록 상표를 사용하는 것은 CFA Institute가 'GIPS'를 오용하는 회사, 특히 GIPS 기준 준수를 허위 주장을 하는 회사에 대해 조치를 할 수 있다.

> ⚠ **Caution**
> CFA 협회 회원, CFA charter holder, CFA 후보자, CIPM 소지자 및 CIPM 후보자는 'GIPS' 용어를 오용하거나 자신의 성과 또는 회사의 성과를 잘못 나타내는 경우, CFA 협회 윤리 및 행동기준에 따라 징계 조치를 받을 수 있다.

컴포지트를 위한 GIPS 광고

GIPS 광고 가이드라인에는 컴포지트 광고를 위한 9개의 조항이 있다.

> **관련 조항**
>
> 8.C.1 GIPS 컴포지트 보고서에서 시간가중수익률이 명시된 경우, 회사는 컴포지트 총 수익률(total returns)을 다음 중 하나의 방식으로 제시해야 한다
> (a) 최근 시점으로 1년, 3년 및 5년 연율화 컴포지트 수익률
> 컴포지트 운용기간이 5년 미만인 경우, 컴포지트 설정 이후 연율화 수익률을 제시
> (b) GIPS 컴포지트 보고서와 동일한 기간의 컴포지트 설정 이후 누적 수익률 및 1년, 3년 및 5년간 연율화 컴포지트 수익률. 컴포지트가 5년 미만인 경우, 컴포지트 설정 이후 연율화 수익률을 명시
> (c) 설정 이후 컴포지트 수익률 및 5년간 연율화 컴포지트 수익률(컴포지트 운용기간이 5년 미만인 경우, 설정 이후 컴포지트 각 연간 수익률). 연간 수익률은 반드시 GIPS 컴포지트 보고서에 제시된 동일한 기간까지 계산되어야 한다.
> (d) GIPS 컴포지트 보고서에서 포함된 전체 기간에 대한 연율화 컴포지트 수익률로 다음 둘 중을 하나를 기준으로 계산해야 한다.
>   i. 최근 기간 종료일
>   ii. 최근 연말 종료일
> 8.C.2 GIPS 컴포지트 보고서에 금액가중수익률이 제시된 경우, 회사는 다음 중 하나의 기준에 따라 설정 이후 컴포지트 연율화(1년 이상인 경우) 또는 비연율화(1년 미만인 경우) 금액가중수익률을 제시해야 한다.
> (a) 최근 기간 종료일
> (b) 최근 연말 종료일
> 8.C.3 컴포지트 수익률을 보수 차감 전인지 후인지 표기해야 한다.
> 8.C.4 GIPS 컴포지트 보고서에 벤치마크 수익률이 제시된 경우, 컴포지트 수익률과 동일한 수익률 유형(시간가중수익률 또는 금액가중수익률), 동일한 통화 및 동일한 기간으로 산출된 벤치마크 수익률을 명시해야 한다.
> 8.C.5 회사는 보고 통화(reporting currency)를 공시하거나 명시해야 한다.

GIPS 광고에 포함된 모든 컴포지트 수익률은 해당 GIPS 컴포지트 보고서의 수익률로부터 파생되어야 하지만, 동일한 형식으로 표시할 필요는 없으며, 다른 형태로

표시할 수도 있다.

> **관련 조항**
> 8.C.6 8.B.1을 참조
> 8.C.7 8.B.2를 참조
> 8.C.8 8.B.3을 참조
> 8.C.9 회사는 GIPS 광고가 GIPS 기준 또는 GIPS 광고 가이드라인의 요구사항 또는 권장사항이 법률 또는 규정과 충돌하는 경우, 해당 법률 또는 규정이 GIPS 기준 또는 GIPS 광고 가이드라인과 어떤 방식으로 충돌하는지를 공시해야 한다.

제한된 펀드를 위한 GIPS 광고 가이드라인은 컴포지트를 위한 GIPS 광고 가이드라인과 거의 동일하다.

펀드를 위한 GIPS 광고

GIPS 광고 가이드라인에는 펀드에 대한 15가지 조항이 포함되어 있다. 펀드는 대부분 시장에서 잘 규제되어 있으며, 잠재 투자자들은 높은 수준의 보호를 받고 있다. 그러나 모든 시장에서 동일한 수준의 규제나 보호가 적용되는 것은 아니다. 법률이나 규정에서 특정 방식을 요구하는 경우, 수익률은 해당 방식에 따라 제시되어야 한다. 반면, 규제가 미흡하고 투자자 보호가 충분하지 않은 시장에서는 회사가 GIPS 광고 가이드라인의 요구사항을 준수해야 한다.

> **관련 조항**
> 8.G.1 법률이나 규정에서 특정 펀드 수익률 산출 방식을 규정하는 경우, 회사는 해당 법률이나 규정에서 요구하는 방법과 기간을 따라 펀드 수익률을 제시해야 한다.
> 8.G.2 법률이나 규정에서 수익률 산출 기간이 규정되지 않는 경우, 펀드 수익률은 다음 중 하나를 준수하여 제시되어야 한다.
>   (a) 최근 시점으로 1년, 3년 및 5년 연율화 수익률
>   펀드 설정 기간이 5년 미만인 경우, 펀드 설정 이후 연율화 수익률을 제시
>   (b) 설정 이후 수익률 및 가장 최근 1년, 3년 및 5년 연율화 수익률
>   펀드 설정 기간이 5년 미만인 경우, 펀드 설정 이후 연율화 수익률을 제시

(c) 설정 이후 수익률 및 최근 5년 동안의 연간 수익률
설정 기간이 5년 미만인 경우, 펀드 설정일 이후의 각 연간 수익률을 제시
(d) 펀드 설정 이후부터 최근 기간까지의 연율화 수익률
8.G.3 GIPS 광고가 특정 펀드 클래스를 위해 만들어진 경우, 제시된 보수 차감 후 수익률(net returns)은 반드시 해당 클래스의 보수와 비용을 반영해야 한다.
8.G.4 GIPS 광고가 특정 펀드 클래스에 국한되지 않은 경우, 제시된 보수 차감 후 수익률(net returns)은 다음 중 하나를 기준으로 제시되어야 한다.
(a) 일반 판매용으로 제공되는 클래스 중 가장 높은 보수가 부과되는 클래스의 보수와 비용
(b) 모든 클래스의 보수와 비용
8.G.5 회사는 펀드 수익률이 보수 차감 전인지 후인지 표기해야 한다.

일반적으로 판매되는 펀드는 다양한 보수율을 갖는 여러 클래스가 있다. GIPS 광고가 특정 클래스에 대해 만들어진 경우는 해당 클래스의 보수를 반영해야 하며, 모든 클래스 대해 만들어진 경우는 가장 높은 보수를 반영해야 한다.

⚠ Caution
GIPS 기준에서는 공시와 함께 모든 클래스의 가중평균 보수 차감 후 수익률(weighted average net return) 사용을 허용한다. 하지만 이는 일부 잠재 투자자들에게 오해를 불러일으킬 가능성이 있어 문제가 될 소지가 있다. 따라서 최대 보수를 반영하거나 해당 클래스의 수익률을 사용하는 것이 적절한 방법이다.

📝 관련 조항
8.G.6 회사는 펀드와 동일한 기간에 대한 벤치마크 총 수익률(total returns)을 제시해야 한다. 단, 적절한 벤치마크가 없다고 판단하는 경우는 제외
8.G.7 회사는 현재의 비용 비율(expense ratio)을 공개하고 포함된 보수와 비용을 공시해야 한다. 또한, 성과 보수(performance-based fees)가 비용 비율에 반영되지 않는 경우, 이를 공시해야 한다.
8.G.8 회사는 보고 통화(reporting currency)를 공시하거나 표기해야 한다.
8.G.9 회사는 펀드 설명을 포함해야 한다.
8.G.10 법률이나 규정이 펀드의 위험에 대한 특정 정보를 요구하는 경우, 이 정보를 공시해

야 한다.
8.G.11 법률이나 규정에서 펀드의 위험에 대한 특정 정보를 요구하지 않는 경우, 회사는 위험 측정 방법 또는 잠재 투자자가 이해할 수 있는 정성적 공시 중 선택하여 제시해야 한다.
8.G.12 회사는 벤치마크 설명을 공시해야 하며, 이 설명에는 벤치마크의 주요 특성 또는 일반적으로 사용되는 지수 또는 지표와 같은 명칭이 포함되어야 한다.
8.G.13 8.B.1을 참조
8.G.14 8.B.2를 참조
8.G.15 8.C.9를 참조

회사는 현재 펀드 연율화 비용비율(expense ratio)을 공시해야 한다. 펀드 비용비율은 펀드의 총비용을 평균 순 자산으로 나눈 비율이다. 거래비용은 비용비율에 포함되지 않지만, 다른 펀드 운용사의 보수와 비용을 비교하는 데 도움이 된다.

GIPS 검증
(VERIFICATION)

'GIPS 검증'은 독립적인 제3자 또는 '검증기관'에 의해 회사의 성과측정 과정과 절차를 검토하는 것이다. 검증기관은 GIPS 기준에서의 검증 절차를 통해 회사 전체를 대상으로 검증을 수행하며, 이 검증은 다음 사항에 대한 신뢰를 제공한다.

(1) 회사의 모든 컴포지트가 구성 요구사항을 준수했는지 여부
(2) 회사의 과정과 절차가 GIPS 기준을 준수하여 성과를 측정하고 공시하도록 설계되었는지 여부

GIPS 검증은 회사가 GIPS 기준을 준수한다는 주장에 대해 고객들과 펀드 투자자들에게 추가적인 신뢰를 제공하기 위한 것이다. 검증은 특정 컴포지트 자료에 대한 정확성을 보장하지는 않지만, 성과분석 담당자의 전문성을 높이고, 내부 프로세스 및 절차를 개선하며, 문서 관리의 품질을 향상하는 데 기여한다. 또한, 회사가 실제로 GIPS 기준을 준수하고 있다는 점에 대해 경영진에게 신뢰를 제공한다. 더불어,

독립적인 검증에 대하여 적극적으로 대응함으로써 마케팅에서 활용할 수 있다. GIPS 기준에서는 회사와 투자자들이 검증을 받는 것을 권장한다.

> **Note**
> 검증 프로세스는 성과평가팀이나 GIPS 기준 준수를 담당하는 사람들에게도 어느 정도 권한을 부여한다. 만약 그들이 윤리적으로 문제가 될 수 있는 정보를 제공하라는 요청을 받는 경우, GIPS 기준과 독립 검증기관을 바탕으로 대응할 수 있다. 이는 윤리 준수에 있어 매우 효과적인 수단이다.

검증 과정이 완료되면, 회사는 GIPS 기준 준수를 확인하는 공식 문서를 검증기관에 제출해야 한다. 검증기관은 수행한 절차를 기반으로, 컴포지트 및 펀드 운용과 관련된 GIPS 기준 준수 정책과 절차, 그리고 성과 계산 및 공시와 관련된 사항이 GIPS 기준을 본질적으로 준수하도록 설계되었고 회사 전체에 적용되었는지에 대한 의견을 표명한다. 만약 검증기관이 회사가 GIPS 기준을 준수하지 않았다고 판단할 경우, 검증 보고서를 발행해서는 안 되며, 회사는 검증 보고서가 발행되지 않은 상태에서 검증을 받았다고 주장할 수 없다. 검증이 완료되면, 검증기관은 검증 과정에서 발견된 구체적인 사항, 권고 사항 및 개선이 필요한 부분을 회사에 전달해야 한다.

> **Note**
> GIPS 기준 준수는 특정 시점에만 국한된 프로젝트가 아니다. 회사는 단순히 특정 시점에서만 GIPS 기준을 준수하는 것으로는 충분하지 않으며, 지속적으로 이를 준수해야 한다. GIPS 기준 준수를 달성했다고 하더라도 개선의 여지는 항상 존재한다. 검증기관은 다양한 회사를 검토하며 모범 사례(best practice)를 파악하고 있다. 검증기관의 권고 서한은 향후 개선을 유도하는 데 매우 유용한 도구가 될 수 있다.

> **⚠ Caution**
> GIPS 기준 준수는 간단하지 않으며, 검증 없이 이를 주장하는 것은 매우 위험하다. 잘못된 준수 주장은 회사의 평판에 위험을 줄 수 있으며, 규제 당국과의 심각한 문제를 일으킬 수 있다. 따라서 검증을 최소한 연 1회 실시할 것을 권장한다.

검증 비용은 컴포지트와 포트폴리오의 수뿐만 아니라, 사업의 복잡성, 내부통제 시스템의 수준, 그리고 성과평가 시스템에 따라 달라질 수 있다. 소규모 회사의 경우 검증 비용은 몇백만 원 정도일 수 있지만, 복잡하고 큰 회사의 경우 몇억 원이 될 수도 있다.

검증기관은 자산운용사와의 독립적인 위치를 유지해야 하며, GIPS 기준에 대한 충분한 이해와 관련 실무 경험을 갖추고 있어야 한다. 자산운용사는 검증기관을 선택할 때 단순히 검증기관의 이름을 성과 보고서에 사용하는 것만을 고려해서는 안 된다. 대신, GIPS 기준 준수 주장에 대한 정확성을 보장하고 검증 과정의 효과성을 확보하는 관점에서 검증기관의 역량을 종합적으로 평가해야 한다.

> **Note**
> 검증 업체가 사전 준수 컨설팅을 제공하는 것은 이해 상충으로 보기 어려우며, 오히려 회사들이 기준 준수 과정의 초기 단계부터 검증 업체를 참여시키는 것이 효율적이다.

독립 검증은 컴포지트 관리와 성과 계산, 공시와 관련된 회사의 정책과 절차가 GIPS 기준을 준수하게 설계되었으며, 회사 전체적으로 일관되게 적용되고 있는지에 대한 신뢰를 제공한다. 검증 과정에서 중요한 점은 검증기관은 단순히 자산운용사의 작업을 테스트하는 것이 아니라 공정하고 객관적으로 수행하는 것이다.

회사는 검증기관의 독립성 평가에 직접적인 책임이 없지만, 검증기관의 독립성 유지와 관련된 정책을 이해하고 그 적절성을 판단해야 한다. 만약 독립성과 관련된 문제가 발견되면, 회사는 검증기관에 이를 통보해야 한다.

성과검증(Performance examination)

독립 검증 외에도, 회사는 특정 컴포지트나 펀드에 대한 성과검증을 추가적으로 실시하여 신뢰성을 더욱 강화할 수 있다. 성과검증은 회사가 컴포지트나 펀드에 대해 성과가 GIPS 기준을 준수하여 산출되었는지, 그리고 GIPS 기준에 따라 GIPS 컴포지트 보고서 또는 GIPS 펀드 보고서를 제공하였는지를 확인한다. 성과검증은 GIPS 검증 완료 후 또는 GIPS 검증 진행 시 동반 수행될 수 있다.

GIPS 기준에서 회사가 검증을 받는 것은 권장하지만 성과검증은 GIPS 기준에서 요구사항이나 권장사항이 아니다. 성과검증은 회사가 선택적으로 수행하는 사항이다.

> **Note**
> GIPS 검증은 나름의 가치를 제공할 수 있다. 그러나 성과검증은 비용 대비 충분한 가치를 제공하지 못할 수도 있다. 실제로 성과에 대한 검증은 미국 외 지역에서는 거의 이루어지지 않는다.

GIPS 기준 준수 달성
(ACHIEVING COMPLIANCE)

GIPS 기준을 준수하는 것은 단순하지 않은 작업이다. 성과평가 담당자만으로는 GIPS 기준을 준수할 수 없으며, 경영진이 초기 단계부터 GIPS 기준 준수에 적극적으로 참여해야 한다.

GIPS 기준 준수를 위해, GIPS 기준 준수 프로젝트를 주관하는 담당자가 주도하는 운영위원회를 구성하는 것이 중요하다. 이 위원회는 진행 상황을 점검하고, 업무를 배분하며, 회사 내부의 협력을 이끌어 내고, 발생하는 특정 문제를 해결하는 역할을 해야 한다.

체계적인 프로젝트 계획도 필수적이다. GIPS 기준 준수 프로젝트는 지연될 수 있으며, 비교적 복잡한 상황에서는 최소 1년이 필요할 수 있다. 비교적 단순한 상황이라면 더 짧은 기간에 GIPS 기준 준수가 가능할 수도 있지만, 대부분 상황에서 6개월은 매우 빠듯한 일정이다. 프로젝트 계획에는 충분한 여유 시간을 포함해야 하며, 회사 전체에 GIPS 기준 준수에 대해 교육을 할 시간도 포함되어야 한다.

많은 회사가 GIPS 기준과 검증을 준수하더라도 실패하는 경우가 있다. 이는 회사 내 고객 접점 직원들이 새로운 역할과 책임에 대해 충분히 이해하지 못했기 때문이다.

많은 회사에서 GIPS 기준 준수와 관련하여 다음과 같은 주요 사항에 대해 이슈를 가지고 있다.

(1) 회사의 정의

회사의 정의는 회사 전체 자산(재량 자산 및 비재량 자산)을 정의하기 위한 범위를 결정한다.

회사는 대중에게 자신을 어떻게 설명할지를 기반으로 회사의 정의를 명확히 해야 한다. 또한, 회사 정의에 포함하는 모든 자산을 식별하고 이를 명확히 제시해야 한다. 보수 수입은 운용자산이 존재를 확인하는 데 있어 중요한 지표로 활용될 수 있다.

(2) 컴포지트 정의

회사는 초기 단계에서 컴포지트 가이드를 유연하게 정의할 수 있지만, 일단 정의되면 수정이 어렵다. 컴포지트 정의를 좁게 설정하면, 이후 새로운 컴포지트를 정의하는 것은 비교적 수월할 수 있다. 또한, 컴포지트 생성일을 공개해야 하며, 이를 통해 어떤 컴포지트가 추가로 설정되었는지를 확인할 수 있다.

(3) 데이터 부족

성과공시는 적절한 데이터가 뒷받침되어야 하며, 정기적인 평가와 현금흐름이 반드시 반영되어야 한다. GIPS 기준 준수에 있어 어려운 장벽 중의 하나가 데이터 확보이며, 특히, 해지된 계정에 대한 데이터는 확보는 쉽지 않을 수 있다.

(4) 비유동자산의 가치평가

성과평가의 주요 부분 중 하나가 자산평가이다. 특히, 비유동자산의 가치를 평가하기 위해서는 공정하고 일관된 평가 프로세스가 수립되어야 한다. 또한, 자산운용사는 성과를 공정하고 정직하게 제공해야 할 의무를 충분히 인지해야 한다.

GIPS 기준 준수 유지
(MAINTAINING COMPLIANCE)

GIPS 기준을 수립한 후에 지속적으로 유지하는 것은 간단하지 않다. GIPS 기준에서 정확한 수익률을 계산하고 컴포지트를 운용하는 것뿐만 아니라, 잠재 고객 및 투자자에게 올바른 형식으로 정보를 제공하는 것도 포함된다. 자산운용사가 GIPS 기준 준수를 주장하는 것은 공정하고 정확한 성과를 제시한다는 것을 의미한다. 이를 위해 회사 전체가 GIPS 기준 준수에 대한 의미를 충분히 이해하고 있어야 한다.

> **Note**
> GIPS 기준 준수를 유지하기 위해 회사의 성과공시의 정확성을 책임질 담당자를 지정하고, 연간 검증 프로세스 외에도 분기별 검증 프로세스가 필요할 수 있다.

자산운용사의 환경은 매우 다양하고 GIPS 기준이 유연하게 설계되어 있으므로, 모든 상황에 적용할 수 있는 일반적인 지침을 제공하는 것은 어렵다. 그러나 자산운용사가 공정하고 정확하게 표현한다는 것을 기본 원칙으로 삼는다면 큰 실수는 피할 수 있을 것이다. GIPS 기준은 올바른 관행을 확립하고 최선의 관행으로 나아갈 수 있는 방향성을 제시한다. GIPS 기준을 채택하고 체계적인 절차와 높은 품질의 통제 시스템을 구축하면, 회사 내 성과 측정 및 분석의 품질을 향상시킬 뿐만 아니라 회사 자체를 강화하는 데에도 중요한 기반을 마련할 수 있다.

투자자(자산소유자)를 위한 GIPS 기준
(GIPS STANDARDS FOR ASSET OWNERS)

자산을 운용하고 잠재 고객에게 마케팅하는 투자자도 GIPS 기준 준수를 주장해야 한다. 투자자를 위한 GIPS 기준은 자산을 직접 운용하거나 자산운용사를 선택하는 투자자를 위해 GIPS 기준 내 별도의 장으로 마련되어 있다. 이는 GIPS 기준이 본질적으로 투자자의 이익을 위해 도입되었다는 사실을 상기시키기 위한 것이다. 이 장은 투자자들이 고용하려는 자산운용사들에게 GIPS 기준 준수하도록 유도하는 역할을 한다.

투자자가 GIPS 기준 준수를 주장하는 이유는 여러 가지가 있다. 대중에게 윤리적 기준 준수 의지를 보여주고, 감독기관이나 최종 소유자를 대상으로 한 내부 보고서에서 기준 준수를 입증하며, 체계적이고 검증 가능한 내부통제와 프로세스를 수립하고 활용하기 위함이다.

투자자는 일반적으로 다수의 고객을 보유하고 있지 않으며 대개 연기금, 재단,

민간연기금 또는 국부펀드를 위해 개별적으로 운용되는 전용 포트폴리오를 관리한다. 따라서 투자자는 GIPS 기준 준수를 위해 컴포지트를 제시할 필요가 없으며, 대신 전체 포트폴리오의 성과를 제시해야 한다. 성과 조작의 가능성이 적다는 점도 있지만, 투자자의 GIPS 기준 준수를 장려하기 위해, 초기 GIPS 기준 준수 요건은 5년이 아닌 1년으로 설정된다.

제8장

종합 정리
Bringing It All Together

성과가 측정되면 성과는 향상되며, 성과가 측정되고 보고될 때는 성과 향상이 가속화된다.
Thomas S. Monson(1927~2018)

자신이 하고 있는 일을 설명할 수 없다면, 자신이 무엇을 하고 있는지 모르는 것이다.
W. E. Deming(1900-1993)

어두운 한밤에는 춥고 외롭지만, 작은 불 아래에서 낙원을 볼 수 있다.
Jim Steinman(1947-2021), *Paradise by the Dashboard Light*, 1977

성과 분석가는 대량의 데이터를 신속하게 분석하고 효과적으로 의사소통해야 한다. 또한, 데이터 시각화 능력도 필수적이다. 대부분의 사람들은 시각적 표현에 더 익숙하기 때문에, 그래픽 형식으로 제공된 자료를 더 쉽게 이해할 수 있다. 가시성이 좋은 성과 대시보드는 빠른 분석을 촉진하고 포트폴리오의 현황을 한눈에 전달한다. 대시보드의 다양한 그래픽 도구를 통해 복잡한 관계를 잘 설명할 수 있다. La Grouw는 대시보드를 다음과 같이 정의하였다.

"핵심 성과를 간단한 시각적 요소로 변환하여 한눈에 쉽게 볼 수 있도록 단일 화면에 표시하는 것이다."[1]

---

[1] La Grouw, *Effective Dashboard Design*(2012).

효율적인 대시보드
(EFFECTIVE DASHBOARDS)

효율적인 대시보드는 다음과 같아야 한다.

(1) 핵심 지표에 집중

시대의 발전으로 성과분석가나 리스크매니저는 많은 정보에 압도되기 쉽다. 그러한 가운데 성과분석가나 리스크매니저의 핵심 역량은 정확한 계산과 보고보다는 최종 사용자와 함께 어떤 정보가 중요한지 판단하고, 이를 효율적으로 전달하는 것이다. 이 가운데 대시보드는 사용자에게 잠재적인 문제를 인식시키고, 이를 바탕으로 대응할 수 있게 하는 데 목적이 있다.

(2) 활용성

대시보드는 포트폴리오 매니저, 경영진, 리스크매니저, 마케팅 및 영업 담당자, 컴플라이언스 담당자, 그리고 투자자 등 여러 이해 관계자들이 사무실 안팎에서 다양한 기기를 통해 접근할 수 있어야 한다. 다만, 이해 관계자마다 필요한 정보가 다를 수 있으며, 일부 접근 권한은 제한될 필요가 있을 수 있다.

(3) 상호작용성

대시보드는 사용자에게 문제의 근본 원인까지 파고들 수 있는 기능을 제공할 수 있도록 상호작용이 가능해야 한다.

데이터 시각화 도구
(DATA VISUALIZATION TOOLS)

숫자로 구성된 단순 표로 데이터를 전달할 수 있지만, 시각화 자료와 함께 제공되면 더 효과적으로 정보를 전달할 수 있다. 대시보드는 핵심 정보를 정확하고 일관되게 관련 이해 관계자에게 제공하며, 주석이나 레이블이 포함되어 사용자가 쉽게 이해할 수 있도록 해야 한다. 시각적으로만 뛰어난 대시보드는 종종 정보 전달이라는 기본적인 역할을 제대로 수행하지 못할 수 있다. 효율적으로 데이터 시각화 방법에는 다음과 같은 것들이 있다.

(1) *산점도*

변수 간의 상관관계와 관계를 보여주는 데 유용하다(예: 포트폴리오와 벤치마크 수익률).

(2) *선 그래프*

시간에 따른 변수의 추세를 보여주는 데 유용하다(예: 사전적 추적 오차와 사후적 추적 오차와의 비교).

(3) *히스토그램*

5장에서 설명한 바와 같이, 히스토그램은 수익률의 분포를 보여주는 데 유용하며, 필수적인 시각화 방법이다.

(4) *파이차트*

파이 차트는 원형 그래프를 사용하여 수치 비율을 분할하여 나타낸다. 파이차트, 막대차트, 선그래프는 모두 윌리엄 플레이페어(William Playfair)가 제안했다.[2]

(5) *히트맵*

본질적으로 히트맵은 색상과 크기를 사용하여 복잡하고 방대한 데이터의 관계를 시각화한다. 특정 문제를 집중하여 식별하는데 유용할 수 있다. 시각적으로 의미 있어 보이지만, 해석이 어려운 경우가 있으므로 주의해서 사용해야 한다.

(6) *스피드 다이얼*

스피드 다이얼은 속도계의 비유를 사용하여 위험 수준과 한계를 시각적으로 나타낸다. 종종 수준을 색상 변경으로 함께 나타내기도 한다. 예로, 초록 = 좋음, 빨강 = 나쁨처럼 나타낼 수 있지만 다만, 좋은 색상만 사용하여 정보를 전달하지 않도록 주의해야 한다.

(7) *리스크 삼각형*

리스크 삼각형은 기존의 포트폴리오나 매니저가 추가 자산이나 포트폴리오를 추가했을 때 예상되는 전체 리스크를 나타내는 데 사용된다.

(8) *달팽이 자국 다이어그램*

달팽이 자국은 두 변수로 구성된 평가 비율이 시간에 따라 어떻게 변화하는지를

---

[2] Bar charts and line charts in his *Commercial and Political* atlas published in 1786 and pie charts in *Statistical Breviary* published in 1801.

보여주는 데 유용하다. 보통 더 최근의 시간대는 더 굵고 어두운 선으로 표시된다.

(9) *스파이더 차트*

스파이더 차트는 여러 개의 동일한 각도를 가진 축으로 구성되며, 각 축은 하나의 변수를 나타낸다. 각 축의 길이는 해당 변수의 크기에 비례한다. 모든 점을 연결하는 선을 그릴 수 있다. 이 차트는 이상값을 식별하는 데 사용된다.

(10) *플로팅 바 차트(또는 박스 플롯)*

플로팅 바 차트는 여러 포트폴리오와 시간대에 걸쳐 변수(수익률, 리스크 측정치 또는 평가 비율)의 분포를 보여주는 데 유용하며, 중앙값, 다양한 분위수(사분위수, 십분위수 또는 백분위수)와 이상치 간의 관계도 보여준다.

매니저 선정
(MANAGER SELECTION)

성과분석, 위험관리, 수익률 성과요인분해 및 윤리 기준 준수는 매니저 선정의 핵심 요소이다. 매니저 선정은 Stewart[3]의 "Manager Selection"과 같은 책 한 권에서 다룰 만한 주제이다.

매니저 선정

자산운용은 제로섬 게임이 아닌 마이너스섬 게임이다. 비용을 고려하기 전이라도 넓은 관점에서 보면, 모든 포트폴리오 매니저들의 평균은 전체 시장에 근접하게 된다. 거래 비용을 고려하면, 포트폴리오 매니저들의 집합은 시장보다 저조한 성과를 낼 수밖에 없다. 일부 포트폴리오 매니저가 시장을 초과하는 성과를 기록한다면, 다른 매니저들은 자연스럽게 시장보다 저조한 성과를 낼 수밖에 없는 구조이다. 많은 연구에서는 매니저들의 평균 성과가 시장을 하회한다고 결론 내리고 있으며, 이는 사실에 가까운 주장이다. 그렇다면 과연 뛰어난 매니저는 존재할 수 있을까? 만약 존재한다면, 그들을 식별할 수 있을까? 그리고 그들을 식별할 수 있다면, 투자자의 목표를 충족하는 포트폴리오 매니저들을 통해 효과적인 포트폴리오를 구성할

3　Stewart, *Manager Selection*(2013).

수 있을까?

저자는 실제로 뛰어난 포트폴리오 매니저는 분명 존재하지만, 그 수가 많지 않다고 생각한다고 언급하였다. 또한, 뛰어난 매니저는 지속적으로 존재할 수 있지만, 이를 찾기는 어려운 일이다. 자산운용사 상황, 투자 환경, 시장 상황 등을 고려할 때, 매니저의 뛰어 한 성과를 통계적으로 확인할 수 있을 만큼 충분한 기간을 확보하기는 어렵다.[4]

Waring, Whitney, Pirone 그리고 Castille[5] 그리고 Waring 그리고 Siegel[6]에서는 포트폴리오 매니저를 선택하는 과정이 포트폴리오의 자산이나 주식을 선정하는 것과 동일하다고 주장하였다. 이는 포트폴리오 최적화의 문제로, 매니저 선택을 위한 과정에서 기대 알파, 기대 상대위험, 그리고 이들 간의 상관관계를 고려해야 한다고 설명하였다.

포트폴리오 매니저 선정에 있어서 성과분석은 다음과 같은 3단계로 구성이 된다.

(1) *매니저 평가*
실사를 포함한 개별 포트폴리오 매니저에 대한 정량적 및 정성적 분석
(2) *포트폴리오 평가*
"최고"의 포트폴리오 매니저가 운용할 포트폴리오와 가장 잘 맞는 것은 아니다. 또한, 평가에 있어서 분산은 핵심 요소로 고려되어야 하며, 해당 포트폴리오에 가장 적합한 포트폴리오 매니저를 선택해야 한다.
(3) *모니터링 및 통제*
지속적인 모니터링은 필수적이다.

매니저 평가

매니저 평가 과정은 자산 소유주마다 다를 수 있지만, 실사는 반드시 필요하다. 포트폴리오 매니저에 대한 실사는 일반적으로 다음과 같은 "4P"를 고려해야 한다.

---

[4] Harris(2002), "Performance Evaluation & Prediction," Chapter 22, pp. 442-481.

[5] Waring, Whitney, Pirone and Castille, "Optimizing Manager Structure and Budgeting Manager Risk"(2000).

[6] Waring and Siegel, "The Dimensions of Active Management"(2003).

(1) *사람(People)*

자산운용은 사람 중심의 비즈니스다. 자산 소유주는 계좌를 관리하는 주요 인력의 윤리, 경험 및 가용성을 점검해야 한다. 특히, 경영진이 영업 과정뿐만 아니라 지속적으로 전반적인 관리가 가능한지 확인해야 하며, 과거의 있었던 문제나 이슈는 무엇이었는지도 살펴봐야 한다.

(2) *프로세스(Process)*

자산 투자자는 포트폴리오 매니저의 투자 과정을 이해해야 한다. 투자 과정이 명확하게 설명되었는지, 적절한 자료가 뒷받침되고 있는지, 그리고 그 과정이 반복할 수 있고 지속 가능한지 확인해야 한다. 또한, 포트폴리오 매니저의 내부 리스크 관리 체계는 무엇인지, 리스크 관리 기능은 독립적인지, 그리고 전략은 스트레스 테스트를 거쳤는지 살펴봐야 한다.

(3) *성과(Performance)*

포트폴리오 매니저의 과거 성과기록에 대한 정량적 및 정성적 분석이 필수적이다.

- 수익은 윤리적으로 발생한 것인가?
- GIPS 기준을 준수하는가?
- 수익의 일관성이 있는가?
- 수익률과 관련된 성과요인분석이 투자과정과 일치하는가?
- 평가 지표는 포트폴리오 매니저의 위험 조정 수익률에 대해 무엇을 말하는가?
- 특정 평가 지표가 선택된 이유는 무엇인가?
- 평가 지표가 공정하고 적합하게 산출되는가?
- 평가 지표가 투자 과정과 일치하는가?
  (명확한 1개의 평가지표로 평가하고 있는가?)
- 투자 과정은 특정 성과 지표가 유리하게 산출될 수 있도록 설계되지는 않았는가?
- 성과 수익률은 모델 계산을 기반으로 한 것인가? 실제 운용자산을 기반으로 한 것인가?

백테스트 및 모델 계산은 내부 프로세스를 검증하는 데는 의미가 있을 수 있지만, 외부 사용에는 의미가 없다. 만약 해당 결과가 부정적이라면 백테스트 결과를 공개하지 않을 것이다.

(4) *잠재력(Potential)*

대부분의 포트폴리오 매니저는 일정한 한도를 부여받고 있다. 특정 규모 이상의 자산을 운용할 때는 투자 전략이 일부 변경되어 성과가 달라질 수 있다. 따라서, 해당 전략이 앞으로도 계속 유효할지, 알파가 지속적으로 창출될 수 있을지, 포트폴리오 매니저는 자신의 한도에 대해서 어떻게 생각하는지, 그리고 시장에서 이 유형의 전략의 전체 규모는 얼마나 되는지를 살펴봐야 한다.

포트폴리오 평가

포트폴리오 매니저만 평가해서 선택돼서는 안 된다. 기존 운용 포트폴리오와의 적합성도 필수적으로 확인해야 한다.

Grinold의 주요 법칙(Fundamental Law of Active Management)[7]에서는 정보 비율(Information Ratio, IR)을 다음과 같이 계산한다.

$$IR = IC \times \sqrt{Br} \qquad (8.1)$$

IC = 정보 계수(information coefficient), 사전 수익률과 사후 수익률의 상관관계
Br = 폭(breadth), 즉, 독립적인 베팅 수

Grinold의 주요 법칙을 매니저의 포트폴리오에 적용하면, 매니저의 수를 늘려 폭을 증가시키는 것이 유리하다는 것을 나타낸다. 그러나 한 포트폴리오 매니저를 해고하고 다른 포트폴리오 매니저를 고용하는 교체 비용과 모니터링 리소스도 고려해야 한다. 리스크 삼각형(Risk Triangles)은 새로운 매니저를 기존 포트폴리오 그룹에 추가할 때 그 변화를 평가하는 데 유용하다. 독립적으로 좋은 포트폴리오 매니저는 뛰어난 성과를 추가할 수 있지만, 기존 포트폴리오 매니저들과 높은 양(+)의 상관관계를 갖는 경우 리스크를 줄이지 못할 것이다. 따라서 기존 포트폴리오 매니저들과 투자 스타일이 음(-)의 상관관계를 가진 포트폴리오 매니저를 추가하는 것이 중요하다. 비록 성과가 조금 떨어지는 포트폴리오 매니저라도 리스크를 줄임으로써 통합적인 관점에서의 정보 비율을 개선할 수 있다.

---

[7] Grinold, "The Fundamental Law of Active Management"(1989).

모니터링 및 통제

고용된 포트폴리오 매니저는 정기적으로 평가되어야 하며, 투자자의 통합 포트폴리오 내에서 지속적으로 적합성에 관한 판단을 내려야 한다. 다음과 같은 경우에 포트폴리오 매니저를 해고할 수 있다.

(1) 벤치마크 하회 성과
(2) 스타일 드리프트(Style drift)
(3) 더 뛰어난 매니저의 발견
(4) 평판 훼손
(5) 운영 문제
(6) 자산배분 또는 리스크한도의 변화
(7) 인사 변화, 신뢰도 변화
(8) 다른 자산 또는 유형과의 상관관계 증가

조치방안은 포트폴리오 매니저와 관련 사항을 논의하거나, 경고하거나, 모니터링 목록에 추가하거나, 자금 회수까지 다양할 수 있다. 그러나 주의해야 할 점은, Goyal과 Wahal[8]이 보여준 바와 같이, 투자자는 단기적인 부진에 과민 반응하여 "낮은 가격에 팔고", 기존 포트폴리오 매니저를 해고한 뒤 "높은 가격에 사는" 경향이 있다는 것이다. 또한, Stewart, Heisler, Knittel, Neumann[9]은 1984년부터 2007년까지 투자자가 리밸런싱이나 재배분 결정을 내리는 과정에서 1, 3, 5년 동안 1700억 달러 이상을 손실했다고 추정했다. 그들의 연구에 따르면, 포트폴리오 매니저를 새로 고용한 투자 상품은 자산 회수된 투자 상품보다 부진한 성과를 보였다.

포트폴리오 매니저를 교체하는 데 드는 비용은 적지 않다. 포트폴리오를 리밸런싱하는 실제 비용(매매 스프레드, 수수료 및 세금), 관련 업무과 실사 과정에서 발생하는 물리적 비용, 그리고 나중에 성과가 저조한 매니저를 고용하거나 성과가

---

8 Goyal and Wahal, "The Selection and Termination of Investment Management Firms by Plan Sponsors"(2008).

9 Stewart, Heisler, Knittel and Neumann, "Absence of Value: An Analysis of Investment Allocation Decisions by Institutional Plan Sponsors"(2009).

좋은 매니저를 해고할 위험까지 고려해야 한다. 저자는 경험에 비추어 이러한 비용이 최대 3%에 이를 수 있다고 언급하였다.

성과분석의 4가지 측면
(THE FOUR DIMENSIONS OF PERFORMANCE)

3장에서는 사후 수익률(ex-post return)에 대해 다루고, 5장에서는 사후 리스크(ex-post risk)에 대해 다루었다. 그러나 이들은 성과의 두 가지 측면에 불과하다. Figure 8.1과 같이 성과분석을 네 가지 측면으로 볼 수 있다.

첫 번째 측면 : 사후 수익률(Ex-post return)
두 번째 측면 : 사후 리스크(Ex-post risk)
세 번째 측면 : 사전 수익률(Ex-ante return)
네 번째 측면 : 사전 리스크(Ex-ante risk)

성공적인 포트폴리오 매니저는 이 네 가지 측면을 모두 관리하고 분석하며, 전달해야 한다.

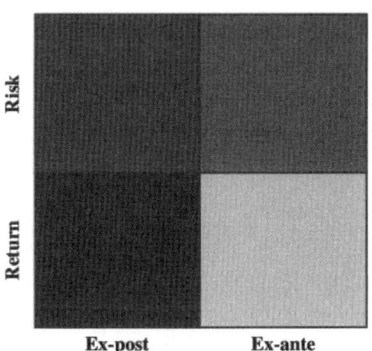

Figure 8.1 성과분석의 4가지 측면

사후 수익률(Ex-post return, 전통적인 측면)

사후 수익률(ex-post return)은 가장 명확하고 확립된 측면이자 모든 분석의 출발점이다. 본질적으로 모든 투자자는 뛰어난 사후 수익률 달성을 추구하고 있으며,

이는 매우 기초적인 차원이다. 사후 수익률은 수십 년 동안 계산됐으며, 관련된 표준 정책과 방법론은 체계화되어 있고, 전 세계적으로 일관성이 있다. 시간 가중 수익률(time-weighted return)과 금액 가중 수익률(money-weighted return)을 사용할지에 대한 논란이 있을 수 있지만, 일반적으로 이러한 문제들은 잘 알려져 있고 충분히 다뤄지고 있다. 일반적으로 외부 현금 흐름의 시기, 수익 발생, 자산평가에 관한 정책은 준수하고 있다. 대부분의 투자자는 사후 수익률을 잘 이해하고 있으며, 절대 수익률과 상대 수익률 대한 일관된 보고를 기대하고 있다. GIPS 기준은 주로 이러한 사후 수익률의 일관되게 계산하고 공정하게 표시하는 데 중점을 두고 있다.

사후 위험(Ex-post risk, 간과된 측면)

사후 위험은 잘 확립되어 널리 활용되고 있지만, 간과되는 경우가 많다. 많은 투자 전문가들은 위험이 고려해야 한다는 것을 인지하고 있지만, 사후 수익률만을 보고하는 경향이 있다. 특히 성과보수와 관련된 부분에 있어 이러한 현상이 두드러진다. 샤프(Sharpe)의 1966년 기초 연구 이후, 성과는 최소한 두 가지 요인으로 구성된다는 것이 인정되었다. 사후 수익률과 사후 위험은 보상-위험 비율(reward-to-risk ratios)로 연결되며, 이는 성과 평가(performance appraisal)와 밀접한 관련이 있다.

$$성과평가(\text{Performance appraisal}) = \frac{보상}{위험} \tag{8.2}$$

사전 수익률(ex-ante return, 미지의 측면)

사전 수익률을 미지의 측면이라고 표현할 수 있지만, 엄밀히 말하면 그렇지 않다. 사전 수익률은 알 수 없지만, 예측해야 한다. 포트폴리오 매니저들은 알파 전략을 가지고 있어야 하며, 이는 그들이 수익을 창출할 방법과 얼마나 수익을 창출할 수 있는지 설명할 수 있어야 함을 의미한다. 또한, 알파가 지속으로 창출될 수 있다는 것을 입증하고, 구체적인 수익률 예측을 해야 한다. 이러한 사전 수익률 예측은 실제 사후 수익률(ex-post returns)이 나타난 후, 이를 비교하고 검토하는 과정이 필요하다. 예측한 수익률은 실제 수익률과 얼마나 일치하는지, 실제 수익률이 예측을 초과했는지 등을 확인하는 것이다. 이를 수익률 효율성(return efficiency)이라고 한다.

$$\text{수익률 효율성(return efficiency)} = \frac{\text{사후 수익률}}{\text{사전 수익률}} \quad (8.3)$$

또한, 포트폴리오 매니저들은 다양한 수익률 시나리오를 공개해야 한다.

사전 위험(ex-ante risk, 주목받는 측면)

사전 위험은 많은 관심을 받는다. 전문적인 리스크 관리자들은 과학자, 실무자 등의 조합으로, 직관, 수리적 분석, 그리고 풍부한 경험을 동시에 활용한다. 리스크를 예측하여 미래의 사건으로부터 포트폴리오를 보호하는 일은 사후 리스크를 보고하고, 그 후에 리스크 대비 성과가 적절했는지 평가하는 것보다 더 흥미롭다. 사전 수익률은 사전 위험과 비교되어야 하며, 예측이 합리적이고 달성 가능한지 확인하는 것이 중요하다.

$$\text{위험조정성과 예측(Performance forecast)} = \frac{\text{사전 수익률}}{\text{사전 위험}} \quad (8.4)$$

위험 효율성 비율(Risk Efficiency Ratio)

일반적으로 사후 위험은 시간에 따라 크게 변하지 않는 후행 지표이다. 그러나 효과적인 위험 관리를 위해서는 내부 시스템에서 계산한 사전위험(ex-ante risk)을 실제로 발생한 사후위험(ex-post risk)과 비교하는 것은 중요하다.

사전 위험과 사후 위험 측정치의 변화를 지속적으로 모니터링하는 것은 중요하다. 또한, 예측된 위험과 실제 발생한 위험을 비교하여 현실에 얼마나 가까운지를 평가하는 것도 필수적이다.

위험 효율성은 실제 위험과 예측된 위험을 비교한 값으로, 이상적으로는 이 비율이 1에 가까울수록 예측이 정확했다는 것을 의미한다. 만약 비율이 1보다 크다면 예측치가 위험을 과소예측했음을 나타내며, 반대로 1보다 작다면 위험을 과대예측했다는 것을 나타낸다.

$$위험\ 효율성(Risk\ efficiency) = \frac{사후\ 위험}{사전\ 위험} = \frac{실현위험}{예측위험} \qquad (8.5)$$

위험 효율성은 대부분 추적 오차(tracking error)를 사용해 계산되지만, 변동성(variability), VaR 또는 조건부 VaR(conditional VaR)을 사용해서 계산할 수 있다.

이러한 방법은 포트폴리오의 예측위험을 사후위험과 비교하는 방식으로, 일반적으로 3년 정도의 거래내역을 포함한 자료를 가지고 측정한다. 여기에는 과거 거래와 측정 직전에 베팅을 줄여 잠재적 위험을 감소시키는 '윈도우 드레싱(Window Dressing)'와 같은 영향으로 인한 차이가 발생할 수 있다. 그러나 이 통계치는 사후위험과 사전위험를 단순히 비교하는 데 목적을 가지며, 여기에서 다양한 질문이 제기될 수 있다.

성과 효율성

마지막으로, 매니저들은 자신이 선택한 실제 성과평가 지표를 예측 성과평가 지표와 비교해야 한다.

$$성과\ 효율성(Performance\ efficiency) = \frac{실제\ 성과지표}{예측\ 성과지표} \qquad (8.6)$$

위험 관리 구조
(RISK CONTROL STRUCTURE)

위험 관리는 과거 위험이 아니라 미래 위험을 관리하는 것을 의미한다. 그러나 과거 위험(ex-post risk)은 어떤 회사에서든 전체 위험 관리에서 있어서 중요한 역할을 한다.

위험 관리는 상식, 경영, 인센티브, 조직 구조, 관련 시스템, 단순성, 투명성, 그리고 이해관계자들의 인식에 달려 있다. 어떤 평가 지표를 선택하든, 이를 지속적으로 모니터링하는 것이 중요하다. 리스크매니저는 지표가 절대적으로 정확하다고 가정해서는 안 되며, 지표의 변화를 분석하고 갑작스러운 변화가 발생하면 그 원인을 확인해야 한다.

지표 예측의 변화는 데이터 오류, 시스템 또는 모형 오류, 모형 가정의 변화, 혹은 의도적 또는 비의도적인 실제 포트폴리오 위험의 변화에서부터 발생할 수 있다. 변화의 원인이 무엇이든 매니저와 논의하여 정확한 상황 파악하는 것이 중요하다.

성과분석가는 자산운용의 리스크관리에 있어서 중요한 역할을 한다. 이상적인 자산운용 조직에서는 성과측정, 리스크관리, 준법 감사, 내부 감사 기능이 모두 미들 오피스 관리자에게 보고하도록 구성되어야 하며, 이는 Figure 8.2와 같다. 성과 분석가는 절대 프론트 오피스나 마케팅 부서에 바로 보고해서는 안 된다.

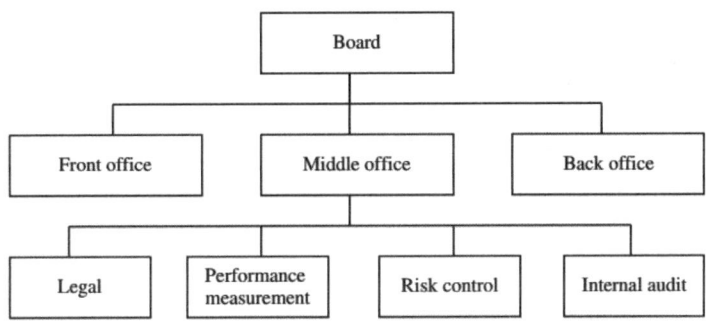

Figure 8.2 미들오피스 구조

위험 관리
(RISK MANAGEMENT)

자산운용사는 다음과 같은 사항을 통해서 효과적인 위험 관리를 수행할 수 있다.

(1) 정책화된 위험 관리 프로세스

위험 통제 환경의 기본 프레임을 제공하기 위해, 모든 자산운용사는 명확히 정의된 위험 관리 정책을 보유해야 한다. 이 정책은 회사의 위험에 대한 인식, 관리, 보고 방식을 명확히 설명해야 한다. 리스크 매니저는 위험 정책 없이 위험 프레임워크를 수립할 수 없으며, 회사 이사회가 위험 정책과 위험 수용 범위를 명확히 설정하고 이를 책임져야 한다. 특히, 공모 펀드 운용사와 같은 경우에는 서면 위험 정책의 마련이 규제 요구사항인 경우도 많다.

(2) 독립성

효과적인 위험 통제를 위해, 회사 내 적절한 견제와 균형이 필요하며, 프론트 오피스, 미들 오피스, 백 오피스 간의 명확한 구조와 책임 및 보고 체계를 갖춰야 한다. 투자의사결정을 내리지도 않고 오퍼레이션 업무를 하지 않는 미들오피스는 프론트오피스와 백오피스로부터 독립적이어야 한다.

(3) 위험 인식

회사 전반에 걸쳐 위험에 대한 인식은 확립되어야 한다. 모든 직원은 자신이 책임지는 위험 요소를 이해하고 이를 지속적으로 관리해야 한다. 모든 부문에서 위험에 대한 이해도를 높이는 것이 가장 중요하다. 위험에 대한 대응 방식은 다음과 같다.

(a) 수용(Accept) : 위험이 식별되었더라도 이를 관리하는 비용(기회비용 포함)이 위험 발생으로 인한 손실보다 큰 경우 수용할 수 있다.
(b) 완화 또는 전가(Mitigate or Transfer) : 보험이나 헤지를 통해 위험 발생으로 인한 손실을 완화하거나 전가할 수 있다.
(c) 관리(Control) : 위험 한도를 설정하고 모니터링을 통해 위험을 관리할 수 있다.
(d) 제거(Eliminate) : 특정 활동을 중단하여 식별된 위험을 제거할 수 있다.

(4) 명확한 위험 한도

위험 한도는 명확하고, 정량화 가능해야 하며, 투자자와 포트폴리오 매니저 간에 투자 운용 계약서에서 합의되어야 한다.

(5) 위험 및 성과요인분해

위험과 수익의 원천을 식별하고 독립적으로 모니터링해야 한다. 이를 위해 수익률 성과분해 등을 활용하며, 정확한 수익률 및 위험 분석을 통해 회사 전반에서의 성과 일관성을 확인하고, 합의된 투자 목표와의 일치 여부를 확인할 수 있다.

(6) 위험 조정 성과
위험과 보상을 투자운용전략에 적합한 위험조정성과로 측정해야 한다.

(7) 스트레스 테스트와 시나리오 테스트
포트폴리오를 극단적인 시나리오에서 스트레스 테스트하여 비정상적인 시장 상황에서의 취약성을 파악해야 한다.

(8) 신제품, 금융상품 및 상품전략 검토 프로세스
모든 금융상품 및 상품전략은 체계적으로 검토되어야 한다. 예를 들어, 포트폴리오 매니저에게 새로운 파생상품이 유용할 수 있으나, 운영 및 거래상대방 위험을 초래할 가능성이 있어, 이를 신중히 평가하고 승인해야 한다.

(9) 위험 효율성 모니터링
사전 위험(Ex-ante)과 사후 위험(Ex-post) 측정치를 모니터링하고, 예측위험이 실제위험에 얼마나 근접하는지 확인하고, 차이가 있다면 그 원인을 명확히 설명할 수 있도록 확인해야 한다.

자산운용사는 다음과 같은 사항을 포함하는 적절한 위험 관리 체계를 구성해야 한다.

(1) 위험 관리 위원회
이사회에 직접 보고하며 프론트 오피스, 미들 오피스, 백 오피스의 책임자가 참여하여 포트폴리오 위험, 거래 상대방 위험, 운영 위험, 컴플라이언스 준수, 계약 검토, 재난 복구, 비상 계획, 시스템 변경 등을 총괄한다. 많은 회사가 위험 관련과 관련된 사고와 대응을 통합할 필요성을 인식하고, 최고위험책임자(CRO)를 지정하여 모든 위험 활동을 관리하고 감독하도록 하고 있다.

(2) 포트폴리오 위험 위원회

위험 관리 위원회에 보고하며, 포트폴리오 및 유동성 위험을 관리와 감독하고, 포트폴리오가 고객 기대 내에서 관리되도록 하며, 새로운 상품전략 및 금융상품의 승인 권한을 가진다.

(3) 거래상대방 위험 위원회

위험 관리 위원회에 보고하며, 거래상대방과 신용 한도를 승인하는 역할을 한다.

(4) 운영 위험 위원회

위험 관리 위원회에 보고하며, 오류 모니터링, 정보 품질 및 시스템 변경 관리를 책임진다.

사후위험 및 사전위험은 과거 정보를 기반으로 하며, 극단적 사건을 포함하지 않을 수 있다. 따라서, 잠재적 극단적 사건이 포트폴리오에 미치는 영향을 확인하기 위해 스트레스 테스트 및 시나리오 테스트를 활용해야 한다.

대부분의 리스크관리 시스템은 과거 시나리오를 활용한 스트레스 테스트를 제공하지만, 최근의 사건을 고려할 때, 리스크 매니저는 금융 시장의 역사가 반복된다는 가정을 하기보다 자체 테스트를 개발할 필요가 있다. 스트레스 테스트는 전통적인 위험을 대비하는 데 유용하지만, 비정상적인 시장 상황에서는 취약성을 드러낼 수 있다. 최근 데이터는 현재 증권과 금융상품 간의 관계를 더 잘 반영하지만, 극단적인 사건을 포함할 가능성은 낮다. 비정상적인 시장 상황에서는 모든 예측이 무효가 되며, 정상적인 관계는 붕괴되고, 모든 위험 측정치의 신뢰도가 크게 떨어질 수 있다.

리스크 매니저는 방심하지 않도록 주의해야 한다. 정교한 위험 측정치를 계산한다고 해서 잘못된 안도감을 가지는 것은 문제가 될 수 있다. 안타깝게도, 위험 관리자는 항상 비판적인 시각을 유지해야 하며, 자신이 계산한 결과에 대해서도 지나치게 신뢰하지 말아야 한다. 성과 분석가는 어제 일어난 일을 알려주고, 트레이더는 오늘 일어나고 있는 일을 알려주지만, 리스크 매니저는 내일 일어날 일을 정확하게 예측하지 못한다는 점을 기억해야 한다.

주요 용어 설명

Abnormal return (비정상 수익률)	자산의 경제적 실제 성과를 잘못 나타내는 수익률.
ABOR	회계 기록. 규제를 준수하여 공식적으로 기록된 정보.
Active risk (초과 위험)	벤치마크 대비 리스크. 초과 수익률의 표준편차로, 상대적 리스크, 추적 오차(tracking error) 또는 추적 리스크(tracking risk)라고도 한다
Active share	벤치마크 대비 내 종목 보유 비율의 백분율 차이를 측정하는 지표
Adjusted M^2 (수정 M^2)	위험, 왜도(skewness), 첨도(kurtosis)를 조정한 수익률
Adjusted Sharpe ratio (수정 샤프지수)	왜도(skewness)와 첨도(kurtosis)를 조정한 샤프지수
Allocation (자산배분효과)	자산 유형, 지역, 국가, 섹터 및 투자 범주 간의 자산 배분 효과
Alpha	체계적 위험 대비 초과 수익률
Annualised return (연율화 수익률)	기간 수익률을 연기준으로 변경한 수익률
Asset class (자산 유형)	명확한 리스크/수익 특성을 가진 투자 유형으로, 동질적이고 상호 배타적이며 분산 효과를 제공하는 투자 유형
Asset manager (포트폴리오 매니저)	투자자를 대신하여 투자 결정을 내리고 투자운용사 또는 투자 기관을 의미한다
Asset owner (투자자)	투자자들, 일반적으로 연기금, 기금, 국부펀드, 투자 신탁 및 개인 고액 자산가
Balanced strategy (균형 전략)	현금을 제외한 두 개 이상의 자산 유형을 포함하는 투자 전략
Benchmark	포트폴리오, 수익률 또는 리스크를 비교하는 기준
Beta	체계적 위험
Calmar ratio	무위험 수익률 대비 초과 수익률과 MDD 간의 비율

Carve-out(부분분리)	포트폴리오의 일부로, 독립적으로 고유한 투자 전략을 운용하는 부분
Composite	유사한 투자목표 또는 전략에 따라 운용되는 하나 이상의 포트폴리오 집합
Continuous compounded return (연속복리수익률)	수익률의 자연로그
Correlation (상관관계)	포트폴리오와 벤치마크 수익률에 대한 표준화된 공분산
Dispersion (분산)	컴포지트 내 수익률의 분포를 측정하는 지표
Downside risk	기준 수익률 이하의 성과 변동성
Drawdown	성과의 최고점에서 최저점까지 하락폭
Duration (듀레이션)	채권 등의 고정 수익 증권에 대한 체계적 위험. 모든 미래 현금 흐름의 현재 가치에 대한 평균 기간
Ex-ante risk (사전위험)	포트폴리오 내 보유 자산을 기준으로 자간 간의 역사적 관계를 기반으로 한 예측위험. 포트폴리오의 미래 위험에 대한 추정
Ex-post risk (사후위험)	역사적 위험
Excess kurtosis	첨도가 정규분포의 첨도 3을 초과하는 경우
Excess return (초과수익률)	벤치마크 대비 포트폴리오 초과 수익률. 산술적 또는 기하학적으로 계산할 수 있다
Expense ratio (보상비율)	펀드 총비용을 평균 순자산으로 나눈 비율
Extremely large cash flow	수익률 계산에 큰 영향을 미칠 만큼의 큰 현금 흐름
GIPS	글로벌 투자 성과 기준(Global Investment Performance Standards, GIPS). 투자 성과 공시를 위한 윤리 기준으로, 투자 성과의 공정한 표현과 완전한 공개를 보장을 목표로 한다
Gross-of-fees (보수차감 전 수익률)	거래비용을 차감한 후 및 보수를 차감하기 전 수익률
Holdings-based attribution (보유내역기반 성과분석)	보유 내역 데이터를 사용하여 계산된 성과분석
IBOR	투자 원장(Investment Book of Record, IBOR). 투자 결정

	과정과 프론트 오피스의 요구 사항에 맞춘 정보
Information ratio (정보비율)	연율화 초과 수익률을 연율화 추적오차로 나눈 비율
Interaction (교차요인)	자산배분효과와 종목선택효과의 교차효과
Large cash flow	수익률 계산에 잠재적으로 왜곡을 일으킬 만큼 큰 현금 흐름
Kurtosis (첨도)	분포의 네 번째 모멘트, 분포의 꼬리 부분에서 수익률의 두께를 측정하는 지표. 일반적으로 분포의 평평함 또는 뾰족함을 측정하는 데 사용
M^2	샤프지수를 기반으로 한 위험 조정 수익률
Maximum drawdown (MDD)	최대 손실을 측정하는 지표, 측정 기간에서의 최고점에서 최저점으로 떨어진 최대 하락폭
Mean return (평균수익률)	분포의 첫 번째 모멘트, 수익률의 단순 산술 평균
Money-weighted return (금액가중수익률)	투자한 금액의 크기와 투자 시점을 반영하여 계산되는 수익률
Net-of-fees (보수차감 후 수익률)	총수익률에서 보수를 차감한 수익률
PBOR	성과 원장(Performance Book of Record, PBOR)은 ABOR (회계 장부)와 일치하도록 조정되며, 투자 결정 과정과 미들 오피스의 요구 사항을 충족하는 정보
Performance examination	이는 수수료를 제외한 순수한 투자 성과를 측정하는 지표로, 투자 관리 수수료가 반영되기 전의 수익률을 의미
Pooled fund	여러 투자자가 있는 펀드
Portfolio manager (포트폴리오 매니저)	투자기관에 고용되어 포트폴리오를 운용하는 매니저
Potential upside	주어진 신뢰 수준 및 정상적인 시장 조건 하에 일정 기간의 가장 좋은 예상 수익
Relative risk (상대위험)	벤치마크 대비 리스크. 초과 수익률의 표준편차로, 이는 주로 초과 위험(active risk), 추적 오차(tracking error), 또는 추적 리스크(tracking risk)로도 표현된다
Return attribution (수익률 성과분석)	포트폴리오의 초과 수익률을 벤치마크와 비교하여 투자결정과정에서의 활동적 결정(active decisions)으로 분해하는 방법
Returns-based attribution	수익률만을 기반으로 한 수익률 성과분석

(수익률기반 성과분해)

Return efficiency (수익 효율성)	실현 수익률(ex-post)과 예측 수익률(ex-ante) 간의 비교
Risk efficiency (위험 효율성)	실현 리스크(ex-post)와 예측 리스크(ex-ante) 간의 비교
Risk-free rate (무위험수익률)	이론적으로 무위험 투자에서 기대할 수 있는 수익률
Risk manager (리스크매니저)	리스크 관리자는 수익을 달성하기 위해 리스크를 감수한다
Risk controller (리스크컨트롤러)	리스크 컨트롤러는 위험을 측정하고 모니터링한다
Selection (종목선택효과)	자산 클래스, 섹터 또는 투자 유형 내에서 종목선택효과
Self-selection (셀프 선택)	다양한 방법론을 사용하여 여러 수익률을 계산하고 가장 좋은 수익률을 선택하는 행위
Sharpe ratio (샤프비율)	대표적인 위험조정성과 지표로. 무위험 수익률 대비 초과 수익률을 수익률의 변동성으로 나눈 비율
Significant cash flow	자산 매니저의 투자 전략에 영향을 미칠 만큼 중요한 현금흐름
Skewness (왜도)	분포의 세 번째 모멘트로, 비대칭성을 측정하는 지표
Sortino ratio (소리노비율)	최소 허용 수익률 대비 초과 수익률을 하방 리스크로 나눈 비율
Subportfolio (하위포트폴리오)	통합 포트폴리오의 일부이지만, 독립적인 포트폴리오로서 관리되는 부분
Time-weighted return (시간가중수익률)	시간 가중 수익률(Time-weighted return)은 시간 가중을 동일하게 하여 계산된 수익률
Total return (총수익률)	실현 및 미실현 손익과 측정 기간 동안의 수익을 포함한 수익률
Transaction-based attribution (거래내역기반 성과분석)	거래 내역 및 보유 내역 데이터를 기반으로 한 성과분석
Upside potential	일정수준을 초과한 수익률의 평균
Upside risk	일정수준을 초과한 수익률의 변동성
Value at Risk	정상적인 시장 조건 하에서 주어진 신뢰 수준에서 일정 기

	간 동안의 예상 최대 손실
Variability(변동성)	수익률의 표준편차
Variance(분산)	수익률의 분산
Verification (검증)	독립적인 검증자가 GIPS 기준을 준수하여 전체 회사를 대상으로 검증하는 과정
Volatility (변동성)	포트폴리오의 체계적 위험을 설명하는 데 사용되기도 하지만, 일반적으로는 변동성을 의미

부록 A
단순 성과분해

A.1 성과분해 방법론

아래의 방법론은 단일 통화 포트폴리오에 적용하기 위해 개발되었다.

A.1.1 시나리오

포트폴리오가 n 종류의 자산 혹은 업종(섹터)에 투자하고 있고, 그 다음 이 포트폴리오의 성과를 벤치마크와 비교하여 측정한다고 가정한다.

A.1.2 포트폴리오 수익률

포트폴리오에서 i번째 자산에 대한 투자비중을 w_i(여기서 $\sum w_i = 1$), i번째 자산의 수익률이 r_i라고 정의하면 포트폴리오 수익률은 다음과 같다.

$$r = \sum w_i r_i$$

A.1.3 벤치마크 수익률

벤치마크에서 i번째 자산에 대한 투자비중을 W_i(여기서 $\sum W_i = 1$), i번째 자산의 수익률이 b_i라고 정의하면 벤치마크 수익률은 다음과 같다.

$$b = \sum W_i b_i$$

A.1.4 중간 명목 포트폴리오 수익률(Semi-notional returns)

i번째 자산의 중간 명목 포트폴리오 수익률(semi-notional return)을 $w_i b_i$라고 하면, 중간 명목 포트폴리오 수익률은 다음과 같다.

$$b_S = \sum w_i b_i$$

A.1.5 초과수익률(상대 성과, Relative performance)

벤치마크 대비 초과수익률을 다음과 같이 정의한다.

$$\frac{1+r}{1+b} - 1$$

위 수익률을 아래와 같은 종목선정효과와 자산배분효과로 분해할 것이다.

A.2 종목선택효과

"종목선택"이라는 용어는 자산 섹터 내에서 벤치마크 대비 포트폴리오의 상대성과를 설명하기 위해 사용된다. 직관적으로, 이것은 중간 명목 포트폴리오 수익률(semi-notional total return)인 b_S 대비 포트폴리오 수익률 r 이다. (b_S는 포트폴리오 내 자산의 비중과 벤치마크 내 동일 범주 수익률의 결합으로 b_S와 r의 차이는 종목선택으로 발생한다)

i번째 자산으로 발생하는 종목선택효과는 다음과 같이 산출된다.

$$w_i \left(\frac{1+r_i}{1+b_i} - 1\right)\left(\frac{1+b_i}{1+b_S}\right)$$

포트폴리오 종목선택효과는 다음과 같다.

$$\sum_{i=1}^{n} w_i \left(\frac{1+r_i}{1+b_i} - 1 \right) \left(\frac{1+b_i}{1+b_S} \right) = \sum \frac{w_i[(1+r_i)-(1+b_i)]}{1+b_S}$$
$$= \sum \frac{w_i r_i - w_i b_i}{1+b_S}$$
$$= \frac{\sum w_i r_i - b_S}{1+b_S}$$
$$= \frac{1+\sum w_i r_i - (1+b_S)}{1+b_S}$$
$$= \frac{1+r}{1+b_S} - 1$$

A.3 자산배분효과

"자산배분"이라는 용어는 자산분류 혹은 범주 기준 벤치마크 대비 포트폴리오의 상대적 가중치가 포트폴리오 성과를 설명한다.

i번째 자산으로 발생하는 자산배분효과는 다음과 같이 산출된다.

$$(w_i - W_i)\left(\frac{1+b_i}{1+b} - 1 \right)$$

포트폴리오 자산배분효과는 다음과 같다.

$$\sum_{i=1}^{n} (w_i - W_i)\left(\frac{1+b_i}{1+b} - 1 \right) = \sum (w_i - W_i)\left(\frac{1+b_i - 1 - b}{1+b} \right)$$
$$= \sum \frac{w_i b_i - W_i b_i - w_i b + W_i b}{1+b}$$
$$= \frac{\sum w_i b_i - \sum W_i b_i}{1+b}$$
$$(\because \sum w_i = \sum W_i = 1 \;\Rightarrow\; \sum (W_i - w_i)b = 0)$$
$$= \frac{\sum w_i b_i - \sum W_i b + \sum W_i b_i - b}{1+b}$$
$$= \frac{1+\sum[(w_i - W_i)b_i + \sum W_i b_i] - (1+b)}{1+b}$$
$$= \frac{1+b_S}{1+b} - 1$$

A.4 요약

초과수익률을 다음 두 요인으로 분해하였다.

$$\text{종목선택효과} \quad \frac{1+r}{1+b_S} - 1$$

$$\text{자산배분효과} \quad \frac{1+b_S}{1+b} - 1$$

두 요인을 결합하면 다음과 같다.

$$\left(\frac{1+b_S}{1+b}\right)\left(\frac{1+r}{1+b_S}\right) - 1 = \frac{1+r}{1+b} - 1$$

해당 예제에서는 잔차가 발생하지 않는다. 참고로 기하학적 방법으로 산출하였기 때문에 분석기간이 연장되어도 성과요인들과 초과성과의 관계는 변하지 않는다.

부록 B
다중통화 포트폴리오 성과분해

아래의 방법론은 다중통화 포트폴리오에서 사용하기 위해 고안되었다.

B.1 시나리오

포트폴리오가 n 개의 자산 유형에 투자되어 있고, 일부 자산 유형은 포트폴리오의 기준통화와 다른 통화로 투자하는 상황에서 이 포트폴리오의 성과를 벤치마크와 비교한다고 가정한다.

B.1.1 포트폴리오 수익률

포트폴리오에서 i번째 자산에 대한 투자비중을 w_i(여기서 $\sum w_i = 1$), i번째 자산의 현지통화 기준의 수익률은 r_{Li}, i번째 자산이 기본통화 기준의 수익률은 r_i로 각각 정의하면, 포트폴리오 수익률은 다음과 같다.

현지통화 기준 포트폴리오의 수익률 $r_L = \sum w_i r_{Li}$

기본통화 기준 포트폴리오의 수익률 $r = \sum w_i r_i$

B.1.2 벤치마크 수익률

벤치마크에서 i번째 자산에 대한 투자비중을 수익률 W_i(여기서 $\sum W_i = 1$), i번째 자산의 현지통화 기준 수익률은 b_{Li}, i번째 자산의 기본통화 기준 수익률은 b_i, 기준통화로 헤지 수익률은 b_H로 정의하고, 벤치마크 수익률은 다음과 같다.

현지통화 기준 벤치마크의 수익률 $\quad b_L = \sum W_i b_{Li}$

기준통화 기준 벤치마크의 수익률 $\quad b = \sum W_i b_i$

B.1.3 중간 명목 포트폴리오 수익률(Semi-notional returns)

중간 명목 포트폴리오 i 번째 현지통화 자산의 현지통화 기준 수익률을 $w_i b_{Li}$라고 하면, 현지통화 자산을 기준통화로 일부 헤지하면 명목 포트폴리오의 i번째 자산의 수익률은 다음과 같다.

$$b_{SHi} = (w_i - W_i)b_{Hi} + W_i b_{Li}$$

현지통화 기준, 중간 명목 포트폴리오 수익률(semi-notional return)을 $b_S = \sum w_i b_{Li}$라고 하면, 일부 현지통화 자산이 기준통화로 헤지하면 명목 포트폴리오 수익률은 다음과 같다.

$$b_{SH} = \sum (w_i - W_i)b_{Hi} + W_i b_{Li}$$

B.1.4 초과수익률(상대성과, Relative performance)

벤치마크 대비 초과수익률은 다음과 같이 정의된다.

$$\frac{1+r}{1+b} - 1$$

위 수익률을 아래와 같은 종목선택효과, 자산배분효과, 그리고 통화효과로 분해된다.

B.2 종목선택효과

"종목선택"이라는 용어는 자산 섹터 내에서 벤치마크 대비 포트폴리오의 상대적 성과를 설명한다. 직관적으로, 이것은 포트폴리오의 전체 현지 수익률 r_L을 중간 명목 포트폴리오 현지 수익률(semi-notional total return) b_S 와 비교하는 것이다. (b_S는 포트폴리오 내 자산 비중과 벤치마크 내 동일 범주 수익률의 곱의 합이므로 b_S와 r_L의 차이는 종목선택으로 정의된다)

i 번째 자산에서 종목선택효과는 다음과 같이 계산된다.

$$w_i \left(\frac{1+r_{Li}}{1+b_{Li}} - 1 \right) \left(\frac{1+b_{Li}}{1+b_S} \right)$$

포트폴리오 종목선택효과는 다음과 같다.

$$\sum_{i=1}^{n} w_i \left(\frac{1+r_{Li}}{1+b_{Li}} - 1 \right) \left(\frac{1+b_{Li}}{1+b_S} \right) = \sum \frac{w_i[(1+r_{Li})-(1+b_{Li})]}{1+b_S}$$
$$= \sum \frac{w_i r_{Li} - w_i b_{Li}}{1+b_S}$$
$$= \frac{\sum w_i r_{Li} - b_S}{1+b_S}$$
$$= \frac{1+\sum w_i r_{Li} - (1+b_S)}{1+b_S}$$
$$= \frac{1+r_L}{1+b_S} - 1$$

B.3 자산배분효과

'자산배분'이라는 용어는 자산 섹터 내에서 포트폴리오와 벤치마크(또는 '베팅')의 상대적인 비중 효과를 설명한다. 이 효과에는 베팅을 기준통화로 헤지하는 비용이 포함되며, 이는 해당 베팅 비용을 베팅을 결정한 매니저가 부담해야 한다는 가정에 기반을 둔다. 즉, 자산 배분자가 포트폴리오에서 통화 포지션을 설정했다면, 그 포지션은 중립적인 벤치마크 비중으로 헤지되어야 한다. 이 비용(또는 이익)은 완전 헤지 지수를 사용하여 자산배분효과에 반영된다.

i 번째 자산 섹터로 발생하는 자산배분효과는 다음과 같이 산출된다.

$$(w_i - W_i)\left(\frac{1+b_{Hi}}{1+b_L} - 1 \right)$$

포트폴리오 자산배분효과는 다음과 같다.

$$\sum_{i=1}^{n}(w_i - W_i)(\frac{1+b_{Hi}}{1+b_L}-1) = \sum(w_i - W_i)(\frac{1+b_{Hi}-1-b_L}{1+b_L})$$

$$= \sum\frac{w_i b_i - W_i b_{Hi} - w_i b_L + W_i b_L}{1+b_L}$$

$$= \frac{\sum w_i b_{Hi} - \sum W_i b_{Hi}}{1+b_L}$$

$$(\because \sum w_i = \sum W_i = 1 \implies \sum(W_i - w_i)b_L = 0)$$

$$= \frac{\sum w_i b_{Hi} - \sum W_i b_{Hi} + \sum W_i b_{Li} - b_L}{1+b_L}$$

$$= \frac{1+\sum[(w_i - W_i)b_{Hi} + \sum W_i b_{Li}] - (1+b_L)}{1+b_L}$$

$$= \frac{1+b_{SH}}{1+b_L} - 1$$

B.4 통화효과

B.4.1 단순 통화효과(Naive currency performance)

포트폴리오의 기준통화 수익률과 가중 현지통화 수익률의 차이는 정의상 전체 통화효과이다. 따라서 포트폴리오의 통화 수익률 r'_C는 다음과 같이 정의된다.

$$r'_C = \frac{1+r}{1+r_L} - 1$$

동일하게, 벤치마크의 통화 수익률 b'_C는 다음과 같이 정의된다.

$$b'_C = \frac{1+b}{1+b_L} - 1$$

따라서 포트폴리오 내에서 단순 통화효과는 다음과 같이 포트폴리오의 통화 수익률과 벤치마크의 통화 수익률 차이로 정의된다.

$$\frac{1+r'_C}{1+b'_C}-1 = \left(\frac{\frac{1+r}{1+r_L}}{\frac{1+b}{1+b_L}}\right)-1$$

또는, 다음과 같이 정의된다.

$$\frac{1+r}{1+r_L} \times \frac{1+b}{1+b_L}-1$$

이는 자산배분에서 언급된 헤지 비용 포함 또는 시장 및 통화 수익률 간의 복리 효과를 고려하지 않기 때문에 단순 통화효과로 정의된다. 또한, 통화 오버레이 매니저는 단순 통화효과를 반영하지 않는다.

B.4.2 통화 수익률

통화 비중과 수익률을 사용하여 통화 수익률을 상향식으로 계산할 수 있다. 벤치마크의 i번째 통화의 통화 수익률을 다음과 같이 정의한다.

$$c_i = \frac{1+b_i}{1+b_{Li}}-1$$

대부분의 해외 지수들이 WM Reuters 4시 마감 환율을 사용하며, 통화 수익률은 해당 현물 환율을 통해 계산할 수 있다.

$$c_i = \frac{S_i^{t+1}}{S_{Si}^t}-1$$

S_i^t : t 시점에서의 통화 i 의 현물환율

통화선물 계약의 벤치마크 선물 환율을 다음과 같이 정의한다.

$$f_i = \frac{S_i^{t+1}}{F_i^{t+1}} - 1$$

F_i^{t+1} : $t+1$ 시점의 통화선물 계약을 통한 t 시점의 통화 i 의 선물환율

통화 i 의 금리 차이는 다음과 같다.

$$d_i = \frac{F_i^{t+1}}{S_i^t} - 1$$

이를 사용하여, 통화수익률을 다음과 같이 정의할 수 있다.

$$\frac{S_i^{t+1}}{S_i^t} = \frac{S_i^{t+1}}{F_{Si}^{t+1}} \times \frac{F_i^{t+1}}{S_i^t} = (1+f_i) \times (1+d_i)$$

헤지 지수 수익률은 현지수익률과 금리 차이의 결합 효과로 다음과 같이 살펴볼 수 있다.

$$b_{Hi} = (1+b_{Li}) \times (1+d_i) - 1$$

또는,

$$b_{Hi} = \frac{1+b_i}{1+b_{Fi}} - 1$$

벤치미크의 전체 통화 수익률을 다음과 같이 정의한다.

$$b_c = \sum W_i b_{Ci} + \sum \widetilde{W}_i f_i$$

$\widetilde{W}$: 벤치마크에서 통화 i의 통화선물 비중

b_C 와 b'_C 의 작은 차이는 시장 수익률과 통화 간의 복리 효과에 의해 발생하며, 다음과 같이 정의된다.

$$= \frac{1+b_C}{1+b'_C} - 1$$

i 번째 통화의 통화 수익률은 다음과 같이 정의된다.

$$c'_i = \frac{1+r_i}{1+r_{Li}} - 1$$

포트폴리오의 통화 수익률은 매매의 적용된 환율과 종가 환율이 다르기 때문에 벤치마크 통화 수익률과 차이가 발생한다. 또한, 포트폴리오의 통화선물수익률은 벤치마크 통화선물수익률과도 차이가 있다. 포트폴리오에서 i번째 통화의 통화선물 수익률을 f'_i로 정의하며, 포트폴리오의 전체 통화 수익률은 다음과 같이 정의된다.

$$b_{SC} = \sum w_i c'_i + \sum \tilde{w}_i f'_i$$

$\tilde{w}_i$: 포트폴리오에서 통화 i 대한 통화선물 비중

비슷하게, b_{SC}와 r'_C 사이에도 약간의 차이가 있으며, 이는 다음과 같이 정의된다.

$$= \frac{1+r'_C}{1+b_{SC}} - 1$$

B.4.3 복리효과

포트폴리오에서의 복리효과와 벤치마크에서의 복리효과를 비교할 때, 복리효과는 다음과 같이 정의된다.

$$\left(\frac{\frac{1+r'_C}{1+b_{SC}}}{\frac{1+b'_C}{1+b_C}} \right) - 1$$

또는,

$$\frac{1+r'_C}{1+b_{SC}} \times \frac{1+b_C}{1+b'_C} - 1$$

포트폴리오 내에서 발생하는 통화와 시장 복리효과 간의 복리효과는 별도로 명시될 수도 있지만, 일반적으로 통화효과에 포함한다. 특히, 통화 오버레이 매니저가 투자결정과정과 독립적이지 않은 경우에는 통화효과에 포함한다.

B.4.4 통화 배분 효과

포트폴리오의 중간 명목 통화 수익률을 다음과 같이 정의한다.

$$r_{SC} = \sum w_i c_i + \sum \tilde{w}_i f_i$$

중간 명목 통화 수익률은 포트폴리오 비중에 벤치마크 통화 또는 현물 수익률을 사용하고, 포트폴리오 선물 통화 비중에 벤치마크 통화 선물 수익률을 적용한다. 헤지 비용을 포함한 중간 명목 통화 수익률은 다음과 같이 정의된다.

$$b_{SC} = \sum W_i c_i + \sum [(\tilde{w}_i + w_i - W_i) f_i]$$

통화타이밍(Currency timing)

통화 타이밍은 포트폴리오의 통화 수익률과 벤치마크 통화 수익률 간의 차이로 정의되며, 이러한 차이는 벤치마크에서 사용한 현물 환율 및 선물 환율과 포트폴리오 통화거래에서 사용한 다른 환율로 인해 발생한다.

통화 타이밍은 종목선택(Stock Selection)과 비슷한 효과이다.

$$w_i \left(\frac{1+c'_i}{1+c_i} - 1 \right) \left(\frac{1+c_i}{1+r_{SC}} \right)$$

그리고 통화선물 계약을 포함하면:

$$\widetilde{w_i}\left(\frac{1+f_i'}{1+f_i}-1\right)\left(\frac{1+f_i}{1+r_{SC}}\right)$$

전체 통화타이밍효과는 다음과 같이 정의된다.

$$=\frac{1+r_C}{1+r_{SC}}$$

통화자산배분

통화 매니저는 통화선물 계약이나 통화 옵션을 통해 통화 익스포저를 생성한다. 옵션의 가격은 통화선물 계약에서 파생되며, 이는 현물 환율 및 두 통화 간의 금리 차이에 따라 결정된다. 따라서 통화선물 계약은 매수포지션과 매도포지션이라는 두 가지 익스포저를 생성한다. 통화 매니저는 이러한 통화선물 계약을 활용해 통화 포지션을 설정하며, 이로 인해 금리 차이에 노출된다. 따라서 통화 베팅의 영향은 현물 환율이 아닌 선물 환율을 사용하여 측정해야 한다.

통화 배분은 자산 배분과 비슷하다.

$$(w_i+\widetilde{w_i}-W_i-\widetilde{W_i})\left(\frac{1+f_i}{1+b_i}-1\right)$$

따라서, 전체 통화 배분 성과는 다음과 같다.

$$\frac{1+b_{SC}}{1+b_C}-1$$

통화 오버레이 관점에서의 전체 통화효과는 다음과 같다.

$$\frac{1+r_C}{1+r_{SC}}\times\frac{1+b_{SC}}{1+b_C}-1$$

B.4.5 헤지비용

헤지비용은 자산 배분의 결정을 중립적인 통화 벤치마크로 맞추기 위한 헤지비용을 의미한다.

통화 오버레이 관점에서의 헤지비용은 다음과 같다.

$$\frac{1+r_{SC}}{1+b_{SC}}-1$$

자산배분 관점에서의 헤지비용은 다음과 같다.

$$\frac{1+b_{SH}}{1+b_S}-1$$

자산배분 관점은 시장 수익률과의 복리 효과를 포함하며, 이로 인해 작은 불일치가 발생하고, 이는 다음과 같이 정의된다.

$$\left(\frac{\frac{1+r_{SC}}{1+b_{SC}}}{\frac{1+b_{SH}}{1+b_S}}\right)-1$$

또는,

$$\frac{1+r_{SC}}{1+b_{SC}}\times\frac{1+b_S}{1+b_{SH}}-1$$

이 영향은 매우 작아 무시할 수 있으며, 모든 잔차 영향을 고려하는 것이 아니라면 고려할 필요는 없다.

B.4.5 전체 통화효과

포트폴리오 내 모든 통화효과를 합산하면 다음과 같다.

$$\underbrace{\left(\frac{1+r_C}{1+r_{SC}}\times\frac{1+b_{SC}}{1+b_C}\right)}_{\text{통화오버레이효과}}\times\underbrace{\left(\frac{1+b_S}{1+b_{SH}}\times\frac{1+r_{SC}}{1+b_{SC}}\right)}_{\text{헤지불일치효과}}\times\underbrace{\left(\frac{1+r_C'}{1+r_C}\times\frac{1+b_C}{1+b_C'}\right)}_{\text{복리효과}}-1$$

헤지 비용을 반영한 단순 통화효과는 다음과 같이 정의된다.

$$\frac{1+b_S}{1+b_{SH}} \times \frac{1+r'_C}{1+b'_C} - 1$$

B.5 요약

지금까지 초과성과를 다음과 같은 효과로 분해하였다.

$$\text{종목선택효과} \quad \frac{1+r_L}{1+b_{SL}} - 1$$

$$\text{자산배분효과} \quad \frac{1+b_{SH}}{1+b_L} - 1$$

이를 통해 전체 통화효과는 다음과 같이 정의된다.

$$\frac{1+b_S}{1+b_{SH}} \times \frac{1+r'_C}{1+b'_C} - 1 \quad \text{또는,} \quad \frac{1+b_S}{1+b_{SH}} \times \frac{1+r}{1+r_L} \times \frac{1+b_L}{1+b} - 1$$

그러면 이러한 효과가 복합적으로 적용되어 초과성과는 다음과 같이 분해된다.

$$\underbrace{\frac{1+r_L}{1+b_S}}_{\text{종목선택}} \times \underbrace{\frac{1+b_{SH}}{1+b_L}}_{\text{자산배분}} \times \underbrace{\frac{1+b_S}{1+b_{SH}}}_{\text{헤지효과}} \times \underbrace{\left(\frac{1+r}{1+r_L} \times \frac{1+b_L}{1+b}\right)}_{\text{단순통화}} - 1 = \frac{1+r}{1+b} - 1$$

이제 초과성과에 대한 모든 효과를 고려했으므로, 잔차는 존재하지 않는다. 또한, 이 항목들은 기하학적 관계에 있어 시간이 변해도 이 관계는 유지된다.

참고문헌

Abdulali, A., "The Bias RatioTM: Measuring the Shape of Fraud," Protege Partners – Quarterly Letter 3Q(2006).

Adams, A. T., Bloomfield, D. S. F., Booth, P. M. and England, P. D., Investment Mathematics and Statistics(Graham and Trotman, 1993).

Agarwal, V. and Naik, N. Y., "Risk and Portfolio Decisions Involving Hedge Funds," *Review of Financial Studies* 17, no. 1(2004): 63-98.

AIMR, Global Investment Performance Standards(Association for Investment Management and Research, 1999).

AIMR, Global Investment Performance Standards(GIPS) Handbook(GIPS), 2nd ed.(Association for Investment Management and Research, 2002).

AIMR, AIMR Performance Presentation Standards Handbook, 2nd ed.(Association for Investment Management and Research, 1997).

AIMR, Performance Presentation Standards(Association for Investment Management and Research, 1993).

AIMR, Performance Presentation Standards(AIMR-PPS¢ç)(Association for Investment Management and Research, 2001).

Akeda, Y., "Interpretation of Negative Sharpe Ratio," *Journal of Performance Measurement*(Spring 2003): 19-23.

Allen, G. C., "Performance Attribution of Global Equity Portfolios," *Journal of Portfolio Management*(Fall 1991): 59-65.

Alloway, T., Burger, D. and Evans, R., "Index Providers Rule the World –For Now, at Least," *Markets Magazine*, 27 November 2017.

Amenc, N., Goltz, F. and Lioi, A., "Practitioner Portfolio Construction and Performance Measurement: Evidence from Europe," *Financial Analysts Journal* 67, no. 3(May/June 2011): 39-50.

Amenc, N. and Le Sourd, V., Portfolio Theory and Performance Analysis(John Wiley & Sons, 2003).

Amenc, N., Sfeir, D., and Martellini, L., "An Integrated Framework for Style Analysis and Performance Measurement," *Journal of Performance Measurement*(Summer 2003): 35-41.

Amenc, N. and Le Sourd, V., "A Critical Analysis of Fund Rating Systems," *Journal of Performance Measurement*(Summer 2007): 42-57.

Andrade, V. and DoRosario, J., "Argentina Shares Fall after MSCI Cuts Emerging Markets

Status," Bloomberg UK, 24 June 2021.

Ang, J. S. and Chua, J. H., "Composite Measures for the Evaluation of Investment Performance," *Journal of Financial and Quantitative Analysis*(1979): 361-384.

Ankrim, E. M., "Risk-adjusted Performance Attribution," *Financial Analyst Journal* 48, no. 2(1992): 75-82.

Ankrim, E. and Hensel, C., "Multi-currency Performance Attribution," Russell Research Commentary, November 1992.

Ankrim, E. M. and Hensel, C. R., "Multicurrency Performance Attribution," *Financial Analysts Journal*(March/April 1994): 29-33.

Arnott, R. D., Hsu, J. C. and West, J. M., The Fundamental Index(John Wiley & Sons, 2008).

Artzner, P., Delbaen, F., Eber, J.-M. and Heath, D., "Coherent Measures of Risk," *Mathematical Finance* 9, no. 3(1999): 203-228.

Bacon, C. R., Advanced Portfolio Attribution Analysis(Risk Books, 2007).

Bacon, C. R, "A Periodic Table of Risk Measures -Version 2," *Journal of Performance Measurement*(Spring 2015): 25-28.

Bacon, C. R., "Excess Returns -Arithmetic or Geometric," *Journal of Performance Measurement*(Spring 2002): 23-31.

Bacon, C. R., "Introducing Adjusted M2," StatPro whitepaper, August 2013.

Bacon, C. R., "Money-weighted Versus Time-weighted Attribution," *Journal of Performance Measurement*, Performance Attribution Supplement(2007): 21-27.

Bacon, C. R., "Multi-currency attribution -Part 1, The Real Nature ofMulti-currency Returns," *Journal of Performance Measurement*(Fall 2007): 22-29.

Bacon, C. R., "Multi-currency Attribution -Part 2, Factoring in Interest Rate Differentials," *Journal of Performance Measurement*(Winter 2007/2008): 8-19.

Bacon, C. R., "Performance Attribution: History and Progress," CFA Institute Research Foundation, 2019.

Bacon, C. R., Practical Risk-adjusted Performance Measurement, 2nd ed.(John Wiley & Sons Ltd, 2022).

Bacon, C. R., Thompson, I. and van der Westhuzien, P., "Abnormal Returns," *Journal of Performance Measurement*(Spring 2016): 46-59.

Bacon, C. R., Thompson, I. and van der Westhuzien, P. "Abnormal Returns Part 2: Returns for Short Positions and Portfolios," *Journal of Performance Measurement*(Fall 2018): 43-49.

Bailey, J. V., Richards, T. M. and Tierney, D. E., "Benchmark Portfolios and the Manager/Plan Sponsor Relationship," *Journal of Corporate Finance*(Winter 1988): 25-32.

Bain, W. G., *Investment Performance Measurement*(Woodhead Publishing Limited,1996).

Banchik, S., "Pure and Inter-period Interaction Effects in Multi-period Attribution," *Journal of Performance Measurement*(Winter 2004/2005): 53-63.

Bank Administration Institute, "Measuring the Investment Performance of Pension Funds for the Purpose of Inter Fund Comparison," October 1968.

Banz, R. W., "The Relationship between Return and Market Value of Common Stocks," Journal of
Financial Economics 9(March 1981): 3-8.

Basu, S., "Investment Performance of Common Stocks in Relation to Their Price-Earnings Ratios: A Test of the Efficient Market Hypothesis," *Journal of Finance* 32(June 1977): 663-681.

Basu, S., "The Relationship between Earning Yield, Market Value, and Return for NYSE Common Stocks: Further Evidence," *Journal of Financial Economics* 12(June 1983): 129-156.

Becker, T., The Zephyr K-Ratio(Zephyr Associates, 2010).

Bernardo, A. and Ledoit, O., "Gain, Loss, and Asset Pricing," *Journal of Political Economy* 108, no. 1(2006).

Biglova, A., Ortobelli, S., Rachev, S. T. and Stoyanov, S. V., "Different Approaches to Risk Estimation in Portfolio Theory," *Journal of Portfolio Management* 3(2004): 103-112.

Blatt, S., L., "An In-Depth Look at the Information Ratio," thesis submitted to Worcester Polytechnic Institute, August 2004.

Bogle, J. C., Bogle on Mutual Funds(Irwin, 1994).

Bogle, J. C., Common Sense on Mutual Funds(John Wiley & Sons,1999).

Bonafede, J. K., Foresti, S. J. and Matheos, P. "A Multi-Period Linking Algorithm That Has Stood the Test of Time," *Journal of Performance Measurement*(Fall 2002): 15-26.

Bonafede, J. K. and McCarthy, M. C., "Transaction-based vs Holdings-based Attribution: The Devil Is in the Definitions," *Journal of Performance Measurement*(Fall 2003): 42-51.

Braceras, R.M., "Late Trading andMarket Timing," *The Review of Securities&Commodities Regulation* 37, no. 7(April 2004).

Bradford, D. and Siliski, D, "Performance Drawdowns in Asset Management: Extending Drawdown Analysis to Active Returns," *Journal of Performance Measurement*(Fall 2016): 34-48

Brinson, G. and Fachler, N., "Measuring Non-US Equity Portfolio Performance," *Journal of Portfolio Management*(Spring 1985): 73-76.

Brinson, G., Hood, R. and Beebower, G., "Determinants of Portfolio Performance" *Financial Analyst Journal*(July-August 1986): 39-44.

Brinson, G., Singer, B., and Beebower, G., "Determinants of Portfolio Performance II: An Update," *Financial Analysts Journal*(May-June 1991): 40 48.

Broby, D., A Guide to Equity Index Construction(Risk Books, 2007).

Broeders, D. W. G. A., van Oord, A and Rijsbergen, D. R., "Does It Pay to Pay Performance Fees? Empirical Evidence from Dutch Pension Funds," *Journal of International Money*

& Finance 93(May 2019).

Brown, P. J., Constructing and Calculating Bond Indices(Gilmour Drummond Publ., 2002).

Burke, G., "A Sharper Sharpe Ratio," The Computerized Trader(March 1994).

Burnie, J. S., Knowles, J. A. and Teder, T. J., "Arithmetic and Geometric Attribution," Journal of Performance Measurement(Fall 1998): 59-68.

Butler, C., Mastering Value at Risk(Financial Times, Prentice Hall, 1999). Campisi, S., "The Case for Money-weighted Performance Attribution," Journal of Performance Measurement(Spring 2004): 31-41.

Campisi, S., "Debunking the Interaction Myth," Journal of Performance Measurement(Summer 2004): 63-70.

Campisi, S., "Primer on Fixed Income Performance Attribution," Journal of Performance Measurement,(Summer 2000): 14-25.

Campisi, S. and Spaulding, D., Readings in Fixed Income Performance Attribution(TSG Publishing Inc., 2007), 5-14.

Canty, M., "Evolving Performance Attribution to Support Exploratory Excess Return Decomposition," Journal of Performance Measurement(Winter 2017/2018): 27-38.

Carino, D., "Combining Attribution Effects Over Time," Journal of Performance Measurement(Summer 1999): 5-14.

Carli, G., "Del valore e della proporzione de'metalli monetati," in Scrittori Classici Italiani di Economia Politica, vol. 13297-336(Destefanis 1804).

CFA Institute, Global Investment Performance Standards(GIPS®)(2005).

CFA Institute, Global Investment Performance Standards(GIPS®)(2010).

CFA Institute, GIPS Standards Handbook for Firms(November 2020).

CFA Institute, Global Investment Performance Standards,(GIPS®) 2019.

CFA Institute, "Global Investment Performance Standards, for Firms, for Asset Owners, for Verifiers"(2019).

Chambers, D. and Dimson, E., "John Maynard Keynes, Investment Innovator," Journal of Economic Perspectives 27, no. 3(Summer 2013): 213-228.

Chevalier, J. and Ellison, G., "Risk Taking by Mutual Funds as a Response to Incentives," Journal of Political Economy(1997): 1167-1200.

Chisholm, A. M., Derivatives Demystified(John Wiley & Sons Ltd, 2004).

Chisholm, A. M., Derivatives Demystified, 2nd ed.(John Wiley & Sons Ltd, 2010).

Choudhry, M., Analysing and Interpreting the Yield Curve(John Wiley & Sons(Asia) PTE Ltd., 2004).

Christopherson, J. A., Carino, D. R. and Ferson, W. E., Portfolio Performance Measurement and Benchmarking(McGraw-Hill, 2009).

Clarke, R., de Silva, H. and Thorley, S., "Performance Attribution and the Fundamental Law," Financial Analysts Journal 61, no. 5(2005): 70-83.

Clarkson, R., "FARM: A Financial Actuarial Risk Model," in F. Sortino and S. Satchell(Eds.), Managing Downside Risk in Financial Markets, Chapter 12(Elsevier, 2001).

Cocks, G., "An Objective Approach to the Analysis of Portfolio Performance," *Investment Analyst* 34(December 1972): 3–7.

Cogneau, P. and Hubner, G., "The(more than) 100 Ways to Measure Portfolio Performance Part 1: Standardized Risk-Adjusted Measures," *Journal of Performance Measurement*(Summer 2009).

Cogneau, P. and Hubner, G., "The(more than) 100 Ways to Measure Portfolio Performance Part 2: Special Measures and Comparison," *Journal of Performance Measurement*(Fall 2009).

Coleman, T. S., *A Practical Guide to Risk Management*(Research Foundation of CFA Institute, 2011).

Colin, A. M., *Attribution in Finance*(Flametree Technologies, 2014).

Colin, A. M., *Fixed Income Attribution*(John Wiley & Sons, Ltd, 2005).

Colin, A. M., Cubillie, M. and Bardoux, F., "A New Approach to the Decomposition of Yield Curve Movements for Fixed Income Attribution," *Journal of Performance Measurement*(Summer 2006): 18–28.

Cornelius, P., International Investments in Private Equity(Academic Press, 2011).

Cremers, K. J. M., Fulkerson, J. A. and Riley, T. B., "Active Share and the Predictability of the Performance of Separate Accounts," *Financial Analysts Journal* 78, no. 1(2022): 39–57.

Cremers, K. J. M., "How Active Is Your Fund Manager? A New Measure That Predicts Performance," Yale IFC Working Paper No 04-14, 2006.

Cremers, K. J. M. and Petajisto, A., "How Active Is Your Fund Manager? A New Measure That Predicts Performance," *Review of Financial Studies* 22, no 9(September 2009): 3329–3365.

Crouhy, M., Galai, D. and Mark, R., The Essentials of Risk Management(McGraw-Hill, 2006).

D'Alessandro, J., "Using Brinson Attribution to Explain the Differences Between Time-weighted(TWR) and Money-Weighted(IRR) Returns," *Journal of Performance Measurement*(Summer 2016): 11–21.

Dai, T. and Elliot, M., "Fixed Income Attribution with Carry Effect," *Journal of Performance Measurement*(Winter 2014/2015): 7–18.

Darling, R., and MacDougall, A., "Using Performance Statistics: Have Measurers Lost the Plot?" *Journal of Performance Measurement*(Winter 2002/2003): 22–32.

Davanzo, L. E. and Nesbitt, S I., "Performance Fees for Investment Managers," *Financial Analysts Journal* 43, no. 1(January–February 1987): 14–20.

David, M. R., "A Case for Arithmetic Attribution," *Journal of Performance Measurement*(Winter 2012/2013): 26–38.

Davies, O. and Laker, D., "Multiple-period Performance Attribution Using the Brinson Model," *Journal of Performance Measurement*(Fall 2001): 12–22.

Davis, B., and Menchero, J., "Beyond Brinson: Establishing the Link between Sector and

Factor Models," *Journal of Performance Measurement*(Winter 2010/2011): 8-20.

DeCarlo, L. T., "On theMeaning and Use of Kurtosis," *Psychological Methods* 2, no. 3(1997): 292-307.

Dembo, R. S. and Freeman, A., *Seeing Tomorrow: Rewriting the Rules of Risk*(John Wiley & Sons Ltd, 1998).

Dias, J. S., "Residuals on Duration-based Fixed Income Attribution," *Journal of Performance Measurement*(Summer 2017): 8-20.

DiBartolomeo, D., "Just BecauseWe Can Doesn't MeanWe Should: Why Daily Observation Frequency in Performance Attribution Is Not Better," *Journal of Performance Measurement*(Spring 2003): 30-36.

Dietz, Peter O., *Pension Funds: Measuring Investment Performance*(The Graduate School of Business Columbia University and The Free Press, 1966).

Donald D. W. A., *Compound Interest and Annuities-certain*(Heinemann, 1981).

Dowd, K., "Adjusting for Risk: An Improved Sharpe Ratio," *International Review of Economics & Finance* 9, no. 3(1999): 209-222.

Dunbar, N., *Inventing Money*(John Wiley & Sons Ltd, 2000).

Dutot, N., *Reflexions Politiques sur les Finances et le Commerce*, vol. 1(The Hague: Les Freres Vaillant et Nicolas Prevost, 1738).

Eadie, D., "A Practical Approach to the Measurement and Analysis of Investment Performance," *Investment Analyst* 37(December 1973): 12-18.

Edgeworth, F., "Measurement of Change in Value of Money," The first memorandum presented to the British Association for the Advancement of Science(1887); reprinted in Papers Relating to Political

Economy, vol. 1(Burt Franklin, s. 1925).

Eikeland, S., "Fair and Transparent Performance Fee -Part One," *Journal of Performance Measurement*(Fall 2016): 6-14.

Eikeland, S., "Fair and Transparent Performance Fee -Part Two," *Journal of Performance Measurement*(Winter 2016/2017): 30-40.

EIPC, Guidance for Users of Attribution Analysis(European Investment Performance Council, 2002).

EIPC, Guidance on Performance Attribution Presentation(European Investment Performance Council, 2004).

Eling, M., "Performance Measurement in the Investment Industry: Does theMeasureMatter?"University of St. Gallen, Working Paper Series in Finance No. 73, 2008.

Eling, M. and Schuhmacher, F., "Does the Choice of Performance Measure Influence the Evaluation of Hedge Funds?" *Journal of Banking & Finance* 31, no. 9(2007).

Eling, M., Farinelli, S., Rossello, D. and Tibiletti, L., "One-Size or Tailor-Made Performance Ratios for Ranking Hedge Funds?" *Journal of Derivatives & Hedge Funds* 4, no. 4(2010): 267-277.

Elton, E. J. and Gruber, M. J., Modern Portfolio Theory and Investment Analysis, 4th ed.(John Wiley & Sons, Inc.,1991).

Fabozzi, F., *Duration, Convexity, and Other Bond Risk Measures*(Frank J. Fabozzi Associates, 1999).

Fama, E. F., "Components of Investment Performance," *Journal of Finance*(June 1972): 551-567.

Fama, E. F., and French, K. R., "A Five-Factor Asset Pricing Model," *Journal of Financial Economics* 116, no. 1(2015): 1-22.

Fama, E. F. and French, K. R., "Common Risk Factors in Stock and Bond Returns," *Journal of Financial Economics* 33, no. 1(1993): 3-56.

Farinello, S. and Tibiletti, L., "Sharpe Thinking in Asset Ranking with One-Sided Measures," *European Journal of Operational Research* 185, no. 3(2008): 1542-1547.

Favre, L. and Galeano, J., "Mean-Modified Value at Risk Optimization with Hedge Funds," *Journal of Alternative Investments* 5(2002).

Feibel, B. J., *Investment Performance Measurement*(John Wiley & Sons, 2003).

Fichtner, J., Heemskerk, E. and Petry, J., "Index Funds Might Sound Boring. But Who Decides Which Countries and Companies to Include?" Washington Post, 8 January 2020. "Financial Analysts Federation Performance Presentation Standards," *Financial Analysts Journal*(September/October 1987).

Finanstilsynet, "Active/Passive Management in Danish UCITS," The Danish FSA, 20 April 2016.

Fischer, B., Performance Analyse in der Praxis, 3rd ed.(Oldenbourg, 2010).

Fischer, B. and Wermers, R., Performance Evaluation and Attribution of Security Portfolios(Elsevier, 2013).

Fisher, L., "An Algorithm for Finding Exact Rates of Return," *Journal of Business* 39, no. 1, part 2(January 1966): 111-118.

Fisher, J. D. and D'Alessandro, J., "Risk-adjusted Performance," *Journal of Portfolio Management Special Real Estate Issue* 45, no. 7(2019): 80-94.

Flood, C., and Johnson, S., "MSCI and JP Morgan Under Pressure to Axe 'Uninvestable' Russia from Indices," Financial Times, 28 February 2022.

Fraser-Sampson, G., Private Equity as an Asset Class, 2nd ed.(Wiley Finance, 2010).

Frazzini, A., Friedman, J. A., and Pomorski, L., "Deactivating Active Share," Financial Analysts Journal 72, no. 2(2016).

Freeman, G., "Saudi Arabia Wins Emerging Market Status," *Morningstar*, 21 June 2018.

Frongello, A. S. B., "Attribution Linking: Proofed and Clarified," *Journal of Performance Measurement*(Fall 2002): 54-67.

Frongello, A. S. B., "Linking of Attribution Results," in *Portfolio Analysis*, edited by Timothy P. Ryan(Risk Books 2006), 343-368

Frongello, A., "Linking Single Period Attribution Results," *Journal of Performance Measurement*(Spring 2002): 10-22.

Galton, F., "Kinship and Correlation," *Statistical Science*(Institute of Mathematical Statistics) 4, no. 2(May 1989) 80-86.

Gibson, R. C., *Asset Allocation*(McGraw-Hill, 1996).

Giguere, C., "Transaction Based vs Holding-based Attribution: A Perspective," *Journal of Performance Measurement*(Fall 2003): 24-26.

Giguere, C., "Thinking Through Fixed Income Attribution -Reflections from a Group of French Practitioners," *Journal of Performance Measurement*(Summer 2005).

Gillet, P. and Hommolie, B., "Fixed Income Attribution: A Combined Methodology," *Journal of Performance Measurement*(Summer 2006): 64-78.

Gini, C., "Measurement of the Inequality of Incomes," *The Economic Journal* 31(1921): 124-126.

Gini, C., Variabilita e mutabilita(C. Cuppini, 1912).

Goetzmann, W. N., Ingersoll, J. E. and Ross, S. A. "High-water Marks and Hedge Fund Management Contracts," *Journal of Finance* 58, no. 4(August 2003): 1685-1718.

Golub, B. W. and Tilman, L. M., *Risk Management*(John Wiley & Sons, 2000).

Goodwin, T., "The Information Ratio More Than You Ever Wanted to Know About One Performance Measure, *Russell Research Commentary*, 1998.

Goyal, A. and Wahal, S., "The Selection and Termination of Investment Management Firms by Plan Sponsors," *Journal of Finance* 63, no. 4(August 2008): 1805-1847.

Graham, J. R. and Harvey, C. R., "Grading the Performance of Market-Timing Newsletters," *Analysts Journal*(November/December 1997): 54-66.

GRAP(Groupe de Recherche en Attribution de Performance), "Synthese des modeles d'attribution de performance"(Mars, 1997).

Gregoriou, G. N., Hubner, G., Papageorgiou, N. and Rouah, F., *Hedge Funds: Insights in Performance Measurement, Risk Analysis*, and Portfolio Allocation(John Wiley & Sons Inc., 2005).

Gregoriou, G. N., Karavas, V. N. and Rouah, F., *Hedge Funds: Strategies, Risk Assessment and Returns*(Beard Books, 2003).

Grinold, R. C., "The Fundamental Law of Active Management," *Journal of Portfolio Management* 15, no. 3(1989): 30-38.

Grinold, R. C., and Kahn, R. N., *Active Portfolio Management*(Irwin Professional Publishing, 1995).

Haight, G. T. and Morrell, S. O., *The Analysis of Portfolio Management Performance*(McGraw- Hill,1997).

Haight, G. T., Morrell, S. O. and Ross, G. E., *How to Select Investment Managers and Evaluate Performance*(John Wiley & Sons, 2007).

Hallerbach,W. G., "Decomposing Portfolio Value-at-Risk: A General Analysis," *Journal of Risk* 5, no. 2(2002): 1-18.

Harris, L., Trading and Exchanges: Market Microstructure for Practitioners(Oxford University Press, 2002).

Heatter, C., Gabriel, C. andWang, Y., "A Four-factor Performance Attribution Model for Equity Portfolios," *Journal of Performance Measurement*(Fall 2004): 51–59.

Henriksson, R. D. and Merton, R. C., "On Market Timing and Investment Performance II. Statistical Procedures for Evaluating Forecast Skills," *Journal of Business* 54(October 1981): 513–533.

Hensel, C. R., Ezra, D. D. and Ilkiw, J. H. "The Importance of the Asset Allocation Decision," *Financial Analysts Journal* 47,(July/August 1991): 65–72.

Holbrook, J. P., "Investment Performance of Pension Funds," *Journal of the Institute of Actuaries* 104, no. 1(June 1977): 15–91.

Holton, G., "Defining Risk," *Financial Analyst Journal* 60, no. 6(November/December 2004).

Hsu, J. C., Kalesnik, V. and Myers, B. W., "Performance Attribution: Measuring Dynamic Allocation Skill," *Financial Analysts Journal* 66, no. 6(2018): 17–26.

Hudert, R., Schmitt, M. G. and von Thaden, M., "Portfolio Performance Evaluation: What Difference Do Logarithmic Returns Make?" *Journal of Performance Measurement*(Winter 2018/2019): 8–15.

Hussain, A., *Managing Operational Risk in Financial Markets*(Butterworth Heinemann, 2000).

Hymans, C. and Mulligan, J., *The Measurement of Portfolio Performance*(Kluwer Publishing, 1980).

Ibbotson, R. G., and Sinquefield, R. A. Stocks, Bonds, Bills, and Inflation: The Past and the Future(CFA Institute Research Foundation, 1982).

Illmer, S. J., "Decomposing the Money-weighted Rate of Return," *Journal of Performance Measurement*(Fall 2009): 22–29.

Illmer, S. J. and Marty,W., "Decomposing the Money-weighted Rate of Return," *Journal of Performance Measurement*(Summer 2003): 42–50.

Ineichen, A. M., Absolute Returns: The Risk and Opportunities of Hedge Fund Investing(JohnWiley & Sons, 2003).

Ineichen, A. M., Asymmetric Returns: The Future of Active Asset Management(John Wiley & Sons, 2007).

Investment Counsel Association of America Inc., "The Standards of Measurement and use for Investment Performance Data," 1971.

Investment Management Association, Depositary and Trustee Association and Fitzrovia International Ltd, "Performance Fees for Investment Funds," February 2005.

Israelsen, C. L., "ARefinement to the Sharpe Ratio and Information Ratio," *Journal of Asset Management* 5, no. 6(2005): 423–427.

Jarque, C. M. and Bera, A. K., "A Test for Normality of Observations and Regression Residuals," *International Statistics Review* 55(1987): 163–177.

Jensen, M., "The Performance of Mutual Funds in the Period 1945–964," *Journal of Finance* 23, no. 2(1968): 389–416.

Jensen, M., "Risk, the Pricing of Capital Assets, and the Evaluation of Investment Portfolios,"

Jevons,W., "The Variation of Prices and the Value of the Currency since 1782," *Journal of the Statistical Society of London* 28(1865): 294-320.

Jiang, Y. and Saenz, J., "The Associative Property of Attribution Linking," *Journal of Performance Measurement*(Winter 2014/2015): 19-24.

Jorion, P., Value at Risk(Irwin, 1997).

Kahneman, D. and Tversky, A., "Prospect Theory: An Analysis of Decision under Risk" *Econometrica* XLVII(1979): 263-291.

Kaplan, P. D., "What's Wrong with Multiplying by the Square Root of Twelve," *Journal of Performance Measurement*(Winter 2012/2013): 16-24.

Kaplan, P. D. and Knowles, J. A., "Kappa: A Generalized Downside Risk-adjusted Performance Measure," *Journal of Performance Measurement*(Spring 2004): 42-54.

Karnosky, D. and Singer, B, Global Asset Management and Performance Attribution(The Research Foundation of the Institute of Chartered Financial Analysts, February 1994).

Kazemi, H., "Subscription Line of Credit: Benefits, Risks and Distortions," CAIA Association, September 2020.

Kazemi, H., Schneeweis, T. and Gupta, B., "Omega as a Performance Measure," *Journal of Performance Measurement*(Spring 2004): 16-25.

Kemp, M., Extreme Events(John Wiley & Sons Ltd, 2011).

Kestner, L. N., "Getting a Handle on True Performance," *Futures* 25, no. 1(1996): 44-46.

Kestner, L. N., Quantitative Trading Strategies: Harnessing the Power of Quantitative Techniques to Create a Winning Trading Program(McGraw-Hill, Traders Edge Series, 2003).

Keynes, J. M., *The General Theory of Employment, Interest and Money*(MacMillan, 1936).

Kidd, D., "The Sharpe Ratio and the Information Ratio," *Investment Performance Measurement*, CFA Institute(2011).

Kingston, T. D., "Measuring Investment Performance [with discussion]," Transactions of the Faculty of Actuaries, vol. 34(Cambridge University Press, 1973-1975), 241-298.

Kirievsky, L. and Kirievsky, A., "Attribution Analysis: Combining Attribution Effects Over Time Made Easy," *Journal of Performance Measurement*(Summer 2000): 49-59.

Kirievsky, L. and Kirievsky, A., "Attribution Analysis: Issues Old and New," *Journal of Performance Measurement*(Fall 2004): 60-74.

Klock, M., "A Practical Journey through Risk for Performance Analysts," *Journal of Performance Measurement*(Spring 2018): 37-48.

Knight, J. and Satchell, S., Performance Measurement in Finance Firms, *Funds and Managers*(Butterworth Heinemann, 2002).

Kollerstrom N, "Thomas Simpson and 'Newton's Method of Approximation: An Enduring Myth," *British Journal for History of Science* 25(1992): 347-354.

Konno, H. and Yamazaki, H., "Mean-bsolute Deviation Portfolio Optimization Model and Its Application to Tokyo Stock Market," *Management Science* 37, no. 5(1991): 519-

531.

Kophamel, A., "Risk-adjusted Performance Attribution. A New Paradigm for Performance Analysis," *Journal of Performance Measurement*(Summer 2003): 51-62.

La Grouw, G., Effective Dashboard Design(CreateSpace, 2012).

Laker, D., "A View from Down Under," *Journal of Performance Measurement*(Summer 2002): 5-13.

Laker, D., "Incorporating Transaction Cost Measurement into Performance Attribution," *Journal of Performance Measurement*(Summer 2001): 13-24.

Laker, D., "Perspectives on Transaction-based Attribution," *Journal of Performance Measurement*(Fall 2003): 10-23.

Laker, D., "Toward Consensus on Multiple-period Arithmetic Attribution," *Journal of Performance Measurement*(Spring 2005): 26-37.

Laker, D., "What Is This Thing Called 'Interaction'?" *Journal of Performance Measurement*(Fall 2000): 43-57.

Laker, D., "Performance Measurement for Short Positions," *Journal of Performance Measurement*(Winter 2000/2001): 22-30.

Laspeyres, E., "Die Berechnung einer mittleren Waarenpreissteigerung," Jahrb. Natnokon. Statist. 16(1871): 296-314.

Levell P., "Is the Carli Index Flawed? Assessing the case for the new retail price index RPIJ," *Journal of the Royal Statistical Society Series A*(Statistics in Society), April 2014.

Lhabitant, F., Hedge Funds(John Wiley & Sons Ltd, 2004).

Liang, B. and Park, H., "Predicting Hedge Fund Failure: A Comparison of Risk Measures," *Journal of Financial and Quantitative Analysis* 45, no. 1(February 2010): 199-222.

LIFFE Recommendations, "The Reporting and Performance Measurement of Financial Futures and Options in Investment Portfolios," January 1992.

Lo, A. W., "The Statistics of Sharpe Ratios," Financial Analyst Journal 58, no. 4(July/August 2002): 36-52.

Long, A., "The Common Mathematical Foundation of ACG's ICM and AICM and the K&S PME," *Alignment Capital Group*, January 2008.

Long, A. and Nickels, C., "A Private Investment Benchmark," AIMR Conference on Venture Capital Investing, 13 February 1996.

Lord, T. J., "The Attribution of Portfolio and Index Returns in Fixed Income," *Journal of Performance Measurement*(Fall 1997): 45-57.

Lowenstein, R., When Genius Failed(Random House, 2000).

Macaulay, F., Some Theoretical Problems Suggested by the Movement of Interest Rates, Bond Yields and Stock Prices in the US since 1856(National Bureau of Economic Research, 1938).

Macdonald, L., A Colossal Failure of Common Sense: The Incredible Inside Story of the Collapse of Lehman Brothers(Ebury Press, 2009).

Magni, C. A., "Average Internal Rate of Return and Investment Decisions: A New Perspective," *The Engineering Economist,* May 2010.

Magni, C. A. and Martin, J. D., "The Reinvestment Assumption Fallacy for IRR and NPV: A Pedagogical Note," MPRA Paper No. 83889, December 2017.

Marrison, C., *The Fundamentals of Risk Measurement*(McGraw-Hill, 2002).

Marshall, A., "Remedies for Fluctuations of General Prices," Contemporary Review 51(1887): 355-375.

Martin, P. and McCann, B., The Investor's Guide to Fidelity Funds: Winning Strategies for Mutual Fund Investors(John Wiley & Sons, 1989).

Martin, R. D., Rachev, S. T. and Siboulet. F., "Phi-alpha Optimal Portfolios and Extreme Risk Management," *Wilmott Magazine* 6(2003): 70-83.

McCafferty, T., The Market Is Always Right(McGraw-Hill, 2003).

McCullough, A., "Untangling How Index Providers Break Down theMarket by Size," *Morningstar* EFT Education, May 2019.

McLaren, A., "A Framework for Multiple Currency Fixed Income Attribution," *Journal of Performance Measurement*(Summer 2002): 59-79.

McLaren, A., "A Geometric Methodology for Performance Attribution," *Journal of Performance Measurement*(Summer 2001): 45-57.

Menchero, J., "An Optimized Approach to Linking Attribution Effects Over Time," *Journal of Performance Measurement*(Fall 2000): 36-42.

Menchero, J. G., "A Fully Geometric Approach to Performance Attribution," *Journal of Performance Measurement*(Winter 2000/2001): 22-30.

Menchero, J. G., "Linking Differences Do Matter," *Journal of Performance Measurement*(Spring 2003): 47-50.

Menchero, J. G., "Performance Attribution with Short Positions," *Journal of Performance Measurement*(Winter 2002/2003): 39-50.

Menchero, J. G. and Davis, B., "Multi-currency Performance Attribution," *Journal of Performance Measurement*(Fall 2009): 45-55.

Menchero, J. G. and Hu, J., "Errors in Transaction-based Performance Attribution," *Journal of Performance Measurement*(Fall 2003): 57-69.

Mendeleev, D. "Uber die Beziehungen der Eigenschaften zu den Atomgewichten der Elemente," Zeitschrift fur Chemie(in German)(1869), pp. 405-406.

Metropolis, N., "The Beginning of the Monte Carlo Method," Los Alamos Science Special Issue(dedicated to Stanisław Ulam)(1987): 125-30.

Mirabelli, A., "The Structure and Visualization of Performance Attribution," *Journal of Performance Measurement*(Winter 2000/2001): 55-80.

Modigliani, L., "Risk-Adjusted Performance, Part 1: The Time for Risk Measurement Is Now," *Morgan Stanley's Investment Perspectives*, February 1997.

Morrison, C., "Key Insight or Flawed Measure?" CFA Institute Conference Proceedings Quarterly, CFA Institute, First Quarter 2016.

Muralidhar, A., "Risk and Skill-adjusted Compensation," *Journal of Performance Measurement*(Summer 2009): 40-55.

Muralidhar, A., "The Sharpe Ratio Revisited: What It Really Tells Us," *Journal of Performance Measurement*(Spring 2015): 6-12.

Murira, B. and Sierra, H., "Fixed Income Attribution: A Unified Framework -Part 1," *Journal of Performance Measurement*(Fall 2006): 23-35.

Murira, B. and Sierra, H., "Fixed Income Attribution: A Unified Framework -Part 2," *Journal of Performance Measurement*(Winter 2006/2007): 8-21.

NAPF, "Committee of Enquiry Report into Investment Performance Measurement," 1990.

NAPF, "Pension Fund Investment Performance Code," 1992.

National Association of Pension Funds, "Performance Measurement, Attribution and Risk Made Simple," October 2011.

National Eye Institute, "Facts About Colour Blindness"(February 2015).

Nemerever, W. L., "Overcoming Cap-weighted Bond Benchmark Deficiencies," CFA Institute Conference Proceedings Quarterly(December 2007): 55-66.

Neubert, A. S., Indexing for Maximum Investment Results(Glenlake, 1998).

Obeid, A., "Reformulating Ankrim's Risk-adjusted Performance Attribution," *Journal of Performance Measurement*(Spring 2005): 8-25.

O'Shea, L. and Jeet, V., "Single-Period Brinson-Style Performance Attribution for Private Capital," Burgiss Applied Research: Working Paper, June 2018.

Paasche, H., "Uber die Preisentwicklung der letzten Jahre nach den Hamburger Borsen-notirungen," Jahrb. Natl. Stat. 23(1874): 168-178.

Pearson, K., "Contributions to the Mathematical Theory of Evolution. II Skew Variations in Homogeneous Material," Philosophical Transactions of the Royal Society of London A 186(1895): 343-414.

Pearson, K., "Das Fehlergesetz und seine Verallgemeinerungen durch Fechner und Pearson. A Rejoinder," Biometrika 4(1905): 169-212.

Pearson, K., "On the Dissection of Asymmetrical Frequency-Curves," Philosophical Transactions of the Royal Society of London A 185(1894): 71-110.

Perold, A. F. and Alloway, R., The Unilever Superannuation Fund vs. Merrill Lynch(Harvard Business School Publishing, 2003).

Peterson, T. F., Performance Measurement for Alternative Investments(Risk Books, 2015).

Petry, J., Fichtner, J. and Heemskerk, E., "Steering Capital: The Growing Private Authority of Index Providers in the Age of Passive Asset Management," *Review of International Political Economy* 28(2021): 152-176.

Pezier, J. and White, A., "The Relative Merits of Investable Hedge Fund Indices and of Funds of Hedge Funds in Optimal Passive Portfolios," ICMA Centre Discussion Papers in Finance(2006).

Phalippou, L., "The Hazards of Using IRR to Measure Performance: The Case for Private Equity," 27 March 2008.

PwC, "Asset and Wealth Management Revolution: The Power to Shape the Future"(2020).

Qian, B., and K. Rasheed, K., "Hurst Exponent and Financial Market Predictability," Proceedings of the Second IASTED International Conference on Financial Engineering and Applications(1 January 2004).

Rachev, S. T., *Probability Metrics and the Stability of Stochastic Models*(John Wiley & Sons, 1991).

Rachev, S. T., Menn, C. and Fabozzi, F., Fat-Tailed and Skewed Asset Return Distributions, Implications for Risk Management, Portfolio Selection, and Option Pricing(John Wiley & Sons, 2005).

Rachev, S. T., Ortobelli, S., Stoyanov, S., Fabozzi, F. and Biglova, A., "Desirable Properties of an Ideal Risk Measure in Portfolio Theory," *International Journal of Theoretical and Applied Finance* 11, no. 1(2008): 19-54.

Rachev, S. T., Stoyanov, S. V. and Fabozzi, F., *Advanced Stochastic Models, Risk Assessment and Portfolio Optimization*(John Wiley & Sons, 2008).

Ramaswamy, S., "Fixed Income Portfolio Management: Risk Modelling, Portfolio Construction and Performance Attribution Equivalent," *Journal of Performance Measurement*(Summer 2001): 58-70.

Record, N., Currency Overlay(John Wiley & Sons Ltd, 2003).

Reilly, F. K., *Investment Analysis and Portfolio Management*(Dryden Press, 1989).

Reinganum, M., "Misspecification of Capital Asset Pricing: Empirical Anomalies Based on Earning Yields and Market Values," *Journal of Financial Economics* 9(March 1981): 19-46.

Reynolds Parker, V., Managing Hedge Fund Risk, 2nd ed.(Risk Books, 2005).

Reztsov, A., "Geometric and Arithmetic Approaches to Attribution Linking Are Equivalent," *Journal of Performance Measurement*(Winter 2011/2012): 46-56.

Rockafellar, R. T. and Uryasev, S., "Optimization of Conditional Value at Risk," *Journal of Risk* 2, no. 3(Spring 2000): 22-41.

Rogers, D. S. and Van Dyke, C. J., "Measuring the Volatility of Hedge Fund Returns," *Journal of Wealth Management*(Summer 2006): 45-53.

Rom, B. M., and Ferguson, K.W., "A Software Developer's View: Using Post-Modern Portfolio Theory to Improve Investment Performance Measurement." In F. Sortino and S. Satchell(Eds.), Managing Downside Risk in Financial Markets, Chapter 5(Elsevier, 2001).

Roy, A. D., "Safety First and the Holding of Assets," *Econometrica*(July 1952): 431-50.

Ryan, T. P., Portfolio Analysis(Risk Books, 2006).

Ryan, T. P., "How to Select Investment Portfolios Using Performance Analysis," *Journal of Performance Measurement*(Fall 2015): 7-14.

Schliemann, M. and Stanzel,M., "Performance-based Compensation Contracts in the Asset Management Industry," *Journal of Performance Measurement*(Spring 2008): 61-70.

Siegel, L. B., Benchmarks and Investment Management(Research Foundation of CFA

Institute, 2003).
Shadwick, W. and Keating, C., "A Universal Performance Measure," *Journal of Performance Measurement*(Spring 2002): 59-84.
Sharpe, W. F., "Asset Allocation: Management Style and Performance Measurement," *Journal of Portfolio Management*(Winter 1992): 7-19.
Sharpe, W. F., "Determining a Fund's Effective AssetMix," *Investment Management Review*(December 1988): 59-69.
Sharpe, W. F., "Mutual Fund Performance," *Journal of Business* 39(1966): 119-138.
Sharpe, W. F., "The Sharpe Ratio," *Journal of Portfolio Management*(Fall 1994): 49-58.
Silva, A. F. A., de Carvalho, P. J. C. and Ornelas, J. R. H., "A Performance Attribution Methodology for Fixed Income Portfolios," Portfolio and Risk Management for Central Banks and Sovereign Wealth Funds, February 2010.
Simmons, P. and Karadakov, A., "A Simplified Fixed Income Protege Performance Attribution Model," *Journal of Performance Measurement*(Winter 2013/2014): 44-55.
Simpson, J., "Risk-adjusted Performance Ratios: Part 1," *Journal of Performance Measurement*(Spring 2015): 29-47.
Simpson, J., "Risk-adjusted Performance Ratios: Part 2," *Journal of Performance Measurement*(Summer 2015): 52-63.
Singer, Brian D., "Evaluation of Portfolio Performance: Attribution Analysis," *Journal of Performance Measurement*(Winter 1996): 45-55.
Smith, K. and Tito, D., "Risk Return of Ex-Post Portfolio Performance," *Journal of Financial and Quantitative Analysis* IV, no. 4(December 1969).
So, S., "Why Is the Sample Variance a Biased Estimator?"(2008). Signal and Processing Laboratory, Griffith School of Engineering, Griffith University, Brisbane, Queensland, Australia, 11 September.
Society of Investment Analysts, "The Measurement of Portfolio Performance for Pension Funds: A Report Prepared by the Working Group Set Up by the Society of Investment Analysts"(1972).
Sopranzetti, B. "Value at Risk and Expected Shortfall: A Primer," *Journal of Performance Measurement*(Fall 2014): 35-39.
Sortino, F. and van der Meer, R., "Downside Risk," *Journal of Portfolio Management*(Summer 1991).
Sortino, F., van de Meer, R. and Plantinga, A. "The Dutch Triangle: A Framework to Measure Upside Potential Relative to Downside Risk," *Journal of Portfolio Management* 26(1999).
Sortino, F. A. and Satchell, S. F., *Managing Downside Risk in Financial Markets*(Butterworth Heinemann, 2001).
Spaulding, D., "Holdings vs Transaction-based Attribution -an Overview," *Journal of Performance Measurement*(Fall 2003): 52-56.
Spaulding, D., "Is Linking Attribution as Hard as It Looks?" *Journal of Performance

Measurement(Spring 2002): 45-55.

Spaulding, D., Investment Performance Attribution(McGraw-Hill, 2003).

Spaulding, D., Measuring Investment Performance(McGraw-Hill, 1997).

Spaulding, D., The Handbook of Investment Performance(TSG Publishing, 2005).

Spaulding, D., and Campisi, S., "A Case for Money-weighted Attribution," *Journal of Performance Measurement*, Performance Attribution Supplement(2007): 8-20.

Stannard, J. C., "Measuring Investment Returns of Portfolios containing Futures and Options," *Journal of Performance Measurement*(Fall 1996): 27-33.

Starks, L. T., "Performance Incentive Fees: An Agency Theoretic Approach," *Journal of Financial and Quantitative Analysis* 22, no 1.(March 1987): 17-32.

Stewart, S. D., "Manager Selection"(The Research Foundation of the CFA Institute, 2013).

Stewart, S. D., Heisler, J., Knittel C & Neumann J., "Absence of Value: An Analysis of Investment Allocation Decisions by Institutional Plan Sponsors," *Financial Analysts Journal* 65, no. 6(November/ December 2009): 34-51.

Surz, R. J., "Attribution with Style," *Journal of Performance Measurement*(Winter 1999/2000): 50-64.

Swensen, D. F., Pioneering Portfolio Management(The Free Press, 2000).

Tran, V. T., Evaluating Hedge Fund Performance(John Wiley & Sons, 2006).

Travers, F. J., Investment Manager Analysis(John Wiley & Sons, 2004).

Treynor, J. L., "How to RateManagement of Invested Funds," *Harvard Business Review* 44, no. 1(1965): 63-75.

Treynor, J. L., Treynor on Institutional Investing(John Wiley & Sons, 2007).

Treynor, J. L. and Black, F., "How to Use Security Analysis to Improve Portfolio Selection," *Journal of Business*(January 1973): 66-85.

Treynor, J. L. and Mazuy, K., "Can Mutual Funds Outguess the Market?" *Harvard Business Review* 44(1966): 131-136.

Van Breukelen, G., "Fixed Income Attribution," *Journal of Performance Measurement* (Summer 2000): 61-68.

Van Voris, B., and Kahl, S., "Allianz Fund Collapse Ends in Guilty Plea," Bloomberg UK, 22 May 2022.

Vaughan, L. and Finch, G., The Fix: How Bankers Lied, Cheated and Colluded to Rig the World's Most Important Number(John Wiley & Sons, 2017).

Wagner, W. H. and Tito, D. A., "Definitive New Measures of Bond Performance and Risk," *Pension World*(May 1977): 17-26.

Waring, B. M. and Siegel, L. B. "The Dimensions of Active Management," *Journal of Portfolio Management* 29, no. 3(Spring 2003): 35-51.

Waring, B. M.,Whitney,D.M., Pirone, J. and Castille, C., "Optimizing Manager Structure and Budgeting Manager Risk," *Journal of Portfolio Management* 26, no. 3(Summer 2000): 90-104.

Watanabe, Y., "Is Sharpe Ratio Still Effective?" *Journal of Performance Measurement*(Fall

2006): 55-66.

Watanabe, Y., "New Prospect Ratio: Application to Hedge Funds with Higher Order Moments," *Journal of Performance Measurement*(Fall 2014): 40-52.

Weber, A. E., "Annual Risk Measures and Related Statistics," *Journal of Performance Measurement*(Spring 2017): 50-64.

Weber, A. E., "Geometric Attribution and the Interaction Effect," *Journal of Performance Measurement*(Summer 2018): 6-19.

Wong, C., "Attribution -Arithmetic or Geometric? The Best of Both Worlds," *Journal of Performance Measurement*(Winter 2003/2004): 10-18.

Wong, C., Comparing Arithmetic and Geometric Attribution: Advanced Portfolio Attribution Analysis(Risk Books, 2007), 135-159.

Xiong, J. X. and Idzorek, T. M., "The Impact of Skewness and Fat Tails on the Asset Allocation Decision," *Financial Analysts Journal* 67, no. 2(March/April 2011).

Yago, G., "MSCI Needs to Add Israel to Its Europe Index," *Financial Times*, 22 February 2022

Yitzhaki, S., "Stochastic Dominance, Mean Variance and Gini's Mean Difference," *American Economic Review* 72, no. 1(1982): 178-185.

Young, T. W., "Calmar Ratio: A Smoother Tool," *Futures Magazine*, 1 October 1991.

Zakamouline, V., "On the Consistent Use of VaR in Portfolio Performance Evaluation: A Cautionary Note," *Journal of Portfolio Management* 37, no. 1(Fall 2010): 92-104.

Zakamouline, V., "The Performance Measure You Choose Influences the Evaluation of Hedge Funds," *Journal of Performance Measurement*(Spring 2011): 48-63.

Zangari, Peter J., and Mehmet Bayraktar, "Which Is Better: Daily or Monthly Attribution?" *Journal of Performance Measurement*(Winter 2005/2006): 8-19.

Zask, E., *Global Investment Risk Management*(McGraw-Hill, 2000).

Ziemba, W. T., "The Symmetric Downside-risk Sharpe Ratio," *Journal of Portfolio Management* 32, no. 1(2005): 108-122.

Zipf, R., *Fixed Income Mathematics*(Academic Press, 2003).

지은이

칼 베이컨(Carl R. Bacon, CIPM)

자산 운용 업계를 대상으로 데이터 및 소프트웨어 개발 서비스를 제공하는 Confluence의 고문(Chief Adviser)입니다. 또한, 자산운용사를 대상으로 위험 및 성과 측정 관련된 다양한 자문을 제공하는 컨설팅 사업도 운영하고 있습니다.

이전에, 칼 베이컨은 StatPro 대표를 역임했으며, F&C Management Ltd에서 리스크관리 및 성과 부문장을 지냈고, JPMorgan Investment Management Inc.에서 유럽 성과 부문 부사장(Vice President, Head of Performance)으로 근무했으며, Royal Insurance Asset Management에서는 성과 부문 책임자로 근무했습니다.

그는 영국 맨체스터 대학교(Manchester University)에서 수학 학사를 취득했으며, Journal of Performance Measurement의 자문 위원으로 활동하고 있습니다. 또한, 투자 성과 위원회(Investment Performance Council) 및 GIPS®(Global Investment Performance Standards)의 창립 멤버로서, GIS 위원회(GIS Committee)의 의장과 GIPS 집행 위원회(GIPS Executive Committee)의 의장을 역임했으며, The Freedom Index Company의 설립자이기도 합니다.

그는 《Practical Risk-Adjusted Performance Measurement》, 《Performance Attribution: History and Progress》 등의 저서를 집필했으며, 다양한 논문을 발표했습니다. 《Advanced Portfolio Attribution Analysis》의 편집자로도 활동하고 있습니다.

옮긴이

용홍순

학력
단국대학교 정보통계학 학사
단국대학교 정보통계학 석사
단국대학교 재무관리 박사

주요경력
(전)한국리스크관리
(전)KG제로인 연기금투자풀성과평가팀
(전)한국투자증권 고용보험기금성과평가팀

이명원

학력
중앙대학교 경영학 학사
서울과학종합대학원 금융공학 석사

주요경력
(전)KG제로인 공모펀드평가팀
(전)트러스톤자산운용 리스크관리팀
(현)삼성자산운용 산재보험기금성과평가팀

포트폴리오 성과평가의 이해

1판 1쇄 발행 2025년 8월 11일

원 제	Practical Portfolio Performance Measurement and Attribution
지 은 이	칼 베이컨(Carl R. Bacon)
옮 긴 이	용홍순 · 이명원
펴 낸 이	김진수
펴 낸 곳	한국문화사
등 록	제1994-9호
주 소	서울시 성동구 아차산로49, 404호(성수동1가, 서울숲코오롱디지털타워3차)
전 화	02-464-7708
팩 스	02 499-0846
이 메 일	hkm7708@daum.net
홈페이지	http://hph.co.kr

ISBN 979-11-6919-296-5 93320

- 이 책의 내용은 서작권법에 따라 보호받고 있습니다.
- 잘못된 책은 구매처에서 바꾸어 드립니다.
- 책값은 뒤표지에 있습니다.

오류를 발견하셨다면 이메일이나 홈페이지를 통해 제보해 주세요.
소중한 의견을 모아 더 좋은 책을 만들겠습니다.